［宋］朱熹 撰
朱傑人 嚴佐之 劉永翔 主編

新訂朱子全書

附外編

24

上海古籍出版社

本册書目

晦庵先生朱文公文集（四）

徐德明　王鐵　校點

晦庵先生朱文公文集卷第五十四

書 知舊門人問答

答孫季和應時

所喻平生大病最在輕弱，人患不自知耳，既自知得如此，便合痛下功夫，勇猛舍棄，不要思前算後，庶能矯革。所謂「藥不瞑眩，厥疾不瘳」者也。明善誠身，正當表裏相助，不可彼此相推。若行之不力而歸咎於知之不明，知之不明而歸咎於行之不力，即因循擔閣，無有進步之期矣。它論數條，亦所當講，别紙奉報，幸併詳之。隳括程書，豈所敢當？當時諸先達蓋嘗有欲爲之而未果者，然自今觀之，却似未爲不幸。況後學淺陋，又安敢議此乎？

子約漢唐之論，在渠非有私心，然亦未免程子所謂乃邪心者，却是教壞後生，此甚不便。近年以來，彼中學者未曾理會讀書脩己，便先懷取一副當功利之心；未曾出門踏著正路，便先做取落草由徑之計，相引去無人處，私語密傳，以爲奇特，直是不成模樣，故不得不痛排斥之。不知子約還知外面氣象如此否耳？

中庸章句、太極解義方是略説大概，若論裏面道理，精微曲折，知它是更有何窮何盡，未須便慮説得太詳，且當以玩味未熟、分畫未明爲憂。蓋自頃年妄作此書，至今未見有人真實下功理會到究竟處也。大事記數條，其間誠有可疑者。如韓信事，向來伯恭面論，蓋嘗曰其不反。不知後來看得如何？須是别看出情節來，不然不應如此失入也。此可更問子約，看如何。然渠此書却實自成一家之言，亦不爲無益於世。鄙意所疑，却恐其間注脚有太纖巧處。如論張湯、公孫弘之姦，步步掇拾，氣象不好，却似與渠輩以私智角勝負，非聖賢垂世立教之法也。諸詩語意清遠，讀之令人想見湖山之勝，但亦不無前幅所論兩字之病謂「輕弱」。耳。子陵、仲弓二絶則甚佳。嘗觀荀淑能譏刺梁氏，而爽已不敢忤董卓，至彧，遂爲唐衡之婿、曹操之臣。人家父祖壁立千仞，子孫猶自倒東來西，況太丘制行如此，其末流之弊爲賊佐命，亦何足怪哉！

太極之説與繫辭詳略不同，乃是互相發明，以盡精微之蘊，最爲有功。若只依本分模搨，則亦何用增此贅語，而學者又何由知得其中有許多曲折耶？大抵近日議論喜合惡離，樂含胡而畏剖析，所以凡事都不曾理會到底，此一世之通患也。

明道答橫渠書誠似太快，然其間理致血脈精密貫通，儘須玩索。如大公順應，自私用智，忘怒觀理，便與主敬窮理互相涉入，不可草草看過。如上文既云以其情順萬事，即其下云而無情亦自不妨。

明道、伊川論性疏密固不同，然其氣象亦各有極至處。明道直是渾然天成，伊川直是精細平實，正似文王治岐、周公制禮之不同，又似馬援論漢二祖也。

封建之論甚佳。范公之說，大抵切於時務，近而易行，但於制度規模久遠意思大段欠闕。如論租庸、兩税等處，亦甚疏略也。封建一事，向見胡丈明仲所論，大抵與來喻相似，不知曾見之否？要之，此論須以聖人不以天下爲一家之私作主意，而兼論六國形勢，以見其利害未嘗不隨義理之是非則可耳。以上諸説，有未安處，却幸反復。

答孫季和

縣事想日有倫理，學校固不免爲舉子文，然亦須告以聖學門庭，令士子略知修己治人之實，庶幾於中或有興起，作將來種子。浙間學問一向外馳，百怪俱出，不知亦頗覺其弊否？寧海僧極令人念之，亦可屬之端叔兄弟否？若救得此人出彼陷穽，足使聞者悚動，所係實不輕也。所疑三條，皆恐未然，試深味之，當自見得。古今書文，雜見先秦古記，各有證驗，豈容廢絀？不能無可疑處，只當玩其所可知而闕其所不可知耳。小序決非孔門之舊，安國序亦決非西漢文章。向來語人，人多不解，惟陳同父聞之不疑，要是渠識得文字體制意度耳。讀書玩理外，考證又是一種工夫，所得無幾而費力不少，向來偶自好之，固是一病，然亦不可謂無助也。孔氏書序與孔叢子、文中子大略相似，所書孔臧不爲宰相而禮賜如三公等事，皆無其實。而通鑑亦誤信之，則考之不精甚矣。

答石應之

所示文字深切詳審，説盡事情。想當時面陳又不止此，而未足以少回天意，此亦時運所繫，非人力所能與也。更願益加涵養講學之功而安以俟之，事會之來，豈有終極？安知其不愈鈍而後利耶？熹衰朽殊甚，春間一病狼狽，公謹見之。繼此將理一兩月，方稍能自支，然竟不能復舊。幸且復得祠禄休養，而幼累疾病相仍，殊無好況，心昏目倦，不能觀書，然日用功夫不敢不勉，間亦紬繹舊聞之一二，雖無新得，然亦愈覺聖賢之不我欺，而近時所謂喙喙爭鳴者之亂道而誤人也。無由面論，臨風耿耿。公謹想已到彼矣，渠趣向意味朋友間少得，但意緒頗多支離，更與鐫切，令稍直截，當益長進耳。

答石應之

聞新阡尚未得卜，想今已有定。鄉見説大門上世宅兆之勝，今日求之，未易可得。蓋地有盡而求者無已，若欲立定等則，必求如此之地而後用之，則恐無時而已耳。熹衰病日益沈痼，數日來又加寒熱之證，愈覺不可支吾。相見無期，亦勢應爾，不足深念。猶恨黨錮之禍四海横流，而賢者從容其間，獨未有以自明者。此則拙者他日視而不瞑之深憂也。富貴易得，名節難保，此雖淺近之言，然亦豈可忽哉！便中寓此，以代面訣。

答諸葛誠之

示喻競辯之端，三復惘然。愚意比來深欲勸同志者兼取兩家之長，不可輕相詆訾，就有未合，亦且置勿論，而姑勉力於吾之所急。不謂乃以曹表之故，反有所激，如來喻之云也。不敏之故，深以自咎。然吾人所學，喫緊著力處正在天理人欲二者相去之間耳。如今所論，則彼之因激而起者，於二者之間果何處也？子靜平日所以自任，正欲身率學者一於天理，而不以一毫人欲雜於其間，恐決不至如賢者之所疑也。義理，天下之公，而人之所見有未能盡同者，正當虛心平氣，相與熟講而徐究之，以歸於是，乃是吾黨之責。而向來講論之際，見諸賢往往皆有立我自是之意，厲色忿詞，如對仇敵，無復長少之節、禮遜之容。蓋嘗竊笑，以爲正使真是仇敵，亦何至此？但觀諸賢之氣方盛，未可遽以片辭取信，因默不言，至今常不滿也。今因來喻輒復陳之，不審明者以爲如何耳？

答諸葛誠之

所喻子靜不至深諱者，不知所諱何事？又云銷融其隙者，不知隙從何生？愚意講論義理只是大家商量，尋箇是處，初無彼此之間，不容更似世俗遮掩回護、愛惜人情，纔有異同，便成嫌隙也。如何如何？所云粗心害道自知明審，深所歎服。然不知此心何故粗了？恐不可不究其所自來也。

答項平父安世

示喻此心元是聖賢，只要於未發時常常識得、已發時常常記得，此固持守之要。但聖人指示爲學之方周遍詳密，不靠一邊，故曰敬義立而德不孤。若如今說，則只恃一箇「敬」

字，更不做集義工夫，其德亦孤立而易窮矣。須是精粗本末隨處照管，不令工夫少有空闕不到之處，乃爲善學也。此心固是聖賢本領，然學未講、理未明，亦有錯認人欲作天理處，不可不察。識得、記得，不知所識、所記指何物而言？若指此心，則識者、記者復是何物？心有二主，自相攫拏，聖賢之教，恐無此法也。持守之要，大抵只是要得此心常自整頓，惺惺了了，即未發時不昏昧，已發時不放縱耳。愚見如此，不知子靜相報如何？因風録示，或可以警所不逮也。伊川先生云：「涵養須用敬，進學則在致知。」此兩句，與從上聖賢相傳指訣如合符契。但講學更須寬平其心，深沉詳細，以究義理要歸處，乃爲有補。若只草草領略，就名數訓詁上著到，則不成次第耳。

答項平父

所喻曲折及陸國正語，三復爽然，所警於昏惰者爲厚矣。大抵子思以來，教人之法惟以尊德性、道問學兩事爲用力之要。今子靜所説，專是尊德性之事，而熹平日所論，却是問學上多了。所以爲彼學者多持守可觀，而看得義理全不子細，又別説一種杜撰道理遮蓋，不肯放下。而熹自覺雖於義理上不敢亂説，却於緊要爲己爲人上多不得力，今當反身用力，去短集長，庶幾不墮一邊耳。

答項平父

官期遽滿，當復西歸，自此益相遠，令人作惡也。罵坐之説，何乃至是？吾人爲學，别無巧妙，不過平心克己爲要耳。天民聞又領鄉邑賑貸之役，不以世俗好惡少改其度，深可敬服。朋友論議不同，不能下氣虚心以求實是，此深可憂。誠之書來，言之甚詳，已略報之，可取一觀，此不復云也。聞宗卿、子静蹤跡，令人太息。然世道廢興，亦是運數。吾人正當勉其在己者以俟之耳。不必深憤歎，徒傷和氣、損學力，無益於事也。

答項平父

所諭讀書次第甚善，但近世學者，務反求者便以博觀爲外馳，務博觀者又以内省爲隘狹，左右佩劍，各主一偏，而道術分裂，不可復合，此學者之大病也。若謂堯舜以來所謂兢兢業業便只是讀書程課，竊恐有一向外馳之病也。如此用力，略無虚閒意思、省察工夫，血氣何由可平，忿欲何由可弭耶？無由面論，徒增耿耿耳。

答項平父

録寄啓書，尤以愧荷，稱許之過，皆不敢當，但覺「難用」兩字著題耳。至論爲學次第，則更儘有商量。大抵人之一心，萬理具備，若能存得，便是聖賢，更有何事？然聖賢教人所以有許多門路節次，而未嘗教人只守此心者，蓋爲此心此理雖本完具，却爲氣質之禀不能無偏。若不講明體察，極精極密，往往隨其所偏，墮於物欲之私而不自知。近世爲此説者，觀其言語動作略無毫髮近似聖賢氣象，正坐此耳。是以聖賢教人，雖以恭敬持守爲先，而於其中又必使之即事即物，考古驗今，體會推尋，内外參合。蓋必如此，然後見得此心之真，此理之正，而於世間萬事、一切言語無不洞然了其白黑。大學所謂知至意誠，孟子所謂知言養氣，正謂此也。

若如來喻，乃是合下只守此心，全不窮理，故此心雖似明白，然却不能應事，此固已失之矣。後來知此是病，雖欲窮理，然又不曾將聖賢細密言語向自己分上精思熟察，而便務爲涉獵書史、通曉世故之學，故於理之精微既不能及，又并與向來所守而失之，所以倀倀無所依據，雖於尋常淺近之説亦不能辨，而坐爲所惑也。

夫謂不必先分儒、釋者，此非實見彼此皆有所當取而不可偏廢也，乃是不曾實做自家本分功夫，故亦不能知異端詖淫邪遁之害，茫然兩無所見，而爲是依違籠罩之説以自欺而欺人耳。若使自家日前曾做得窮理功夫，此豈難曉之病耶？然今所謂心無不體之物，物無不至之心，又似只是移出向來所守之心，便就日間所接事物上比較耳。其於古今聖賢指示剖析細密精微之蘊，又未嘗入思議也。其所是非取舍，亦據己見爲定耳。又何以察夫氣稟之偏、物欲之蔽，而得其本心正理之全耶？便謂存誠愈固，養氣愈充，吾恐其察之未審而自許過高，異日忽逢一夫之説，又將爲所遷惑而不能自安也。中間得葉正則書，亦方似此依違籠罩而自處甚高，不自知其淺陋，殊可憐憫。以書告之，久不得報。恐未必能堪此苦口也。大學章句一本謾往，其言雖淺，然路脈不差、節序明審，便可行用，幸試詳之。

答項平父

所論「義襲」，猶未離乎舊見。大抵既爲聖賢之學，須讀聖賢之書；既讀聖賢之書，須看得他所説本文上下意義，字字融釋，無窒礙處，方是會得聖賢立言指趣，識得如今爲學功夫，固非可以懸空白撰而得之也。如孟子答公孫丑問氣一節，專以浩然之氣爲主。其曰「是集義所生者」，言此氣是積累行義之功而自生於内也。其曰「非義襲而取之也」，言此氣非是所行之義潛往掩襲而取之於外也。其曰「行有不慊於心則餒矣」者，言心有不慊，即是不合於義而此氣不生也。是豈可得而掩取哉？告子乃不知此，而以義爲外，則其不動心也，直彊制之而頑然不動耳，非有此氣而自然不動也。故又曰：「我故曰告子未嘗知義，以其外之也。」然告子之病，蓋不知心之慊處即是義之所安，其不慊處即是不合於義，故直以義爲外而不求。今人因孟子之言，却有見得此意而識義之在内者，然又不知心之慊與不慊，亦有必待講學省察而後能察其精微者。故於學聚問辨之所得，皆指爲外而以爲非義之所在，遂一切棄置而不爲。此與告子之言雖若小異，然其實則百步、五十步之間耳。以此相笑，是同浴而譏裸裎也。由其所見之偏如此，故於義理之精微、氣質之偏蔽皆所不察，而其發之暴悍狂率，無所不至。其所慨然自任，以爲義之所在者，或未必不出於人欲之私也。

來喻敬義二字功夫不同，固是如此。然敬即學之本，而窮理乃其事，亦不可全作兩截看也。洪範「皇極」一章，乃九疇之本，不知曾子細看否？先儒訓「皇極」爲「大中」。近聞又有説「保極」爲存心者，其説如何？幸推詳之，復以見告。逐句詳説，如注疏然，方見所論之得失。大抵爲學，但能於此等節目處看得十數條通透縝密，即見讀書凡例，而聖賢傳付不言之妙，皆可以漸得之言語之中矣。

答項平父

所喻已悉。以平父之明敏，於此自不應有疑。所以未免紛紜，却是明敏太過，不能深潛密察、反復玩味，只略見一線路可通，便謂理只如此，所以爲人所惑，虚度光陰也。孟子之意，須從上文看。「其爲氣也，配義與道，無是餒也。是集義所生者，非義襲而取之也。」此上三句本是説氣，下兩句「是」字與「非」字爲對，「襲」字與「生」字爲對，其意蓋曰，此氣乃集義而自生於中，非行義而襲取之於外云爾，非謂義不是外襲也。今人讀書不子細，將聖賢言語都錯看了，又復將此草本立一切法〔一〕，横説竪説，誑唬衆生，恐其罪不止如范寧之議王弼而已也。

答項平父

熹一病四五十日，危死者數矣。今幸粗有生意，然不能飲食，其勢亦難扶理。杜門屏息，聽天所命，餘無可言者。所幸一生辛苦讀書，微細揣摩，零碎括剔〔二〕，及此暮年，略見從上聖賢所以垂世立教之意，枝枝相對，葉葉相當，無一字無下落處。若學者能虚心遜志，游泳其間，自不患不見入德門户。但相見無期，不得面講，使平父尚不能無疑於當世諸儒之論，此爲悢悢耳。

答陳抑之謙

熹從士友間得足下之名而願交焉，爲日久矣。衰病屏伏，無從際會，每以爲恨。而聽於往來之言，亦知足下之不鄙我，而將有以辱況之也。年歲以來，私家多故，不獲以聲問先自通於隸人，茲承枉書，感愧亡量。顧陳義高遠，雖古之賢人君子，懼不足以堪足下之意，而熹之愚何敢當之以自取戾耶？然曩亦嘗有聞於先生長者矣，勤勞半世，汩没於章句訓詁之間〔三〕、黽勉於規矩繩約之内，卒無高奇深眇之見可以驚世而駭俗者，獨幸年來於聖賢遺訓，粗若見其坦易明白之不妄而必可行者，私竊以爲儻得當世明達秀穎之士相與講之，抑彼之過，彊此之不及，吾道庶其明且行乎？三復來書，果若有意於此，幸甚幸甚。竄伏窮山，未知見日，繼此書疏之往來，猶足以見區區也。餘惟藏器勉學，慰此遐想。

答俞壽翁

太極之書，度所見不同，論未易合，故久不報。又思理之所在，終不可以不辨，近方以書復之。其説甚詳，未知彼復以爲如何也？「極」不訓「中」，此義甚的。然自先儒失之久矣，未必今人之失也。德功渾象之説，誠如所喻。此公好學而病多，蓋不專在言語文字之間也。來喻有志未勉〔四〕、有見未徹，此見賢者自知之明。見子靜曾扣之否？愚意則以爲且當捐去浮華〔五〕，還就自己分上切近著實處用功，庶幾自有欲罷不能、積累貫通之效。若未得下手處，恐未免於臆度虛談之弊也。

答應仁仲

大學、中庸屢改，終未能到得無可改處，大學近方稍似少病。道理最是講論時説得透，纔涉紙墨，便覺不能及其一二，縱説得出，亦無精彩。以此見聖賢心事，今只於紙上看，如何見得到底？每一念此，未嘗不撫卷慨然也。

答應仁仲

自幾道來，聞欲相訪，日佇來音。比歸不至，深以惘然。後得呂子約書，乃知已嘗經婺女，竟爾相失，尤以爲恨。歸來乃領向來三月所惠書，雖已遠，猶足慰意也。比日秋冷，遠惟德履佳勝。熹一出，狼狽不可言，幾道必已詳言之矣。歸來已決杜門之計，讀書益有味，但祠請專人愆期未返，未知此事定復何如，度亦不出三五日，當見果決也。甚久欲一見賢者，今既不遂，因書有以見告者，切幸不外。啓蒙、小學二書，偶未有本，後便續寄去。中庸等書未敢刻，聞有盜印者，方此追究未定，甚以爲撓也。因便布此，未能盡所欲言。正遠，珍重。

答應仁仲

熹衰病之餘，災患復不可堪。趙氏聘幣，無置之之所，故遣歸之。今既不受，未有以處。欲如來喻納之於壙，則今已葬，且此間之葬例薄，然亦時有意外之患。欲置少田以給墓户，則亦不必如此之多。欲以施諸鄉人之爲橋道者，則似於義亦無所當。反復思之，唯有別以它女再結姻好之爲善。而家間諸女及孫雖多，而年歲無相當者，其最長者才十有二耳。似此再三籌度，皆未有計，不知賢者何以教之，使於義稍安而無所疑也？聞幾道太夫人至爲悲慟變食，此意尤不敢忘耳。熹出處之計未知所定，亦復類此。浙中士友亦頗有知其曲折者，要是杜門藏拙爲上計耳。

答應仁仲

久不聞問，小兒歸被告〔六〕，乃知向來體中嘗不佳，證亦不輕，又喜只今已漸平復。竊計比日起居益快健，氣體愈清實也。但累年命駕之約，未知能復踐言否？熹亦益衰，精神筋力皆已非復昔時，勢亦不能遠適，何由一承晤語，以遂心期？念之令人悵悵不能爲懷也。

禮書方了得聘禮已前，已送致道，令與四明一二朋友抄節疏義附入，計必轉呈。有未安者，幸早見教，尚及改也。覲禮以後，黄婿携去廬陵，與江右一二朋友成之，尚未送來，計亦就草藁矣。前賢常患儀禮難讀，以今觀之，只是經不分章，記不隨經，而注疏各爲一書，故使讀者不能遽曉。今定此本，盡去此諸弊，恨不得令韓文公見之也。

易本義不謂遂達几下。舊讀此書，每於先儒之説有所不快，因以妄意管窺一二，亦不自意推尋至此。尚恨古書放失，聞見單淺，今又衰惰不能卒業，不知明者何以教之？更望詳賜誨諭，毋使有待於後世之子雲也。正遠，切祈以道自重，益綏壽祉，千萬至望。

答應仁仲

久不聞問，辱書爲慰。信後清和，恭惟求志從容，尊履多福。如聞亦苦目疾，莫不至甚妨事否？熹則左目全盲，右亦漸不見物矣。來日幾何，學不加益而罪戾日聞，未知明者何以警策之也？惠許來訪，固所幸願，顧見屬之意，有所不敢承耳。何時披晤，訟此堙鬱？

更祈珍衛，副此真禱。

答應仁仲

熹勸講亡狀，竟煩罷斥。杜門念咎〔七〕，畢此餘生，爲幸甚矣。比來衰悴，愈覺支離，加以耳重目盲，殊費醫治，良以爲撓。然亦老態之常，不足怪也。因便草草。向見朋友編春秋例，鄙意亦欲如此，正如來喻所云也。

熹目盲，不能親書。所喻編禮如此固佳，然却太移動本文，恐亦未便耳。老病益侵，而友朋相望，皆在千百里外，恐此事不能成，爲終身之恨矣。向在長沙、臨安，皆嘗有意欲藉官司之力爲之，亦未及開口而罷。天於此學如此其厄之，何邪？可歎可歎！

答周叔謹 葉公謹，改姓字〔八〕。

應之甚恨未得相見，其爲學規模次第如何？近來呂、陸門人互相排斥，此由各徇所見之偏，而不能公天下之心以觀天下之理，甚覺不滿人意。應之蓋嘗學於兩家，不知其於此看得果如何？因話扣之，因書喻及爲幸也。熹近日亦覺向來説話有太支離處，反身以求，正坐自己用功亦未切耳。因此減去文字功夫，覺得閑中氣象甚適。每勸學者，亦且看孟子道性善、求放心兩章，著實體察收拾爲要。其餘文字，且大概諷誦涵養，未須大段著力考索也。

答周叔謹

叔謹想且留彼，應之相聚，所講何事？文字且虚心平看，自有意味，勿苦尋支蔓、旁生孔穴，以汩亂義理之正脈。中庸謹思之戒，蓋爲此也。子約書來，説得大段支離。要是義理太多，信口信筆縱横去得，説得轉闊，病痛轉深也。如所論功體二字太露之類，亦是此樣。所云須如顔子，方無一毫之非禮，此説却是。但未知其意向在甚處？若云人須以顔子自期，不可便謂已至則可；若謂顔子方能至此，常人不可學他，即大不可。想渠必不至此誤，但亦只是每事須著一句纏繞，令不直截耳。公謹來書依舊説得太多，更宜省約爲佳也。祝汀州已成見次，不知赴官能入山否？朝廷方遣使命行經界、議鹽法，此亦振民革弊之秋，但恐不免少勞心力耳。彦章書來，云欲見訪，却不見到，不知何故。所論二人外内之偏信然，此等處只是容易窄狹，自主張太早了，便生出無限病痛耳。彼既相信不及，勢亦無如之何。莫若且就己分上著力之爲急也。

答周叔謹

喪禮前書已報大概，適再考儀禮，絰五服皆有之〔九〕，一在首，一在要，大小有差。「斬衰」條下，傳中已言之，故不復言耳。要絰之下又有帶，斬衰絞帶、齊衰布帶是也。蓋絰帶以象吉服之大帶，此帶則象吉服之革帶，屈其一端立貫之，還以插於要間。非齊衰，則止用布帶而無要絰也。右本在上者，齊衰絰之制，以麻根處著頭右邊，而從額前向左圍向頭後，却就右邊元麻根處相接，即以麻尾藏在麻根之下，麻根搭在麻尾之上綴殺之。有纓者，以其加於冠外，故須著纓，方不脱落也。辟領，儀禮注云「辟領廣四寸」，則與闊中八寸也，兩之爲尺六寸，與來書所言不同，不知何故。詳此辟領是有辟積之義，雖廣四寸，須用布闊四寸、長八寸者，摺其兩頭，令就中相接，即方四寸。而綴定上邊於領之旁，以所摺向裏，平面向外，如今裙之有摺，即所謂辟積也。温公所謂裳每幅作三輒者是也。如此，即是一旁用八寸，兩旁共尺六寸矣。管屨、疏屨，今不可考。今略以輕重推之，斬衰用今草鞋，齊衰用麻鞋可也。麻鞋，卒伍所著者。

答周叔謹〔一〇〕

示喻静中私意横生，此學者之通患，能自省察至此，甚不易得。此當以敬爲主，而深察私意之萌多爲何事，就其重處痛加懲窒，久之純熟，自當見效。不可計功於旦暮，而多爲説以害之也。論語别本未曾改定，俟便寄去。然且專意就日用處做涵養省察工夫，未必不勝讀書也。

答周叔謹

所示仁説，差勝往時，但所引熹説亦有誤字處，恐又錯認了，更略契勘爲佳。然書中所説收拾放心，乃是緊切下功夫處，講學乃其中之一事。今但專一於此下功，不須思前算後，計較得失。講學亦且看直截明白處，不要支蔓。來書所謂「雖若小異，然亦不甚相遠者」，全是子約舊時句法也。

答王季和鉛

别幅之喻，具悉至意。嘗謂道之在人初非外鑠，而聖賢垂訓又皆懇切明白，但能虚心熟讀，深味其旨而反之於身，必有以信其在我而不容自已，則下學上達，自當有所至矣。但讀書不可貪多，今當且以大學爲先，逐段熟讀精思，須令了了分明，方可改讀後段，如此庶易見功，久久浹洽通貫，則無書不可讀矣。

答王季和〔一〕

來示備悉。學者之志，固不可不以遠大自期，然觀孔門之教，則其所從言之者至爲卑近，不過孝弟忠信、持守誦習之間，而於所謂學問之全體，初不察察言之也。若其高弟弟子，多亦僅得其一體。夫以夫子之聖、諸子之賢，其於道之全體豈不能一言盡之以相授納，而顧爲是拘拘者以狹道之傳、畫人之志，何哉？蓋所謂道之全體雖高且大，而其實未嘗不貫乎日用細微切近之間，苟悦其高而忽於近、慕於大而略於細，則無漸次經由之實，而徒有懸想跂望之勞，亦終不能以自達矣。故聖人之教循循有序，不過使人反而求之至近至小之中，博之以文，以開其講學之端；約之以禮，以嚴其踐履之實，使之得寸則守其寸，得尺則守其尺。如是久之，日滋月益，然後道之全體乃有所鄉望而漸可識，有所循習而漸可能。自是而往，俛焉孳孳，斃而後已。而其所造之淺深，所就之廣狹，亦非可以必詣而預期也。故夫子嘗謂先難後獲爲仁，又以先事後得爲崇德，蓋於此小差，則心失其正，雖有鑽堅仰高之志，而反爲謀利計功之私矣，仁何自而得，德何自而崇哉？聊誦所聞，以答下問之意。至於庵記大字之需，則非學之急，亦老懶之所不暇也。舒大夫向嘗相見於會稽，所論未合。今想其學益有成矣。聞其政亦甚佳，有本者固如是也。不及爲書，因見幸略道意。

答傅子淵 夢泉

荆州云亡，忽忽歲晚。比又得青田教授陸兄之訃〔一二〕，吾道不幸，乃至於此！每一念之，痛恨無窮。想平生師資之義，尤不能爲懷也。所示江陵問答讀之，敬夫之聲容恍若相接，悲愴之餘，警策多矣。但其間尚有鄙意所未安者，更容熟復，續奉報歸納也。大抵賢者勇於進道而果於自信，未嘗虛心以觀聖賢師友之言，而壹取決於胸臆，氣象言語，只似禪家，張皇鬬怒，殊無寬平正大、沉浸醲郁之意。荆州所謂有拈搥竪拂意思者，可謂一言盡之。然左右初不領略，而渠亦無後語，此愚所深恨也。德起得資友益，書來甚激昂，已報之云。更須講學封殖，不可專恃此矣。

答傅子淵

示喻戰栗之義，反復思之，終未能曉。豈以宰我如此注解便涉支離，不能簡易故耶？

熹看此章，只是宰我錯解了，故聖人深責之，不謂其纔下注解便成支離，如來喻之云也。細詳來喻，是意外生説，附會穿鑿，有不勝其支離者。舉此一端，恐區區所見與賢者不同，不但此一事也。示及得朋進學之盛，深慰鄙懷。然二包、定夫書來，皆躐等好高之論，殊不可曉。顯道本領只是舊聞，正苦其未能猛舍，不謂已見絶於旦評也。

答傅子淵

示喻所以取舍於前日之論者甚悉，率爾之言，固不能保其無病，然道體規模、功夫節目只是一理，是則俱是，非則俱非，不容作兩種商量，去彼取此也。暇日平心定氣，試一思之，或有以變化氣質而救一偏之弊，則於成己成物之際，未必無小補耳。

答傅子淵

示喻所得，日益高妙，非復愚昧所能窺測，但願更於小心密察處稍加意焉，則所謂主敬窮理者，殆亦緝熙光明之所不可已者，而初亦不在涣然心喻者之外也。包、黄諸君各精進，捐去舊習，甚善，但恐似此一向掠虚，則又只是改换名目也。超宗遠來，殊未有以副其意者，却似於己分著實處未知用力，又與諸兄大相反也。已喻其就彼商量，雖稍過於簡約，亦無害耳。

答陳正己剛

往歲得吕東萊書，盛稱賢者之爲人，以爲十數年來朋友中未始有也，以此心願一見，而無從得。中間聞欲來訪，甚以爲喜。不久，乃聞遽遭閔凶，深爲傷怛，顧以未嘗通問，不欲遽脩慰禮。今者辱書，荷意良厚，且審秋辰殘暑，孝履支福，又以爲慰。示喻爲學大致及别紙數條，皆已深悉，但區區於此有不能無疑者。蓋上爲靈明之空見所持，而不得從事於博學篤志、切問近思之實；下爲俊傑之豪氣所動，而不暇用力於格物致知、誠意正心之本，是以所論嘗有厭平實而趨高妙、輕道義而喜功名之心。其浮陽動俠之意，往往發於詞氣之間，絶不類聖門學者氣象，不知向來伯恭亦嘗以是相規否也？熹自年十四五時，即嘗有志於此，中間非不用力，而所見終未端的，其言雖或誤中，要是想像臆度，所幸内無空寂之誘、外無功利之貪，全此純愚，以至今日，反復舊聞而有得焉。乃知明道先生所謂「天理二字，却是自家帖體出來」者，真不妄也。

沖漠無朕一段，恐未可輕議。若當此時，萬象未具，即是上面一截無形無兆，後來被人引入塗轍矣。賢者正作此見，何乃遽謂古今無人作此語耶？敬以直内，近思録注中别有一語，先生指意甚明。蓋雖不以爲無，然未嘗以爲即與吾之所謂敬以直内者無毫髮之差也。

許渤爲人，不可知其詳，語録中又有一處説其人晨起，問人寒暖加減衣服，加減一定，終日不易，即是天資篤厚之人，容有不聞隔窗事者，非必有寄寂之意而欲其不聞也。況此條之下，一本注云：「曷嘗有如此聖人？」則是先生蓋亦未之許也。但歎美其純德，與世間一種便儇皎厲之人氣象懸隔，亦可尚耳。此等皆未可輕易立説，訕薄前賢也。

注疏之學，却不須如此主張。蘇子由議論自是一偏之説，亦何足爲準的也哉？董仲舒所立甚高，恐未易以世儒詆之。今日病痛，正爲不曾透得道義功利一重關耳。若處置匈奴一節，便使從來才智之士如婁敬、賈誼亦未免此。來諭於此予奪之間，不能無高下其手者，豈立意之偏而不自覺歟？近來浙中怪論鑫起，令人憂歎，不知伯恭若不死，見此以爲如何也？

答陳正己

示喻縷縷，皆聖賢大業，熹何足以知之？然亦未得一觀，即爲朋友傳玩，遂失所在。今不復能盡記，但覺所論不免將内外本末作兩段事，而其輕重緩急又有顛倒舛逆之病。究觀底裏，恐只是後世一種智力功名之心，雖强以聖賢經世之説文之，而規模氣象與其所謂存神過化、上下同流者大不侔矣。若戊子年間所見果與聖賢不異，即其所發不應如此，以故鄙意於此尤有不能無疑者。未得面論，徒增耿耿耳。

答朱子繹

知讀大學，甚善。大抵其説雖多，多是爲學之題目次第，緊要是「格物」兩字，却未曾説著下手處。故學者之讀此而不得其要者，類如數遺棄之齒而求有獲，亦没世窮年而無得矣。須著精神領略箇大體規模，便尋箇的當下手處，著實用功，始是會讀大學也。

答路德章

所與子約書甚善。但謂東萊遺言有「涉於經濟維持者，別爲一事」，而異於平日道學之意，則恐亦未免有累於東萊也。龜山嘗譏王氏之學離内外、判心迹，使道常無用於天下，而經世之務皆私智之鑿，正謂此耳。又謂儻遇漢祖、唐宗，亦須有爭不得、且放過處，亦是舊時意思尚在。方寸之地，只有一毫此等見識，便是枉尺直尋底根株，直須見得正當道理分明，不容些兒走作，即自然無復此等意思，雖欲宛轉回護，亦有所不可得矣。古之聖賢以枉尺直尋爲大病，今日議論乃以枉尺直尋爲根本，若果如此，即孟子果然迂闊，而公孫衍、張儀真可謂大丈夫矣。德章已見大意，自不必如此說，因筆及之，亦恐餘證未解，聊復云云耳。儀禮編已收，此間朋友未有能辨此者。春秋想亦不輟用工，此文字未爲切己，然亦可惜中廢，但稍减課程，今日力有餘，不至忙迫，即玩索涵養之功不至欠闕矣。

答路德章

所喻水到渠成之説，意思畢竟在渠上，未放水東流時，已先作屈曲準備了矣，毫釐之差，千里之繆。孟子、程子所以爲有功於天理、有力於聖門、有德於後學者，正在此處。不知何故，前日直如此看倒了？今日雖欲回頭，而尚爲舊習所牽，不得自由也。

答路德章

奉一日告，獲聞安勝爲慰。但聞忍窮益堅，未有卒歲之計，則未能不相爲動心也。然詳來喻，似所以處者亦未有盡善〔一三〕。蓋若謂羞於出入，則不應去冬未覺而今夏方覺；謂厭請託，則此等以義裁之，一切不與，人自不能相干；謂所入不足自資，則又將去此而有求，其得失既未可期，而豐約亦未可料。此恐皆非所以決爲去就之實，或者但以平日意氣不能俯仰，而忽然有所激觸，遂憤然爲此，而不暇顧計耳。

大抵德章平日爲學，於文字議論上用功多，於性情義理上用功少，所以常有憤鬱不平之意見於詞氣容貌之間。而所向者，無非崎嶇傴仄、不可容身之地。此在世俗苟且流徇之中觀之，固亦足爲高，然在吾輩學問義理上看，則豈非膏肓深錮之疾，而不可以不早治者耶？

即今且置此勿論，而以所喻讀論、孟者言之，則所謂「不愛把來作口頭説話，故不敢作問而墮於寡陋」者，豈亦不爲憤鬱不平之氣所發耶？夫學者讀書有疑而不能自決，故不得已而不能不問。今人無疑而飾問以資談聽者固不足道，然遂懲此而不問，則未知其果已洞然而無疑耶？抑有疑，而耻自同於飾問，遂隱默以自愚？將未至乎有疑而不能問，遂發其憤悶，肆其忌克而託於不問以自欺也？若已洞然而無疑，則善矣，然非上智之資不能及。若不幸而彷彿於後兩者之所謂，則吾恐其深有妨於進學而大有害於養心也。

昨見編集春秋，蓋嘗奉勸此等得暇爲之，不可以此而妨吾涵養之務，正爲此爾。但當時又見所編功緒已成，精密可愛，他人決做不得，遂亦心利其成，不欲一向説殺。以今觀之，則所謂爲人謀而不忠者，無大於此，乃始惕然自悔自咎，蓋不獨爲賢者惜之也。讀書爲學，本以治心，今乃不唯不能治之，而乃使向外奔馳，不得休息，以至於反爲之害，是豈不爲迷惑之甚乎？德章氣節偉然，非流輩所可及，私心常所愛敬，而區區之懷猶有未得盡者，每竊以爲愧且恨也。因風布問，輒盡言之。想所樂聞，不至以爲罪也。

答路德章

示喻縷縷備悉，然其大概，皆自恕之詞，以此存心，亦無惑乎德之不進而業之不脩也。吾人爲貧，只有禄仕一途可以苟活，無害於義。彼中距臨安不遠，豈不能一爲參選計而長此羈旅乎？此則未論義理，而只以利害計之，亦未得爲是也。大抵是日前爲學只是讀史傳、説世變，其治經亦不過是記誦編節，向外意多，而未嘗反躬内省，以究義理之歸，故其身心放縱，念慮粗淺，於自己分上無毫髮得力處。此亦從前師友與有責焉，而自家受病比之它人尤更重害，此又姿禀不美而無以洗滌變化之罪也。今日正當痛自循省，向裏消磨，庶幾晚節救得一半。而一向如此苟簡自恕，若不怨天，即是尤人，殊非平日所望於德章者也。

來諭每謂熹有相棄之意，此亦尤人之論。區區所以苦口相告，正爲不忍相棄耳。若已相棄，便可相忘於江湖，何至如此忉怛，愈增賢者忿懟不平之氣耶？只今可且捺下身心，除了許多閑説話，多方擘畫，去參了部，授一本等合入差遣。歸來討一歇泊處，將論語、孟子正文端坐熟讀，口誦心惟，雖已曉得文義，亦須逐字忖過，洗滌了心肝五臟裏許多忿懥怨毒之氣，管取後日須有進步處，不但爲今日之路德章而已也。

向見伯恭説少時性氣粗暴，嫌飲食不如意，便敢打破家事。後因久病，只將一册論語早晚閑看，忽然覺得意思一時平了，遂終身無暴怒。此可爲變化氣質之法。不知平時曾與朋友説及此事否？德章從學之久，不應不聞，如何全不學得些子？是可謂不善學矣。

答路德章

闕期不遠，便可得禄。襄陽古郡，多前賢遺迹，宦游得此，亦正自不惡也。示喻爲學功夫，果充此言，何患不進？但讀書亦須隨章逐句子細研窮，方見意味。若只用粗心，但求快意，恐終無以滌蕩塵埃、刬除鱗甲也。直卿在此，問以來書所云，渠殊不省。然聞過則喜，吾人正當勉力，不須便懷不平之意，必求伸己而屈人也。踏雪之遊，果能踐約，幸甚。

答康炳道

所論學者之失，由其但以致知爲事，遂至陷溺，此於今日之弊誠若近之，然恐所謂致知者，正是要就事物上見得本來道理，即與今日討論制度、較計權術者意思功夫迥然不同。若致得吾心本然之知，豈復有所陷溺耶？正坐論事而不求理，遂至生此病痛耳。熹於此非敢有所與奪，但見邪説横流，恐爲吾道之害，故不得不極言之，信之與否，則在乎人焉。若既排闢之，又假借之，則恐其弊將有至於養虎而遺患者矣。然區區於此亦固未嘗有所絶於人而不與其進也。彼若幡然覺悟，去邪歸正，又豈熹之所能拒哉？東萊文字須子細整頓成編，乃可商量，但此事亦不宜甚緩，蓋人生不堅固，若過却眼前諸人，即此事無分付處矣。

答郭希吕 律

示喻銘叙，此非有所愛，但老病心力衰耗，不能盡給四方之求，不得不自爲性命計耳〔一四〕。鄙性拙直，向使可爲，即已爲之，何至今日更煩再喻然後作耶？況今又經一番悲惱，尤覺昏憊，決不能辦此。且銘重於叙，既已作銘，若有餘力，何惜於叙，而費許多詞説分疏耶？誠之若是合下不肯承當，即不應爲希吕移書，以其所不欲者施於人；若以其重而不敢爲，則熹已任其重者矣，渠在今日必不容復有詞也。恐此未必誠之之意，只是希吕不相亮，必欲熹自爲之而故爲此説耳。人之相知，貴相知心。而古之君子不盡人之歡，不竭人之忠，所以全交。千萬深察乎此言，憐其衰老，勿破已成之例，以速其就於死地，幸甚幸甚。

答郭希吕

知讀論、孟不廢，甚善。且先將正文熟讀，就自己分上看，更考諸先生説有發明處者，博觀而審取之。凡一言一句，有益於己者，皆當玩味，未可便恐路徑支離而謂所有不必講也。墓銘之額，更著「宋」字亦佳，伯謨必已報去矣。大抵石長即以十字爲兩行，石短則以九字爲三行，隨事之宜可也。

答郭希吕

示喻所以居家事長之意，甚善甚善。此事他人無致力處，正唯自勉而已。但謂學問大端不敢躐等言之，則鄙意有所未曉者。夫學問豈以他求？不過欲明此理而力行之耳。但其功夫所施有序，而莫不以愛親敬長爲先，非謂學問自是一事，可以置之度外，而姑從事於孝友之實也。故熹竊願昆仲相與深察此意，而講於所謂學問之大端者，以求孝弟之實，則閨門之内倫理益正、恩義益篤，將有不期然而然者矣。若以學問爲一大事，不可幾及，而汲汲然徒弊精神於科舉文字之間，乃欲别求一術以爲家庭雍睦悠久之計，竊恐天理不明、人慾横生，其末流之弊將有不可勝慮、不可勝防者，不審賢者以爲如何？

答郭希吕

來喻縷縷，似未悉前後鄙意者。蓋人心有全體運用，故學問有全體工夫。所謂孝弟，乃全體中之一事，但比他事爲至大而最急耳。固不可謂學者止此一事便了〔一五〕，而其餘事可一切棄置而不問也。故聖賢教人，必以窮理爲先，而力行以終之，蓋有以明乎此心之全體，則孝弟固在其中而他事不在其外。孝弟固不容於不勉，而他事之緩急本末，亦莫不有自然之序。苟不明此，則爲孝弟者未免出於有意，且又未必能盡其理而爲衆事之本根也。今以六經、大學、論語、中庸、孟子諸書考之可見矣。希吕自謂多病，故不能精思博學，而姑用力於其所及，則固已爲自棄，而猶可諉曰近本。若遂以爲孝弟之外更無學問，則其繆見甚矣。且誠多病而不能精思博學矣，則又曷爲而苦心竭力以從事於科舉之文耶？此之不爲而彼之久爲，雖曰不厚於利而薄於義，吾不信也。希吕其更思之。

書院規模，且隨事隨力爲之，却就事實上考察整理，方見次第，不須如此預先安排。記文扁牓，尤是外事，但此等意思即見浮淺外馳之驗。若於學問全體上切己處用得功夫，即氣象自當深厚宏闊矣。太極、西銘、通書各往一本〔一六〕，試熟讀而思之，亦求理之一端也。

大抵學者不可有放過底事，久之不已，雖無緊要功夫，亦有得力處也。

答郭希吕

示喻縷縷備悉。然所謂收心、正心，不是要得漠然無思念，只是要得常自惺覺，思所當思，而不悖於義理耳。別紙所示看得全未子細，更宜加功。專看大學，首尾通貫，都無所疑，然後可讀語、孟。語、孟又無所疑，然後可讀中庸。今大學全未曉了，而便兼看中庸，用心叢雜如此，何由見得詳細耶？且更耐煩，專一細看爲佳。日月易得，大事未明，甚可懼也。

答時子雲

來喻滿紙，深所未喻。必是當時於此見得太重，所以如此執著，放捨不下。今想未能遽然割棄，但請逐日那三五分功夫，將古今聖賢之言剖析義利處反復熟讀，時時思省義理何自而來，利欲何從而有，二者於人孰親孰疏、孰輕孰重，必不得已，孰取孰捨、孰緩孰急。初看時似無滋味，久之須自見得合剖判處，則自然放得下矣。捨此不務，紛紛多言，思前算後，展轉纏縛，一生出不得。未論小小得失，政使一旦便登高科、躋顯官〔一七〕，又須別有思量擘畫，終不暇向此途矣。試思之如何？向編近思録，欲入數段説科舉壞人心術處，而伯恭不肯。今日乃知此箇病根，從彼時便已栽種培養得在心田裏了，令人痛恨也。

答毛舜卿

示喻功夫次第，似覺頭緒太多。今且以「敬義」二字隨處加功，久久自當得力。義利之間，只得著力分别，不當預以難辨爲憂。聖門只此便是終身事業，亦不須别妄想向上一路也。

答王伯禮〔一八〕洽

參，以三數之也。伍，以五數之也。如云什伍其民，如云或相什伍，非直爲三與五而已也。蓋紀數之法，以三數之則遇五而齊，以五數之則遇三而會。故荀子曰：「窺敵制變，欲伍以參。」注引韓子曰：「省同異之言，以知朋黨之分；偶參伍之驗，以責陳言之實。」又曰：「參之以比物，伍之以合參。」而漢書趙廣漢傳亦云：「參伍其賈，以類相準。」皆其義也。易所謂參伍以變者，蓋言或以三數而變之，或以五數而變之，前後多寡，更相反覆，以不齊而要其齊。如河圖、洛書大衍之數，伏羲、文王之卦，曆家之日月五星、章蔀紀元，是皆各爲一法，不相依附，而不害其相通者也。「綜」字之義，沙隨得之。然錯、綜自是兩事，錯者，雜而互之也；綜者，條而理之也。參伍錯綜，又各自是一事。參伍所以通之，其治之也簡而疏；錯綜所以極之，其治之也繁而密。

太極、兩儀、四象、八卦者，伏羲畫卦之法也。說卦「天地定位」至「坤以藏之」以前，伏羲所畫八卦之位也。「帝出乎震」以下，文王即伏羲已成之卦而推其義類之詞也。如卦變圖剛來柔進之類，亦是就卦已成後用意推說，以此爲自彼卦而來耳，非真先有彼卦而後方有此卦也。古注說賁卦自泰卦而來，先儒非之，以爲乾、坤合而爲泰，豈有泰復變爲賁之理？殊不知若論伏羲畫卦，則六十四卦一時俱了，雖乾、坤亦無能生諸卦之理。若如文王、孔子之說，則縱横曲直，反覆相生，無所不可。要在看得活絡，無所拘泥，則無不通耳。易中先儒舊法，皆不可廢，但互體、五行、納甲、飛伏之類未及致思耳。卦變獨於彖傳之詞有用，然舊圖亦未備。頃嘗脩定，今寫去，可就空處填畫卦爻，而以彖傳考之，則卦所從來皆可見矣。然其間亦有一卦從數卦而來者，須細考之，可以見易中象數無所不通，不當如今人之拘滯也。右：● 扐 ● 掛 左：● ●。今於圖中如此添脩，當已明白矣。

答楊深父

示喻自患柔懦不立，而欲務於寬大含容，此正以水濟水之謂也。前此所以奉告，但欲賢者日用之間不昧此心，更於應接事物處各求其理之所在，則喜怒哀樂自無偏倚而皆中節矣，不審賢者以爲如何？

答楊深父

所喻諸疑，固嘗面論，若未能判然，莫若條陳所疑，章解而句辨之，當有所決，不可只如此泛論也。略處如某章某説某句〔一九〕，如何當取而不取。過處、未安、太甚三説亦然，乃見所疑之實。禮樂刑政之爲教，如寒暑生殺之爲歲，此何所疑？若如來意，則道外有物而刑政專出於蚩尤、申商矣。此類更宜寬著心胸，子細推驗，不可只將尋常小小意見窺測也。觀横渠先生論周禮天官處亦可見矣。

答汪子卿

一别累年，疾病多故，不獲以時致問訊，第積馳仰。正思之來，辱手書兩通，意厚禮勤，有非區區淺陋所敢當者，然足以見好學之篤，雖老而不忘也。信後冬深，寒暖不常，不審尊候何如？伏惟起居萬福〔二〇〕。

熹犬馬之齒雖在賢者之後，然今亦是老境。平生爲學非不究心，然未有大得力處。

三復來誨，皆其力之所未能及者，而何足以少助於高明？但荷意之勤，亦不敢隱其固陋耳。

竊味來書所引論語數條，言仁甚悉，而所論反復，亦不爲不詳，獨於「仁」之一字義理意味，與其所以用力之方皆未之及。豈其於此固有以默契而忘言也耶？不然，則仁之所以爲仁者，初未嘗曉然有見於心而的然有得於己，吾恐所謂不違不害者之茫然，如捕風繫影之無所措，而所以處夫窮通得喪之際者，或未能泰然無所動於其中也。長者之明，雖不至此，然以所謂變通之術者觀之，則有以見其未免於彼之重而此之輕也。昔子貢無諂無驕之問，蓋自以爲至矣[二一]，而夫子以爲未若樂與好禮，何哉？無諂無驕，則尚局於貧富之中；樂且好禮，則已超然乎貧富之外也。然其所以至此，則必嘗有所用其力矣，非規規於兩者之間，有所較計抑遏而求出於此也。又況於自料其必有所不安，而預爲變通之計，則恐其所立又將出於無諂無驕之下也無疑矣。

區區鄙意，竊願長者於此姑無恤其他，而深探聖賢之言，以求仁之所以爲仁者，反諸身而實用其力焉，則於所以不違不害者，皆如有物之可指，而窮通得失之變，脱然其無與於我矣。不識高明以爲如何？若有未安，幸復見教也。

答趙幾道 師淵

所論時學之弊甚善，但所謂冷淡生活者，亦恐反遲而禍大耳。孟子所以舍申商而距楊墨者，正爲此也。向來正以吾黨孤弱，不欲於中自爲矛盾，亦厭繳紛競辯若可羞者，故一切容忍，不能極論。近乃深覺其弊，全然不曾略見天理彷彿，一味只將私意東作西捺，做出許多詖淫邪遁之説。又且空腹高心，妄自尊大，俯視聖賢，蔑棄禮法，只此一節，尤爲學者心術之害，故不免直截與之説破。渠輩家計已成，決不肯舍。然此説既明，庶幾後來者免墮邪見坑中，亦是一事耳。

答趙幾道

昔時讀史者，不過記其事實、摭其詞采，以供文字之用而已。近世學者頗知其陋，則變其法，務以考其形勢之利害、事情之得失。而尤喜稱史遷之書，講説推尊，幾以爲賢於夫子，寧舍論、孟之屬而讀其書。然嘗聞其説之一二，不過只是戰國以下見識，其正當處，不過知尊孔氏，而亦徒見其表，悦其外之文而已。其曰折衷於夫子者，實未知所折衷也。後之爲史者又不及此，以故讀史之士多是意思粗淺，於義理之精微多不能識，而墮於世俗尋常之見，以爲雖古聖賢亦不過審於利害之算而已。唯蘇黄門作古史序，篇首便言古之聖人其必爲善，如火之必熱，水之必寒；不爲不善，如騶虞之不殺，竊脂之不穀，於義理大綱領處見得極分明、提得極親切。雖其下文未能盡善，然只此數句已非近世諸儒所能及矣。惜其從初爲學功夫本無次序，不曾經歷，不能見得本末一一諦當，只其資質恬靜，無他外慕，故於此大頭段處窺測得箇影響。到此地位，正好著力，却便墮落釋、老門户中去，不能就聖賢指示處立得修己治人正當規模，以見諸事業、傳之學者，徒然説得此箇意思，而其意之所重，終止在文字言語之間。其徒雖極力推尊之〔一二〕，然竟不曾有人能爲拈出此箇話頭以建立宗旨者，亦可恨也。其論史遷之失兩句，亦切中其膏肓，不知近日推尊史記者，曾爲略分解否耳。今日已作書，偶思得此語，聊復奉告，不審以爲如何也？

答劉仲則 槩

示喻學問之道不專在書册，而在持身接物之間，理固如此，然便全舍去書册，不復以講學問辨爲事，則恐所以持身接物之際，未必皆能識其本源而中於幾會，此子路人民社稷何必讀書之論所以見惡於聖人也。試以治民理事之餘力益取聖賢之言而讀之、而思之，當自覺有進步處，然後知此言之不妄也。大學章句一通，謾奉致思之地。大抵讀書唯虚心專意，循次漸進爲可得之，如百牢九鼎，非可以一嘬而盡其味也。

答黄冕仲〔一三〕

所論爲學功夫甚善，但若果是見得日用周旋無非至善，則亦不必大段著力把捉，却恐迫切而反失之。但且悠悠隨其所向，便是持守，久之純熟，自見次第矣。讀書且就分明處看覷涵泳，不必過爲考索，久之浹洽，自然通透也。向説小善不足爲重輕，非是以小善爲不足爲，但謂要識得大體，有用功處，不專恃此爲本領耳。善之所在，即當從之，固不可以其小而忽之也。

答沙縣宋宰南强

跧伏山間，聽於道塗與凡士友之言，具知政績之美。竊謂今之爲吏者，救過目前，不得一意於撫摩之政久矣。乃如執事者出乎其間，民不告勞而官無廢事，是可尚已。如聞當路頗已相知，更願益修其在我者，其實既大，則其聲愈閎，將不可揜，政不必有意於其間也。

答楊簡卿迪

久不聞問，辱書，審聞新正以來，侍奉吉慶爲慰。又知已遂書考，又得史君薦削〔二四〕，尤以爲喜。但所諭趙帥書，在吾友妙年，何遽汲汲如此？向使前舉未登科，不成如今亦要舉狀關陞也？平生不敢爲此〔二五〕，故亦不欲以此施之於人；不喜人宛轉爲人求知，故亦不欲作此等書。反復思之，無以應命。但有一言爲贈，冀賢者抗志高明，有以自拔於流俗〔二六〕，乃所望耳。井伯雖實相愛，然似未知所以相愛也。

答江夢良史

示喻學校曲折，具悉雅志。今時教官能留意如此者誠不易得，然更在勉其學業。雖未能深解義理，且得多讀經史〔二七〕，博通古今，亦是一事。不可只念時文，爲目前苟簡之計也。

答吴宜之南

所論爲學之功，若如所言，則是大段勇猛精進，非復昔人矣。然前後屢聞此言，而及至相見，則性情態度宛然只是舊人〔二八〕，元未有毫髮改變，則今日之云，鄙意固有所未敢信也。且不唯所説之病不曾去，而省己粗疏、發言輕易之病又更增長。以此爲學，所謂却行而求前也。

答吴宜之

他説紛紜，皆是不肯安於義命之意。以宜之才氣，若稍加静重，潛心向學，何所不至？今乃一味浮躁，自立一種苟簡自恕議論，讀之令人腹煩。如謂世人習俗薄惡，難卒與語，而欲委曲開導之。竊詳此意，恐自未免於薄惡而難與語也。今日決意登舟，無可言者，但願更思此言，痛自收斂，猶可救得一半。若只如前日意思，他時之困當有甚於今日者，雖欲悔之，不能及也。所謂學者舍科舉文字未有可從事者，不知此語何爲而發？若如鄙意，則科舉文字之外，學者儘有合用力處，此賢者所當深念也。

答吴宜之

觀來書所論它人長短得失，無不精當，但平日所見所以讀書爲學之意、處己接物之方，則甚有不相似者，豈其務外者多而反身或闕耶？子貢方人，子曰：「賜也賢乎哉！夫我則不暇。」願宜之常思此句，念念向裏，就切己處做功夫，他人之長短得失，非吾之所當知也。陳公之賢固樂聞之，然公私多事，何能及此？新詩固有佳句，然亦非事之急，況欲投獻求知於人，此鶩外之尤者，不可以不戒。史論正亦未須遽作，且務窮經觀理、深自涵養，了取自家身分上事爲佳。

答吳宜之

承書，知已爲入都計，今想已到矣。但熹身在閑遠，豈能爲人宛轉求館求試？若能如此，則親戚間如黄直卿輩當先爲圖得矣。兼平生爲學，只學固窮守道一事，朋友所以遠來相問，亦正爲此。今若曲徇宜之之意，相爲經營，則是生師之間去仁義而懷利以相接矣，豈相尋問學之本意耶！

答吳宜之

所喻易説誠是太略，然此書體面與他經不同，只得如此點掇説過，多著言語便説殺了。先儒注解非是不好，只爲皆墮此病，故不滿人意。中間便欲稍移經下注文入傳中，庶得經文意思更寬，而未有功夫到得。今病衰如此，更有無限未了底文字，恐爲没身之恨矣。

答徐斯遠文卿

文叔作縣，不作著實工夫，狼狽至如此，如何著力？辟置之説，臨難苟免，尤爲非義，如何可萌此意，況未有可求處耶？子耕得近信否？所苦如何？想已向安。如今後生遲鈍者不濟事，其開爽者又多騖於文采，子耕近來覺向裏，甚可喜也。

答徐斯遠

彦章守舊説甚固，乃是護惜己見，不肯自將來下毒手彈駁，如人收得假金，不敢試將火鍛。如此如何得長進？僧家有琉璃瓶子禪之説，正謂此耳。

答徐斯遠

昌父志操、文詞皆非流輩所及，至此適值悲撓，未能罄竭所懷。然大概亦已言之，不過欲其刊落枝葉，就日用間深察義理之本然，庶幾有所據依以造實地，不但爲騷人墨客而已。今渠所志雖不止此，然猶覺有偏重之意，切己處却全未有所安也。斯遠亦不可不知此意，故此具報，幸有以交相警切爲佳耳。彦章議論，雖有偏滯不通之病，然其意思終是靠裏近實，有受用處也。

答趙昌甫蕃

斯遠殊可念，吾人當此境界，只有「固窮」兩字是著力處。如其不然，即墮坑落塹，無有是處矣。尤是文士巧於言語，爲人所說，易入邪徑。如近世陳無己之不見章雷州，吕居仁之不答梁師成，蓋絶無而僅有之，爲可貴也。

答徐彦章

承喻諄複，益見精詣。鄙意竊謂未發之前固不可謂之無物，但便謂情性無二、更無虚静時節，則不可耳。蓋未發之前萬理皆具，然乃虚中之實、静中之動，渾然未有形影著莫，故謂之中。及其已發，然後所具之實理乃行乎動者之中耳。來喻本欲自拔於異端，然却有侵過界分處，而主張太過，氣象急迫，無沈浸醲郁之味，尤非小失。願且寬平其心，涵泳此理而徐剖析於毫釐之際，然後乃爲真知儒佛之邪正，不必如是之迫切也。前日見論語説中破伊川先生孝悌爲仁之本之説，此正是於情性之際未能分别，恐當更加玩味，未可率然立論，輕詆前賢也。「致中和」一節，亦告深思，毋以先入之説爲主。甚幸甚幸〔二九〕。

答徐彦章

示喻主善之云〔三〇〕，甚佳，但善中有動静二者，相對而言，則静者爲主而動者爲客，此天地陰陽自然之理，不可以寂滅之嫌而廢也。更望虚心平氣，徐以思之，久必有合矣。若固執舊聞，舉一廢百，懼非所以進於日新也。

答徐彦章

熹前日拜狀，而還信已行，遂不得附，深負不敏之愧。兩日偶看經説，有疑義數條，别紙奉扣。并前書送令郎處，尋便附致，幸反復之，使得以致思爲望。説中「中和」、「動静」尤是大義，此處一差，非唯錯會經旨，且於道體便不分明，而日用工夫常有急迫之意，無深沉安静氣象，恐不可草草放過也。

答徐彦章論經説所疑〔三一〕。

「純於善而無間斷之謂一」，此語甚善。但所論老釋之病、體用之説，則恐未然。蓋老釋之病在於厭動而求静、有體而無用耳。至於分别體用，乃物理之固然，非彼之私言也。

求之吾書，雖無體用之云，然其曰寂然而未發者，固體之謂也；其曰「感通而方發」者，固用之謂也。且今之所謂一者，其間固有動静之殊，則亦豈能無體用之分哉？非曰純於善而無間斷，則遂晝度夜思，無一息之暫停也。彼其外物不接、内欲不萌之際，心體湛然，萬理皆備，是乃所以爲純於善而無間斷之本也。今不察此，而又不能廢夫寂然不動之説，顧獨詆老、釋以寂然爲宗，無乃自相矛盾邪？大抵老、釋説於静而欲無天下之動，是猶常寐不覺而棄有用於無用，聖賢固弗爲也。今説於動而欲無天下之静，是猶常行不止，雖勞而不得息，聖賢亦弗能也。蓋其失雖有彼此之殊，其倚於一偏而非天下之正理則一而已。嗚呼！學者能知一陰一陽、一動一静之可以相勝而不能相無，又知静者爲主而動者爲客焉，則庶乎其不昧於道體，而日用之間有以用其力耳。

「爲上爲德，爲下爲民」、「七世之廟，萬夫之長」，説皆未安。

「彖曰：反復其道」，當連下句。

日月、寒暑、晦明可言反復，死無復生之理，今作一例推説，恐憧於釋氏輪迴之論。

天地之心與赤子之心，恐更有商量。程子與呂與叔問答可見，請試詳之。

「中行獨復，合内外之道」以下，未曉其説，恐是筆誤。不然，則爲説太高，爻之時義、學之等級，似皆未契。

「一陽來復」與「雷在地中」只是一義，蓋陽生於閉藏之中，至微而未可有爲之時也。今曰不拘乎一，則以二者各爲一義矣，恐未安也。

「然必有事焉」，此句未曉。時習謹獨，即所謂有事。今乃中間下一「然」字，則似以「事」字爲工夫之條目矣，恐或未然，孟子説中已别論矣。

「不勉而中」之「中」以未發言，恐未安，此「中」字却是發而無過不及之中。聖人之心當發而發，不待著力而自無過與不及之差，非謂不待著力而常不發也。誠由動言亦未安，謂未動之時未嘗有誠，可乎？

「中者無過不及之謂」，又曰「和者，中之異名」，若就已發處言之則可，蓋所謂時中也。若就未發處言之，則中只是未有偏倚之意，亦與「和」字地位不同矣。未發只是未應物時，雖市井販夫、厮役賤隸亦不無此等時節，如何諱得？方此之時，固未有物欲泥沙之汩，然發而中節，則雖應於物，亦未嘗有所汩，直是發不中節，方有所汩。若謂未汩時全是未發，已汩後便是已發，即喜怒哀樂之發永無中節之時矣，恐不然也。於本有操持涵養之功〔三二〕，便是靜中工夫。所謂靜必有所事者，固未嘗有所動也。但當動而動〔三三〕，動必中節，非如釋氏之務於常寂耳。

「尊德性」以下，皆至德之方，語似未瑩。大抵「發育峻極」、「三千三百」皆至道，其人則至德之人也。此五句皆所以修至德而凝至道也。尊德性，所以充其發育峻極之大，道問學，所以盡其三千三百之小，下句放此。以其大小兼該、精粗不二，故居上居下、有道無道無所不宜，非止爲知禮也。

「中庸」二字各有所主，以爲異名亦未安也。

明道中庸說，問之前輩，乃呂與叔後來傳者之誤也。

「天地之大」以下，所説與上文不連貫。察，著也，謂與「察於人倫」之「察」同，亦未安。鳶飛魚躍，咸其自爾，將誰使察之耶？有察之者，便不活潑潑地矣。

「所求乎子」句，「以事父未能也」句，主意立文，皆與大學絜矩一節相似，人多誤讀。今詳來説，似亦可疑。

「明則動」，「動」以下當從程子説，皆以他人而言。孟子「在下位」一章，全用中庸語。其曰「至誠而不動者，未之有也」，即謂此也。

「大哉聖人之道」以下至「其此之謂歟」，別是一章。「知化育」，不必言如「乾知太始」之「知」。

「反古之道」，以下文考之，非不師古之謂也。「三重」，當從呂氏説。「下焉者」，若謂衰周以下，恐當「善」字不得，須別有説矣。

孟子之不動心，當從程子「能無畏難而動其心乎」之説，則一章之指首尾貫通矣。丑非疑孟子以得位爲樂而動其心，故孟子所答之意亦不爲此，詳味可見矣。

量敵慮勝，是孟施舍議他人不能無懼之言。

縮，直也，儀禮、禮記多有此字，每與「衡」字作對。下文直養之説，蓋本於此。乃一章大指所繫，不可失也。

「必有事焉」，如言有事于上帝，有事於顓臾之類，非是用力之地，乃言須當用力也。「正」者，等待期望之意，與春秋傳「師出不正反」、「戰不正勝」之「正」同。古注以「望」字釋之，是也。「忘」者，失其所有事。「助長」者，望之不至，而作爲奮迅，以增益之也。

告子論性，五説是同是别？「生之謂性」，其義如何？

七月一詩而備三體，乃鄭氏不達周禮籥章之義而生此鑿説，不足據信。今考周禮不遺餘力而反信此，何耶？

關雎之淑女似指嬪御，恐非詩意。

中即和也，和即中也，此語已辨於前。恐更須子細，不可如此草略説過。分體用者未必誤學者，却恐爲此説者能自誤耳。

皇極立之於此，四方之所取正，此説甚善。但不知所謂絜矩者，其義云何？據此，皇極與「所惡於上，無以使下」一節之意似不同也。

答包定之

近聞永嘉有回禄之災，高居不至驚恐否？講習家庭，得以從事於孝恭友弟之實，非行思坐誦空言之比也。然探索涵泳〔三四〕，又不可廢。不審所讀何書？更能温習論語，並觀孟子、尚書之屬，反復諷誦，於明白易曉處直截理會爲佳，切忌穿鑿，屈曲纏繞也。陳國録、徐太丞諸公曾相見否？亦頗得同志相與切磋否？此間今年朋友往來不定，講學殊無頭緒，甚思定之用意精密，不易得也。千萬勉旃，以慰遠懷。

答包定之

中庸實未易讀，更宜虚心玩味，久當自得。大抵其説雖無所不包，然其用力之端只在明善謹獨。所謂明善，又不過思慮應接之間，辨其孰爲公私邪正而已，此窮理之實也。若於此草草放過，則亦無所用其存養之力矣。若更如此用力〔三五〕，必自見得。其他文義意指有合商量處，便中却可垂喻。

校勘記

〔一〕又復將此草本立一切法　「復」，浙本作「便」。
〔二〕零碎括剔　「碎」，浙本作「細」。「括」，正訛據王懋竑朱子年譜改作「剖」。
〔三〕汩没於章句訓詁之間　「汩」，原作「泪」，據浙本、天順本改。
〔四〕來喻有志未勉　「勉」，原作「免」，據閩本、浙本、天順本改。
〔五〕愚意則以爲且當捐去浮華　「捐」，原作「損」，據浙本、天順本改。
〔六〕小兒歸被告　「被」，原作「彼」，據浙本改。
〔七〕杜門念咎　「咎」，原作「答」，據浙本、天順本改。
〔八〕葉公瑾改姓字　正訛題注曰：「介，初姓葉。」
〔九〕經五服皆有之　「經」，原作「經」，據浙本、天順本改。
〔一〇〕答周叔謹　此書又見卷四十四答任伯起書之一。
〔一一〕答王季和　此書又見卷六十二答林退思書之二末段。
〔一二〕比又得青田教授陸兄之訃　「比」，原作「地」，據浙本、天順本改。
〔一三〕似所以處者亦未有盡善　「未有」，浙本乙倒。
〔一四〕不得不自爲性命計耳　「命」下，考異云：一有「之」字。

〔一五〕固不可謂學者止此一事便了　「者」，浙本作「問」。
〔一六〕通書各往一本　「往」，原作「註」，據浙本改。
〔一七〕躋顯官　「官」，浙本作「宦」。
〔一八〕答王伯禮　「禮」，原作「豊」，據閩本、浙本、真文忠公集卷一二改。此書首段又見卷六七參伍以變錯綜其數説。
〔一九〕略處如某章某説某句　「句」上，原脱「某」字，據閩本、浙本、天順本補。
〔二〇〕伏惟起居萬福　「居」，原作「處」，據浙本改。
〔二一〕蓋自以爲至矣　「矣」字原脱，據浙本補。
〔二二〕其徒雖極力推尊之　「極」，原作「趣」，據閩本、浙本、天順本改。
〔二三〕答黄冕仲　「冕仲」，浙本作「文叔」。
〔二四〕又得史君薦削　「削」，原作「則」，據浙本改。閩本作「剡」，亦通。
〔二五〕平生不敢爲此　「生」，原作「性」，據閩本、浙本、天順本改。
〔二六〕有以自拔於流俗　「拔」，原作「技」，據閩本、浙本、天順本改。
〔二七〕且得多讀經史　「史」，浙本作「書」。
〔二八〕則性情態度宛然只是舊人　「性」，原作「生」，據浙本、天順本改。
〔二九〕甚幸甚幸　上「甚幸」原倒，據浙本、天順本乙正。

〔三〇〕示喻主善之云　「主」，浙本作「至」。

〔三一〕答徐彦章論經説所疑　此篇底本錯簡，此依浙本。

〔三二〕於本有操持涵養之功　「操持涵養」，浙本作「涵養操持」。

〔三三〕但當動而動　「而」，原作「不」，據浙本、天順本改。

〔三四〕然探索涵泳　「探」，原作「操」，據浙本、天順本改。

〔三五〕若更如此用力　「若」，浙本、天順本均作「且」。

晦庵先生朱文公文集卷第五十五

書知舊門人問答

答潘謙之柄

所喻心性分別，不知後來見得如何？性只是理，情是流出運用處，心之知覺，即所以具此理而行此情者也。以智言之，所以知是非之理則智也，性也；所以知是非而是非之者，情也；具此理而覺其爲是非者，心也。此處分別只在毫氂之間，精以察之，乃可見耳。愛、恭宜別，喜怒哀樂皆情也。以前説推之，可以三隅反矣。看論語只看集注，涵泳自有味。集義、或問不必句句理會，却看一經一史，推廣此意尤佳。

答潘謙之

所示問目，如伊川亦有時教人靜坐，然孔孟以上却無此説。要須從上推尋，見得靜坐與觀理兩不相妨，乃爲的當爾。易説大概得之，但一陰生之卦，本取一陰而遇五陽之義，今如此説亦佳，但更須子細看，不知能兼此兩意否？萃卦三句是占詞，非發明萃聚之意也。此是諸儒説易之大病，非聖人係辭焉而明吉凶之意。卜田之吉占〔一〕，特於巽之六四言之。此等處有可解者，有不可解者，只得虛心玩味，闕其所疑，不可强穿鑿也。「成性」、「成之者性」，「成」字義同而用異。「成性」是已成之性，如言成説、成法、成德、成事之類；「成之者性」是成就之意，如言成己、成物之類。「神之所爲」與「祐神」同，與「神德行」之「神」小異。法象變通，如此説亦得，但不免微有牽合之病耳。近日别看甚文字？有疑，幸語及也。

答潘謙之

孟子首數篇與齊、梁君語，大抵皆爲國治民之事，特患學者不能用之耳。即義利之對而定所趨，充易牛之心以廣其善端，閨門之内，妻子臣妾，皆有以察其温飽、均其勞佚而無尊賤之僻焉，亦與民同樂之意。又何往而非切身之事哉？

所論孟子書首，若能如此推類反求，固不害爲切己，但初學者便教如此看，却又添了一重事。不若且依本文看，逐處各自見箇道理，久久自然通貫，不須如此費力也。

「樂天」、「畏天」不同。以仁者而居小國，固不免爲智者之事；使智者而居大國，則未必能爲仁者之舉。何者？智者分别曲直，未必能容忍而不與之較，如仁者之爲也。得之。

禹、稷、顔子，時不同而出處不同，乃義之宜。伯夷、伊尹，時同而出處異，一是則一非，一善則一惡，孟子何以皆謂之聖人耶？謂伯夷、伊尹所爲爲非，恐未安。

許行欲君民並耕，則於人無貴賤之别；欲市價不貳，則於物無貴賤之差。事雖異而意則同。孟子因齊王易牛以發其不忍之心，因夷之厚葬其親以箴其兼愛之失，皆因其發見處以啓之。得之。

伊川云「養志莫如敬以直内」，此是就未發上説。孟子所謂「自反而縮」，「以直養而無害」，「集義所生」，皆指事而言，就已發上説。孟子方辨告子，故專救其偏。

孟子論養氣，只合就已發處說。程子說養志，自是當就未發處說。各是一義，自不妨内外之交養，不可說孟子爲救告子義外之失而姑爲此言也。

恐大人所以爲大人者〔二〕，不過不失其赤子之心而已。

論赤子之心，恐未然。若大人只是守箇赤子之心，則於窮理應事皆有所妨矣。

王子墊以人之爲士，下既不爲農工商之事，上又未有卿大夫之職，故疑其若無所事者。孟子言士雖未得位以行道，而其志之所尚，則有仁義焉。

尚志之說，甚善。「志」字與「父在觀其志」之「志」同，蓋未見於所行而方見於所存也。

「說大人則藐之」，蓋主於說而言。如曰「見大人則藐之」，則失之矣。

得之。

「於不可已而已」一節，以仁言；「於所厚者薄」一節，以義言。夫不可已而已、當厚而薄，則怠惰自私而無力行篤義之心，而失之不及矣。或有發憤勇進者，則又失之助長。迨夫意氣一衰，則私心邪念潰出而不可遏，此又失之太過也。

仁義之說未是，進鋭退速之說亦未精切，蓋其病正在意氣方盛之時已有易衰之勢，不待意氣已衰之後然後見其失也。

盡心第一章，游氏以知天爲造其理，事天爲履其事，固善矣。然「夭壽不貳」一節，又乃承上二節而言。上乃知而行之，此乃守而不變，游氏之説恐未當。夭壽不貳，亦是知天之效，但游氏説得下句太輕耳。

或問中，以楊氏所譏王氏之失爲非是。柄竊以高明之與中庸雖非二物，然細分之，亦不爲無别。中庸者，理之所當然也；高明者，理之所以然也。聖人處己應物固無二道，然處己而盡其理之當然者〔三〕，所以爲中庸也；知處己所以當然之理，則高明也。應物而盡其理之當然者，所以爲中庸也；知應物所以當然之理，則高明也。王氏判而爲二固非矣，而楊氏又渾然無所區别，則亦不察中庸、高明所以得名之實也。其曰智不足以致知，明不足以盡誠者，其意蓋以智爲高明、誠爲中庸。但「明」字與「誠」字不類，而反與上句所謂「智」者爲一律。豈牽於「自明而誠」之語而誤乎？若如其意，竊欲易曰：知不足以致知，誠不足以力行。惟不足以致知，故以高明爲淵深微妙，而非局於一事爲之末，而不知高明所以爲中庸；惟誠不足以力行，故以中庸爲出於人力之所勉强，而非天理之自然，而不知中庸所以爲高明。此則王氏受病之處。

高明是説中心所存、不爲物欲之所累處，非指理而言也。

首章明道第四説云：「凡人説性，只是説繼之者善也，孟子言人性善是也。」似以孟子所言爲氣稟之性。若以爲氣稟之性，則固有善惡矣，不得專謂之善也。以下文水流之喻觀之，則又似以氣稟本善，發而後有善惡也。使氣稟皆善，則所發之惡何自來哉？孟子所言不是氣稟之性，但是性自不容説，纔説性時便只説箇善字。所謂「天下之言性則故而已」者，正謂此也。

橫渠冰水凝釋之喻，似亦無害，但以受光納照爲言〔四〕，則幾於釋氏所謂一靈真性者矣。其所謂未嘗無者，豈以其靈照之中〔五〕，實無一物之不具耶？此則心之知覺，而非性之實跡也。

既如此説，即是有害矣〔六〕。

舜察邇言，所以無智者之過，蓋智者之過常在於騖高遠而厭卑近也。舜之智不過，非獨爲此一事，須以全章體之。

舜隱惡而揚善，聽言之道當如此，蓋不隱其惡，則人將耻而不言矣。後之當進賢退不肖之任者，亦以隱惡揚善盜兼包并容之名，是不知隱惡揚善之義也。隱惡揚善，不爲進賢退不肖言，乃爲受言擇善者發也。

和而不流，則非不恭之和；中而不倚，則非執一之中。中和而不流不倚者擇之精，有道而不變者守之固。擇之精則不患乎道之難明，守之固則不患乎道之不行。能勉乎此，則無賢智之過矣。章句中謂四者各有次序，不知如何？豈不流尚易，而不倚爲難，如富而無驕易、貧而無怨難乎？

和而不流，中立而不倚，須就「强」字上看，如此説無功夫矣。

武王、周公之所以爲達孝者，柄竊以爲舜之大孝，所遭之至不幸也。文王之無憂，所遭之至幸也。至幸與至不幸，皆不可以爲常，惟武王、周公之孝，而天下通行之孝也。

恐無此意。

章句中以學知利行爲仁，困知勉行爲勇，竊恐未盡乎仁勇之德也。夫仁者安仁，固不容以利行爲言。知、仁、勇皆謂之達德，則勇固通上下而言也，不可專以困知勉行者目之。以柄觀之，三知三行云者，所以總言達道達德之在人，其氣質雖有不同，而及其至之則一也。三近云者，言人未至乎達德而求至之者，其用功當如是也。似不必以三知三行分知、仁、勇，如何？

此等處，且虚心看到並行不悖處，乃佳。

「敬大臣則不眩」，章句中以爲信任專而小臣不得以間之，故臨事則不眩也。柄竊觀下文官盛任使之意，似以爲不使之役役於細事，乃所以敬之也。惟其不役役於細事，故其精神暇逸，不至昏眩而迷於大體也。

不然。

二十七章既言「大哉聖人之道」矣，而復以「優優大哉」冠於禮儀之上者，蓋言道體之大，散於禮儀之末者如此。

得之。

二十五章「成己仁也，成物智也」，以柄觀之，論語以學不厭爲智〔七〕、誨不倦爲仁，又與此相反。且學不厭與成己，雖皆在己之事，然一則學以明其理，一則實體是理於吾身，一知一仁，猶可言也。若夫成物，乃仁之事，何所與於知而歸之耶？若非有智，何以成物？

二十八章「生乎今之世，反古之道，如此者災及其身」，夫子非使後人不得復古也，但以爲生於春秋之世，既無得位之理，徒欲以匹夫之微而復古之道則不可耳。使得時得位，何不可者？

「反古之道」〔八〕，連上文「愚賤」說。

前輩多以夫子損益四代之制以告顏子，而又曰「吾從周」，其說似相抵牾者。然以二十八章「吾學周禮，今用之，吾從周」之意觀之，則夫子之從周，特以當時所用而不得不從耳，非以爲當盡從周。若答爲邦之問，乃其素志耳。

得之。

「君子動而世爲天下道，行而世爲天下法，言而世爲天下則」，「世」猶言世上也，法是法度，則是準則。有可跂之實故言法，言未見於行事，故以其言爲準而行之也。得之。

答楊至之至

所喻詩序，既不曾習詩，何緣便理會得？只今且看四子書後所題〔九〕，依其次序，用心講究，入得門户，立得根本，然後熟讀一經，子細理會，有疑即思，不通方問，庶有進處。若只如此泛泛揭過，便容易生説，雖説得是，亦不濟事。況全未有交涉乎？所説易傳，恐亦方是見得皮膚，如何便説得易之大全無餘藴矣？向嘗面説至之有膚淺之病，不知曾究其所以然而加濬治之功否？後之歸永春後，曾復來否？子順、子能爲學復如何？彼中朋友，後之講論可師，叔文持守可法。諸友若能頻與切磋，必有益也。漳州朱飛卿近到此，病作，未得細講。陳淳者書來甚進，異日未可量也。

答楊至之

率性之説，大概得之，然亦有未精密處。

脩道之教當屬何處？ 亦出乎天耳。

「君子中庸」章二，「又」字不用亦可，但恐讀者不覺，故特下此字，要得分明耳。

「人皆曰予知」一條説得是，「中庸不可能」一條亦然。 然三者亦是就知、仁、勇上説來。蓋賢者過之之事，只知就其所長處著力做去，而不知擇乎中庸耳。

中立不倚之説，當於或問中發之〔一〇〕。

「素隱行怪」一章，文義極分明，如何看不破？ 聖人之言固渾融，然其中自有條理，毫髮不可差，非如今人鶻圇儱侗無分别也。

「及其至也」，或問中已如此説，足以相發明。 侯氏之説，如何是非全體中之不能者，更請子細看。

「未能一焉」，固是謙辭，然亦可見聖人之心未有滿處〔一一〕，各見一義，自不相妨也，況此兩章正相連，如何見得不是一意？

不見不聞，此正指隱處。 如前後章，只舉費以明隱也。

「達德」次第甚明，不須疑著。 「柔遠人」亦然。

物之終始，或問説得極分明，請更詳之，不須便立異議也。

「上焉者」，王天下者其上不容有人，故只得以時言之，上文極分明矣。

代明之説，細碎無理。

答李守約閎祖

讀書之法無他，唯是篤志虚心，反復詳玩爲有功耳。近見學者多是率然穿鑿，便爲定論。或即信所傳聞，不復稽考，所以日誦聖賢之書而不識聖賢之意，其所誦説，只是據自家見識撰成耳。如此豈復能有長進？前輩蓋有親見有道，而其所論終不免背馳處者，想亦正坐此耳。所説持敬工夫，恐不必如此，徒自紛擾，反成坐馳。但只大綱收斂，勿令放逸，到窮理精後，自然思慮不至妄動，凡所營爲無非正理，則亦何必兀然静坐然後爲持敬哉？

答李守約

所示課程及日用功夫甚善，但有疑雖當識以俟問，然亦不可不時時提起閑看，儻或相值，殊勝問而後通也。

答李守約

「克己復禮爲仁」，曾子言容貌、顔色、辭氣，而其要在動、正、出之際。

大抵得之，但曾子之語功夫更在三字之前，此特語其效驗處耳。

「自古皆有死」，集注云：「無信則雖生無以自立，不若死之爲安。」恐語有未瑩。「安」字極有味，更宜玩之。

「仲弓爲季氏宰，問政」，程子曰：「便見聖人與仲弓用心之小大。」謂仲弓爲蔽於小則可，若曰仲弓必欲舉賢之權皆出於己，有若要譽而市恩者，則恐仲弓之賢，未必至是。程子之意，固非謂仲弓有固權市恩之意而至於喪邦，但一蔽於小，則其害有時而至，此亦不爲難矣。故極言之，以警學者用心之私也。

「衛君待子而爲政」，胡氏所謂具其事之本末告諸天王、請於方伯，命公子郢而立之，於名正矣。然孔子之於衛，重非世臣，親非貴戚之卿，則恐衛君之未能安己以聽之也。

胡氏之言乃聖人大用之全體，但其間曲折之微，聖人須更有隨宜裁處處，不患其不從也。若但令出從蒯聵，爲輒之私計則可，其如衛國何哉？程子論請討陳常處云：「所以勝齊者，孔子之餘事。」此可見聖人之用矣。

衛公子荆善居室。

言居室，則似是處家之意。

「定公問一言可以興邦」，舊點「言不可以若是」爲句。今以「言不可以若是其幾也」作一句，不識别有微意否？

如集注說，恐二字亦自相應。以「若是」絶句，恐不詞也。

夫子不答南宫适。

适雖非問，然其言可取，則亦不應全然不答，疑其實有貶當世而尊夫子之意，夫子不欲承當，故不答耳。

管仲奪伯氏駢邑。

亦嘗疑蘇説少異，然牽於愛而存之。此但當用吴氏説，引荀子以證之可也。

避地，避世，避色，避言。

所遇不同，固有未及徵於色而已發於聲者矣。

閎祖比會江西一士人，謂太極圖主静之説，乃出於老氏之説〔一二〕。

江西士人大抵皆對塔説相輪之論，未嘗以身體之，故敢如此無忌憚而易其言耳。

敬齋箴云：「須臾有間〔一三〕，毫釐有差〔一四〕。」

須臾之間以時言，毫釐之差以事言，皆謂失其敬耳，非兩事也。

十月未嘗無陽之説，發明程子之所未盡，至爲明白。

此理分明，列、莊之徒蓋已窺見之矣，故有密移之説。

答李守約

三詩甚善，然爲學當以脩身窮理爲急，不患不能此也。師禮，自度未有以大爲朋友之益，故不敢當。來喻似未悉鄙懷也。

答李守約

示喻爲學之病，此非他人所能與，直須痛自循省，勇猛奮發，方有下工夫處。若只如此悠悠，恐無入德之期也。

答李守約

所喻春秋難讀，固然。大抵今所可見者，但程先生所謂大義數十炳如日星，然亦時有所謂隱之於心而未能愜當者，況其精微之意乎？此須異時别商量也。集古後録甚荷留念，但向見傅漕處本中有一跋古鍾鼎帖銘，載翟伯壽説，或分一字作兩三字，或合兩三字爲一字者，甚有理。後來見尤延之説，常州有葛子平推此説以讀尚書甚有功，以是常欲得之，而悔當時不及傳録。今此本乃無之，不知何故？試煩更爲尋訪，恐有别本，只爲檢此一段來也。

答李守約

熹目益盲，而中庸未了，數日來不免力疾整頓一過。勢須作三書，章句、或問粗定，但集略覺得尚有未全備處。今併附去，煩子細爲看過。記辯併往，册頭有小例子，可見去取之意。但覺删去太多，恐有可更補者，可爲補之。或有大字合改作小字、小字合改作大字者，煩悉正之，早遣一介示及爲佳。章句、或問中有可商量處，幸喻及。

答李守約

中庸看得甚精，章句大概已改定，多如所論，但致中和處，舊來看得皆未盡，要須兼表裏而言。如致中則欲其無少偏倚而又能守之不失，致和則欲其無少差繆而又能無適不然，乃爲盡其意耳。蓋致中如射者之中紅心而極其中，致和如射者之中角花而極其中，又所發皆中，無所間斷。近來看得此意稍精，舊説却不及此也〔一五〕。

答李守約

熹向來所苦只是勞心所致，尋以般移應接，内外勞擾，遂不藥而愈。乃知君逸臣勞，真養生之要訣也。

答李守約

所喻庶母之名，亦未正。庶母，自謂父妾生子者，士服緦麻而大夫無服。若母，則儀禮有「公子爲其母」之文。今令甲，其下亦明有注字曰「謂生己者」，則是不問父妻、父妾而皆得母名矣。故注中則有嫡母之文，又以明此生己者之正爲母也。至如封敘封贈，亦但謂之所生母而不謂之庶母也。通典之説未暇檢，但以「公子爲母練冠麻衣，既葬除之」爲比，則承宗廟社稷之重者，恐不得爲父所生之祖母者持重矣〔一六〕，更俟病間續考奉報。數日因人説琴，謾爲考之，頗有條理。然不能琴，不識其聲，但以文字求之，恐未必是，亦須面論。

答李守約

所問喪禮〔一七〕，久以病勢侵迫，無復心情可以及此。又見所説皆已失其大體，而區區於其小節若隨宜區處，則恐亦自失其正而陷於以禮許人之罪，故一向因循，不能奉報。今又承專人以來，不免以屬劉用之，令其條析，具如別紙。又不知能行否也？大率平日見得賢者鄉學之意雖力，而終不免多有世俗之心，凡事必生宛轉回護、遮前掩後之意，常不快意，今乃悉見於此，蓋其處己處人無不然者，不知亦嘗内省及此否耶？

答李守約

王子合過此，説失解曲折，甚以爲恨。此等事遲速自有時節，若斷置得下，則自與我不相干矣。上蔡於此發明甚有力，正好於實地上驗之也。前書所問「誠」字之説，大概已得之。禽獸於義禮上有見得處，亦自氣禀中來，如飢食渴飲、趨利避害之類而已。只爲昏愚，故上之不能覺知，而下亦不能作僞。來喻上文蓋已言之，不知如何又却更疑著也。大中之説，不記向來所論首尾。此亦只是無事之時涵養本原，便是全體；隨事應接各得其所，便是時中；養到極中而不失處，便是致中；推到時中而不差處，便是致和。不可説學者方能盡得一事一物之中，直到聖人地位，方能盡得大中之全體也。仁包五常之説，已與令裕言之。大抵如今朋友就文義上説，如守約儘説得去，只恐未曾反身真箇識得，故無田地可以立脚，只成閑話，不濟事耳。

答李守約

前日所喻，舉世皆謂當然，熹亦豈敢以爲不然？但恐禍福之來亦有定分，非智力所能免，不欲枉作此怱怱耳，若謂與時消息，固並行而不悖也。

答李守約〔一八〕

所論克復工夫甚簡潔，知用心之精切也。但依此用力，更加講學之功，則必有所至矣。前所寄者，今答于後。史論大概亦甚正也。

「好仁惡不仁」章，某竊觀之，人之資稟固有偏重如此〔一九〕，如顏、孟之事亦可見矣。顏子嫉惡不仁之事罕見於經，可謂好仁者。於孟子則辨數不仁者之情狀，無一毫少貸，可謂惡不仁者。

此說得之。

「斯仁至矣」〔二〇〕，「至」，若「來至」之意。昔者亡之，今忽在此，如自外而至耳。如易言來復，實非自外而來也。

「君子所貴乎道者三」〔二一〕，「正」之爲言猶有待乎用力之意，非如「動容貌」、「出辭氣」文意自然。

言君子所貴於道者，在此三事，而籩豆之事則其所賤也。「動」、「出」非是全不用力，「正」亦非是大段用力。惟正之而非僞飾〔二二〕，所以爲可貴耳。更詳集注以解經文，自見曲折。

「驕吝」章，集注曰：「驕，矜誇；吝，鄙吝。」某竊思之，似謂誇其有於己，驕也；不以其有與人，吝也。然又載程子之言曰：「驕氣盈，吝氣歉。」夫自以爲有餘則氣盈，自以爲不足則氣歉，似於集注之説不同〔二三〕。吝之所有，乃驕之所恃也，故驕而不吝無以保其驕，吝而不驕無所用其吝。此盈於虚者所以必歉於實，而歉於實者所以必盈於虚也。

「執御」章，集注謂「然則吾當執御矣」，則以爲夫子真執御。至於末後載尹氏之説曰「吾將執御矣」，則以爲夫子之設詞。某竊以後説於上下文意爲順。黨人之稱孔子如此，不知孔子當以嘗執賤事告人，而辭其無所成名之大耶，當故爲自屈之詞，以顯其所稱之失耶？二者氣象之大小，必有能辨之者。

「沽之哉」〔二四〕，「哉」之爲義，以常例言之，則爲疑辭。集注直曰「固當賣之」，而不以爲疑詞，何也？

「哉」本歎辭，其或爲疑辭者，亦歎以疑之也。此言「沽之哉」，而繼以「待價」，則不得爲疑辭矣。

「巍巍乎，舜、禹之有天下也，而不與焉！」伊川曰：「舜、禹之有天下也，而不與求焉。」集注不取，何也？

「有」字與「與」字相應，若爲不與求，則「有」當作「得」矣，恐不然也。

「不忮不求」〔二五〕，不嫉人之有，故無害人之心，此之謂不忮；不耻己之無，故無貪欲之心，此之謂不求。則是以一人而兼二病。然末後載吕氏説曰：「貧與富交，强者必忮，弱者必求。」似非此意，而於本文不明，如何？

不嫉人之有，不耻己之無，正是吕氏意，不知更有何疑？更詳言之。

「不得其醬不食」〔二六〕，「醬」者當是鮓醢之物。

如魚膾不得芥醬、麋腥不得醯醬則不食，謂其不備或傷人也。

孟子「口之於味」章，言人之性命有此二端，自口之嗜味以至四體之嗜安逸，形氣之性，君子有弗性焉；自仁之於父子以至聖人之於天道，道義之性，君子性之。猶舜所謂人心道心之在人，特要精别而力行之耳。

看得儘好。

答李時可

中庸「非自成己而已也」章，求之章句，曰：「誠雖所以自成，然在我者無僞，則自然及物矣。蓋仁知皆性之德〔二七〕，故在内外無二道，所以時措之而各得其宜也。」審如是說，則是以仁知爲合内外二道，而非以誠爲合内外之道，恐於「合」字有疑礙。

唯誠爲能盡仁知之德而合内外之道，章句語有未瑩處耳。

中庸「不見而章」章，求之章句，則曰：「不見而章，以配地言；不動而變，以配天言。」何也？且觀上下文雖先言博厚，次言高明，先言配地，後言配天，然繼此而論天地山川，則又以天爲稱者，是蓋錯綜而言之耳，不必以地爲先也。

此等處不須深求，只是隨文贊歎，大略看過可也。

中庸「喜怒哀樂未發謂之中」止「萬物育焉」〔二八〕。竊謂中也者，言性之體也，此屬「天命之謂性」；和也者，言道之用也，此屬「率性之謂道」；致中和者，言教之推也，此屬「脩道之謂教」。伏讀章句、或問，則致中和專言自己之事，恐欠「推以及人」數句。

既曰天下之大本、天下之達道，則只是此箇中和便總攝了天地萬物，不須說推以及乎人也。

前章今承先生曲賜指教，思之大概有二説。能推致中和之極，而又得時得位以行之，則道民以德，齊民以禮，以吾之先知覺彼之後知，以吾之先覺覺彼之後覺，使中和之化浹于天下，然後中道之所感格，天地以位，萬物以育。此以事言者也。雖不得位以行之，而既以全大中之極致，即天地之所以定位者也。既已全至和之極致，即萬物之所以育者也。此以理言之也。

所論中和兩段大意，皆是。但前段説得新民意思太多，致和處猶可如此説；若致中，却如何得天下之人皆如吾之寂然不動而純亦不已耶？只是自家有些小本領，方致得和，然後推以及人，使人觀感而化，而動天地、感鬼神耳。自其已成而論之，則見天地之位本於致中，萬物之育本於致和，各有脈絡，潛相灌輸，而不可亂耳。

「誠者物之終始」章云云。

凡有一物，則其成也必有所始，其壞也必有所終。而其所以始者，實理之至而向於有也；其所以終者，實理之盡而向於無也。若無是理，則亦無是物矣。此誠所以爲物之終始。而人心不誠，則雖有所爲，皆如無有也。蓋始而未誠，則事之始非始，而誠至之後其事方始；終而不誠，則事之終非終，而誠盡之時其事已終。若自始至終皆無誠心，則徹頭徹尾皆爲虚僞，又豈復有物之可言哉？此即向來所説之意，但章句、或問説得都不分明，故讀者不能曉，今得時可反復問辨，方説得到次第。兩處皆須更定，此可并以示守約也。

答李時可

所喻子文事，大概得之。但專以愛言，似未盡耳。嘗聞延平先生説三仁事云：「當理而無私心，則仁矣。」今以此語推之，則子文合下便有未仁處，不待語其愛之不廣然後知其未仁也。三仁之心，只欲紂改過而圖存。比干之殺身，蓋非得已；箕子亦偶未見殺耳，非有意於爲奴也；事勢既爾，微子自是只得全身以存先王之祀，皆理不得不然者。使其先有殺身强諫之心，則亦不得爲仁矣。

答李時可

示喻執中之説，程先生云：「惟精惟一，所以至之；允執厥中，所以行之。」明此「中」字無過不及之「中」，初非未發之「中」也。向於中庸章句序中曾發此義，今謾録去。

答李時可

所論大學之要，甚善。但定静只是知止之效，不須言養之以定静，又别做一項工夫也。

所引「孟敬子」章，集注中語「有餘」云者，恐是「有素」，豈印本之誤耶？然莊敬、誠實、涵養，亦非動容貌、正顔色、出詞氣之外别有一段工夫，只是就此持守著力，至其積久純熟，乃能有此效而不費力耳。魯秉周禮，蓋於是時地醜德齊之中，猶能守得舊日禮樂文章耳。若三綱九法之亡，則當時諸侯之國蓋莫不然，亦非獨魯之責也。

答李時可

諸家説見今方尋檢，元祐説命、無逸講義及晁以道、葛子平、程泰之、吴仁傑數書先附去，可便參訂序次。當以注疏爲先，疏節其要者，以後只以時世爲先後可也。西山間有發明經旨處，固當附本文之下，其統論即附篇末也。記得其數條理會點句及正多方、多士兩篇，可併考之。

答李時可

所寄堯典，以目視頗艱，又有他冗，未暇討究。已付諸朋友看，俟其看了却商量也。書序不須引冠篇首，但諸家所解却有相接續處，恐當作注字附于篇目之下，或低一字作傳寫，而於首篇明著其繆亦可。但恐諸家元無此説，即且闕之，以俟書成别加訂正也。王氏書義序中明言是雱説，然荆公奏議却云「一一皆經臣手」，今但以序爲正可也。餘未報者，併俟後信。

答李時可

所喻固知孝思之切，於此不能自已者，然風色如此，不論他人，雖賢昆仲，寧能保其不漏露於三族之間耶？此須他日面見子細商量，亦未爲晚，但恐衰朽風燭不定，則是天之命也，亦無可奈何矣。書説緣此間禮書未了，日逐更無餘功可及他事，只略看得禹貢。如冀州分爲三段，頗有條理，易照管，而諸州皆只作一段，則太闊遠而叢雜矣。恐皆合依冀州例，而逐句之下夾注「某人曰某地在某州某縣」。其古今州縣名不同，有復見者，亦並存之，以備參考。段後低一字，大書「右某州第幾節」，以圈隔斷。而先儒有辨論通説處，即亦大字附於其下。如「逾于河」、「過九江」等處，今所取程説只有辨而無解，大是欠闕，須更子細補足。若今日自有所疑，有所斷，則更低一字寫之。如「治梁及岐」，恐晁説爲是，其餘固草草。程泰之最著力説，然亦不通。蓋梁山在同州，近河，猶可言河流波及，若岐山則在今鳳翔府，自京兆府西去猶有六七百里，觀地理圖可見其地勢之高且遠，河水何由可及耶？此類須載其本説而斷以非是，則讀者曉然矣。如無此兩項，則各留一二行空紙以俟，恐後有補入者。其導山處，須以四列爲四段，導水則一水爲一段。段後亦如前例云「右導山第幾節」、「右導水第幾節」。其通論疑斷亦如之。如此，則庶幾易看矣。所寄册子今却封還，請依此格目作一草卷，便中寄及也。

答劉定夫

所喻爲學之意甚善，然説話亦已太多。鄙意且要得學者息却許多狂妄身心、除却許多閑雜説話，著實讀書。初時儘且尋行數墨，久之自有見處。最怕人説學不在書，不務佔畢，不專口耳，下稍説得張皇，都無收拾，只是一場大脱空，直是可惡。細讀來書，似尚有此意思，非區區所欲聞也。

答劉定夫

來書詞氣狂率又甚往時，且宜依本分讀書做人，未須如此胡説爲佳。

答包顯道 揚

所論「致曲」，如此説於功夫無不可，但盡性乃是自然盡得，不可謂之直處用工耳。致曲只是於惻隱處擴充其仁，羞惡處擴充其義耳。雖在一偏，此却如何少得耶？大率來喻依舊有忽略細微、徑趨高妙之意。子淵書來云「顯道於異説已自洗濯」〔二九〕，熹固疑之。今以此驗之，乃知果如所疑也。

答包顯道

既未免讀書，則不曾大段著力理會，復是何説？向見前舉程文，從頭駡去，如人醉酒發狂，當街打人，不可救勸，心甚疑之，今乃知其病之有在也。

答包詳道

詳道資禀篤實〔三〇〕，誠所愛重，前書云云，非以苟相悦也。但觀所與顯道講論，竊恐却與去歲未相見時所見一般。蓋熟處難忘，所驟聞者未能遽入而復失之耳。大學鄙説，近看尚有未安處，却是未甚平正，方略竄定，恨未得奉呈。然使賢者見之，愈未必信。大抵如熹所見愈退而愈平，賢者所見愈進而愈險，彼此不同，終未易合。且當置之，各信其所信者，即看久遠如何耳。顯道根本處，亦且是從前所見，但添得此中些説話。如敏道令弟，則立論又甚高，尤非熹之所敢知耳。

答包詳道

示喻爲學之意，自信不疑如此，他人尚復何説？然觀古人爲學只是升高自下，步步踏實，漸次解剥，人欲自去，天理自明，無似此一般作捺紐捏底功夫，必要豁然頓悟，然後漸次脩行也。曾子功夫，只是戰兢臨履，是終身事。中間一「唯」，蓋不期而會，偶然得之，非是别有一節功夫做得到此，而曾子本心蘄向，必欲得此，然後施下學之功也。所論「當論是非，不當論平險」者甚善。然是則必平，正緣不是，故有險耳。此説甚長，非幅紙可既也。

答包詳道

示喻曲折，足見進道之力〔三一〕。然若謂氣質之偏，只得如此用力，則固不失爲近本，而於獨善其身有得力處。今却便謂聖門之學只是如此，全然不須講學，纔讀書窮理〔三二〕，便爲障蔽，則無是理矣。顔子一問爲邦，夫子便告以四代之禮樂。若平時都不講學，如何曉得？禮記有曾子問一篇，於禮文之變纖悉曲盡，豈是塊然都不講學耶？東坡作蓮華漏銘，譏衛朴以己之無目而欲廢天下之視，來喻之云〔三三〕，無乃亦類此乎。

答包敏道

示喻已悉。求放心固是第一義，然如所謂「軌則一定而浩然獨存，使赤子之心全復於此，而明義之本先立於此，然後求聞其所未聞、求見其所未見」，則亦可謂凌躐倒置而易其言矣。聖賢示人，模範具在。近世乃有竊取禪學之近似者，轉爲此說，以誤後生。後生喜其爲説之高、爲力之易，便不肯下意讀書，以求聖賢所示之門户，而口傳此説，高自標致，亂道誤人，莫此爲甚。三復來喻，恐未免此。因便布聞，未知明者以爲如何？第深僭率之愧而已。

答包敏道

承喻粗心浮氣，剥落向盡，閑居意味殊不淺，自許如此，他人復何所道？區區但覺欲寡其過而未能耳。

答包敏道

所喻已悉。但道既不同，不相爲謀，不必更紛紛，今後但以故人相處，問訊往來足矣。

九卦若如此說，却似與前幅自相矛盾也。一笑。

答符舜功叙

嘗謂「敬」之一字，乃聖學始終之要，未知者非敬無以知，已知者非敬無以守。若曰先知大體而後敬以守之，則夫不敬之人其心顛倒繆亂之不暇，亦將何以察夫大體而知之耶？

答符復仲初

聞向道之意甚勤，向所喻義利之間，誠有難擇者。但意所疑以爲近利者，即便舍去可也。向後見得親切，却看舊事，只有見未盡、舍未盡者，不解有過當也。見陸丈回書，其言明當，且就此持守〔三四〕，自見功效，不須多疑多問，却轉迷惑也。

答符復仲

且讀易傳，甚佳。但此書明白而精深、易讀而難曉，須兼論、孟及詩、書明白處讀之，乃有味耳。

答符國瑞

辱書，具道爲學之志，又見令叔爲言曲折，甚善。既有此志，則窮理飭躬處且當勉力，未可便肆虚談、厭末求本〔三五〕，恐或流於輕妄而反失之也。所需墓額，偶苦臂痛，不能寫，然仁人孝子所以顯其親者，正亦不在此也。

答黄幾先

示喻已悉。但既曰各勉其志以自立，而有待於歲寒，則何必爲此縷縷而煩執禮之恭哉！衰病比劇，舜功遣人行速，布此不及詳，然亦無以詳爲矣。

答陳超宗

示喻向來鄙論有未盡者，甚善甚善。但爲學雖有階漸，然合下立志，亦須略見義理大概規模，於自己方寸間若有箇惕然愧懼、奮然勇決之志，然後可以加之討論玩索之功、存養省察之力，而期於有得。夫子所謂志學，所謂發憤，政爲此也。若但悠悠泛泛，無箇發端下手處，而便謂可以如此平做將去，則恐所謂莊敬持養〔三六〕、必有事焉者，亦且若存若亡，徒勞把捉，而無精明的確、親切至到之效也。但如彼中誠是偏頗，向日之言正爲渠輩之病，却是賢者之藥，恐可資以爲益耳。以今觀之，政不必爾。但將聖賢之言事理，就己心上作一處看，隨得隨守，則久之須自有開明處也。

答陳超宗

示喻已悉，但如此安排布置，都是病痛。又如必欲繆札安立標榜，尤是大病。若是真實做工夫底人，只此一念之間，便著實從脚根下做將去，何暇如此擬議粧點邪？不須深議他人得失，政恐未免反爲彼所笑也。

答陳超宗

示喻自覺已與舊時迥别，但未免間有小失，果能至此，甚慰所望。但向來商量及得近書所論，似於著實下功處猶未親切，不知如何便得到此？恐可且更向裏用心，將此等向外粧點安排底心一切掃去，久久或有長進耳。若如此説，今日用功，明日見效，則其不曾下功斷可知矣。

答顏子堅〔三七〕

包顯道在此〔三八〕，數稱吾子之賢，每恨未獲一見。辱書，備見雅志，亦足以當晤言矣。然所謂古人學問不在簡編，必有所謂統之宗、會之元者，則僕之愚於此有未諭也。聖人教人博文約禮、學問思辨而力行之，自灑掃應對、章句誦說，以至於精義入神、酬酢萬變，其序不可誣也。若曰學以躬行心得爲貴，而不專於簡編則可，若曰不在簡編而惟統宗會元之求，則是妄意躐等，以陷于邪説詖行之流〔三九〕，而非聖賢所傳之正矣。抑觀來書詞氣之間輕揚傲誕，殊無謹厚篤實之意，意者吾子於下學之功有未嘗加之意者。不知往年見張、陸二君子，其所以相告者果何事也？又聞不念身體髮膚之重、天叙天秩之隆，方將毀冠裂冕以從夷狄之教，則又深爲憫然。不意吾子知尊敬夫而所趨者若是，豈亦所謂統宗會元者之爲祟〔四〇〕，而使吾子至於此邪？顯道不能諫止，已失朋友之職。節夫更有助緣，尤非君子愛人之意也。聞已得祠曹牒〔四一〕，髡剃有期，急作此附遞奉報。願吾子於此更入思慮〔四二〕，或意已決，亦且更與子靜謀之，必無異論而後爲之，似亦未晚。如曰不然，則道不同不相爲謀，僕不知所以爲子計矣〔四三〕。

答熊夢兆

天命謂性，充體謂氣，感觸謂情，主宰謂心，立趨向謂志，有所思謂意，有所逐謂欲〔四四〕。

此語或中或否，皆出臆度。要之未可遽論，且涵泳玩索，久之當自有見。

或云：「學者天資庸常，舊習未去，便令他學中，則怠墮廢弛，循常習故去。須是奮發，有豪邁之氣，出得舊習了，然後求中。所以孔子道『不得中行而與之，必也狂狷乎』。」

竊謂所學少差，便只管偏去，恐無先狂後中之理。

或人之說，非惟用力處有病，亦說壞了「中」字。後說得之。

或云，明道說：「居處恭，執事敬，與人忠，了此便是徹上徹下語。」且道如何是徹下語？居處恭，執事敬，與人忠，此是形而下者。然於此須察其所以恭、所以敬、所以忠，其來由如何，以至耳、目、鼻、口、視、聽、言、動皆然，了此便透頂上去，便是天命、天性，純乎天理。此是形而上者，是徹上語，是一體渾然底事，元無兩般。能了此，則他禪宗許多詭怪說話皆見破。

若如此說，是乃自陷於異端而不自知，又如何見得他破？

常學持敬，讀書心在書，爲事心在事，如此頗覺有力。只是瞑目靜坐時，支遣思慮不去。或云只瞑目時，已是生妄想之端〔四五〕。讀書心在書，爲事心在事，只是收聚得心，未見敬之體。

靜坐而不能遣思慮，便是靜坐時不曾敬。敬則只是敬，更尋甚敬之體？似此支離，病痛愈多，更不曾得做功夫，只了得安排杜撰也。

每有喜好適意底事，便覺有自私之心。若欲見理，莫當便與克下？

此等事見得道理分明，自然消磨了，似此迫切，却生病痛。

上蔡對伊川，也只是去箇「矜」字。上蔡才高，所以病痛盡在此。

此說是。

父母之於子，有無窮憐愛，欲其聰明、欲其成立，此謂之誠心耶？

父母愛其子，正也。愛之無窮，而必欲其如何，則邪矣。此天理、人欲之間，正當審決。

待人接物之道如何？

知所以處心持己之道，則所以接人待物自有準則。

近專看論語精義，不知讀之當有何法？

別無方法，但虛心熟讀而審擇之耳。

安老懷少，恐其間多有節目，今只統而言之，恐學者流爲兼愛去。

此是大概規模，未説到節目處。

學者有志於仁，雖其趨向已正，而心念未必純善，豈得言無惡也？

志於仁，則雖有過差，不謂之惡。惟其不志於仁，是以至於有惡。此「志」字不可草草看。

富貴貧賤，不以道得不去處之説，此是爲大賢已下設。若大賢以上，則處富貴貧賤只如一，更不消如此説。

聖賢之言多是爲學者發，若是聖人分上，固是不須説，不但此章而已也。

聖人不勉不思，今書載傳授之旨云「允執厥中」，下一「執」字似亦大段喫力，如何？

聖人固不思不勉，然使聖人自有不思不勉之意，則罔念而作狂矣。經言此類非一，更細思之。

孔子言關雎樂而不淫、哀而不傷，是言樂不至於淫，哀不至於傷。今詩序將哀樂淫傷判作四事説，似錯會論語意，以此疑大序非孔子作。

此説得之，大序未知果誰作也。

大雅、小雅，或謂言政事及道，故謂之大雅；止言政事，故謂之小雅。竊恐不可如此分別。

如此分别固非是，然但謂不可分别，則二雅之名又何以辨耶？五伯，秦穆未嘗主盟中夏〔四六〕，乃與其數；晉悼嘗爲盟主，却楚服鄭，何故不與？此等無所考，且依舊説。又有昆吾、豕韋、大彭之説，亦兼存之可也。

竊謂釋氏之失，一是自私自利，厭死生，爲學大體已非；二是滅絶人倫；三是徑求上達，不務下學，偏而不該。其失固不止此，然其大處無越是三者。

未須如此立論。

釋氏言輪回轉化之説，所傳禪長老去何處託生，其迹甚著，是謂氣散而此性靈不滅。伊川聞之曰：「若謂既斃之氣復爲方伸之氣，與造化殊不相似。」似與性靈之説不相干，如何？

此等處窮理精熟，自當見得，未可如此臆度論也。

答安仁吳生

去歲辱書，無便可報。今又承專人枉問，極感至意，且知志尚之高遠，爲可喜也。然三復來示，蓋已自謂所得之深而自信不疑矣，復何取於老拙之無聞而勤懇若是耶？以爲見教，則僕未嘗有請於吾子；以爲求知於僕，則易簡理得、可久可大之君子，似不應若是其汲汲也。且僕於吾子初未相識，問之來使，則知吾子之齒甚少，而家有嚴君之尊焉。今書及詩序等，乃皆嵬岸倨肆，若老成人之爲者。至於卒然以物饋其所不當饋之人，而不稱其父兄之命，則於愛親敬長之良知良能，又若不相似也。吾子自謂已得是心而明是理，僕不知吾子之所謂心者果何心，所謂理者果何理也？夫顔子之樂，未嘗自道，曾晳之志，非夫子扣之再三而不置，亦未嘗肯遽以告人也。豈若是其高自譽道而惟恐人之不我知也哉？相望之遠，不知吾子師友淵源之所自，恐其所以相告者未得聖賢窮理脩身之實，而徒以空言相誤，使吾子陷於狂妄恣睢之域而不自知其非也〔四七〕。所惠紙簡硯墨，受之無説，不敢發封，復以授來使矣。吾子其於聖賢小學之教少加意焉，則其進有序而終亦無所不至矣。

答趙然道師雍

足下求官得官，今所從宦又去親庭不遠，足以往來奉養，君親之義爲不薄矣。今乃無故幡然自謂棄一官如棄涕唾，何始慮之不審而乃爲此傲睨之詞耶？此鄙拙之所未喻也。荆門之訃，聞之慘怛，故舊凋落，自爲可傷，不計平日議論之同異也。來喻又謂恨不及見其與熹論辨有所底止，此尤可笑。蓋老拙之學，雖極淺近，然其求之甚艱而察之甚審，視世之道聽塗説於佛、老之餘，而遽自謂有得者，蓋嘗笑其陋而譏其僭。豈今垂老，而肯以其千金易人之弊帚者哉？又況賢者之燭理似未甚精，其立心似未甚定，竊意且當虛心擇善，求至當之歸以自善其身，自此之外，蓋不惟有所不暇，而亦非所當預也。向有安仁吳生書來，狂僭無禮，嘗以數字答之。今謾録去，試一觀之，或不爲無補也。所喻寫孟子，字多不暇。三大字，適冗，亦未及作。然此亦何能有助於學，而徒使老者勞於揮染耶？

答康户曹仲穎〔四八〕

熹衰懶杜門，少與人接。頃歲偶見足下省闈條對之文，愛其詞氣議論之不凡，每恨無因緣相見〔四九〕，數爲士友言之。兹辱惠書，乃知此意嘗得徹聞，而又喜賢者之不予鄙也。示喻縷縷，足見所存之遠大矣。然嘗以熹所聞聖賢之學，則見其心之所存不離乎日用尋常之近小〔五〇〕，而其遠者大者自不待於他求，初不若是其荒忽放浪而無所歸宿也。故曰下學而上達，又曰學問之道無他，求其放心而已矣。此聖賢終身事業，熹也少而嘗有志焉，今老且死，尚恨未能有以得其彷彿之萬分也。足下不以愚言爲無取，幸試思之。異時肯來如約，其從與否，熹將望足下眉睫而有以得之也〔五一〕。

答邵叔義〔五二〕

遠辱惠書，良荷厚意，而長牋短幅，表裏殫盡，尤見雅志之高遠也。高侯教士養民之績已悉書之，如來喻之云矣，但衰晚多病，目瞽神昏，序事之外，無能有所發明，此爲愧耳。至於高侯之所以教與足下之所以學，亦恨未得其詳。然竊意必欲實爲此學，亦當有以自致其力於日用之間，存心養氣〔五三〕，讀書窮理，積其精誠，循序漸進，然後可得，決非一旦慨然永歎，而躐等坐馳之所能至也。

答邵叔義〔五四〕

竊聞下車以來，究心職業，設施注措類非俗吏之所能者，甚善甚盛。委喻祠記，深認不鄙。初以衰病之餘，心力衰耗，兼前後欠人文字頗多，不敢率爾承當〔五五〕。又念題目甚佳，却欲附名其間，使後人知賢大夫用心之所在。但見有一二文字未竟，度須更數日方得下筆。九月間，更令一介往山間取之爲幸。

絜矩之義，乃少日聞之先友范公名如圭〔五六〕，字伯達，其説如此。義理切當，援據分明〔五七〕，先儒訓説皆未及也。今得仁者表而出之，豈惟學者之幸，蓋今百里之人與異時臨莅所及無不蒙被其澤，幸甚幸甚。大學鄙説舊本紕陋不足觀，近年屢加刊訂〔五八〕，似頗得聖賢之遺意〔五九〕。怱怱，未暇抄録求教〔六〇〕。

答邵叔義

所喻日用工夫，如此數語誠是要切，然亦須真踐其實，乃爲有益。不然，徒爲牆屋標榜，反招譏訕也。

答邵叔義

子靜書來，殊無義理，每爲閉匿，不敢廣以示人〔六一〕。不謂渠乃自暴揚如此。然此事理甚明，識者自當知之〔六二〕。當時若便不答，却不得也。所與左右書，渠亦録來，想甚得意。大率渠有文字，多即傳播四出，唯恐人不知，此其常態，亦不足深怪。吾人所學，却且要自家識見分明、持守正當，深當以此等氣象舉止爲戒耳。太極等書四種謾附呈，恐有所疑，却望疏示。徐丞處想時有便也。吳大年極荷留念，想且留番陽也。

答湯德遠

示喻爲學之意，極爲高遠〔六三〕，非愚慮所及。然未知所論於聖賢之言以何爲據？其用力次第果如何？此必有親切愨實、可以循序而進者，乃爲吾儒之學。如其不然，恐未免陷於佛、老之邪説，非熹之所敢知也。

答王德修

熹兒侍先君子官中秘書〔六四〕，是時和靜先生實爲少監，熹嘗於衆中望見其道德之容，又得其書而抄之，然幼穉愚蒙，不能識其爲何等語也。既長，從先生長者游，受論語之説，遍讀河南門人之書，然後知和靜先生之言，始有以粗得其味。然既不得親受音旨，而其高第弟子如老丈者又未得見，以信其所粗得者果先生之意否也。正叔之來，既獲聞所以相予之意甚厚，又得其所聞於左右者一二。信乎河南夫子所謂終有守者，其傳固如此也，甚慰甚幸。二説頃歲蓋嘗見之，其間尚有未盡曉處，恨未得面叩耳。讀論語詩，三復感歎。今日學者不没於利欲之塗，即流於釋氏之徑，往往視此爲迂闊卑近，亦無怪其迷於入德之方也。

答蘇晉叟 溱

示喻爲學之意，比之前日加通暢矣。「牛山之木」一章，比類觀之，甚善。但論心與性字，似分别得太重了，有直以爲二物而各在一處之病。要知「仁義之心」四字便具心性之理，只此心之仁義，即是性之所爲也〔六五〕。梏之反覆，非顛倒之謂，蓋有互换更迭之意，如平旦之氣爲旦晝所爲所梏而亡之矣，以其梏亡，是以旦晝之所爲謬妄愈甚，而所以梏亡其清明之氣者愈多。此所以夜氣不足以存其仁義之良心也。舊説「夜氣不存」非是，唯程先生説「夜氣之所存者，良知也，良能也」，此語最分明，更詳之。「是豈人之情也哉」，此句解得亦太迂曲。存亡出入一節，乃是正説心之體用其妙不測如此，非獨能安靖純一，亦能周流變化，學者須是著力照管，豈專爲其已放者而言耶？今專指其安靖純一者爲良心，則於其體用有不周矣。書中所論性情者得之，但亦須更以「心統性情」一句參看，便見此心體用之全，自寂然不動以至感而遂通天下之故，無非此心之妙也。

儀象法要頃過三衢已得之矣，今承寄示，尤荷留念。但其間亦誤一二字，及有一二要切處却説得未相接。不知此書家藏定本尚無恙否？因書可稟知府丈丈再爲讎正，庶幾觀者無復疑惑，亦幸之甚也。西銘説極可笑，渠今春寄來，前日紛紛，此亦其一端。後來又嘗請對，詆横渠尤力，不答乃退。向非天日清明，此亦足爲學者之禍也。

答蘇晉叟

示喻已悉。但「心統性情」一語，更宜玩味，令其同異分合之際判然不疑，即於窮理脩身到處得力耳。易圖昨亦有書粗論其意，後來有少改更，脩版未畢，它日當寄去。論孟解乃爲建陽衆人不相關白而輒刊行，方此追毁，然聞鬻書者已持其本四出矣，問之當可得，然乃是静江本之未脩者，亦不足觀也。近爲此事所撓，甚悔傳出之太早也。

答蘇晉叟

所喻大概皆近之，但頗傷冗雜，及論「仁」字未當。更宜虚心玩味，不必外求，但將此見在所説者子細反復之，自然見得簡約條暢也。持敬、格物功夫本不相離，來喻亦太説開了。更宜審之，見得不相離處，日用間方得力耳。

答蘇晉叟

别紙所示，一一報去。程先生云「性即理也」，此言雖約，而甚親切，有唤省人處，可更就此思之。大抵讀書且當隨文熟看，俟其詞旨曉析貫通，然後自有發明。未可遽捨本文，别立議論，徒長虚見〔六六〕，無益於實也。

溱竊謂性體純静，無善惡之可名、愚知之可分〔六七〕，而情與才者，則實寓於此性。夫人稟賦之初，自非聖人生知安行，不俟矯揉，其他氣質往往滯於一偏，而才也者遂有高下清濁之異。人苟隨其所偏而任其情，則賢者僅止於賢，而不賢者無復可反，善惡之流自此分矣。則是學之不可以已，故賢者即其才之善而抑其偏，則情之所發無非循性之自然，久久不已，得性之全，則與聖人一矣；不賢者即其才之不善而矯其偏，則情之所發始能裁制，以求合乎天理之正，進進不已，漸履其常，常而久之，則亦純合乎此性固有之善，而與聖人亦一矣。故循性之情，則情不離性；情隨質遷，則性因習遠。情不離性，聖域攸歸；性因習遠，終焉下愚。中庸曰「及其知之，一也」，又曰「及其成功，一也」。至一之地，其純靜明潔大同之始乎？致一之功，其博學篤志不已之力乎？溱擬欲以是爲性情與才之辨，乞賜批誨。

性情與才之辨，當熟考孟子及程先生諸説而反之於身，即今何者是性，何者是情，何者是才，須令一一實有下落，方有下功夫處。如此泛論〔六八〕，非惟條理不明，名言多誤，而用力處亦不親切。更幸思之。

溱竊謂易之體用，天地人物安然自有至信至順底道理，停停當當，不以人而過，不以人而不及，此易之體也。中也，宜也，時也，犁然一契於至當之理，此易之用也〔六九〕。人何以晦是之體，反是之用？夫人，汩之以情僞，亂之以私欲，回視其身，不啻如虚舟飄瓦，尚何覺知此體此用爲如何哉！必也主敬以直其内，立義以方其外。損益盛衰之理，隨時裁制，以就其宜，自然出入起居之際，易之全體不隔毫釐，而易之大用無或偏蔽，體用混融，妙理純契，一天地之闔闢，會鬼神之動靜，至矣盡矣，不可有加矣。溱擬欲如是讀易，乞賜批誨。

易本卜筮之書，而其畫卦、繫辭分别吉凶，皆有自然之理。讀者須熟考之，不可只如此想象贊歎。若可只如此統説便了，即夫子何用絶韋編而滅漆簡耶〔七〇〕？

學原於思，不思則不得。然而溱竊復以謂覬得之之心，又學者之患，不審先生以爲然否？更乞誨教。

方其思時，自是著覬得之心不得，但思則自當有得，如食之必飽耳。

溱竊謂學者儘收斂、儘安靜，去道儘近；儘放逸、儘流蕩，去道儘遠。不知先生以爲如何？

理固如此，不須如此安排。後章倣此。

程先生云：「『知至至之』，始條理也；『知終終之』，終條理也。」其義何如？乞賜批誨。

學者之初，須是知得到，方能行得；末後須是行得到，方是究竟〔七一〕。故程先生又云：「知至至之主知，知終終之主行。」此語亦可更考玩也。

答蘇晉叟

示及自警詩，甚善。然頗覺有安排湊合之意，要須只就日用分明要切處操存省察，而此意油然自生，乃佳耳。

答蘇晉叟

所示文字足見潛心之力，但却須更於分明平實處看，乃見端的。一向如此，恐浸淫入禪學去矣。

答蘇晉叟

先墓之文，每以爲念。前此病足之後，脾胃衰弱，不能飲食，精力疲怠，不能支吾，近方小康，而目盲愈甚，其一已不復見物矣。加以應接紛紜，日間見客寫書，更無少暇，以故久未能下筆。積欠頗多，非獨賢者所屬爲然也。今又重以僞學得罪明時，姓名蹤跡無日不掛議者之口，又豈作爲文字、治伐金石之時耶？所示文字敬且收藏，萬一未死之間，幸蒙寬恩，蕩滌瑕垢〔七二〕，乃當有以報耳。在親迎黄巖未歸，正以向來奏補僥冒自疑，未敢令赴試也。

校勘記

〔一〕卜田之吉占　「占」字，浙本無之。

〔二〕恐大人所以爲大人者　此句上，浙本有「大人不失其赤子之心，集注之意似以爲德雖至大人而初不失赤子之心也。然以『者』字與『也』字觀之」三十九字。「恐」下，浙本有「以爲」二字。

〔三〕然處己而盡其理之當然者　「者」，原作「也」，據浙本改。

〔四〕但以受光納照爲言　「納照」原倒，據正訛乙正。

〔五〕豈以其靈照之中　「靈照」二字原缺，據康熙本補。

〔六〕即是有害矣　「即」，原作「郎」，據浙本、天順本改。

〔七〕論語以學不厭爲智　「論語」，正訛改作「孟子」，是。

〔八〕反古之道　「之」字原脱，據浙本、天順本、中庸補。

〔九〕只今且看四子書後所題　「書」，原作「音」，據正訛改。

〔一〇〕當於或問中發之　「當」，正訛改作「嘗」。

〔一一〕然亦可見聖人之心未有滿處　「未有」，浙本、天順本乙倒。

〔一二〕乃出於老氏之説　此句上，浙本有「非吾儒之所宜言」七字。

〔一三〕須臾有間　「間」下，浙本有「私欲萬端，不火而熱，不冰而寒」十二字。

〔一四〕毫釐有差　「差」下，浙本有「天壤易處，三綱既淪，九法亦斁」十二字。

〔一五〕舊説却不及此也　「也」下，浙本有「集略例當如所喻。或問、集略目疾不能多看，俟旋修得，却奉報也」二十五字。

〔一六〕恐不得爲父所生之祖母者持重矣　「母者」原倒，據閩本、浙本乙正。

〔一七〕所問喪禮　「問」，原作「聞」，據浙本、天順本改。

〔一八〕答李守約　底本原注：一本作「答李時可」。

〔一九〕人之資禀固有偏重如此　「此」下，浙本有「者」字。

〔二〇〕斯仁至矣　「矣」下，浙本有「章」字。

〔二一〕君子所貴乎道者三　「三」下，浙本有「章」字。

〔二二〕惟正之而非僞飾　「飾」，原作「飭」，據浙本改。

〔二三〕似於集注之説不同　浙本作「似於本章文意未明」。

〔二四〕沽之哉　「哉」下，浙本有「章」字。

〔二五〕不忮不求　「求」下，浙本有「章，愚嘗思之」五字。

〔二六〕不得其醬不食　「食」下，浙本有「章」字。

〔二七〕蓋仁知皆性之德　「蓋」，原作「若」，據浙本、天順本改。「知」字原脱，據中庸章句補。

〔二八〕中庸喜怒哀樂未發謂之中止萬物育焉　「之」，原作「已」，「止」，原作「正」，據底本原注改。

〔二九〕顯道於異說已自洗濯　「自」字原脱，據浙本、天順本補。
〔三〇〕詳道資禀篤實　「詳」，原作「評」，據閩本、浙本、天順本改。
〔三一〕足見進道之力　「力」，浙本作「方」。
〔三二〕纔讀書窮理　「纔」，原作「縱」，據閩本、浙本、天順本改。
〔三三〕來喻之云　「云」，原作「去」，據閩本、浙本、天順本改。
〔三四〕且就此持守　「持」，原作「待」，據閩本、浙本、天順本改。
〔三五〕厭末求本　「求」，原作「來」，據閩本、浙本、天順本改；「末」、「本」，浙本互乙。
〔三六〕則恐所謂莊敬持養　「持」，原作「待」，據閩本、浙本、天順本改。
〔三七〕答顏子堅　此題淳熙本作「答建昌顏君子堅書」。
〔三八〕包顯道在此　此句上，淳熙本有「七月九日某頓首復書顏君足下」十三字。
〔三九〕以陷于邪説詖行之流　「詖」，原作「坡」，據閩本、浙本、天順本、淳熙本改。
〔四〇〕統宗會元者之爲祟　「祟」，原作「崇」，據浙本改。
〔四一〕聞已得祠曹牒　「祠」，原作「桐」，據淳熙本、閩本、浙本、天順本改。
〔四二〕願吾子於此更入思慮　「願」，原作「顛」，據淳熙本、閩本、浙本、天順本改。
〔四三〕僕不知所以爲子計矣　「矣」下，淳熙本有「秋氣向凉，餘惟自愛」八字。
〔四四〕有所逐謂欲　「逐」，原作「遂」，據閩本、浙本、天順本改。

〔四五〕已是生妄想之端　「生」，原作「坐」，據閩本、浙本、天順本改。
〔四六〕秦穆未嘗主盟中夏　「主」，原作「生」，據閩本、浙本、天順本改。
〔四七〕使吾子陷於狂妄恣睢之域而不自知其非也　「狂」，原作「往」，據閩本、浙本、天順本改。
〔四八〕仲穎　「穎」下，底本原注云：一本無「仲」字。
〔四九〕每恨無因緣相見　「緣」下，浙本有「可以」二字。
〔五〇〕則見其心之所存不離乎日用尋常之近小　「存」，原作「有」，據閩本、浙本、天順本改。
〔五一〕熹將望足下眉睫而有以得之也　「下」下，浙本、天順本均有「之」字。
〔五二〕答邵叔義　「義」下，底本原注云：一本無「叔義」二字，有「機」字。
〔五三〕存心養氣　「存」，原作「有」，據閩本、浙本、天順本改。
〔五四〕答邵叔義　此題淳熙本作「答永康邵浩叔義」。
〔五五〕不敢率爾承當　「敢」，原作「收」，據閩本、浙本、天順本改。
〔五六〕乃少日聞之先友范公名如圭　「聞」、「圭」，原作「間」、「至」，據閩本、浙本改。
〔五七〕援據分明　「據」，原作「括」，據閩本、浙本、天順本改。
〔五八〕近年屢加刊訂　「刊」，淳熙本作「删」。
〔五九〕似頗得聖賢之遺意　「似」，原作「以」，據淳熙本、閩本、浙本、天順本改。
〔六〇〕未暇抄録求教　「教」下，淳熙本有「臨風不勝傾想之劇」八字。

〔六一〕不敢廣以示人　「敢」，原作「收」，據閩本、浙本、天順本改。
〔六二〕識者自當知之　「知」，原作「如」，據閩本、浙本、天順本改。
〔六三〕極爲高遠　「爲高」原倒，據閩本、浙本、天順本乙正。
〔六四〕熹兒侍先君子官中秘書　「兒」下，疑脱「時」字。「官」，原作「宫」，據閩本、浙本、天順本改。
〔六五〕即是性之所爲也　「也」下，浙本有「來喻第一條語多重複間隔，更當熟玩爲佳耳」十八字。
〔六六〕徒長虚見　「徒」，原作「從」，據閩本、浙本、天順本改。
〔六七〕愚知之可分　「知」，原作「痴」，據閩本、浙本改。
〔六八〕如此泛論　「泛」，原作「之」，據閩本、浙本、天順本改。
〔六九〕此易之用也　「用」，原作「出」，據閩本、浙本改。
〔七〇〕即夫子何用絶韋編而滅漆簡耶　「編而」原倒，據閩本、浙本、天順本乙正。「漆」原作「漆」，據閩本、浙本、天順本改。
〔七一〕方是究竟　「竟」，原作「意」，據浙本、天順本改。
〔七二〕蕩滌瑕垢　「滌」，原作「條」，據浙本、天順本改。

晦庵先生朱文公文集卷第五十六

書 知舊門人問答

答趙子欽彦肅

昨承寄及文字，意謂一時思索偶有所未至，故率易報去。今承示喻，乃平日所深體而實見者，甚愧輕發。然所謂深體而實見者乃止如此，在賢者似尤不宜如此便休也。「刪遺書之未精，探易傳之未至」，此在當日楊、尹諸先達猶未敢輕言之，今日安敢議此耶？只如所示屯卦之説，深所未曉。若欲以此湊補易傳七分之心，恐合不著也。大率近日學者例有好高務廣之病，將聖人言語不肯就當下著實處看，須要説教玄妙深遠，添得支離蔓衍，未論於己無益，且是令人厭聽。若道理只是如此，前賢豈不會説？何故却只如此平淡簡短，都無一種似此大驚小怪底浮説？蓋是看得分明、思得爛熟，只有此話，别無可説耳。其曰只説得七分者，亦言沈酣浸漬，自信自得之功更在學者自著力耳，豈是更要别添外料〔一〕，釀玄酒而和大羹也耶？

且如「元亨利貞」四字，文王本意，在乾、坤者只與諸卦一般，是大亨而利於正耳。至孔子作彖傳、文言，始以乾、坤爲四德，而諸卦自如其舊。二聖人之意非有不同，蓋各是發明一理耳。今學者且當虚心玩味，各隨本文之意而體會之，其不同處自不相妨，不可遽以己意横作主張，必欲挽而同之，以長私意、增衍説，終日馳騖於虚詞浮辨之間，而於存養省察日用之功反有所損而無所益也。

去歲承書之日，適有江西傅子淵在坐，蓋喜聞足下之説，而以示之，子淵不善也，熹猶未以爲然。然自今觀之，則拙者之見果爲有愧於子淵矣。願賢者深思而有以反之，勿使熹爲終有愧也。

答趙子欽

示喻訥言敏行之意甚善，然前書鄙論，亦非謂都不講究而專務力行也，正爲聖言微指本自精約，不當如是支蔓以求之，恐其愈多而愈遠耳。

答趙子欽

示喻虛一之説甚善，此本聖人所不言，今著一句便成贅語。來喻推説其理甚當，但以四十九蓍握而未分爲太極之象，則恐亦未穩當。蓋太極，形而上者也。兩三四五，形而下者也。若四十九蓍可合而命之曰太極之象，則二三四五亦可合而命之曰太極之體矣。蓋太極雖不外乎陰陽五行，而其體亦有不離乎陰陽五行者〔二〕。熹於周子之圖書之首固已發此意矣。若必其所象毫髮之不差，則形而上下終不容强於匹配。若曰各隨所指而言，則與其以握而未分者象太極，反不若以一策不用者象之之爲無病也。明者試復思之，如何？

答趙子欽

自反研幾之喻，極感至意，不敢不勉。但他論有未能無疑者。如詩樂起調畢曲之法，乃自古所傳如此，音調方有歸宿，不可紊亂。温公書儀誠有未盡合古制處，然兼而存之，自可考見得失。今以其一詞之不合便欲削去，似亦草率。且彼以俗尚而雜古禮，吾以臆見而改古樂，安知後之視今不猶今之視昔耶？堂室制度，必已得其詳實，因便早幸示及，方欲葺數椽之居，或可取以爲法耳。子静後來得書，愈甚於前，大抵其學於心地工夫不爲無所見，但使欲恃此陵跨古今，更不下窮理細密功夫，卒并與其所得者而失之。人欲横流，不自知覺，而高談大論，以爲天理盡在是也，則其所謂心地工夫者又安在哉？

答趙子欽

禮圖未暇詳考，亦是素看此篇不熟，猝乍看未得。若更得冠、婚禮二圖，容并考之，乃爲幸耳。室之户牖並列於前〔三〕，不知以幾分爲户，幾分爲牖？房在室東而無北壁，不知其南户有扉否？房之户當中耶？近東角耶？近西角耶？兩階當直東西序之中而上耶？近兩楹而上耶？近兩壁而上耶？須先定此地盤間架，乃可議其升降出入。幸亦并作一圖，子細見示也。易説用意甚精，然鄙見却有未安處，似是爲説太精、取義太密，或傷簡易之趣。更俟詳玩，别奉扣也。

答趙子欽

熹數年來有更定舊書數種，欲得面論而不可得。大抵愚意常患近世學者道理太多，不能虚心退步、徐觀聖賢之言以求其意，而直以己意强置其中，所以不免穿鑿破碎之弊，使聖賢之言不得自在而常爲吾説之所使，以至劫持縛束而左右之，甚或傷其形體而不恤也。如此，則自我作經可矣，何必曲躬俯首而讀古人之書哉？不識明者以爲如何？

答趙子欽

禮圖甚精，但病軀尚爾支離，正甫到此未久，亦大病數十日，今又迫歸，遂不得子細商訂。但昨來黄婿考得堂序制度頗與來示不同，亦未暇參考折中。正甫計必持歸，幸爲詳之，因來喻及也。易説用意固甚精密，愚意亦素謂易學不可離却象數，但象數之學亦須見得大概總領，方可漸次尋探。今但如此瑣細附合，恐聖人之意本未必爾而虚費功力也。大抵讀書須見得有曉不得處，方是長進。又更就此闕其所疑而反復其餘，則庶幾得聖人之意、識事理之真，而其不可曉者不足爲病矣。正甫趨向持守甚不易得，但看文字亦尚多强説處。此學者之通患，如前輩亦或未能免。先聖所謂寬以居之、子張所謂執德不弘，正爲救此病耳。不識明者以爲如何？無由面話，書札不得究所欲言，而衰晚疾病，恐不久在世間，或能早爲命駕一來，使區區懷抱得以傾倒，而萬一辱有取焉，亦非小因緣也。此間雖有士友數輩，然與之語，往往不能盡人意。一旦溘然，此事便無所寄，不得不爲之慮耳。大學、語、孟說各一通謾往，此近日所脩定，然尚覺得有硬說費力處。煩爲一閱，見日面論，須盡去此等病，方見聖人本意也。

答詹子厚

便中辱書，良足爲慰。但所寄喻、趙二書及復齋行實奠詞，三復悲歎，不能自已。嗚呼，世豈有斯人耶！銘墓誠願效區區，但時論如此，兩三年來不敢爲人作一字而猶不免，今譴責方新，豈敢干犯？且當謹藏，以俟雷霆之威有時或息，而熹偶未死，則終不敢食此言耳。萬一溘先朝露，則諸賢之言自足紀於後世，亦不待熹而顯。幸密以告汪、喻，默會此意，勿以語人也。

答詹子厚

罪戾之餘，幸亦粗遣，不足云云。子欽之逝，念不能忘。前書所報刊行易說事，不知尚及止否？計其書多說象數，似亦不妨。但是有些這下氣息，令人憎嫌耳。可中安在？書中說欲此來，不知成行否？因通書幸爲致意，并問汪正父所在也。此間禮書漸可脱藁，若得二公一來訂之尤佳，然不可語人，恐速煨燼之災也。

答曾泰之祕

所喻鄉黨卒章疑義，此等處且當闕之，却於分明易曉、切於日用治心脩己處反復玩味，深自省察，有不合處，即痛加矯革，如此方是爲己功夫，不可只於文字語言上著力也。彼中士子有來學者，亦可以此告之。熹論語集注未嘗皆引胡先生説，所傳恐誤，此書之作，只是解説訓詁文義，免得學者泛觀費力。然所謂玩味省察功夫，却在當人，不在文字也。

答徐載叔賡

知放船下都，爲排雲叫閽之舉，此意甚壯。示及藁草，詞氣奔放而叙事詳密，病中目昏，略一披覽，甚快鄙意，所論亦切中今日之弊。如經題破碎，近日尤甚。前日江東未得請時，嘗欲到官後檢舉諸州所申，入一文字，劾其戲侮聖言之尤者一二人。雖或未必聽從，亦且令人傳笑，少警昏俗。既不成行，此事又且已，今讀來示，如癢得搔也。但此事更有根本，今徒然説得病痛，不知如何下藥？又此於治體僅爲一事，而文書浩漾已如此，恐萬機之暇亦不能詳覽也。更略簡節之，并與施行之目一二陳之，乃爲佳。

所喻學者之害莫大於時文，此亦救弊之言。然論其極，則古文之與時文，其使學者棄本逐末，爲害等爾。但此等物如淫聲美色，不敢一識其趣，便使人不能忘，政當以爲通人之蔽，不當以是爲當務而切切留意也。

放翁之詩，讀之爽然。近代唯見此人爲有詩人風致。如此篇者，初不見其著意用力處，而語意超然，自是不凡，令人三歎不能自已，蓋愛之者無罪而害之者自爲病耳。近報又已去國，不知所坐何事？恐只是不合做此好詩，罰令不得做好官也。

答徐載叔

專人示問，尤荷厚意。但觀所論，枝葉太繁、標榜太多，似於古人爲己之意有不相似者。未知謝、陸二公曾以此奉箴否？竊謂此非小病，遂而不反，尤悔之積將有不可勝言者，辨説雖精，無能補也。

答葉正則適

來書毫毛鈞石之喻，是乃孟子所謂尋尺者。此等議論，近世蓋多有之，不意明者亦出此也！古人爲己之實，無多言語，今欲博考文字以求之，而又質之於膠擾未定之胸次，宜其愈求而愈不得也。既未知其實之所在，則所謂百餘年來之所講貫者，果指何事以充之，而遽以爲未合於聖賢之中耶？

答葉正則

向見人家抄録靖康事，有耿黄門劄子，論祖宗致治不如熙、豐之盛者數條，不當專以祖宗爲法。後有欽廟批語，若曰：「昨降某事指揮，失於思慮，尚賴師傅大臣正救其失，前命更不施行。」當時不曾録得，後閱實録、長編之屬，皆無此事，不知今尚有考處否？耿之誤國，固非一事，然此一章乃定公、孔子所謂一言者，恐不可不著之史籍，以爲永監也。

答葉正則

所喻二説之未安，具悉雅意。但熹則以爲，舊聞者，中也；獨得者，過也；賢者之所以未然者，不及也。其詳雖有未得盡聞者，然大約當不出此。於此看破，則千里同風，不待片言而羣疑決矣。

答葉正則

向來相見之日甚淺，而荷相與之意甚深。中間寓舍並坐移晷，觀左右之意，若欲有所言者，而竟囁嚅不能出口。前後書疏往來，雖復少見鋒穎，而亦未能彼此傾倒，以求實是之歸，但見士子傳誦所著書及答問書尺，類多籠罩包藏之語，不唯他人所不解，意者左右亦自未能曉然於心而無所疑也。

世衰道微，以學爲諱，上下相徇，識見議論日益卑下。彼既不足言矣，而吾黨之爲學者又皆草率苟簡，未曾略識道理規模、工夫次第，便以己見摶量湊合，撰出一般説話，高自標置，下視古人。及考其實，則全是含胡影響之言，不敢分明道著實處。竊料其心豈無所疑？只是已作如此聲勢，不可復謂有所不知，遂不免一向自瞞，强作撑拄，且要如此鶻突將去，究竟成就得何事業？未論後世，只今日旁觀，便須有人識破。未論他人，只自家方寸，如何得安穩耶？

如來書所謂在荆州無事，看得佛書，乃知世外瓌奇之説本不能與治道相亂，所以參雜辨爭，亦是讀者不深考爾。此殊可駭，不謂正則乃作如此語話也。中間得君舉書，亦深以講究辨切爲不然。此蓋無他，只是自家不曾見得親切端的，不容有毫釐之差處，故作此見耳。欲得會面，相與劇談，庶幾彼此盡情吐露，尋一箇是處。大家講究到底，大開眼看覷，大開口説話，分明去取，直截剖判，不須得如此遮前掩後，似説不説，做三日新婦子模樣，不亦快哉！孟子自許雖行霸王之事而不動其心，究其根原，乃只在識破詖、淫、邪、遁四種病處。今之學者不唯不能識此，而其所做家計窠窟乃反在此四種病中，便欲將此見識判斷古今、議論聖賢，豈不誤哉！ 相望千里，死亡無日，因書聊復一言，不審明者以爲如何？ 然勿示人，恐又起鬧，無益而有損也。

若見得道理分明，便無事殺，決不暇讀佛書；若偶讀之，亦須便見得其亂道誤人處愈親切，不至爲此言矣。試以此一端思之，可見得失。劉智夫此間相去不百里，暑中未得款會。同志難得，但恐自處已太高了，不肯放下就實做工夫耳。年來見得此事極分明，乃知曾子實以魯得之，而聰明辨博如子貢者，終不得與聞於此道之傳，真有以也。

答徐居厚元德

大病新復，正要將護，不可少有激觸，損動真氣。讀書度未能罷，且歇得數月亦佳。將來看時，亦且適意遮眼，自有意味，正不必大段著力記當，損人心力，使人氣血不舒，易生疾病。況古人之學，自有正當用力處，此等止是隨力隨分開廣規模，若專恃此，亦成何等學問耶？ 前此屢欲言之，而匆匆不暇，今亦不特爲養病發也。今人但見孔子問禮問官，無所不學，便道學問只是如此，却不知得他合下是甚次第大底本領方有功夫到此。若只將自家此等小小見識而學養子而后嫁，豈不誤哉！ 至於平心和氣，却是吾人學問根本，亦不爲病然後當著力也。

答趙履常崇憲

示喻讀書遺忘，此亦士友之通患，無藥可醫。只有少讀深思，令其意味浹洽，當稍見功耳。讀易亦佳，但經書難讀，而此經爲尤難。蓋未開卷時，已有一重象數大概功夫；開卷之後，經文本意又多被先儒硬說殺了，令人看得意思局促，不見本來開物成務活法。廷老所傳鄙說，正爲欲救此弊。但當時草草抄出，疏略未成文字耳。然試略考之，亦粗見門户梗概。若有他説，則非吾之所敢聞也。

答方賓王誼

伏自先人實與先侍郎丈有遊從之好，而熹蚤歲又得以州縣小吏趨走幕府之下，辱慰薦焉。衰悴無堪，不能有以報效萬一，每念知顧之重，未嘗不愧且歎也。屏居衰僻，病懶相仍，又不能一通問訊門下，然知舊間亦未嘗不詢扣動靜而鄉往不忘也。屬者入都，不能半月而匆匆以去，乃辱專人追路，惠以手書，意寄勤厚，三復增歎。且審即日極暑，尊候萬福，又以爲慰。

示喻爲學之意，親切的當而不失其序。近日所見朋友，講習未有能及此者，甚慰鄙意。但以所謂三條觀之〔四〕，恐前日講貫之功猶有未究其極者，而今日所謂操存涵養者〔五〕，又不免離却前日所講，别作一段不言不語底功夫也〔六〕。大學之序，自格物致知以至於誠意正心，不是兩事，但其内外淺深自有次第耳。非以今日之誠意正心爲是，即悔前日之格物致知爲非也。不識明者以爲如何？如延平行狀中語，乃是當時所聞其用功之次第。今以聖賢之言、進修之實驗之，恐亦自是其一時入處，未免更有商量也。程子所論心指已發，後書明言此固未當，則是一時言語，不免小差，須如後説乃爲無病。蓋性爲體，情爲用，而心則貫之。必如横渠先生所謂心統情性者，其語爲精密也。忠信之説，大概甚善。但理之是非，事之當否，恐當於是非羞惡之端論之。忠信之得名，未必爲此設也。

道旁客舍，草草布此，言不盡意。恐有未安，更俟垂喻。有書只託吕子和發書至婺女，彼中時有便也。未由面講，豈勝悵然。唯冀以時珍衛，用慰遠懷，千萬之望。

答方賓王

别紙所喻甚善。向亦見浙中士友多立一偏之論，故爾過憂。然存養之功，亦不當專在静坐時，須於日用動静之間無處不下功夫，乃無間斷耳。心、性、情之説，亦已得之，但性即理也，今以爲萬理之所自出，又似別是一物。康節先生云：「性者，道之形體。」此語却似親切也。又云：「靜而不知所存，則性不得其中。」性之必中，如水之必寒、火之必熱，但爲人失其性而氣習昏之，故有不中，而非性之不得其中也。鄙意如此，未知是否？

答方賓王

「性者，道之形體」，因記先生誨而思之，姑以所見布稟。知言云：「性立天下之有。」蓋萬物之所以有者，以是而已。苟無是，則氣化將斷絶、生物有窮終矣。故曰陰陽之根柢、造化之樞紐，而中也者，天下之大本而道之體也。然前賢之論性，未嘗一及於此，而必以人物稟受動靜而言者，蓋性不能捨物而自立。捨物而論性，則性蓋不可得而名，如「乾坤毀則無以見易矣」。道也者，言天之自然也；性也者，言天之賦予萬物，萬物稟而受之者也。雖稟而受之於天，然與天之所以爲天者初無餘欠。然則性與天道非二體也，語其分則當然耳。道體無爲也，人心則有動焉，而萬事萬物、人倫物理感通變化之機莫不備具，而仁、義、禮、智所以立人極也。譬之人有是身，頭、目、手、足各有攸職而不相亂，而身之用乃全。性即理也，而繼之以康節之語，妄意恐出於此，未知是否？義愈精則言愈難，矧以淺陋，恐不足以發其藴，乞賜詳誨。

「性者道之形體」，乃擊壤集序中語。其意蓋曰：性者，人所稟受之實；道者，事物當然之理也。事物之理固具於性，但以道言，則沖漠散殊而莫見其實。惟求之於性，然後見其所以爲道之實初不外乎此也。中庸所謂「率性之謂道」，亦以此而言耳。來諭所云自是胡氏知言之意，與此不相關也。

或者曰，易傳曰：「雖無邪心，苟不合正理，皆妄也，乃邪心也。」誼舊常疑此語，以爲離邪即歸於正，所謂閑邪存其誠，非閑邪之外別有誠可存也，但閑邪則誠自存矣。後來方覺看得不精，元不曾實體得，只是將言語尋求〔七〕，所以草草如此。夫莊敬持養，此心既存，亦可謂之無邪心矣。然知有未至、理有未窮，則於應事接物之際不能處其當，則未免於紛擾而敬亦不得行焉。雖與流放而不知者異，然苟不合正理，則亦未免爲妄與邪心也，故致知所以爲大學之首與？其用力之次第，則先生所作大學傳所引程子、游氏、胡氏之言數條是也。但莊敬持養，又其本耳。近來學者多説萬理具於心，苟識得心，則於天下之事無不得其當，而指致知之説爲非，其意大率謂求理於事物，則是外物。誼竊謂知者，心之所覺，吾之所固有，蓋太極無所不該，而天下未嘗有心外之物也。惟其汩於物欲、亂於氣習，故其知乃始蔽而不明。而敬以持之、思以通之者，亦曰開其蔽以復其本心之知耳。程子曰「凡一物有一理，須是窮致其理」者，豈皆窮之於外哉？在物爲理，處物爲義，所以處之者欲窮其當，則固在我矣。程子曰：「致思如掘井，初有渾水，久後稍引動，則清者出來。人思慮始皆溷濁，久自明快矣。」所謂渾水與明快〔八〕，非自外來，蓋亦開其蔽而本心之明漸見耳。此心分量之大而運用之無窮，豈一事一物之所能該？一事適其當，他日或未然，則亦不得爲心正，必也如程子所謂覺悟貫通，於天下萬物之理無一毫之不盡，則義精而用妙，始可以言盡心知性矣。不知或者識心之說，豈一超直入者乎？

所論易傳無妄之說甚善，但所謂雖無邪心而不合正理者，實該動靜而言。如燕居獨處之時，物有來感，理所當應，而此心頑然，固執不動，則雖無邪心，而只此不動處便非正理。又如應事接物處理當如彼，而吾所以應之者乃如此，則雖未必出於有意之私，然只此亦是不合正理。既有不合正理，則非邪妄而何？恐不可專以莊敬持養、此心既存爲無邪心，而必以未免紛擾、敬不得行然後爲有妄之邪心也。所論近世識心之弊，則深中其失。古人之學所貴於存心者，蓋將推此以窮天下之理；今之所謂識心者，乃欲恃此而外天下之理。是以古人知益崇而禮益卑，今人則論益高而其狂妄恣睢也愈甚，得失亦可見矣。

或者曰，「立人之道曰仁與義」，謂「仁義」二字包括人道無遺。然而仁難言也，嘗即聖賢言心處及程子講論及此者觀之，亦隨有所見。比因讀程子曰：「心譬如穀種，生之性便是仁，陽氣發處乃情也。」此語以身體之，似有省處，而後於聖賢之言與程子之説似可類推。夫仁者，天理之統體而存乎人者，蓋心德之合而流動發生之端緒也。心之具衆理，猶穀種之包容生意，而其流動發生之端，即所謂生之性〔九〕。故曰惻隱之心仁之端，而元者善之長也。夫穀之生而苗、長而秀、成而實，根條花葉、形色臭味各有定體，不可相錯，然莫不根於種而具於生之性。譬之萬事萬物之理、父子之親、君臣之義，以至於屣履之微、語默之暫，亦皆有爲當然不易之理，莫不根於心而具於流動發生之端。此義之名所以立，而體用所以兼備也。故曰理一而分殊，蓋循其用則散殊雜擾、變化無窮，而大本一原初不貳也。只此二者，包括人道已盡，然人之有是身，即有自私之蔽，心既不宰而情爲之主，發不以正，而人之生道息焉。故斯須之間有不存，則君子之不仁者有矣。蓋須是於統體上看其發用一出於天理之公，而無人欲之私以亂之，事事物物莫不皆然，始爲盡人之道。夫子未嘗許人以仁者如此。

所論「仁」字，大概近之。而以發生流動之端緒爲仁，則是孟子所謂惻隱之心、程子所謂陽氣發處，皆指情而言之，不得爲仁之體矣。又所謂事物之理皆具於流動之端，然後見義之名所以立，而體用所以兼備，此語亦似微有義外之病。大抵仁字專言之則混然而難名，必以仁、義、禮、智四者兼舉而並觀，則其意味情狀互相形比〔一〇〕，乃爲易見。蓋人之性皆出於天，而天之氣化必以五行爲用。故仁、義、禮、智、信之性，即水、火、金、木、土之理也。木仁，金義，火禮，水智，各有所主。獨土無位而爲四行之實，故信亦無位而爲四德之實也。仁、義、禮、智同具於性，而其體渾然莫得而見。至於感物而動，然後見其惻隱、羞惡、辭遜、是非之用，而仁、義、禮、智之端於此形焉，乃所謂情。而程子以謂陽氣發處者，此也。但此四者同在一處之中，而仁乃生物之主，故雖居四者之一，而四者不能外焉。此易傳所以有「偏言則一事，專言則包四者」之説。固非獨以仁爲性之統體，而謂三者必已發而後見也。大抵仁、義、禮、智，性也；惻隱、羞惡、是非、辭遜，情也；心則統乎性情者也。以此觀之，則區域分辨而不害其同，脈絡貫通而不害其别，庶乎其得之矣。

答方賓王

前書所喻，思索皆甚精密，不敢草草奉報。嘗徧以示諸來學者，使各以意條析之。近方略爲刊訂，欲因婺女便人轉以寄呈。而臨行適病，不能料理簡書，令人檢尋，不復可得。方以爲撓，而後問適至，欲追思録寄，而心氣衰弱，如墮渺茫，不復可得。今姑據所見，略具别紙，幸一觀之。有所未安，却望報及。

「性者，道之形體」，乃擊壤集序中語。其意若曰：但謂之道，則散在事物而無緒之可尋；若求之於心，則其理之在是者皆有定體而不可易耳。理之在心，即所謂性。故邵子下文又曰：「心者，性之郛郭也。」以此考之，所論之得失可見矣。

人之應事，有不出於意欲之私，而但以不見義理之當然，遂陷於不正者多矣。董子所謂以善爲之而不知其義，是以被之空言而不敢辭者，正爲此耳，恐不必專以此心之存爲無邪心，敬不得施然後爲有邪心也。

心固不可不識，然靜而有以存之，動而有以察之，則其體用亦昭然矣。近世之言識心者則異於是，蓋其靜也初無持養之功，其動也又無體驗之實，但於流行發見之處認得頃刻間正當底意思，便以爲本心之妙不過如是，擎夯作弄，做天來大事看，不知此只是心之用耳。此事一過，此用便息。豈有只據此頃刻間意思，便能使天下事事物物無不各得其當之理耶？所以爲其學者，於其功夫到處，亦或小有效驗，然亦不離此處，而其輕肆狂妄、不顧義理之弊已有不可勝言者。此真不可以不戒。然亦切勿以此語人，徒增競辨之端也。

仁、義、禮、智，性也，體也；惻隱、羞惡、辭遜、是非，情也，用也；統性情、該體用者，心也。今曰流動發生之端即所謂生之性，又曰萬事之理莫不具於流動發生之端，此義之名所以立而體用所以兼備，似未安也。蓋孟子所謂四端，即程子所謂陽氣發處，不當以是爲性。而義之名，則自其未發之時固已立矣，羞惡之心，則其發見之端也。

所示諸説皆詳密，足見用功之深。其論天下無心外之物一條尤善。鄙意所未安者，只此數處爾。諸人所辨，雖不可見，然其大概具於此矣，或有未安，却望疏示。

答方賓王

前書下詢數條，類皆精當。敬夫未發之云，乃其初年議論，後覺其誤，即已改之。但舊説已傳，學者又不之察，便加模刻，爲害不細。往時常別爲編次，正爲此耳。然誤本先行，此本後出，遂不復售，甚可恨也。赤子之心，伊川先生最後一書言之甚詳。蓋人心莫不有未發之時，不但赤子爲然，而赤子之心亦莫不有已發之時，不得專指爲未發也。衛輒之事，遺書中亦有兩句與胡傳相似。劉質夫所録明道先生語。胡蓋祖其意，而不悟其失之毫釐之間也。此事舊嘗疑之，近日亦方與朋友説及，得來示，適契鄙懷，知閲理之不苟也。其他無可疑者，恨未得面講耳。

答方賓王

前書所論大學、論語，大概皆得之。但大學次序，亦謂學之本末終始無非己事，但須實進得一等，方有立脚處，做得後段功夫，真有效驗爾。非謂前段功夫未到，即都不照管後段，而聽其自爾也。聞道方是理會得爲人底道理，從此實下功夫，更有多少事，豈可便謂都無餘事？但到此地，即所見不差，真有廣居可居、正位可立、大道可行，向上自然有進步處耳。

答方賓王

熹前日看所寄易説不子細，書中未敢察察言之。遺書後歸故居，道間看得兩册，始見其底蘊。如言四象及先天次序〔一一〕，皆非康節本指，其他亦多杜撰。如九轉圖引魏伯陽參同契、張平叔悟真篇尤爲無理，亦自不曉參同契中所説道理，可惜用許多功夫，都不濟事〔一二〕。大抵易之一書最不易讀，而今人喜言之，正所謂畫鬼神者，殊不知只是瞞得不會底，於自己分上成得何事？而世人自有曉得者，亦不可得而欺也。熹向來作啓蒙，正爲見人説得支離，因竊以謂易中所説象數，聖人所已言者不過如此。今學易者，但曉得此數條，則於易略通大體，而象數亦皆有用。此外紛紛，皆不須理會矣。聞已見之，嘗試推考，自當見得。其第二篇論太極、兩儀、四象之屬尤精，誠得其説，則知聖人畫卦不假纖毫思慮計度，而所謂畫前有易者，信非虚語也。然此書所論彼書之失幸勿語人，又生競辨。區區但恐老兄或信其説而講求之，則枉費功夫，故專附此奉報爾。

答方賓王

沈君易書詞太汗漫，讀之多所未解，不敢遽下語。其間揲蓍右手餘五之説甚新而整，似若有理，但恐不可謂之歸奇，尚有可疑耳。易於六經最爲難讀，穿穴太深，附會太巧，恐轉失本指。故頃嘗爲之説，欲以簡易通之，然所未通處極多，未有可下手處，只得闕其所不知，庶幾不至大差繆耳。

答方賓王

所寄易説，却以上内。諸疑義所得甚多，其未安者，亦各附己意於其下，并此封内，幸更詳之。前書所論易説已詳，然忽忽尚多未盡。大抵多是未得古人正意，而好自立説，此今世讀書者之通病也。

「視其所以」一章，誼謂「所以」，所爲也。天理人欲同行異情，所爲雖曰善矣，抑不知其意之所發爲利乎，爲義乎？所爲合於義，所發亦以義，則固善矣。又當察其平日所存所守果一出於正乎？至是，則亦盡觀人之法矣。范氏曰：「視其所以，知其用心之邪正；觀其所由，考其所行之歸趣。」疑倒説了。

察其所安，正是察其所由之安與不安，若其爲善，如惡惡臭，如好好色，則居之安矣。

范氏之説誠未當也。

「學而不思則罔」一章，誼竊意「學」謂視聖賢所言所行而效之也，「思」謂研窮其理之所以然也。徒學而不窮其理則罔，罔謂昏而無得，則其所學者亦粗迹爾。徒思而無踐行之實則殆，殆謂危而不安，則其所思者亦虚見爾。學而思則知益精，思而學則守益固，學所以致廣大，思所以盡精微。

學不專於踐履，如學以聚之，正爲聞見之益而言。

「知之爲知之」一章，誼謂學者之於義理、於事物，以不知爲知，用是欺人或可矣，本心之靈庸可欺乎？但知者以爲已知，不知者以爲不知，則雖於義理事物之間有不知者，而自知則甚明而無蔽矣，故曰「是知也」。以此真實之心學問思辨，研究不舍，則知至物格，心正意誠之事可馴致也。夫子以是誨子路，真切要哉！此意言之若易〔一三〕，而於學者日用間關涉處甚多，要當步步以是省察，則切身之用蓋無窮也。

此説甚善。

「德不孤」一章，按程子自有二説：曰各以類聚，曰與物同，曰爲善者以類應，有朋自遠方來，此一説也。曰一德立而百善從之，至德盛後，自無窒礙，左右逢其原，此又一説也。南軒云「善言之集、良朋之來，與夫天下歸仁，是亦不孤而已」，則是兼用程子二説。不知如何？

「德不孤」，易中所説與論語不同。德盛逢原者，易之説也；善以類應者，論語之説也。各指所之，不可兼用。

「漆雕開吾斯之未能信」一章，誼謂天理精微，深妙無窮，惟知至物格者然後能盡之。苟有一毫未盡，則心體未能周流而無滯也，其於事物之間，能自保其應之而必當乎？信者，理之全體實有諸己而無不盡之謂。漆雕開所見甚大，而不肯安於小，自察甚精，而不容以自欺，則其立志之宏而進道之勇何可量哉！此夫子所以悦之。

此一章語意駁雜多病，更加玩索爲佳。

「不念舊惡」一章，不知舊惡爲何事？「怨是用希」，不知怨是人怨己，或己怨人？如蘇氏説，則指意皆明，又不知可以爲據否？程子不明説舊惡，竟未知此章之所指歸也。

舊惡是他人前日之過，如其冠不正之類。前日雖已望望然去之，然今日正冠而來，則取其改過，而不念前日之過矣。

「夫子爲衛君」一章，誼謂本意只是衛君以父子爭國，夷、齊以兄弟讓位，類而言之，則輒之罪著矣。楊氏辨論最爲詳盡，但輒之罪則在據國拒父，無父子之義。而叔齊雖有父命，乃以天倫爲重而逃去之，則以叔齊當輒，輒之罪何所容於天地間乎？似不必引郢以爲説。冉有之問，其不爲郢發也明矣。其後説爲勝。然所謂輒乃先君之命者，按左氏，靈公嘗欲立公子郢矣，輒乃郢讓之、夫人立之，不知此言別有所據否？如所謂蒯聵以父爭，輒便合避位，國人擇宗室之賢者立之，斯爲至當。然猶疑輒之逃避當在靈公既薨而夫人欲立之時，如此則庶乎叔齊之風焉。不知是否？

此説甚善。

「吾無隱乎爾」一章，誼謂聖人之作止語默無非教也，唯聖人然後能之。蓋聖人全體是此理，無物不體、無時不然也。故以此語二三子，亦道其實爾。若如謝氏、楊氏之説，則是我與二三子共此理，其仰觀俯察與夫百姓日用者，莫非此理之流行，則恐舉物而遺其則，將有運水般柴、揚眉瞬目之意矣。不知如何？

亦善。

「子路問事鬼神」一章，誼謂由聚散故有生死，由幽明故有人鬼。而所謂理，則無有聚散幽明之異也。學者求盡乎理可也，盡乎事人之理，則鬼神之理不外是；知其所以生，則死之理可見。亦即其著見者而致其知、實其行而已。不然，將求諸怳惚茫昧之域，終亦不知焉耳矣。

亦善。然事人之道未易盡，所以生者亦未易知也。

「不踐迹」一章，程子謂循塗守轍，不知塗轍爲何也？張子所謂成法，不知何者爲成法？未有以見其所指之實也。

循塗守轍，猶言循規蹈矩云爾。

「仲弓問焉知賢才而舉之」一章，程子曰：「人各親其親，然後不獨親其親。」又云：「便見仲弓、聖人用心之大小，推此義則一心可以興邦，一心可以喪邦，只在公私之間而已。」反覆思之，未得其説，乞略示梗概。

人各舉其所知，則天下之事無不舉矣，不患無以知天下之賢才也。興邦喪邦，蓋極言之。然必自知而後舉之，則遺才多矣，未必不由此而喪邦也。

語子貢一貫之理，誼謂五常百行、人倫物理紛紜雜揉，不可名狀，是可謂有萬而不同者矣。然一體該攝乎萬有，而萬殊歸乎一原，循其本而觀之，則固一矣。即其用而驗之，則是其本行乎事物之間，斯所謂一以貫之者也。聖人生知，固不待多學而識；學者非由多學，則固無以識其全也。故必格物窮理以致其博、主敬力行以反諸約，及夫積累既久，豁然貫通，則向之多學而得之者，始有以知其一本而無二矣。子貢致知之功已至，其於事物之間，灼然知天理之所在而不疑，特未究夫一之爲妙爾。夫子當其可而問之、發其疑而告之，故能聞言而悟，不逆於心。觀夫子於曾子之外獨以告子貢，則其不躐等而施者抑可見矣。諸儒以多學爲病者，不知其意如何？

此說亦善。

答方賓王

閒中頗得講學之友否？比來道術分裂，人自爲師，真胡公所謂人人各説一般見解誑嚇衆生者。勢方横流，力不能遏，可歎！

答方賓王

閑中想不廢玩索，因書時有以見警，幸甚幸甚。此亦有一二學者，然極難得穎悟之質，又肯耐煩用力者不絶如綫，甚可慮也。年來目盲愈甚，它病亦多，殊憒憒無好況。思復見賢者，深講所聞而不可得，奈何奈何？比雖已拜祠官之命，然辭職未報，尚此憂懼。萬一未遂，更須力請耳。浙中聞頗有船粟可濟民食，不知比來氣象復如何？外廷諸人不易扶持得且如此，如鄭補之輩尚可望也，向上一節，則遠方不得而聞矣。閑退之人雖不敢復發口，然畎畝之憂不能忘也。

答方賓王

病中却於詭僞舊聞看得轉覺簡約精明，非昔時比，恨不得相與講之也。周、高二君，恨未之識。近覺朋友未説見得如何，且是做工夫未入腔窠，所以茫茫然終日無進步處，非但新學小生爲然也。楊丞文字，累年以病不暇，今年又禁作文字〔一四〕，然念其事與今日議論無干涉，欲留其人，草成遣還。而去年病亟時失去所寄行狀，不免却令且回，令別寫附來也。知其練事勤職，甚慰人意。頃一再試郡，更無人可使，始知人才難得。若不加意收拾，緩急真無可恃也。常平之積，所在空虚，無以爲水旱之備，此誠可慮。然去年只緣和糴，故樂土亦爲凶歲，此又未有可爲之時也，不知幕府之議何以處此耶？

答方賓王

病軀雖幸小康，然亦未能輕健，老境益侵，而德學不進，朋友間亦未見卓然可望以爲永久之託者，甚可懼也。

答方賓王

懇辭遂請，深荷上恩，第孤迹殊未可保，且得私義少安，俯仰無愧，它則不暇計爾。舊書讀之，覺得平淡著實中意味愈長。亦有一二朋友漸知路徑，閑中少足自慰也。但時論咄咄逼人，一身利害不足言，政恐坑焚之禍遂及吾黨耳。

答方賓王

德聞知有進處，甚善。此亦賢者切磋之力，但不知時論既爾，能不退轉否耳？周南仲書來甚勤，然覺得安排準擬之意多，而無驀直向前之氣。若一向如此遲回擔閣，恐難得入頭處也。所喻涵養本原之功誠易間斷，然纔覺得間斷，便是相續處。只要常自提撕，分寸積累將去，久之自然接續，打成一片耳。講學功夫亦是如此，莫論事之大小、理之淺深，但到目前即與理會到底，久之自然浹洽貫通也。

答陳師德定〔一五〕

熹愚不肖，早嘗涉學，歲月逝矣，老大無聞，靜循初心，每自愧歎。過承下問，其何以稱厚意之辱？然嘗聞之，程夫子之言曰：「涵養須是敬，進學則在致知。」此二言者，實學者立身進步之要，而二者之功蓋未嘗不交相發也。然夫子教人持敬，不過以整衣冠、齊容貌爲先；而所謂致知者，又不過讀書史、應事物之間求其理之所在而已，皆非如近世荒誕怪譎、不近人情之説也。左右玩意之久，於此蓋必已深有得矣。更願勉旃，而無或怠焉，則亦何事於他求哉！抑讀書之法，要當循序而有常、致一而不懈，從容乎句讀文義之間，而體驗乎操存踐履之實，然後心靜理明，漸見意味。不然，則雖廣求博取，日誦五車，亦奚益於學哉？故程子又曰：「善學者求言必自近，易於近者非知言者也。」此言殊有味，惟困於遠求而無得者知之，亦願左右者之識之也。

答陳師德

示喻格物持敬之方，足見鄉道不忘之意，甚善甚善。持敬正當自此而入，至於格物，則伊川夫子所謂窮經應事、尚論古人之屬，無非用力之地。若舍此平易顯明之功，而必搜索窺伺於無形無迹之境，竊恐陷於思而不學之病，將必神疲力殆而非所以進於日新矣。況聞左右體羸多病，尤當完養思慮，毋令過苦，成就德器，以慰士友之望。

答吴申

所喻從祀曲折，乃向者令邸吏於監學畫到如此，因問楊廣文元範，渠住學久，亦云實然，遂依本畫之。近到都下徧問知識，亦皆云爾，決不誤也。

答李周翰

熹跧伏累年，不獲以時候問作止，區區鄉往，蓋不自勝。今歲適滿六十，而衰病支離，無復四方之志，恐不復得遂既見之願矣。兹辱惠書，三復感歎。來喻諄復，益見謙光，又愧向來妄論之率爾也，然是非得失之間，正當精察而明辨。或者内實安於舊習而陽爲是言，則非熹之愚所望於高明也。無由面論，臨書浩歎。

答李周翰

示喻縷縷，備見本末。但原說之辨，歲月浸久，不復記憶。獨髣髴其間頗有陽尊孔子而陰主瞿、聃之意耳。今乃承有未全伏罪之言，又恐當時看得不子細也。所謂終焉位天地、育萬物、厚人倫者，乃吾道之正，亦未見其上文，不知盛意之微果何所寄，未容遽陳鄙見，便中幸復有以教之，則雖自顧無關可抽、無鑰可啓，然亦不敢不披露胸臆以求訂證也。

答朱飛卿

某承先生誨以持敬，某自求病痛，是氣衰不能勝其怠惰。如頭容欲直、手容欲恭，則時或不能。即此便是持敬不純、私意已行矣。窮理不知其當然，今遂欲一一如禮，則力困，實做不得。不知但存之於心而四體則少寬之，終可以有得而無害於敬否？

心無不敬，則四體自然收斂，不待著意安排而四體亦自舒適矣。著意安排，則難久而生病矣。

某比欲窮理，而事物紛紜，未能有灑落處。近惟見得富貴果不可求、貧賤果不可逃耳。

此是就命上理會，須更就義上看當求與不當求、當避與不當避，更看自家分上所以求之避之之心是欲如何，且其得喪榮辱與自家義理之得失利害，孰爲輕重，則當有以處此矣。

先生授以詩傳，且教誨之曰：「須是熟讀。」某嘗熟讀一二遍〔一六〕，未有感發。竊謂古人教人，兼以聲歌之，漸漸引迪，故最平易。又疑鄭、衛之諸詩皆淫聲，小學之功未成，而遽教以淫聲，恐未能使之知戒，而適以蕩其心志否？抑其聲哀思怨怒，自能令人畏惡，故雖小子門人亦知戒乎？某欲令弟姪輩學詩，尚疑此，未敢曉以文義。

詩且逐篇旋讀，方能旋通訓詁，豈有不讀而自能盡通訓詁之理乎？讀之多、玩之久，方能漸有感發，豈有讀一二遍而便有感發之理乎？古之學詩者固有待於聲音之助，然今已亡之，無可奈何，只得熟讀而從容諷味之耳。若疑鄭、衛不可爲法，即且令學者不必深究，而於正當説道理處子細消詳、反復玩味，應不枉費工夫也。

人常有清明昏濁之殊，此固是氣禀。然心不能不隨氣禀而少異。夫口、耳、目、心，皆官也。不知天賦之氣質，不昏明清濁其口、耳、目，而獨昏明清濁其心，何也？若曰心理本不異，惟爲氣質所拘而不能自明，然夷、惠、伊尹非拘於氣質者，處物之義乃不若夫子之時。孟子論三子，蓋謂其智不若夫子。夫是非之心，智也，豈三子能充其惻隱、羞惡、辭遜之心，而獨於其是非之心不能充之乎？

口、耳、目等亦有昏明清濁之異，如易牙、師曠、離婁之徒，是其最清者也。心，亦猶是而已。夷、惠之徒便是未免於氣質之拘者，所以孟子以爲不同道而不願學也。孟子：「盡其心者，知其性也。」

盡心之說，當時見得如此，故以爲意誠之事。後來思之，似只是知至之事，當更尋舊說考之。下文且只平看，不必以「所以」二字爲關鍵也。

改「踐形」說。

人皆有是形，便有是理。故曰形色，天性也，性即理之謂也。然衆人有是形而不能全其形之理，故有形雖人而心實禽獸，是不足以踐其形矣。惟聖人能全其形之理，故可以踐其形也。伊川先生所謂充人之形，「充」字極分明矣。

改「誠意」章說。

「誠意」一章，來喻似未曉章句中意。當云人意之發，形於心者本合皆善，惟見理不明，故有不善雜之，而不能實其爲善之意。今知已至，則無不善之雜，而能實其爲善之意，則又無病矣。又善惡之實於中者皆形於外，但有爲惡之實，則其爲善也不誠矣；有爲善之實，則無爲惡之雜，而意必誠矣。純一於善而無不實者，即是此意未嘗異也。

答鄭子上可學

前此所惠書，歸來乃得之。所論詳悉，此間朋友難得如此會思索者。今書所説易、中庸亦甚子細，今并答去，具在別紙，更熟玩之，自見曲折也。程氏易傳已甚詳細，今啓蒙所附益者，只是向來卜筮一節耳。若推廣旁通，則離不得彼書也。程先生說易得其理則象數在其中，固是如此。然泝流以觀，却須先見象數的當下落，方說得理不走作，不然事無實證，則虛理易差也。不知歲暮或春暖能一來否？此間難得人講論，每深懷想耳。

答鄭子上

所論大概多得之。偶以事出近村，不曾帶得書來，不及一一奉報。其間亦有一二合商量處，旦夕當別有便，却附書也。孟子求放心一條，尋常亦草草看了，以今觀之，真是學問之要，不可不留意也。

答鄭子上

所喻人心、道心之說，比舊益精密矣。但常如此虛心精察，自然見得舊說是非，漸次長進矣，甚善甚善。今說如云「必有道心，然後可以用於人心」以下數語，亦未瑩也。所謂守得定方可以致知窮理，此說甚當。孟子云：「學問之道無他，求其放心而已。」豈是此事之外更無他事？只是此本不立，即無可下手處；此本既立，即自然尋得路逕，進進不已耳。易中占辭，其取象亦有來歷，不是假說譬喻。但今以說卦求之，多所不通，故不得已而闕之，或且從先儒之説耳。論語説已注在卷中，幸更詳之，有便復以見喻也。二子同往金華，或相見，幸有以規切之。

答鄭子上

道心之説甚善。人心自是不容去除，但要道心爲主，即人心自不能奪，而亦莫非道心之所爲矣。然此處極難照管，須臾間斷，即人欲便行矣。通書等何故不曾寄去？今往一本，所疑附録數條，亦略要見脈絡相連處耳，不足深致疑於其間也。但第三十六章注中「二」字當作「一」字。西銘卒章兩句所釋頗未安，試更思之，如何？向來諸書近來整頓愈精密矣，只是近處難得學者肯用心耳。此道之傳，不絶如綫，甚可憂歎，唯冀益加勉厲，以副所望。

答鄭子上

此却有數士友相聚，然極難得可共學者。浙人爲功利浸漬，壞了腹心，尤難説話，甚可歎，又可懼也。

答鄭子上

所諭大學之疑甚善，但覺前日之論頗涉倒置，故讀者汩没，不知緊切用功。子細看來，經文只是就大體規模上推説將來耳，非謂實經此漸次等級，然後及於格物也。故後來頗削舊語，意以此耳。補亡不能盡用程子之言，故略説破，亦無深意也。大抵看大學，須先緊著精神領略取大體規模，却便回來尋箇實下手處著緊用功，不可只守著此箇行程節次，便認作到頭處也。

賦題之説，若論詩人本意，則「湛露」云云，只是興發下句之詞，未有他意。而説者推以取義，則似有今日之論，亦不害於義理。但「露以陽晞」，猶諸侯稟王命以從事，非謂陽盛而露晞，如王道盛而諸侯衰滅也。

治道去泰甚，誠出於黄、老之意，然吾言亦頗有近似者，但在用者如何。若看得準則定當不可易處，然後隨其深淺而不求備焉，此則儒者之去泰甚也。若一切漫漶，十分放倒，而曰吾姑去泰甚焉，則是詖淫邪遁之詞，而非所以爲訓矣。聖賢惡似而非，正爲此也，尚安得捨吾不可易之權度，而徇彼漢儒黄、老之餘哉？不知子上以爲如何？

趙推書云談義理者多被擯黜，不知其間有能及此意者否？然此勿以示人，恐又生競辨，譊譊可憎也。別紙已注其下，卒章幸深留意也。

答鄭子上

子晦書煩致之，或相見間，鄉里公共利害告之無嫌也。君平之説，鄙見正如此。南蒯事，國語中所記尤詳，可檢看也。

答鄭子上

來書所問鬼神二事，古人誠實，於此處直是見得幽明一致，如在其上下左右，非心知其不然而姑爲是言以設教也。後世説「設教」二字甚害事，如温公之學問雖一本於誠，而其排釋氏亦曰「吾欲扶教」耳。此只是看道理不透，非獨欺人，而并以自欺。此大學之序所以必始於格物以致其知也。平康正直，則來喻得之矣。但不知剛克柔克，謂自克耶，抑謂勝彼耶？此上四句，須看得有歸著，乃無窒礙耳。

答鄭子上

所示論語數條，備見别來玩索功夫。偶以病中意思昏憒，未暇細觀，不敢草草奉報。

此間亦有朋友數人往來講學，但久病倦甚，無力應酬，無以副其遠來之意。新舊諸書尚有合整頓處，頭緒不一，亦以病倦，不復能如舊日趲得課程。未知何時復得會面？所欲言者無窮，臨書徒悵然也。

答鄭子上

此心之靈，即道心也。道心苟存而此心虛，則無所不知，而豈特知此數者而止耶？此心之靈，其覺於理者，道心也；其覺於欲者，人心也。昨答季通書，語却未瑩，不足據以爲説。

使學者於致知上循序而進，則凡所謂道德齊禮之類，皆舉之矣。格物致知，乃是就此等實事功夫上窮究，非謂舍置即今職分之所當爲而泛然以窮事物之理，待其窮盡，而後意自誠、心自正、身自脩也。

意不誠則撓亂其心，牽連引動，無所不至。能誠意則心自正，意雖不誠，心固不可欺。

此説甚善。但不知既謂心不可欺，何故却可撓動？更請詳之〔一七〕。

「善端無時而不呈露於外」，又云「尚何待於發見哉」，又云「只於居處恭、執事敬上用力，即天理常存，何時而不發見」。

既知善端無時而不呈露，則當知無時不有下功夫處，不可謂常時都不發見，必待其有時發見而後可加功也。若如所論，只於恭敬上用功夫，則又只是存養之事。若便以此爲格物功夫，則是程先生所謂若但敬而不知窮理，却是都無事者矣。須知遇事而知其當然，即是發見。就此推究，以造其極，即是格物。但且如此用功，則所謂妄有所指而流於空虚，未有所見而苟且自止之病〔一八〕，亦不必慮矣。

「知至意誠」一段。

來喻得之，舊説有病，近已頗改定矣。其他改處亦多，恨未能録寄也。

論易傳。

易之爲書，本爲卜筮而作，然其義理精微、廣大悉備，不可以一法論。蓋有此理即有此象，有此象即有此數，各隨問者意所感通。如「利涉大川」，或是渡江，或是涉險，不可預爲定説。但其本指只是渡江，而推類旁通，則各隨其事。

論中庸。

此書從前被人説得高了，更不曾子細推考文意，若細讀而深味之，其條理脈絡曉然可見。非是固欲如此剖析，自是并合不聚也。如「道也者，不可須臾離也」至「故君子謹其獨也」，若不分作兩段，則「是故君子」云云、「故君子」云云此兩處，豈不重複？況「不可須臾離」與「莫見乎隱」、「莫顯乎微」，「戒謹恐懼於不睹不聞」與「謹其獨」，分明是兩事，驗之日用之間，理亦甚明。只是今人用心粗淺，下工不親切，故不見其不同耳。「君子之道四，丘未能一焉」，雖是聖人自責之詞，然必其於責人之際反求諸己，而見其於道之全體，曲折細微，容有不能無不盡處，如舜之號泣於旻天之類，但當於此負罪引慝，益加勉勵而不敢自恕焉耳。以此見得古人文字關鍵深密，直是不草草。依乎中庸博學、審問兩段，亦非強爲分別，如庖丁眼中，自是不容有全牛也。請更詳之。

答鄭子上

「此心之靈，其覺於理者，道心也；其覺於欲者，人心也。」可學蒙喻此語，極有開發。但先生又云：「向答季通書，語未瑩，不足據以爲說。」可學竊尋中庸序云：「人心出於形氣，道心本於性命。」而答季通書，乃所以發明此意。今如所說，却是一本性命說而不及形氣。可學竊疑向所聞此心之靈一段所見差謬，先生欲覺其愚迷，故直於本原處指示，使不走作，非謂形氣無預而皆出於心〔一九〕。愚意以爲覺於理，則一本於性命而爲道心；覺於欲，則涉於形氣而爲人心。如此所見，如何？

中庸序後亦改定，别紙録去，來喻大概亦已得之矣。

「告子問性」云云，解云：「蓋指血氣知識爲性。」下又云：「近於後世佛家所謂作用是性之説。」又云：「告子謂人之甘食悦色，性之自然，蓋猶上章知覺運動之意也。」可學謂甘食悦色固非性，而全其天則，則食色固天理之自然。

此説亦是，但告子却不知有所謂天則，但見其能甘食悦色即謂之性耳。

告子先云「義猶杯棬」，而下云「以人性爲仁義」，其意蓋謂仁義出於本性。但下文又指仁爲在内，疑告子本皆以仁義爲外，既得孟子説，略認責以爲内，而尚未知其所以愛，故猶執義爲外。告子知所以愛之由乎仁，則亦知義之不離乎仁矣。仁内義外之説，不知告子何以附於「食色性也」之下？可學竊疑告子指食色爲性，以爲由心出，故亦略指愛以爲在心。

初意亦只如此看，適細推之，似亦不以仁爲性之所有，但比義差在内耳。

「盡心知性」云云，可學每讀先生書解，於文義之間最不草草。如「君子深造之以道，夜氣不足以存，他人便不認」，「之以」、「足以」兩字，先生拈出，而一段之意皆全。故可學因此每觀書，於文義之間一字不敢放過，蓋古人文字高下曲折之間，皆其意所寓。故於此一段，雖先生之説指意明白，而竊有疑焉，伏乞批示。

論其理，則心爲粗而性天爲妙；論其功夫，則盡爲重而知爲輕。故云所謂盡其心者，即是知性而知天者也。三者只是一時事，但以表裏虛實反復相明，非有功夫漸次也。三者初無分別，故又曰「存其心，養其性，所以事天」，亦言其本一物耳。所謂「深造」、「夜氣」，看得甚子細，此書近爲建陽人販賣甚廣，不知有幾人看得此意出來，亦可歎耳。

答鄭子上

有子言「其爲人也孝悌」，只是言尋常人如此，則好犯上者鮮矣，其言頗輕；下文「孝悌其爲仁之本」，言即重。蓋世間自有一等孝悌人而不知仁，正是由而不知耳。然則此一段當於「務」字、「立」字上著工夫。

上兩句是説道有本末，務本是工夫，當於「務」字、「立」字上著工夫。

志學一段，伊川先生謂聖人未必然，亦只是爲學者立法。先生注中亦取此説，又云：「聖人生知安行，非有進爲之漸。然其乾乾不已之心未嘗自足，則其極至之妙必有日新而又新者，故其言如此。」愚鄙未曉，且欲從伊川説，如何？恐識未至而彊求之，徒有揣摩料想之病，而無確實自得之功。

聖賢之學非常情所能測，依約如此，須有與他人不同處耳。

「子謂韶盡美」一段，先儒皆引征伐以説武王，謂其樂聲自不能掩。今注云「其實有不同」，亦是指其聲耶，或謂其聲雖皆美，推原其義則自有不同也？

美者其功也，善者功之所以立，即揖遜征伐是也。

「吾道一以貫之」一章，前注云：「此皆借學者而言，在聖人則至誠無息而萬物各得其所是也。」「忠恕」二字本是學者分上事，不曾刪去「忠也，恕也」。今注去上一句，雖云至誠無息，萬物各得其所，而不明指其爲忠也，未適如何？

「道體無二而聖人」，今改作「聖人之心渾然一理而」。此注是後來改本，解釋極明白矣。

答鄭子上

或謂伊川先生：「令尹子文之忠、陳文子之清，使聖人爲之，是仁否？」先生曰：「不然。聖人爲之，亦只是清忠。」先生解云：「心德全體，非事爲一節可論。」但二子之清忠使聖人爲之固只是清忠，莫亦是仁中之清忠，與二子異？孔子謂二子之清忠而未仁，可學謂二人既未仁，則清忠亦未至。似此反觀之，如何？

此説得之。

「回也三月不違仁」，尹氏曰：「三月，言其久。若聖人則渾然無間矣。」可學觀尹氏之意，蓋以不違仁與安仁異，必如聖人之安仁〔二〇〕，則無間斷。若只如顔子之不違，則雖欲無間斷不可，非謂不違仁已至極，特有間斷耳。又不知尹氏之意果是如此否？

此説亦得之。

「天生德於予」一章，上蔡云：「使其能害己，亦天也。」龜山亦然，諸家多從之。先生解云：「言必不能違天害己。」可學謂衰亂之世氣運差謬，福善禍淫容或有失。若天理則卓然常在，如許盛德，必不應殺得，故伊川云，聖人極能斷致以理〔二一〕。

伊川説是夫子正意，謝、楊是推説餘意，亦不可不知也。

泰伯及周之至德。

此兩段且寬著意思看。事殷、伐紂，事雖不同，然其隨時順天則一而已。

答鄭子上

太極圖曰：「無極而太極。」可學竊謂無者，蓋無氣而有理。然理無形，故卓然而常存；氣有象，故闢闔斂散而不一。圖又曰：「太極動而生陽，動極而靜，靜而生陰。」太極〔二二〕，理也，理如何動靜？有形則有動靜，太極無形，恐不可以動靜言。南軒云太極不能無動靜，未達其意。

理有動静，故氣有動静；若理無動静，則氣何自而有動静乎？且以目前論之，仁便是動，義便是静，此又何關於氣乎？他説已多得之，但此處更須子細耳。

誠與仁之名所以異者，誠自其渾然不動言之，而仁則已流出矣。故在濂溪圖誠爲太極，而通書謂誠無爲，於圖陽動屬仁，於易元屬仁，程先生亦謂生之理便是仁，推此可見。

自性言之，仁字亦未流出，但是其生動之理包得四者，其實與誠字所指不同，須更辨得分明始得。

在臨漳問仁、公，先生曰：「仁在内，公在外。」可學謂仁然後能公，程説〔一三〕則是公然後能仁，不知未仁何以能公？

仁是本有之理，公是克己功夫極至處，故惟公然後能仁，理甚分明。其曰「公而以人體之」，則是克盡己私之後，只就自身上看，便見得仁也。

大學云：「在止於至善。」程先生所謂「理之精微，不可得而名，姑以至善目之」也。文言曰：「元者，善之長也。」程先生云「仁者，善之本」，乃是自發出説，與大學非有二善。如孟子説性善，自情觀之，亦是因發以見其善，而其本善者固昭然而不可掩也。程先生所謂「姑以至善目之」者，乃所以極形容其精微耳。非謂精微之不爲善〔一四〕，而借此以名之也。近世諸儒論性往往執此説，謂性不可以善名，而必欲置之於渾淪茫昧之地，乃是粗見其外而不精見於内，故其説差。

此説得之。

命者，天之所以賦予乎人物也；性者，人物之所以禀受乎天也。然性命各有二，自其理而言之，則天以是理命乎人物謂之命，而人物受是理於天謂之性。自其氣而言之，則天以是氣命乎人物亦謂之命，而人物受是氣於天亦謂之性。氣不可謂之性命，但性命因此而立耳。故論天地之性則專指理言，論氣質之性則以理與氣雜而言之，非以氣爲性命也。

人生有壽夭，氣也，賢愚亦氣也。壽夭出於氣，故均受生而有顔子、盜跖之不同。賢愚出於氣，故均性善而有堯、桀之或異。然竊疑天地間只是一氣，所以爲壽夭者此氣也，所以爲賢愚者亦此氣也。今觀盜跖極愚而壽，顔子極賢而夭，如是則壽夭之氣與賢愚之氣容或有異矣。明道誌程邵公墓云：「以其間遇之難，則其數或不能長亦宜矣。吾兒其得氣之精一而數之局者歟？」詳味此説，氣有清濁、有短長。其清者固所以爲賢，然雖清而短，故於數亦短；其濁者固所以爲愚，然雖濁而長，故其數亦長。不知果然否？

此説得之。貴賤貧富亦是如此。但三代以上氣數醇濃，故氣之清者必厚必長，而聖賢皆貴且壽且富，以下反是。

儒、釋之異。

儒、釋之異，正爲吾以心與理爲一，而彼以心與理爲二耳。然近世一種學問，雖説心與理一，而不察乎氣稟物欲之私，故其發亦不合理，却與釋氏同病，又不可不察。

和靖論敬以整齊嚴肅，然專主於内；上蔡專於事上作工夫，故云「敬是常惺惺法」之類。

謝、尹二説難分内外，皆是自己心地功夫。事上豈可不整齊嚴肅，静處豈可不常惺惺乎？

「君子親親而仁民，仁民而愛物。」然謂之愛物，則愛之惟均。今觀天下之物有二等，有有知之物，禽獸之類是也；有無知之物，草木之類是也。如數罟不入洿池，不麛不卵，不殺胎，不殀夭，聖人於有知之物其愛之如此。斧斤以時入山林，木不中伐不鬻於市，聖人於無知之物亦愛之如此。如佛之説，謂衆生皆有佛性，故專持不殺之戒，似若愛矣。然高宫大室，斬刈林木，則恬不加恤，愛安在哉？竊謂理一而分殊，故聖人各自其分推之，曰親，曰民，曰物，其分各異，故親親、仁民、愛物亦異。佛氏自謂理一而不知分殊，佛氏未必知理一，但借此言。但指血氣言之，故混人、民、物爲一〔二五〕，而其他不及察者，反賊害之。此但據其異言之。若吾儒於物，竊恐於有知無知亦不無小異，蓋物雖與人異氣，而有知之物乃是血氣所生，與無知之物異，恐聖人於此須亦有差等。如齊王愛牛之事，施於草木恐又不同。

此説得之。

天地之間，有理有氣，理常不移而氣不常定。中庸曰：「大德必得其名，必得其位，必得其壽。」理固當如此〔二六〕。然孔子無位，顔子夭死，蓬蓽之士固有老死而名不著者，豈非氣使之然耶？故君子道其常而不道其非常。然竊疑理先而氣後，今理既不足以勝氣，則凡福善禍淫之説不驗常多，何以爲天地之常經？意謂氣雖不同，然亦隨世而異，堯、舜、禹以聖人在上，天下平治，以和召和，則氣亦醇正而隨於理。如春秋、戰國之時，刑殺慘酷，則氣亦隨之而變，而理反不能勝。此處亦當關於人事否？

此於前段論性命處已言之矣，雖是所感不同，亦是元氣薄耳。

答鄭子上

誠、仁，天下之理一而已。然誠，體也，仁、義、禮、智皆在其中。仁，用也，與禮、義、智皆爲誠中之一理。仁爲生動之理，包含義、禮、智，則又合爲一全理，又只是誠之推耳。

理一也，以其實有，故謂之誠；以其體言，則有仁、義、禮、智之實；以其用言，則有惻隱、羞惡、恭敬、是非之實。故曰五常百行非誠，非也。蓋無其實矣，又安得有是名乎？

性命，若生而知之者渾然盡善，則氣自氣，理自理，兩不相關，不必説氣質〔二七〕。自生知而下，雖是天理無虧，然却繫於氣。氣清而理明，氣濁則理晦，二者常合，故指爲氣質之性。言此理視氣以爲進退，非以氣質亦爲性命也。

生而知者，氣極清而理無蔽也；學知以下，則氣之清濁有多寡而理之全缺繫焉耳。

儒、釋前承所答云。

吾以心與理爲一，彼以心與理爲二，亦非固欲如此，乃是其所見處不同。彼見得心空而無理，此見得心雖空而萬物咸備也。雖説心與理一，而不察乎氣稟物欲之私，亦是見得不真，故有此病。此大學所以貴格物也。

「敬」得批教，反覆思繹，乃知只有動靜之異而無内外之別。又云二人亦各就一處言之。

「敬」字工夫，乃聖門第一義，徹頭徹尾，不可頃刻間斷。子上於講論處儘詳密，却恐此處功夫未到，所以不甚精明，於己分無得力處。須更於此子細著力，以固根本爲佳。

答鄭子上

近修何業？因來幸語及也。此間夏間精舍有數朋友，自熹避地入山，遂皆散去。今則其室久虚，蓋火色如此，想彼自不敢來，自亦不敢願其來也〔一八〕。閑中看得舊書一過，有所未安，隨筆更定。恨相去遠，不得相與討論也。

答鄭子上

病中不敢勞心看經書，閑取楚詞遮眼，亦便有無限合整理處。但恐犯忌，不敢形紙墨耳。因思古人是費多少心思做下此文字，只隔一手，便無人理會得，深可歎息也。所編左氏文字如何？若有人寫，旋寫得數段來，亦幸甚也。病中不敢出門已累月，精舍亦鞠爲茂草。塊坐無晤語，偶便附此，臨風依然。

校勘記

〔一〕豈是更要別添外料 「料」，原作「科」，據閩本、浙本、天順本改。

〔二〕而其體亦有不離乎陰陽五行者　「離」，正訛改作「雜」。
〔三〕室之户牖並列於前　「之户」原倒，據浙本乙正。
〔四〕但以所謂三條觀之　「謂」，浙本作「論」。
〔五〕而今日所謂操存涵養者　「謂」，浙本作「論」。
〔六〕别作一段不言不語底功夫也　「段」，浙本作「般」。
〔七〕只是將言語尋求　「語」，原作「誠」，據浙本、天順本改。
〔八〕所謂渾水與明快　「快」，原作「决」，據浙本、天順本改。
〔九〕即所謂生之性　「所」，原作「此」，據浙本、天順本改。
〔一〇〕則其意味情狀互相形比　「比」，原作「此」，據浙本改。
〔一一〕先天次序　底本考異云：「序」，一作「第」。
〔一二〕都不濟事　「都」，浙本作「却」。
〔一三〕此意言之若易　「意」，浙本、天順本均作「章」。
〔一四〕今年又禁作文字　「禁作」原缺，據康熙本補。
〔一五〕答陳師德定　「定」字原脱，據浙本、天順本補。
〔一六〕某嘗熟讀一二遍　「遍」，原作「篇」，據下文改。
〔一七〕更請詳之　「更請」，閩本、浙本均乙倒。

〔一八〕未有所見而苟且自止之病　「苟且」，浙本作「流於」。

〔一九〕非謂形氣無預而皆出於心　「於」下，記疑云疑有「道」字。

〔二〇〕必如聖人之安仁　「如」，原作「則」，據正訛改。

〔二一〕聖人極能斷致以理　「致」，正訛改作「制」。

〔二二〕太極　「太」上，浙本有「不知」二字。

〔二三〕可學謂仁然後能公程説　此句浙本作「此論與程氏所論固證得世儒以公爲仁之誤，但可學竊謂仁是本，公是末，必仁然後能公。如程氏之説」。

〔二四〕非謂精微之不爲善　「非」，原作「所」，據正訛改。

〔二五〕故混人民物爲一　「人」，正訛改作「親」。

〔二六〕理固當如此　「理」上，浙本有「以」字；「理」下，有「而言」二字。

〔二七〕不必説氣質　「不」，原作「又」，據正訛改。

〔二八〕自亦不敢願其來也　「自」，原作「此」，據浙本改。

晦庵先生朱文公文集卷第五十七

書知舊門人問答

答林一之揆

疑問兩條，至誠之說固難躐等遽論，熹於四子後序中已略言之矣。「不謂性命」，集注甚明，恐未詳考之過。宜且平心寬意，反復玩味，必當自見。或與朋友講之，亦必得其說也。

答林一之

所示疑義，悉已附注鄙見於其下。大抵向來見賢者言語論議頗多繁雜牽連之病，今者所示亦復如此，此是大病，須痛掃除。凡有文字，只就一段内看，並不須引證旁通。如此看得，久之自直截也。「養氣」一章却條暢，所以如此，只爲此章不雜其它説支蔓耳。此得失之證甚明，不待遠求也。

答林一之

二解垂示，足見別後進學之功。悲冗亡憀，未暇細考，然其大指似已多得之矣。但西銘中申生、伯奇事，張子但要以此心而事天耳。天命不忒，自無獻公、吉父之惑也。集注所疑亦甚精密，但天之生物不容有二命，只是此一理耳。物得之者，自有偏正開塞之不同，乃其氣稟使然，此理甚明。程、張論之亦甚詳悉，可更詳考，當見其意。告子之失，乃是不合以生爲性，正是便認氣爲性，故其稟不能不同，此亦當更細消詳也。

二十五畝爲貢，恐是印本多「二十」字，此眼前事，不應如此之誤。至如實皆什一之説，記得亦用廬舍折除公田二十畝，如先儒之舊，但此却只説得百畝而徹耳。七十而助之法，則須就公田七十畝中剋除廬舍而實計，則亦可凑成什一。注中必是不曾説此一節，此間無本，檢不得。然此亦是大概依約，不見古法果如何，且當取其大指之略通可也。如來喻商人以七畝爲助，此語亦疏。蓋貢、助異法，貢則直計其五畝之入，自賦於官；助法則須計公田之中，八家各助七畝，只得五十六畝，其十四畝須依古法折除一家各得一畝若干步爲廬舍，方成八家各助耕公田七畝也。如謂熹説商人九分取一，周人十分取一，恐亦非熹本文。商人九分取一，除廬井則爲十分取一，如前所云，固自分明。周人則鄉遂溝洫，用貢法而自賦，自不妨十分取一。唯都鄙井田用助法，則爲九一。然如前説，去其廬井，則亦不害爲十之一矣。周人未嘗專用九一也。張子遺法不可見，李泰伯平土書集中有之，亦不在此。然此等姑緩之亦無害，正唯義理之大原與日用親切功夫不可不汲汲耳。

答李堯卿唐咨

示及疑義，已悉奉報。但恐且當據見成文義反復玩味，自見深趣，不必如此附會立説，無益於事也。安卿書來，看得道理儘密，此間諸生亦未有及之者。知昏期不遠，正爲德門之慶。區區南官，亦喜爲吾道得此人也。鄧守下車既久，諸事當一新。鹽筴已囑鄭丞、趙糾言之，未知能勇爲否？

所示鬼神之説甚精，更宜玩索，使凡義理皆如此見得有分别而無滯礙，則理其可窮矣。但所云非實有長存不滅之氣魄者，亦須知未始不長存耳。

答李堯卿

集注："仁者，愛之理、心之德也。"妄意推求其説，以謂老者安之，朋友信之，少者懷之，此固仁也，而亦莫非愛也。親親而仁民，仁民而愛物，此亦仁也，而亦莫非愛也。所以安之，所以信之，所以懷之，此則理也，非愛也。理則根原来處確然不可易者也，愛則指其見於用者言之，故愛屬乎情，愛乃仁之一事；理屬乎性，而理乃仁道之大全。故愛不是仁，而愛之理則仁也。理者性也，愛者情也。性則體，情則用。仁之爲道，本性而該情，而心乃性情之主乎？主乎性，則所以然之理莫不具於心；主乎情，則所當然之愛莫不發於心。由是而理完於此，由是而愛行於彼，皆心有以主之，則仁豈非心之德歟？愛之理，所説近之；心之德，更以程子穀種之譬思之。

"道千乘之國"章，集注謂五者相承，各有次序。竊意有土有民，無非事者，敬其事則心專在是，纔敬便有信底意思，民便有觀感之心。不敬則心不在焉，事便鹵莽，便無終始，全無誠意，何以示信於民哉？既敬而信，則主一之功到而無不慤實者，其自奉必薄，必能節以制度矣。制度無非出於民者，既知省節，必是以民爲念，而知所以愛之也。愛之則不敢傷之，必欲厚其生。然非及時以耕，則其生亦無自而厚，故使之必不違其時矣。

不審於相承之意是否？

此等處須看有能如此後方能如此之意，又看有能如此後又不可不如此之意，反復推之，乃見曲折。

主與尸，其別如何？既設主祭於其所，又迎尸祭於其奧，本是一神，以奧爲尊，以主爲卑，何也？宗廟之祭設尸，謂以人類求之。五祀有尸，其義如何？

不是尊奧而卑主，但祭五祀皆設主於其處，則隨四時更易；皆迎尸於奧，則四時皆然而其尊有常處耳。據禮家説，祭山川亦有尸，其詳不可考矣。

論韶、武者，大概不出揖讓、征伐二條。程子則兼大傳爲説，集注兼性之反之爲説。以中庸三知三行觀之，及其成功，一也。既謂之成功則一，而見於樂又有不同之實，何也？莫是生知安行終不可得而並，雖曰學知利行有可企及之理，恐亦只是全盡得許多道理，論其天成渾然處，其氣象終有間否？

不惟大傳之説不足信，但看兩聖人事業氣象，自是有等差。如性之反之，成功雖一，然武王地位終是覺得有痕迹在。

樊遲問知，告以敬鬼神而遠之。在三代之時，民間所謂鬼神，士則有五祀與其先祖。此樊遲之所當祭，想無後世之所謂淫祠者。告以敬而遠，莫只以五祀爲戒也？然以子路請禱觀之，則曰「禱爾于上下神祇」，程子謂子路以古人之誄對，則是子路但舉此誄詞，謂其有此禱之理爾，意不在指所禱之神以爲請否？

鬼神固不謂淫祀，然淫祀之鬼神既不當其位，未能除去，則亦當敬而遠之耳。

先生答安卿，忘食忘憂，是逐事上看，一憤一樂，循環代至。今略借一事明之：學樂至於三月不知肉味，此發憤忘食底意。及其得之深，乃曰「不圖爲樂之至於斯」，此樂以忘憂底意。想其逐事上皆有此義，故一憤一樂，循環代至。然亦不以此而終身，其言「不知老之將至」，蓋謙己勉人耳。觀耳順從心之年，樂且不可得而言，況所謂憤耶？

此說得之，然亦太拘滯矣。須看它立言意思如何，不可似此泥著也。

明道先生云：「百官萬務、金革百萬之衆、飲水曲肱，樂在其中。萬變皆在人，其實無一事。」某竊意宅百揆、總元戎之任，與高卧草廬、悠然自樂者，其理則一，本無大小之分，所謂禹、稷、顔回同道也。萬變乃人之萬變，在吾心實無一事。吾之所以爲心者，蓋無入而不自得，素富貴行乎富貴，素貧賤行乎貧賤而已，不審是否？

吾之所以爲心者，如何而能無入而不自得？此須意會，不可只作閑話説過便休也。

太王有翦商之志，而太伯不從，太王欲傳位季歷以及昌，則太伯遜位而去。莫是翦商之事在我雖不從，而難必於後人，若不遜位而去，則又兄弟爭國，違父之命，已先失德，此所以固讓也？太王既有避狄之心，何故又萌翦商之志於數十年之前？莫是以其理與天命推之，知商之必亡，周家世世脩德，知不能違天命之眷付耶？方其去豳也，爲民之故，不欲驅之鋒鏑。及其傳季歷以及昌，亦爲民之故，必欲救之水火之中。故避狄翦商，亦時焉耳而已。事雖不同，其心則一，均之爲民，無所利也。

太伯只是不欲爲此事耳，今亦未見其曲折，不須如此穿鑿附會也。

「成於樂」，是古人真箇學其六律八音，習其鍾鼓管絃，方底於成。今人但借其意義以求和順之理，如孟子「樂之實，樂斯二者」，亦可以底於成否？

古樂既亡，不可復學，但講學踐履間可見其遺意耳，故曰「今之成材也難」。

子罕言利，程子謂計利則害義。害義則勿道可矣，罕言〔一〕，何也？

有自然之利，如云「利者義之和」是也。但專言之，則流於貪欲之私耳。

夫子教人，不出博文、約禮二事。在門人莫不知有此學，惟顏子獨於博約之間有所進，有所得，故高者有可攀之理，堅者有可入之理，在前在後者有可從而審其的之理，非若其它，僅可以弗畔而已，此門人之所以不可企及也。

此說得之。

升堂摳衣用兩手，則手中無所執矣。若有贄及執圭〔二〕，則升堂有不必摳衣，但防其不至攝齊否？

執圭而升，則足縮縮如有循，自不至攝齊矣。

執圭上如揖，下如授。既曰平衡，而又有上下，莫是心與手齊，如步趨之間，其手微有上下，但高不至過揖，下不至過授否？

得之。

明衣之制。

未詳，當闕〔三〕。

答李堯卿

禘説舉趙伯循謂魯太廟以周公爲始祖、以文王爲配，趙莫只是以意推之否？春秋纂例中引證甚詳。

「每事問」之義，如何？

蓋平日講學，但聞其名而未識其器物、未見其事實，故臨事不得不問耳。

比干之忠，方始謂之仁，然亦只是一事之仁。

詳味孔子之言，比干恐不是一事之仁。

祭有小大，有天地之祭、山川之祭、社稷之祭，又有所謂五祀之祭及先祖之祭。不知隨其大小各有其神耶，抑天地間只一理感通耶？竊嘗思其説，天地之間，自其成形而觀之，或小或大，不能無別。故王者既爲天下之主，則天地之大，王者當之，故王者祭天地。而推之諸侯，爲一國之主，則境内之名山大川諸侯祭之。士爲一家之法，則家之有門户中霤之屬，爲士者祭之。若夫社稷，則專爲民而設，凡有土有民者，莫不各有所建社稷而祭之。必有祖，而祖在所祭，自天子以至於庶人，莫不有先祖之祭。若論小大之制，則因王公士庶而爲之等差，其祭秩不能無分别也。若論其所以致祭之理，則所謂「如在其上」、「如在其左右」、「誠之不可揜」處，則上而王者之於天地，下而士庶之於五祀、祖先，其感通只一理耳。上蔡謂「祖考精神便是自家精神」，即此而推，天地精神便是王者精神，其鬼神之德、感通之理，不容有所分别也。妄意推求，不審是否？

大概如此，然更有分别曲折處，宜詳味之。

三代革命，何故要改正朔？夏時既正，必欲改之，商、周無乃好異而未盡相承之義？春夏秋冬，以成一歲，此時序之正。必欲改之，無益於事，衹見亂天時耳。其改之之義謂何？

改正朔，所以新民之耳目。古人蓋有深意，而子丑之月亦有可爲歲首之義。

孔子於定公時墮三都，欲收其甲兵。孟氏不肯墮郕，圍之不克。聖人舉事自是精審，何故郕不肯從命？及圍之，又不克，何也？

三都當墮，是時又有可墮之勢，故因而乘之。孟氏亦非不肯墮，但其守者不肯，因唤醒了孟氏耳。

某往年與先兄異居〔四〕，不知考禮經，輒從世俗，立家先龕子。妄意按温公書儀立牌子，不知用古尺，只用匠者尺，頗長大。且實植於趺〔五〕，考用紫囊，妣用緋囊，考妣共用一木匣，從上罩下至趺〔六〕。伏承台誨云「而今不可動」，謹輒再有懇請。家中所設之主既不可動，尋常只講俗節之祭。向來祭禮行於先兄之家，時祭及禰祭，某皆預陪祭執事之列。自先兄去後，舍姪承祭祀，祧高祖而祀先兄爲禰。某家中既有家先，上闕高祖之祭，下無禰祭，於心實不安。欲於時祭畢，移饌一分祭高祖於某家，某主之。遇當祭禰之月，亦欲私舉禰祭，如何〔七〕？若舉此二祭，又成支子有祭、庶子祭禰，於禮經不合。此事只合謹守禮文，未可遽以義起也。況有俗節，自足展哀敬之誠乎？

某家中自高祖而上三墓埋没草間，高祖墓又被曾叔祖以不利其房下欲改葬。方發故壙，見其中甚温燥，倉皇掩塞，墓面磚石狼藉，自先世皆不及整。三墓相去三四里之内，又在田頭，某往来其下，甚不遑安。今欲重脩整，春秋薄講墓祭之禮，令舍姪主之。

不審於親盡之墓合祭否？

墓祭無明文，雖親盡而祭，恐亦無害。

自高祖至禰，忌日之衣服飲食主祭者當如何〔八〕？衆子孫當何如？伯叔父母、兄弟、孫姪、嫡子、衆子及再從、三從已往，忌日又當如何？

横渠忌日衣服有數等，今恐難遽行，且主祭者易以黲素之服可也。

答李堯卿

前書所喻大學改字處，已報方簿矣。鄭氏字不必去，亦無害也。「盡」字固可兼得「切」意，恐「切」字却是盡於内之意。若只作「盡」字，須兼看得此意乃佳耳。康誥小序以爲成王封康叔之書，今考其詞，謂康叔爲弟而自稱寡兄，又多述文王之德，而無一字及武王者，計乃是武王時書，而序者失之。向来於或問中曾有此一段，後覺其非急，遂删去之，今亦不必添也。但存此一句，讀者須自疑著，别去推尋也。

答李堯卿

或問所釋，皆因經文，獨「致知」舉程子五條於格物之前，何也？莫是格物致知亦難截然分先後，故或問於此章一衮説去否？

格物致知只是一事，難分先後。

「窮理」，舉延平先生説，推其意亦不出於程子。謂其規模之大、條理之密有所不逮者，莫是延平窮一事必待其融釋脱落，然後别窮一事？若偶於此一事尚未能遽爾融釋，是終爲此一事所拘，不若程子云「且别窮一事」，或先其易，或先其難，此便是所不逮處否？

程子之言誠善，然窮一事未透，又便别窮一事亦不得。彼謂有甚不通者，不得已而如此耳，不可便執此説，容易改换，却致功夫不專一也。

窮理之學，於六十四卦大象便是貫通處否？

貫通須是無所不通，如此説却拘束了。

經文先從「明明德於天下」節次説來，説至下工夫之處，始謂「致知在格物」。又從「物格知至」節次説去，説至成功之終處，謂「天下平」。所以如此反覆推説者，欲人知夫進功之序，則不可不勉；又知夫成功之終，則不可不至。於傳之十章，則專以進功爲言。蓋進功之序，在學者當深知其然，則成功之驗自可終耳。此傳文釋經之意也。

此説得之。

「樂意相關禽對語，生香不斷樹交花」，此語形容得浩然之氣。莫是那相關不斷底意可以見浩然者本自聯屬？又「交花」、「對語」，便是無不慊與不餒底意否？

只是大意如此，難似此逐字分析也。

仁則通上下言，聖則造其極。孟子於三子清、和、任各以聖言之，此語涉於通上下否？

三子清、和、任，正是造其極處。

「天地之塞吾其體」云云，塞者，日月之往來、寒暑之迭更，與夫星辰之運行、山川之融結，又五行，質之所具、氣之所行，無非塞乎天地者。

「塞」字意，得之。

答陳安卿淳

「仁」字近看，未審認得意是否，請質諸明訓之下。夫仁者，天地生物之心，而人生所得以爲心者。其體則通天地而貫萬物，其理則包四端而統萬善，蓋專一心之全德而爲性情之主，即所謂乾坤之元者也。故於此語其名義，則以其冲融涵育、温粹渾厚，常生生而不死，因謂之仁。人惟己私蔽之，是以生道息而天理隔，遂頑然不識痛癢而爲忍人。人之所以體乎仁者，必此身私欲淨盡，廓然無以蔽其所得天地生物之體，其中真誠懇惻，藹然萬物之春意常存，徹表徹裏，徹巨徹細，徹終徹始，渾是天理流行，無一處不匝，無一處不到，無一息不貫，如一元之氣流行無間斷，乃可以當渾然之全體而無愧。若一處稍有病痛，一微細事照管不到，一頃刻稍有間斷，則此意便私。私意行而生道息，理便不流通，便是頑麻絶愛處，烏得渾全是仁？如人之一身，渾是血氣周流，便是純無病人；纔一指血脈不到，便是頑麻不仁處。顏子三月不違仁，三月之後，則微有少違，然當下便覺融化，依然復不見其違焉。竊意三月之内渾是中心安仁底氣象，三月之後便是勉而中否？

中後又不須勉，但久則又不免於有違耳。

「志學」，是於斯道方識得大綱大體，其心一直向乎此以求之，視聽、寢食、講論、思索，無時不念念在此，更不參差插雜、轉慮却顧，遲回於天理人欲之間而不決，此即格物致知用工處也。「立」，是於大綱大體已把得定，確然有主於中，持之堅、守之固，而不爲外物所遷奪，此即誠意正心脩身用工處也。「不惑」，是於大綱大體中，又極節目纖悉皆昭晰明徹，灼然真知其藴，而無一理之或疑矣，此即物格處也。「知天命」，是又總其精粗大小根原所自來處，全體廓然洞明，而會萬理於一本矣，此即知至處也。「耳順」，是我與理一，徹表徹裏無間隔違逆，聲纔入心便通，不待吾有以聽於彼，凡入吾聞者，無非至理精義，此又物格知至之熟處也。「從心」，則心體渾淪是義理，如一團光潤良玉，如百鍊明瑩精金，至是則非由我矣，凡有動，皆隨心之所之，行便行，止便止，喜便喜，怒便怒，惻隱便惻隱，羞惡便羞惡，無不從容大道上行，而莫非準繩規矩之至，絶不容一毫有我於其間。此又意誠心正身脩之熟處也。不審如此分别得否？

「立」，是物格知至而意誠心正之效，不止是用工處。「不惑」、「知命」，是意誠心正而所知日進不已之驗，以至「耳順」，則所知又至極而精熟矣。餘則來説得之。

孔文子何以謂之「文」？據其妻太叔事，亦大節目處悖理傷義如此，其他更不足道矣。孔子却不没其善，而許以「好學下問」，何也？恐此句直就問謚處説，當時人作此謚，其本意所取者在此，故特因其説而言之，亦姑語其大概而已，非美其有是善而許之否？

此章固因論謚而發，然人有一善之可稱，聖人亦必取之，此天地之量也。

「陳文子棄馬十乘」章，集注云：「去之它國，不能審度輕重而卒反於齊焉。」「輕重」字，何所指而言之？恐重只是去他國，不能請方伯連帥以討崔子之罪；而輕又不能終守其自潔之節，乃戀戀復反其故居云。

陳文子以崔子弑君而去齊可也，它邦未有是事，乃以爲猶崔子而去之〔九〕，所謂不審輕重者此也。

「再思可矣」，只是就季文子身上行事處説。在學者窮索理義，則思之思之而又思之，愈深而愈精，豈可以數限？而君子物格知至者，萬事透徹，事物之來皆有定則，則從容以應之，亦豈待臨時方致其思？不審此語只是文子事？抑衆人通法，皆當以再爲可耶？不容有越思耶？而程子又何故只就爲惡一邊説也？

物格知至者，應物雖從容，然臨事豈可不思？況未至此，又豈可不熟思耶？故以再思爲衆人之通法，蓋至此則思已熟而事可決，過則惑矣。

「與朋友共，敝之而無憾」，有人實無憾朋友之心，但於日間合用之物，貧無財，置之也艱，故或敝則闕其用，亦不能恝然忘情於是物而不爲之歎惜。不審此於無憾意有妨否？

雖無憾於朋友，而眷眷不能忘情於已敝之物，亦非賢達之心也。

「可也簡」，「可」者，僅可而有所未盡之辭。上句「可使南面」亦有「可」字，此「可」字乃實許之，與下「可」字意不同。不審以何别之？

「可」字單稱，與下文有所指者不同。

「不如樂之」者，此「樂」字與顏子之樂意思差異否？

較其大概，亦不爭多，但此樂之者，「之」字是指物而言，是有得乎此道，從而樂之也。猶「樂斯二者」之「樂」、「樂循理」之「樂」。如顏子之樂又較深，是安其所得後，與萬物爲一，泰然無所窒礙，非有物可玩而樂之也。

發憤忘食，是始者著力去求之時；樂以忘憂，是後來有得而安之時。二者先後自不同，而氣象亦自不相並。按集注意，是二者齊著力到老，如何是二者之辯處？恐在學者於此有先後之截，而聖人生知安行，徹始徹終，渾是如此，將那箇截做先，將那箇截做後？但以其序而言，則且如是分別否？抑嘗玩味此章三句，固是謙己勉人如此，然亦可見聖人之心別無它，從生至死，全渾淪在義理中，相與周流不少離，而身世事物之念皆灑然不凝於胸次也。不審是否？

忘食忘憂，是逐事上説。一憤一樂，循環代至，非謂終身只此一憤一樂也。逐事上説，故可遂言不知老之將至，而爲聖人之謙辭。若作終身説，則憤短樂長，不可并連下句，而亦不見聖人自貶之意矣。來喻未然，而集注亦未盡也。

「子食於有喪者之側，未嘗飽也」。「子於是日哭，則不歌」。蓋胸中和樂，然後於食能甘美而飫飽，臨乎哀戚之地，此心爲之感動，而吾之哀戚亦興〔一〇〕，然於食蓋不下咽矣，豈能甘美而飫飽也？哭者，哀之至，弔死而至於哭，必其情之厚者，非尋常行弔比也。其思感傷悴，中情之所形，必不能頓然遽釋於一哭之退而便歌樂。此二者皆天理自然而然，真情自有所不忍處，而非人所强爲者。聖人但由天理行，順之而不逆耳。是謂情性之正，本中而達和，而仁之所以流行者也。然質之日用間，則此事更有曲折。如臨乎有喪者之側，主人固留飲，或辭之不得，或與長者同行，長者留則少者有不得而辭者。辭以實，則形主人之非禮；辭以疾，則僞難揜；力辭而峻拒，則又恐咈情而近於硜硜之信果，不知如何爲當？其有情輕不至於哭，但以尋常行弔者，恐亦不能終食之間不化，或感物而笑樂，或燕會於它所，與夫送人之葬而與飲胙燕賓等類，不審有妨無妨如何？若謝氏此章之説，其末意恐施於情厚而當哭者，則未穩否？

聖人情性之正，當於哀未遽忘處看。謝氏乃以忘處爲正，豈習忘養生之餘習耶？聞韶忘味之説亦然，恐皆過矣。所喻行弔而遇酒食，此須力辭，必不得已而留，亦須數辭先起，不可醉飽。

程子曰：「行藏安於所遇，命不足道也。」又謂命爲中人設，上智更不言命。然孔子曰：「天生德於予，桓魋其如予何？」又曰：「天之未喪斯文也，匡人其如予何？」又曰：「公伯寮其如命何？」皆斷以命而安之之辭，何也？命遇之説，望爲剖示。

三語皆必其不能爲害之詞，與不得已而聽命以自安者不同也。

伯夷何以只知有父命而不知有天倫，叔齊何以只知有天倫而不知有父命？恐是在伯夷則其兄弟繫於己而父命繫於公，以二者權之，則父命爲尊而兄弟爲卑。在叔齊則其父子繫於己而天倫繫於公，以二者權之，則天倫爲重而父子爲輕否？

以天下之公義裁之，則天倫重而父命輕。以人子之分言之，則又不可分輕重，但各認取自家不利便處。退一步便是，伯夷、叔齊得之矣。胡氏春秋後有謹始例，説得好。

「子路請禱」，集注舉士喪禮「疾病行禱五祀」。程子曰：「禱者，悔過遷善，以祈神之祐也。」范氏亦曰：「子之於父，臣之於君，有疾而禱，禮之常也。」然世俗纔疾病，則靡神不禱，靡祀不脩，此乃燭理不明而惑於淫怪，不知死生有命在天，彼沉魂滯魄，安能壽之而安能夭之？是特鄉閭庸夫庸婦鄙陋之見耳。今子路如此舉而諸家如此説，則亦有此理而或可爲之耶？

疾病行禱者，臣子之於君父，各禱於其所當祭，士則五祀是也。子路所欲禱，必非淫祀，但不當請耳。故孔子不以爲非，而但言不必禱之意。

聖人憂世覺民之心終其身，至死而不忘耶，抑當憂世覺民非其時，此意亦嘗在懷，但不戚戚發露也？若終其身常不忘，則不見聖人胸中休休焉和樂處。若時或恬然，不戚戚發露，則又不見聖人於斯人其心相關甚切處。若憂世之心與和樂之心並行而不悖，則二者氣象又爲何如？

聖人之心，樂天知命者其常也，憂世之心則有感而後見耳。

君子於其所當怒者，正其盛怒之時，忽有當喜事來，則如何應？將應怒了而後應喜耶，抑中間且輟怒而應喜，喜了又結斷所怒之事耶，抑當權其輕重也？

喜怒迭至，固有輕重，然皆自然而應，不暇權也。但有所養，則其所應之分數緩急不失輕重之宜耳。

先生嘗說，善人不足任道，狷者剛介有守，有骨肋，做得事。如曾子、孟子，皆過於剛；如文帝是善人，只循循自守；武帝有狷底氣象，足以大有爲。又嘗說，孟子比原憲，則憲狷介謹守有餘，然不足以任道，孟子便擔當做得事。其說「狷」字意不同〔一一〕，何也？

狂者志高，可以有爲。狷者志潔，有所不爲而可以有守。漢武帝不是狷，恐聽之不審也，武帝近狂，然又不純一，不足言也。

爲善則福報，爲惡則禍報，其應一一不差者，是其理必如此，抑氣類相感自如此耶？

善惡各以氣類相感而得其應，便是理合如此。

淳向者道院中常問：「未發之前是靜，而靜中有動意否？」先生答謂不是靜中有動意，是有動之理。淳彼時不及細審，後來思之，心本是箇活物，未發之前雖是靜，亦常惺在這裏。惺便道理在，便是大本處，故謂之有動之理。然既是常惺，不恁地瞑然不省，則謂之有動意，亦豈不可耶？而先生却嫌「意」字，何也？恐「意」字便是已發否？抑此字無害，而淳聽之誤也？凡看精微處恐易差，更望示教。

未動而能動者，理也；未動而欲動者，意也。

人心是箇靈底物，如日間未應接之前，固是寂然未發，於未發中，固常恁地惺，不恁瞑然不省。若夜間有夢之時，亦是此心之已動，猶晝之有思。如其不夢未覺，正當大寐之時，此時謂之寂然未發，則全沉沉瞑瞑，萬事不知不省，與木石蓋無異，與死相去亦無幾，不可謂寂然未發。不知此時心體何所安存？所謂靈底何所寄寓？聖人與常人於此時所以異者如何？而學者工夫此時又以何爲驗也？

寤寐者，心之動靜也。有思無思者，又動中之動靜也。有夢無夢者，又靜中之動靜也。但寤陽而寐陰，寤清而寐濁，寤有主而寐無主，故寂然感通之妙必於寤而言之。

昏禮用命服，程子常論之矣。然以得爲悅言之，恐涉於以利言也。若其意在於爲悅，則終是令人有怍容，不審於禮果合如何？淳正月欲行親迎，欲只用冠帶，如何？

昏禮用命服，乃是古禮。如士乘墨車而執雁，皆大夫之禮也。冠帶只是燕服，非所以重正昏禮，不若從古之爲正。

答陳安卿

大學舉「吾十有五」章，來教云：「立是物格知至而意誠心正之效，不止是用功處；不惑、知命是意誠心正而所知日進不已之驗；以至於耳順，則所知又至極而精熟矣。」淳竊疑夫立者，確然堅固，不可移奪，固非真知不能。然此時便謂物已格、知已至，恐莫失之太快否？又事物之理精微眇忽，未至於灼然皆無疑惑萬理根原來處，未洞見天命流行全體，安得謂之知已至？曰「所知日進不已」，則是面前猶有可進步，又安得全謂之至？而耳順又云「所知至極而精熟」，又何言之重複也？而集注於耳順條方云「知之至」，又何也？凡此皆淺見未喻。抑此之旨在聖人分上言，則聖人合下本是生知，義理本是昭著，自兒童知已至極，本無疑惑，天命全體本無蔽隔。當入大學，則亦漫勘驗其所以然，隨衆做些小致知格物工夫。雖做此工夫，而與衆超越云云。若以學者爲學之序言，則自其志學時方一一做致知格物工夫，以考察夫義理。積十五年之功，至於確然有立時，是亦真有所知然後能然，未可便謂物已格、知已至。

細思此意〔一二〕，只得做學者事看。而聖人所説，則是他自見得有略相似處，今窺測它不得也。正如曾子借「忠恕」兩字發明「一貫」之妙，今豈可謂聖人必待施諸己而不願，然後勿施於人也？然曾子所借猶有跡之可擬，此則全不可知，但學者當以此自考耳。

來教「孔文子」章云：「此章固因論謚而發，然人有一善之可稱，聖人亦必取之，此天地之量也。」淳謂自聖人平心泛論人物言之，則凡有一善之可稱，雖元惡大憝，亦必取之，如天地之量，無所不容。自學者精考人物言之，則聖人所取之善當實體以爲法，而其不善則亦當知所以自厲。

大概是如此，然不必説得太過，却覺張皇，無涵蓄意思。

「再思可矣」，「再」字未詳。如何方是一番思，如何方是再番思？

事到面前便斷置了，是一番思；斷置定了更加審訂，是第二番思。

「桓魋其如予何」，「匡人其如予何」，「公伯寮其如命何」，來教云：「三語皆必其不能爲害之辭，與不得已而聽命以自安者不同。」淳竊謂三語皆是必其不能爲害之辭，此便是聖人樂天知命處。見定志確，斷然以理自信，絶無疑忌顧慮之意。雖曰命，而實在主於理，渾不見有天人之辨。彼不得已而聽命以自安者，本不顧夫理義之當如何，但以事勢無可奈何，遂委之命以自遣，而實未能自信乎命，與聖人之所謂命者自不同。程子所謂命爲中人設，即此等所謂命耳。故在聖人分上，則此等命不足道也。是則聖人之所謂命，與常人之所謂命者事同而情異焉，不審是否？聖人所謂命者，莫非理。

上二語，是聖人自處處，驗之已然，而知其決不能害己也。下一語，是爲子服景伯等言，知其有命而未知其命之如何，但知公伯寮之無如此何耳。

來教論夷、齊云：「以天下之公義裁之，則天倫重而父命輕。以人子之分言之，則又不可分輕重，但各認取自家不便利處。退後一步便是，伯夷、叔齊得之矣。」淳詳此，竊謂諸侯繼世襲封，所以爲先君之嗣，而爵位内必有所承、上必有所稟，而大倫大義又不至於相悖，端可以光付託而無歉，然後於國爲正。伯夷、叔齊以天倫言之，則伯夷主器之嫡，在法固當立。然不得先君之命，則内無所承，烏得以嗣守宗廟而有國也？以父命言之，則叔齊固有命矣，然伯夷長也，叔齊弟也，叔齊之德不越於伯夷，其父乃舍嫡立少，是一時溺愛之私意，非制命以天下之公義者也。亂倫失正，王法所不與，何可以聞於天子而撫國也？此皆在己有礙而不利便處。此在伯夷，所以不敢挾天倫自處，以壓父命之尊，只得力辭而不受，而決然不敢以或受。在叔齊，所以不敢恃父一時之命以壓天倫之重，只得固讓而不爲，而決然不敢以或爲。此是據其分之所當然，以求即乎吾心之安。蓋不如是，則於心終不安。爲伯夷者，是不受之先君，不受之天王，而受之於弟；爲叔齊者，是成父之非命而干王法也，豈得爲受國之正乎？

此説得之，但更看求仁得仁處。

再問子路請禱〔一三〕。

大概是如此，但推得太支蔓，如云「禱爾於上下神祇」，只是引此古語以明有禱之理，非謂欲禱於皇天后土也。

又嘗疑集注曰：「聖人未嘗有過，無善可遷，其素行固已合於神明，故曰丘之禱久矣。」夫自其論聖人所以無事於禱者，其義固如此。然此一句乃聖人自語也，聖人之意豈有謂我未嘗有過，無善可遷，其素行固已合於神明哉？不審此問少曲折，更何如？

聖人固有不居其聖時節，又有直截擔當無所推讓時節。如「天生德於予」、「未喪斯文」之類，蓋誠有不可揜者。

小學載庾黔婁父病，每夕稽顙北辰，求以身代，而全文此下更云數日而愈，不審果有此應之之理否〔一四〕？若果有應之之理，則恐是父子一氣，此精誠所極，則彼既餒之氣因復爲之充盛否？抑此適遭其偶然，而實非關於禱，實無轉夭爲壽、轉禍爲福之理？人子於此，雖知其無應之之理，而又却實行其禮，則恐心足不相似。

禱是正禮，自合有應，不可謂知其無是理而姑爲之。

來教云：「寤寐者，心之動靜也。有思無思者，又動中之動靜也。有夢無夢者，又靜中之動靜也。但寤陽而寐陰，寤清而寐濁，寤有主而寐無主，故寂然感通之妙必於寤而言之。」淳思此，竊謂人生具有陰陽之氣，神發於陽，魄根於陰。心也者，則麗陰陽而乘其氣，無間於動靜，即神之所會而爲魄之主也。晝則陰伏藏而陽用事，陽主動，故神運魄隨而爲寤。夜則陽伏藏而陰用事〔一五〕，陰主靜，故魄定神蟄而爲寐〔一六〕。神之運，故虛靈知覺之體燁然呈露，有苗裔之可尋。如一陽復後，萬物之有春意焉，此心之寂感所以爲有主〔一七〕。神之蟄，故虛靈知覺之體沉然潛隱，悄無蹤跡。如純坤之月，萬物之生性不可窺其眹焉，此心之寂感所以不若寤之妙，而於寐也爲無主。然其中實未嘗泯，而有不可測者存，呼之則應，驚之則覺，則是亦未嘗無主而未嘗不妙也。故自其大分言之，寤陽而寐陰，而心之所以爲動靜也。細而言之，寤之有思者，又動中之動而爲陽之陽也；無思者，又動中之靜而爲陽之陰也。寐之有夢者，又靜中之動而爲陰之陽也；無夢者，又靜中之靜而爲陰之陰也。又錯而言之，則思之有善與惡者，又動中之動，陽明陰濁也；無思而善應與妄應者，又動中之靜，陽明陰濁也。夢之有正與邪者，又靜中之動，陽明陰濁也。無夢而易覺與難覺者，又靜中之靜，陽明陰濁也。一動一靜，循環交錯，聖人與衆人則同，而所以爲陽明陰濁則異。聖人於動靜無不一於清明純粹之主，而衆人則雜焉而不齊。然則人之學力所係於此，亦可以驗矣。

得之。

「宰予晝寢」云云，予雖非顔、閔之倫，而在聖門亦英才高弟，皆聖人所深屬意者，而予懈怠如此，故云云。

學者自是不可懈怠，非有已前許多説話也。

又前段云「吾職分已脩，而吾事業已畢乎？吾生已足，而吾將俯仰無愧乎」云云。義理無窮，若自謂四事都了而可以自安，則雖不晝寢而已爲懈怠矣。此段大支蔓，語氣頗似張無垢，更宜收斂，就親切處看。此事可否，兩言而決耳，何用如此説作耶？

「仁者先難而後獲」，先難，克己也。既曰仁者，則安得有己私？恐此「仁者」字非指仁人而言，語脈猶曰「所謂仁云者，必先難後獲乃可謂之仁」。

仁人者，正其誼不謀其利，明其道不計其功，語意正如此。仁者雖已無私，然安敢自謂已無私乎？來示數卷，此一樣病痛時時有之〔一八〕。

又集注曰：「先其事之所難而後其效之所得，仁者之心也。」此處下「心」字是如何？豈此處便已是仁者之心耶？抑求仁而其心當如是也？曉此一字未徹。

仁者之心如是，故求仁者之心亦當如之〔一九〕。

又吕氏四句，正是解此章四句〔二〇〕。然「不憚所難爲」一句，似亦只説得先難意，而後獲意思不切，如何？

當時本欲只用吕説，後見其有此未備，故別下語。又惜其語非它説所及，故存之於後耳。

述而第三十二章既以「爲之不厭」、「誨人不倦」自許，而第二章「學而不厭，誨人不倦」，集注又謂皆我所不能有。或者疑聖人之意不應如此相反，欲以第二章亦爲自許之詞，而「何有於我哉」只謂其何但我有，此衆人皆能如此，庶前後意不相背。淳爲説以破之曰：「聖人之言各隨所在而發，未嘗參差插雜。當其有稱夫子以聖且仁者，故夫子辭之而不敢當，因退而就夫「爲之不厭、誨之不倦」以自處。此是爲謙之意〔二一〕，是辭高而就卑也。及人以「學而不厭、誨人不倦」二事歸之夫子，則又辭之以我所未嘗有，此時爲謙之意，是辭其有能以就無能也。二處之言雖相襲，而意之所主各自不同。」不居仁聖，已爲謙矣。以學不厭、誨不倦爲無有，又謙之謙也。至於事父兄公卿一節，則又謙謙之謙也。蓋聖人只見義理無窮，而自己有未到處，是以其言每下而益見其高也。

論語或問説桓魋、匡人不能違天害己處。

此問病處亦與「晝寢」章相類。

聖人既知天生德於我〔二二〕，決無可害之理矣，而避患又必周詳謹密者，何耶〔二三〕？云云。「此身爲天地附託，至重」云云。

患之當避，自是理合如此，衆人亦然，不必聖人爲然也。

「君子坦蕩蕩」，「坦蕩」二字只相連，俱就氣象說，只是胸懷平坦寬廣否，抑「坦」字就理說，由循理平坦，然後胸懷寬廣也？

只合連説，看下文對句可見。

「子温而厲，威而不猛，恭而安。」集注云：「盛德之容，中正和平，陰陽合德。」竊嘗因其言而分之，以上三截爲陽而下三截爲陰，似乎有合。然又以上三截爲陰而下三截爲陽，亦似有合〔二四〕，未知所決。抑聖人渾是一元氣之會，無間可得而指，學者强爲之形容，如且以其説自分三才而言，則温然有和之可挹而不可屈奪，則人之道也；儼然有威之可畏而不暴於物，則天之道也；恭順卑下而恬然無所不安，則地之道也。自陽根陰而言，則温者陽之和，厲者陰之嚴，威者陽之震，不猛者陰之順，恭者陽之主，安者陰之定；自陰根陽而言，則温者陰之柔，厲者陽之剛，威者陰之慘，不猛者陽之舒，恭者陰之肅，安者陽之健。蓋渾然無適而非中正和平之極，不可得而偏指者也。

此説推得亦好。

泰伯之事，集注云云。當時商室雖衰，天命時勢猶未也。太王乃萌是心，睥睨於其下，豈得不謂之邪志？泰伯固讓，爲成父之邪志，且自潔其身，而以所不欲者推之，後人何以爲至德？集注所謂豈無至公之說，又果何如？

翦商乃詩語，不從亦是左氏所記，當時必有所據。看書中說「肇基王迹」，中庸言「武王纘太王、王季、文王之緒」則可見矣。此聖賢處事之變，不可拘以常法處。而太伯之讓，則是守常而不欲承當此事者也。其心即夷齊之心，而事之難處則有甚焉。尚以成父之邪志責之，誤矣。

「以能問於不能」章，集注採尹氏「幾於無我」〔二五〕，「幾」字只就「從事」一句可見邪？抑併前五句皆可見邪？「犯而不校」，亦未能無校，此可見非聖人事。

顔子正在著力不著力之間，非但此處可見，又只就從事上看便分明，不須更說無校之云也。

「篤信好學」，猶篤行之云，不是兩字並言，既篤而又信否？集注云：「篤，厚而力也。」何謂厚而力？只是其心加隆重於此，而又懇切於爲之，既不輕信而又不苟信否？

篤信只是信得牢固，不走作耳，未有不輕信、苟信之意。不輕、不苟，却在好學上見。

泰伯第十六章，蘇氏「有是德」、「無是德」之說，所謂德者，是原於天命之性否？

「德」字只是説人各有長處，不必便引到天命之性處也。

「悁而不愿」，「愿」字何訓？或謂謹愿，則有不放縱之意。或謂愿慤，則有朴實之意。二説各不同，不審其義果如何？第十七篇「鄉原」章，亦引荀子愿慤之説。

二説無甚不同，鄉人無甚見識，其所謂愿未必真愿，乃卑陋而隨俗之人耳。

集注又曰：「侗，無知。倥倥，無能。」竊意侗者，同也，於物同然一律，瞑無識別，是猶是也，非猶是也。倥者，空也，倥而又倥，是表裏俱倥，無寸長之實。

此亦因舊説，以字義音韻推之恐或然耳。此類只合大概看，不須苦推究也。

「食不厭精，膾不厭細」，集注云：「言以是爲善，非謂必欲如是也。」竊謂善者微有未穩。

善者則有嘉善之意，此「不厭」但不嫌遠而已，蓋聖人平日簡淡。

以下文推之，聖人凡事子細，初無簡淡之意。若如所説，則記者當云「膾不厭粗，食不厭糲」乃爲正理，不應反作如此説也。

「不得其醬，不食」，集注云：「惡其不備也。」竊疑「惡」字太重，似見聖人有意處。

惡其不備，非惡其味之不美，但忘其貪味，不苟食耳。

集注中「仲尼」不易爲「夫子」，何也？若如中庸第二章所辨，則恐在當時爲可耳。

不曾如此理會，恐亦不須如此理會也。中庸或問乃爲近年有以此疑中庸非子思之作者，故及之耳。

「文」之爲説，大要只是有文理可觀之謂。蓋凡義理之載於經籍而存乎事物之間，與夫見於威儀華采而爲盛德之輝光，形於禮樂制度而爲斯道之顯，及所引爲有文理之可觀者皆是云云。

物相雜，故曰文，如前所説是也。如下面分別諸説，則恐未然。如曰「則以學文」，何以見其不爲威儀華采、禮樂制度耶？

大學，疑或問云「人物之生，莫不得其所以生者，以爲一身之主」，近改「物」字作「類」字。竊意「類」字意固不重疊，而字似少開，不若只依「物」字。

向來改此「類」字，蓋爲下文專説人之明德，故不可下「物」字。若作「物」字，即須更分別人與物之所以異乃爲全備，近已如此改之矣。

或問云：「既真知所止，則其必得所止，若已無甚間隔。」竊疑「若已」字辭旨恐未明白，欲改作「亦非有甚間隔」。

「若」字意自分明，未是真無間隔也。

「格物」章，或問云：「其所以精微要妙，不可測度者，乃在其真積力久，心通默識之中。」此句曉之未詳。

此處細看，當時下語不精，今已改定。

或問又曰：「所謂豁然貫通者，又非見聞思慮之可及也。」此句曉之未詳。不審此只是方其正一一格物時，猶可勉勵用工夫以格之，如所謂豁然貫通處，必真積之久〔二六〕，從容涵泳，優游純熟，不期而自到，非彊探力索可擬議以至耶，抑是既到豁然貫通地位，便是真知透徹？云云。若於此而猶用力思索，便是沛然自得。

前説只以文義推可見，何待如此致疑耶？

或問所引書「降衷」以下八言，雖皆所以證夫理，而其相次莫亦有序否？嘗試推之：降衷自天賦於人而言，秉彝自人稟於天而言。衷者，理之至善而無妄也，彝則理之一定而有常也。常即善之所爲，因有是善，故能常。衷者統言，彝則指定言。此二句方舉其大綱，而下文則詳之。「天地之中」，統言天地間實理渾然大中，無所偏倚，爲萬邦之極，而萬物之生莫不以是爲樞紐也。此比所謂衷則又加確矣。「天命之性」，指是理降而在人，爲賦生之全體，而性則實即夫天理之中，而非有二者。是二言者，一言天，一言自天而人，又所以兼明夫天賦於人而詳其降衷之意也。「仁義之心」，仁義乃即天命之性，指其實理，而心則包具焉以爲體而主於身者也。此比所謂彝則又加實矣。「天然自有之中」，又細言是理之散於事物之間，莫不各有當然一定之則，無過無不及，皆天之所爲而非人之力者。「而其實，又不外於其心」，此二句又就性而言，合衷、彝而結之。蓋萬物雖各有當然無過不及之理，然總其根源之所自，則只是一大本而同爲一理也。此理人物所共由，天地間所公共，所以謂之道。而其體則統會於吾之性，非泛然事物之間而不根於其内也。竊疑此下更宜以周子所謂無極而太極，以包天人、事物、體用、動静、内外、終始一貫爲説，似於八言之下其意尤爲圓也。而不之取，不審何也？

當時只以古今爲次第，未有此意。周子語意差遠，故不得引以爲證，恐却費注解也。

延平格物之説，原其意亦自程子説中得之，云云。又嘗疑前面反復論難，專以程説爲主，蓋不可以復加矣。至此段引延平説，則又曰有非它説所能及，未易以口舌爭，其辭似抑揚低昂，有左程右李、别立一家之意。

「它説」，是指門人説，語意自明，何疑之有？

傳言「謹獨」，正就誠意著工夫處説。或問又就意已誠之後説。夫意之誠者，既無所不盡，真能慊快充足，仰不愧，俯不怍，到此地位，其勢決然自不能已矣。而猶曰「不敢弛其謹獨之勞焉，所以防慮省察，使其日新又新而不至於間斷」，何也？恐此時所謂謹獨，與向時所謂謹獨者大不同。

兩説未見其不同〔二七〕，但説到此恰好著力，不可間斷耳。

「絜矩」，或問云：「各得其分，不相侵越，廣狹長短，平均如一。」此四句曉之未詳。所惡乎左，便是左邊人侵了自家左邊界分，而我惡之。故我亦不以此待右邊人，而不侵他右邊之左，如此方得左邊界分分明。又以所惡乎右者度之，方得右邊界分分明。上下前後，亦莫不然。則四至所向皆得均平，而界分方整，無偏廣偏狹之病矣。

「作新民」，是成王封康叔之語，而或問中曰武王，何也？

此書序之誤，五峯先生嘗言之。舊有一段辨此，後以非所急而去之。但看此與酒誥兩篇，只説文王而不及武王，又曰「朕其弟小子封」，又曰「乃寡兄勖」，武王自稱，猶今人云劣兄。則可見矣。「周公初基」一節是錯簡。

又雜疑中庸序曰：「人莫不有是形，故雖上智不能無人心。」人心，只是就形氣上平説天生如此，未是就人爲上説。然上文又曰「或生於形氣之私」，乃却下「私」字，何也？私，恐或涉人爲私欲處説，似與「上智不能無人心」句不相合。不審如何？

如飢飽寒燠之類，皆生於吾之血氣形體，而它人無與焉，所謂私也，亦未便是不好，但不可一向徇之耳。

程子曰：「人無父母，生日當倍悲痛。」如先生舊時，亦嘗有壽母生朝及太碩人生朝與向日賀高倅詞，恐非先生筆，不審又何也？豈在人子自己言則非其所宜，而爲父母、待親朋，則其情又有不容已處否？然恐爲此則是人子以禮律身，而以非禮事其親、以非禮待於人也。其義如何？

此等事是力量不足放過了處，然亦或有不得已者，其情各不同也。

程子以心使心之說，竊謂此二「心」字只以人心、道心判之自明白。蓋上「心」字即是道心，專以理義言之也。下「心」字即是人心，而以形氣言之也。以心使心，則是道心爲一身之主，而人心爲聽命也。不審是否？

亦是如此。然觀程先生之意，只是說自作主宰耳。

貧者舉事，有費財之浩瀚者，不能不計度繁約而爲之裁處。此與「正義不謀利」意相妨否？竊恐謀利者，是作這一事更不看道理合當如何，只論利便於己與不利便於己，得利便則爲之，不得則不爲。若貧而費財者，只是目下恐口足不相應，因斟酌裁處而歸之中，其意自不同否？

當爲而力不及者，量宜處乃是義也。力可爲而計費吝惜，則是謀利而非義矣。

中庸「尚絅」條，以爲己立心明之象〔二八〕，不審如何以爲己立心明之象？莫是有美在其中，只要自溫好，不用人知否？

此說得之，然更宜詳味。

答陳安卿

泰伯篇：「三分天下有其二，以服事商。」嘗因是而推，設使文王當武王之時，則革命之事亦爲之否乎？武王處文王之地，則服事之禮亦如文王否乎？竊恐此處皆繫乎天，不由乎人。使天果欲有爲，則亦不容文王不欲爲；天果未欲有爲，則亦不容武王必欲爲。聖人之心廓然大公，如衡之平，彼此一無所偏，惟其來而順權以應之耳，初何容心預安排指擬於其間？文王、武王易地則皆然，不審是否？此非本章正義，但欲因其事變看聖人心耳。張子謂「一日天命未絶則爲君，當日天命絶則爲獨夫」。天命絶否，視之人情而已。不審一夫之心未解，還得爲天命猶未絶否？抑許大公天下之命豈偏在一夫上？到此則聖人用權之地，惟幾微義精者乃可以決之，自不容以常法論也。

詳考詩、書，則文、武之心可見。若使文王漠然無心於天下，斂然終守臣節，即三分之二亦不當有矣。然此等處，正夫子所謂未可與權者，食肉不食馬肝，未爲不知味也。

高、堅、前、後，大概只是譬其無階可升、無門可入、無象可執捉也。然而考其高、堅、前、後之實，恐亦不外乎日用行事之近，即是日用間事，但其理如是之高堅玄妙耳。「高」，是理義原頭上達處；如性，天道所由也。「堅」，是理義節會難考處；如數端參錯，盤根錯節處。「前」、「後」是理義變化不居處。「仰」者，望而冀及之貌；「鑽」者，鑿而求通之意。「瞻」則視之方微見也，「忽」則視之又未定也。此正用工憤悶悃篤之際，而萬疑畢湊、欲融未融之時也。所謂欲罷之意，亦易萌於此矣。而夫子在前，却循循善誘，不亟不徐而教有其序。既博我以文，使我有以廓其知，而無一理不洞研諸心；又約我以禮，使我有以會其極，而無一理不實踐諸己。至此，則堅、高、前、後之旨趣要歸，亦不外乎其中，而有可從升之級、有可從入之門、有可執守之象矣。是以日益有味而中悦懌，雖欲罷而自不能已。於是又即仰鑽博約之功所未精密，而猶可以容吾力者，一一極盡，更無去處，然後向之所以爲堅、高、前、後者，始瞭然盡在目前，如渠決水通，大明之中睹萬象，真見其全體之實，卓爾直立於其所，昭著親切，端的確定，而無纖毫凝礙遺遁之處矣。然欲更進一步，實與夫子相從於卓爾之地，則無所由。蓋前此猶可以用力，此則自大而趨於化，自思勉而之不思勉，介乎二者之境，所未達者一間，非人力之所能爲矣。但當據其所已然，從容涵養，勿忘勿助，至於日深月熟，則亦將忽不期而自到，而非今日之所預知也。不審是否？

卓爾，即是前日高、堅、前、後底，今看得確定卓然爾。如巍巍高底，今從頭徹底皆分明〔二九〕，卓然盡在目中，無有遺遁。節會堅底，今皆融泮，自成條理，卓然森列於中，不容紊亂。前、後捉摸兩不定者，今則前者灼見其卓然在前，不可移於後；後者灼見其卓然在後，不可移於前。不是高、堅、前、後之外别有所謂卓爾者也。

諸家多以「前」爲過，「後」爲不及，恐無此意。前、後只是恍惚不可認定處，將以前者爲是耶，忽又有在後者焉，而前者又似未是，皆捉摸不著。若見得端的時，皆是時中，無過不及。諸家又以「卓」爲聖人之中，卓却是中，然亦恐未可便説中，則「卓」字意又看不切矣。

此説甚善。昔聞李先生説此章最是，夫子循循然善誘人，博我以文，約我以禮，至親切處，其言有味。「前後」，固非專指中字，然亦彷彿有些意思。

「逝者如斯夫，不舍晝夜」，嘗因是推之。道無一息之停，其在天地，則見於日往月來，寒往暑來，水流而不息，物生而不窮，終萬古未嘗間斷。其在人，則本然虚靈知覺之體常生生不已，而日用萬事亦無一非天理流行而無少息。故舉是道之全而言之，合天地萬物、人心萬事，統是無一息之體。分而言之，則「於穆不已」者，天之所以與道爲體也；「生生不已」者，心之所以具道之體也；「純亦不已」者，聖人之心所以與天道一體也；「自强不息」者，君子所以學聖人存心事天而體夫道也。不審是否？楊氏此章有不逝之説，亦猶解中庸説死而不亡之意，皆是墮異端處。

此亦得之。但范氏説「與道爲體」四字甚精，蓋物生水流，非道之體，乃與道爲體者也。可更詳之。

「學道立權」章，集注舉楊氏曰：「信道篤，然後可與立。」且篤信是好學以前事，既篤信而後能好學也。今此於既學適道之後，却言篤信，何也？恐「信」字徹首徹尾不可分先後。如篤信而後好學者，方只信箇大概。既學之後而又信道篤者，是真知而信之，所信意味自不同。其言各有主，而此意所引「篤」字又應「立」字爲切否？

「信道篤」三字，誠有未盡善者。

「鄉人儺」，古人所以爲此禮者，只爲疫癘乃陰陽一帶不和之氣游焉，非有形象附著。人乃天地精氣所會，故至誠作威嚴以驅之，則志帥充實，精氣彊壯，自無疑忌怯懾而有可勝之理否？但古人此禮節目不可考，想模樣亦非後世俚俗之所爲者。

後漢志中有此，想亦近古之遺法。

顔子「無所不説」，與「終日不違」、「聞一知十」、「語之不惰」等類，若以知上言之，則此時方只是天資明睿而學力精敏，於聖人之言皆深曉嘿識，未是於天下之理廓然無所不通，猶未得全謂之物已格、知已至，而復其本心光明知覺之全體處。蓋是時猶有待於聖人之言故也。至於所謂卓爾之地，乃是廓然貫通而知之至極，與聖人生知意味相似矣。

不審是否？

恐是如此。

鄉黨「瓜祭」，陸氏謂魯論「瓜」作「必」，而季氏一篇又是齊論，則今此書非漢時魯論之篇，乃後世相傳集，三論皆有混其間否？此雖非大義所係，亦當知之。

何晏序云：「就魯論篇章，考之齊、古，爲之注。」然今不可得而分矣，舊亦嘗病其如此矣。

「喜怒哀樂未發謂之中，發而皆中節謂之和」。自天道言，未發之前，聖與愚同此一大本，未有是四者之事，而均涵是四者之理。及其發也，衆人之所自然中節處，亦宛然是本底形見，亦與聖人底無異。自人道言，則聖人未發全醒定，既發則全中節。衆人未發則本然底固在，而瞑然不省，其發則雖有中節時節，而其不中者多矣。如中庸此節四句，據本文正義，恐只是推原性情之本，統就天道言。若上文兩節，乃是就人工夫言，所以存中和之體。而下文一節，則工夫之極，又所以致中和之用也。然或問中曰：「以其天地萬物無所不該，故曰天下之大本。以其古今人物之所共由，故曰天下之達道。」則此處又不特是未分，不在其中矣。

既云大本達道，則無一物不在其中矣。

理有能然，有必然，有當然，有自然處，皆須兼之，方於「理」字訓義爲備否？且舉其一二：如惻隱者，氣也；其所以能是惻隱者，理也。蓋在中有是理，然後能形諸外爲是事。外不能爲是事，則是其中無是理矣。此能然處也。又如赤子之入井，見之者必惻隱。蓋人心是箇活底，然其感應之理必如是，雖欲忍之，而其中惕然自有所不能以已也。不然，則是槁木死灰，理爲有時而息矣。此必然處也。又如赤子入井，則合當爲之惻隱。蓋人與人類，其待之理當如此，而不容以不如此也。不然，則是爲悖天理而非人類矣。此當然處也。當然亦有二：一就合做底事上直言其大義如此，如入井當惻隱，與夫爲父當慈、爲子當孝之類是也。一泛就事中又細揀別其是是非非，當做與不當做處。如視其所當視而不視其所不當視，聽其所當聽而不聽其所不當聽，則得其正而爲理。非所當視而視與當視而不視，非所當聽而聽與當聽而不聽，則爲非理矣。此亦當然處也。又如所以入井而惻隱者，皆天理之真流行發見，自然而然，非有一毫人爲預乎其間，此自然處也。其他又如動靜者，氣也；其所以能動靜者，理也。動則必靜，靜必復動，其必動必靜者，亦理也。事至則當動，事過當靜者，亦理也。而其所以一動一靜，又莫非天理之自然矣。又如親親、仁民、愛物者，事；其所以能親親、仁民、愛物者，理。見其親則必親，見其民則必仁，見其物則必愛者，亦理也。在親則當親，在民則當仁，在物則當愛，其當親、當仁、當愛者，亦理也。而其所以親之、仁之、愛之，又無非天理之自然矣。凡事皆然。能然、必然者，理在事先；當然者，正就事而直言其理；自然，則貫事理言之也。四者皆不可不兼該，而正就事言者，必見理直截親切，在人道爲有力。所以大學章句、或問論難處，惟專以當然不容已者爲言，亦此意。熟則其餘自可類舉矣。

此意甚備。大學本亦更有「所以然」一句，後來看得且要見得所當然是要切處，若果得不容已處，即自可默會矣。

「公而以人體之，故爲仁」，李公前所問，蓋以「仁」字純就生人之類而言〔三〇〕。某謂「人」字不當如此說，而李公以爲先生說緊要在「人」字上。今承批教，復未之然。某請畢愚見而折衷焉：竊謂此段之意，「人」字只是指吾此身而言，與中庸言「仁者，人也」之「人」自不同，不必重看，緊要却在「體」字上。蓋仁者心之德，主性情，宰萬事，本是吾身至親至切底物。公只是仁之理，專言公則只虛空說著理，而不見其切於己，故必以身體之，然後我與理合而謂之仁，亦猶孟子合而言之道也。然公果如之何而體，如之何而謂之仁，亦不過克盡己私。至於此心豁然，瑩淨光潔，徹表裏純是天理之公，生生無間斷，則天地生物之意常存。故其寂而未發，惺惺不昧，如一元之德昭融於地中之復，無一事一物不涵在吾生理之中。其隨感而動也，惻然有隱，如春陽發達於地上之豫，無一事非此理之貫，無一物非此生意之所被矣。此體公之所以爲仁，所以能恕，所以能愛，雖或爲義、爲禮、爲智、爲信，無所往而不通也。不審是否？

此説得之。不然，則如釋氏之捨身飼虎，雖公而不仁矣。

先生批答李公有云：「比干不止是一事之仁。」竊謂比干不止是一事之仁，只説此一事見其有仁耳。蓋此大節目上不昏昧，則是性綱已舉，其餘自可類從。然詳夫子所以許之之意，蓋亦重在此處，以是爲主，而於全德無所妨故耳。固非謂止此一事有仁，而其他尚有不仁處；亦非謂全體渾然無闕，而不容止以此一事偏指之也。故此三仁之仁與一事之仁固異，而與合下來全仁者亦自不同。先生答李公又云：「吾之所以爲心者，如何而能無入而不自得，須要理會。」竊謂須是知止有定，然後無入而不自得也。

得之，然亦須有涵養工夫也。

吕氏「孟子惻隱」説云：「蓋實傷吾心，非譬之也，然後知天下皆吾體、生物之心皆吾心，彼傷則我傷，非謀慮所及，非勉强所能。」此所謂皆吾體、皆吾心者，亦只是以同一理言之否？

非但同理，亦同氣也。

心説：「維天之命，於穆不已」，所以爲生物之主者，天之心也。人受天命而生，因全得夫天之所以生我者以爲一身之主，渾然在中，虚靈知覺，常昭昭而不昧，生生而不可已，是乃所謂人之心。其體則即所謂元、亨、利、貞之道，具而爲仁、義、禮、智之性。其用則即所謂春、夏、秋、冬之氣，發而爲惻隱、羞惡、辭讓、是非之情。故體雖具於方寸之間，而其所以爲體則實與天地同其大，萬理蓋無所不備，而無一物出乎是理之外。用雖發乎方寸之間，而其所以爲用則實與天地相流通，萬事蓋無所不貫，而無一理不行乎事之中。此心之所以爲妙，貫動靜、一顯微、徹表裏，終始無間者也。

人惟拘於陰陽五行所值之不純，而又重以耳、目、口、鼻、四支之欲爲之累，於是，此心始梏於形器之小，不能廓然大同無我，而其靈亦無以主於身矣〔三一〕。人之所以欲全體此心而常爲一身之主者，必致知之力到而主敬之功專，使胸中光明瑩淨，超然於氣稟物欲之上，而吾本然之體所與天地同大者，皆有以周徧昭晰，而無一理之不明；本然之用與天地流通者，皆無所隔絶間斷，而無一息之不生。是以方其物之未感也，則此心澄然惺惺，如鑑之虚，如衡之平，蓋真對越乎上帝，而萬理皆有定於其中矣。及夫物之既感也，則妍蚩高下之應，皆因彼之自爾，而是理固周流該貫，莫不各止其所。如乾道變化，各正性命，自無分數之差，而亦未嘗與之俱往矣。

靜而天地之體存，一本而萬殊；動而天地之用達，萬殊而一貫。體常涵用，用不離體，體用渾淪，純是天理，日常呈露於動靜間。夫然後向之所以全得於天者，在我真有以復其本，而維天於穆之命，亦與之爲不已矣。此人之所以存夫心之大略也。

王丞子正云：「看得儘有功，但所謂心之體與天地同大，而用與天地流通，必有徵驗處，更幸見教。」淳因復有後篇：

所謂體與天地同其大者，以理言之耳。蓋通天地間，惟一實然之理而已，爲造化之樞紐，古今人物之所同得。但人爲物之靈，極是體而全得之，總會於吾心，即所謂性。雖會在吾之心，爲我之性，而與天固未嘗間，此心之所謂仁即天之元，此心之所謂禮即天之亨，此心之所謂義即天之利，此心之所謂智即天之貞，其實一致，非引而譬之也。天道無外，此心之理亦無外；天道無限量，此心之理亦無限量；天道無一物之不體，而萬物無一之非天，此心之理亦無一物之不體，而萬物無一之非吾心。那箇不是心做？那箇道理不具於心？天下豈有性外之物，而不統於吾心是理之中也哉？但以理言，則爲天地公共，不見其切於己。謂之吾心之體，則即理之在我有統屬主宰，而其端可尋也。此心所以至靈至妙，凡理之所至，其思隨之，無所不至，大極於無際而無不通，細入於無倫而無不貫，前乎上古、後乎萬古而無不徹，近在跬步、遠在萬里而無不同。雖至於位天地、育萬物，亦不過充吾心體之本然，而非外爲者。此張子所謂有外之心不足以合天心者也〔三二〕。

所謂用與天地相流通者，以是理之流行言之耳。蓋是理在天地間，流行圓轉，無一息之停。凡萬物萬事，小大精粗，無一非天理流行。吾心全得是理，而是理之在吾心，亦本無一息不生生，而不與天地相流行。人惟欲淨情達，不隔其所流行，然後常與天地流通耳。且如惻隱一端，近而發於親親之間，親之所以當親，是天命流行者然也，吾但與之流行，而不虧其所親者耳。一或少有虧焉，則天理隔絶於親親之間而不流行矣。次而及於仁民之際，如老者之所以當安、少者之所以當懷、入井者之所以當怵惕，亦皆天命流行者然也。吾但與之流行，而不失其所懷、所安、所怵惕者耳。一或少有失焉，則天理便隔絶於仁民之際而不流行矣。又遠而及於愛物之際，如方長之所以不折、胎之所以不殺、殀之所以不夭，亦皆天命流行者然也。吾但與之流行，而不害其所長、所胎、所殀者耳。一或少有害焉，則天理便隔絶於愛物之際而不流行矣。凡日用間，四端所應皆然。但一事不到，則天理便隔絶於一事之下；一刻不貫，則天理便隔絶於一刻之中。惟其千條萬緒，皆隨彼天則之自爾，而心爲之周流貫匝，無人欲之間焉，然後與元、亨、利、貞流行乎天地之間者同一用矣。此程子所以指天地變化草木蕃，以形容恕心充擴得去之氣象也。然亦必有是天地同大之體，然後有是天地流通之用；亦必有是天地流通之用，然後有是天地同大之體，則其實又非兩截事也。

王丞批：「此篇後截稍近。」又曰：「天命性心，雖不可謂異物，然各有界分，不可誣也。今且當論心體，便一向與性與天衮同説去，何往而不可？若見得脱灑，一言半句亦自可見。更宜涵養體察。」

淳再思之，體與天地同大，用與天地流通，自原頭處論，竊恐亦是如此。然一向如此，則又涉於過高，而有不切身之弊。不若且只就此身日用見定言「渾然在中者爲體，感而應者爲用」爲切實也。又覺聖賢説話如平常，然此二篇辭意恐皆過當，併望正之。

此説甚善。更寬著意思涵養〔三三〕，則愈見精密矣。然又不可一向如此向無形影處追尋，更宜於日用事物、經書指意、史傳得失上做工夫，即精粗表裏融會貫通，而無一理之不盡矣。

答陳安卿

知在王丞處，甚善，且得朝夕講學，有商量也。昨所寄諸説久已批報，但無便可寄，今并附還。又堯卿一紙，煩爲致意達之也。前此所問主祭事，據禮，合以甲之長孫爲之乃是。若其不能，則以目今尊長攝行可也。如又疾病，則以次攝，似亦無害。異時甲之長孫長成，却改正亦不妨也。爲僧無後，固當祭之，無可疑。但宗祭説未暇細考，後更奉報〔三四〕。

答陳安卿

淳前日疑大學或問「然既真知所止，則其必得所止，若已無甚間隔」，其間四節，蓋亦推言其所以然之故有此四者。淳竊謂真能知所止者，必真能得所止，而定、静、安、慮，上下一以貫之，當下便一齊都了，中間實無纖毫間隔，乃聖人地位事也。上文「若已無」云者，其接「真知所止，必得所止」之意誠爲快，然既曰「無」矣，而又繼以「甚」者，則是亦有些間隔而不甚多之辭也，恐「甚」字與「無」字又不相應否？然曰所以欲將「若已無」字换爲「非有」字。

「若」之爲言似也，雖似如此，而其間亦有少過度處也。健步勇往，勢雖必至，而亦須移步略有漸次也。

孟子所謂「盡心」，今既定作「知至」説，則「知天」一條當何繫屬？繫之「知性」之下而「盡心」之前，與「知性」俱爲一衮事耶，抑繫之「盡心」之下，乃「知至」後又精熟底事耶？夫三者固不容截然分先後，然就其間細論之，亦豈得謂全無少别？

知性則知天矣，據此文勢，只合在知性裏説。

一之寄問誌石之制，在士庶當如何題，温公謂當書姓名，恐所未安。夫婦合葬者，所題之辭又當如何？

宋故進士或云處士某君、夫人某氏之墓。下略記名字、鄉里、年歲、子孫及葬之年月。

一之卜以三月半葬，併改葬前妣祔于先塋。以前妣與其先丈合爲一封土，而以繼妣少間數步，又别爲一封土。與朋友議，以神道尊右，而欲二妣皆列於先塋之左，不審是否？然程子葬穴圖又以昭居左而穆居右，而廟制亦左昭右穆，此意何也？

一之所處得之。昭穆但分世數，不爲分尊卑。如父爲穆則子爲昭，又豈可以尊卑論乎？周室廟制，太王、文王爲穆，王季、武王爲昭，此可考也。

用明器〔三五〕，亦君子不死其親之意〔三六〕。

熹家不曾用。

答陳安卿

太極者，天地之性而心之體也；一元者，天地之心而性情之會也；陰陽慘舒者，天地之情，即性之流行而心之用也。不審是否？

程子曰：「其體則謂之易，其理則謂之道，其用則謂之神。」更以此語參看。

前者納去心説，後來覺得首語説天心不的當，今改云：「『維天之命，於穆不已』，所以爲生物之主者，天之心也。」不知是否？

改得語意全備，甚善。

先生答妻父鬼神説云：「所謂非實有長存不滅之氣魄者，又須知其未始不長存爾。」廖子晦見此，謂長存不滅乃以天地間公共之氣體言之。淳恐只是上蔡所謂「祖考精神，即自家精神」之意耳。王子合以爲二説只是一意，若非公共底，則安有是精神耶？不審何從？

上蔡説是。

「魂魄」二字，向聞先生説發用處是魂、定處是魄。記事處是魄，小兒無記性，不定叠，皆是魄不足。又先生答梁文叔書謂鼻之知臭、口之知味，魄也。耳目中之暖氣，魂也。淳竊以爲魂不離氣、魄不離體，魂則氣上一箇活處，其所流行而不息，發越而有生意者也；魄則體上一箇精處，其所真實確定，凝然而不散漫者也。

魂魄且如此看，不須更支蔓。言語間未能無病，久之自見得失，今不須苦求也。所與王丞論者，則太支離矣。王丞説魂即是氣、魄即是體，却不是。須知魂是氣之神、魄是體之神可也。佛氏説地水火風，亦相類。月之不受日光處，其魄也。故十六以後，謂之生魄。其受日光處，則其陽氣之明也，故初二、三以後，謂之生明。蓋日月只是陰陽之氣，非實有形質也。

明道先生曰：「生之謂性，人生而靜以上不容説。」舊認作未生以前、天理未有所降賦時。近思此説，恐幾太過。人既未有生，則不得謂之性也明矣，更何待如此言耶？疑此所謂「以上」云者，似只説其從未感物以前至於所以生之始云耳，恐非離人言天，虚説未生以前事。

此説費力，恐只合仍舊。更思之。

赤子之感於物，有天然發處〔三七〕，有發以人處。如飲乳、轉盼、孩笑者，則天然之發也。如啞嗚震悸，則發以人處也。又有人之天處，有人之人處。如良知良能，人之天也；順情則喜，逆情則怒，凡其嗜好，則人之人處也。

所以感者，皆從外生；所以應者，皆從中出。

靜中之知覺，伊川以復言之，乃其未發者也。然先生復卦贊曰：「生意闖然，具此全美。」又曰：「有茁其萌，有惻其隱。」又似有生意〔三八〕，何也？常思之，羣陰固蔽之中，一陽之萌，生生之心就本位上已略萌出其端，但未到發達出於外耳。是所謂闖然者。在人則爲萬事沈寂之際，其中虚靈知覺，有活物者存，即此便是仁者生生之心，就生體已微露出其端矣，但未到感動出於外耳。是所謂有茁其萌者，與伊川説無異。惻隱則又在茁萌已後，乃已發見處，達而爲惻隱也。若以時運言，則亥盡子初爲復〔三九〕；以月運言，則晦盡朔交爲復；以日運言，則黑極而微露於東爲復；在人言，則赤子初生者復也；以神識言，則神初發知者復也。

「闖」字後來亦欲改之，但未有隱字耳。茁萌惻隱，却是正指初發處。「日運」以下，有説得太遲處，更消息之。

校勘記

〔一〕罕言　「罕」上，浙本有「又」字。

〔二〕若有贊及執圭　「有」下，浙本有「所」字。

〔三〕當闕　「闕」下，浙本有「近思録『生之謂性，性即氣』一段」及「此段看得好，更詳味之」凡二十一字。

〔四〕某往年與先兄異居　「年」下，浙本有「因」字。

〔五〕且實植於跌　「趺」，原作「跌」，據浙本改。

〔六〕從上罩下至趺　「趺」，原作「跌」，據浙本改。

〔七〕如何　「何」下，浙本有「又恐祭禮既行於嫡子之家，在某只得講俗節之祭」二十字。

〔八〕忌日之衣服飲食主祭者當如何　「主祭者」原脱，據浙本補。

〔九〕乃以爲猶崔子而去之　「猶」，浙本作「循」。

〔一〇〕而吾之哀戚亦興　「戚」，原作「樂」，據四庫全書本改。

〔一一〕其説狷字意不同　「字」，浙本作「介」。

〔一二〕細思此意　「意」，浙本作「章」。

〔一三〕再問子路請禱　「禱」下，浙本有「一章」二字。

〔一四〕不審果有此應之之理否　「不審」二字原脱，據浙本補。

〔一五〕夜則陽伏藏而陰用事　「陰用事」三字原缺，據正訛補。

〔一六〕故魄定神蟄而爲寐　「定」下，原有「而」字，據浙本、天順本删。

〔一七〕此心之寂感所以爲有主　「主」，原作「生」，據四庫全書本改。

〔一八〕此一樣病痛時時有之　「之」下，浙本有「子賤之成德實出於聖門，夫子歸於魯多賢者。聖人謙厚，於此事可見，而蘇氏説恐未盡」及「不然」凡三十六字。

〔一九〕亦當如之　「之」，浙本作「是」。

〔二〇〕正是解此章四句　「章」，原作「意」，據浙本、天順本改。

〔二一〕此是爲謙之意　「是」，正訛改作「時」。

〔二二〕聖人既知天生德於我　「聖」上，浙本有「又」字。

〔二三〕何耶　此句下，浙本有「將聖人知人之決不加害者，蓋灼知大理而無疑也」二十字。

〔二四〕亦似有合　「似」，原作「自」，據浙本改。
〔二五〕集注採尹氏幾於無我　按論語集注泰伯「尹氏」作「謝氏」。
〔二六〕必真積之久　「必」上，浙本有「則」字。
〔二七〕兩説未見其不同　「未」，原作「不」，據浙本改。
〔二八〕以爲己立心明之象　「象」，底本原注云：「象」字疑。下同。
〔二九〕今從頭徹底皆分明　「明」，浙本作「曉」。
〔三〇〕蓋以仁字純就生人之類而言　「仁」，正訛改作「人」。
〔三一〕而其靈亦無以主於身矣　「身」，原作「心」，據正訛改。
〔三二〕此張子所謂有外之心不足以合天心者也　「天」字原脱，據正訛補。
〔三三〕更寬著意思涵養　「養」，浙本作「泳」。
〔三四〕後更奉報　「更」，浙本、天順本均作「便」。
〔三五〕用明器　「用」字原缺，據浙本補。
〔三六〕亦君子不死其親之意　「意」下，浙本有「自不容以廢之耶」七字。
〔三七〕有天然發處　「有」，原作「自」，據閩本、浙本、天順本改。
〔三八〕又似有生意　「似」，原作「自」，據浙本改。
〔三九〕則亥盡子初爲復　「亥」，原作「丑」，據正訛改。

晦庵先生朱文公文集卷第五十八

書知舊門人問答

答張仁叔毅

「居敬行簡」，程子意與仲弓不同，當以仲弓之言爲正。

「不改其樂」，近覺集注克己復禮之目説得未盡，已改作博文約禮之序矣，更思之。所説「不改其樂，學者不能躐進，唯子貢之無諂可爲」，此語有病，可并思之。

「孟之反」一段，所説支離，非聖人本意。

「約之以禮」，「禮」字便作「理」字看不得，正是持守有節文處。「克己復禮」之「禮」亦然。

醫書不仁之説，所論得之，但亦須實見此理，不可只如此説過也。

「用之則行」，「則」字之意恐不如此。

「富不可求」，此章之意但方言其不可求耳，未遽及夫求之而得禍也。兩意雖略相似而大不同，可更審之。

「君子所貴乎道者三」，若如此說，則道與物爲二矣，況其文義本不如此，集注說得甚明，可更詳之。

霍光臨大節亦大有虧欠處。

耐久行遠之說，得之。但不知如何見得仁以爲己任之重，仁是何物？又如何其任也？可更思之。

一易再易之說，問之果然。或恐中原地美，其瘠土亦勝此間之膏腴也。

什一之法傳於今者大略如此，其詳則不可得而知矣。以孟子考之，野九一而助，國中什一，使自賦，其輕重又不同。而考之周禮，則行助法處有公田，而行貢法處無公田也。孟子集注中似已言其大略，可更詳之。此等亦難卒曉，須以周禮爲本，而參取孟子、班固、何休諸說訂之，庶幾可見髣髴。然恐終亦不能有定論也，但不可不盡其異同耳。

粟一石值錢三十文，一歲而止用錢三百，可見古來錢重。然其賣買皆然，則人亦不以爲病也。其他蓋不可考云。

李悝百畝而收百五十石者，粟也；鼂錯百畝而收不過百石者，似恐是米。然則其多少固自有不同耳。

所論律吕，恐看得未子細。須作一圖子，分定十二律之位，却於中間空處别用紙作一小輪子，寫五聲之位，當心用紙條穿定，令可輪轉。却依通典十二律之均逐一認定，分别正聲、子聲，則自見得次序分明，不可只如此空説也。蓋正聲是全律之聲，如黄鍾九寸是也。子聲是半律之聲，如黄鍾四寸半是也。一均之内以宫聲爲主，其律當最長。其商、角、徵、羽之律若短，即用正聲。或有長者，則只可折半用子聲。此所謂一均五聲而分正聲、子聲之法也。十二律既自有正聲，又皆有子聲以待十二均之用。所謂黄鍾、大吕、太簇無子聲，以其一均之内商、角、徵、羽四聲皆短於本律故也。若以中吕爲宫，則黄鍾爲徵，而當用子聲矣。若以蕤賓爲宫，則大吕爲徵，而當用子聲矣。若以林鐘爲宫，則太簇爲徵，而當用子聲矣。此十二律所以皆有子聲也。試更用此推之，當自曉得。不然，即須面論，乃可通也。

所論三月不違仁、人之生也直、先難後獲、齊魯之變、中庸之德、博施濟衆、默而識之、德之不脩、志於道、四教、仁遠等章説，皆得之，然亦更宜詳味。

答楊仲思

來喻仁説，似亦未瑩。如云「仁以行之，則心無不一」，此語甚有病。又云「無思無慮之時，每加提省」，此亦非是。所謂敬者，只是要專一耳，初不偏在静處也。又聞尊丈遠出，不知是往何許？尊年獨旅，恐非所宜，爲子弟者當有以代其勞也。漳州陳安卿書來，甚長進，不易得也。

答楊仲思

所論「仁」字，大意得之，更宜子細就此玩味，庶幾漸次簡潔分明。仍就實處加功，勿令間斷，乃實爲己物耳。不然，辨析雖精，無益於得也。

答楊仲思

前書所問數條，皆大義也，但字義同異之間分别未明，故難遽曉。今但看横渠「形而後有氣質之性，善反之則天地之性存焉」一段，將此兩箇「性」字分别，自「生之謂性」以下，凡説「性」字者，孰是天地之性，孰是氣質之性，則其理自明矣。公、仁之説，亦是如此。公則無情，仁則有愛，公字屬理，仁字屬人。克己復禮，不容一毫之私，豈非公乎？親親仁民，而無一物之不愛，豈非仁乎？以此推之，意亦可見。

答楊仲思〔一〕

所示疑義，若據易文，則「艮其背」，即是止其所之義。而伊川説作兩般，恐非經之本指。然其言止欲於無見，乃非禮勿視、勿聽之義，於學者亦不爲無用。更思之。

答謝成之

熹病老益衰，今年尤甚，亦理之常，無足怪者。況身外之悠悠，又可復置胸中耶？所恨聞道既晚而行之不力，上無以悟主聽，下無以變時習，而使斯文蒙其黮闇，是則不能無愧於古人耳。

所示二典説，大概近似，目昏，尚未及細看。此中今年絶無來學者，只邵武一朋友，見編書説未備，近又遭喪，俟其稍定，當招來講究，亦放詩傳作一書。彼編所看後篇得接續寄來尤幸，恐當有所助耳。但三山林少穎説亦多可取，乃不見編入，何耶？李氏説爲誰？其論「放勛」字義，與林説正相似，又以「欽哉」爲戒飭二女之詞，則正與鄙意合也。蓋「女于時，觀厥刑于二女」，皆堯語，其下云「釐降二女于嬀汭，嬪于虞」，乃是史記其下嫁二女於嬀水而爲婦於虞氏，於是堯戒以「欽哉」，正如所謂必敬必戒者，乃叙事之體也。自孔傳便以「女于時」以下爲史官所記，故失其指耳。

諸詩亦佳，但此等亦是枉費功夫，不切自己底事。若論爲學，治己治人，有多少事？至如天文地理、禮樂制度、軍旅刑法，皆是著實有用之事業，無非自己本分内事。古人六藝之教，所以游其心者正在於此。其與玩意於空言，以校工拙於篇牘之間者，其損益相萬萬矣。若但以詩言之，則淵明所以爲高，正在其超然自得、不費安排處。東坡乃欲篇篇句句依韻而和之，雖其高才，合凑得著，似不費力，然已失其自然之趣矣。況今又出其後，正使能因難而見奇，亦豈所以言詩也哉？東坡亦自曉此，觀其所作黄子思詩序論李、杜處，便自可見。但爲才氣所使，又頗要驚俗眼，所以不免爲此俗下之計耳。

答黄道夫

天地之間，有理有氣。理也者，形而上之道也，生物之本也；氣也者，形而下之器也，生物之具也。是以人物之生，必禀此理然後有性，必禀此氣然後有形。其性其形雖不外乎一身，然其道器之間分際甚明，不可亂也。若劉康公所謂天地之中所謂命者，理也，非氣也。所謂人受以生，所謂動作威儀之則者，性也，非形也。今不審此，而以魂魄鬼神解之，則是指氣爲理而索性於形矣，豈不誤哉！所引禮運之言，本亦自有分別。其曰天地之德者，理也；其曰陰陽之交、鬼神之會者，氣也。今乃一之，亦不審之誤也。詩曰：「天生烝民，有物有則。」周子曰：「無極之真，二五之精，妙合而凝。」所謂真者，理也；所謂精者，氣也；所謂則者，性也；所謂物者，形也。上下千有餘年之間，言者非一人，記者非一筆，而其説之同如合符契，非能牽聯配合而强使之齊也。此義理之原，學者不可不察。

答黄道夫

示喻性氣之説，甚善。但「則者，人之所以循乎天」，「循」字恐未安。蓋「則」之一字，方是人之所受乎天者，至於所謂養之以福，乃所謂循乎天耳。西銘「天地之塞」，似亦著「擴充」字未得。但謂充滿乎天地之間莫非氣，而吾所得以爲形骸者皆此氣耳。天地之帥，則天地之心而理在其間也。五行，謂水、火、木、金、土耳，各一其性，則爲仁、義、禮、智、信之理，而五行各專其一，人則兼備此性而無不善。及其感動，則中節者爲善，不中節者爲不善也。

答李子能 亢宗

累承喻及爲學之意，甚善甚善。但如此用力，頭緒太多，令人紛擾無進步處。故程先生説涵養須是敬，進學則在致知，若只於此用力，自然此心常存，衆理自著，日用應接各有條理矣。近思録前三四卷專説此事，近修定大學解，亦説得此次第分明。近思必已有之，大學今往一本，可細考之，依此節次做一兩年功夫，自當見得門路、立得根本也。陳後之持守見識皆不易得，不知今年曾復來城中否？與之講貫，當有深益。劉叔文守得亦好，但未知後來所見如何耳。爲學十分要自己著力，然亦不可不資朋友之助，要在審取之耳。朱飛卿遠來，見此相聚，但亦苦多病，未嘗不相與談及子能也。

答陳廉夫

示喻縷縷，足認雅意。但爲學功夫不在日用之外，檢身則動静語默，居家則事親事長，窮理則讀書講義，大抵只要分别一箇是非而去彼取此耳，無他玄妙之可言也。論其至近至易，則即今便可用力；論其至急至切，則即今便當用力。莫更遲疑，且隨深淺，用一日之力便有一日之效。到有疑處，方好尋人商量，則其長進通達不可量矣。若即今全不下手，必待他日遠求師友然後用力，則目下蹉過却合做底親切功夫，虚度了難得底少壯時節，正使他日得聖賢而師之，亦無積累憑藉之資可受鉗錘，未必能真有益也。

答陳叔向葵

去歲南遊，幸遂既見之願。别後忽忽踰年，欲致一書未暇，而便至竟辱先施，感愧不可言。示喻學者不能身踐而鶩於空言，此誠今世莫大之患，然亦不善讀書者之咎耳。書之設，豈端使然哉〔一〕？大抵聖賢之教無一言一句不是入德門户，如所謂禮樂不可斯須去身者尤爲深切，真當佩服存省，以終其身，不但後學也。但道體無盡，人見易偏，内外本末又不可不兼舉，此亦所當知耳。

答舒提幹

示喻兩條，深荷發藥。偶奉祠已得請，姑爲辟色辟言之計。蕃、固之禍，恐亦正坐不能知難而退耳。所刻二書，竊意賢者於鄭注、吕説之云猶有未深考者，願少加詳焉，而摭其義理之不合者復以見教，則幸甚幸甚。

答顔子壽鑄

昨辱枉顧，并示長書，具悉雅意。但君子行身自有法，義固不求於苟異，亦不期於必同。至於行道濟時、用舍行藏，又有非人力所能必致者。聖賢之教，歷歷可考。如賢者之所論，是乃謀利計功之意，非熹之所敢聞也。大率近世此説甚熾，人心不正而習俗不美，正坐此耳。願更思之，毋爲卒陷溺也。

答邊汝實〔三〕

所欲言者不過前夕，然亦非謂全然不事其心，但資次等級未應遽爾超躐，須物格知至，然後意可誠、心可正耳。

答李次張

承留意七篇之指，想深有所契。義利之際，固當深明而力辨，然伊、洛發明未接物時主敬爲善一段功夫，更須精進乃佳。不爾，幾無所據以審夫義利之分也。試以此質之南軒，當亦以爲然耳。

答方平叔銓

伏承遠貽書劄，禮意甚勤，而所以教誨責望之者甚至。熹愚不肖，懼不足以當也。顧獨惟念自省事來，聞師友之訓、讀聖人之書，觀其教人，不過講學脩身，以全其所受於天者。出爲世用，則隨其大小，推吾之所有以及人。至於用與不用，合與不合，則直任之。蓋未嘗以是必於人，亦未嘗以是變於己，以此自信，誓將終身由之，而不自知其力之果足以有至焉否也。今讀來教，其觀於當世之變詳矣，然諰諰然常有憂其不合而必於求合之意，其責君子也已詳，其徇小人也已甚，是雖憂世之心甚深，而古之聖賢非不憂世者，其規模氣象似或不如此也。孟子曰：「人病舍其田而耘人之田，所求於人者重而所以自任也輕。」其論狂狷、鄉原之得失以及君子反經之意，尤所謂深切而著明者。孔子亦曰：「古之學者爲己，今之學者爲人。」有志之士深省乎此，亦足以判然無疑於舜、跖之間矣。不審明者以爲如何？

答王欽之

承喻編次程書，以類相從，此亦用功之一端。若求之於此而驗之於日用思慮作爲之間，玩索操存，無所偏廢，則窮理居敬之功交相爲助，而兩造其極矣。玩物喪志之戒，乃爲求多聞而不切己者發。遺書又有「不可外面只務泛觀物理，正如游騎無所歸」之説，亦爲此耳。至於義理雖明而踐履不至者，則亦多端，或是知之未深，或是行之不力，或是氣質之偏有難化處。在彼誠爲累德，然在我觀之，但當内自警省，不使加乎其身，而不可以此遽起輕視前輩之心，且疑講學之無益也。因下問之及，輒效其愚，未知中否？有未當者，却望垂喻。

答王欽之

所須問目，竊謂不必如此。但取一書，從頭逐段子細理會，久之必自有疑有得。若平時泛泛，都不著實循序讀書，未説義理不精，且是心緒支離，無箇主宰處，與義理自不相親，又無積累功夫參互考證，驟然理會一件兩件，若是小小題目，則不足留心，擇其大者，又有躐等之弊，終無浹洽之功，非區區所以望於尊兄者，故不敢承命浼聞。但願頗采前説，而以論語爲先，一日只看一二段，莫問精粗難易，但只從頭看將去，讀而未曉則思，思而未曉則讀，反復玩味，久之必自有得矣。近年與朋友商量，亦多以此告之，然未見有看得徹尾者，人情喜新厭常乃如此，甚可歎。論語二十篇尚不耐煩看得了，況所謂死而後已者，又豈能辨如此長遠功夫耶〔四〕？

答王欽之

來書謂窮理不必泥古人言句，固是也，然亦豈可盡捨古人言句哉？程夫子曰：「窮理亦多端，或讀書講明道理，或論古今人物，别其是非，或應事接物，求其當否，皆窮理也。」夫講道明理，别是非而察之於應接事物之際，以克去己私、求夫天理，循循而進，無迫切陵節之弊，則亦何患夫與古人背馳也？　若欲盡捨去古人言句，道理之不明，是非之不别，泛然無所決擇，雖欲惟出處語默之察，譬之適越者不知東西南北之殊，而僕僕然奔走於途，其不北入燕，則東入齊、西入秦耳。

答胡平一 元衡

白鹿聞極留念，甚善甚善〔五〕。　所謂時文之外别無可相啓發者，語似過謙，此亦在夫爲之而已，豈真有限隔而不容一窺其門户哉！

所喻三代正朔之説，舊嘗疑此而深究之，卒至於不可稽考而益重其所疑，因置不論。今讀來喻，考究雖詳，然反復再三，亦未有以釋所疑也。　如云周家記年，必首十一月，而春秋乃書春正月。　又云未嘗改月號，以冬爲春，假夏月而亂周典，則未知春秋所謂春正月者，其下所書之事爲建子月之事耶？建寅月之事耶？若云建子月事，則春正月者，豈非改月號而以冬爲春？若云建寅月事，則是用夏正月而亂周典矣，安得云未嘗云云如是耶？前人蓋已見此不通，故爲胡氏之學者爲之説曰，春正月者，夫子意在行夏之時，而以建寅之月爲歲首也。其下所書之事即建子月之事，無其位而不敢自專也。如此，則或可以不礙。然春秋所書之月，遂與月下之事常差兩月〔六〕，則恐聖人作經又不若是之紛更多事也。凡此之類，反復推説，儘有可通，亦儘有可難。雖嘗遍問前輩，亦未有決然堅定不可移之説。

竊謂讀書凡若此類，與其求必通而陷於鑿，且又虛費日力而無補於日用切己之功，則似不若闕之之爲愈也。若夫所謂日用切己之功，則聖賢言之詳矣。其在大學、論語、中庸、孟子者文義分明，指意平實，讀之曉然，如見父兄説門内事，無片言半詞之可疑者什八九也。曷爲不少置其心於此，而必用意於彼之崎嶇哉？因書附報，偶及於此，幸明者有以察之也。

答楊志仁 璹

示諭，不省所謂，然不知賢者之所爲學者，欲得之於己耶，欲見稱於人耶？觀此用心，灼見差誤。請便就此推究來歷，痛與掃除，乃爲格物之實耳。不然，此心外馳，不著自己，徒然誦説，恐無所益也。

答楊志仁

兩書所喻存養工夫，甚喜甚慰。固知他人不能如此著實用工，但此亦是且依本分事〔七〕，正不須把來作奇特想。只合趁此心地明淨處大著胸懷，將世間道理精粗表裏從頭至尾理會一番，交他真箇通透，無疑礙處，方是向進。若只守此些箇，不敢放開，每看義理，亦只揀取玄妙高遠、無形無象處方肯理會，如此則遂成偏枯，倒向一邊，將爲有體無用之學，而與老、佛無以異矣。

所論理氣先後等説，正坐如此。怕説有氣，方具此理，恐成氣先於理，何故却都不看有此理後方有此氣？既有此氣，然後此理有安頓處，大而天地，細而螻蟻，其生皆是如此，又何慮天地之生無所付受耶？要之，「理」之一字不可以有無論，未有天地之時，便已如此了也。張子説得費力，惟是太極、通書數章説得極分明，熹解得又極分明，可更子細看，便自見得也。

「浩然之氣」，若據孟子所言，即合儘就粗處看，不須如明道先生之説。若欲理會明道先生説底，則亦只合就日用間己身上回頭識取，不須如此説作費力也。

「日月至焉」，若説顔子，即誠不可如此説。今既明言「回也其心三月不違」，其餘則但能如此〔八〕，則其工夫疏密久近較然可見，何爲而復有此疑耶？且曰非本文之義，則未知以本文之義爲當如何耶？

至德之論，又更難言。論語中只有兩處，一爲文王而發，則是對武王誓師而言。一爲泰伯而發，則是對太王翦商而言。若論其志，則文王固高於武王，而泰伯所處又高於文王。若論其事，則泰伯、王季、文王、武王皆處聖人之不得已，而泰伯爲獨全其心、表裏無憾也。不然，則又何以有「武未盡善」之歎，且以夷、齊爲得仁耶？前此諸儒説到此處，皆爲愛惜人情，宛轉回護，不敢窮究到底，所以更不敢大開口説，令人胸次憒憒。自欺自誑，此病不小，想賢者尤當疑駭，未敢以爲然也。然當更思之，若信之未及，即且放下，向後時時提起，略一審玩，便自見得也。

通老聞欲見訪，顒俟其來，不及作書，因見煩爲致意。然又恨志仁有書社之守，不能偕來，爲不滿耳。

答徐子融 昭然

所論浩氣，甚善甚善。大率子融志氣剛決，故所見亦如此，痛快直截，無支離纏繞之弊。更願益加詳審，專就平實親切處推究體認，久當有以自信，不爲高談虚見所移奪也。見正叔説，向得「曾參多一唯」之句，深有契合，此正是大病。今只此一「唯」尚且理會不得，如何欲更向他頭上過去也？

答徐子融

子融志趣操守非他人所及，但苦從初心不向裏，故雖稠人廣坐，閉眉合眼，而實有矜能異衆之心；非不讀書講義，而未嘗潛心默究，剖析精微，但據一時所見粗淺意思，便立議論，説來説去，都無意味，枉費筆舌。如向來所論雞抱卵事，才卿便取僧言以爲至當，而不究彼之所事與吾不同之實，固爲疏略，而子融力攻其失，乃不於此著眼，而支離蔓衍，但言雞不合抱卵，而不知檢點其所抱之非卵。凡皆類此，全不子細，只向外走，自己分上了無所得，故中間數爲賢者言之。所謂向外，非謂子融不能閉眉合眼也。想子融自恃有此，便謂已能向裏而人不知，故心不服而有北門之辨。至於詞氣俱厲，殊駭觀聽，然味其言，如所謂無鬼神、無釋氏者，皆無義理。夫「鬼神」二字著於六經，而釋氏之説見行於世，學者當講究，識其真妄，若不識得，縱使絶口不談，豈能使之無邪？子融議論粗率不精，大率類此。若是果能向裏思量，分別詳細，豈至此耶？今詳來書，所謂「觀書究義，反身順理，攻其惡、毋攻人之惡」者，依舊是錯認話頭。若只似日前做功夫，即所究之義、所順之理、所攻之惡，皆恐未真實也。且講論是非，正爲自家欲明此理，不是攻人之惡，若理會得，是於自家分上儘有得力處。若看錯了，即終日閉口不別是非，剗地不是矣。此蓋日前窮理未精，便自主張得重，又爲不勝己者妄相尊奬，致得自處太高，將義理都低看淺看了。今若覺悟，須且虛心退後，審細辨認，令自己胸中了然不惑，庶幾有進步處耳。

答徐子融

有性無性之説，殊不可曉。當時方叔於此本自不曾理會，率然躐等，揀難底問。熹若照管得到，則於此自合不答，且只教他子細熟讀聖賢明白平易切實之言，就己分上依次第做功夫，方有益於彼，而我亦不爲失言。却不合隨其所問率然答之，致渠一向如此狂妄，此熹之罪也。駟不及舌，雖悔莫追。然既有此話頭，又不容不結末〔九〕，今試更爲諸君言之。若猶未以爲然，則亦可以忘言矣。

伊川先生言：「性即理也。」此一句，自古無人敢如此道。心則知覺之在人而具此理者也。横渠先生又言，由太虛有天之名，由氣化有道之名，合虛與氣有性之名，合性與知覺有心之名，其名義亦甚密，皆不易之至論也。蓋天之生物，其理固無差别，但人物所禀形氣不同，故其心有明暗之殊，而性有全不全之異耳。若所謂仁，則是性中四德之首，非在性外別爲一物而與性並行也。然惟人心至靈，故能全此四德而發爲四端，物則氣偏駁而心昏蔽，固有所不能全矣。然其父子之相親、君臣之相統，間亦有僅存而不昧者。然欲其克己復禮以爲仁、善善惡惡以爲義，則有所不能矣，然不可謂無是性也。若生物之無知覺者，則又其形氣偏中之偏者，故理之在是物者，亦隨其形氣而自爲一物之理，雖若不復可論仁義禮智之彷彿，然亦不可謂無是性也。此理甚明，無難曉者，自是方叔暗昧膠固，不足深責，不謂子融亦不曉也。

至引釋氏識神之説，則又無干涉。蓋釋氏以虛空寂滅爲宗，故以識神爲生死根本，若吾儒之論，則識神乃是心之妙用，如何無得？但以此言性，則無交涉耳。

又謂枯槁之物只有氣質之性而無本然之性，此語尤可笑。若果如此，則是物只有一性，而人却有兩性矣。此語非常醜差，蓋由不知氣質之性只是此性墮在氣質之中，故隨氣質而自爲一性，正周子所謂各一其性者。向使元無本然之性，則此氣質之性又從何處得來耶？況亦非獨周、程、張子之言爲然，如孔子言成之者性，又言各正性命，何嘗分別某物是有性底，某物是無性底？孟子言山之性、水之性，山水何嘗有知覺耶？若於此看得通透，即知天下無無性之物，除是無物，方無此性。若有此物，即如來喻木燒爲灰、人陰爲土，亦有此灰土之氣。既有灰土之氣，即有灰土之性，安得謂枯槁無性也？

又如「狹其性而遺之」以下種種怪説，尤爲可笑。今亦不暇細辯，但請虚心静慮，詳味此説，當自見得。如看未透，即且放下，就平易明白切實處玩索涵養，使心地虚明，久之須自見得。不須如此信口信意馳騁空言，無益於己，而徒取易言之罪也。如不謂然，則請子融、方叔自立此論以爲宗旨，熹亦安能必二公之見從耶〔一〇〕？至於易之説，又别是一事。今於自己分上見成易曉底物尚且理會不得，何暇及此？當俟異日心虚氣平，萬理融徹，看得世間文字言語無不通達，始可細細商量耳。此等若理會不得，亦未妨事，且闕所疑而徐思之，不當便如此咆哮無禮也。

答徐子融

熹今年一病，幾至不可支吾，午節後方能强起，比前一二年，幾似爭十年氣血矣。老境如此，無足怪者。亦有朋友十數人在此相聚，絶少得穎悟懇切者；前日病中猛省，亦不可全責學者，深自恐懼。今幸稍蘇，更當益加策勵，庶幾不負所以來之意。但恨相去差遠，不得子融爲之表率，使相觀而善耳。前書所論方叔之説，大概已是，但其末云性有昏明，則又將性作知覺看矣。試更思之，如何？

答宋深之 之源

熹往者入城，幸一再見，雖人事忽忽，未得款語，然已足以自慰矣。別後不得奉問，積有馳情，兹辱惠書，獲聞比日侍奉佳慶，進學有日新之功，尤以忻沃。經史諸説，足見玩理脩辭之意，可爲後生讀書之法。屬以病目，方讀得一二篇，其詞氣深博而義理通暢，甚可喜也。異時益求勝己之友，相與講明古人爲己之學而力行之，則其所進當有不止於此者矣。

三聖相授，允執厥中，與孟子所論子莫執中者文同而意異。蓋精一於道心之微，則無適而非中者，其曰「允執」，則非徒然而執之矣。子莫之爲執中，則其爲我不敢爲楊朱之深，兼愛不敢爲墨翟之過，而於二者之間執其一節以爲中耳。故由三聖以爲中，則其中活；由子莫以爲中，則其中死。中之活者，不待權而無不中；中之死者，則非學乎聖人之學，不能有以權之而常適於中也。權者，權衡之權，言其可以稱物之輕重，而游移前却以適於平，蓋所以節量仁義之輕重而時措之，非如近世所謂將以濟乎仁義之窮者也。

至於孔、孟言性之異，則其説又長，未易以片言質。然略而論之，則夫子雜乎氣質而言之，孟子乃專言其性之理也。雜乎氣質而言之，故不曰同而曰近，蓋以爲不能無善惡之殊，但未至如其所習之遠耳。以理而言，則上帝之降衷、人心之秉彝，初豈有二理哉？但此理在人有難以指言者，故孟子之告公都子，但以其才與情者明之。譬如欲觀水之必清，而其源不可到，則亦觀諸流之未遠者，而源之必清可知矣。此二義皆聖賢所罕言者，而近世大儒如河南程先生、横渠張先生嘗發明之，其説甚詳。具在方册者〔二〕，今倉司所印遺書，即程氏説，而張氏之書則蜀中自有版本，不知亦嘗考之否？

熹自十四五時得兩家之書讀之，至今四十餘年，但覺其義之深、指之遠，而近世紛紛所謂文章議論者，殆不足復過眼。信乎孟氏以來一人而已。然非用力之深者，亦無以信其必然也。舊嘗擇其言之近者别爲一書，名近思録，今往一通。了翁責沈墨刻，亦可見前輩師友源流，併以奉寄。幸細讀之，有疑復見告也。令弟叔季詩、易之説亦甚詳明，區區所望，蓋不殊前之云也。

答宋深之

且附去大學、中庸本，大、小學序兩篇，幸視至。大學當在中庸之前，熹向在浙東刻本，見爲一編。恐勾倉尚在彼，可就求之。此三本者，昆仲且分讀也。近年學者多不讀書，見昆仲篤志如此，甚不易得。所恨相聚之晚，不得盡吐腹心。前日臨歧，不勝忡悵。然講學貴於實見義理，要在熟讀精思、潛心玩味，不可貪多務得、搜獵敷衍，便爲究竟也。二序侍次略爲呈白，恐有指摘處，便中幸喻及也。

答宋深之

大學是聖門最初用功處，格物又是大學最初用功處。試考其説，就日用間如此作功夫，久之意思自别，見得世間一切利欲好樂皆不足以動心，便是小小見效處也。荀、楊言性得失，忘記前語首尾云何。然此等處〔一二〕，若於自己分上見得分明，則亦不待人言，自然見得矣。但恐讀書之時無爲己之意，只欲以資口耳、作文字，即意思浮淺，看他義理不出也。

答宋深之

示喻知止之説，足見留意。然所謂止，乃萬物各有定理之謂。要在格物窮理，乃可知之，知之不疑，然後此心有定而可以應物，非强遏而力制之也。格物功夫，前書已再録去，然亦未盡，旦夕當再寫一本去也。前本千萬且勿示人，看令有疑處，乃有進處耳。科舉事業，初無高論，賢者俯就，蓋有餘力。既知有命之説，則日用之間内外本末不須作兩截看，必先了此，然後及彼也。戴監廟久聞其名，講學從容，必有至論。季隨、允升相聚，各有何説？因來一一録示，庶知彼中進學次第也。

答宋深之

示喻大學所疑，已悉。格物無傳，爲有闕文，章句已詳言之。卒章是推治國之道以平天下，文意甚明，亦已詳説。不知何故尚以爲疑？豈讀之未熟耶？更宜玩味，不厭煩復，則自分明矣。格物致知是大學第一義，脩己治人之道無不從此而出，終身要得受用，豈是細事？來喻乃欲不勞而俟其自格，一何言之易耶！近世學者氣輕質薄，不耐持久，每以欲速之心，懷儌幸躐等之望，又有科舉世俗之學以奪其志，所以常若有所驅脅迫逐，而不暇從容以及乎有成也。

答宋深之

所喻大學以格物爲先，此得之矣。但以致知爲致其所以格物，而謂格物爲及人及物之事，則似於文義殊未詳也。向來寫去大學説，其間固未盡善，近已復多改更，然其所載程先生説，此二處文理極分明，又并功夫節次一時俱盡，不知何故看得如此草率？竊意此病從平日科舉之學壞了心術，致得如此。適答子容書已極言之矣。孔子曰：「古之學者爲己，今之學者爲人。」程先生曰：「爲己者，欲得之於己也；爲人者，欲見知於人也。」又曰：「女爲君子儒，無爲小人儒。」程先生曰：「君子儒爲己，小人儒爲人。」此是古今學者君子、小人之分，差之毫釐，繆以千里處，切宜審之。

答宋深之

示喻爲學之意，益以精專，而兄弟相勉，見於詩什，深慰老懷。又知更有蘇、范諸賢相與切磋，尤以爲喜。所問持養觀書之説，前此講之已詳，約而言之，持養之方不過「敬」之一字，而讀書則世間無一事是不合知者，但要循序量力而進耳。五峯之書，知言爲精，然其間亦不能無小小可議處，其他往往又不能及，故向來敬夫不欲甚廣其傳。今想廣仲之意，恐亦有所難言者，非靳惜也。南軒文，此間鏤版有兩本，其一熹爲序者，差不雜。黄州亦有官本，篇帙尤多，然多是少作，可恨也。此間本無見存者，不及寄去，後得之當别附便耳。然讀書要須辨得精粗得失，乃於己分有益。若但泛然看過，即枉費功力矣。韓子於道，見其大體規模極分明，但未能究其所從來，而體察操履處皆不細密。其排佛、老，亦據其所見而言之耳。程先生説西銘乃原道宗祖，此言可以推其淺深也。近似之説，固應辨析，以曉未悟，然須自見得己分上道理極分明，然後可以任此責；如其未然，而欲以口舌校勝負，恐徒起紛競之端，而卒無益於道術之明暗也。孟子論鄉原亂德之害，而卒以君子反經爲説，此所謂上策莫如自治者。況異端邪説日增月益，其出無窮，近年尤甚，蓋有不可勝排者。惟吾學既明，則彼自滅熄耳。此學者所當勉，而不可以外求者也。澤之、容之不及别狀，意不殊前。相望數千里，會見無期，惟千萬力學自愛。

答宋容之 之汪

所喻讀書未能有疑，此初學之通患。蓋緣平日讀書只爲科舉之計，貪多務得，不暇子細慣得意思。長時忙迫，凡看文字，不問精粗，一例只作如此涉獵。如東坡易解乾卦中説性命，繫辭中説道處數章，及潁濱解孟子浩然之氣處，皆是此類，無一字成言語。今當深以此事爲戒，洗滌淨盡，别立規模，將合看文字擇其尤精而最急者，且看一書，一日隨力且看一兩段，俟一段已曉，方换一段，一書皆畢，方换一書。先要虚心平氣，熟讀精思，令一字一句皆有下落，諸家注解一一通貫，然後可以較其是非，以求聖賢立言之本意。雖已得之，亦且更如此反復玩味，令其義理浹洽於中，淪肌浹髓，然後乃可言學耳。只如所論大學以正心誠意爲本，此便是不子細處。且請試考經文，正心誠意、致知格物何者爲先後耶？其他如「好樂苟善，不害於正」之説、「必有事焉而勿正心」之説、「敬必以誠爲先」之説，亦互有得失。但終是本領未正，未容輕議。便使一一剖析將去，亦恐未必有益。可且就此三四義上子細思索，「勿正心」，即更看古注及諸先生説，後便見喻爲佳。就此反復，殊勝泛論也。大抵科舉之學誤人知見，壞人心術，其技愈精，其害愈甚。正恐前日所從師友多是只得此流，今以上來諸説求之，則比所聞於石鼓者，恐亦未免於此也。

答宋澤之

自頃人還辱書之後，不能再致問訊，尋有臨漳之役，道里益遠，音問益難通，徒增悵想而已。今春不幸長子喪亡，哀痛不堪，亟請祠以歸。行過三山，始遇來使，并領書五通，乃知先丈郎中已遂窀穸之奉，及前此遣人與今再遣曲折，備見昆仲顯親傳遠之意悠久誠確，有人所甚難者，又不勝其悲歎也。即此盛夏雨寒，遠惟侍奉佳福。

銘文之喻，昨承喻及，極知不能，然念先契之厚，固已心許久矣。今兹人來，適此禍難，初意決不能辦，欲且遣還來人，俟向後稍間爲之，别尋的便附去。既而思之，昆仲越數千里而來求銘，再遣使而後得達，此意已不可孤，向後因循，未必得償此諾，則何以見先丈於地下？遂留來人，隨至建陽，輟哀排冗，亟爲草定，繕寫封内。但鄙拙不文，無以發揮行治之實，而事狀所載，亦有不能悉書者。一則志狀之體，詳略自應不同；二則慮其欲益而反損；如所記未第時事之類。三則病其頗涉於神怪。此三説者，更望高明有以察之也。今且寫得一本，旦夕事定，別抄數本寄都下，託范文叔發遞附便，必可達也。

及承深之遂承遺澤，即登仕版，以究先公欲行未盡之志，而澤之、容之亦將讀書求志，以承家學之傳，此皆區區之所深望。而垂問勤懇，又見不自滿足之意。但千里遠書，難盡心曲，今且以其大者言之。

大抵今之學者之病，最是先學作文干禄，使心不寧静，不暇深究義理，故於古今之學、義利之間，不復能察其界限分别之際，而無以知其輕重取捨之所宜。所以誦數雖博、文詞雖工，而祇以重爲此心之害〔一三〕。要須反此，然後可以議爲學之方耳。向者蓋亦屢嘗相爲道此，然覺賢者意中未甚明了，終未免以文字言語爲功夫、聲名利禄爲歸極〔一四〕。今以所述事狀觀之，亦可驗其不誣矣。若諸賢者果以愚言爲不謬，則願且以定省應接之餘功收拾思慮、完養精神，暫置其所已學者，勿令洶湧鼓發狂鬧，却於此處深察前所謂古今之學、義利之間，粒剖銖分，勿令交互，則其輕重取舍之極自當判然於胸中，不待矯拂而趣操自分，聖學之門庭始可以漸而推尋矣。此是學者立心第一義，此志先定，然後脩己治人之方乃可決擇而脩持耳。

人還，無以爲意，臨漳所刻諸書十餘種，謾見遠懷。書後各有題跋，見所爲刻之意。近思録，比舊本增多數條，如買櫝還珠之論，尤可以警今日學者用心之繆。家儀、鄉儀亦有補於風教，幸勿以爲空言而輕讀之也。

答陳器之

所示四條，第一、第三兩條得之。但以公爲仁，似未精。伊川先生明言「仁道難言，惟公近之」，非以公便爲仁。又云「公而以人體之，故爲仁」。竊詳此意，公之爲仁，猶言去其壅塞則水自通流，然便謂無壅塞者爲水，則不可。更以此意推之，可見「仁」字下落也。又中之爲義，固非專爲剛柔相半之謂。然當剛則剛，當柔則柔，當剛柔相半則相半，亦皆自有中也。試更思之，如何？

答陳器之問玉山講義。

性是太極渾然之體，本不可以名字言，但其中含具萬理，而綱理之大者有四〔一五〕，故命之曰仁、義、禮、智。孔門未嘗備言，至孟子而始備言之者，蓋孔子時性善之理素明，雖不詳著其條而説自具；至孟子時，異端蜂起，往往以性爲不善，孟子懼是理之不明而思有以明之，苟但曰渾然全體，則恐其如無星之秤、無寸之尺，終不足以曉天下，於是別而言之，界爲四破，而四端之説於是而立。

蓋四端之未發也，雖寂然不動，而其中自有條理，自有間架，不是儱侗都無一物，所以外邊纔感，中間便應。如赤子入井之事感，則仁之理便應，而惻隱之心於是乎形；如過廟過朝之事感，則禮之理便應，而恭敬之心於是乎形。蓋由其中間衆理渾具，各各分明，故外邊所遇隨感而應，所以四端之發各有面貌之不同，是以孟子析而爲四，以示學者，使知渾然全體之中而粲然有條若此，則性之善可知矣。

然四端之未發也，所謂渾然全體，無聲臭之可言，無形象之可見，何以知其粲然有條如此？蓋是理之可驗，乃依然就他發處驗得。凡物必有本根，性之理雖無形，而端的之發最可驗。故由其惻隱所以必知其有仁，由其羞惡所以必知其有義，由其恭敬所以必知其有禮，由其是非所以必知其有智。使其本無是理於内，則何以有是端於外？由其有是端於外，所以必知有是理於内而不可誣也。故孟子言「乃若其情，則可以爲善矣，乃所謂善也」，是則孟子之言性善，蓋亦遡其情而逆知之耳。

仁、義、禮、智，既知得界限分曉，又須知四者之中，仁義是箇對立底關鍵。蓋仁，仁也，而禮則仁之著；義，義也，而智則義之藏。猶春、夏、秋、冬雖爲四時，然春、夏皆陽之屬也，秋、冬皆陰之屬也。故曰「立天之道，曰陰與陽；立地之道，曰柔與剛；立人之道，曰仁與義」。是知天地之道不兩則不能以立，故端雖有四，而立之者則兩耳。仁義雖對立而成兩，然仁實貫通乎四者之中。蓋偏言則一事，專言則包四者。故仁者，仁之本體；禮者，仁之節文；義者，仁之斷制；智者，仁之分別。猶春、夏、秋、冬雖不同，而同出乎春。春則春之生也，夏則春之長也，秋則春之成也，冬則春之藏也。自四而兩，自兩而一，則統之有宗，會之有元矣。故曰五行一陰陽、陰陽一太極，是天地之理固然也。

仁包四端，而智居四端之末者，蓋冬者藏也，所以始萬物而終萬物者也。智有藏之義焉，有終始之義焉，則惻隱、羞惡、恭敬是三者皆有可爲之事，而智則無事可爲，但分別其爲是爲非爾，是以謂之藏也。又惻隱、羞惡、恭敬皆是一面底道理，而是非則有兩面。既別其所是，又別其所非，是終始萬物之象。故仁爲四端之首，而智則能成始、能成終。猶元氣雖四德之長，然元不生於元而生於貞，蓋由天地之化，不翕聚則不能發散，理固然也。仁智交際之間，乃萬化之機軸，此理循環不窮，吻合無間。程子所謂動靜無端、陰陽無始者，此也。

答葉味道賀

所喻既祔之後主不當復于寢，此恐不然。向見陸子靜居母喪時力主此説，其兄子壽疑之，皆以書來見問，因以儀禮注中之説告之。渠初乃不曾細看，而率然立論，及聞此説，遂以爲只是注説，初非經之本文，不足據信。當時嘗痛闢之，考訂甚詳，且以爲未論古禮如何，但今只如此，卒哭之後便除靈席，則孝子之心豈能自安邪？ 其後子壽書來，乃伏其謬，而有「他日負荊」之語。今偶不見當時往還舊牘，因更以他書考而論之。

如大戴禮諸侯遷廟篇云：「君及從者皆玄服。」則是三年大祥之後，既除喪而後遷矣。其詞但告遷而不言祔，則是既祔之後主復于寢，而至此方遷于廟矣。如穀梁云「易檐改塗」，禮志云「更釁其廟」，則是必先遷高祖於太廟夾室，然後可以壞釁其故廟而納祖考之主。又俟遷祖考於新廟，然後可以壞釁其故廟而納新祔之主矣。如左氏云「特祀於寢」，而國語有日祭之文，韋昭曰：「謂日上食於祖禰。」則是主復寢後，猶日上食矣。但穀梁所謂練而壞廟，乃在三年之内，似恐太速。禮志所謂釁廟而移故主，乃不俟其廟之虚而遽壞之，恐非人情。左氏所謂「祔而作主」，則與禮經虞主用桑者不合。所謂烝嘗禘於廟，則與王制喪三年不祭者不合，疑左氏所説乃當時之失〔一六〕，杜氏因之，遂有國君卒哭而除服之説，皆非禮之正。大率左氏言禮多此類也。皆不足信。而國語日祭月祀時享既與周禮祀天神、祭地祇、享人鬼之名不合，韋昭又謂日上食於祖禰，月祀於曾高，時享於二祧，亦但與祭法略相表裏，而不見於他經。又主既復寢而日祭之，則其几筵未知當俟臨祭而後設耶，或常設而不除也？ 此類皆無明文，更當詳考。又古者廟有昭穆之次，昭常爲昭，穆常爲穆，故祔新死者于其祖父之廟，則爲告其祖父以當遷他廟，而告新死者以當入此廟之漸也。今公私之廟皆爲同堂異室，以西爲上之制，而無復左昭右穆之次，一有遞遷而羣室皆遷，而新死者當入于其禰之故室矣。此乃禮之大節，與古不同。而爲禮者猶執祔于祖父之文，似無意義。然欲遂變而祔于禰廟，則又非愛禮存羊之意。竊意與其依違牽制而均不免爲失禮，曷若獻議於朝，盡復公私之廟皆爲左昭右穆之制，而一洗其繆之爲快乎！

答葉味道

祔説向嘗細考，欲以奉報，意謂已遣。今承喻却未收得，必是不曾遣去。然今又尋不見。大抵禮注、穀梁皆謂練而遷廟，大戴禮諸侯遷廟其説亦然，此是古人必以練而遷其几筵於廟而猶日祭之，如横渠之説。然今人家廟只有一間，祖考同之，豈容如此？况又已過時，只得從温公之儀，亦適當世人情之宜。雖考之於古少有不同，要未爲大失禮也。錢君所論亦甚精詳，但謂既祔之後主不當復于寢，則似未安。蓋祔與遷自是兩事，祔者，奉新死之主以祭于其所當入之祖廟，而并祭其祖，若告其祖以將遷于他廟，若適士二廟，則此祖已當遷于夾室矣。而告新死者以將遷于此廟也。既告已，則復新死者之主於寢，而祖亦未遷。比至於練，乃遷其祖入他廟或夾室，而遷新死者之主于其廟耳。其未遷于廟與既遷而未祥，饋羞自如他日。如此，則廟自不虚，寢亦有饋，皆非如錢君所慮也。頃年陸子壽兄弟親喪，亦來問此。時以既祔復主告之，而子靜固以爲不然，直欲於卒哭而祔之後徹其几筵。子壽疑而復問，因又告之，以爲如此則亦無復問其禮之如何，只是此卒哭之後便徹几筵〔一七〕，便非孝子之心，已失禮之大本矣。子靜終不謂然，而子壽遂服，以書來謝，至有「負荆請罪」之語。今錢君之論，雖無子靜之薄，而其所疑亦非也。不知味道看得如何？幸更與錢講之，復以見告也。

答葉味道

五服飲食居處之節，昨嘗聞其略。但喪大記有「叔母、世母、故主、宗子，食肉飲酒」之文，注云「義服恩輕」，不知自始死至未葬之前，可以通行何如？但一人向隅，滿堂不樂，服既不輕，而飲食居處獨不爲之制節，可乎？

禮既無文，不可强説。竊意在喪次，則自當如本服之制，歸私家則自如，其或可也。

喪大記：三年之喪，「禫而從御，吉祭而復寢。期，居廬，終喪不御於内者。父在，爲母、爲妻齊衰期者，大功布衰九月者，皆三月不御於内。」不知小功緦獨無明文，其義安在？

禮既無文，即當自如矣，服輕故也。

親迎，男女遭喪之禮，曾子問之詳矣。今有男就成於女家，久而未歸，若婿之父母死，女之奔喪如之何〔一八〕？若女之父母死，其女之制服如之何？

此乃原頭不是，且放在塗之禮行之可也。然既嫁則服自當降，既除而歸夫家耳。

曾子問曰：「昏禮既納幣〔一九〕，有吉日，女之父母死，則如之何？」孔子曰：「婿使人弔。如婿之父母死〔二〇〕，則女之家亦使人弔」云云。如未有吉日，獨不當弔乎？

恐無不弔之理。

賀去冬侍坐，承斟酌古今之制，謂居喪冠服當與吉服稱，其制度等級已略言及。近見親戚有居母喪，用温公寬袖襴衫、布幞頭，取其與吉服相符，而又加首絰、要絰〔二一〕，而去温公之布四脚，不知可行否？

今考政和五禮，喪服却用古制，準此而行，則亦無特然改制之嫌。却恐吉服須講求一酌中制度，相與行之耳。

昔侍先生，見早晨入影堂焚香展拜，而昏暮無復再入，未知尊意如何？

向見今趙丞相日於影堂行昏定之禮，或在燕集之後，竊疑未安，故每常只循舊禮晨謁而已。

按雜記，姑姊妹其夫死而夫黨無兄弟，使夫之族人主喪，妻之黨雖親不主。此謂姑姊妹無子，寡而死也。夫若無族矣，則前後家、東西家；無有，則里尹主之。或曰，主之而祔於夫之黨。妻之黨自主之，非也，夫之黨，其祖姑也。今賀有姑，其夫家□〔一二〕，反歸父母家。既耆耄，他日捨兄弟姪之外，無爲主者。但不知既無所祔，豈忍其神之無歸乎？古法既廢，鄰家、里尹決不肯祭他人之親，則從宜而祀之別室，其亦可也。

女子適人，爲父母服期，傳云：「不貳斬也。」賤婦喪母，遂於既葬卒哭而歸。繼看喪大記曰：「喪父母，既練而歸。期九月，既葬而歸。」注云：「歸，謂歸夫家也。」其既葬而歸者，乃婦人爲祖父母、爲兄弟之爲父後者耳。賀雖令反終其月數，而誤歸之月不知尚可補塡乎？因思他人或在母家，彼此有所不便，不可以待練之久，其不可以不歸也，又如之何？

補塡如今追服，意亦近厚；或有不便，歸而不變其居處飲食之節可也，衣服則不可不變。此亦以意言之，深恐不免「汰哉」之誚也。

答葉味道

省闈想甚得意，奏名必在前列。但尚未見後場題目，不知主司意鄉如何？要之，得失已有定分，人徒自爲擾擾耳。改字不若只就舊名之爲安。門生之禮，若在高等，恐例須謁見，即不可廢；若只在行間，亦不必詣之也。禮書未能得了，而衰病日侵，恐未必能究竟此事也。漢卿必時相見，四方更有何朋友在都下？凡百宜以謹密爲上。事了，能一過此相聚否？李敬子尚留此，志尚堅苦，不易得，但看義理未甚明徹細密耳。

答徐居甫

寓向看五峯言「天理人欲同行而異情，同體而異用」兩句，頗疑同體異用之説，然猶未見真有未安處。今看得天理乃自然之理，人欲乃自欺之情，不順自然，即是私僞，不是天理，即是人欲，二者面目自别，發於人心自不同。寓常驗之舉動間，苟出於天理之所當爲，胸中自是平正，無有慊愧，自是寬泰，無有不足，接人待物自是無乖忤。學者雖不常會如此，要是此心存時便如此，此心不存則不如此。須是讀書講義理，常令此心不間斷，則天理常存矣。若有放慢時節，任人欲發去，則胸中自是急迫粗率，自是不公不正。爲不善事，雖不欲人之知，胸中自是有愧赧。然亦自不可揜，如何要去天理中見得人欲、人欲中見得天理？二者夐然判别，恐説同體不可，亦恐無同行之理。若曰心本爲利，却假以行，與那真於爲義者其迹相似，如此説同行猶可。今下「天理」、「人欲」字，似少分别。未審是然否？

頃與欽夫商量，此兩句謂同行異情者是，謂同體異用者非，請更詳之。

「志於道，據於德，依於仁」一章，集注之說備矣。寓看來一節密似一節，志於道，則心心念念惟在人倫日用之所當行者，決不向利欲邊去，其志定矣。據於德，如孝親悌長等事，皆吾所自得而行之者，慮有照管不到時節，當據守之而勿失，則吾之所得者實矣。依於仁，則全其本心之德而不間於人欲之私，生生之體自流行不息。工夫至此，亦云熟矣。此三節，自立脚大綱以至工夫精察如此。志道，即夫子志學處，以等級次第言耳。據德，大略如「貧而無諂、富而無驕」之類，謂其能守也。依仁，如「貧而樂、富而好禮」，謂其不違仁也。「游於藝」是「行有餘力，則以學文」。未知此說通否？

此段看得好，但所引貧富者不相似。

「孝弟爲仁之本」章，注謂「仁者，心之德、愛之理」；「顔淵問仁」章又謂「仁者，心之全德」。合二處推明其說，未審當否？心德則生道也。蓋天地以生物爲心，故人得之以爲心者謂之仁。其體則同天地而貫萬物，其理則統萬善而包四端。論其名狀，則沖和溫粹，渾龐涵蓄，常生生不死，乃得謂之仁焉。此即乾之元，在四時而爲春者也。以仁而主四者，則隨其地分發爲羞惡、爲辭遜、爲是非，莫不各當其所。若不以仁爲主，而以別箇爲主，則但見不相對副，但見乖隔不順，且天地失其所以爲主，而人亦不得其所以生者矣。此所以言仁專一心之德者，豈不以其維綱管攝之妙乎？敬愛之理，只從孝弟上發明。自孝弟而推原其本，則惟有此理耳，所謂以仁爲孝弟之本是也；孝弟而廣充其用，則爲仁民愛物之事，所謂爲仁以孝弟爲本是也。竊恐心之德以專言〔一三〕，愛之理以偏言。專言之本則發爲偏言之用，偏言之用則合於專言之本，不可以小大本末二之也。自仁道之不明也，人惟拘於氣禀、蔽於私欲，則生道有息而天理不行，否隔壅塞，不能貫通。如人疾病，血氣不運於四支，則手足頑麻，不知痛癢，而醫者亦謂之不仁。人能有以體乎仁，必其無一毫之私得以間其生生之體，使之流行貫注，無有不達、無有不偏，然後爲能全其心之德、愛之理也。此顏子之克己、仲弓之敬恕，與聖人居處恭、執事敬、博學篤志、切問近思等處，正欲使工夫縝密也。必磨洗蕩滌其私，使無一毫之留，所以唤此仁，使之充長條達、無不周偏，則心德自全而仁斯在我矣。伏乞嚴喻。

此段大意得之，但愛之理未可以用言耳。更味之，久當浹洽，自見得失也。

「敬」之一字，初看似有兩體，一是主一無適，心體常存，無所走作之意；一是遇事小心謹畏，不敢慢易之意。近看得遇事小心謹畏是心心念念常在這一事上，無多歧之惑，便有心廣體胖之氣象。此非主一無適而何？動而無二三之雜者，主此一也。静而無邪妄之念者，亦主此一也。主一蓋兼動静而言，静而無事，惟主於往來出入之息耳。未審然否？

謂主一兼動静而言，是也。出入之息，此句不可曉。

寓一日訪蕃叟先生，因説孟子盡心知性處。陳先生云：「人須是知得始得。若不知得，就事上做得些小，濟得甚事？」寓以爲此説甚然。陳先生問盡其心者作如何説，寓對言：「心統性情，會衆理而妙萬物者也。心最難盡，惟是知得性，方能盡得心。能盡其心者，以知其性故也。蓋性者，理之得於天而自然者也。如君之仁、父之慈、子之孝，以至於日用之所當爲者，皆有箇根原來歷處。惟知之無一毫之不盡、無一節之不極，然後吾心之體至通至明，無所蔽惑，斯爲盡其心矣。」陳先生以爲不然，乃言：「甚事不從心生？只要盡得此心，凡所存主，凡所動作起居，使合於理，便是盡得此心。此心既盡，則自能知性，如耳之聽正聲、目之視正色、手足舉動合禮，皆是性。」寓云：「向所聞於先生長者與此不同，耳目手足只是形，耳目手足之所以能如此者方是性。」陳先生曰：「某之所以與朱丈不同者，正以此耳，公下稍自知某説爲是。某之用意不同，恐難猝合。」寓所聞如此，未得其精。但「盡其心者，知其性也」一句，「盡」上一箇「者」字，下應一箇「也」字，不知語脈當如何説？寓之所對，不畔尊旨否？

此段論得甚好，但恐下稍不長進，則反見彼説爲是耳，今日正好著力也。

寓向在道院問親迎禮，先生言親迎以來從温公，婦入門以後從伊川。云廟見不必候三月，只遲之半月亦可，蓋少存古人重配著代之義。今婦人入門即廟見，蓋舉世行之。近見鄉里諸賢頗信左氏先配後祖之説，豈後世紛紛之言不足據，莫若從古爲正否？永嘉有儀禮之學，合見得此事是非。左氏固難盡信，然其後説親迎處，亦有布几筵告廟而來之説，恐所謂後祖者，譏其失此禮耳。

禮，支子不祭，祭必告宗子。然諸子之嫡子有是襲爵〔二四〕，其次子始立宗。大夫、士以嫡子爲宗，所以上承祖宗之重、下垂百代之傳而不敢少慢者。後世禮教不明，人家多以異姓爲後。寓所見鄉里有一人家，兄弟二人，其兄早亡無後，遂立異姓爲後。後來弟却有子，及舉行祭禮，異姓子既爲嫡主，與凡題主及祝版皆用其名。若論宗法，祭惟宗子主之，其他支子但得預其祭而已。今異姓爲後者，既非祖宗氣血所傳，乃欲以爲宗子而專主其祭乎？寓意欲以從弟之長者共主其祭事，亦同著名行禮，庶幾祖先之靈或歆享之，不知可以義起否？伏乞裁教。

立異姓爲後，此固今人之失，今亦難以追正，但預祭之時，盡吾孝敬之誠心可也。

行弔之日，不飲酒食肉，此古人因變而變常，爲得情性之正。然先王制禮，因人情而爲之節文，必情與文稱，乃爲得宜。寓恐弔喪之日不飲酒食肉，可以施於有服之親或情分之厚者。若弔泛常之人，只當於行弔之時不飲酒食肉，弔畢則復常，既與死者平時分疏，但則少變平日以存古意可也。未審尊意以爲然否？

有服，則不但弔日不飲酒食肉矣。其他，則視情分之厚薄可也。

答徐居甫

「君子之道費而隱」章。

「鳶飛魚躍」，是子思喫緊爲人處；「必有事焉而勿正心」，是孟子喫緊爲人處，皆是要人就此瞥地便見得箇天理全體。若未見得，且更虛心涵泳，不可迫切追求、穿鑿注解也。

「君子之道造端乎夫婦，及其至也，察乎天地」。蓋夫婦則情意密而易於陷溺，不於此致謹，則私欲行於玩狎之地，自欺於人所不知之境。人倫大法雖講於師友之前，亦未保其不壞於幽隱之處。儻知造端之重，隱微之際恐懼戒謹，則是工夫從裏面做出，以之事父兄、處朋友，皆易爲力而有功矣。

本只是說至近處，似此推說亦好。

「天地之大也，人猶有所憾」。恐非謂天能生覆而不能形載、地能形載而不能生覆。人猶有憾處，恐只在於陰陽寒暑之或乖其常、吉凶災祥之或失其宜、品類之枯敗夭折而不得遂其理。此雖天地不能無憾，人固不能無憾於此也。

既是不可必望其全，便是有未足處。

「兩端」，謂衆論不同之極致，都是就善處説。如斷獄，一人以爲當死，一人以爲當罰，今酌其中而行之否〔二五〕？

然所謂中，非如子莫之所執也。

「鬼神爲德」，注云：「體物是其爲物之體。」不知此「體」字是「體用」之「體」，還復是「體質」之「體」？

鬼神者，氣之往來也，須有此氣，方有此物，是爲物之體也。

答徐志伯浩

示喻堂銘，極荷不鄙。三數年來，不敢開口道一字，尚且無著身處，今安敢爲此以重其罪，又使餘波所濺及於賢者乎？兼堂中四壁環列前輩之象，吾乃幅巾便服而遊燕寢卧於其中，似亦非便。鄉聞劉子澄在衡陽作朱陵道院，自居正堂，而以兩廡爲前賢祠堂，嘗竊疑其非是。恨渠已去，不及正之也。横渠先生亦言，傳得夫子畫像，而無可設之處，正爲此耳。幸試思之，此雖細故，其間亦自不容無義理也。

答鄧衛老絅 問近思録。

乾，健也，健而無息之謂乾。

如何見得天之健處？

「四德之元猶五常之仁」云云。絅謂偏言一事，仁之用也；專言四者，仁之體也。仁之用莫若愛，仁之體則愛有所不能盡，必包四者論之，而後仁之體可見。

仁之一事乃所以包四者，不可離其一事而别求兼四者之仁也。

「滿腔子是惻隱之心」，莫只是不餒否？「心要在腔子裏」，莫只是不放却否？所謂「腔子」之義，豈禪俗語耶？

「腔子」，猶言軀殼耳，只是俗語，非禪語也。滿腔子，只是言充塞周徧本來如此，未説到不餒處。下句所説，得之。

凡物有本末，不可分爲兩段事。灑掃應對是其然，必有所以然。絅竊謂是其然者，人事也；所以然者，天理也，下學而上達也。

大概是如此，更詳玩之。

「楊子拔一毛不爲」云云。絅竊謂三子皆執一而不知權故也。使楊子之拔一毛不爲施之在陋巷之時，即顔子矣。墨子之摩頂放踵施之三過其門不入之時，即禹矣。故所謂中者，惟可與權者能之。楊、墨學不足以知道，其心偏而不中，豈復能爲禹、顔之事？可更思之。

「昔受學於周茂叔，每令尋顔子、仲尼樂處，所樂者何事」。絅謂孔、顔之所樂者，循理而已矣。

此等處未易一言斷，且宜虚心玩味，兼考聖賢爲學用力處，實下功夫，方自見得。如此硬説，無益於事也。

「曾點、漆雕已見大意」。絅謂大意者，得非天理流行之妙、聖賢作用之氣象與？二子胸中灑落，無一毫虧欠，安行天理之至，蓋舜有天下而不與焉者也。但二子已能窺測乎此，未必身造乎此也，故曰「已見大意」。

且如此説，亦未有病。然須實下功夫，真有見處，方有意味耳。

「敬義夾持直上，達天德自此」。絅謂夾持者，豈内外並進之謂乎？直上者，豈進進不已之謂乎？

「直上」者，不爲物欲所累而倒東來西之謂也。視聽、思慮、動作皆天理也，人但於其中要識得真與妄爾。

「識」字是緊要處，要識得時，須是學始得。

横渠先生謂范巽之曰：「吾輩不及古人，病源何在？」巽之請問，先生曰：「此非難悟。」設此語者，蓋欲學者存意之不忘，庶游心浸熟，有一日脱然，如大寐之得醒耳。横渠先生之意，正要學者將此題目時時省察，使之積久貫熟而自得之耳，非謂只要如此説殺也。

明道先生曰：「某寫字時甚敬，非是要字好，只此是學。」絅謂此正在勿忘勿助之間也。今作字忽忽，則不復成字，是忘也；或作意令好，則愈不能好，是助也。以此知持敬者正勿忘勿助之間也。

若如此説，則只是要字好矣，非明道先生之意也。

伊川在講筵，不曾請俸，又不求封叙。絅謂若是應舉得官，便只當以常調自處，雖陳乞封蔭可也。

本以應舉得官，則當只以常調自處，此自今常人言之，如此可也。然朝廷待士却不當如此，伊川先生所以難言之也。但云其説甚長，則是其意以爲要當從科舉法都改變了，乃爲正耳。近看韓魏公論不當使道士於正殿設醮，而不知設醮之非，亦是此類。須説到廢道士而罷設醮，方是究竟也。

「介甫言律是八分書」。絅謂八分者，豈王氏謂其深刻猶未及於十分也？律所以明法禁非，亦有助於教化，但於根本上少有欠闕耳。八分是其所長處，二分乃其所闕，此言是他見得者。蓋許之之詞，非譏之也。

「治天下不由井地，終無由得平。周道只是均平」。又曰「井田卒歸於封建乃定」。絅按：張氏言治，大抵以井田封建爲主。程先生論封建，頗取柳子厚之説，而范唐鑑亦推廣之。至胡氏管見，乃力詆子厚，并排蘇、范，其説反與程門不合，何也？

遺書中只有一條論封建而取柳子厚者，其他處却不如此，恐此一段乃記録之誤也。范氏説多苟簡，不足爲法。胡氏之論雖正，然其言利害亦有所偏。要之封建、郡縣互有利害，但其理則當以封建爲公耳。此類且徐講之，非今日所急也。

釋氏之説，若欲窮其説而去取之，則其説未能窮，固已化而爲佛矣。絅素不喜讀異端之書，然徒知其跡而未究其去著，儻遇辯詰，詞必窮矣。絅自度決不至陷溺，則亦不至騁辯。然一物不知，君子所耻也，不知於此當何以處之？

理有未窮，則胸中不能無疑礙，雖不陷溺，亦偶然耳，況未必不陷溺耶？至於欲騁辯而耻不知，尤是末節，不足言。但窮理功夫不可有所遺，然又當審其緩急之序也。

明道先生曰，周茂叔窗前草不除去，子厚觀驢鳴亦謂如此。又曰，子厚聞生皇子云云，絅謂此即天地生物之心而人物所得以爲心者，蓋仁之事也。聖賢千言萬句，所謂傳心者，惟此而已。

大概然矣，但不可只如此說了便休，須是常切玩味涵養也。

答鄧衛老

昨所示卷子，久無便，不得報。所論鬼神者甚有條理，不易看得如此。但說乾健處，云只「行」之一字，便見草率之甚。下文云云，則又全不應所問矣，恐可更深思而詳說之也。又以楊、墨爲學仁義而過，亦非是。彼乃正爲不識仁義耳，非學之過而不得中也。曾點之說，乃不真實之尤者。今亦未須便論見處，且當理會如何是實下功夫底方法次第而用力焉，久當自有得耳。若只如此揣摸籠罩將去，即人人會說，更要高妙亦得，但不濟事，反害事耳。

答張敬之 顯父

梁惠王移民移粟之政，周官廩人之職未嘗廢，孟子非之者，豈以惠王不知仁政之本耶？

此無異議，但當熟玩孟子所說王政之始終、其措置施行之方略次第耳。

孟子答齊宣王愛牛一段。

此等處與上章亦無甚異，但要熟讀詳玩耳。

「必有事焉」一段，顯父謂此二者界限極難分别，蓋不致力則便無所事而幾於忘，才著意則未免預期欲速而流於助。但將心平鋪謹守，則又未見脱灑處。

此一段依孟子本文，只合就養氣上説，集注言之備矣。明道先生移就持敬上説，却是養氣已前一段事，功夫雖密，然恐不若且依孟子看也。

愛無差等，施由親始，夷子既知此説，便當一親疏、合貴賤方得。今却曰施由親始，則是又將親疏對待而言，豈非吾之愛又有差等哉？其詞氣牴牾，信乎遁而窮矣！夷之所説愛無差等，此是大病。其言施由親始，雖若粗有差别，然亦是施此無差等之愛耳。故孟子但責其二本，而不論其下句之自相矛盾也。夷之所以卒能感動而自知其非，蓋因孟子極言「非爲人泚」之心有以切中其病耳。此是緊要處，當著眼目也。

滕文公之問逾迫，而孟子所以答之者若無可爲謀者，極其規模所就，亦不過太王畏天保國之事。至於萬章之問宋，而孟子遽以成湯樂天之事反覆告之。豈滕之地褊小，不足以有爲，而王偃滅滕伐薛、敗諸侯之兵，果有可畏之實耶？

彊弱者，勢也；得失者，事也。宋、滕之彊弱有異，故其得失之效不同。但其一事之如此而爲得，如此而爲失，則其理未嘗不同耳。若曰以彊弱爲得失，則是彊者常得、弱者常失也，豈其然乎？

以善服人，則有心於求勝，故人得以勝之。以善養人，則至誠樂與，而人自心悅誠服，其原亦判於公私義利之間也。

以善服人者，惟恐人之進於善也。如張華之對晉武帝，恐吳人更立令主，則江南不可取之類是也。以善養人者，惟恐人之不入於善也。若湯之事葛，遺之牛羊，使人往爲之耕之類是也。

孟子既以智爲始、聖爲終，則智者致知之事，聖者極至之名。其終復曰智巧聖力，是智反妙於聖矣。南軒以爲論學則智聖有始終之序，語道則聖之極是智之極者也。此説似可以破前所疑，不知如何？

智是見得徹之名，聖是行得到之號，有先後而無淺深也。聖而不智，如水母之無鰕，亦將何所到乎？

孟子謂「乃若其情，則可以爲善」，而周子有五性感動而善惡分，是又以善惡於動處並言之。豈孟子就其情之未發，而周子就其情之已發者言之乎？

情未必皆善也，然而本則可以爲善而不可以爲惡，唯反其情，故爲惡耳。孟子指其正者而言也，周子兼其正與反者而言也。莊子有「遁天倍情」之語，亦此意也。

頃蒙見教云，往者同安因聞鍾聲，遂悟收心之法。顯父不揆，驗之信然。當時所説聞鍾聲者，本意不謂如此，但言人心出入無時，鍾之一聲未息，而吾之心已屢變矣。

潮汐，月臨子午則潮王，其理謂何？豈以子者陽之始、午者陽之極，月爲陰屬，故其氣交激而至此耶？

潮汐之説，余襄公言之尤詳。大抵天地之間東西爲緯，南北爲經，故子午卯酉爲四方之正位，而潮之進退以月至此位爲節耳。以氣之消息言之，則子者陰之極而陽之始，午者陽之極而陰之始，卯爲陽中，酉爲陰中也。

答張敬之

向所示問目，看得路脈全未是，又多未曉此章之正意，而遽引他説以雜乎其間，展轉相迷，彼此都曉不得，不濟得事。且當依傍本文，逐句逐字解釋文理，令其通透，見得古人説此話是此意了，更將來反覆玩味，久之自有見處，不須如此比類也。聖智巧力之説，則已得之矣。此便是看他處底樣子也。又論聖賢優劣，此亦是癡人比較父祖年甲高下之説，學問工夫都不在此，枉費心思言語之力也。

答丁賓臣 碩

十二月十一日熹扣首上啓丁君省元老友：頃幸接承，便辱垂問。雖喜用意之高遠，然竊觀容止之間未甚和粹，意其未似聖門學者氣象，而所問又太多而不切，有不容以一詞相反復者，用是默默，不知所對。及承訪，逮至於再三，而不免少露鄙懷，則足下已艴然於色而不欲聞矣。自是以來，彼此之懷終不相悉。而今者承書，遂有督過之意。三復以還，愧怍亡已。夫道在生人日用之間，而著於聖賢方册之内，固非先知先覺者所獨得，而後來者無所與也；又非先知先覺者所能專，而使後來者不得聞也。患在學者不能虚心循序反復沈潛，而妄意躐等，自謂有見，講論之際，則又不過欲人之知己，而不求其益；欲人之同己，而不求其正。一有不合，則遂發憤肆駡而無所不至，此所以求之愈迫而愈不近也。足下誠以是而深思之，則熹之前日所以告足下者已悉矣。足下之學，其是非得失亦明矣。如以爲然，繼此見問，敢不敬對。如曰不然，則高明之藴必有非愚昧所及知者，幸寬其咎而姑自信其説焉可也。惠況江蟹，感領至意。江茶五瓶，少見微意。布則例不敢受，前日柯國材之子來饋，亦已却之，非獨於左右爲然也。

答丁賓臣

來喻富貴利達，莫非天命，軒冕儻來，似未可必，足見信道之篤。然反復其言，乃於得失之間未免有尤人之意，似又全未得力，何耶？未由面扣，臨風馳想。切冀以時自愛，益遜志於義理之學，是所願望。

答鄭□□艮

示及疑義，足見勉學之意。已略奉答，但大抵用意未盡親切〔二六〕，更宜虚心詳味，未要生疑。只且似林一之看「養氣」章，順文看去足矣，久之自當有見處、有疑處也。

答黄嵩老

大抵人情苦於猶豫，多致因循，一向懶廢。今但心所欲爲，向前便做，不要遲疑等待，即只此目下頃刻之間，亦須漸見功效矣。年運易往，時不待人，況中歲以後，尤宜汲汲也。

答黄令裕

示喻道之大本未有真見之期，此只是急迫之病。道之大本，豈别是一物？但日用中隨事觀省，久當自見。然亦須是虚心游意，積其功力，庶幾有得。若一向如此急迫，則方寸之間躁擾不寧，終無可得之期矣。

答黄令裕〔二七〕

所喻日用功夫甚親切，但更就此勉力爲佳。然書策亦不可廢，若一向如此，又恐偏枯，别生病也。左氏之説，未暇及此。若論當讀之書，何止左氏？但朋友只看論語、孟子已無餘力，何暇更及他書也？

答黄令裕

收書，雖見鄉道之切，然更宜寬以居之，使其優柔漸漬，有以自得，乃爲有益，正不在如此迫切也。大學文義通貫，所不難見，須更反復，要見下手用力處而從事焉，乃爲有諸己耳。若只如此安排布置，口説得，行未至，未嘗得功夫也。

校勘記

〔一〕答楊仲思　此篇又見卷五九答楊子順書之五。
〔二〕豈端使然哉　「端使」，四庫全書本作「徒」。
〔三〕答邊汝實　此篇文字同卷四四與吳茂實書之二。
〔四〕又豈能辦如此長遠功夫耶　「辦」，原作「辨」，據浙本改。
〔五〕甚善甚善　上「善」字，閩本、浙本均作「喜」。
〔六〕遂與月下之事常差兩月　「遂」，原作「逐」，據浙本、天順本改。
〔七〕但此亦是且依本分事　「且」字原缺，據閩本、浙本補。
〔八〕其餘則但能如此　「能」，閩本、浙本、天順本均作「止」。
〔九〕又不容不結末　「末」，浙本作「抹」。
〔一〇〕熹亦安能必二公之見從耶　「能」，閩本、浙本均作「敢」。
〔一一〕具在方册者　「者」，浙本作「若」，屬下讀，亦通。
〔一二〕然此等處　「處」，浙本作「語」。
〔一三〕而秖以重爲此心之害　「秖」，原作「抵」，據閩本、浙本、天順本改。
〔一四〕聲名利禄爲歸極　「極」，閩本、浙本、天順本均作「趣」。

〔一五〕而綱理之大者有四　「理」，正訛改作「領」。
〔一六〕疑左氏所説乃當時之失　「所」，閩本、浙本、天順本均作「此」。
〔一七〕只是此卒哭之後便徹几筵　「是」字原脱，據浙本補。
〔一八〕女之奔喪如之何　「奔」，原作「本」，據浙本、天順本改。
〔一九〕昏禮既納幣　「幣」，原作「弊」，據天順本、禮記曾子問改。
〔二〇〕如婿之父母死　「之」字原脱，據浙本、天順本、禮記曾子問補。
〔二一〕而又加首絰要絰　兩「絰」字原均作「經」，據閩本、浙本改。
〔二二〕其夫家□　缺字，同治本作「亡」。
〔二三〕竊恐心之德以專言　「竊」，浙本、天順本均作「寓」。
〔二四〕然諸子之嫡子有是襲爵　「諸子」、「有」，四庫全書本作「諸侯」、「已」。
〔二五〕今酌其中而行之否　「否」，浙本作「是也」。
〔二六〕但大抵用意未盡親切　「抵」，原作「低」，據閩本、浙本、天順本改。「盡」，三本均作「甚」。
〔二七〕答黄令裕　按題下底本原注云：「一作黄敬之。」下一書題下同。

晦庵先生朱文公文集卷第五十九

書 知舊門人問答

答林正卿

季通書來，亦謂正卿甚進，不知乃有異論如此，此正是渠病處，蓋不先其在己，而欲廣求於外，所以向裏不甚得力。又不察學者才識之高下，而概欲其無所不知，所以誤得他人亦多馳騖於外。吾人當識其好處，而略其所偏也。聞渠謫居却能自適，亦甚不易。歸期正不須問，旬呈亦不必求免。如陳了翁曾作諫官，及被謫，猶著白布衫、繫麻鞋赴旬呈。朝廷行遣罪人，正欲以此困辱之，若必求免，是不受君命也；不受君命，不受天命也，而可乎？

所論易大概得之，但時事人位等字説得太早，今只可且作卦爻看，看得通透了，到推説處，方説得平居無事處時應事之法，是第二節事也。如乾之初九，只是陽氣潛藏之象，未可發用之占耳，若便著箇不易乎世、不成乎名、隱而未見、行而未成底人坐在裹面，便死殺了，非所謂潔静精微者。若會得卦爻本意，却不妨當此時、居此位、作此人也。頃年嘗因人問易，應之曰：「公曾看靈棋課否？易之模樣，便只是如此也。」後有人問：「豈以其不足告而云爾耶？」此錯認了話頭也，試思之。

答林正卿

觀變於陰陽而立卦，發揮於剛柔而生爻。

分奇偶便是畫，積畫便成卦，卦中看畫便是爻。若如所説，只是引證作文，不知四句之義又如何説？諺所謂鶻侖吞棗者是也，何由知其味耶？

伏羲畫卦，以寫陰陽之變化；文王、周公作繇、爻辭，以斷天下之疑；孔子作彖、象，以推明事物當然之理。然爻畫既具而三者已備乎其中，前聖後聖互相發明耳。

此説近之，然亦未盡。

所以名卦之例非一端，有兼取二義二象者，有專取二義者，有專取二象者，有兼取二象與人情者，有專取人情者，有兼取二象與陰陽之位者〔一〕，有取爻畫之多寡者，有取爻畫兼二象者，有取變卦者，有取爻畫之形與二義者，有不可曉者。且逐卦玩索，當見各有意味，不須如此安排，貪多涉淺，勞心費力，不濟得事。

家人卦。乾，剛也，施於家則離。兑，説也，施於家則亂。坤，静也，施於家則廢。震，動也，施於家則擾。坎、艮，非所取義，惟明而順家之道也。

穿鑿得不好。

革與睽相類。睽上火下澤，則不相入，此火在澤下，有變革之理。睽中女在前，少女在後，有相離之義，而此以中女繼少女，故曰革。

鑿。

豫四以震體之陽爲陰主，如大臣轉天下之危爲安，上無爲而下佚樂，故曰豫。

此等處，孔子分明説「順以動，豫」，理甚分明，安得舍之而自爲説耶？大病只是著力安排，不曾虚心玩味耳。

中孚外剛中柔，至誠惻怛之人也。

得無色厲内荏之姦耶？大抵此一類都不是，此特其小失耳。

以伏羲易觀之，則看先天圖如寒暑往來、陰陽代謝，若有推排而又莫知其所以然者。

以文王、周公易觀之，則六十四卦之名乃十八變以後之私記，三百八十四爻乃三變奇偶之私記，潛龍、牝馬等物如今之卦影，「勿用」、「利有攸往」等語如今斷卦之文。以孔子易觀之，則卦名者，時也，事也，物也。初、二、三、四、五、上者位也，而初、上又或爲始末之義〔二〕。九、六者，人之才也。處某事、居某時，用某物，其才位適其所當則吉，不然則凶。

此說近之，然乃知此〔三〕，而又不免爲前段之支蔓穿鑿，何耶？

易有取兩卦象以爲法者，有取卦名之義而思所以處之者，有取二義而思所以處之者。

亦不必如此籠罩。

易疏論連山、歸藏，一以爲伏羲、黄帝之書，一以爲夏、商之書，未知孰是？

無所考，當闕之。

論上下二經爲文王所分，果可信否？

亦不必論。

論六十四卦重於伏羲，果否？

此不可考。或耒耜、市井已取重卦之象，則疑伏羲已重卦。或者又謂此十三卦皆云「蓋取」，則亦疑詞，未必因見此卦而制此物也。今無所考，只説得到此，以上當且闕之。但既有八卦，則六十四卦已在其中，此則不可不知耳。

答林正卿

所示易疑，恐規模未是。蓋讀書之法，須是從頭至尾逐句玩味，看上字時如不知有下字，看上句時如不知有後句，看得都通透了，又却從頭看此一段，令其首尾通貫。然方其看此段時，亦不知有後段也。如此漸進，庶幾心與理會，自然浹洽，非惟會得聖賢言語意脈不差，且是自己分上身心義理日見純熟。若只如此匆匆檢閲一過，便可隨意穿鑿、排布硬説，則不唯錯會了經意，於己分上亦有何干涉耶？且如看此幅紙書，都不行頭直下看至行尾，便只作旁行横讀將去，成何文理？可試以此思之，其得失亦不難見也。

答林正卿

季通云亡，凡在同志，無不痛傷。然人生要必有死，遲速遠近，亦何足較？聞其臨行，却甚了了，區處付屬，皆有條理，亦足强人意也。所示中庸疑義，略此條析奉報。大率朋友看文字多有淺迫之病，淺則於其文義多所不盡，迫故於其文理亦或不暇周悉。兼義理精微，縱横錯綜，各有意脈，今人多是見得一邊，便欲就此執定，盡廢他説，此乃古人所謂執德不弘者，非但讀書爲然也。要須識破此病，隨事省察，庶幾可以深造而自得也。

答曹元可

示喻爲學之意，仰見造詣之深，不勝歎仰。然嘗聞之，爲學之實固在踐履，苟徒知而不行，誠與不學無異。然欲行而未明於理，則所踐履者又未知其果何事也。故大學之道，雖以誠意正心爲本，而必以格物致知爲先。所謂格物致知，亦曰窮盡物理，使吾之知識無不精切而至到耳。夫天下之物莫不有理，而其精藴則已具於聖賢之書，故必由是以求之。然欲其簡而易知、約而易守，則莫若大學、論語、中庸、孟子之篇也。是以頃年嘗刻四古經於臨漳，而復刻此四書以先後其説，又略述鄙意以附書後。區區於此所以望於當世之友朋者，蓋已切矣。歸來只有數本，皆爲知識持去，不得納呈。然彼間相去不遠，自可致之，不難也。讀之有得，復以見教，千萬之望。

答李巽卿

所喻進學處事之意，省察警懼，固當如此，然頭緒太多，却成紛擾。但將聖賢之書小立程課，熟讀深思，反復玩味，以此栽培澆灌，自有長進處，不必如此閑計度也。

答程次卿

示喻存心之説，此固爲學之本，然來喻又有所謂有是事必有是理者，不知又何從而察之耶？若如所謂「當應事然後思是事之理，當接物然後思是物之理」，則恐思之不豫而無所及。若豫講之，則又陷於所謂出位而思、念慮紛擾之病。竊意用力之久，必有説以處此矣，幸明告我，得以反復之。

答龔惟微

聞進學不倦之意，甚幸甚幸。但春秋之説，向日亦嘗有意，而病於經文之太略、諸説之太煩，且其前後抵牾非一，是以不敢妄爲必通之計，而姑少緩之。然今老矣，竟亦未敢再讀也。來喻以爲他處皆可執其一説以爲據，獨即位之説爲難通，愚恐其所執之説未必聖人之真意，而非獨即位之説爲無據也。若只欲爲場屋計，則姑取其近似而不害理者用之；若欲真實爲學，則不若即他書之易知者而求之，庶明白而不差也。

答龔伯善〔四〕

示喻以門户之故，不免兩用其心，於道全未有得，此今日士子之通患。但窮達有命，非可力求。若其有之，當不待求而自至；如其無之，求亦奚益？惟道義在我，人皆有之而求無不得。今乃以彼而易此，其於利害之算可謂舛矣。願以此而反思之，庶乎其有決也。

答汪叔耕

十月二十三日熹扣首啓叔耕茂材鄉友：辱書，并示詩文論説甚富，三復不置，足以見鄉道之勤、衛道之切，而所以用力於詞章者，又若是其博而篤也。顧惟衰晚，於道既無所聞，不足以堪見予之意；而少日粗親筆研，終不能窺作者藩籬，且自覺其初無補於身世，遂用絶意，棄去不爲，今數十年矣，又無以知所論之中失而上下其説也。然私竊計之，鄉道之勤、衛道之切，不若求其所謂道者而修之於己之爲本；用力於文詞，不若窮經觀史以求義理而措諸事業之爲實也。蓋人有是身，則其秉彝之則初不在外，與其鄉往於人，孰若反求諸己？與其以口舌馳説而欲其得行於世，孰若得之於己而一聽其用舍於天耶？至於文詞，一小伎耳。以言乎邇，則不足以治己；以言乎遠，則無以治人。是亦何所與於人心之存亡、世道之隆替，而校其利害，勤懇反復，至於連篇累牘而不厭耶？足下志尚高遠，才氣明決，過人遠甚，而所以學者未足以副其天資之美，熹竊惜之。又念其所以見予之厚而不忍忘也，不敢不盡其愚。足下試一思之，果能舍其舊而新是圖，則其操存探討之方，固自有次第矣。請繼今以言。人還，姑此爲報。向寒，千萬以時爲親自愛，不宣。熹再拜。

答汪叔耕

來書所論向來爲學次第〔五〕，足以見立志之高矣。然雜然進之而不由其序，譬如以枵然之腹入酒食之肆，見其肥羹大胾、餅餌膾脯雜然於前，遂欲左拏右攫，盡納於口，快嚼而亟吞之，豈不撐腸拄腹而果然一飽哉？然未嘗一知其味，則不知向之所食者果何物也。

今承來喻，將欲捐其逐末玩華之習〔六〕，而加反本務實之功，則善矣。然所論周、程傳授次第，恐亦有未易言者。而以太極圖爲有單傳密付之三昧，則又近世學者背形逐影、指妄爲真之弊也。夫道在目前，初無隱蔽，而衆人沉溺膠擾，不自知覺，是以聖人因其所見道體之實，發之言語文字之間，以開悟天下與來世。其言丁寧反復，明白切至，惟恐人之不解了也，豈有故爲不盡之言以愚學者之耳目，必俟其單傳密付而後可以得之哉？但患學者未嘗虛心靜慮，優柔反復，以味其立言之意，而妄以己意輕爲之説，是以不知其味而妄意乎言外之别傳耳。

不欺論中所談儒、佛同異得失，似亦未得其要。至論所以求乎儒者之學，而以平其出入之息者參之，又有忘心忘形、非寐非寤、虚白清鏡、火珠靜月每現輒變之説，則有大不可曉者。不知儒者之學，自六經、孔孟以來，何嘗有是説？而吾子何所授受而服行之哉？所以求之者如是之雜，無怪乎愈求而愈不得也。而反自謂將從主靜持敬、應事接物以求之，則有没世而不能達者，是豈應事接物、主靜持敬之罪哉？如此不已，不唯求之不得而已，愚恐其必將有狂易喪心之患，竊爲吾子憂之，不敢不以告也。幸且置此，而即聖賢之言平易明白之處，虚心平氣，熟玩而躬行之，玩之深則理自明，行之篤則力自進，持之以久，亹亹而上達焉，則道體精微之妙、聖賢親切之傳，不待單傳密付而已了然心目之間矣。

其他所論，亦儘有合商量處，未暇悉陳。然根本若正，則此等枝葉亦不待辯而明矣。史論却勝他書，然姑少後之而先其本，則其所至又當不止此也。大學章句一本附往，古人爲學規模及今日用力次第盡在此矣，幸試詳之，勿以爲老生常談而忽之也。

答李元翰

元翰前日説得儘近似，今看所示，又説開了。蓋前日所説，尤非實見，故把捉不定，又會走作爾。如前日云「存得此心即便是仁」，此句甚好。但下面説「合於心者行之，不合於心者勿爲」，又説「從義上去了，不干仁事矣」。今所寫來者，乃「先存得此心」一句，便只説「合於心爲之」云云〔七〕，却是全説不著也。今且只以孟子「仁，人心也；義，人路也」兩句看來，便見仁義之別。蓋仁是此心之德，纔存得此心，即無不仁。如説克己復禮，亦只是要得私欲去後，此心常存爾，未説到行處也。纔説「合於心者」云云，則便侵過「義，人路」底界分矣。然義之所以能行，却是仁之用處，故學者須是此心常存，方能審度事理。如其不然，則方寸之間自無主宰，亦不復能審度可否而行所當行矣。此孔門之學所以必以求仁爲先，蓋此萬理之原、萬事之本，且要先識認得、先存養得，方有下手立脚處爾。其他所論未穩者多，但先看此一節，久之自見得也。

答陳與叔夢良

弟子職音韻。

此非大義所繫，不暇深考。

夢良竊意弟子職一章，自「先生施教，弟子是則」以下，似言學莫先於立教云云，自「志無虛邪」以下，又詳言其學之之功如此云云。

此說得之，然亦本無奧義，不必如此之詳也。

夢良竊意弟子職一章論教學之方，其所以敬親事長、從師受業與夫洒掃應對、進退之要，皆括乎是。自二章至末十二章，又分明條具其節目之詳，由早至夜，周旋從事，蓋爲纖悉。其四章「弟子饌饋」注：「饋，謂選具在食。」蓋饌乃訓具食，饋訓進食，恐饋者是進具在之食，疑「進」字誤作「選」字，未審如何？又「飯是爲卒」注：「既飯而食。」則「卒」義未能通。五章「三飯二斗」注：「三飯必毀二斗〔八〕。」及「左執虛豆」，「斗」是何器？「毀」義如何？左執虛豆，欲何用？六章「拚前斂祭」，「斂」字何訓？用何物搜斂所祭？置之何地？八章「葉適己」，「葉」義如何？「葉是箕舌」，此句即曲禮所謂「以箕自鄉」者也。九章「措總之法」注〔九〕：「總設燭之束。」類今時何物？此段中小字先生批。

此數條多所未詳，但「貳」是周禮「再貳」、「一貳」之「貳」，蓋必所食已盡而增益之也。故執虛挾匕〔一〇〕，視其不足者而貳之。但豆中有物而謂之虛，此不可曉爾。

大學明明德、新民，皆欲止於至善，而傳之一章結語止言自明，而二章結語乃言無所不用其極。

二章兼明自新、新民之事，故通結之。下章又自正解「止於至善」之意，初不相妨也。

胡子知言曰：「天下莫大於心，患在不能推之爾；莫久於性，患在不能順之爾；

莫成於命，患在不能信之爾。不能推，故人物内外不能一也；不能順，故死生晝夜不能通也；不能信，故富貴貧賤不能安也。」先生嘗以延平先生讀正蒙書語示夢良，此後五峯胡子書竟未敢看。然此段語已嘗熟誦，自見得説心著「大」字、「推」字，性著「久」字、「順」字，命著「成」字、「信」字爲有理。恐「大」亦是與天地同體之意，「久」只是常而不變之意，「成」只是一定不易之意否？

此段好，但點出兩處理會不得。

「子在川上曰：『逝者如斯夫，不舍晝夜。』」程子曰：「自漢以來，儒者皆不識此義，此見聖人之心純亦不已也。純亦不已，乃天德也，有天德便可語王道，其要只在謹獨。」竊意其要在謹獨，莫是工夫無間斷否？

川流不息，天運也；純亦不已，聖人之心也。謹獨，所以爲不已，學者之事也。

「夫仁者，己欲立而立人，己欲達而達人。能近取譬，可謂仁之方也已。」集注以上一截説仁之體，下一截説仁之術，而程子於此二截乃合而言曰：「欲令如是觀仁，可以得仁之體。」

程子合而言之，上下句似不相應，不若分作兩截看。然惟其仁者之心如此，故求仁之術必如此也。

答陳與叔

所示疑義，各已批鑿附回。幸更思之，且於義理上留心，制度名物少緩亦不妨也。

答方履之

杜門讀書，謝去場屋，自計已決，夫復何言？ 遜聞高風，第劇歎尚。但所謂難者過之，不復致疑，此則泛泛悠悠，恐不得力。目前雖似無事，向後無歸宿處，茫然如未始學者，則恐不免却有多事之累也。平生見朋舊間好資質而似此者多矣，私心嘗竊深歎惜之，故不願賢者之爲之也。因便寓書，并此奉曉，幸試思之，以爲如何也？

答方若水 壬

龍巖之行，若問得實，使無罪者不以冤死而有罪者無所逃刑，此非細事也。靜退之説亦甚善，但今亦未是教人求退，只是要得依本分、識廉耻，不敢自衒自鬻以求知求進耳。然亦須是讀書窮理，使方寸之間洞見此理。知得不求只是本分，求著便是罪過，不惟不可有求之之迹，亦不可萌求之之心；不惟不得説著求字，亦不可説著不求字，方是真能自守、不求人知也。

答方子實芹之

昨者經由，幸獲一見。别又數月，豈勝馳情。令叔來，承書，獲審比日秋冷，德履佳勝爲慰。熹比幸粗遣，無足言。長泰令兄幸得同事，相去不遠，亦時相見也。跋語殊犯不韙，更勤刻畫，爲愧益深耳。示喻主敬之説，先賢之意蓋以學者不知持守，身心散漫，無緣見得義理分明，故欲其先且習爲端莊整肅，不至放肆怠墮，庶幾心定而理明耳。程子「無適」之「適」訓「之」、訓「往」而讀如字，論語「無適」之「適」訓「專」、訓「主」而讀如「的」，其音義皆不同，不當以此而明彼，細考之可見。程子之云，只是持守得定，不馳騖走作之意耳。持守得定而不馳騖走作，即是主一，主一即是敬。只是展轉相解，非無適之外别有主一，主一之外又别有敬也。

答何巨元進之

杜門讀書，固爲可樂，而入居學校，又可推以及人，想賢者於此亦不憚應接之煩也。示喻人物之説，未知康節之意果如何，但如來諭，以陰陽分之，似亦有理。大抵先天圖自復至乾爲陽，自姤至坤爲陰。陰陽所主既有淑慝之分，則人物所稟亦不能無純駁之辨也。手探足躡，出於一時之謬説，無足深論。當時但以姤在上而復在下，故以手足言之耳。四端之説，若以體用言之，則體爲首而用爲末。若自其發處而言，則發之初爲首而發之終爲末。二説亦不相妨，熟玩之可見也。匆匆奉報，幸更思之，有所未安，復以見喻，幸甚。

答程成甫

熹服膺二先生之教有年矣，雖幸得誦其詩、讀其書，然猶以未得識其子孫爲恨。兹逌辱書，欣感無量。且承叙述世次行治之詳，使得聞之，又歎大賢之後，中間留落不偶至於如此，甚者遂至淪陷隔絶而無聞，獨幸賢者於此乃能守其門户而不失其問學之傳，猶足以自慰也。今郡博士又能屈致以爲學校之重，其所以望於賢者，豈不欲其服先生之服、誦先生之言、行先生之行，以警動其學者而勉勵之哉？荷意之勤，敢申其説，以致區區之意，惟左右者念之。

答竇文卿

辱書，知進學不倦之意，甚善甚善。但自以不能致疑，便謂賢於辯論而不能行者，似有臨深爲高、不求進益之病，亦未免爲自畫也。彼以空言生辯，我以實見致疑，自不相妨，固不當以似彼爲嫌而倦於探討，亦不當一概視彼皆爲空言，而逆料其全無實見也。顏子以能問不能，以多問寡，曷嘗敢是己非人而自安於不進之地哉？程先生説「於不疑處有疑，方是長進」，此不可不深念也。知日誦四書，時時省察，此意甚善。但不知何故都無所疑？恐只是從頭讀過，不曾逐段思索玩味，所以不見疑處。若果如此，則不若且看一書，逐段思索，反復玩味，俟其畢而别换一書之爲愈也。近思録説得近世學問規模病痛親切，更能兼看，亦佳也。公謹未及附書，相見煩致意。渠從吕東萊讀左傳，宜其於人情物態見得曲折，今乃如此不解事，何耶？德章似亦不安其官，頗有責上責下而中自恕之意，皆是學問不得力處。吾輩觀此，真當痛自警省、實下工夫也。

答竇文卿

爲學之要，只在著實操存，密切體認，自己身心上理會，切忌輕自表襮，引惹外人辯論，枉費酬應，分却向裏工夫。

答竇文卿

示喻問學之難，豈獨今日？吾黨但當日加持守省察之功，而不廢講誦討論之業，專以古人之爲己者爲師，而深以今人之爲人者爲戒，則庶乎其無負平生之志矣。

答竇文卿

夫爲妻喪，未葬或已葬而未除服，當時祭否？不當祭則已，若祭則宜何服？

恐不當祭。熹家則廢四時正祭而猶存節祠，只用深衣凉衫之屬，亦以義起，無正禮可考也。節祠見韓魏公祭式。

未葬不當祭，時或遇先忌，又不知當祭否？若祭，則又何服？

忌者喪之餘，祭似無嫌，然正寢已設几筵，即無祭處，恐亦可暫停也。

凡題主，男子婦人無官稱者，宜何書？

伊川主式已詳言之，可考也。

夫在，妻之神主宜何書？何人奉祀？若用夫，則題「嬪某氏神主」，旁注「夫某祀」否？夫祭妻而云奉事〔一〕，莫太尊否？

旁注施於所尊，以下則不必書也。

古者父在，子爲母期，夫爲妻期，其練、祥、禫之祭皆同。今制夫爲妻服與古同，而子爲母齊衰三年，則夫爲妻大祥之日，乃子爲母小祥之祭矣。至於子爲母大祥及禫，夫已無服，其祭當如何？恐只是夫爲祭主，其辭曰：「夫某爲子某薦其祥事。」如曾子問宗子爲介子之禮，不識可否？

今禮，几筵必三年而除〔一二〕，則小祥、大祥之祭皆夫主之。但小祥之後，夫即釋服，大祥之祭，夫亦恐須素服如弔服可也。以祭，但改其祝詞，亦不必言爲子而祭也。

父在母没，父既除期之喪，子尚爲母服，其見父之時當以何服？

此於禮無文，但問喪有父在不杖之説，可更檢疏議參訂之〔一三〕。

子之所生母死，不知題主當何稱？祭於何所？祔於何所？

今法五服年月篇中，「母」字下注云：「謂生己者。」則但謂之母矣。若避嫡母，則止稱亡母而不稱妣以别之可也。伊川先生云祭於私室。

禮記曰：「妾母不世祭，於子祭，於孫止。」又曰：「妾祔于妾祖姑。」既不世祭，至後日子孫有妾母，又安有妾祖姑之可祔耶？不知合祭幾世而止？

此條未詳，舊讀禮亦每疑之，俟更詢考也。

妾母若世祭，其孫異日祭妾祖母，宜何稱？自稱云何？

世祭與否，未可知。若祭，則稱之爲祖母，而自稱孫無疑矣。

答李公晦

所喻數條，蘇氏「遠慮」之説只是譬喻，未必專以地言。「謀道」一章，若取舊説，則二語爲複出矣，兼又有以學求禄之嫌，恐不若今文協而義精也。「知及仁守」之説則是，但此亦泛言，如云「知之非艱，行之惟艱」，古之聖賢亦未嘗無此戒也。「恕」之示義亦佳，先儒訓詁直是不草草也。正思所言，覽之令人感歎，偶其鄉人有在此者，當轉致其家也。至之一族，被擾非常，極可念。渠近日講論儘精細，但前日忽不思難，生此事端，累及無辜，爲可恨耳。聞其敵近日遣人四出捕緝，至有來此登門尋覓者，惜不及知，不得收縛送官耳。近日章、徐、皇甫、黄商伯四章，各出何人之手？幸密批示。

答李公晦

墓銘前已爲令叔言之矣，若無此慮，豈敢辭也。子約之亡，深可痛悼。不知諸公能因此事惻然於中，盡還諸遷客否？如其不然，春陵之請適足爲禍，亦尚未見復之，當即作書以力止其行耳。近日蘇子由、任德翁文字當已見之，宜春之詬，至今未知，此近事之鑒也。

答李公晦

所喻四説，往歲在彼固皆聞之，只是欠却明理，其説如東坡所謂「不以火點終不明耳」〔一四〕。説詩，近修得國風數卷，舊本且未須出，甚善。

答李處謙

昨辱遠訪，深以不獲一見爲恨。及得所留書而讀之，益知賢者之有志、慶閥之多才，又重以爲喜也。大抵爲學當以存主爲先，而致知力行亦不可以偏廢。縱使己有一長，未可遽恃以輕彼，而長其驕吝克伐之私，況其有無之實，又初未可定乎？凡日用間知此一病而欲去之，則即此欲去之心，便是能去之藥。但當堅守，常自警覺，不必妄意推求，必欲舍此拙法而必求妙解也。

答劉履之

衰朽益甚，思與朋友反復講論，而外事紛擾，不能如願。如履之者，又相去之遠，不得早晚相見爲恨。然此事全在當人自家著力，雖日親師友，亦須自做功夫，不令間斷，方有入處。得箇入處，却隨時游心，自不相妨，雖應科舉，亦自不爲科舉所累也。

答楊子順 履正

示喻具悉。古人之學雖不傳於天下，而道未嘗不在於人心，但世之業儒者，既大爲利禄所決潰於其前，而文詞組麗之習、見聞掇拾之工，又日夜有以滲泄之於其後，使其心不復自知道之在是，是以雖欲慕其名而勉爲之，然其所安，終在彼而不在此也。及其求之，而茫然如捕風繫影之不可得，則曰此亦口耳之習耳，吾將求其躬行力踐之實而爲之。殊不知學雖以躬行力踐爲極，然未有不由講學窮理而後至。今惡人言仁、言恕、言西銘、言太極者之紛紛〔一五〕，而吾乃不能一出其思慮以致察焉，是惡人説河而甘自渴死也，豈不誤哉！承許枉臨，尚須面論。

答楊子順

來書所論爲學，大意似已得之，但賢者本自會説，説得相似却不爲難，只恐體之未實，即此所説皆是空言，不濟事耳。又以後書孟子之説考之，即前書所謂「講明義理，以爲涵養培殖之地」者，似若未精。此處尚且未精，則其本領工夫恐未免亦類此也。孟子所云「必有事焉」，乃承上文集義而言，語脈通貫，即無「敬」字意思來歷。但反復讀之，便自見得，不假注釋矣。明道之語，却是借此四句移在「敬」字上説，非解此章文義，不若伊川先生之説爲得本文之意。然其解「正」字即是「助長」，則亦未安。記得一處説，「正之之甚，遂至於助長」，此語却差近，然猶有所未盡也。若看得本文語脈分明，而詳考集注以究其曲折，子細識認，見得孟子當時立意造語無一字無來歷，不用穿鑿附會、枉費心力而轉無交涉矣。來書所云「孟子不肯指認説，欲學者體認此處喫緊工夫」；又云「學者纔要脩身正心，便是助長，告子、釋氏之學皆坐此爾」；又云「但嫌於迂曲其文，以從注釋」。此皆非是，而第二條爲尤甚。請更詳之也。

答楊子順

所喻數條皆善〔一六〕。如克己復禮工夫，只是如此著實用力，久之自然見效；若只如此做閑話説過，則不濟事矣。天下歸仁，亦是略以其效言之，非是便能使天下皆知吾之仁也。但言若能如此，則雖天下之大，亦無異詞耳。人稱不稱，固非己之所急，但其效自必至此。如食而飽、飲而醉，亦固然之理也。云「天下皆歸吾仁之中」，却是太作意，説得張皇了。仁、義、禮、智，是性之四德，四端乃其發處，乃所謂情也。孟子論性，而曰「乃若其情，則可以爲善」，正指其發處以明其本體之有是耳，非直指四端爲性也。

鍾磬有特懸者、有編懸者〔一七〕。其特懸者器大而聲宏，雜奏於八音之間，則絲竹之聲皆爲所掩而不可聽，故但於起調畢曲之時擊其本律之懸，以爲作止之節。其編懸者，則聲器皆小，故可以雜奏於八音之間而不相凌也。不知今世所謂大樂者其制如何，但以理推之，意古者當如此耳。

魂氣之説近之，但便謂魂爲知，則又未可。大抵氣中自有箇精靈底物，即所謂魂耳。

正名一義，乃可與權者之事，今以常情論之，決不能合。不若且置勿論，而於君臣、父子大倫之正深致察焉，則亦不待他求，而其輕重取舍之間當自知所處矣。此亦食肉之馬肝，不須深論也。至於書中所説，則狷忿之外，加以猜防，意思殊覺鄙陋。此是氣質本不高明寬廣，又爲學日淺，未有得力處，所以不免如此。今且未論其他，只夫子乘桴之歎，獨許子路之能從，而子路聞之，果以爲喜，且看此等處，聖賢氣象是如何？世間許多紛紛擾擾，如百千蚊蚋，鼓發狂鬧，何嘗入得他胸次耶？若此等處放不下，更説甚克己復禮？直是無交涉也。至之粗疏，不如子順細密，然此等處却似打得過，正好相切磋也。儀禮此間所編已略定，便遽，未暇詳報，亦恨賢者未能勇於自拔，不能一來共加刊訂耳。

答楊子順

謂一陰一陽之謂道已涉形器，五性爲形而下者，恐皆未然。陰陽固是形而下者，然所以一陰一陽者，乃理也，形而上者也；五事固是形而下者，然五常之性則理也，形而上者也。試更思之，即可見矣。

答楊子順〔一八〕

所示疑義，若據易文，即「艮其背」即「止其所」之義，而伊川説作兩般，恐非經之本指。然其言止欲於無見，乃非禮勿視、勿聽之義，於學者亦不爲無用。更思之。

答李寶之

祭禮略看，已甚可觀。但特牲第一條準前篇例，合入祭義耳。其他更俟詳考，續奉報。唯祭法及宗廟兩篇附諸篇後，不見祭祀綱領，恐須依向寫去者移在諸篇之前，爲祭禮之首。但舊作兩篇太細碎，今可只通作祭法一篇，如此則王制一段，周禮事鬼神示之目及祭法本文〔一九〕，皆可全載，不必拆開矣。祭法禘郊祖宗，更考國語去取，又鄭注恐不可用。次特牲，次少牢，次有司，次諸侯釁廟，次諸侯遷廟，次祼獻，易名甚當，但前篇之例依儀禮本文皆自下而上〔二〇〕，故其序當如此。次祭義内事，此如來示，合祭義、祭統爲之，通言上下祭先之義，故又加「内事」二字，以别後篇。次中霤，次郊社，次祭義外事，此爲中霤、郊社兩篇之義，其蜡祭等説亦附此。此祭禮篇目也。其他大傳、外傳向已附去者，可并爲之。只此目中祭義内外二篇及中霤、郊社二篇亦未編定，幸并留念也。禘郊祖宗之説，公、穀、國語、家語、趙氏春秋纂例、中説、横渠禮説，皆當考也。

祭法、祭義及遷廟附記三篇，今附還，可照前説重定爲佳。中霤、郊社二篇可并編定，其祭義内、外事兩篇，并處諸篇之後亦佳。祭法内「郊之祭也」一章，當入外事篇，他皆放此。

答吴仲玭〔二一〕玭

熹遲鈍之資，總角聞道，終躬求之，未有得也。賢者誤聽，以爲可與言者，誨諭詳悉，皆非熹所敢當也。而令弟仲方判院之來，又幸數得從容，開警雖多，然所未合者亦不少。熹既以乍到疾病，公私紛冗，而匆匆遽歸之際，仲方亦不甚佳，遂不得竟其説，至今以爲恨也。

蓋道之體用雖極淵微，而聖賢言之則甚明白，學者誠能虚心静慮而徐以求之日用躬行之實，則其規模之廣大，曲折之詳細，固當有以得之燕閒靜一之中，其味雖淡而實腴、其旨雖淺而實深矣。然其所以求之者，不難於求而難於養，故程夫子之言曰：「學莫先於致知，然未有能致知而不在敬者。」而邵康節之告章子厚曰：「以君之材，於吾之學頃刻可盡，但須相從林下一二十年，使塵慮銷散，胸中豁豁無一事，乃可相授。」正爲此也。今觀來喻，似於義理未有實見而强言之，所以談經則多出於新奇，立意則或流於偏宕，而辭氣之間，又覺其無温厚和平、斂退篤實之意，是固未論其説之是非，而此數端者已可疑矣。豈於先賢指示入道之方猶有所未講耶，抑已講之而用力有未至耶？若熹之愚，無以及此，然荷不鄙，不敢不盡其愚，而又不敢摘一辭之未達、一義之未安，以浼高明之聽也。區區拙直，言不能文，恕其僭率，千萬之幸。

答吴斗南人傑

竊伏山間，久聞德義，且知著述甚富，每以未得亟見其人而盡讀其書爲恨。兹辱惠問，并寄古易刊誤一書，所以見屬之意甚勤且厚，非熹淺陋之所能堪也。比日春和，敬惟撫字有相，尊履萬福。

二書三復，不能去手，可謂極精博矣。鄙意尚有欲奉扣者，迫此治行之冗，未能盡布，別紙略見一二，幸復有以告之。他書承許盡以見寄，何幸如之！但洪範、詩樂二論，尤欲早得之，或其餘未能悉辦，且先得此，幸甚幸甚。

來書又謂方思所以收其放心，而患於未有以自入，此見高明之志又將有意於古人爲己之學，不但爲言語誦説之計而已。區區不敏，尤所敬歎。蓋竊嘗謂今之人知求雞犬而不知求其放心，固爲大惑，然苟知其放而欲求之，則即此知求之處一念悚然，是亦不待別求入處，而此心體用之全已在是矣。由是而持敬以存其體、窮理以致其用，則其日增月益，自將有欲罷而不能者。矧以執事之明而加意焉，則其見聞之博、參考之詳亦何適而非窮理之地哉？如其不然，則是直爲玩物喪志而已。固知賢者不屑爲此，然熹之愚，不得不爲執事者慮之也。感見與之勤，不敢隱其固陋，伏惟察焉。旦夕南去，相望益遠，惟幾以時自愛，亟膺召用。時時書來，慰此窮寂，千萬之望。

別紙〔二〕

古易既畫全卦，繫以彖辭，又再畫本卦，分六爻而繫以爻辭，似涉重複。且覆卦之法，不知何所考據？近歲林栗侍郎乃有此説，然其法又與所論小異，不知曾見其書否？渠亦自以爲先儒未發之祕，則是古未嘗有是説也。且如所論以用九爲少陽、用六爲少陰，如此則當爲用七、用八矣，何九、六之有乎？此與啓蒙陋説正相南北，不審今當定從何説？因筆幸見喻也。

呂伯恭頃嘗因晁氏本更定古易十二篇，考訂頗詳。然據淳于俊之説，便以今王弼易爲鄭康成易，嘗疑其未安。今得所示，分别鄭、王二本，乃有歸著〔二三〕，甚善甚善。然不知别有何證據也。

「未有文字，已有此書」，謂有此理則可，謂有此書則不可。

「繫辭恐并彖辭」，亦是。蓋彖繫於全卦之下，而爻、繇分繫於逐爻之下，其經只是連書，并在卦下，不再畫卦，如今所定之本也。

彖傳釋彖辭，象傳釋爻辭，繫辭傳則通釋卦爻之辭，故統名之曰繫辭傳，恐不可改繫辭傳爲説卦。蓋説卦之體，乃分别八卦方位與其象類，故得以説卦名之。繫辭傳兩篇釋卦爻之義例辭意爲多，恐不得謂之説卦也。

大傳言「繫辭」者四，今考其二上文皆兼卦爻而言，恐不得專以爲爻辭。其一雖專指爻辭，則爻辭固繫辭之一也。其一爲七、八、九、六而言，七、八、九、六雖是逐爻之數，然全卦七八則當占本卦辭，三爻七八則當占兩卦辭，全卦九六則當占之卦辭〔二四〕，卦辭固不害其爲繫辭也。

蔡墨謂乾之坤曰「見羣龍無首，吉」，則覆卦之說有不可行者矣。

漢書刊誤固多熹所未講，然其暗合者亦多。但劉氏所斷句，如項羽傳「由是始爲諸侯上將軍」，儒林傳「出入不悖所聞者」，此類甚多，皆與史記合，恐當表而出之，以見其非出臆斷。唯「爲原廟渭北」一條，頃見一書，「廟渭」之間有「於」字，亦其明證。但今不記此出處，偏檢史記、漢書之屬皆無之，恐或記得，幸批喻也。

劉氏所疑，亦自有舛誤處。如溝洫志第二條「於楚」字，本文自屬下句，下文有「於齊」「於蜀」字，皆是句首，而劉誤讀，屬之上句，乃不悟其非，而反疑本文之誤，補遺未之正也。

楚詞協韻一本納上，其間尚多謬誤，幸略爲訂之，復以見喻，尚可修改也。

答吳斗南

便中奉告，感慰亡量。比已改歲，竊惟履此泰亨，倍膺多祉。熹承攝於此，忽已踰年，疾病侵凌，無一日好況。請祠不遂，經界之役得請後時，不可舉手，少須三五月，即復告歸矣。世路艱棘，不若歸卧田里，以休餘年。及人之事，非復吾力之所及矣。每誦先聖不夢周公之歎，未嘗不慨然也。承受代改秩亦既有期，甚以爲慰。不知諸公相知者爲誰？鼎之有實，宜謹所之，我仇有疾，乃無尤耳。

前寄諸書，竟未得細考，然疑諸儒之説有不足信據者，要當審擇而遴取之，乃無誤耳。今此所寄，却得一觀，恨讀書少，未能有以上下其論。然亦有一二疑處，假開多事，便人行速，未暇一一奉扣，姑録一二，别紙奉呈，幸一一批報。頃見東漢討羌檄日辰與通鑑長曆不同，又沈存中筆談所載朱浮傳引天作詩，目今范書印本亦異，不記前書曾奉問否？今亦見紙尾，幸併喻及也。李彦平所見趙顔子，不知何人？莫是永嘉趙彦昭否？其所論學大意甚佳，然恐於窮理功夫有所未至，則亦只冥行，終不能升堂睹奥，直入聖賢之域也。

裒集程門諸公行事，頃年亦嘗爲之而未就，今邵武印本所謂淵源録者是也。當時編集未成，而爲後生傳出，致此流布，心甚恨之。不知曾見之否？然此等功夫亦未須作。比來深考程先生之言，其門人恐未有承當得此衣鉢者。此事儘須商量，未易以朝耕而暮穫也。心不耐閒，亦是大病。此乃平時記憶討論慣却心路，古人所以深戒玩物喪志，政爲此也。此後且當盡心一意根本之學，此意甚善，今人陷於所長，決不能發此聽信身心也。

佛學之與吾儒雖有略相似處，然正所謂貌同心異、似是而非者，不可不審。明道先生所謂句句同、事事合然而不同者，真是有味。非是見得親切，如何敢如此判斷耶？聖門所謂聞道，聞只是見聞玩索而自得之之謂，道只是君臣父子、日用常行當然之理，非有玄妙奇特、不可測知，如釋氏所云豁然大悟、通身汗出之説也。如今更不可别求用力處，只是持敬以窮理而已。參前倚衡，今人多錯説了，故每流於釋氏之説。先聖言此，只是説言必忠信、行必篤敬，念念不忘，到處常若見此兩事不離心目之間耳。如言見堯於羹、見堯於牆，豈是以我之心還見我心別爲一物而在身外耶？無思無爲，是心體本然未感於物時事，有此本領，則感而遂通天下之故矣，恐亦非如所論之云云也。所云禪學悟入乃是心思路絶，天理盡見，此尤不然。心思之正便是天理，流行運用，無非天理之發見，豈待心思路絶而後天理乃見耶？且所謂天理復是何物？仁、義、禮、智，豈不是天理？君臣、父子、兄弟、夫婦、朋友，豈不是天理？若使釋氏果見天理，則亦何必如此悖亂，殄滅一切，昏迷其本心而不自知耶？凡此皆近世淪陷邪説之大病，不謂明者亦未能免俗而有此言也。

子合便人督書甚速，草草布此，手痛復作，不能究所欲言。何時面談，倒此胸臆？正遠，唯千萬自愛爲禱。

答吳斗南

所示廟議，乃全用左氏「臨于周廟」一條爲説，然不知似此安排有何經據？如高祖以下通爲禰廟，已非所安，又皆以西爲上，乃後漢同堂異室之制，無復左昭右穆之分，非古法也。若如江都集禮所載孫毓之説，却似可信，而所示舊八廟圖近之。不知是誰所定？但其圖又以廟皆東向，而以北爲昭、南爲穆，乃是室中祫祭之位，而非廟制耳。周有帝嚳廟，禮書並無此文，左傳亦無此説，似難臆斷。況僖祖只可比后稷，又與帝嚳不相似。如此牽合，如熹之陋，固不敢盡信，況朝廷諸賢皆深於禮者，恐亦未敢便依此改作也。

草木疏用力多矣，然其説蘭、蕙殊不分明。蓋古人所説似澤蘭者，非今之蘭，澤蘭此中有之，尖葉方莖紫節，正如洪慶善説。若蘭草似此，則決非今之蘭矣。自劉次莊以下所説，乃今之蘭而非古之蘭也。今並引之而無結斷，却只辨得「畦畹」二字，似欠子細。又所謂蕙，以蘭推之，則古之蕙恐當如陳藏器説乃是。若山谷説，乃今之蕙而亦非古之蕙也。此等處正當掊擊，乃見功夫，今皆如此放過，似亦太草草矣。荼，恐是蓼屬，見詩疏載芟篇。故詩人與堇並稱。堇乃烏頭，非先苦而後甘也。又云荼毒，蓋荼有毒，今人用以藥溪取魚，堇是其類〔二五〕，則宜亦有毒而不得爲苦苣矣。「如薺」〔二六〕、「如飴」，乃詩人甚言周原之美、舊室之悲，如易之「載鬼」、詩之「童羖」，非荼實能甘也。

熹讀書最少，然見此類，不能無疑者尚多，則恐此書亦更少子細也。若論爲學，則考證已是末流，況此又考證之末流，恐自此不須更留意，却且收拾身心向裏做些工夫，以左右之明，其必有所至矣。若遂困於所長而不知所以自反，則熹之愚竊爲賢者惜之也。因便奉報，不覺傾倒，勿過勿過。南北相望，未知見日，千萬珍重，以副願言。

答輔漢卿廣

示喻所疑，足見探討不倦之意。前時所報，實有錯誤，已令直卿子細報去矣。熹向於中庸章句中嘗著其説，今并録去，可見前説之誤也。漢卿身在都城俗學聲利場中，而能閉門自守，味衆人之所不味，雖向來金華同門之士，亦鮮有見其比者。區區之心，實相愛重，但恨前日相見不款，今又相去之遠，無由面講，以盡鄙意。更幾勉力，卒究大業。

答輔漢卿

近況如何？既失楊舘之期，後來别有相聚處否？讀書既有味，想見自住不得。近看舊作諸書，其間有説未透處，見此略加刊削，深覺義理之無窮也。

答輔漢卿

所記鄙語，亦有小小差誤處，便中未暇詳報，并所改書亦未暇寫寄。不知近讀何書？有疑示及。此間今歲絶無人來，只所招上饒某人早晚講論耳。

答輔漢卿

知徙居寬曠，不廢讀書，足以爲慰。此間年來應接差簡，然苦多病，不能用力文字間，又無朋友共講，間有一二，則其鈍者既難湊泊，敏者又不耐煩，有話無分付處，甚思賢者相聚之樂也。諸書無人整頓抄寄，然改處亦不多。但所録語儘有商量，恐非面不能盡耳。風力稍勁，而此一等人多是立脚不住〔二七〕，千萬更加勉力，以副所期，餘祝自愛而已。柴中行聞報漕司考校之語，其詞甚壯，亦聞之否？

答輔漢卿

年滿七十，禮合休致，又以罪戾，不敢自上奏牘，百端懇禱，僅得州郡申省狀一紙。今託常寧游宰附與邸吏投之，已子細寫與十弟，更煩賢者同爲分付。此事或觸禍機，不可知，但已斷置，一切不計較矣，恐有浮議相阻止者，幸勿聽也。比來看何文字？做何工夫？亦頗有進處否？向所寄來册子，方爲看得一半，其間亦有不足記者。其小未備者，已頗爲補足矣，後便方得寄去也。精舍亦有朋友數人相聚，李敬子、胡伯量尚未去，早晚頗有講説，但每相與共恨賢者之不同此樂也〔二八〕。只是禮書不能得成，又以氣痞，不可凭几，恐此事又成不了底公案也。省榜非久當出，不知一番朋友得失如何？味道聞寓書館，今尚留否耶？其在彼者頗皆相見否？當此時節，立得脚定者亦甚難得人，況更向上事耶？

答輔漢卿

省闈不利，亦是時節如此，看此火色，且得安坐喫飯，已是幸事，豈可別有冀望耶？承許秋凉相訪，甚幸。此箇道理功夫，本不可有間斷時節，目下雖無人講貫，自己分上思索體認、持守省察，自不可頃刻虛度。如此積累功夫，則其間必有所大疑，亦必有所大悟。一旦相聚，覿面相呈，如決江河，更無凝滯矣。今以謝致仕表附便去，令十弟分付投下，及更料理一二事，渠相見必自説及，恐有可疑合商量處，亦望與之剖決也。昨承許借博古圖，甚欲見之，但重滯，如何得來？可更試爲籌度也。

答輔漢卿

精舍有朋友十數人，講學頗有趣。仲秉甚不易遠來，看得文字亦好，但恨漢卿不同此會耳。

答陳思誠景思

承喻爲學之意與其所聞於師友而服膺弗失者，甚慰甚幸。然此乃近世所謂詭僞之學而斥去之者，向來雖或好之，今亦隱諱遁逃之不暇，以賢者之門地聲迹，蓋將進爲於斯世者，而乃有意於此，何嗜好之異耶？夫名實義利、爲己爲人之判，正則之言是也，但其所爲者，要當真實有用力處；所不爲者，要當深自省察，蚤戒而預遠之，是乃所謂徵驗之實。不然，則提空名以鄉道，而實無以自拔於流俗之所爲，則亦君子之不取也。荷意之勤，率易布此，不識以爲然否？然勿以語人，又千萬之懇也。

答陳衛道鞏

疏示所見，此固足以自樂，賢於世之沉迷冒没之流遠矣。但猶有許多節次脈絡，何耶？然以釋氏所見，較之吾儒，彼不可謂無所見，但却只是從外面見得箇影子，不曾見得裏許真實道理，所以見處則儘高明脱洒，而用處七顛八倒，無有是處。儒者則要得見此心此理元不相離，雖毫釐絲忽間不容略有差舛，才是用處有差，便是見得不實，非如釋氏見處行處打成兩截也。嘗見龜山先生引龐居士説神通妙用、運水般柴話，來證孟子「徐行後長」

義，竊意其語未免有病。何也？蓋如釋氏說，則但能般柴運水即是神通妙用，此即來喻所謂舉起處，其中更無是非。若儒者，則須是徐行後長方是；若疾行先長，即便不是。所以格物致知，便是要就此等處微細辨別，令日用間見得天理流行，而其中是非黑白各有條理，是者便是順得此理，非者便是逆著此理，胸中洞然，無纖毫疑礙，所以才能格物致知，便能誠意正心，而天下國家可得而理，亦不是兩事也。

「天生烝民，有物有則」，只生此民時，便已是命他以此性了。性只是理，以其在人所稟，故謂之性，非有塊然一物可命爲性而不生不滅也。蓋嘗譬之，命字如朝廷差除，性字如官守職業。故伊川先生言：「天所賦爲命，物所受爲性。」其理甚明。故凡古聖賢說性命，皆是就實事上說。如言盡性，便是盡得此君臣父子、三綱五常之道而無餘；言養性，便是養得此道而不害。至微之理、至著之事，一以貫之，略無餘欠，非虛語也。此話甚長，非幅紙可盡，然其梗概於此可見，不審明者以爲如何？因風示及，有所未契，尚容反復也。

答陳衛道

示喻謹悉。但今欲爲儒者之學，却在著實向低平處講究踐履，日求其所未至。所謂樂處，却好且拈向一邊，久遠到得真實樂處，意又自別，不似此動蕩攪聒人也。性命之理，只在日用間零碎去處，亦無不是，不必著意思想，但每事尋得一箇是處，即是此理之實，不比禪家見處，只在儱侗恍惚之間也。

所云釋氏見處，只是要得六用不行則本性自見，只此便是差處。六用豈不是性？若待其不行然後性見，則是性在六用之外別爲一物矣。譬如磨鏡，垢盡明見，但謂私欲盡而天理存耳，非六用不行之謂也。又云其接人處不妨顛倒作用，而純熟之後却自不須如此。前書所譏，不謂如此，正謂其行處顛錯耳。只如絶滅三綱、無父子君臣一節，還可言接人時權且如此，將來熟後却不須絶滅否？此箇道理，無一息間斷，這裏霎時間壞了，便無補填去處也。又云雖無三綱五常，又自有師弟子上下名分，此是天理自然，他雖欲滅之，而畢竟絶滅不得〔二九〕。然其所存者，乃是外面假合得來，而其真實者却已絶滅，故儒者之論，每事須要真實是當，不似異端，便將儱侗底影象來此罩占真實地位也。

此等差互處，舉起便是，不勝其多，寫不能窮，說不能盡。今左右既是於彼留心之久，境界熟了，雖說欲却歸此邊來，終是脱離未得。熹向來亦曾如此，只是覺得大概不是了，且權時一齊放下了，只將自家文字道理作小兒子初上學時樣讀，後來漸見得一二分意思，便漸見得他一二分錯處，迤邐看透了後，直見得他無一星子是處，不用著力排擯，自然不入心來矣。今云取其長處而會歸於正，便是放不下、看不破也。今所謂應事接物時時提撕者，亦只是提撕得那儱侗底影象，與自家這下功夫未有干涉也。鄙見如此，幸試思之，還説得病痛著否？因來却見喻也。

中庸欲脩改，未得功夫。然看文字，亦不可如此一輥念過，便只領略得儱侗影象，不見裏面間架詳密毫髮不可差處。須是且看一書，一日只看一兩段，俟其通透浹洽，然後可漸次而進也。

答陳才卿

前書所論方叔所説不同者，只是渠以知覺爲性，此是大病。後段所謂「本然之性一而已矣」者，亦只是認著此物而言耳。本領既差，自是不能得合。今亦不能枉費言語，但要學者見得性與知覺字義不同，則於孟子許多説性善處方無窒礙，而告子「生之謂性」所以爲非者乃可見耳。才卿所論中庸戒懼、謹獨二事甚善，但首章之説性，或通人、物，或專以人而言，此亦當隨語意看，不當如此滯泥也。蓋天命之性，雖人物所同禀，然聖賢之言本以脩爲爲主，故且得言人。而脩爲之功，在我爲切，故又有以「吾」爲言者。如言上帝降衷于民，民受天地之中以生，不可謂物不與有。孟子言「我善養吾浩然之氣」，不可謂他人無此浩然之氣也。又謂微細之物亦皆有性，不可以仁、義、禮、智而言。微物之性，固無以見其爲仁、義、禮、智，然亦何緣見得不是仁、義、禮、智？此類亦是察之未精，當更思之。又謂「所謂率性，只就人物當體而言之」，却欲删去「而言之」三字，此亦誤矣。道只是性之流行分别處，非是以人率性而爲此道也。謝氏「天地不恕」之論，所説亦未當。凡此之類，有本不須致疑者，但且虚心反復，當自見得，不必如此横生辯難，枉費詞説也。

答陳才卿

子顔一室蕭然，有以自樂，令人敬歎。看詩且如此，亦佳。大凡讀書須且虚心參驗，久當自見，切忌便作見解主張也。玉山所説，當已見之。若嫌離析，即却教他捏做一團也〔三〇〕。所答守約書，大概得之，更當虚心玩味，當更純熟也。

答陳才卿

秋試不遠，計不免小忙，然以義理觀之，此亦當有處也。來書所喻，大率少寬裕之氣，有勁急之心，如此不已，恐轉入棒喝禪宗矣。切宜省覺，不可一向如此也。子融看得文字痛快直截，可喜，想時相見。正叔在此，無日不講説，終是葛藤不斷也。

答陳才卿

方叔、子融曾相見否？方叔看得道理儘自穩實，却是子融去歲在此講論，多不合處。中間蓋嘗苦口言之，後來一向不得書，不知能相信否？似渠堅苦力量，朋友間豈易得？覺微有向外欲速意思，便做出許多病痛。學者於此，豈可不痛加省察！或因通書，幸爲致意。

答陳才卿

詳來示，知日用功夫精進如此，尤以爲喜。若知此心此理端的在我，則參前倚衡，自有不容捨者，亦不待求而得、不待操而存矣。格物致知，亦是因其所已知者推之以及其所未知，只是一本，元無兩樣工夫也。

答陳才卿

新詩甚佳。康節胸懷，未易窺測，須更於實地加功，若只就之乎者也上學他，恐無交涉也。

答陳才卿

熹碌碌如昨，但年老益衰，已分上自未有得力處，朋友功夫亦多間斷。方以爲憂，而忽此紛紛，遂皆不敢爲久留計，未知天意果何如也。

答陳才卿

傅簿赴部〔三一〕，何時可歸？待次之間，且勉其讀書爲學，亦非細事也。熹今年足疾爲害，甚於常年，氣全滿，凭几不得，緣此禮書不得整頓。且看向後病勢又如何，若有可奉煩者，即奉寄也。禮學是一大事，不可不講，然亦須看得義理分明，有餘力時及之乃佳。不然，徒弊精神，無補於學問之實也。

答陳才卿

知看儀禮有緒，甚善。此書雖難讀，然却多是重複，倫類若通，則其先後彼此展轉參照，足以互相發明，久之自通貫也。此間所編，直卿及用之兄弟分去謄寫，尚未送來。熹以苦氣痞殊甚，不能俯伏几案。歲晚諸人或來，即開正，不免作數月功夫，自聽對讀，或可了也。傅兄相聚，看得甚文字？想其家務，不能專一，不免小作課程而令其日有常度，則積纍久之，自見功效矣。明年只在水北，即亦相去不遠，猶不廢切磋之益也。子融日益孤高，深可歎羡，一書却煩達之。

答陳才卿

精舍朋友往來不常，早晚頗有講問之樂，但病軀應接，比之日前頗費力耳。禮書得直卿、劉用之在此，漸可整頓。然亦多費功夫，甚恨相去之遠，不得賢者之助也。所示儀禮所疑，此等處難卒説，但看時隨手劄記，向後因讀他處，邂逅或有發明，自不費力。今徒守此一處，反成擔閣，虚度光陰，不濟事也。其他更讀何書？子融相聚，有何講論？因筆及之，所願聞也。

答陳才卿

熹衰病如昨，加以患難，今歲夏間復失一小孫，秋來又有仲婦之戚，悲傷之餘，羸困益甚。細讀來喻，知亦有災患，不知何故，然亦深爲怛然也。示喻憂懼所奪，工夫不進，此亦別無他巧，但得勉力向前爾。

答陳才卿

正叔別後書來，復有疑問，已詳報之。託其轉寄才卿，可便依此作日用功夫，不須更生疑慮，空費談説，過却光陰也。

答陳才卿

彼中相聚，子弟幾人？有可告語者否？此亦時有朋友往來，但難得身心純一、功夫不間斷者耳。

答陳才卿

所喻「誠意」之説，只舊來所見爲是，昨來章句却是思索過當，反失本旨，今已改之矣。正叔、子融相聚纍日，多得講論，甚恨才卿獨不在此也。諸書二兄處皆有本，歸日必同觀，有疑幸詳論及。康節文字，二兄亦已見之，熹亦不能盡究其説，只啓蒙所載爲有發於易，他則別成一家之學。季通近編出梗概，欲刊行，旦夕必見之，然亦不必深究也。

答陳才卿

熹衰晚，甚幸復安外祠之禄，深以自慶，但使賢者爲亂夢，不無愧耳。大學章句、或問比復略脩，大旨不殊，但稍加精約耳。中庸亦更欲删訂，大抵舊書太冗也。遇事固不當有所厭，然謂欲放令此心疏豁，無所執滯，此却恐硬差排不得，著意開放，却成病痛。但且守常程，久之純熟，自然疏豁乃佳耳。子融説得樂意生香處，甚痛快，但恐又轉入舊腔裏也。

答陳才卿

正叔遽至於此，令人痛傷。人生虚浮，朝不保夕，深可警懼，真當勇猛精進，庶幾不虚作一世人也。

答余正叔

示喻已悉。前日所論，正爲敬義工夫不可偏廢。彼專務集義而不知主敬者，固有虚驕急迫之病，而所謂義者或非其義；然專言主敬，而不知就日用間念慮起處分别其公私義利之所在，而決取舍之幾焉，則恐亦未免於昏憒雜擾，而所謂敬者有非其敬矣。且所謂集義，正是要得看破那邊物欲之私，却來這下認得天理之正，事事物物，頭頭處處，無不如此體察，觸手便作兩片，則天理日見分明，所謂物欲之誘，亦不待痛加遏絶而自然破矣。若其本領，則固當以敬爲主，但更得集義之功以祛利欲之蔽，則於敬益有助，蓋有不待著意安排而無昏憒雜擾之病。上蔡所謂「去却不合做底事，則於用敬有功」，恐其意亦謂此也。

正叔本有遲疑支蔓之病，今此所論，依舊墮在此中，恐亦是當時鄙論不甚分明，致得如此。故今復如此剖析將去，使正叔知得鄙意不是舍敬談義、去本逐末，正欲兩處用功，交相爲助。正如程子所謂「敬義夾持直上，達天德自此」者耳。今亦不須更生疑慮、別作商量，但請依此實下功夫，久遠純熟，便自見得也。前日三詩，首篇「計功程」字是大病根，而其下亦未見的實用功得力之處，後二篇亦未見踐言之效，只成虚説，尤犯聖門大禁。大概皆是平日對塔説相輪慣了意思，致得如此。須是勇猛決烈，實下功夫，力救此病，不可似前泛泛悠悠虚度時日也。

答余正叔

示喻日用工夫，甚副所望。然前者所論，未嘗欲專求息念，但以爲不可一向專靠書册，故稍稍放教虚閑，務要親切自己。然其無事之時，尤是本根所在，不可昏惰雜擾，故又欲就此便加持養，立个主宰。其實只是一个提撕警策，通貫動靜。但是無事時，只是一直如此持養，有事處便有是非取舍，所以有直内方外之别，非以動静真爲判然二物也。上蔡之説便是如此，亦甚要切，但如此警覺，久遠須得力爾。千萬且於日用間及論語中著力，令有箇會通處，即他書亦不難讀爾。

答余正叔

熹一出無補，幸已還家，又幸奉祠遂請，且得杜門休息。間讀舊書，雖葵藿之心不敢弭忘，然疏遠之分亦不敢不自安也〔三二〕。别後讀書觀理，復增勝否？熹歸家只看得大學與易，修改頗多。義理無窮，心力有限，奈何奈何？唯需畢力鑽研，死而後已耳。

答余方叔 大猷

所喻别紙奉報，幸更思之，有所未安，復以見告。講論不厭精審，方見義理之真，然亦須是虚心平氣，方能精審，若以一時粗淺之見便自主張，即無由有進處也。

大猷竊謂仁、義、禮、智、信元是一本，而仁爲統體，故天下之物有生氣，則五者自然完具；無生氣，則五者一不存焉，只是説及本然之性。先生以爲枯槁之物亦皆有性有有氣，此又是以氣質之性廣而備之，使之兼體洞照而無不徧耳。天之生物，有有血氣知覺者，人獸是也；有無血氣知覺而但有生氣者，草木是也；有生氣已絶而但有形質臭味者，枯槁是也。是雖其分之殊，而其理則未嘗不同。但以其分之殊，則其理之在是者不能不異。故人爲最靈而備有五常之性，禽獸則昏而不能備，草木枯槁，則又并與其知覺者而亡焉，但其所以爲是物之理，則未嘗不具耳。若如所謂纔無生氣便無此理，則是天下乃有無性之物，而理之在天下乃有空闕不滿之處也，而可乎？他説皆得之，但謂敬只是防去此等以復於理，語意未切。須知敬即此心之自做主宰處，更宜用力，即自見得也。

答趙恭父師邦〔三三〕

惠書，得聞爲學之志，固已甚幸。又觀所論條目甚詳，皆學者通患，顧非親曾用力不能知耳。大抵只是主敬功夫不至，致得間斷，但日用間常自提撕，勿令昏惰，則久久自長進矣。

答趙恭父

所示諸說，備見用意之精。然看得皆過高，不平穩。若一向如此説，即非唯令人解經不得，雖聖賢亦無開口處，凡有言語，皆爲剩物矣。又説日用間似見光景，不覺喜悦，此亦非好消息，且宜就平實明白處看道理是非，久之自然開明安穩，無凝滯也。儀禮文字却好，致道一篇已入注疏，他時諸篇皆當放此，或所附之文有難曉者，亦當附以注疏也。致道告歸，甚令人作惡，此間事渠能言之，更不縷縷。渠認得門路却不錯，但恐未有勤懇積纍工夫，凡百更相勸勉爲佳耳。

答趙恭父

謹終追遠，游氏曰：「終者，人之所易忽也，而謹之；遠者，人之所易忘也，而追之。厚之至也。」竊意游氏意恐指凡事而言，非專爲喪祭而發。夫顙泚非爲人愴悽，非謂其終之當謹〔三四〕、遠之當追，是皆天理人心不能自已者。非若凡事玩於常情，故終謹於始，而及其終也往往易以忽，爲近及遠也往往易以忘。

聖人之言爲衆人發，非專爲賢者發也，故其所言皆理之所當然，而人多不能然者。若皆如來喻，則世間更無借死忘先之人，不待堯舜而比屋常可封矣，曾子亦不須說此兩句，程子亦不當兼說喪祭也。

「富貴是人之所欲」一章，恐亦不可小看。看此自非顏、閔以上工夫至到者，恐未易言。

看文字只虛心隨文平看，豈有所說本小而須作大看之理？此章之指更宜深玩，方見實用力處。

原思爲之宰，疑亦以類相從而別爲一章，未詳。

此類亦多分得不同，如仲弓、子桑、顏淵、子路不曾分，子賤、子貢、回也、冉求却分了。蓋一時失於點對，然非大義所繫，不能易也。要之，不若皆析爲二乃佳。

「賢哉回也」章，集注云：「今不敢妄爲之說。」某竊疑下「克己復禮」之云，已煞爲學者說破，却似剩著此語。

不曾說樂處如何、所樂何事也。

「用之則行，舍之則藏」章，竊疑「唯我與爾」之「與」是訓同，「則誰與」、「吾不與」之「與」是訓許，故竊以爲恐難合作一章。詳集注「意夫子行三軍，必與己同」意，子路自謂「若行三軍，則舍我復誰同耶」，但覺得氣象太粗暴。若作兩章而不害其相蒙，則字義既明，而氣象亦不覺至如此也。

分章已見前說，但「與」字恐難作兩般說。子路問得粗暴，是其氣象如此，雖作兩章，然粗暴亦只在也。況彼之粗暴，吾又安能追而抑之耶？

「吾止吾往也」，竊意文義，恐「吾」者，聖人自吾也。若如所解，即句内字數不足，聖人之言不如是之造作奇巧也。

「君子不以紺緅飾」注云：「君子謂孔子。」下文蘇氏曰：「此孔子遺書，雜記曲禮，非特孔子事。」

此二義兼存，以待學者之自擇，未有一定之説也。

集注解「回也其庶乎，屢空」章，言其近道，又能安貧也。竊疑「又」字似作兩截，蓋樂道故能安貧，而安貧所以樂道也。世間亦有質美而能安貧者，皆以爲知道，可乎？更思之。

「論篤是與」章，集注云云，詳此文義，恐只是説不可以言取人，下文又言不可以貌取人，何也？

色莊，便是兼著「貌」字。

祭義。

「深愛和氣」一節，承上文「孝子之祭，不詘不愉不欲」等語而發，非獨爲「敬齊之色」一句也。其下乃迤邐雜記孝事，未必爲祭發也。所編者，但取其相關者附之經下，其全篇且與泛存。

祭統先於祭義，亦無害也。

鄉飲酒義，謹按：此篇自鄉飲酒之義而下，先儒以爲記鄉大夫飲賓于庠序之禮，自鄉飲酒之禮而下，先儒以爲記黨正飲酒于庠序，以正齒序之位。今詳考其文，由前之說，則有所謂「古之學術，道者將以得身也」云云，固足以見賓興之意。由後之說，則有所謂「六十者坐，五十者立侍以聽政役」之類，亦足以證序齒之事。但某竊疑儀禮所載鄉飲，只是鄉大夫興其賢能而以禮賓之，不知說禮者何取於黨飲而記爲是義？據鄭注云，漢郡國以十月行此飲酒，蓋取黨正之說。然則自鄉飲酒之禮而下，豈自成一章之文，乃世儒述其所以有取於黨正之義，而因以傅益之耶〔三五〕？淺陋未得其說。

此無他義，只是作記者并舉之耳。

燕義首載庶子官一節，未詳。據文勢恐當以諸侯燕禮之義爲篇首，而置庶子官一節於篇末，乃成文耳。

當如此。

內則一篇文理密察、法度精詳，見古先聖王所以厚人倫、美教化者，無所不用其全。

某疑中間似有難看處，如「飯黍稷稻粱」止「大夫於閣三，士於坫一」一節，與上下文似不相蒙。豈特載此因以著夫貴賤品節之差耶？又「凡養老」止「玄衣而養老」一節〔三六〕，疑王制文重出，不然，亦豈先王之成法，因子事父母而達之天下以及人之老哉？又「曾子曰孝子之養老也」止「至於犬馬盡然，而況於人乎」一節，雖承上章養老之文而云，然此篇既曰「后王命冢宰降德于衆兆民」，則是古昔盛時朝廷所下教命，恐不應引到曾子之言，疑是他簡脱誤在此耳。又「凡養老五帝憲」止「皆有惇史」一節，疑錯簡，恐或當在上文「玄衣而養老」之下。又「淳熬」止「以與稻米爲酏」一節，亦疑錯簡，恐或當屬上文「冬宜鮮羽，膳膏羶」及「雉兔，皆有芼」之下。自此外數節，上下井井有條，獨此未易曉暢。「養老」一節，舊亦疑之，似當削去。「曾子」、「惇史」兩節亦然。但説飲食處未知如何，更詳考之。所削去者亦須別收，勿使漏失。

某比在侍側，見余正甫云奔喪、投壺兩篇可補儀禮之闕，心甚喜之。近見禮記釋文引鄭氏篇目注，獨此二篇注云：「實曲禮之正篇也。」餘皆否。某竊詳謂之正篇，則非先儒雜記之文。又按儀禮疏云：「儀禮亦名曲禮。」又禮器注云：「曲禮，謂今禮也。禮篇多亡，本數未聞。」某謂鄭氏所謂今禮即指儀禮而言，然則可補儀禮之闕似無疑矣。内則附昏禮後作傳文亦善，少儀附相見禮則疑未安，蓋其間數節見少儀，已編入本篇矣，餘爲雜記，恐不足以相證而徒足以相亂耳。未知是否？禮經殘缺，可疑者不能一二數。凡此非敢泛然煩瀆師聽，但據眼前編集文字，因致愚慮於其間。理既有疑，問不容已，自餘不惟不敢肆其狂斐，即亦未暇及，悉告尊察。

少儀亦是無收附處，且因篇首之言而附之耳。若以爲疑，不知却合如何區處？幸批報也。

答趙恭父

所論數條皆善，然當實用其力，乃見意味，徒爲空言，雖多無益也。大學或問所改首尾兼該、本末具備，若只讀一半截便下注脚，宜其不能不有偏倚之疑也。鄙意却嫌「全提直指」四字近禪學語，未暇改也。又論亦有真知而自欺者，此亦未然。只此自欺，便是知得不曾透徹〔三七〕。此間昨晚有嘗鼠藥而中毒者，幾致委頓，只此便是不曾真知砒霜能殺人，更何疑耶？然又不是隨衆略知之外別有真知，更須別作道理尋求，但只就此略知得處著實體驗，須有自然信得及處，便是真知也。所説退人一步、低人一頭者，此則甚善。致道恐亦不可不聞此説，可更相勉勵。今已是不得已而從官，唯有韜晦靜默，勿太近前，爲可免於斯世耳。一或不幸爲人所知，便不是好消息也。

答趙恭父

所論大學，則似不必如此致疑。此等大概諷詠，略見經意，以助知新之功耳。如此拘滯，却成支蔓，而墮於異學之所訶矣。要之淇澳言其明德而可以新民，以見明德之極功；烈文因言非獨一時民不能忘，而後世之民亦不能忘，以見新民之極功，自是語勢當然，況又無可疑耶？親賢樂利，上四字皆自後人而言，下四字或指前王之身，親賢。或指前王之澤，樂利。又皆毫分縷析，無可疑者。可試考之，當自見得也。

答趙恭父

道心雖微，然非人欲亂之，則亦不至甚難見，惟其人心日熾，是以道心愈微也。

人之所以爲人，以其有是性耳，若云性之所以爲性，則語意太重複矣。

「君子之時中」與「索隱行怪」兩章未是，可更將章句反覆體認，不須便如此立說也。

「體羣臣，子庶民」，「子」字與呂說不異，「體」字雖小不同，然呂說大意自好，不欲廢也。勸者，所以致吾親愛之心而慰悅其意也。「親親」似多一字，然非大義所繫，不能深論也。

「前知」之說，章句中說得已自分明。

「經綸大經、立大本」，似亦是看得章句未熟。「知遠之近」，亦不必如此迫切，却有不實之病。「知風之自」一句，尤無著落，須看交寬平著實乃佳耳。大學若從「物格」上看下去，即不可不如此之意甚少，更詳之。

答趙詠道

熹求道不力，衰晚無聞，辱問之勤，不知所以爲報。然少嘗聞之，天下有正理，唯博學審問、謹思明辨，不先自主於一偏之説，而虚心以察衆理之是非，乃可以自得於一定之説而無疑。若得一先入之言而媛媛姝姝，自以爲足，便謂天下之美無易於此，則不唯不足以得天下之正理，亦歸於陋而已矣。胡子曰：「學欲博，不欲雜，欲約，不欲陋。」此天下之至言也，願明者以是思之。若曰佛、老之説衆人亦知其非，豈以彼之明智而肯取以爲用，此殆侏儒觀優之論。今固未論有見於吾道者之如何，但讀近歲所謂佛者之言，則知其源委之所在矣。此事可笑，非面見極談，不能盡其底裏。然爲學之初，便欲窮其説之是非而去取之，則又恐緑衣黄裏之轉而爲裳也。如涉大水，渺無津涯，要當常以聖賢之言爲標準，則不至於陷矣。令弟致道在此，相聚數月，雖未能悉力鋭進，亦似頗識爲學之門户，經由必能具道此間曲折。凡此所未及言者，可問而知，不暇盡布也。

答趙致道 師夏

所疑理氣之偏，若論本原，即有理然後有氣，故理不可以偏全論。若論禀賦，則有是氣而後理隨以具，故有是氣則有是理，無是氣則無是理，是氣多則是理多，是氣少即是理少，又豈不可以偏全論耶？

答趙致道

周子曰：「誠無爲，幾善惡。」此明人心未發之體，而指其已發之端，蓋欲學者致察於萌動之微，知所決擇而去取之，以不失乎本然之體而已。或疑之，以謂有類於胡子同體而異用之云者，遂妄以意揣量，爲圖如後：

此明周子之意

此證胡氏之説

善惡雖相對，當分賓主；天理人欲雖分派，必省宗孽。自誠之動而之善，則如木之自本而幹、自幹而末，上下相達者，則道心之發見、天理之流行，此心之本主而誠之正宗也。其或旁榮側秀，若寄生疣贅者，此雖亦誠之動，則人心之發見而私欲之流行，所謂惡也。非心之固有，蓋客寓也；非誠之正宗，蓋庶孽也。苟辨之不早、擇之不精，則客或乘主、孽或代宗矣。學者能於萌動幾微之間而察其所發之向背，凡其直出者爲天理，旁出者爲人欲，直出者爲善，旁出者爲惡，直出者固有，旁出者横生，直出者有本，旁出者無源，直出者順，旁出者逆，直出者正，旁出者邪，而吾於直出者利導之，旁出者遏絶之，功力既至，則此心之發自然出於一途而保有天命矣。於此可以見未發之前有善無惡，而程子所謂「不是性中元有此兩物相對而生」，又曰「凡言善惡，皆先善而後惡」，蓋謂此也。若以善惡爲東西相對，彼此角立，則是天理、人欲同出一源，未發之前已具此兩端，所謂天命之謂性，亦甚汙雜矣。此胡氏同體異用之意也。

此説得之，而圖子有病，已略改定，更詳之。

四子言志一條，程子曰：「夫子與點，蓋與聖人之志同〔三八〕，便是堯舜氣象。使子路若達爲國以禮道理，却便是這氣象也。」何也？蓋爲國不循理道則必任智力，不任智力則循理道，不能出此二途也。曾點有見乎發育流行之體，而天地萬物之理，所謂自然而然者，但吾不以私智擾之，則天地順序而萬物各得其所，此堯舜事業也。子路則以才氣之勝，自以爲雖當顛沛敗壞、不可支持之處，而吾爲之，亦能使之有成。子路誠足以任此矣，然不免有任智力之意，故志意激昂而氣象勇鋭，不若曾點之閑暇和平也。然不曰理而曰禮者，蓋言理則隱而無形，言禮則實而有據。禮者，理之顯設而有節文者也，言禮則理在其中矣。故聖人之言體用兼該、本末一貫，若曾點則見其體而不及用，識其本而違其末，所以行有不掩而失於狂歟？

得之。

上蔡云：「佛氏之言性，如儒者之言心。釋氏之言心，如儒者之論情。」蓋釋氏以作用者爲性，而儒者以主宰爲心，所以相似也；釋氏以緣景而生者爲心，儒者以感物而動者爲情，所以相似也。大要釋氏不識理，故其言遞低一級，故雖欲歸於清淨寂滅而卒不能，離乎形而下者也。然雖遞低一級而僅相似，即其僅相似者實大不同，何也？其於作用，則不分真妄而皆以爲真；其於感物，則不分真妄而皆以爲妄，儒者則於其中分真妄云耳，此其大不同也。

大概亦是。

荀子言性惡禮僞，其失蓋出於一，大要不知其所自來，而二者亦互相資也。其不識天命之懿，而以人欲横流者爲性；不知天秩之自然，而以出於人爲者爲禮，所謂不知所自來也。至於以性爲惡，則凡禮文之美是聖人制此以返人之性而防遏之，則禮之僞明矣；以禮爲僞，則凡人之爲禮皆反其性矯揉以就之，則性之惡明矣。此所謂互相資也。告子杞柳之論，則性惡之意也；義外之論，則禮僞之意也。

亦得之。

答趙致道

「人心道心」一章，其上三句只循中庸章句叙説看，未有所疑。所謂「允執厥中」之「中」，不知指何者而言？若言時中，恐於提綱挈領處未遽及此；若言未發之中，則所謂人心道心正是因已發而言，兼未發之時亦難以言執。今欲於人受天地之中上看，未知可否？

程子曰：「惟精惟一，所以至之；允執厥中，所以行之。」如此，則所謂允執厥中，正時中之中矣。惟精惟一，正是提綱挈領處，此句乃言其效耳。

程子言仕宦奪人志，或言爲富貴所移也。愚意以爲不特言此，但才仕宦，則於窒礙處有隨宜區處之意，浸浸遂入於隨時徇俗之域，與初間立心各別，此所謂奪志也。不知程子之意果出於此否？又不知人未免仕宦而有此病，又何以救之？敢乞指誨。所論奪志之説，是也。若欲救此，但當隨事省察而審其輕重耳。然幾微之間，大須着精彩也。

校勘記

〔一〕有兼取二象與陰陽之位者　「二」，原作「一」，據閩本、浙本、天順本改。
〔二〕而初上又或爲始末之義　「末」，浙本作「終」。
〔三〕然乃知此　「乃」，浙本作「既」。
〔四〕答龔伯善　「善」，閩本、浙本、天順本均作「著」。
〔五〕來書所論向來爲學次第　此句上，浙本有「熹扣首啓：前此人還，奉書草草，深以未得面論爲恨。專人至止，薦辱枉書，獲聞新歲以來起居佳勝爲慰」四十字。
〔六〕將欲捐其逐末玩華之習　「捐」，原作「損」，據浙本改。
〔七〕便只説合於心爲之云云　「云云」原作「爲之」，據閩本、浙本、天順本改。
〔八〕三飯必毀二斗　「毀二」，正訛改作「二毀」。
〔九〕九章措總之法注　「九」字原脱，據正訛補。

〔一〇〕故執虚挾匕　「匕」，原作「已」，據浙本改。
〔一一〕夫祭妻而云奉事　「事」，底本原注云：恐當作「祀」。
〔一二〕几筵必三年而除　「三」，原作「二」，據閩本、浙本改。
〔一三〕可更檢疏議參訂之　「議」，正訛改作「義」。
〔一四〕其説如東坡所謂不以火點終不明耳　「其」，原作墨丁，據閩本補。
〔一五〕言太極者之紛紛　「紛紛」，底本原注云：一本作「紛紜」。
〔一六〕所喻數條皆善　「喻」，閩本、浙本均作「論」。
〔一七〕有編懸者　「編」，原作「扁」，據正訛改。
〔一八〕答楊子順　此篇又見卷五八答楊仲思書之四。
〔一九〕周禮事鬼神示之目及祭法本文　「目」，原作「日」，據閩本、浙本、天順本改。
〔二〇〕依儀禮本文皆自下而上　「文」，原作「又」，據閩本、浙本、天順本改。
〔二一〕答吳仲玭　「玭」字原脱，據考亭淵源録初稿卷一一、宋元學案補遺卷六九補。
〔二二〕别紙　浙本作「答吳斗南」。
〔二三〕乃有歸著　「有」，原作「看」，據閩本、浙本、天順本改。
〔二四〕全卦九六則當占之卦辭　「之」，據上下文疑當作「三」。
〔二五〕堇是其類　「堇」，原作「荼」，據正訛改。

〔二六〕如薺　「薺」，原作「齊」，據浙本、天順本改。
〔二七〕而此一等人多是立脚不住　「脚」，原作「却」，據閩本、浙本、天順本改。
〔二八〕但每相與共恨賢者之不同此樂也　「共」，原作「其」，據閩本、浙本、天順本改。
〔二九〕而畢竟絶滅不得　「畢」，原作「必」，據底本原注改。
〔三〇〕若嫌離析即却教他捏做一團也　底本原注：「離析」下，一本無「即」字。
〔三一〕傅簿赴部　「傅」，原作「傳」，據閩本、浙本改。
〔三二〕亦不敢不自安也　「自」字原脱；「安」下原衍「何」字，據閩本、浙本、天順本補、删。
〔三三〕師邦　「邦」字原脱，據閩本、考亭淵源録初稿卷一一補。
〔三四〕非謂其終之當謹　「其」，閩本作「蓋」。記疑云：「謹終追遠」條疑有脱誤。
〔三五〕而因以傅益之耶　「傅」，原作「傳」，據浙本、天順本改。
〔三六〕又凡養老止玄衣而養老一節　上「老」字，原作「生」，據禮記王制、内則改。
〔三七〕便是知得不曾透徹　「徹」，原作「轍」，據閩本、浙本、天順本改。
〔三八〕蓋與聖人之志同　「志」，原作「意」，據浙本改。

晦庵先生朱文公文集卷第六十

書知舊門人問答

答朱朋孫

長書垂示，尤荷不鄙。所論爲學之意，又足以見雅志之所存也。夫學非讀書之謂，然不讀書又無以知爲學之方，故讀之者貴專而不貴博。蓋惟專爲能知其意而得其用，徒博則反苦於雜亂淺略而無所得也。今一旦而讀八書，則其茫然而不得其要也，豈足怪哉？願且致精一書，優柔厭飫，以求聖學功夫次第之實，俟其心通意解，書册之外别有實下功夫處，然後更易而少進焉，則得尺得寸雖少，而皆爲吾有矣。欲爲沙隨程丈立祠，甚善，但衰病不堪思慮，曲折已報余正父矣，幸察之。

答周純仁

彼中既有故舊可以相依，氣候亦須差勝嶺外，又在鄉里遠[一]，亦時得親闈安問，於理似亦可少安。年來時論似亦漸平，昨日又聞廟堂一番除拜，固不足爲吾道之重輕，然於故舊或略能垂意，但在自己分上，只合閉門堅坐，聽其所爲，切不可因此便起妄念，徒爾紛紜，有損無益也。所欲買書，偶小兒赴銓未歸，已爲託相識置到，付之來人，數在别紙，可自檢點。付來楮券殊少，不足於用，已爲兑數券買去。然尚有不能盡買者，及所補印漢書，不知是要何等紙，板樣大小如何？其人未敢爲印。有便子細報及，當續爲印也。閑中無事，固宜謹出，然想亦不能一併讀得許多。似此専人來往勞費，亦是未能省事隨寓而安之病。又如多服燥熱藥，亦使人血氣偏勝，不得和平，不但非所以衛生，亦非所以養心。竊恐更須深自思省，收拾身心漸令向裏，令寧靜閑退之意勝而飛揚躁擾之氣消，則治心養氣、處世接物自然安穩，一時長進，無復前日内外之患矣。

答周純仁

「神也者，妙萬物而爲言者也」止「既成萬物也」，本義云云。某竊謂止言六子用文王八卦之位者，以六子之主時成用而言，故以四時爲序，而用文王後天之序。下言六子用伏羲八卦之位者，推六子之所以主時成用而言，故以陰陽交合爲義，而用伏羲八卦之序。蓋陰陽各以其偶合而六子之用行，所以能變化，盡成萬物也。伏羲八卦，則兑、震以長男而合少女，艮、巽以長女而合少男，皆非其偶然。故自「動萬物者，莫疾乎雷」至「終萬物始萬物者，莫盛乎艮」，皆别言六子之用，故以四時之次言之，而用文王八卦之序。下則推其所以成用，於陰陽各得其偶，故用伏羲八卦之序。若上用伏羲卦次，則四時失其序；下用文王八卦，則兑、震、艮、巽皆非其偶矣。伏羲卦序與今卦序不同，不知是孔子創爲之而作序卦耶，抑自文王、周公繫辭之後，已更伏羲之序如此，而孔子特以序卦明其義耶？

伏羲自是伏羲卦序，文王、周公自是文王、周公卦序。

答周南仲南

往歲湖寺雖嘗獲一面，而病冗，不能款扣餘論。後乃得見廷對之文，切中時病，深以歎服，益恨相去之遠，不得會聚，以講所聞也。兹辱惠書，又見季通，具道遊從切磋之益，深以爲慰。比日雪寒，德履佳福。熹頑鈍之學，晚方自信。每病當世道術分裂，上者入於佛老，下者流於管商，學者既各以其所近便先入者爲主，而又驅之以其好高欲速之心，是以前者既以自誤而遂以自欺，後者既爲所欺而復以欺人。文字愈工、辨説愈巧，而其爲害愈甚。不有明者，孰能舍其舊而新是謀哉？來喻許以所疑下詢，幸甚。大抵聖賢之言已是明白真實、説盡道理，讀者但能虚心一意、循序致詳，使其句内無一字之不通，則其道理無一毫之不察矣。切不可爲人大言相誑，如九方皐相馬之説者，而妄意馳逐於言語之外也。方賓王每書來，説得道理儘有歸著，知與遊從，可謂得友，恐今已歸嘉禾也。周叔謹行，草草附此，不能究所言。政遠，切祈珍重。

答周南仲

承喻教學相長之意，尤副所望。但爲學之序，必先成己，然後可以成物。反復來示，似於自己分上未免猶有所闕，恐不若且更向裏用工也。此心此理元無間斷虧欠，聖賢遺訓具在方册，若果有意，何用遲疑等待，何用準擬安排？只從今日爲始，隨處提撕，隨處收拾，隨時體究，隨事討論，但使一日之間整頓得三五次、理會得三五事，則日積月累，自然純熟、自然光明矣。若只如此立得箇題目，頓在面前，又却低佪前却，不肯果決向前、真實下手，則悠悠歲月豈肯待人？恐不免但爲自欺自誣之流，而終無得力可恃之地也。何、程二君能招致之，甚善甚善，來書已報之矣。何兄書中問及三事，雖未要切，然已是能著實講究。若更精進，未可量也。後來之秀，未見有能勇往直前、探討負荷以續傳道之脈，兹爲可歎耳。

答周南仲

「誠其意」者，自脩之首也。「毋」者，禁止之辭。「自欺」云者，知爲善以去惡，而心之所發有未實也。「慊」，快也，足也。「獨」者，人所不知而己所獨知之地也。言自脩者知爲善以去其惡，則當實用其力而禁止其自欺，使其惡惡則如惡惡臭，好善則如好好色，皆務決去而求必得之，以自快足於己，不可徒苟且以徇外而爲人也。然其實與不實，蓋有他人所不及知而己獨知之者，故必謹之於此，以審其幾焉。

答周南仲

此言小人陰爲不善而陽欲揜之，則是非不知善之當爲與惡之當去，但不能實用其力，以至此耳。然欲揜其惡而卒不可揜，欲詐爲善而卒不可詐，則亦何益之有哉？此君子所以重以爲戒而必謹其獨也。

答孟良夫獻

示喻爲學之意，甚善。但伊洛垂訓，以持敬爲先，此要切之語。若不於此處立得根本，即讀書應事、思惟計度，徒成紛擾，卒無歸宿之地。若能於此用力，則動靜之間，無適而不爲學矣。有書數册，託茂實送學中，與諸生共之。能往一觀，當有益也。聞當路有奉薦者，足見公論之不泯，甚慰。然更深其本以須時用，乃所望耳。

答許生中應

去歲薛象先過此，極道左右賢德令聞之美，甚恨跧伏，無因緣相見。今者乃承惠書一通，反復讀之，益見所以求道鄉學之意，深以爲幸。至於稱引前輩，比擬非倫，則有所不敢當也。左右以應舉覓官、美名好事之學爲不足學，而欲講乎義理，以求脩己治人之方，固已不繆於所趨矣。夫道之體用盈於天地之間，古先聖人既深得之，而慮後世之不能以達此，於是立言垂教，自本至末，所以提撕誨飭於後人者無所不備。學者正當熟讀其書，精求其義，考之吾心，以求其實，參之事物，以驗其歸，則日用之間諷誦思存，應務接物無一事之不切於己矣。

來喻乃謂讀書逐於文義，玩索墮於意見，而非所以爲切己之實，則愚有所不知其説也。世衰道微，異論蜂起，近年以來，乃有假佛釋之似以亂孔孟之實者。其法首以讀書窮理爲大禁，常欲學者注其心於茫昧不可知之地，以僥倖一旦恍然獨見，然後爲得。蓋亦有自謂得之者矣，而察其容貌辭氣之間、脩己治人之際，乃與聖賢之學有大不相似者。左右於此無乃亦惑其説而未能忘耶？夫讀書不求文義，玩索都無意見，此正近年釋氏所謂看話頭者。世俗書有所謂大慧語録者，其説甚詳，試取一觀，則其來歷見矣。若曰儒、釋之妙本自一同，則凡彼之所以賊恩害義、傷風壞教，聖賢之所大不安者，彼既悟道之後，乃益信其爲幻妄而處之愈安，則亦不待他求而邪正是非已判然於此矣。

又如所謂寧有人皆得見之過，無或有不睹不聞之欺。夫中庸之言，正謂道體流行，初無間斷，是以無所不致其戒懼，非謂獨戒懼乎隱微而忽略其顯著也。若如來喻，則人所共見之處間斷多矣。而曰循是存養，不疾不徐，吾恐其未免爲好高欲速之尤者也。至如孟子所謂非義襲而取之，文義本自分明，而今學者未嘗細考，但據口耳相承，以至施安失所者蓋十人而二五也。既勤下問，不敢不盡其愚。然亦未暇詳究其曲折，幸深察之，當否俟報也。

近至富沙，見陳安舍人説及建閤藏書事，欲以記文見委，而未得其詳。今收張卿元善、蔡兄季通書，備見首末。偶數日脚氣發作，不能飲食，而右臂亦痛，至不能親執筆，僃卧支離，口占布此。知代期不遠，他日病起，草得記成，當因薛卿轉達代者，或同官中必有能竟其事者，但恐文詞鄙俚、議論不同，未必可用耳。

答章季思康

辱書，具悉雅志。大抵聖賢之教，不過「博文約禮」四字，博文則須多求博取，熟講而精擇之，乃可以浹洽而通貫；約禮則只「敬」之一字已是多了。日用之間，只以此兩端立定程課，不令間斷，則久之自有進步處矣。

答顔伯奇昆仲椅、柖

聖門設教，具有科條，持守講習，要當各致其功，無所偏廢，而不使有頃刻之間斷焉，則當有以自得其趣矣。

答杜叔高游

往歲辱訪於湖寺，且以佳篇爲贈，讀之知所志之不凡，然恨去國忽忽，未得從容罄所懷也。兹辱枉書，并寄兩論，詞意奇偉，則所以知足下者益以深矣。顧念頃與仁里諸賢屢講此事，尚多未契，足下必已聞之。若以愚言爲是，則固無今日之辨；若以爲非，則又何以見語爲哉？聖遠道晦，人心頗僻，險詞怪説，雜然並起，不憚於誣天罔聖、詭經破義，而務以適其利欲之私，自非剛健明哲之才，確然以勝私復理爲己任者，鮮不惑焉。率獸食人，人將相食，其兆已見於此，甚可懼也。足下試以愚言思之，反諸其身而驗以聖賢之明訓，必有以得其本心之正，然後可以燭理揆事而無不合，毋徒苦心勞力，爲此附會穿鑿，而卒以陷溺其良心也。

答杜叔高

示喻克己之説，甚慰所望。道理分明，本如大路，聖賢又如此指示提撕，不爲不切，今人都不理會，却别去千生萬受、杜撰百般、胡説亂道，於自己分上了無分毫利益，只可誑嚇他人。然亦只誑嚇得不識底人，若被識道理人旁邊冷看，成甚模樣？此區區所以於前日面論之際不能不失笑於賢者之言也。今承來喻，乃知後來思之有得力處，此又見賢者資質本自過人。但從前本欲誑人，却反爲人所誑，今日一聞逆耳，便能發晤於心，不易得也。然克己固學者之急務，亦須見得一切道理了了分明，方見日用之間一言一動何者是正、何者是邪，便於此處立定脚根，凡是己私、不是天理者，便克將去，不但「輕躁」二字也。辛丈相會，想極款曲。今日如此人物豈易可得？向使早向裏來，有用心處，則其事業俊偉光明，豈但如今所就而已耶！彼中見聞，豈不有小未安者？想亦具以告之。渠既不以老拙之言爲嫌，亦必不以賢者之言爲忤也。

答程珙

示喻正名之説，胡氏所論固有未盡，然其大義謹嚴，而聖人之妙用變通，又自有不可測者，不可以私情常識議其方也。如以爲疑，則食肉不食馬肝，未爲不知味，姑置此而議其切於吾身者焉可也。

答王南卿

熹方幸閑中得與一二學徒整理舊書，而忽蒙恩收用，雖實衰老，不敢以遠爲辭，但恐迂疏議論多與時背。一辭不獲，比已再上，傳聞諸公亦無相彊之意，計必得之矣。萬一未遂，則又未知所以爲計也。示及隊圖，雖不知兵，然頃讀曹公、杜牧孫子，見其所論車乘人數，諸儒皆所未言，唯友人蔡季通每論此事，以考周禮軍制皆合。今得此書，乃知前輩已嘗用之而有效矣，是其可傳無疑也。跋尾所論皆精當，卒章辨荆公事，則恐未然。家有荆公與襄敏公手帖數紙，見當時事若非荆公力主於内，則羣議動揺，決難成功。但是後來襄敏見其他政事多出於聚歛掊克之意，故不免有異論耳。若論熙河之事，則二公實同心膂，無異説也。幸試思之，恐須略轉换過，乃可取信。其帖今録以上呈，荆公政事固多失，然此一事却是看得破也。

答王南卿

長沙除命，深感上恩。但老病衰懶，昏塞廢忘，恐不能堪一道之寄。而再辭不獲，上語丁寧，伏讀皇恐，遽欲起拜，而鄙意尚有少疑，又苦足疾，未容拜受，遂且宿留。更須旬日，可決去就。萬一可往，不知老兄能一乘輿相過否？所欲扣者千條萬端，非面不能究，但恐不成行，即此會又未可知耳。

所改後語甚佳，但恐金人立唃氏後一節恐不足深辨耳。彼於我爲外臣，而反連夏虜以爲邊患，則我之討伐自爲義舉。彼於金虜非相吞之國，則金人立之以樹黨，在彼不失爲遠交近攻之計，而外假存亡繼絶之名，又足以使之怨我而德彼，亦其狡計之過人也，豈足爲義舉哉？且唃厮囉既有罪，則當時討其所立之子自不爲過，正不必以討其叛孫自解。雖或金虜能立厮囉所立之後，亦未足以愧我而爲賢也。又謂因進陣法，而或以咎荆公，亦不記是誰説。然此事只合論其取之是非，而其瑣細皆不足較。若果是矣，則雖進陣法，亦何不可之有耶？又云今爲荆公之累，恐此句亦未甚穩，不知盛意是謂我累彼耶，彼累我耶？若我累彼，則此語可用，而非所爲立説之意。不然，則恐當改之爲安。或云今以荆公爲累，語意似覺深厚也。妄論如此，目昏不見字，老草勿怪，而并詳之，幸甚幸甚。陣法印本，有便求數册。

信州有潏水集印本，乃長安人李復之文，記董氊非唃厮囉之子，乃盜厮囉之妻而竊其國，不知曾見之否？事冗不暇細看，更考之也。

答王南卿

陣法細看，尚有誤處。如上卷第五板陣法内，右邊兩隊各欠馬軍紅點二十五人，第四版陣法，凡馬軍後並無押隊照隊；中卷第一版「四十萬人而增之至三十萬」，其「四」字當作「由」字。幸更詳考，恐更有此等當改正也。

答汪易直

示喻尊名之意，極荷不鄙。但今朋友必已有所稱，往時忘記奉扣〔一〕，後便幸批示，或已得先端明本旨，即不必改也。疑義數條，意皆甚正。但首章管仲事，程子所推聖人本意，恐已得之。蓋其不死子糾而從桓公，乃是先迷後得，如今叛逆而遭赦宥，自無可死之理。然此事夫子當時不曾明言，但今以其言專取其功而略無譏貶之詞，可以推見之耳。若果有罪，則聖人必有微詞，以見功過不相掩之意，不特如此説矣。故疑程子此義講之甚精，而鄙意所疑，則其曰若當死而不死，則後雖有功亦不復取，此則未安耳。功自功，過自過，若過可以掩功，則功亦得以掩其過矣。康節先生論學春秋者當先定五伯之功罪，而以五伯爲功之首、罪之魁，此語最爲切當。然非獨論古事爲然也，見諸行事，則操賞罰之權、持黜陟之柄者，亦當以是爲心，乃能盡用一世之材，以濟天下之務而不失其正耳。「仁」之一字，以其德而言，則必心無私而事當理乃能當之。若其功，則惟利澤及人，有恩有惠，便可稱之，初不計其德之如何也。

偶來城中，人事冗擾，且略爲論此條，試更思之。餘俟還家奉答，别附便也。夫子説「可與立，未可與權」，程子説「春秋大義易見，而時措從宜者爲難知」，此等處更宜致思，思而得之，則所示數條皆可類推矣。然此不可以强通，却須反求諸心，向性分上講究存養，始當有以自得耳。未由面論，臨風馳想，切幾力學自愛。

答汪易直

示喻自訟之篇，足見立志爲己之切，尤以爲慰。此正大學所謂誠其意者。然意不能以自誠，故推其次第，則欲誠其意者，又必以格物致知爲先。蓋仁義之心人皆有之，但人有此身，便不能無物欲之蔽，故不能以自知。若能隨事講明，令其透徹，精粗巨細無不貫通，則自然見得義理之悦心猶芻豢之悦口，而無待於自欺。如其不然，而但欲禁制抑遏，使之不敢自欺，便謂所以誠其意者不過如此，則恐徒然爲是迫切，而隱微之間，終不免爲自欺也。舊説大學此章，蓋欲發明此意，而近日讀之，殊覺未透，因略更定數句。今謾録去，試深察之，以爲何如也。

近思小本，失於契勘，致有差誤，此執事不敬之罪也。後來此間書坊别刊得一本，卷尾所增已附入卷中，仍削去重出數字矣。偶未有别本，旦夕求得，續當附去也。

答彭子壽 龜年

齋銘之屬，豈所敢承？況此病餘昏憊，將何以發明聖賢之旨，爲日用功夫之助乎？然竊聞之，大學於此雖若使人戒夫自欺，而推其本則必其有以用力於格物致知之地，然後理明心一，而所發自然莫非真實。如其不然，則雖欲防微謹獨，無敢自欺，而正念方萌，私欲隨起，亦非力之所能制矣。竊意高明於此非有所未察，特因來喻僭復言之，以爲誠能於此益致其功，則亦無待於98御之箴，而學日益進、德日益脩矣。

答彭子壽

垂喻中庸疑義別紙甚詳，乃知賢者於此方且以講求經旨、究極精微以日不足爲事〔三〕，世間利害固未易以入其胸次也。脩道之教，脩之者固專出於人事，而所脩之道，則天地萬物之理莫不具焉。是乃天人之合，亦何害其爲同耶？又論事豫之説，張、游不同，蓋此章首尾以誠爲本，而推其所以誠者乃出於明善，故釋其文義且得以誠爲言。如大學之序始於格物，而其後乃云「壹是以脩身爲本」，亦此類也。隱微聞見之分，當時偶見如此而謾序之，若疑未安，置之無害，此非大義所繫，不足深論也。智、仁、勇，經文本不曾分，若以爲疑，亦不足論。但諸家所分却未穩當，必欲分之，則須從今説，乃爲盡善。若如來喻，則「仁」字不合列於三德之中，而又位於其次，蓋聖人之言，其名理隨處輕重，所指不同，讀者須隨其輕重而讀之，乃見其意，不可一概死殺排定也。鄙見如此，不審明者以爲如何？如復未安，更望報及也。

答折子明

伏蒙鐫喻先正墓文，使人三返，而勤懇益至，熹雖至愚，心非木石，豈不惻然有動於中？亦何忍爲此牢辭固拒，以逆盛意？實以衰悴，心目俱疲，不堪思慮檢閱。而兩年以來，名在罪籍，每讀邸報，觀其怒目切齒之態，未知將以此身終作如何處置然後快於其心，未嘗不惕然汗出，浹背沾衣也。是以年來絶不敢爲人作一字，近所祈懇，百拜而辭者已數家矣。若以尊喻之嚴遽弛此禁，則四面之責紛然而至，從之則召禍，不從則取怨，反復思之，未見其可。兼餘年無幾，疾病侵淩，神思昏然，豈有精力可以給此？切告矜亮，貸此殘生，不勝千萬哀懇之至。

答劉君房元城之孫

先正忠定公有德有言，没而不朽，百世之下，聞者興起。而熹之外舅聘士劉公，嘗得親見而師承之。熹少時猶及竊聞其餘論，於忠定公之言行志節詳矣，是以雖不得及其門牆，而想望其聲容，猶若相接，不止於今世紙上所傳而已也。今辱惠書，乃知其後人所以繼業承家之意如此，而所以見顧者又甚厚，非淺陋之所敢承也。但來喻頗以未有世其禄者爲憂，此則賢者慮之過矣。先德遺風具在方册，有能誦其言、行其行，不替其志節，則所以世其家者孰大於是？彼區區之外物，何足道哉？又承類次遺文，已就篇帙，見使爲之序引，以傳來世，此則又豈晚生妄意所敢幾及？但願亟遂鋟木，傳之其人，使熹與有聞於大體之純全，則爲幸甚矣。

答劉君房

所喻讀易，甚善。此書本爲卜筮而作，其言皆依象數以斷吉凶。今其法已不傳，諸儒之言象數者例皆穿鑿，言義理者又太汗漫，故其書爲難讀。此本義、啓蒙所以作也。然本義未能成書，而爲人竊出，再行模印，有誤觀覽；啓蒙本欲學者且就大傳所言卦畫蓍數推尋，不須過爲浮説，而自今觀之，如論河圖、洛書亦未免有剩語。要之，此書真是難讀，不若詩、書、論、孟之明白而易曉也。此是僞學見識，不審明者以爲如何？

答曾無擇

所示疑義，悉已報去，但覺得多是在外邊看，未有箇入頭處。須更虚心静慮，將聖賢言語從裏面親切處看出來，庶幾見得意味，不爲空言。不然，似此泛濫含胡，無益於事，終久不得力也。

答曾無疑三異〔四〕

昨承枉書，奉報草草，方以爲愧，忽辱再告，益荷眷勤。且審比日涼秋，起處佳福，足以爲慰。詩卷寵示，尤認不鄙之意。三復以還，既歎其精麗警拔之不可及，又重歎其不爲大言險語以投世俗之耳目也。然承諭及爲學之意，則似所志又有不止於此者，此尤區區所樂聞。但未知雅意姑欲粗一闖其藩籬，而爲彼善於此之計耶，抑將勇革舊習，而真欲一蹴以至道也？如前之説，則非區區所敢知。如後之説，則如來喻之云固非不善，然欲自是以求道，則恐亦未免爲空言也。大率人之爲學，當知其何所爲而爲學，又知其何所事而可以爲學，然後循其次第，勉勉而用力焉。必使此心之外更無異念，而舊習之能否、世俗之毀譽、身計之通塞自無一毫入於其心，然後乃可幾耳。此固未易以毫楮既，而承見語，亦將有枉顧之期矣。儻得面論，庶竭鄙懷。顧此迂闊，干觸科禁，恐非賢者進取之利，更冀審處於未動之前，毋使貽後日之悔焉，乃所願也。

答曾無疑

辱書，良以爲慰。而反復來喻，已得雅志之所存，則區區所疑亦不敢隱也。蓋嘗聞之，孟子之言有曰：「人之所以異於禽獸者幾希，庶民去之，君子存之。」此君子所爲而學也。然欲存此，則必有以識此之爲何物，而後有以存之。既識之，則所以存之者，又必勉勉孜孜而不少懈焉，然後乃可幾也。此君子之所以爲學者而終身勉焉，唯恐一毫之不盡，而不敢少貳其心者也。

今足下自謂學無本原、心常駁雜，豈亦自覺其未嘗用力於此而然耶？此其自知亦明矣。然又欲因其固有而循習之，則亦可以殊塗而同歸，則未知足下所謂固有者爲何物，又如何而循習之，與何者爲殊塗，又同歸於何許也？又謂雖舊習之未忘，而未嘗爲學之累，則又未知今之新者爲何學，而昔之舊者若何而能不爲之累也？凡此所云，竊恐非獨熹之愚有所不解，意者足下之心亦未必能別其孰爲同異而孰爲是非也。足下幸試思之，其然乎，其不然乎？如其果然，則願姑以前者所引孟子之言爲主，而博考古昔聖賢之遺訓以參驗之，則夫人之所爲而學與其所以學者，不待外求而得之於我，向之所謂固有、所謂同歸者，始爲有以識之，而知昔之舊者真不足□〔五〕，而果有累乎今日之新矣。人之爲學，必其有以先識乎此而知取舍之所定，然後其功夫利病可得而言；如其不然，徒爲論説，皆是空言，無下落處，無所補於事也。

景陽、季章於此皆嘗有聞，雖未知其後來所進如何，然苟善取之，亦當有以爲助矣。吾人既不見用於世，只有自己分上一段功夫。若見得門户分明、端緒正當，實用得些子氣力，乃可以不負降衷秉彝之重，此外瑣瑣一知半解，正不足爲重輕也。不審明者亦有意乎？

答曾無疑

示喻爲學之方，固得其要。然若只如此便了，則論語只須存此兩條，其餘皆可以削去矣。聖人教人博學、審問、謹思、明辨而篤行之，蓋於理之巨細精粗無所不講，然後胸次光輝明徹，無所不通，踐履服行，無非真實，似不當如此先立界限、預設嫌疑以自障礙也。

答曾無疑

承喻令兄喪期，於禮聞訃便合成服，當時自是成服太晚，固已失之於前，然在今日祥練之禮，却當計成服之日至今月日實數爲節。但其間忌日却須别設祭奠，始盡人情耳。

謂聖人以喜怒動其志固爲不可，若謂都無所動，則是聖人心如木石，而喜怒之見於外者特爲僞耳，豈有是理哉？此等處須是存養體驗，自做得些工夫，當自見之，難以淺識懸斷也。

「學習」之「習」與「傳習」之「習」非有不同，傳即謂所學也。大抵博學審問，學之事也；謹思明辨而力行之，習之事也。集注中所載諸先生說甚備，可細考之。

來喻忠恕二說，皆近之，熹鄉來所論，正謂如此。近復細觀，乃有未盡，已於論語集注中更定其說矣。試詳考之，當見曲折。所謂「竊恐狂鶩高遠者視之」云云，却不當如此顧慮，終身行之，自是學者事，於聖人何所預哉？

蓍數之說，其義亦精。但不知所謂「老陰、老陽其數則一，少陰、少陽其數乃三」是如何？蓋四象之變，極於六十有四，老陽十二，老陰四，少陽二十，少陰二十八，乃自然之數，不容增減。揲者隨其所得而言之，又何慮其不可觀變耶？

揲法：初爻成則便止有三十二卦，二爻成則便止有十六卦，三爻成則便止有八卦，四爻成則便止有四卦，五爻成則便止有二卦，亦是自然次序，節次可見。今所疑者，亦何嫌哉？

揲蓍之法，周禮領於太卜之官，計其法度必甚詳密，今皆不可見矣，獨賴大傳有此數句，可以略見彷彿。而以今推之，亦無不可通處。學者既不得見當時舊法，則亦且當守此，不當妄以私意横起計度也。蓍固非蓍，然亦猶是其類，若以木棋、竹算、金錢當之，則其去蓍益遠矣。又如所言交重之論，亦所未曉。交者拆之聚，故爲老陰；重者單之積，故爲老陽，亦何疑之有乎？然此六爻既成，而畫地以記之象耳，於揲法初無所預也。

答曾無疑

所論爲學之意，甚苟不鄙。但若果有所得，出言吐氣便自不同。纔見如此分疏解説，欲以自見其能而唯恐人之不信，便是實無所得。自明眼人觀之，固不待其詞之畢而有以識之矣。

孝悌忠恕，若淺言之，則方是人之常行，若不由此，即日用之間更無立脚處，故聖人之教，未嘗不以爲先，如所謂「入則孝，出則悌」，「忠恕違道不遠」是也。若極言之，則所謂通于神明，光于四海，無所不通。而曾子所以形容聖人一貫之妙者，亦不過如此，又非如前者言之可易而及也。故大學之道必以格物致知爲先，而於天下之理、天下之書無不博學審問、謹思明辨，以求造其義理之極，然後因吾日用之間、常行之道省察踐履、篤志力行，而所謂孝悌之至，通于神明，忠恕之一以貫之者，乃可言耳。蓋其所謂孝悌忠恕，雖只是此一事，然須見得天下義理表裏通透，則此孝悌忠恕方是活物；如其不然，便只是箇死底孝悌忠恕，雖能持守終身，不致失墜，亦不免但爲鄉曲之常人、婦女之檢押而已，何足道哉？今且以所舉有子、曾子之言觀之，似於文義之間全未考究。雖近世先覺如程夫子之言，所以發明其妙者，恐皆未嘗過目而經心，而況於其他義理精微，千差萬别，豈能一一會其旨歸也哉？

故熹竊以爲今日與其自辨以求合，枉費言語、枉費心力，不若一切放下，便依此説，且將大學、論語反復熟讀，而因程子之言與其門人數公之説，以求聖賢之指意所在。句句而講，字字而思，使無毫髮不通透處，則自不須如此妄自拘束、强作主張也。無疑試更思之，恐或可信，則一兩月間，天氣差暖，或能乘興一來，面罄其説，庶幾彼此殫盡，免至如此擔閣，虚費光陰也。

晷景製作甚精，三衢有王伯照侍郎所定官曆刻漏圖一編，亦與此同。曆象之學，自是一家。若欲窮理，亦不可以不講。然亦須大者先立，然後及之，則亦不至難曉而無不通矣。「北宫黝似孟施舍」，孟子本文無此語，不知尋常如何曉會？此句未敢輕論其得失也。

答曾無疑

子約書來，必盛稱無疑之爲人。但不知中間相聚，所與切磨誦説者果爲何事？計於緊要親切處，亦未必能盡所懷爾。日月逝矣，歲不我與，丈夫有志者，豈當爲此悠悠泛泛，徘徊猶豫以老其身乎？

答曾擇之祖道

禮即理也，但謂之理，則疑若未有形迹之可言；制而爲禮，則有品節文章之可見矣。人事如五者，固皆可見其大概之所宜，然到禮上方見其威儀法則之詳也。節文儀則，是曰事宜。細考之，「忠恕」二字，其本義只是學者衆人之事，曾子所言，乃借此以形容聖人一貫之妙。程子之言，又借天地造化之體用以明聖人之事。須作三節看，見得各有下落，則一章之指自通貫矣。更徐玩之，非欲速所能達也。

此説未然，但漆雕語意深密難尋，而曾點之言可以玩索而見其意。若見得曾點意，則漆雕之意亦可得矣。且看程子説「大意」兩字是何意，二子見得是向甚處，如何見得？

答曾擇之

仁者，心之德、愛之理也。

仁者心之德，猶言潤者水之德、燥者火之德。愛之理，猶言木之根、水之原。試以此意思之。

「盡己之謂忠」，祖道初以爲盡吾心之所至而無一毫自隱，先生以爲語未瑩。祖道再思之，恐止是竭盡吾心而無一毫不足之義。後語轉疏，前語只「自隱」二字不切，須知不必自隱然後爲不忠，但有不盡處，便是病也。

主一無適之謂敬。

此等語須力行之，方見得真實意味。

禮者，天理之節文、人事之儀則。

更就天人上看。

義者，事之宜也。

更以孟子説「義」處推之。

忠恕。

曾子「忠恕」二字便是「一以貫之」底注脚。可更以二程先生及上蔡説反復體認，仍以集注之説參之，便見聖賢之意直是細密，不是泛然儱侗説話。

以約失之者鮮矣。

約有收斂近裏著實之意，非徒簡而已。上蔡説得好。

德不孤。

此「德不孤」與易中説「德不孤」不同，此但言有德者聲氣相求，自不孤立，故必有鄰。易中却是説敬義既立，則内外兼備，則其德盛而不孤也。

漆雕開、曾點。

二子是信箇甚底，又是如何地信？ 曾點語可更以集注爲主子細體驗，仍看上蔡之説，發明得亦親切。

三年之喪而復有期喪者，當服期喪之服以臨其喪，卒事則反初服。 或者以爲方服重，不當改衣輕服。 不知如何？

或者之説非是。

卒哭。

百日卒哭，乃開元禮，以今人葬或不能如期，故爲此權制，王公以下皆以百日爲斷，殊失禮意。 古者士踰月而葬，葬而虞，虞而卒哭，自有日數，何疑之有？ 但今人家諸事不辦，自不能及此期耳。 若過期未葬，自不當卒哭，未滿一月，則又自不當葬也。

答曾擇之

前書所説欲於一字中推尋曲折，不知後來看得如何？恐亦不必如此，但從頭看到要緊處，更加功夫子細辨别，而不緊要處亦不可草草，則久之自然浹洽貫通，精粗一致矣。季章説致曲處，不知如何？今亦不記當時所説。大抵彼中朋友看得文字疏略，不肯依傍先儒成説反覆體驗，而便輕以己意著字下語，正使得其大意，中間亦不免有空闕處，相接不著。欲革此弊，莫若凡百放低，且將先儒所説正文本句反覆涵泳，庶幾久久自見意味也。

答曾擇之

所論曾點，大意則然，但謂漆雕開有經綸天下之志，則未必然，正是己分上極親切處，自覺有未盡耳。雖其見處不及曾點之開闊，得處未至如曾點之從容，然其功夫精密，則恐點有所不逮也。以此見二人之規模格局，大概不相上下。然今日只欲想象聖賢胸襟灑落處，却未有益，須就自家下學致知力行處做功夫，覺得極辛苦、不快活，便漸見好意思也。

天下歸仁之説，程先生是説實事，吕與叔恐不免墮於虚見，其得失自可見也。季宏之來，只是要求跋尾，全然不曾講學，却須曾理會作文。大率彼間士人多是如此，鄉外走作，不曾鄉裏思量。論其淵源，蓋有不得不任其責者矣，甚可歎也。因其告歸，附此爲報。熹衰病沈痼，腹心之患已成，尚思更與朋友講論此事，少革流弊，以垂永久。賢者無事更能見過，相聚旬月，是所望也。

答王才臣

來喻縷縷，備見雅志。然於讀書窮理、所得所疑，未有以見教者，而較短量長，非人是己之意實多。若果有得於義理之歸，恐不應更有此病也。明者思之，以爲如何？苟有取焉，則願置此，而姑相與實講所疑，乃千萬之幸也。無疑書來，其大指與左右亦相似，已詳報之，或因過目，併以一言論其得失可也。六詠之需，非敢忘之，實以年來纂次禮家文字，頭項頗多，衰病之餘，精力向盡，無暇可及，亦覺未是急務，故不敢以奉浼爾。「格齋」大字，此却好箇題目，顧未知所以充之者如何。寫字亦非所難，適此兩日寒甚，衰病拘攣，不可轉動，向後晴暖，當試爲之，以奉寄也。承有枉顧之意，尤荷不鄙。若得會面，彼此傾倒，以判所疑，何幸如之！未間，千萬及時專力，使有箇端的用心處，庶幾合并之日有可討論也。子直詩甚佳，南容之篇尤有餘味，已輒爲題其後，因書幸以報之也〔六〕。

答度周卿正

比來爲況如何〔七〕？讀書探道，亦頗有新功否耶？歲月易得，義理難明。但於日用之間，隨時隨處提撕此心，勿令放逸，而於其中隨事觀理，講求思索，沈潛反復，庶於聖賢之教漸有默相契處，則自然見得天道性命真不外乎此身，而吾之所謂學者舍是無有別用力處矣〔八〕。因書信筆，不覺縷縷，切勿爲外人道也〔九〕。

答李誠之訦

特承寄示新刻二先生祠記，并枉長書一通，記文鄙淺而書意勤厚，非區區所敢當也。然先生之道，即伏羲、堯、舜、禹、湯、文、武、周公、孔、孟所傳之道；先生之書，即所以發明六經、孔孟之書，初非別有玄妙奇特，自爲一家之説，而與古之聖賢異軌殊轍也。世之君子固未必嘗讀其書，而驟讀其書，亦未能遽曉，是蓋不唯不知程氏之學，實乃并與古昔聖賢之學而不之知也。舉世昏冥，恬不覺悟，而其聰明辯博、能爲文字語言、名有氣概才力者，則其惡之爲尤甚。今以門下之才之美，宜已無愧此數者，而其用心獨不然，蓋不惟立祠伐石以著其尊慕之意，而來書之喻，又將不鄙迂陋而辱問津焉，此其志豈獨賢於今世之士也哉！竊感下問之勤，故粗論其梗概如此。近所刊定大學章句一通，今致几下。所欲言者，不能外此，幸一讀而三思之，其必將有以得之，而異時所以見於文章事業者愈有光矣。僭率皇恐。

答李誠之

昨蒙不鄙，俾撰先正文集後序。自知不文，不足以副厚意，顧以先契之重、鄉往之深，且欲託此以少見尊奬節義、別嫌明微之意，以是不敢力辭，而輒草定其説，以求商訂。區區之心，蓋未敢自以爲是也。所欲更定「尊復明辟」四字，刊去繁冗，著語精切，前輩所謂自有穩字，正此謂也。玩味歎服，不能自已。但「平賊之功，雖由外濟」之語，乃是區區鄙意分功紀實，以息爭論之微指。朱丞相所記當時之事非不詳明，正以欲專其功而反詆吕、張爲敗事，又其後深詆李、趙諸公，誣謗已甚，故讀者往往心非而鼻笑之，并與其可信者而不信之也。願熟思之，恐不可改，如何？

答徐崇父僑

日用功夫，且得如此照管，莫令間斷，久之浹洽，自有見處。亦不須別立標的，便計工程也。敖惰之説，如所引孟子隱几而卧而以爲當然〔一〇〕，則已得之矣，何必疑其非本有耶？不但孟子，如孔子取瑟而歌，亦是此類。但大學之意，却是恐人於此一向偏却，更不照管。今當看此重處，識取正意，受用省察，不必向閑慢處枉費思索也。子顔時時往來，甚佳。才卿得託門館，甚善。其人有立作，看得道理亦子細，儘好從容講論也。

答林叔恭

爲學只要致誠耐久，無有不得，不須别生計較，思前算後也。

答潘子善時舉

辱書，備知學問之志，甚善甚幸。杜門獨學與周旋師友之間，學之難易固不同矣，然其用力實在於我，非他人所能代也。況彼中朋友以書來者已自數人，切切偲偲，相觀而善，似亦不可謂之全然無助者，更在勉力而已。

答潘子善

便中兩承惠書，深以爲慰。比日秋涼，所履佳勝。熹衰病，涉秋似有向安之漸，但辭職、告老皆未報可，日深悚惕之懷耳。恭父留此甚久，儘得從容。因其行，草草附此，其他恭父必能言之。未間，唯冀以時自愛，眷集一一佳慶。

諸疑問，各疏其下矣，恭父當能道其詳。

答潘子善問易傳、近思録。

大畜彖曰：「能止健，大正也。」傳曰：「能止乎健者，非大正則安能？」據大畜天在山中之象，則是能止其健於下也。今曰止乎健者，不知是止於健，還是止其健耶？伏乞批誨。

能止健，言以艮之止止乾之健也。傳意亦是如此，但其文勢似倒，他亦多此類也。

習坎，八卦中獨坎加「習」字，説者多矣，未知義果如何？

此等不必深求其説。

習坎卦義，傳云：「一始於中，有生之最先者也，故爲水。」夫陽氣之生，必始於下，復卦之象是也。今曰始於中，其義如何？

氣自下而上爲始，程説別是一義，各有所主，不相妨，然亦不可相雜。

咸上六：「咸其輔頰舌。」竊意此爻宜有悔吝，而不言悔吝，何也？

吉凶悔吝，係乎邪正，此但見其不足以感人之意耳，未見有失，故不得以悔吝言也。

遯九三：「畜臣妾，吉。」傳曰：「係戀之私恩〔一二〕，懷小人女子之道也，故以畜養臣妾則得其心爲吉也。」小人女子近之則不孫，遠之則怨，若專以私恩懷之，未必不有悔吝，而此爻以爲吉，何耶？

此爻不可大事，但可畜臣妾耳。御下而有以懷之，未爲失正，但恐所以懷之者失其正耳。

大壯上六：「羝羊觸藩，不能退，不能遂，無攸利，艱則吉。」傳以「艱」字爲遇艱困則失其壯而得柔弱之分，故吉。竊意不能退遂而無所利，則是已艱困矣，而又曰遇艱，何也？恐此「艱」字只作艱難其事，而不敢求進不已則吉，如大畜九三「利艱貞」之「艱」説，如何？

當如大畜之例。

晉序卦：「物不可以終壯，故受之以晉。」傳曰：「物無壯而終止之理，既壯盛，則必進。」竊意物進而後至於壯盛，既壯盛，則衰退繼之矣。今曰壯盛則必進，此義如何？

物固有壯而後進者，亦有進而後壯者，各隨其事而言，難以一説拘也。且以十二月卦論，大壯之爲夬，夬之爲乾，豈非壯而後進乎？至乾乃極而衰耳。

晉傳曰：「晉之盛而無德者，無用有也。」然大有可謂盛矣，而卦有卦德，不知如何？

元、亨、利、貞本非四德，但爲大亨而利於正之占耳。乾卦之彖傳、文言乃借爲四德，在他卦尤不當以德論也。

晉六三：「衆允，悔亡。」傳曰：「或曰不由中正而與衆同，得爲善乎？曰衆所允者，必至當也。」竊謂世固有不義而得衆，如齊之陳氏、魯之季氏者矣，顧可以爲善乎？

易是虛設之辭，不可以實迹論，若以卦象言之，則順而麗乎大明，自不應有不善也。

「家人有嚴君焉」，傳曰：「家人之道，必有所尊嚴而君長者，謂父母也。」如此，則嚴君作兩字說。然自舊諸家只作一字說，未知如何？

所尊嚴之君長也。

蹇九五〔一一〕：「大蹇，朋來。」傳以其無剛陽之臣，不足以濟蹇。竊謂自古患君之不剛明耳，未有有其君而無其臣者也。傳又以李固、王允、周顗、王導爲言，竊意當時正以無剛明之君故耳，設使有之，數子未必能有爲也。更乞指教。

讀易當看卦畫時節，不可以此論。

夬象曰：「居德則忌。」傳曰：「則，約也；忌，防也。謂約立防禁，則無潰散。」某於此義不能無疑，更乞批報。

未詳。

艮：「行其庭，不見其人。」傳曰：「庭除之間，至近也。在背，則雖至近不見，謂不交於物也。外物不接，内慾不萌，如是而止，乃得止之道。」夫人豈能不交於物而孑然自立於世哉？意此所謂不交者，謂非己之所當應，則雖在至近而猶不見也。若非所當應亦感之而動，則非所以爲止矣。未知是否？

熟讀彖傳之詞，可見文義。「艮其背」，乃止其所之意，程傳恐非本文之旨。

啓蒙述旨篇云：「仰觀俯察，始畫奇偶，教之卜筮，以斷可否。」不知伏羲之後，文王、周公之前，未有卦及辭，何以定吉凶？敢乞批示。

此無可考。但周禮、三易經卦皆八，别皆六十有四，則疑已有辭矣。

義訓宜，禮訓别，智訓知，仁當何訓？竊意仁只是人心一箇生理，不知以「生」字訓得否？

不必須用一字訓，但要曉得大意通透耳。

明道先生曰：「學只要鞭辟近裏，著己而已，故切問而近思，則仁在其中矣。言忠信，行篤敬，雖蠻貊之邦行矣；言不忠信，行不篤敬，雖州里行乎哉？立則見其參於前也，在輿則見其倚於衡也，夫然後行，只此是學。質美者明得盡，查滓便渾化却，與天地同體。其次惟莊敬以持養之，及其至，則一也。」竊謂切問近思是主於致知，忠信篤敬是主於力行，知與行不可偏廢。而此條之意謂隨人資質，各用其力，而其至則一，如是，則亦有行不假於知者，未知如何？伏乞指教。

切問、忠信只是泛引切己底意思，非以爲致知力行之分也。質美者固是知行俱到，其次亦豈有全不知而能行者？但因持養而所知愈明耳。

「恕則仁之施，愛則仁之用」，施與用，不知如何分？

恕之所施，施其愛耳；不恕，則雖有愛而不能及人也。

「人之爲學，忌先立標準，若循循不已，自有所至矣」。竊意若以聖人爲標準，何不可之有？若無所指擬，茫然而去，將何所歸宿哉？伏乞指教。

忌先立標準，如孟子所謂勿正者。學者固當以聖人爲標準，然豈可日日比並而較量之乎？觀顔子喟然之歎，不於堅高瞻忽處用功，却就博文約禮上進步，則可見矣。

「德不勝氣，性命於氣；德勝其氣，性命於德。窮理盡性，則性天德、命天理。氣之不可變者，獨死生脩夭而已」。竊謂知所攝養者則多壽考，肆其嗜慾者則多夭喪，是死生脩夭亦可變也，故程子以火爲喻，與此説不合，如何？

正蒙之言，恐不能無偏。

橫渠云：「心要洪放。」又曰：「心大則百物皆通，心小則百物皆病。」孫思邈云：「膽欲大而心欲小。」竊謂橫渠之説是言心之體，思邈之説是言心之用，未知是否？

心自有合要大處，有合要小處，若只著題目斷了，則便無可思量矣。

「且見得路逕後，各自立得箇門庭，歸而求之可矣」。竊謂門庭豈容各立耶？有所未解，伏乞指教。

此是説讀六經只要從師講問，且識得如何下工夫，便是立得門庭，却歸去依此實下工夫，便是歸而求之。

答潘子善

比奉從容累月，别去不勝悵惘。比日秋冷，計還舍之久，諸況安適，家務酬酢之餘，當亦不廢學也。此間朋友去多來少，早晚亦且講論如常，但精力愈衰，愧無警切之功耳。

答潘子善

所論爲學之意善矣，然欲專務靜坐，又恐墮落那一邊去。只是虚著此心，隨動隨靜，無時無處不致其戒謹恐懼之力，則自然主宰分明、義理昭著矣。然著箇「戒謹恐懼」四字，已是壓得重了。要之，只是略綽提撕，令自省覺，便是工夫也。所示數條，今各奉答，可更詳之。所論孟子、大學説「正心」處，不知敬仲如何説？如何是二説相似處，如何是有此四者心便不正？可更扣之，須盡彼説，方可判斷，未可便以己意障斷他人話頭也。純仁可念，此間方爲季通遠謫作惡，忽又聞此，其禍乃更甚於季通，使人不能忘懷。然此中近日改移新學復爲僧坊，塑象摧毀，要脅斷折，令人痛心。彼聖賢者尤不免遭此厄會，況如吾輩，何足道哉！精舍春間有朋友數人，近多散去，僅存一二，未有精進可望者。亦緣無長上在彼唱率，功夫殊無次第，諸友頗思董叔重也。

或疑清廟詩是祀文王之樂歌，然初不顯頌文王之德，止言助祭諸侯既敬且和，與夫與祭執事之人能執行文王之德者，何也？某曰：文王之德不可名言，凡一時在位之人，所以能敬且和與執行文王之德者，即文王盛德之所在也。必於其不可容言之中，而見其不可掩之實，則詩人之意得矣。讀此詩，想當時聞其歌者，真若洋洋乎如在其上、如在其左右，又何待多著言語、委曲形容而後足之哉？妄意如此，不知是否？

此説是。

谷風詩四章：「就其深矣，方之舟之；就其淺矣，泳之游之。」集傳以爲興體，某疑是比體，未知如何？乞指教。

若無下面四句即是比，既有下四句，則只是興矣。凡此類皆然，非獨此章也。

「事君數，斯辱矣」〔一三〕。胡氏曰：「事君，諫不行則當去；導友，善不納則當止。至於煩瀆，則言者輕、聽者厭矣。是以求榮而反辱，求親而反疏也。」某竊以爲事君而納忠，交友而責善，是職所當然而心之不能已者，本非有求榮求親之心也，恐胡氏之説不能無過。未知如何？

胡氏説盡人情，未有不是處。

「柳下惠進不隱賢」〔一四〕。集注謂「不隱賢，不枉道也。」某竊疑與下文「必以其道」意莫重叠否？尚乞指教。

兩句相承，只作一意讀，文勢然也。

「乃孔子則欲以微罪行」。微罪不知是指魯而言，還是孔子自謂也耶？乞指教。

自謂。

「知其性則知天矣」。不知知性便能知天，亦有淺深耶？乞指教。

窮理到知天處，自然見得。

「飢者甘食，渴者甘飲」〔一五〕。某竊謂此章是借飢渴之害以言人心之害，所謂人心之害，恐不止爲貧賤而已，凡一切欲有、求之不得而遂不暇擇焉皆是也。所謂人能無以飢渴之害爲心害者，謂人能無以飢渴害口腹之類爲其心害，則不憂其不及人矣。未知如此說得否〔一六〕？

此章從來有兩説，以意則此説勝，蓋不欲人以利欲害其心，如飢渴之害口腹也；以語則不以飢渴之害動其心者爲切於文義。未知果孰是，但後説差不費力耳。

温公稽古録秦論謂「知及之，仁不能守之，雖得之，必失之，秦之謂矣。」又引賈生之論曰：「仁義不施，而攻守之勢異也。」某竊謂秦以虎狼并天下，設使守之以道且不可保，況又非其道耶？論者不當徒咎其守之非道而不論其攻之已不善也。更乞指教〔一七〕。

賈生、温公之論，若究其極，固爲有病。然彼其立論，非爲攻取者謀，以爲可以如是取之而無害也，乃爲既得之後而謀，以爲如是則或可以守耳。今且試以身處胡亥、子嬰之地，而自謀所以處之之宜，則彼前日取之之逆者既不可及矣，吾乃可以拱手安坐以待其亡耶？

魏論，温公謂魏太祖取天下於盗手而非取之于漢室，某於此有所未喻。蓋盡忠以事君，興衰而撥亂，此人臣之職也，安可因其危亂，自多其功，遂掩取之耶？今有巨室，一夕寇至，據其室廬而攘其貲財，有强奴悍僕却其羣盗而復其室廬，不歸之於主而遂以爲己有，謂吾取之於盗手，而非取之於主人，其可乎？温公之論，殆將啓天下姦雄之心，故不能無疑。併乞教誨。

温公此論殊不可曉，知其非是足矣，不須深論前賢之失也。

答潘子善

所論爲學工夫，亦甚穩密，尤以爲喜。更切勉力，乃所望也。楊敬仲其人簡淡誠慤，自可愛敬，而其論議見識自是一般。又自信已篤，不可復與辨論，正不必徒爲曉曉也。

答潘子善

「欽明文思」。某謂恐當從去聲讀。若只作「思慮」之「思」，未見其發揮於事業處〔一八〕。

作去聲讀爲是。

「克明俊德」止「黎民於變時雍」。「俊德」，或以爲己之明德，或以爲俊德之士。百姓，或以爲民，或以爲百官。未知二説如何？若以大學之序觀之，則俊德爲己之明德，百姓爲民，似無可疑者。

俊德，當依大學説。百姓，程先生以爲畿内之民，是也。

「平秩南訛，敬致」。林氏謂如周禮致日之致。此乃致南方之中星耳，未知是否？

致日乃考日中之景，如周禮土圭之法，非考中星也。

「戒之用休，董之用威，勸之以九歌」。林氏謂自戒自董自勸，未知此説如何？九歌今亡其詞，不可稽考。以理觀之，恐是君臣相戒，如賡歌之類。

「皋陶矢厥謨，禹成厥功，帝舜申之」。未知「申」字如何看？

此是三篇之叙。第一句説皋陶謨，第二句説大禹謨，第三句説益稷。所謂申之，即所謂「汝亦昌言」者也。此書伏生本只是二篇，皋陶謨、益稷之間語勢亦相連，孔壁中析爲三篇，故其序如此，亦不足據。而説者又多失之，甚可笑也。

「念茲在茲，釋茲在茲」，「允出茲在茲」。諸説皆以禹欲舜念皋陶，而林氏以爲禹自言其念之如此，未知二説如何？

林説是。

「允迪厥德，謨明弼諧」。疑是稱皋陶〔一九〕，未知是否？

若以爲稱皋陶，則下句「禹曰俞」者爲何所「俞」耶？恐此八字是皋陶之言，禹善之而問其詳，故皋陶復説下句，解此八字之義。或云此八字是言皋陶之德，「諧」字下别有皋陶之言，今脱去，未知是否。姑存之可也。

「亦行有九德」。或以爲人之性行，或以爲君之行，未知二説當何從？

亦行有九德，泛言人之行有此九德，故言其人之有德，則當以此而論之。「載采采」，古語，不可曉，當闕之。

「夙夜浚明有家」止「亮采有邦」。古注以爲可以爲卿大夫及諸侯，林氏以爲卿大夫、諸侯用此三德六德之人，未知孰是？

林説恐得之。猶孝經説爭臣之類，蓋曰如是足矣，非必以是爲限也。

「天聰明，自我民聰明；天明畏，自我民明威」。不知「明畏」是兩字還是一字？林氏以爲聰明言視聽，明畏言好惡，未知如何？

林氏似是。「明畏」，言天之所明所畏，所明如「明明揚側陋」之「明」，上「明」字。所畏如「董之用威」、「威用六極」之意。

「以出内五言」。林氏以爲宫、商、角、徵、羽之言，古注以爲仁、義、禮、智、信之言，未知當孰從？

未詳，當闕。自「侯以明之」以下皆然。

「闕石和鈞」，竊謂此只是鈞石之名，如周禮嘉量之類耳，未知是否？

恐是。

「鬼神其依，龜筮協從」。不知是已卜還是未卜〔二〇〕？

恐是初未嘗卜。

「先時者殺無赦，不及時者殺無赦」。林氏謂是誓衆之辭，非言昏迷天象之人〔二一〕。以上文考之，林説非是，然此篇自可疑，當闕之。

「矧予之德，言足聽聞」。據古注云「道德善言」。某竊意「言足聽聞」自當作一句，言吾之德，言之足使人聽聞，彼安得不忌之？未知是否？

是。

「賁若草木，兆民允殖」。諸家説多不同，未知當如何看？

連上句言天命不僭，明白易見，故人得遂其生也。

「自周有終」。古注及諸家皆以「周」訓忠信，竊謂以忠信自周則可，以忠信訓周恐未安，未知如何？

「自周」二字，本不可曉。

「王惟庸罔念聞」。諸家皆於「庸」字絶句，竊謂只作一句讀，以「庸」訓「用」，如説命中「王庸作書以告」之「庸」，未知是否？

六字一句。

「若虞機張」。諸家皆訓「虞」爲「度」，竊謂「虞」只作「虞人」説，如何？

作虞人爲是。

「臣爲上爲德，爲下爲民」。諸家説各不同，不知此四「爲」字當作如何音〔二二〕？

四「爲」字並去聲。爲上者，輔其德而不阿其意之所欲；爲下者，利於民而不徇己之所安。

武成一篇，諸家多以爲錯簡，然反覆讀之，竊以爲自「王若曰」以後皆是史官歷叙以前之事，雖作武王告羣后之辭，而實史官叙述之文，故其間如「有道曾孫周王發」及「昭我周王」之語，皆是史官之言，非武王當時自稱如此也。亦如五誥中，「王若曰」以下多是周公之語。若如此看，則似不必改移，亦自可讀。又「既生魄」恐是晦日，「既」者言其魄之既足也〔二三〕。以曆推之，當爲四月晦。未知此篇先生尋常如何看〔二四〕？

「王若曰」以下固是告羣后之辭，兼叙其致禱之辭，亦與湯誥相類，但此詞却無結殺處，只自叙其功烈政事之美，又書戊午、癸亥、甲子日辰，亦非誥命之體，恐須是有錯簡。然自王氏、程氏、劉原父以下，所定亦各不同。舊嘗考之，劉以爲王語之末有闕文，似得之。彼有七經小傳否？可檢看。又漢書曆志謂是歲有閏，亦是也。

洪範之書。林氏以爲洛出書之説不可深信，謂「帝乃震怒，不畀洪範九疇，彝倫攸斁」，猶言天奪之鑒也。「天乃錫禹洪範九疇，彝倫攸叙」，猶言所謂天誘其衷也。又云洪範之書大抵發明彝倫之叙，本非由數而起。又曰「天乃錫禹洪範九疇」，猶言天乃錫王勇智耳，不必求之太深也。某竊謂河出圖、洛出書，易中明有此説，豈得而不之信耶？未知林氏之説如何，望折衷。

便使如今天錫洛書，若非天啓其心，亦無人理會得，兩説似不可偏廢也。

「八，庶徵」，「曰時」。林氏取蔡氏説，謂是歲月日之時，自「五者來備」而下，所以申言「曰雨、曰暘、曰燠、曰寒、曰風」之義；自「王省惟歲」而下，所以申言「曰時」之義。某竊謂此「時」字當如孔氏五者各以其時之説爲長。林氏徒見「時」字與雨、暘、燠、寒、風五者並列而爲六，則遂以此「時」字爲贅，不知古人之言如此類者多矣。且仁、義、禮、智是爲四端，加一「信」字，則爲五常，非仁、義、禮、智之外别有所謂信也。故某以爲時之在庶徵，猶信之在五常，不知是否？

林氏之説只與古説無異，但謂有以歲而論其時與不時者，有以月而論其時與不時者，有以日而論其時與不時者，可更推之。

某讀書至盤庚及五誥諸篇，其疑不可數舉。若以諸家之説勉强解去，亦説得行，但恐當時指意未必如此耳。如此等處只得姑存之，如何？

漳州所刻四經，書序有此説。

需卦六四「出自穴」〔二五〕，上六「入于穴」。程傳謂「穴，物之所安也。」本義謂「穴者，險陷之所〔二六〕。」某以爲謂之險陷之所〔二七〕，正得坎體之象，未知是否？

坎即穴也。

訟六三「或從王事無成」，本義謂必無成功，似與象辭「從上吉也」之意不協，又與坤六三文言亦不協。竊意本義是直作占辭解，如此，未知是否？

易中經傳不同如此處多，且兼存之。然經意是本，傳辭是第二節話也。

小畜九五「富以其鄰」，本義謂巽體三爻同力畜乾，鄰之象也。據程傳則曰：「以一陰畜五陽。」某竊謂以統體言之，固是以一陰畜五陽，然就九五而言，則下與四比，上與下連，爲鄰之象。謂巽三爻同力畜乾，却見得自上畜下之意分明〔二八〕，未知是如此否？

更以泰卦「不富以其鄰」對之，即可見其文意。

大過上六爻，本義謂是殺身成仁之事，莫是如晉荀息之類否？

荀息所處，未得爲成仁者。

遯「小利貞」，本義謂小人也。按：易中「小」字未有以爲小人者，如「小利有攸往」與「小貞吉」之類，皆大小之小耳。未知此義如何？

經文固無此例，然以彖傳推之，則是指小人而言，今當且依經而存傳耳。

豐彖曰〔二九〕：「天地盈虛，與時消息，而況於人乎？況於鬼神乎？」程子曰：「鬼神者，造化之跡。」然天地盈虛，即是造化之跡矣，而復言鬼神，何耶〔三〇〕？

天地舉全體而言，鬼神指其功用之迹，似有人所爲者。以謙卦彖辭推之尤明白。

「聖人有以見天下之賾」，本義云：「賾，雜亂也。」訓詁皆云深也〔三一〕，未知如何？

先儒有此訓，今忘記，檢不得。字書無「賾」字，臣、口同義。只作「嘖」，云大呼也。左傳曰「嘖有煩言」，非謂深也。若是深義，即與「隱深遠」三字一義矣，且又何以云不可惡乎？

本義云：「變化云爲，故象事可以知器；吉事有祥，故占事可以知來。」不知變化云爲，主於人而言否？

變化者，陰陽之所爲；云爲者，人事之所作。

「幽贊於神明而生蓍」，本義謂「蓍生滿百莖」。某謂恐只與「立卦」、「生爻」同義，猶言立蓍而用之耳〔三二〕。

卦爻是人所畫，蓍是天地所生，不可作一例說。兼以立蓍而用之爲生蓍，亦不成文理。

「勞乎坎」，某恐「勞」字當作去聲讀〔三三〕。

恐或如此，然此一節多難曉處。

辟雍，天子之學。不知從來是天子之學名，還是文王始爲之，後遂以爲定制，亦如臯門、應門始立於太王，而後遂以爲天子之門也〔三四〕？

見不得。

召旻第六章，集傳作賦體，竊疑是比體〔三五〕。

作比爲是〔三六〕。

「仁者不憂」〔三七〕，集注云：「理足以勝私，故不憂。」某嘗推之，恐只是此心常存〔三八〕，不暇閑思慮，惹起閑煩惱耳。未知是如此否？

未是。

春秋「翬帥師」〔三九〕。某謂春秋爲聖人褒貶之書，其説舊矣，然聖人豈損其實而加吾一字之功哉？亦即其事之固然者而書之耳，如「翬帥師」之類是也。蓋不待君命而固請以行，則書之如是宜也。或以爲若是則一代之事自有一代之史，春秋何待聖人而後作哉？曰，春秋即魯史之舊名，非孔子之創爲此經也。使史筆之傳舉不失其實，聖人亦何必以是爲己任？惟官失其守，而策書記注多違舊章，故聖人即史法之舊例以直書其事，而使之不失其實耳，初未嘗有意於褒之貶之也。以是而觀春秋，庶足以見聖人光明正大之意，而非持夫一字之功以私榮辱之權也。惟夫不失其實，則爲善者安得而不勸，爲惡者安得而不懼？孟子曰：「孔子作春秋而亂臣賊子懼。」宜哉！

不知書「羣帥師」，如何見得其不待君命而行之罪？又如何見得舊例合如此書？此須更有商量，未達則闕之可也。

答潘子善

漢志引武成篇曰：「惟一月壬辰，旁死霸，若翌日癸巳，武王乃朝步自周，于征伐紂。」顏氏曰：此與古文合，但一二字差。又曰：「粤若來三月，既死霸，粤五日甲子，咸劉商王紂。」顏氏曰：「今文尚書之辭。」又曰：「惟四月，既旁生霸，粤六日庚戌，武王燎于周廟。翌日辛亥，祀于天位。粤五日乙卯，乃以庶國祀馘于周廟。」顏氏曰：「亦今文尚書也。」又畢命、豐刑曰：「惟十有二年六月庚午朏，王命作策豐刑。」孟康曰：「逸書篇名。」今按：伏生今文尚書無武成，獨孔氏古文尚書乃有此篇。今顏氏注劉歆所引兩節，見其與古文不同，遂皆以爲今文尚書，不知何所考也。諸家推曆，以爲此年二月有閏，四月丁未爲十九日，庚戌爲二十二日。若無閏，即四月無丁未、庚戌。然二日皆在生魄之後，則古文爲倒而此志所引者爲順。但其言燎于周廟，似無理耳。況古文此篇文皆錯繆，安知「既生魄，庶邦冢君暨百工受命于周」十四字非本在「示天下弗服」之下、「丁未祀于周廟」之上，而「王若曰」以下乃「大告武成」之文耶？以湯誥考之，此説爲是。畢命，古文有此篇，其年月日與此同，而「王命作册」乃序文。唯豐刑爲無據，然年月之下亦有「至于豐」字，豈又若伊訓之「方明」耶？但古文之序，「册」下更有「畢」字，孔傳以爲命爲册書以命畢公，如此則全不成文理。本文似亦有闕語，疑「作册」二字乃衍文，而闕一「公」字也。以此可見劉歆所見古文已非其正，而今本亦有闕誤，難盡信也。孟康便以豐刑爲逸書篇名，則亦不復本上文自有畢命矣，此又誤之甚也。此恐是劉氏七經小傳之説，當考。

答潘子善

所喻主一功夫，甚善。千萬更加勉力爲佳。書説今再報去。去歲卷子，八月間已寄往黄巖矣，不知何故未到。然大抵看得似皆疏淺，更宜玩索其間曲折意味，方有得力處也。學禮之意甚善，然此事頭緒頗多，恐精力短，包羅不得。今可且讀詩，俟他日所編書成，讀之未晚。書雖讀了，亦更宜温習。如大學、語、孟、中庸則須循環不住温習，令其爛熟爲佳。春秋一經，從前不敢容易令學者看，今恐亦可漸讀正經及三傳。且當看史功夫，未要便穿鑿説褒貶道理，久之却别商量，亦是一事也。公食禮至今未寄來，已報恭叔、致道趣之矣。子約之亡，深可傷痛，此間蔡季通亦死貶所，尤可惜，目前便覺無人説得話也。

答潘子善

洪範中休徵、咎徵，諸家多以意推説〔四〇〕。竊以爲五者不出陰陽二端〔四一〕：雨、寒，陰也；暘、燠、風，陽也。肅謀深沉而屬靜，陰類也，故時雨、時寒應之；又哲聖發見而屬動，陽類也，故時暘、時燠、時風應之。狂反於肅，急失於謀，故恒雨應之〔四二〕。未知如此看得否？

大概如此。然舊以雨屬木，暘屬金，燠屬火，寒屬水。而或者又欲以雨屬水，暘屬火，燠屬木，寒屬金。其説孰是，可試思之。

旅獒「人不易物」〔四三〕，諸家皆讀「易」如字。某竊意當讀作「輕易」之「易」〔四四〕。

恐不然。

「時庸展親」，諸家多訓展作信〔四五〕，是否？

展，審視也，不當訓信。

召誥文〔四六〕，只説召公先至洛而周公繼至，不説成王亦來也。然召公出取幣入錫，周公乃曰「旅王若公」，其辭又多是戒成王，未知如何？

此蓋因周公以告于王耳。但洛誥之文則有不可曉者，其後乃言王在新邑，而其前已屢有問答之詞矣。可試考之。

立政「茲乃三宅無義民」，據此三宅即上文「宅事」、「宅牧」、「宅準」之「宅」。今孔氏、蘇氏以爲居無義之民，猶舜典五宅三居之意，呂氏以「三宅無義民」一句，「桀德惟乃弗作往任」，謂當桀之時，三宅者曾無義民。未知二說孰長？

呂說是。

司徒、司馬、司空、亞旅，不知何故叙於太史、尹伯、庶常、吉士之下，呂氏以爲諸侯之官，未知是否？

謂三官之副與其屬耳。亞謂小司徒之屬，旅則下士也。見周禮序官。

「奠麗陳教則肆」，「麗」字，據孔氏音力馳反，施也。諸家多作「附麗」之「麗」，謂土著也。「奠麗」謂養之，「陳教」則教之。未知其說如何？某竊謂從孔氏說亦自平直，「奠麗」者謂定其所施之號令也，「陳教」則陳其所以教之之道也。「肆」或訓「勞、習」，愚意謂從「習」爲長。未敢自決，尚幸批誨。

前篇有以「麗」訓「刑」者，「肆」當訓「習」。

爾無以釗冒貢於非幾〔四七〕。

幾者，事之微也。

康王釋喪服而被衮冕，且受黄朱圭幣之獻。諸家皆以爲禮之變，獨蘇氏以爲禮之失〔四八〕。

天子、諸侯之禮，與士、庶人不同，故孟子有「吾未之學」之語，蓋謂此類耳。如伊訓元祀十二月朔，亦是新喪，伊尹已奉嗣王祗見厥祖，固不可用凶服矣。漢、唐新主即位皆行册禮，君臣亦皆吉服，追述先帝之命，以告嗣君。韓文外集順宗實録中有此事，可考。蓋易世傳授，國之大事，當嚴其禮，而王侯以國爲家，雖先君之喪，猶以爲己私服也。五代以來，此禮不講，則始終之際殊草草矣。

程先生文集中主式與古今家祭禮長短不同〔四九〕，所謂古尺，當今五寸五分弱，不知當用今何尺？古今家祭禮中有古尺樣，較之今尺又不止五寸五分，注云「省尺」。省尺莫是今準尺否？

主式，適檢二書，高低雖有少不同，然本只要見式樣，其高廣之度自有尺寸，初不取此爲準也。省尺乃是京尺，温公有圖子，所謂三司布帛尺者是也。會稽司馬侍郎家必有此本，可轉求之。其圖并有古尺數等，此舊有之，今久不見矣。

答潘子善

六月二十七日熹頓首：久不聞問，便中辱書，具審比日所履佳勝，又知已遂親迎，良以爲慰。熹衰病益侵，本無足言，最是氣瘩，不可伏几觀書，殊以爲撓耳。近日作何工夫？前此問目，已嘗奉報矣。此間朋友亦有十餘人，頗有講論之益，然亦皆不能久留也。不知秋冬間能率諸同志一來爲旬月之集，以盡所欲言者否？因便口占布此，草草，餘唯以時自愛。

答余彝孫範

有憂有懼者，志不勝氣，氣反動其心。若志立，則氣定矣。故曰内省不疚，夫何憂何懼？

有憂有懼者，内有所慊也。自省其内而無所病，則心廣體胖而何憂何懼之有？夫子之語，固已明白完備。今以志立氣定爲言，則是未嘗熟復本文而别生枝節也。

文中子曰：「仁義，教之本，先王以是繼道德。」此先道德而後仁義之説也。此説得之。

大學「知止」以至「能得」，孟子「自得」以至「逢原」，或以二章次第相似，範以爲不然。大學知止而下，乃孟子欲其自得之事，至於能得，乃自得處。居之安則資之深，資之深則取之左右逢其原，此乃自得後所進愈不止也。此亦得之。但聖賢之言各有所指，其次序深淺隨事而言，不可如此牽合，此説猶爲粗可通耳。

「不耕穫，不菑畬」，程子易傳爻辭恐未明白。範竊謂無不耕而穫、不菑而畬之理，只是不於耕而計穫之利。如程子所解象辭，移之以解爻辭則可。

易傳爻、象之辭雖若相反，而意實相近，特辭有未足耳。爻辭言當循理，象辭言不計利，循理則不計利，計利非循理也。但考之經文，則傳與來説於文義之間皆若有可疑者。若曰不耕而穫，則多却「而」字；若曰不於耕而求穫之利，則又須增數字方通。嘗謂此爻乃自始至終都不營爲而偶然有得之意，耕穫菑畬，舉事之始終而言也。當无妄之世，事蓋有如此者。若以義言，則聖人之無爲而治、學者之不要人爵而人爵從之，皆是也。大抵此爻所謂无妄之福，而六三則所謂无妄之禍也。

艮六二「不拯其隨」〔五〇〕，程子謂「二不得以拯三之不中，則勉而隨之，不拯而惟隨也」，恐「惟」字未的當。若不拯而惟隨，則如樂正子之於子敖、冉求之於季氏也。當只言

「不拯其所隨，故其心不快」，如孔孟之於時君，諫不行、言不聽則去而已，勉而隨之，恐非時止之義。

得之。

大司樂：祀天地四望，皆文之以五聲。至於祀天神、地祇、人鬼，獨用宮、角、徵、羽而不及商。或曰祭尚柔，又何以統言五聲耶？一變致羽物，六變致象物，有感則無不通，但不可以次序先後言〔五一〕。然下管鼗鼓而鳥獸蹌，簫韶九成而鳳凰儀，又若有次序先後，豈所感有淺深，故其應如之耶？

五聲蓋總言之，其用則不及商也。沈存中筆談亦有說，然此等今無所考，未須深究。感有淺深，古注之說已詳，然今亦未睹其實也。

司服：卿大夫加以大功、小功。則自卿大夫而上皆無此者，何也？

此義周禮疏中其說已備，中庸所謂「期之喪達乎大夫」是也。乃古人貴貴之義，呂氏之說詳矣。精義「君子反經」處亦有說。然亦是周公制禮而後方如此，故檀弓又云：「古者不降，上下各以其親。」大凡禮樂制度若欲理會，須從頭做功夫，不可只如此章〔五二〕，草略說一二。但恐日力未遽及此，不若且專意於其近者爲佳耳。

校勘記

〔一〕又在鄉里遠　記疑云：「此句疑有誤。」

〔二〕往時忘記奉扣　「往」，原作「性」，據浙本、天順本改。

〔三〕究極精微以日不足爲事　「以日不足」，底本原注云：一作「不足日以」。

〔四〕三異　「異」字原缺，據閩本、浙本、天順本、考亭淵源録初稿卷一一補。

〔五〕而知昔之舊者真不足□　缺字，余謙重修本作「學」，四庫全書本作「爲」。

〔六〕因書幸以報之也　「之」字原缺，據閩本、浙本、天順本補。

〔七〕比來爲況如何　此句上，八瓊室金石補正卷一一二有「十月十六日熹頓首：去歲□河幸辱遠訪，得遂少款爲慰。慰次客舍□別，忽忽期年，又兩三閱月矣。不審何日得遂舊隱？官期尚幾何時」五十二字。

〔八〕而吾之所謂學者舍是無有別用力處矣　此句下，八瓊室金石補正卷一一二有「相望數千里，奚由再會一日」十一字。

〔九〕切勿爲外人道也　此句下，八瓊室金石補正卷一一二有「此書附建昌包生去，渠云自曾相識，且欲求一致公書，不知果有□否？刻舟求劍，似亦可笑，然亦可試爲物色也。所欲言者非書可盡，燈下目昏，萬萬，不宣。熹再拜周卿教授學士賢友。□溪大字後事處曾訪問得否？去歲回建陽後，方得□此所惠書并書藁策問。所需□□，又何敢復告邪？熹」一百十一字。

〔一〇〕如所引孟子隱几而卧而以爲當然　「所」，原作「此」，據閩本、浙本、天順本改。

〔一一〕係戀之私恩　「戀」，原作「吝」，據程頤易傳改。

〔一二〕蹇九五　「九五」，原作「初九」，據閩本、浙本、天順本、周易蹇卦改。

〔一三〕事君數斯辱矣　「事」上，浙本有「子游曰」三字；「矣」下，浙本有「章」字。

〔一四〕柳下惠進不隱賢　「柳」上，浙本有「孟子謂」三字；「賢」下，浙本有「章」字。

〔一五〕渴者甘飲　「飲」，原作「飢」，據閩本、浙本、天順本改。

〔一六〕未知如此説得否　「否」下，浙本有「更乞指教」四字。

〔一七〕某竊謂至更乞指教　浙本作「某竊以爲守固不當如此守，然攻亦豈可如此攻耶？秦之兼並天下，不啻如禦人於國門之外者。設使守之有道，且不可保，況又非其道耶？然則論秦之亡者，豈可徒咎其守之非道，而不論其攻之已不善哉？更乞指教」。

〔一八〕某謂至事業處　浙本作「某竊謂『思』猶『意思』之『思』，若只作『思慮』之『思』，未見發於事業處。惟從去聲讀，則見其發於事業者莫不切中情否，焕然可觀，彷彿如論語『中倫』、『中慮』之類，未知是否，伏乞批誨」。

〔一九〕疑是稱皋陶　「疑」，浙本作「只」；「陶」下，浙本有「耳」字。

〔二〇〕不知是已卜還是未卜　浙本作「不知已是曾卜一番了，還是未曾卜？按文義，恐是已曾卜了，禹更請枚卜，故舜言其不必再卜之意。『鬼神其依』者，以鬼神不可得而知，但人謀既協，則鬼神亦必依之，亦是言向者卜時已是無可疑者，今不必更卜也。未知是否？伏乞批誨」。

〔二一〕非言昏迷天象之人　「非」，浙本作「不是」。此句下，浙本有「未知是否」四字。

〔二二〕諸家説各不同不知此四爲字當作如何音　「家」、「各」、「作」三字原脱，據浙本補。

〔二三〕既者言其魄之既足也　「也」下，浙本注云「此句非是」。

〔二四〕尋常如何看　「看」下，浙本有「伏乞指教」四字，注有「段内小字先生批」七字。

〔二五〕需卦六四出自穴　此句以下，浙本另作一篇，題爲答潘子善。

〔二六〕險陷之所　「險」，浙本作「陰陽」，天順本作「陰」。「所」下，浙本有小注「二説不同」四字。

〔二七〕某以爲謂之險陷之所　「某」下，浙本有「竊」字；「謂之險」，浙本作「以穴爲陰陽」。

〔二八〕却見得自上畜下之意分明　「却」，原作「自」，據閩本、浙本、天順本改。

〔二九〕豐彖曰　「彖曰」二字原脱，據浙本、周易豐卦補。

〔三〇〕然天地盈虛至何耶　浙本作「今既言天地，而復言鬼神，未知如何分」。

〔三一〕訓詁皆云深也　「訓」上，浙本有「據」字。

〔三二〕本義謂至用之耳　浙本作「本義引龜筴傳『蓍生滿百莖』爲證，某竊謂『生』字似只當與下面對『立卦』『立』字、『生爻』『生』字同例看。所謂生蓍者，猶言立蓍而用之耳。未知是否」。

〔三三〕某恐勞字當作去聲讀　浙本作「據下文云『萬物之所謂歸也，故曰勞乎坎』，竊意『勞』字當作去聲讀，未知是否」。

〔三四〕辟雍至天子之門也　浙本作「『於倫鼓鍾，於樂辟雍』，注云：『辟雍，天子之學也。』不知辟雍從來是天子之學否？還是文王始爲之，及周有天下遂以爲天子之學，亦如皐門、應門始立於太王，而後遂以爲天子之門耶？伏乞指教」。

〔三五〕竊疑是比體　「體」下，浙本有「未知如何」四字。

〔三六〕作比爲是　「是」下，浙本有「小序麟趾詩：『雖衰世之公子，皆信厚如麟趾之時也』，此句似無義理。江有汜詩是媵自作，非美媵也。此二處下皆未曾注，未知如何？」「當補」。凡五十二字。

〔三七〕仁者不憂　「仁」上，浙本有「論語」二字；「憂」下，浙本有「一句」二字。

〔三八〕某嘗推之恐只是此心常存　「嘗推之恐」，浙本作「前此看這一句，覺得未分曉，近方得之。竊謂仁所以不憂者」。

〔三九〕春秋翬帥師　浙本「春」上有「某讀」二字，「秋」下有「至」字，「師」下有「會宋公、陳侯、蔡人、衛人伐鄭處，略窺見聖人所以作春秋之意，僭易録呈，伏乞指教」三十二字。

〔四〇〕諸家多以意推説　「意」，原作「義」，據正訛改。

〔四一〕竊以爲五者不出陰陽二端　「爲」下，浙本有「此猶易中取象相似，但可以彷彿看，而不可以十分親切求也。庶徵雖有五者，大抵不出於陰陽二端而已」四十一字。

〔四二〕故恒雨應之　「雨」下，正訛加「恒寒」二字。

〔四三〕旅獒人不易物　「物」下，浙本有「惟德其物」四字。

〔四四〕某竊意當讀作輕易之易　浙本作「某竊意當作去聲讀，蓋此二句接上文『無替厥服』與『時庸展親』之意，謂人不敢輕易其物，惟知德其物也。德其物者，謂以所賜之物爲德也。至下文『德盛不狎侮』，却自是别生意，不與『惟德其物』相接。諸家往往以『惟德其物』之『德』接下文『德盛不狎侮』之『德』，而不以接上『時庸展親』之意，故以『易』作如字讀。未知是否」。

〔四五〕諸家多訓展作信　「信」下，浙本有「謂信其親親之意。某竊意只作『展省』之『展』，自是平直，未知」二十二字。

〔四六〕召誥文　「召」上，浙本有「據」字。

〔四七〕爾無以釗冒貢於非幾　浙本作「『思夫人自亂於威儀，爾無以釗冒貢於非幾』，『幾』字多訓危，某竊謂幾即事也，猶『萬幾』之『幾』。『冒貢於非幾』，謂冒進於非所當爲之事。未知是否」。

〔四八〕且受至禮之失　浙本作「受虎賁之逆于南門之外，且受黄朱圭幣之獻。諸家皆以爲禮之變，獨蘇氏以爲失禮，使周公在，必不爲此。未知當此際合如何區處」。

〔四九〕程先生文集中主式與古今家祭禮長短不同　浙本作「程先生文集中主式與古今家祭禮長短闊狹不同，不知此二書開時，皆曾經先生校過否」。

〔五〇〕艮六二不拯其隨　「二」，原作「三」，據周易艮卦改。

〔五一〕但不可以次序先後言　「但」，底本原注云：一本作「似」。

〔五二〕不可只如此章　「章」，底本原注云：疑「草」字之誤。

晦庵先生朱文公文集卷第六十一

書 知舊門人問答(一)

答林德久 至

示喻進學之意，甚善甚善。從事於此，自當有味。但畏間斷不接續爾。然續與不續，其機亦在我而不在人也。

答林德久

收歛之喻，足見信道之勇，然須博約相資，方有進步處。而讀書之法，又只是要專一，久自見功，難以歲月期速效也。易說大概多與啓蒙相出入，但後數條旁通衆說，亦有功，俟更徐考奉報。然既知其無取，自不必深究，王輔嗣所謂「縱或復值，而義無所取」，此一言切中事理。中間亦嘗有數語論之，後便寫寄也。向在玉山道間，見徐彦章説離爲龜，故卦中言龜處皆有離象，如頤之「靈龜」，損、益「十朋之龜」，以其卦雖無離，而通體似離也。頤六爻，損自二至上，益自初至五。此其求之巧矣。然頤猶取龜義，而無取於離；損、益則但言其得益之多，而義亦不復繫於龜矣。今乃不論其所以得益之故，以爲求益之方，而必窮其龜之所自來，亦可謂枉費心力矣。大學歸來不暇整理。蓋此等多因朋友辨論間，彼此切磨，説得細密，今無事時自作文字，却有搜索不到處。因暇試爲追記前日所論，便中示及，或便可用也。昨在玉山學中與諸生説話，司馬宰令人録來。當時無人劇論，説得不痛快。歸來偶與一朋友説，因其未喻，反復曉譬，却説得詳盡。因并兩次所言，録以報之。試取一觀，或有助於思索也。

答林德久

殿記正以病思昏塞，不能有所發明爲愧。斯遠書來，疑一兩處，已報之矣。恐更有未安，且更商量，未可便入石也。彭書荷留意，此公之去深爲可惜。今外廷尚得諸人扶持，未至甚有過事。但本根之慮，外間無由知其深淺，令人憂歎耳。所喻日用功夫，甚慰所望。

但云一著力便覺多事，此恐未然。此心操舍存亡，只在瞬息間，本不須大段著力，然又不可不著力，如此久之，自然見效。若如此論，竊恐非晚定須別求捷徑矣。窮理亦無它法，只日間讀書應事處，每事理會便是。雖若無大頭段增益，然亦只是積累，久後不覺自浹洽貫通，正欲速不得也。易象說似未條暢，所論小過、中孚，先儒之說却似未爲過也。熹所論別紙録去，然其大意不過欲姑存而未論耳。後書所疑，不知後來看得曉然未耶？熹嘗愛韓子說所以爲性者五，——而今之言性者皆雜佛老而言之，所以不能不異，——在諸子中最爲近理。蓋如吾儒之言，則性之本體便只是仁義禮智之實。如老佛之言，則先有箇虛空底性，後方旋生此四者出來；不然亦說性是一箇虛空底物，裏面包得四者。今人却爲不曾曉得自家道理，只見得它說得熟，故如此不能無疑。又纔見說四者爲性之體，便疑實有此四塊之物磊塊其間，皆是錯看了也。須知性之爲體，不離此四者，而四者又非有形象方所可撮可摩也，但於渾然一理之中，識得箇意思情狀，似有界限，而實亦非有墻壁遮欄分別處也。然此處極難言，故孟子亦只於發處言之，如言四端，又言「乃若其情，則可以爲善」之類。是於發處教人識取，不是本體中元來有此，如何用處發得此物出來？但本體無著莫處，故只可於用處看，便省力耳。所引程子之言，乃暢潛道本，前輩疑其間或非先生語，以今觀之，誠是不精切也。所論春不可以包夏秋冬，亦未然。若如所論，則是元字是總說，下面須更添一字與亨、利、貞別爲四德矣，豈理也耶？禮智二字，當時只是漫説，初無緊要，然亦不可不理會得，今但以四時觀之，即自可見也。中庸游、楊説得不精切，不必深求。中庸對高明而言，是就事物上説，各要得中而平常，正是三千三百底事，安得不謂之小。凡此類，更熟味之，自見意思也。目盲，作此數紙，已極費力，未能盡鄙意。如更有疑，遞中附數字來，子細反復，此處正好劇論也。

答林德久

目盲益甚，它疾亦浸劇。辭免未報，且爾杜門，無足言也。新齋已略就，而學子至者終少，難得穎悟可告語、篤信肯用力之人。兀坐殊憒憒耳。賢者斆學之功，當日有緒，見讀何書？有可商量者，便中示及一二爲幸。

答林德久

新齋雖就，而竹木未成陰，學者居之多不安。然今歲適有科舉之累，來者亦無多人。又病中無氣力，不能與人劇論，甚覺負其來意也。疑義兩紙，各已奉報。鬼神之説，只且如此，涵泳聖賢諸説，久自分明，不必穿鑿，彊作見解也。持敬之云，誠如所喻，此是最緊切處。大病之餘，又苦目昏，讀書不得，兀坐終日，於此甚有味也。界限之説，亦是要見得五者之在性中，各有體段，要得分辨不雜，不可説未感時都無分别，感物後方有分别也。觀程先生沖漠無朕一段可見矣。德脩王丈逝去甚可惜，雖其所講未甚精到，然朴厚誠實，今亦難得此等人也。

答林德久

所示疑義，各附鄙説於其後。近覺向來所論，於本原上甚欠工夫，間爲福州學官作一説發此意，欲寫奉寄，以斯遠亟欲附家報，未能辦，俟後便也。中庸章句已刻成，尚欲脩一兩處，以或問未罷，亦未欲出，次第更一兩月可了。大抵日困應接，不得專一工夫，今又目盲，尤費力爾。不知天意如何，且留得一隻眼，了些文字，以遺後來，亦是一事。今左目已不可治，而又頗侵右目矣。

伊川曰：「性中只有箇仁義禮智而已，曷嘗有孝悌來？」事親、從兄，雖人之良能，論性之體，則仁義禮智。所謂孝悌，乃仁之發見者。未知是否？伊川所以謂仁主於愛，愛莫大於愛親。

伊川先生固曰「仁，性也；孝悌，用也」，此可見矣。

夫子温良恭儉遜。伊川以爲盛德光輝接見於人者也。學聖人者，其德性當如何涵養？恐是持敬爲先否？

持敬固是本原，然亦須隨事省察，去其不如此者。

「因不失其親」，二程先生謂信、恭、因不失親近於義、禮，橫渠先生謂「不失親於可賤之人」，當從何說？

橫渠得之。但全章文意却微有病。

「吾十有五而志于學」一章，伊川以爲且爲學者立下一法，所以勉進後人。橫渠以爲行著習察，則皆聖人進德次序。二説不同，未知孰是？今讀集註「是其日用之間必有獨覺其進，而人不及知者，因其近似以自名」，所謂近似之説未能盡曉。

此三説未須理會，只且就自己分上點檢。

「不思而得，不勉而中」，中庸皆以爲誠之事，初無節次。以耳順爲不思而得，不踰矩爲不勉而中，所謂不思不勉有十年工夫，未知如何？

同上。

欲是聖人作用處否？妄意聖人所謂從心所欲，蓋自志學至此，則純是義理。心之所欲，即道體流行，自不踰乎天。則莊老猖狂妄行，蹈乎大方，立脚處義理皆差。彼所謂大方，豈真法度也？未知是否？

欲字分明，聖人作用處却難曉。如此解經，轉見迷昧矣。猖狂妄行，便是不依本分了。上蔡曰：「聖人未嘗無思，故有所欲；未嘗放，故不踰矩。聖人之心澹如止水，體用未嘗相離。」竊意無思、收與放，恐是學者分上事。

上蔡語無病。

「四十而不惑」，伊川曰「明善之徹」，又曰「言不惑則自誠」。敢問不惑已至誠之地位否？若横渠言不惑則於功用上見。二説如何？

二先生之言未嘗有異，更宜玩索。

「由，誨汝知之乎？」竊意子路勇於進，其於學問，恐欠深潛密察之功，故夫子誨之者如此。上蔡謂：「死生之説，鬼神之情狀，爲學者當知；千歲之遠，六合之外，爲學者所不必知。」死生、鬼神之所以然，非窮神知化者不足以與此，夫子嘗告之以「未知生」、「未能事人」，正子路從事於功用之間〔一〕，豈强其所未易知者？恐非誨其務實之意。

不必如此説。上蔡之説，且以文意論之，已自不是也。

「巧言令色，鮮矣仁。」諸儒皆以爲其心未必不仁，志在於善而失其所習與。若實之以君子之德，雖巧、令未爲過。竊意巧、令者務悦於人，失其本心甚矣。若如諸説，恐離心、迹於二，而容悦於外者曰：「吾心不如是也。」可乎？

諸説蓋爲「鮮」字所惑，又爲「詞欲巧」、「令儀令色」所牽，皆以詞害意之失。故伊川先生直截説破云：「謂非仁也。知巧言令色之非仁，則知仁矣。」此足以破千載之謬矣。

伊川曰：「心具天德。心有不盡處，便是天德處未能盡，何緣知性、知天？」觀諸先生議論，皆謂盡心而後知性、知天。而先生盡心第一章，以謂知性而後能盡心，與諸先生議論不同。盡心知性，此是學者第一〔三〕。如孟子教人，皆從心上用功，如操舍存亡、求放心之類〔四〕。不知先自知性始，當從何處實下工夫？敢告指教。

以文勢觀之，「盡其心者，知其性也」，言人之所以能盡其心者，以其知其性故也。蓋盡心與存心不同。存心即操存求放之事，是學者初用力處。盡心則窮理之至，廓然貫通之謂。所謂知性，即窮理之事也，須是窮理，方能知性。性之盡，則能盡其心矣。

「至大至剛以直養而無害。」若「直」字絶句，則「直」仍論氣之體。若「剛」字絶句，則「直」是養氣矣。二者未知孰是。如楊遵道録伊川語與龜山語録，嫌將一物養一物之説，則「直」爲絶句。至常思之，人心平氣定，不爲私慾所誘，氣之本體覺廣大不可屈；一爲私意所撓，則便有歉。所謂「直養而無害」者，是全義理去私慾否？

「以直養而無害」，即上文「自反而縮」之意。人能集義，則無不直，而氣浩然矣。

「配義與道」，伊川謂：「以義理養成此氣，合義與道。」又云：「既生得此氣，語其體，則與道合；語其用，則莫不是理義。配義與道，自養氣者而言，或自養而既成者也。」龜山謂：「氣無聲之可名，故難言之也，而以道義配之，所以著名也。」一似氣、道、義各爲一物，姑借此以明彼爾。尹和靖謂：「其爲氣也，至大，至剛以直。其體則名曰道，其用則名曰義。學者能識之，然後能養之。」則三者皆一事，而氣爲之主。兩說未知如何？集注謂「合而有助」之詞，亦未能盡曉，併告開發。

集注說得分明，更宜深考，當見不敢曲從楊、尹之意。

「必有事焉而勿正」，二程多主於敬。一說須當集義，是承上文「是集義所生者」而言。所謂「必有事」，則積集衆善工夫否？

孟子上下文無「敬」字，只有「義」字，程子是移將去「敬」字上說，非孟子本意也。集註亦可細玩。

有子以孝悌爲仁之本，孟子分事親、從兄爲仁、義之實。義主敬，或主於事之宜也？以宜爲主，而敬在其中。

「故者以利爲本」，故者，謂其本如是也？或是已然之故也？謂其本如是，則自其稟受之初者觀之。若已然之故，則必待端緒著見而後可也。伊川謂：「『必求其故』者，只是欲順而不害之謂，所謂順利者。」得非中庸率性之道，而人爲不得參於其間耶？又曰：「凡性之初，未嘗不以順利爲主。則是性本順利，不待矯揉成就也。」此只就性之本而言也。至觀「順杞柳之性」與夫「水無有不下」兩章，則性本善，凡所謂不善，皆拂其本也。伊川二説恐參合看而後全也。如龜山以故爲氣質之性，竊類莊子「去智與故」之言，蘇黄門亦有此説，不知如何？

故者，已然之迹也，如性之有仁義禮智，不可得而見，而惻隱、羞惡、恭敬、是非，則有已然之迹矣。然四者之發，非有所矯揉而後成也，非以利爲本耶？楊、蘇之説皆非是，蘇之失尤甚。此類須痛與辨析方見工夫。

孟子論三聖，獨伊尹不言聞其風者，亦不言其流弊如夷、惠者，何也？豈以其樂堯舜之道於畎畝之中，必待湯往聘之，乃幡然而起，行止近於聖之時也？

此恐亦偶然耳。如所論者，恐或亦有之也。

智聖一章，自「集大成也者」以下，舊見鄉人陳先生説，孟子教學者集大成門户，故分智、聖、始、終之事以示人。謂其知有偏全，則行亦有偏全，必自致知而入也。竊觀此章前言聖人之時，後方兼明智、聖、始、終之義。獨言孔子者，恐爲智、聖功用而言也。三子者或不足於知，或知有所偏也。如横渠謂聖者不勉而中，不思而至，似不特智之事也，豈所謂智亦生而知之者否？

孟子此言固專爲孔子而發，然亦可見三子欠闕處，及學者功夫次第，不少説教學者以集大成門户〔五〕，及聖人之功用而言也。集大成乃聖賢地位極至處，豈有門户之可言？然其所謂「知有偏全，則行亦有偏全，必自致知處而入」，則得之矣。

孟子曰：「人無有不善，水無有不下。」程氏謂：「善亦性也，惡亦不可不謂之性也。」若指上文氣稟而言，則如子越椒之生，世偶有之，不應稟氣賦形有善惡存焉。若指下文水就下而言，則若有可使爲不善之意。然濁水、沙石非水本然也。「惡亦不可不謂之性」，此語未曉所指。

此章「性」字説得最雜，有是説本性者，有是説氣稟者。其言水之下與水之清，亦是兩意。須細分別耳。

「生之謂性」一章，集註以「知覺運動者」言也。仁義禮智，性也。嘗觀釋氏之説，止以知覺運動者爲性。今其徒之説，亦有以是靈靈昭昭者爲非者。前此常被其惑。今析性與氣而言，性之大本，雖已分曉，更有疑處。人賦氣成形之後，便有知覺，所有知覺者，自何而發端？又死之後，所謂知覺運動者，隨當與形氣俱亡；性之理則與天地古今周流而無間。横渠所謂「非有我之得私」者，而有「形聚成物，形潰反原」之説，如何？釋氏以謂覺性常存，不受沉墜。如其說，誠有一物在造化之外。老氏亦謂死而不亡。至於聖人之於喪祭，求諸幽漠如此其至者，果有物無物耶？

知覺正是氣之虚靈處，與形器、查滓正作對也。魂游魄降，則亦隨以亡矣。横渠反原之說，程子蓋嘗非之。今東見録中「不可以既反之氣復爲方伸之氣」，此類有數條，皆爲此論發也。喪祭之禮，是因其遺體之在此，而致其愛敬以存之，意思又别。

「若夫爲不善，非才之罪也。」孟子謂人之才無有不善。伊川謂性出於天，才出於氣，氣清則才清，氣濁則才濁。才則有善不善，性則無不善。其説似與孟子相反。或四端著見處是才？或所以能充拓者爲才也？

性既本善，則才只可爲善；爲氣有不善，故才有不善耳。然孟子不論氣之病，集注言之詳矣，請更詳之。

「君子不謂性命」一章，上言「不謂性也」，下言「有性焉」，上下言性不同，恐上是氣質之性，下是天地之性否？横渠所謂「形而後有氣質之性，善反之則天地之性存焉，故氣質之性，君子有弗性者焉」，正本此意否？

以口之於味之屬爲性，非專指氣質，蓋以理之屬於血氣者而言，如書之言人心也。中庸章句序中已詳之，可考。

「大而化之之謂聖。」横渠謂:「大而化不可爲也,在熟之而已矣。」此則與易之「擬議以成其變化」同。或説大猶有迹,化無迹,謂充實光輝者使泯然無形迹之可見。竊疑與釋氏銷礙入空之説相似。不知如何?

孟子説「化」字與易之變化不同,後説得之。然非銷礙入空之謂,更分别之,自可見矣。

横渠曰:「由太虚有天之名,由氣化有道之名,合虚與氣有性之名,合性與知覺有心之名。」横渠所謂性者,恐兼天地之性、氣質之性而言否?所謂心者,併人心、道心言否?

非氣無形,無形則性善無所賦,故凡言性者,皆因氣質而言。但其中自有所賦之理爾。人心、道心亦非有兩物也。

「『忠信所以進德』,『終日乾乾』,君子當終日對越在天也。蓋『上天之載,無聲無臭』,其體則謂之易,其用則謂之神,其命于人則謂之性,率性則謂之道,脩道則謂之教。孟子去其中又發揮出浩然之氣,可謂盡矣。故説神如在其上,如在其左右,大小大事而只曰『誠之不可揜如此夫』,徹上徹下,不過如此。形而上爲道,形而下爲器,須著如此説。器亦道,道亦器,但得道在,不係今與後,己與人。」至竊謂此段論至理徹上徹下,本自完具,初無天人微顯之間。誠敬者,所以體當是理者也,一不誠敬,則幾於無物矣。其能貫通而無間此終始，專在誠敬上著力，是否？

此是因解「乾」字，「乾」字即是天字，遂推言許多名字。只是一理，而各有分別，雖各有分別，又却只是一箇實理。誠者，實理之謂也。非論人當以誠敬體當是理也。

「中者，天下之大本，天地之間，亭亭當當，直上直下之正理。出則不是，唯敬而無失最盡。」至竊謂此段論中之體，直上直下，無所偏倚，發而中節，雖謂之和，而中之體固存。所論「出則不是」者，出謂發而不中節者否〔六〕？「敬而無失」，持養於未發之前否？

「出則不是」，蓋謂發即便不可謂之中也。且如喜而中節，雖是中節，便是倚於喜矣，但在喜之中無過不及，故謂之和耳。

答林德久

別紙所論敬爲求仁之要，此論甚善。所謂「心無私欲即是仁之全體」，亦是也。但須識得此處便有本來生意融融洩洩氣象，乃爲得之耳。顔子不改其樂，是它功夫到後自有樂處，與貧富貴賤了不相關，自是改它不得。仁智壽樂亦是功夫到此，自然有此效驗。來喻雖亦無病，然語意終未親切活絡，更宜涵養玩索，更於仁智實處下工夫，則久當自見矣。西室所聞，未見全書，恐是陳長方所記。此只有震澤記善録，乃淮郡印本，想已有之。其間議論亦多可疑也。

答林德久

近地教官闕次必遠，既非禄養之宜，又不更治民，亦使人怠惰苟簡，非所以磨厲器業，似不若參選，擬一近闕丞佐之屬爲佳也。熹屏居如昨，朋舊多勸謝客省事者，亦嘗試之，似難勉强。又揀别取舍，却恐反生怨怒，不若坦懷待之。若合須過嶺，此亦何可避也！

答林德久

待次閑中，足得爲學，未爲失計。要之仕宦只合從選部注擬，是家常茶飯，今人干堂慣了，不覺其非，故有志之士亦不免俯首其間，爲人所前却，此可爲後來之戒也。無事静坐，有事應酬，隨時處無非自己身心運用，但常自提撕，不與俱往，便是功夫。事物之來，豈以漠然不應爲是耶？疑義已略用己意説釋其後，恐有未安，更望反復。大抵似用意未精，咬嚼未破也。漢卿甚不易得，想亦難得相聚也。齋中自去秋後，空無一人，亦幸省事。今復頗有來者，然亦不多，目前未見卓然可望也。唯江西吴必大伯豐者，相從累年，明敏過人，儘能思索，從事州縣，隨事有以及民，而自守勁正，不爲時勢所屈，甚不易得。今乃不幸短命而死，甚可傷悼耳。

答林德久

熹疾病益侵，氣痞足弱，不能屈伸。屏居無事，尚能讀書，而以病故，不能俯伏几案。所幸猶有一二朋友，早晚講論，少足爲慰耳。引年告老，昨以鄉閭横議，官吏過憂，久不得上，至煩臺評播告，後乃得之。尸居餘氣，何足爲世重輕，而每煩當路注意如此，既以自歎，又自笑也。二陸祠記甚佳。此題目本不好做，想亦只得且如此説過耳。幕中無事，儘可讀書，不知比來作何功夫？因書幸略及之也。武成錯簡，尋常如何讀？韓退之與大顛書，歐、蘇之論孰當？因風幸及之。

答林德久

盡心知性之説恐未然。今亦未論義理如何，只看文勢「者也」二字便可見。近有朋友引「得其民者得其心也」以證之，亦自有理。若如所論，私意脱落無有查滓爲盡心，即不知却如何説「存心」兩字？兼既未知性，即是於理尚有未明，如何便到得此田地耶？此處一差，便入釋氏見解矣。此理甚明，更宜思之。況知者，有漸之詞，盡者，無餘之義，其意象規模，自應有先後也。太虛實理，正是指形而上者而言。既曰形而上者，則固自無形矣，然謂之無理可乎？以此思之，亦自曉然也。

答歐陽希遜謙之

所示疑義，比舊甚進。所未安，各已疏出，幸更思之，因風喻及也。所謂「徒守紙上語，擬規畫圓，模矩作方」，此初學之通病，然尚有不能守紙上之語，雖擬規矩而不能成方圓者，而未必自知其非也。以愚計之，但且謹守規矩，朝夕模之，不暫廢輟，積久純熟，則不待模擬而自成方圓矣。切不可輒萌妄念，求之於言語文字之外也。

觀孔子言仁，如告顏子以克己復禮，所以爲仁之機，殆若發露而無餘蘊。至孟子論仁，雖嘗指人心而言，然其意使人自惻隱之心推之，要其旨歸，多主於愛之一辭。雖所以指示於人者豈不精切而確實，然不似聖人之言仁廣大渾全，而使人自得於精思力行之餘也。意者孟子適當夫好戰嗜殺人之時，爲救焚拯溺之計，不可不自夫受病之所而藥之歟？

程子曰：「四德之元，猶五常之仁，偏言則一事，專言則包四者。」惻隱之類，偏言之也；克己之類，專言之也。然即此一事，便包四者，蓋亦非二物也。故論語集注中云：「仁者，心之德，愛之理也。」此言極有味，可更思之，不可謂孟子之言不如孔子之周徧。孟子亦有專言之者，「仁，人心」是也。孔子亦有偏言之者，「愛人」是也。又謂孟子以世人好殺而言惻隱，尤非也。孔子雖不以義對仁，然每以智對仁，更宜思之。

「君子所貴乎道者三」，君子之所以重乎此者，爲其發乎吾身，而非有待於外也；爲其得於不勉不思，而非出於造作而然也。豈若籩豆之事，器數之末，皆身外之物，可以品節劑量安排布置而爲之者乎？

曾子之意，只是説人之用力有此三處，此大而彼小，此急而彼緩爾，亦未説到不勉不思處。籩豆之事，固是末節，然亦非全然忽略而不以爲意，但當付之有司，使供其事，而非吾之所當切切留意者耳。所云「身外之物」以下云云者，尤非本文之意也。

論語集注曰：「曾點氣象從容，辭意灑落。」某竊想像其舍瑟之際，玩味其詠歸之辭，亦可以略識其大概矣。程子謂其「便是堯舜氣象」。竊嘗以程子之意求之，所謂堯舜氣象者，得非若所謂不以位爲樂，與夫「有天下而不與」之意乎？集注又云：「是雖堯舜事業，固優爲之。」不知所謂事業者，就其得於己者而言？就其得於事功者而言？孟子之所謂狂者，蓋謂「夷考其行而不掩焉者」也。所謂行不掩焉者，若曰「言不顧行，行不顧言」，所行不能掩其所言也。不知曾點行不掩焉者，何處可見？檀弓曰：「季康子死，曾子倚其門而歌。」於此而作歌，可以見其狂否？

曾點氣象固是從容灑落，然須見得它因甚到得如此始得。若見得此意，自然見得它做得堯舜事業處，不可以一事言也。行有不掩，亦非言行背馳之謂，但行不到所見處耳。倚門而歌，亦略見其狂處。只此舍瑟言志處，固是聖人所與，然亦不害其爲狂也。過此須流入老莊去矣〔七〕。

孟子曰：「我知言，我善養吾浩然之氣。」集注云：「浩然，盛大流行之貌。氣即所謂體之充者。本自浩然，失養故餒。」某竊味「氣，體之充」與下面「浩然之氣」，兩箇氣字大意似同，而精微密察處略似有異。前面氣字若專主形於外者而言，後面氣字若專主發於內者而言。

氣無二義，但「浩然之氣」乃指其本來體段而言，謂「體之充」者，泛言之耳，然亦非外此而別有浩然之氣也。

「反身而誠」者，知至之功；「强恕而行」者，力行之事。知之在前，行之在後。與篇首「盡其心者，知其性也，知其性，則知天矣，存其心，養其性，所以事天也」，文勢略同。未審是否？

「反身而誠」，乃是反求諸身而實有是理，如仁義忠孝，應接事物之理，皆真有之，而非出於勉强僞爲也。此是見得透，信得及處。到此地位，則推己及物，不待勉强，而仁在我矣。下言「强恕而行」者，蓋言未至於此，則當强恕以去己私之蔽，而求得夫天理之公也。孟子「施於四體，四體不言而喻」，集注云：「言四體雖不能言，而其理自可曉也。」似若指在人而言。

集注此義，近看得似未安，恐只是說四體不待安排而自然中禮也。

「舜不告而娶」，告則廢人之大倫，則娶爲重而告爲輕，不幾於禮輕而色重？賢者飢餓於土地，賙之則受，免死而已，則免死爲重，潔身爲輕，不幾於禮輕而食重？

禮固重於食色矣，然禮亦有大體、小節之殊，而食色所係亦自有小大緩急之不同。孟子言之詳矣〔八〕，無可疑也。

答歐陽希遜

所示卷子已悉疏其後矣。時亨處亦有三紙，可互見也。元德爲况如何？元瞻已歸未也？吾人爲學，自爲己事，豈以時論而少變！千萬勉力。

謙之前此請問：「曾點氣象從容，辭意灑落」，「堯舜事業亦優爲之」，先生批教云：「曾點氣象固是從容灑落，然須見得它因甚得到如此始得。若見得此意，自然見得它做得堯舜事業處。」謙之因此熟玩集注之語，若曰：「但味其言，則見其日用之間，無非天理流行之妙，而用舍行藏，了無所與於我。」見得曾點只是天資高，所見處大，所以日用之間，無非天理流行之妙。惟其識得這道理破，便無所係累於胸中，所謂「雖堯舜事業亦優爲之」。自其所言，以逆諸其日用之間，而知其能爾也。何者？堯舜之聖，只是一箇循天理而已。然曾點雖是見處如此，却無精微縝密工夫。觀論語一書，點自言志之外，無一語問答焉，則其無篤實工夫可見矣。使曾點以此見識加之以鑽仰之功，謹於步趨之實，則其至於堯舜地位也，孰禦？本朝康節先生大略與點相似。伏乞指教。

人有天資高，自然見得此理真實流行，運用之妙者，未必皆由學問之功。如康節、二程先生，亦以爲學，則初無不知也。來喻皆已得之。大抵學者當循下學上達之序，庶幾不錯。若一向先求曾點見解，未有不入於佛老也。

謙之前此請問語孟仁不同處，先生批教曰：「集註中云『仁者心之德，愛之理也』，此言極有味，可更思之。」近來却覺看得論語中答諸弟子問仁處，如告之以主敬行恕，告之以先難後獲之類，往往不是先槩其人之病痛，則是其人未到仁者地位，未可以抽關啓鑰告之，且爲它安下一箇爲仁底根脚。根脚平正牢固，然後却可語之以仁。若答子貢之問，直曰：「工欲善其事，必先利其器。」此可以觀矣。樊遲問仁，告之以「居處恭，執事敬，與人忠」。胡氏以爲：「樊遲問仁者三，此最先，『先難』次之，『愛人』其最後乎？」似得聖人之意矣。若是根脚不穩，而語之以仁，縱使能用力焉，果能爲我有乎？根脚既正，雖不告語之，亦自然能尋求向上去也。前此讀論語，見聖人答問仁之語其説不一，便將作聖人言仁廣大周徧底意思看了，是以求其要領而不可得，却把孟子言仁處看小了，遂謂孟子之言不如孔子廣大周徧。今此却看得孟子所言「惻隱之心」與夫「人心」等語，乃是實指仁之端倪，學者便可體認尋求，便有靠實下手處。於此益見得所謂心之德者，乃是仁之真體。蓋事事要得此心之安，不使有一毫之不足處。而愛者乃是仁之實，不以吾身之外皆無與於我，而一毫不卹也。程子以西銘爲仁之體，其以此歟？不知是否？伏乞指教。

此段看得大有病。告樊遲三語便與告顔淵、仲弓都無異，故程子曰：「此是徹上徹下語。」安得謂姑爲之安立根脚乎？若此只是安立根脚，即不知如何方是正下手爲仁處耶？大率孔子只是説箇爲仁工夫，至孟子方解仁字之義理。如「仁之端」、「仁，人心」之類。然仁字又兼兩義，非一言之可盡，故孔子教人亦有兩路，「克己」即孟子「仁，人心」之説，「愛人」即孟子「惻隱」之説。而程子易傳亦有專言偏言之説。如熹訓釋，又是孟子、程子義疏。可更詳之。

謙之前此請問孟子、程子論才處，曾妄爲之説曰：「性無不善，而氣有清濁，人之有昏明强弱者，氣使之然也。才發於性，固無有不善也，氣禀之清而本性常用，則才固無不明且强也；氣禀之濁而本性障蔽，則或有以梏其才之美，而使之昏且弱矣。氣禀昏濁既蔽其性之善，則遂併與其才而失之。何者？性固才之根本也，此孟子所謂不能盡其才，而非才之罪也。故夫氣之清，則能盡其才；氣之濁，則不能盡其才。然其才發於性，自人氣之有清濁，而後才始有盡不盡者焉。則夫昏明强弱，其本固不繫於才，而繫於氣也。」已上前時請問之語。此時先生賜答，不以爲不可。然謙之近來玩味孟子本文與集注之説，又覺前説殊未爲當。孟子之言，若曰：惻隱、羞惡、恭敬、是非之心，人皆有之，可見其性之善也。夫人之受此性以生也，則必具此形體也。有此形體，則其才能固具於此形體之中。若是器爲刃也，必能刺物也。是器爲舟也，必能行水也。是故有此惻隱、羞惡、辭遜、是非之心，能思而求之，以充惻隱、羞惡、辭遜、是非之心，是所謂盡其所能也。彼其不思、不求、不知所以充之者，非無是能也，不知所以盡其所能也。其所以不盡其所能者，則禀是氣之濁，與夫陷溺其心者也。程子所謂「學而知之」，即孟子「求則得之」之論也。程子所謂「自暴自棄」，即孟子「不盡其才」之論也。二説雖異，不害其爲同也。不知是否？伏乞指教。謙之又觀集注曰：「才固有昏明强弱之不同。」竊疑昏明是氣，强弱是才，不知於才字上下昏明字如何？伏乞指教。

氣禀之殊，其類不一，非但清濁二字而已。今人有聰明通達，事事曉了者，其氣清矣；而所爲或未必皆中於理，則是其氣之不淳也。人有謹厚忠信，事事平穩者，其氣醇矣；而所知未必能達於理，則是其氣之不清也。推此類以求之，才自見矣。

程子曰：「『生之謂性』，性即氣，氣即性，生之謂也。」又曰：「『人生而靜』已上不容說，才說性時，便已不是性也。」謙之竊意明道所言生之謂性與告子所言生之謂性不同。明道之意，若謂人生而後方始謂之性，前此天命流行，未有所寄寓，只可謂之善，不可謂之性。然以無可得名，又是性之本源，只且謂之性；若論其體段，則不可謂之性。此「『人生而靜』以上不容說，才說性時，便已不是性也」。「性即氣，氣即性」，蓋必禀是氣，然後人之形體始立；必命之以是性，然後人之良知良能始具。必有是性，而後有是氣，必有是氣，而後有是性，二者蓋不能以相離也。人物未生之時，天命之流行，雖其未有底止，不可謂之性，而性之本真實渾然而無所間雜。人物已生之後，氣質之成形，雖其理已命于人，始得謂之性，而性之本體始與氣質交雜，而有待於察識其端倪矣。程子所謂「性即氣，氣即性」，非謂氣便是性，性便是氣，蓋言其不相離也。此程子所謂「論性不論氣不備，論氣不論性不明，二之則不是」，蓋以此也。不知是否，伏乞指教。

此段近之。

程子曰：「人生氣禀，理有善惡，然不是性中元有此兩物相對而生也。有自幼而善，有自幼而惡者，是氣禀使然也。善固性也，然惡亦不可不謂之性也。」謙之竊考夫下文所引水流爲喻，是所謂不是元有兩物相對而生也。然既謂之流，而復有濁，則非自幼而惡矣。既曰「水之清，則性善之謂也」，則不可謂之「惡亦不可不謂之性矣」。既曰「有流而至海，終無所污；有流而未遠，已有所濁；有出而甚遠，方有所濁」，又曰「清濁雖不同，然不可謂濁者不爲水也」。謙之竊以謂：既是初流出時無濁者，則後來雖有濁者，或是泥沙溷之，外物汩之，不是元初水裹面帶得濁來，到此方見也。此則孟子所謂「陷溺其心」者也，豈得以惡爲不可不謂之性哉。程子之言必有深意，伏乞指教。

此所謂泥沙、外物，正指氣禀而言。

程子曰：「凡人説性，只是説『繼之者善也』，孟子言性善是也。」近觀先生答嚴時亨所問云：「易大傳言『繼之者善』，是指未生之前；孟子言性善，是指已生之後。」與程子之説似若有異，伏乞指教。

明道先生之言，高遠宏闊，不拘本文正意如此處多。若執其方而論，則所不可通者，不但此句而已。須知性之原本善，而其發亦無不善，則大傳、孟子之意初無不同矣。

鄉黨「非帷裳必殺之」，集注云：「朝祭之服用裳。」問時遺此一句。「正幅如帷，要有襞積，而旁無殺縫。其餘如深衣，要半下，齊倍要，則無襞積而有殺縫矣。」所謂有襞積，恐是若今裙制近要有殺入聲是也。要半下，謂近要者狹半，放下面齊也。齊倍要，謂向下者闊倍於上面要也。不知旁無殺縫之制如何？恐是深衣之制，裳下面是裁布爲之，近要者殺從其小，以就半下之法，所以旁有殺縫也。伏乞指教。

此讀集注遺下首句，故其下皆無文理。昨乍看之，亦自曉不得也。今添此句讀之，自合見得分明矣。帷裳如今之裙是也。襞積即是摺處耳。其幅自全，安得謂近要者有殺縫耶？

論語「君子周而不比」字舊音毗志反，集註無音。古註、集註皆爲偏黨之義。「義之與比」舊音毗志反，集註音必二反。孟子「願比死者一洒之」與「且比化者無使土親膚」，其義與音又俱備，無可疑者。若「御者且羞與射者比」，集註亦爲偏黨之義，音必二反。不知比字爲偏黨之義者，皆當作必二反如何？至「將比今之諸侯而誅之」，集註曰：「比，連也。音去聲。」所謂去聲者，想却是作毗志反否？伏乞指教。

記得此字是用賈昌朝羣經音辨改定，「比今之諸侯」一處，改未盡耳，更俟契勘。然亦無甚緊要。今目昏甚，此等處恐不暇料理矣。

孟子曰：「我不貫與小人乘。」貫，舊音慣，註曰：「貫，習也。」集注無音，亦曰：「貫，習也。」恐是不須音轉亦可。此等不應以煩瀆尊聽，鄉里後生，或來質問，不敢以私意揣量以告。伏乞尊察。

貫若不音慣，不知讀作何字？如有别音，即須補之；若依舊只是貫字，則自不須音也。此不暇檢，可更詳之，後便批來。

答歐陽希遜

所論程先生「鳶飛魚躍必有事焉」之語，元德亦以爲疑。此乃爲或問中舊説所誤。今詳味之，方見程先生説鳶飛魚躍是子思喫緊爲人處，以其於事物中指出此理，令人隨處見得活潑潑地必有事焉；是孟子喫緊爲人處，以其教人就己分上略綽提撕，便見此理活潑潑地也。非以其文義相似而引以爲證也。今看中庸，且看子思之意見得分明，即將程先生所説影貼出〔九〕，便見所引孟子之説只是一意，不可以其文字言語比類牽合，而使爲一説也。凡若此類，更宜深思。

所論鬼神一章，全不子細。援引太多，愈覺支離，不見本經正意。可且虚心將經文熟看，甚不能曉處，然後參以章句説，教文義分明，道理便有去著。體物之義，兩處説得如此分明，足可致思。乃更泛然而問，可見元不曾入思慮也。祭統所説「如有見聞」，論語所説

「祭神如在」，皆是主於祭者而言。此章言「使天下之人齊明盛服以承祭祀」，是主於鬼神而言，自有賓主，如何却如此看。「體物」、「使人」兩句更須深體〔一〇〕。又來喻言「如其神之在焉，非真有在者也」，此言尤害理。若如此説，則是僞而已矣，又豈所謂誠之不可掩乎！昭明、焄蒿悽愴，疏説非是。昭明謂光景，焄蒿謂氣象，悽愴使人神思灑淅，如漢書云「風肅然」者。宰我答問一章所論鬼神，正與中庸相表裏，今且先看令中庸意思分明，却看此章，便見子細。

智仁勇一章，雖非經文正意，然文勢相聯，讀者亦須識得去著，方見義理大小精粗縱横貫穿，無空闕處。今觀所論，全未致思。至如所引論語「仁者安仁，智者利仁」，豈是不知有此兩句，所以如此筆之於書，決須更有深意。今乃如此草草看過，率然發問，殊非所望於朋友也。

答嚴時亨世文

五行之生，各一其性。

氣質是陰陽五行所爲，性即太極之全體。但論氣質之性，則此全體墮在氣質之中耳，非別有一性也。

明道言「『人生而靜』以上不容説」。

「人生而靜」是未發時，「以上」即是人物未生之時，不可謂性。才謂之性，便是人生以後，此理墮在形氣之中，不全是性之本體矣。然其本體又未嘗外此。要人即此而見得其不雜於此者耳。易大傳言繼善，是指未生之前。孟子言性善，是指已生之後。雖曰已生，然其本體初不相雜也。

程子以忠爲天道，恕爲人道，莫是謂忠者聖人之在己，與天同運，而恕者所以待人之道否？

聖人處己待人亦無二理，天人之別，但以體用之殊耳。

「放於利而行多怨」，南軒獨以爲己之怨人。

南軒説固有此理，只是此章語意只合如古註及程子説，不容一語可兼二意。虛心平氣，靜以察之，當自見得，不可以其近裏，而遷聖人之本意以就之也〔一一〕。

「發己自盡謂忠，循物無違謂信。」所謂發己，莫是奮發自揚之意否？循物無違，未曉其義如何？

「發己自盡」，但謂凡出於己者必自竭盡，而不使其有苟簡不盡之意耳，非奮發之謂也。「循物無違」，謂言語之發，循其物之真實，而無所背戾，如大則言大，小則言小，言循於物，而無所違耳。

「逃墨必歸於楊，逃楊必歸於儒。」楊、墨皆是邪說，無大輕重，但墨氏之説尤出於矯僞，不近人情而難行，故孟子之言如此，非以楊氏爲可取也。孔、墨並稱乃退之之繆，然亦未見得是與原道之作孰先孰後也。

簡易。引吕東萊解禹貢一段。

此說大概得之，然亦不必言先爲其難。大抵只是許多道理須要理會得分明後，方無窒礙，不費力而自簡易耳。如治亂繩，若不解放得開，豈能自成條理而不紛糾耶？

三重當從伊川之説。

伯者之事不得爲善。此章正與上章相發明，乃是相承爲文，非隔章取義也。

六言六蔽説。

此亦但疑其文有不同耳。先立題目，又令復坐而後言之，亦似太鄭重也。

答嚴時亨

問目各已批出，請更詳之。禮書近方略成綱目，但疏義、雜書中功夫尚多，不知餘年能了此事否。當時若得時亨諸友在近相助，當亦汗青有期也。浙中朋友數人，亦知首尾，亦苦不得相聚。未有見日，千萬自愛，更於義理切身處著實進得一步，則所以守此身者，不待勉而固矣。

某昨來請問五行之生也，各一其性。傳云：「五行之生，隨其氣質而所禀不同，所謂各一其性也。各一其性，則渾然太極之全體，無不各具於一物之中，而性之無不在又可見矣。」各一其性，周子之意固是指五行之氣質，然水之潤下，火之炎上，木之曲直，金之從革，土之稼穡，此但可以見其氣質之性所禀不同，却如何便見得太極之全體無不各具於一物之中，而性此性字是指其義理之性。之無不在也？莫是如上一節所謂五行異質而不能外乎陰陽，陰陽異位而皆不能離乎太極，即此可見得否？覺得此處傳文似猶欠一二轉語，每讀至此，未能釋然。先生答云：「氣質是陰陽五行所爲，性即太極之全體。但論氣質之性，則此全體墮在氣質之中耳，非別有一性也。」某反復思之，誠非別有一性，然觀聖賢説性，有是指義理而言者，有是指氣禀而言者，却不容無分別。敬讀誨語謂「氣質是陰陽五行所爲，性即太極之全體」，始悟周子所謂各一其性，專是主理而言。蓋五行之氣質不同，人所共知也，而太極之理無乎不具，人所未必知也，此周子喫緊示人處。今所在板行傳文皆云：「五行之生，隨其氣質而所禀不同，所謂各一其性也。」詳此文義，這箇性字當指氣而言。各一其性，則渾然太極之中全體〔一二〕，無不各具於一物之中，而性之無不在又可見矣。」詳此文義，這箇性字當是指理而言。一段之間，上下文義頗相合，恐讀者莫知所適從。若但云：「五行之生，雖其氣質所稟不同，而渾然太極之全體，無不各具於一物之中，所謂各一其性。」如此，則辭約而義明，正是回教所謂全體墮在氣質之中底意思。伏乞指教。

陰陽五行之爲性，各是一氣所稟，而性則一也。故自陰陽五行而言之，則不能無偏。而人稟其全，所以得其秀而最靈也。

某昨來請問：明道先生云：「『人生而靜』以上不容說，才說性時，便已不是性也。」「凡人說性，只是說『繼之者善也』，孟子言性善是也。」夫「人生而靜」是喜怒哀樂未發之前，此已上誠有不容說者，然自孟子以來，至於周、程諸先生，皆善言性者，其大要指人物所得以生之理而言，親切著明。今謂其所說皆不是性，可乎？性理之說本自精微，今謂才說性時便已不是性，無乃使人致思於杳冥不可致詰之境乎？明道此段文意首尾，大要是推明人生氣稟理有善惡。竊詳易繫言「繼之者善」，正謂大化流行，賦與萬物，無有不善。孟子言性善，止是言義理之性人所均稟，初無不善。皆是極本窮源之論。引此以明人生氣稟理有善惡，似不相侔。不知明道所見是如何？先生答曰：「『人生而靜』是未發時，『已上』即是人物未生之時，不可謂性。『才謂之性』，便是人生以後，此理墮在形氣之中，不全是性之本體矣。然其本體又亦未嘗外此。要人即此而見得其不雜於此者耳。易大傳言繼善，即是指未生之前。孟子言性善，是指已生之後。雖曰已生，然其本體初不相雜也。」「以上」是人物未生之時，是某思慮所未到。伏讀批誨，指示親切，却覺得先生之説甚明，而明道之説益有可疑。何者？人物未生時，乃是「一陰一陽之謂道」，而天命之流行，所謂「繼之者善」，便是「以上」事，何故言「以上」不容説？方其人物未生，固不可謂性，及人物既生，須著謂之性。雖則人生已後，此理墮在形氣中，不全是性之本體，然氣禀不能無善惡者，性之流也，義理之有善無惡者，性之本體也，然皆不可不謂之性，要在學者隨所讀書自去體認取。今謂「才説性時便已不是性」，深恐啓人致思於杳冥不可致詰之境。而大傳言繼善是指未生之前，則命之道也，未可謂之性。孟子言性，是指已生之後，乃易大傳所謂「成之者性」，而非所謂「繼之者善」也。明道却云：「凡人説性，只是説得『繼之者善』也，孟子言性善是也。」此尤不可曉。近思録一書，皆是删取諸先生精要之語，以示後學入德之門户，而首卷又是示人以道體所在，編入此段，必不是閑慢處。既有所疑，未容放下，再此扣請，乞恕再三之瀆。

此一段已詳於希遜卷中矣。明道先生如此處多，若以本文論之，則皆不可曉矣。要當忘言會意，别作一格看可也。

「子路、曾皙、冉有、公西華侍坐」一章，夫子既語之以「居則曰『不吾知也』，如或知爾，則何以哉」，正是使之盡言一旦進用，何以自見。及三子自述其才之所能堪，志之所欲爲，夫子皆不許之，而獨與曾點。看來三子所言皆是實事，曾點雖答言志之問，實未嘗言其志之所欲爲，有似逍遥物外，不屑當世之務者。而聖人與此而不與彼，何也？集注以爲：「味曾點之言，『則見其日用之間，無非天理流行之妙，而用舍行藏，了無與於我，是雖堯舜之事業，蓋所優爲。其視三子規規於事爲之末，不可同年而語矣。』」某嘗因是而思之，爲學與爲治，本來只是一統事，它日之所用，不外乎今日所存。三子却分作兩截看了。如治軍旅，治財賦，治禮樂，與凡天下之事，皆是學者所當理會，無一件是少得底。然須先理會要教自家身心自得無欲，常常神清氣定，涵養直到清明在躬，志氣如神，則天下無不可爲之事。程子所謂不得以天下撓己，己立後自能了當得天下事物者是矣。夫子嘗因孟武伯之問而言：「由也，千乘之國，可使治其賦也。」「求也，千室之邑，百乘之家，可使爲之宰。」「赤也，束帶立於朝，可使與賓客言。」聖人固已深知其才所能辦，而獨不許其仁。夫仁者體無不具，用無不該，豈但止於一才一藝而已。使三子不自安於其所已能，孜孜於求仁之是務，而好之樂之，則何暇規規於事爲之末。緣它有這箇能解横在肚皮裏，常恐無以自見，故必欲得國而治之。一旦夫子之問有以觸其機，即各述所能。

子路至於率爾而對，更無推遜。求、赤但見子路爲夫子所哂，故其辭謙退。畢竟是急於見其所長，聖門平日所與講切自身受用處，全然掉在一偏，不知今日所存，便是後日所用，見得它不容將爲學爲治分作兩截看了，所以氣象不宏，事業不能造到至極。如曾點浴沂風雩，自得其樂，却與夫子飯蔬食飲水樂在其中、顏子簞瓢陋巷不改其樂襟懷相似。程子謂夫子非樂蔬食飲水也，雖蔬食飲水不能改其樂也。謂顏子非樂簞瓢陋巷也，不以貧窶累其心而改其所樂也。要知浴沂風雩人人可爲，而未必能得其樂者，正以窮達利害得以累其心，而不知其趣味耳。夫舉體遺用，潔身亂倫，聖門無如此事，全不可以此議曾點。蓋士之未用，須知舉天下之物不足以易吾天理自然之安，方是本分學者。曾點言志，乃是素其位而行，不願乎其外，無入而不自得者，故程子以爲樂而得其所也。譬如今時士子或有不知天分初無不足，游泳乎天理之中，大小大快活，反以窮居隱處爲未足以自樂，切切然要做官建立事功，方是得志，豈可謂之樂而得其所也？孟子謂：「廣土衆民，君子欲之，所樂不存焉。中天下而立，定四海之民，君子樂之，所性不存焉。君子所性，雖大行不加焉，雖窮居不損焉，分定故也。」孟子所謂君子所性，即孔子、顏子、曾點之所樂如此，如「老者安之，朋友信之，少者懷之」。物各付物，與天地同量。惟顏子所樂如此，故夫子以四代禮樂許之。此浴沂風雩，識者所以知堯舜事業曾點固優爲之也。然知與不知在人，用與不用在時。聖賢於此，乘流則行，遇坎則止，但未用時，只知率性循理之爲樂，正以此自是一統底事故也。龜山謂堯舜所以爲萬世法，亦只是率性而已。外邊用計用較，假饒立功業，只是人欲之私，與聖賢作處天地懸隔。如子路當蒯聵之難，知食焉不避其難，而不知衛輒之食不可食。季氏富於周公，而求也爲之聚斂而附益之，後來所成就止於如此，正爲它不知平日率性循理，便是建功立事之本，未到無入不自得處。夫子之不與，其有以知之矣。所見如此，不背馳否？乞與訂正。

此一段説得極有本末。學者立志要當如此，然其用力却有次第，已爲希遜言之矣。

答嚴時亨

「生之謂性」一章，論人與物性之異，固由氣禀之不同，但究其所以然者，却是因其氣禀之不同，而所賦之理固亦有異，所以孟子分别犬之性、牛之性、人之性有不同者，而未嘗言犬之氣、牛之氣、人之氣不同也。「人之所以異於禽獸」一章亦是如此。若如所論，則孟子之言爲不當，而告子白雪、白羽、白玉之白更無差别，反爲至論矣。程先生有一處有隙中日光之論，最爲親切，更須詳味，於同中識其所異，異中見其所同，然後聖賢之言通貫反覆，都不相礙。若只據一偏，各説道理，則互相逃閃，終身間隔，無復會通之時矣。

杞柳之性，固可以爲杯棬，然須斫伐、裁截、矯揉，而後可成。故孟子言戕賊杞柳而後可以爲杯棬也。若杞柳可以爲杯棬而梗楠不可以爲杯棬〔一三〕，又是第二重道理，與此元不相入，不當引以説也。此等處須且虚心看它聖賢所説文義指意，以求義理之所當，乃爲善學。若如所論，徒爲紛擾，不惟枉費思慮言語，而反有害於窮理之實也。

多怨之説，固有此理，但恐如此包裹費力。聖人之言簡易平直，未必如此屈曲，且依程先生説爲善。

五行、太極，便與生之謂性相似，以爲同則同中有異，以爲異則未嘗不同。

親親長長貴貴尊賢〔一四〕，皆天下之大經，固當各有所尚，然亦不可以此而廢彼。故鄉黨雖上齒，而有爵者則俟賓主獻酬禮畢然後入，又席于尊東，使自爲一列，不爲衆人所壓，亦不壓却它人，即所謂遵也。遵，亦作僎。如此，則長長貴貴各不相妨，固不以齒先於爵，亦不以爵加於齒也。

祭五祀説見於月令，註疏甚詳，可自考之。

越紼之説，注雖簡，疏必詳。此等可自檢看。居喪不祭，伊川、横渠各有説。若論今日人家所行，則不合禮處自多，難以一概論。若用韓魏公法，則有時祭，有節祠。時祭禮繁，非居喪者所能行。節祠則其禮甚簡，雖以墨縗行事，亦無不可也。

喪禮自葬以前皆謂之奠，其禮甚簡。蓋哀不能文，而於新死者亦未忍遽以鬼神之禮事之也。自虞以後方謂之祭。故禮家又謂奠爲喪祭，而虞爲吉祭，蓋漸趣於吉也。酹酒有兩說：一用鬱鬯灌地以降神，則唯天子、諸侯之禮有之，今其書亡，不可深考。一是祭酒，蓋古者飲食必祭，人以鬼神自不能祭，故代之祭也。今人雖存其禮而失其義，不可不知。

禮必本於太一，高氏說恐不然。

贛州所刊語解，乃是鄭舜舉侍郎者，名汝諧。中間略看亦有好處，但如所引數條，却似未安，今且論其一二。大者如三仁之事，左傳、史記所載互有不同，但論語只言「微子去之」，初無面縛銜璧之說。今乃捨孔子而從左氏、史遷，已自難信，又不得已而曲爲之說，以爲微子之去，乃去紂而適其封國，則尤爲無所據矣。此乃人道之大變，聖賢所處事雖不同，而心則未嘗不同，故孔子歷舉而並稱之，且皆許其仁焉。更須玩索，未可輕論也。絶四之說，尤爲無理，且更虚心看集注中所引諸先生説，不必如此求奇，失却路脈也。

答曾光祖興宗

知别後爲學不倦，甚慰。然所謂念欲刻苦加勤，又恐遂成助長之患，而致知之功，亦非旦夕可冀，則似未得箇下手處也。大綱且得以敬自守，而就其間講論省察，便是致知。知得一分，便有一分功夫，節節進去，自見欲罷不能，不待刻苦加勵而後得也。但目下持守講學，却亦不得不刻苦加勵，不須遽以助長爲憂也。

答曾光祖

所示問目，甚慰所懷。此是求其放心，乃爲學根本田地。既能如此向上，須更做窮理功夫，方見所存之心、所具之理，不是兩事，隨感即應，自然中節，方是儒者事業。不然，却亦與釋子坐禪攝念無異矣。所論内外賓主之辨，意亦得之，但語猶未瑩。須知在内之日多即是爲主，在内之日少即是爲客耳。主式乃伊川先生所制，初非朝廷立法，固無官品之限。萬一繼世無官，亦難遽易，但繼此不當作耳。有官人自作主不妨。牌子亦無定制，竊意亦須似主之大小高下，但不爲判合、陷中可也。凡此皆是後賢義起之制，今復以意斟酌如此，若古禮則未有考也。大學或問之誤，所疑甚當，中間已脩定矣。今内去兩本，幸收之。偶歸故居，監視社倉交米，草草作此，不暇它及。正遠，千萬進學自愛。只如前所論，用功久之，自當有進。蓋已得其要領，不易如此切己致思也。

答曾光祖

熹行役已涉建昌之境。垂老復出，非力所堪，深以愧歎耳。所示爲學之意甚善。此事元無窮盡，不可計功程，但當鞠躬盡力，看到甚地位耳。

答曾光祖

所詢喪祭之禮，程、張二先生所論自不同。論正禮則當從横渠，論人情則伊川之説亦權宜之不能已者。但家間頃年居喪，於四時正祭則不敢舉，而俗節薦享則以墨衰行之。蓋正祭，三獻受胙，非居喪所可行。而俗節則唯普同一獻，不讀祝，不受胙也。如此則於遠祖不必别議稱呼矣。遷主禮經所説不一，亦無端的儀制，竊意恐當以大祥前一日祭當遷之主，告而遷之，然後次日撤几筵，奉新主入廟，似亦稍合人情。幸更詳之。此事尚遠，可徐議之也。

答曾光祖

横渠曰：「仲尼絶四，意有思也。」夫子嘗言「學而不思則罔」〔一五〕，又言「君子有九思」，今橫渠之言與此相反。

絕四是聖人事，不思不勉者也。學者則思不可無，但不可有私意耳。

伊川易傳序曰：「至微者理也，至著者象也。體用一源，顯微無間。觀會通以行典禮，則辭無所不備。」其曰象曰辭，固皆理之所寓，然其曰「體用一源」，未知三者以何爲體？以何爲用？又所謂「典禮」者，無非天叙天秩之自然，不知於會通處如何而觀？易中之辭，何者備之？

上四句，其説已見於太極圖解後統論中矣。「觀會通」是就事上看理之所聚，與其所當行處。「辭」謂卦爻之辭。

橫渠云：始學之要，當知「三月不違」與「日月至焉」内外賓主之辨。某謂實有諸己，乃能爲仁。雖仁有久近之不同，然非有諸己不能也。其所以三月、日月者，特主義理、客氣消長分數之多寡耳，非三月、日月有内外賓主也。所謂「實有諸己乃能爲仁」，不知「實有」是有何物？「爲仁」是爲何事？知得此意，方可理會内外賓主之辨〔一六〕。

明道曰：「目畏尖物，此事不得放過，便與克下。室中率置尖物，須以理勝它，尖必不刺人也，何畏之有！」輿宗未曉其説。

人有目畏尖物者，明道先生教以室中率置尖物，便見之熟而知尖之不刺人也〔一七〕，則知畏者妄而不復畏矣〔一八〕。

觀之上九曰：「觀其生，君子無咎。」象曰：「觀其生，志未平也。」「其生」謂言行事爲之見於外者。既有所省，便是未得安然無事。

答曾景建

辱書，文詞通暢，筆力快健，蔚然有先世遺法，三復令人亹亹不倦。所論讀書求道之意，亦爲不失其正。所詆近世空無簡便之弊，又皆中其要害，亦非常人見識所能到也。然文字之設，要以達吾之意而已，政使極其高妙而於理無得焉，則亦何所益於吾身，而何所用於斯世？鄉來前輩蓋其天資超異，偶自能之，未必專以是爲務也。故公家舍人公謂王荆公曰：「文字不必造語及摹擬前人，孟、韓文雖高，不必似之也。」況又聖賢道統正傳見於經傳者，初無一言之及此乎？至於讀書，則固吾事之不可已者，然觀古今聖賢立言垂訓，亦未始不以孝弟忠信、收斂身心爲先務，然後即吾日用之間，參以往訓之指，反覆推窮，以求其理之所在，使吾方寸之間虛明洞徹，無毫髮之不盡，然後意誠、心正、身脩，而推以治人，無往而不得其正者。若但泛然博觀而概論，以爲如是而無非學，如是而無非道，則吾恐其無所歸宿，不得受用，而反爲彼之指本心、講端緒者所笑矣。鄙見如此，幸試思之，有所未安，復以見告，甚幸甚幸。録示先大父司直公所記龜山先生語，前此所未見，然以其它語推之，知其誠出於龜山無疑也。所示佳篇，句法高簡，亦非世俗所及。然憤世太過，恐非遜言之道，千萬謹之，尤所願望。

答曾景建

便中辱書，備知向來徧參反求始末，而又深以主一、窮理得所歸宿爲喜也。比日秋清，計所履益佳勝，從事於斯，亦當益有味矣。然二事知之甚易，而爲之實難；爲之甚易，而守之爲尤難。主一之功固須常切提撕，不令間斷，窮理之事又在細心耐煩，將聖賢遺書從頭循序就平實明白處玩味，不須貪多，但要詳熟，自然見得意緒。若騖於高遠，涉獵領解，則又不免如向來之清話，欲求休歇而反成躁亂也。示及與柴君書，甚善，不知渠以爲如何。今人亦未説到此。異端之蔽，自是己分上差却入路、欠却功夫。其迷溺者固無足道，其慨然以攘斥爲己任者，又未免有外貪内虚之患，亦徒爲譊譊而已，若之何而能喻諸人哉。幸更思之。若於己分上真實下得切己功夫，則於此等亦有所不暇矣。

答曾景建

所示詩文疑問，其間頗有曲折，俟黄兄歸奉報。熹以臺評，蒙恩鐫免，尚爲輕典，感幸深矣。而所連及反罹重坐，令人愧惕。今因其行，草草附此，恐其在塗有合料理事，得爲垂念幸甚。其人辨博，多所該綜，亦可款扣也。

答曾景建

前此辱書，蔡季通行曾附數字奉報矣。所論主一之功甚善。但讀書須更量力，少看而熟復之，只依文義尋箇明白處去，自然有味，不在極力苦思，轉求轉遠也。先德所抄龜山語，以它書考之不妄，然却不及向來所記雜説數條，必是又有李蕭遠所定也。所問兩條三省事，鄙意正如此，後段之云亦可謂怪論矣。今既知其繆，便直置之，不須與辨，且自理會己分功夫可也。科舉之學，在賢者爲餘事，但公家自有文章大宗師，何故不學，而學它人不好處。一向如此，不惟議論不正當，併與文章亦成澆薄無餘味矣。爾雅未暇細看，然此等亦未須閑費日力也。

答曾景建

季通遠役，深荷暖熱之意，今想已到地頭矣。其所論律歷尤精詣，恨與賢者相聚不久，未極其底藴也。三篇甚勝，卒章尤工，而僕不足以當之也。爾雅竟未暇細考，但釋親篇恐非如所刊定也。禮書已略定，但惜無人録得，亦有在黄直卿處者，聞吉父在彼，必能傳其梗概。然此間後來又有續修處，及更欲附以釋文、正義，卒未得便斷手耳。乾坤性情之説，以三隅反之，何疑之有！性情本是一物，特以動静而異其名耳。

答曾景建

别紙七條，第一論勿動勿思者。動可以該思，而思不可以該動，故聖言如此，非有先後淺深之序也，但立語用功自是合如此耳。第二論曾點言志，以爲便欲進取，揖遜泰和氣象，殊非本意。彼亦但自言其日間受用處，而自它人觀之，則見其或出或處，無所不可，雖堯舜事業亦優爲之，非專指揖遜而言也。第三論問答衛君一條，以爲有所畏避，亦非是。此只是禮合如此耳。此等處相似而不同，只差毫釐，便有公私之異，不可不察也。第四論吕氏恍惚之説，未有大病，不須如此迴避，且認取正意可也。上章亦然。第五，責原壤三語，須作一句看。若只「老而不死」，則聖賢固有壽考者，豈可以其竊天地之機而謂之賊耶！第六射宿亦不必如此説。第七，按史記之言如此，必有所據，非馬遷自造之語也。蓋今關雎三章，皆是關雎之亂，其前必有散聲序引之類，有聲無詞，而此其卒章也。若止第三章是亂，則史之言不如此矣。此七條者，其首、二義更宜思之，第二條尤須體認，不可草草。其下五條，則皆非所急，又看得差了。且須虚心認取聖賢立言教人用功之正意，不可只如此容易立説也。

答曾景建

參同舊本深荷録示，已令蔡伯靜點對附刻新本之後矣。但龍虎經却是取法參同，亦有不曉其本語而妄爲模放處，如論「乾坤二用」、「周流六虚」處，可見疏脱，試考之可見也。近來不知所觀何書？或有所見，因風筆示。若得乘此春暖，與吉父相約俱來，以踐前約，豈勝幸甚。征苗之説甚新，但恐其它無此比數。兼若如此，則禹自當班師，不待伯益贊之而後决矣。此等無所考據，不若姑置之，而涵泳於義理之實之爲得也。

校勘記

〔一〕知舊門人問答　「知」上，原有「問答一本作」五字，今據浙本删。天順本「書」下僅注「問答」二字。

〔二〕正子路從事於功用之間　「功」，浙本作「日」。

〔三〕盡心知性此是學者第一　此十字原無，據浙本補。考異引别本亦有此十字，唯「學者」作「大學」。

〔四〕如操舍存亡求放心之類　此十字原無，據浙本補。

〔五〕不少説教學者以集大成門户　「少」，四庫全書本作「是」，應是。

〔六〕出謂發而不中節者否　「否」，原作「答」，據浙本、天順本改。

〔七〕過此須流入老莊去矣　「須」字原脱，據浙本補。

〔八〕孟子言之詳矣　「言」上，浙本有「蓋」字。

〔九〕即將程先生所説影貼出　「即」，浙本、天順本作「却」。

〔一〇〕體物使人兩句更須深體　「句」，原作「可」，據浙本、天順本改。

〔一一〕而遷聖人之本意以就之也　浙本此下有問「禮無大小，未嘗不重於食色，不可謂食色有時而重於禮。食色重處，是亦禮之重」及答「此章無他可疑，熟讀本文，自可見矣」共四十五字。

〔一二〕則渾然太極之中全體　正訛删「中」字，應是。

〔一三〕而楩楠不可以爲杯棬　「楩」，原作「梗」，據浙本、天順本改。

〔一四〕親親長長貴貴尊賢　「賢」，浙本作「尊」。

〔一五〕夫子嘗言　「夫子」上，浙本有「竊意」二字。

〔一六〕方可理會内外賓主之辨　「賓」，原作「實」，據浙本、天順本改。

〔一七〕便見之熟而知尖之不刺人也　底本原注：「便」，疑當作「使」。

〔一八〕則知畏者妄而不復畏矣　「妄」，原作「忘」，據天順本改。

晦庵先生朱文公文集卷第六十二

書知舊門人問答

答張元德洽

細讀來書，知進學之意不倦，甚慰。讀書切忌貪多，唯少則易以精熟，而學問得力處正在於此。「苟爲不熟，不如稊稗」，非虚語也。大學等書近多改定處，未暇録寄。亦有未及整頓者，如論、孟兩書，甚恨其出之早也。此間事雖不多，然亦終日擾擾，少得暇看文字，甚覺歲月之可惜也。通書、太極之旨，更宜虚心熟玩，乃見鄙説一字不可易處，政使濂溪復生，亦必莞爾而笑也。若如所論，則所謂靜者别在四者之外，而不相管矣，而可乎？顔子所以發聖人之藴，恐不可以一事言。蓋聖人全體大用，無不一一於顔子身上發見也。「孰不可忍」，亦不必如此説，此等處有兩説，當時存之，皆不偶然，更宜詳玩也。武成文字不曾帶來，不能盡記；春秋之説，尤所未究。此類又是一種功夫，未曉即且闕之可也。易數之説，近有一書，謾往讀之，來問所疑已悉具其中矣。七經向見其初成之本，後未得也。計此亦是劉公少時作，不然，則亦以其多而不能精故耶？其間詩説尤草草也。

答張元德

示喻欲來未能之意，此固無可如何，但日月侵尋，縱不得親師友，亦須自作工程、潛思默究，令胸中明徹，見得道理都無疑礙，方是於踐履功夫有進步處。若只如此悠悠閑過了，誠可惜耳。所示諸説，似未尋着縫罅，雖已各注其後，然只如此講學，恐未有深益也。名齋之意甚善，然着實用功，不在如此安立標榜處〔一〕。雖亦未有大害，然亦便見用心淺處，若實做得功夫，是當自無暇及此等不急之務也。大學近已刊行，今附去一本，雖未是定本，然亦稍勝於舊也。臨漳四子、四經各往一本，其後各有跋語，可見讀之之法，請詳之。所問易數，雖非講學所急，然亦見用意未精，且更推尋爲佳，若如此，自見得一門户，決須自信得及，正不必問伊川、横渠説如何也。若前人説已分明，則此書不作矣。正爲説者太支離，不説者又太簡略，所以不得已而作。孔氏雜説寫了多時，今附還，其間多是抄出江鄰幾嘉祐雜志也。

答張元德

示喻爲學之意，似覺未甚果決專一，更宜勉力。科場不遠，想不免分了功夫，然此等得失真實有命，若信未及，放不下，亦須且將此字頓在面前，政使未全得力，亦可減得些小分數，不爲無助。夫子所謂「不知命，無以爲君子」，正謂此也。甘君處見送行語，令兄意亦甚佳。兄弟自爲博約，想有味也。但甘君詞筆頗工，而趣向未正，數日苦口告之，未知能勇決否耳。所喻易數，大概近之。但此等自然法象，深玩索之，自見端的。初見似人安排，而實非人所能安排也。以一爲三，以一爲二，所謂一者，謂一揲所得之奇偶，未是一爻也。一奇爲三，故三奇爲九，方得老陽之爻；一偶爲二，故三偶爲六，方得老陰之爻。兩偶一奇乃爲少陽之七，兩奇一偶乃爲少陰之八。此數甚明，但看得不子細耳。甘君歸，可更切磋之。人材難得，可惜只如此汩没了一生也。

答張元德

衡陽之訃，想已聞之，深足傷歎。然當路攻擊，意殊未已，今雖如此，亦恐更有追削禁錮之類，而一時善類次第皆不可保。吾輩閑中講學，固爲美事，然亦恐有不可測者，此方深以爲懼，而賢者乃以勸彭丈，何也？熹幸已得祠，差可自安。近與學者講論，尤覺横渠成誦之説最爲徑捷。蓋未論看得義理如何，且是收得此心有歸著處，不至走作。然亦須是專一精研，使一書通透爛熟，都無記不起處，方可别换一書，乃爲有益。若但輪流通念，而覈之不精，則亦未免枉費工夫也。須是都通透後，又却如此温習，乃爲佳耳。所説易傳極有難記當處，蓋經之文意本自寬平，今傳却太詳密，便非本意，所以只舉經文，則傳之所言提挈不起，貫穿不來，須是於易之外别作一意思讀之，方得其極。尋常每欲將緊要處逐項抄出，别寫爲一書〔一〕，而未暇。大抵讀書求義，寧略毋詳，寧疏毋密，始有餘地也。詳故碎，密故拘。歐、嚴、譚君近來看得又如何？更望以此相勉。但於所讀之書，經文注脚記得首尾通貫浹洽，方有可玩繹處。如其不然，泛觀雜論，徒費日月，決無所益也。所論新法，大概亦是如此。然介甫所謂勝流俗者，亦非先立此意以壓諸賢，只是見理不明，用心不廣，故至於此。若得明道先生與一時諸賢向源頭與之商量，令其胸中見得義理分明，許多人欲客氣自無處著，亦不患其不改矣。若便以不可與有爲待之，而不察其所欲勝之流俗亦真有未盡善處，則亦非所以爲天下之公，而自陷於一偏之説矣。頃見趙丞相所編諸公奏議，論新法者自有數卷，其言雖不爲不多，然真能識其病根而中其要害者殊少，無惑乎彼之以爲流俗之浮言而不足恤也。至如祧廟一事，當時發言盈庭，多者累數千字，而無一言可以的當與介父爭是非者。但今人只見介父所言便以爲非，排介父者便以爲是，所以徒爲競辨，而不能使天下之論卒定於一也。此説甚長，非面論，未易究。

答張元德

來書所論「通」、「復」二字甚密，然亦有未切處。「繼之者善」云者，造化流行，萬物方資以始而未實也。「成之者性」云者，物生已實，造化與物各藏其用而無所爲也。在人則感物而動者通也，寂然不動者復也。以此推之，圖象隱然，不待多言而自可默喻矣。四德則陰陽各二，而誠無不貫，安得不謂五行之性乎〔三〕？凡此更反復之，當自見也。太伯之事，正也；太王、王季、文、武之事，權也。權而不失其正，則並行而不相悖矣。此義聖人蓋難言之。若看未透，且姑置之，不必深致疑，亦不必多爲説也。廟議看得似亦未精。子孫之於祖考，恩雖無窮，而義則有止，不可過，不可不及，亦並行而不悖。且以周而言之，欲使之黜后稷而祖文武，固世俗淺薄之論，若遂欲使之越后稷而祖帝嚳，以至於無窮，又「賢者過之」之失也。

答張元德

「配義與道」之説殊不可曉。大抵讀書須且虚心静慮，依傍文義，推尋句脈，看定此句指意是説何事，略用今人言語襯帖替换一兩字，説得古人意思出來，先教自家心裏分明歷落，如與古人對面説話，彼此對答，無一言一字不相肯可，此外都無閑雜説話，方是得箇入處。怕見如此，棄却本文，肆爲浮説，説得郎當，都忘了從初因甚話頭説得到此，此最學者之大病也。故程先生有：「説書非古意，轉使人薄。漢儒下帷講誦，未必是説書。」又説：「作論語解已是剩了。」又以毛公説詩爲有儒者氣象。觀此等處，其意蓋可見。今説「配義與道」，却不就孟子上理會如何是義，如何是道，如何是氣，如何地配，便一鄉掉開了，只單説箇道字，已是無捉摸處；又將道字訓作行字，尤無交涉。説得愈多，去理愈遠矣。今合且先理會如何是義，却就義字上推如何是道，道之與義同異如何，如何又要氣來配他，配字又是何意，適檢集注，説得儘分明了，不知曾子細看否？只此數字分明，即孟子意思分明可見，而程子所謂沖漠氣象亦在其中，初非有二説也。子約所説亦未免向别處去。如此支離，轉無交涉，却恐不免真爲擎拳豎拂者所笑矣。其它所論時習、率性、鳶魚等説，今皆未暇論，論得亦未有益，可且理會此「配義與道」令分明，便中早報及也。

答張元德

人心雖未有喜怒哀樂，而物欲之根存焉，則固已偏於此矣。故於其所偏者，得之則喜且樂，失之則怒而哀，無復顧義理也。

此段說得是，但物欲之根存焉之說恐未然。人固有偏好一物者，然此一物未上心時，安得不謂之未發之中乎？欲下功夫，正當於此看取。子約心性之說甚可駭。來喻所引孟子甚當。張云：孟子論性，而以惻隱、羞惡、恭敬、是非之心爲說，亦可謂失心性之辨乎〔四〕？

性難知而心可盡。所謂盡其心者〔五〕，如程子所謂「當處便認取」，此句不干事。與「今日格一物，明日格一物，知性也。積習既久，脱然貫通」之謂也。盡心也。又如論語集注所云：「隨事精察，知性也。而未知其體之一。盡心也。真積力久，而將有所得。」此即盡心知性之案。此段内注字係先生批。

心、性一物，知則皆知，但盡之爲難耳。又性可逐事言，心則舉其全體也。

禹惡旨酒一章。

此等處只逐句看，不必如此牽合。

天王狩于河陽。

書。春秋𠪱所未學，不敢强爲之説，然以人情度之，天王狩於河陽，恐是當時史策已如此書。蓋當時周室雖微，名分尚在，晉文公召王固是不順，然史策所書，想必不敢明言晉侯召王也。李傕、郭汜、朱全忠，盜賊狂恣，唯力是視，亦未必曾讀春秋，見有此事而效之也。

習静坐以立其本，而於思慮應事專一以致其用，以此爲主一之法，如何？

明道教人静坐，蓋爲是時諸人相從，只在學中，無甚外事，故教之如此。今若無事，固是只得静坐，若特地將静坐做一件功夫，則却是釋子坐禪矣。但只著一敬字，通貫動静，則於二者之間自無間斷處，不須如此分別也。

語、孟或問乃丁酉本，不知後來改定如何？

論、孟集注後來改定處多，遂與或問不甚相應，又無功夫修得或問，故不曾傳出。今莫若且就正經上玩味，有未通處參考集注，更自思索爲佳，不可恃此未定之書，便以爲是也。

答張元德

嘗讀歐陽公論許世子止之事，未免疑之。及讀胡文定公傳，未足以破其疑。洎繼而考之，左氏、公羊之傳自明，但後人因穀梁不嘗藥之説，遂執此一句，以爲止之罪，如此而已。殊不考左氏曰：「許悼公瘧，飲世子止之藥，卒。」公羊曰：「止進藥而藥殺也。」此可以見悼公之死於藥矣。當時之事雖未有明文，而洽嘗觀近世治瘧者以砒霜鍛而餌之多愈，然不得法，不愈而反殺人者亦多矣。悼公之死，必此類也。不然，當時所進，非必死之藥，止偶不嘗而已，則公羊何以謂之「藥殺」，世子何爲遽棄國而出奔？孟子曰：「殺人以梃與刃，有以異乎？」「以刃與政，有以異乎？」進藥而藥殺，可不謂之弒哉！其所以異於商臣、蔡般者，過與故之不同耳。心雖不同，而春秋之文一施之者，以臣子之於君父不可過也。如此觀之，似足以正近世經傳之失，而破歐公之疑。不識先生以爲如何？

胡文定通旨中引曾吉父說，如律中合御藥誤不如本方、造御舟誤不牢固之類，已有此意矣。但考之於經，不見許止棄國出奔之事，不知果何謂也？

答張元德

舊與朋友說話，每怪其不解人意，而不知其所以然者。近方覺得學者讀了書，聽了話，元不曾著心記當，紬繹玩味，至有兩年看一部易傳，都不記得緊要處者。雖其根鈍使然，亦是不肯用力。乃知横渠教人讀書必欲成誦，真是學者第一義。須是如此已上，方有著力處也。歐、嚴二君後來曾相見否？此中甚難得人，深可憂懼也。所望以永斯文之傳者，如二三君，蓋無幾人也。

答甘吉甫

此間爲況，幸亦如常，但朋友自不敢住，多已引去，亦隨時之義也。所示之説，今却附還，大抵看得未甚浹洽，言多窒礙，且宜少讀，而益加潛心反復玩味之功也。

中庸言健順仁義禮智之性，妄意以爲：健順，用也；仁義禮智之性，體也。健、順二字在上者，先言用而後言體，又以配上文先言陰陽而後言五行，未知是否？

健順之體即性也。合而言之則健順，分而言之則曰仁義禮智。仁禮健而義智順也。

先生前歲論伊尹樂堯舜之道一段云：「樂堯舜之道，須是見得是獨自底，非是衆家常住底。」今歲先生又言：「衆家常住底，何者非堯舜之道？」又言：「若堯舜之道，便是衆家常住底，則不消更説堯舜。」

後説近是。但所記語有差，今亦不記當時因何説此也。

蔡丈云：「天根是好人之情狀，月窟是小人之情狀，三十六宫是八卦陰陽之爻。某疑人物二字，恐未可便以善惡斷之。」又言：「三十六宫都是春，即月窟亦爲春也。」

陽善陰惡，聖賢如此説處極多。蓋自正理而言，二者固不可相無；以對待而言，則又各自有所主。康節所詠，恐是指生物之源而言，則正氣爲人、偏氣爲物，爲陰陽之辨。季通所論却是推説，然意亦通也。

答甘吉甫

集注中説曾點處，有「樂此終身」一句，不知如何？觀舜居深山之中，伊尹耕於有莘之野，豈不是樂此以終身？後來事業亦偶然耳。若先有一毫安排等待之心，便成病痛矣。注中若無此句，即此一轉語全無收拾，答它聖人問頭不著，只如禪家擎拳豎拂之意矣。

君子所以異於人，以其存心。昨蒙賜教，謂存心者，處心也。集注又曰：「以仁存心，言以是存於心而不忘也。」而直卿説是以其心之所存處，看它念念在何處。某以爲若如先生之誨，則是以仁、禮存在心中。若直卿之言，則是以心存在仁、禮上，二説孰是？直卿説得亦是。但要本文意義順，似注説。又須知不是將心去存在仁、禮上，亦不是將仁、禮存在心裏也。

蔡丈言：天根爲好人之情狀，月窟爲小人之情狀。又云：陰陽都將做好説也得，以陰爲惡、陽爲善亦得。伏蒙賜教，以爲：「陽善陰惡，聖賢如此説處極多。蓋自正理而言，二者固不可相無；以對待而言，則又各有所主。」某疑康節先言天根月窟，是合偏正而言；後言以爲都是春者，是專以正者言之。不知是否？

看遺書中「善惡皆天理」，及「惡亦不可不謂之性」，「不可以濁者不謂之水」等語，及易傳「陽無可盡之理」一節，即此義可推矣。更以事實考之，只如鴟梟、蝮蝎、惡草、毒藥，還可道不是天地陰陽之氣所生否？

答林退思補

知讀書有漸，甚善甚善。但亦須且讀一書，先其近而易知者，字字考驗，句句推詳，上句了然後及下句，前段了然後及後段，乃能真實該徧，無所不通，使自家意思便與古聖賢意思泯然無間，不見古今彼此之隔，乃爲真讀書耳。

答林退思

某區區之見，亦惟以儒者職分實不易盡。今之學者，皆有小器易盈之患，於所當知，或聞而不講，或講而不精，是以見道不全，而應用有闕。用是憤悱，不遑自安，懼所見之有偏，則所至之不遠，反復聖賢之典，泛參百氏之書，師事名儒以證所疑、以質所見，庶幾識斯道之全體、明入德之大方。事有大變，則有以處之；時有大幾，則足以應之。顧瞻海内之君子，自治嚴密，規摹廣大，而進修不已，體用兼該，本末具舉，惟先生一人。今屈於貧困，寸步不能自致，不獲以酬其所欲。身雖在此，而心則在函丈也。某在天地間甚不足道，亦知不肯爲小人儒。慨念往古，道學素明，到春秋時，賢士大夫議論與夫經理其國，尚有標置。正學既晦，人物便不耐檢點。資禀粹温者間有暗合古人仁心處，尚足以維持國體，使意脈未絶；資禀奇偉者，間有暗合古人仁政處，尚足以把持事務，使世變未極。更要進前擔負，自應是去不得。此某所以欲汲汲講究成己之仁、成物之知，庶幾識古人所謂大學者。今以乏財，不得進拜函丈，誰其成就之？律曆、兵法，要識端涯，莫指其蹤。古今損益大變，職分所當急，朝夕看諸儒之論，以己見揣摩，迄不知其旨。鄉間諸賢無有收而教之者，只得將六經涵泳耳。

某聞明學問之全體，而後可以底夫大成，蓋知至其所至而不能終其所終者有矣，未有不知至其所至而能終其所終者也。孔門之高弟，若子夏、子游、子張，止於有聖人一體，則造夫全體者，寧有幾人？然全體之不知，則有同門異户之患，雖欲有其一體，不可得矣。古之君子所以終日孜孜，惟恐學不足以知性命之正，才不足以成天下之務，識不足以周萬物之情者，以爲不如是則有所偏倚，而無以立乎其大者也。大者之不立，猶不登泰山，無以見天下之小，不遊大海，無以見衆流之同歸一源。所存既卑，安藜藿之甘，難語太牢之味。固有以聰明爲障、思慮爲賊，自以爲見性成佛，終不明寂然不動之體也。以智力之所操持、謀略之所駕馭，自許以致功立業，終不明行所無事之知也。涉獵先民之論，泛觀古今之書，自許以博學多聞，終不知「皮之不存，毛將焉傅」也。夫是之謂無以立乎其大者也。若知從事於其本，而以道之全體爲準的，則學足以知性命之正，必通乎死生之説，而異端不能惑矣；才足以成天下之務，則坦然見王道之易行，不至於不以堯之所以治民者治民矣；識足以周萬物之情，則所識前言往行，無非畜德，不至泛濫無統，迄無立身之地矣。君子反經而已，經正，則由天下之正路而業可大也，德可新也。血氣有盛衰，而與生俱生者，未嘗變也；所遇有窮達，在我未嘗有加損也。智及乎此，則可與造全體矣。某雖昏蒙，尚知自勉，追懷古人，夫豈無志？今世英才，誰肯自卑。今欲考百氏之同異，收斂其偏，以求其全，鄉居僻陋，書册無所取；欲廣交四方之名人，合其所長，用以自反，貧窶無資，寸步不能自致。深慮日月易流，有負初志，結茅爲庵，以退爲名，奉親之暇，涵泳六經，退省乎日用之間，自求日新之功，庶乎有得焉耳。敢望先生發揮其義。

來示備悉。學者之志，固不可不以遠大自期，然觀孔門之教，則其所從言之者，至爲卑近，不過孝弟忠信、持守誦習之間，而於所謂學問之全體，初不察察言之也。若其高弟弟子，多亦僅得其一體。夫以夫子之聖、諸子之賢，其於道之全體，豈不能一言盡之，以相授納，而顧爲是拘拘者以狹道之傳、晝人之志，何哉？蓋所謂道之全體雖高且大，而其實未嘗不貫乎日用細微切近之間，苟悦其高而忽於近、慕於大而略於細，則無漸次經由之實，而徒有懸想跂望之勞，亦終不能以自達矣。故聖人之教循循有序，不過使人反而求之至近至小之中。博之以文，以開其講學之端；約之以禮，以嚴其踐履之實，使之得寸則守其寸，得尺則守其尺。如是久之，日滋月益，然後道之全體乃有所鄉望而漸可識，有所循習而漸可能。自是而往，俛焉孳孳，斃而後已。而其所造之淺深、所就之廣狹，亦非可以必諳而預期也。故夫子嘗以先難後獲爲仁，又以先事後得爲崇德。蓋於此小差，則心失其正，雖有鑽堅仰高之志，而反爲謀利計功之私矣，仁何自而得，德何自而崇哉？聊誦所聞，以答下問之意。至於庵記大字之需，則非學之急，亦老懶之所不暇也。舒大夫向嘗相見於會稽，所論未合，今想其學益有成矣。聞其政亦甚佳，有本者固如是也。不及爲書，因見幸略道意。

答王晉輔峴

爲學大概，且以收拾身心爲本，更將聖賢之言從頭熟讀，逐字訓釋，逐句消詳，逐段反復，虚心量力，且要曉得句下文意，未可便肆己見，妄起浮論也。

答王晉輔

示喻卒哭之禮，近世以百日爲期，蓋自開元失之。今從周制，葬後三虞而後卒哭，得之矣。若祔，則孔子雖有善殷之語，然論語、中庸皆有從周之説，則無其位而不敢作禮樂，計亦未敢遽然舍周而從殷也。況祔于祖、父，方是告祖、父以將遷它廟，告新死者以將入祖廟之意，已祭則主復于寢，非有二主之嫌也。主復于寢，見儀禮鄭氏注。至三年之喪畢，則又祫祭而遷祖、父之主以入它廟，奉新死者之主以入祖廟。此見周禮鄭注及横渠先生説。則祔與遷自是兩事，亦不必如殷之練而祔矣。禮法重事，不容草草，卒哭而祔，不若且從温公之説，庶幾寡過耳。

答王晉輔

自去秋冬及此開正，三辱枉書，皆無便可報；無疑人來，又承惠問，尤以爲慰。訊後已復改歲，遠惟感時追慕，孝履支勝。熹病益深，無可言者。前書所論告子之説，此等議論，不須置意中，亦不須容易與之辨論，且只自家理會聖賢之所已言，而求其旨意之所在，久之精熟，自然見得是非，不著問人矣。大學已領，便中却欲更求十數本，可以分及同志也。太極、西銘切不須廣，蓋世間已自有本，爲此冗長，無益於事，或徒能相累耳。徐侍郎所欲鏤版之書，恨未之見。然此等亦不必看，徒亂人耳。且著實向裏，就切近明白實處理會，便不誤人也。此間諸書，南康板本成後，亦無甚大脩改處〔六〕，不知有黑點子者是何本也？只看其間有大同小異處，子細咨問季章，參考得失，便自見得。若有所疑，切冀見諭，當爲契勘奉報也。南軒之書，多未斷手，而不幸即世，而或者不察，一例流傳，使人不能無遺恨，所以前此爲之刊削，别爲定本。蓋推本其遺意，非敢以私見輒有去取也。如大愚之説，兼看亦佳，但其規模亦太闊遠，不若且就本經文義上爛熟咀嚼之爲愈也。無疑人到多日，偶以雪寒，不能作書，而其人不能久候，口占布此，殊不盡意。正遠，千萬節哀自愛。

答王晉輔

荐承委喻，極荷不鄙。實以多病畏事，不敢作文字，以故前此不敢聞命。今不獲已，輒以數字附于行狀之末，少見鄙意。然已覺太露筋骨，切告勿以示人，恐彼此不穩便，非獨罪戾之蹤爲有害也。向來子約每言鄉學之意甚美，然於愚意，竊恐務實之意未若好名之多，學道之志未若爲文之力，此亦鄉黨習尚，流風之弊，其所從來也遠，宜賢者之未免也。自今以往，更願反躬自省，以擇乎二者之間，察其孰緩孰急以爲先後，姑屏舊習，而取凡聖賢之言，若大學，若論孟，若中庸者，朝夕讀之，精思力行，以序而廣，使道義之實有以悦於心而充諸己，則自將無慕於外，而所以顯親揚名者，必有以異乎前日之爲矣。若徒以名位之爲尊〔七〕，言語之爲麗，聞譽之爲誇，而汲汲乎伐石攻木以爲事，則是非獨老拙羞之，抑子約平生所望於賢者，亦將大不滿於泉下矣。所喻鄙文何乃爲此曲折，已託劉季章言之。此豈止載禍相餉而已耶？

答王晉輔

所喻跋語，今再寫去。臨川者亦累問不得報，此書度已浮湛不可得矣，今亦不須問也。

疑義足見向學之意。墓祭不可考，先儒説恐是祭土神，但今俗行拜掃之禮，其來已久，似不可廢。又墳墓非如古人之族葬，若只一處合爲一分而遥祭之，亦似未便。此等不若隨俗各祭之爲便也。其他闕文數處，或是或否，皆非講學之急務。況集注中又已有説甚明，自可觀考，不必問也。畏縮之説，蘇黄門亦云，然非本文之意，兼集注中亦已有定論。禮書「縮」訓「直」者非一，它日當見之，乃先儒之舊，不可易也。范碑曲折，嘗以鄙意請於益公，未蒙剖決。然此公揚歷之久，更事爲多，必有見處，後生況亦未須遽論此事，豈可因此便議前輩之失，非所以致敬於達尊也。程糾所編年譜，是終身看得此事不透，深可憐憫。渠元不曾寄來，却是身後爲人在廣州鏤版，方得見之，甚恨不得及早止之，做此話欛，没了期也。然世間識者亦少，但恐後世有明眼人指點出來耳。吾友今亦未須理會此等，且理會自家著緊切身要用底道理，久之見識漸明，履踐漸實，自不被人瞞，亦不須與人辨論紛爭也。季章耿介，於人有責善之益，重九後若未來，可力致之。逸居獨學，無師友之益，不知不覺，過失日滋，功夫無由長進，不可忽也。景陽悼亡可念，才臣書未到，巽伯亦未有人來。書寄婺女，迂迴難通，今後只託人寄臨川劉教授處可也。不知渠書中有何説？每念仁里諸賢相與甚至，而未得與之痛相切磨，悠悠歲月，日益晚暮，良以爲恨，如無疑亦然也。因見各煩爲致此意。

答杜仁仲良仲

自頃聞昆仲之名，而願得一見久矣。中間僅得識良仲之面，而於仁仲尚復差池，至今爲恨。玆者乃承不鄙致問，許以來辱，此意厚矣。然理義不外於吾身，但能反躬力索，毋使因循有所間斷，則無不得之理。孟子所謂「歸而求之有餘師」者此也。願益勉旃，以副此望。異時有以自得之，則雖相望之遠，亦不異於合堂同席而居矣。

答杜仁仲

示喻爲學之意，甚善。操存舍亡，此外無著力處。但常切提撕，勿計功效，久當自得力耳。理固不可以偏正通塞言，然氣禀既殊，則氣之偏者便只得理之偏，氣之塞者便自與理相隔，是理之在人，亦不能無偏塞也。横渠論受光有大小昏明，而照納不二，其説甚備，可試考之。人心道心不能無異，亦是如此。然亦不須致疑，但惟精惟一，是著力要切處耳。魂魄之説極詳密矣，文叔書中亦論此，已答之，可取一觀。來喻得失亦已具其中也。

答杜仁仲

得文叔書，具道才質之美，恨未一見。兹辱惠書，喜聞比日所履佳勝。示喻爲學之意，甚善，若果見得端緒，常切提撕，不少自恕，則氣質昏弱非所病矣。千萬勉旃，少副所望。

答杜仁仲

良仲示喻「敬」字工夫，甚善。凡聖賢之言，皆貫動静。如云求其放心，亦不是閉眉合眼，死守此心，不令放出也，只是要得識此心之正，如惻隱、羞惡之類，於動静間都無走失耳。所論氣禀有偏而理之統體未嘗有異，亦得之。明道又謂「不可以濁者不爲水」，亦是此意也。但謂神即是理，却恐未然，更宜思之。仁仲所論「朝聞夕死」，則愚意見得二先生之説初不甚異。蓋道即事物當然不易之理，若見得破，即隨生隨死，皆有所處，生固所欲，死亦無害也。

答杜仁仲

良仲前書所論數條皆善。但更勉力研究玩味，久之自然見處明白，踐履從容，不費安排。仁仲蓋有意於切問近思之學者，然亦便如此不得，更須博之以文，始有進步處耳。

答杜仁仲

良仲所示疑義，已附己意於其後，試詳考之，更加虚心游意，反復玩味，久當自釋然也。

仁仲反躬克己之意甚切，雖未知所病者何事，然既知其病，即内自訟而亟改之耳，何暇呫呫誦言，以咎既往之失而求改過之名哉？今不亟改，而徒言之，又自表其未有改之之實也，則是病中生病，名外取名，不但無益而已。

五行之神。

神是理之發用而乘氣以出入者，故易曰：「神也者，妙萬物而爲言者也〔八〕。」來喻大概得之。但恐却將「神」字全作氣看，則又誤耳。

明道云「生之謂性」一條。

明道此章内，性字有指其墮在氣質中者而言，有指其本原至善者而言，須且分别此一字，令分明不差，方可子細逐項消詳。今來喻大概蓋已得之，只其間有未細密處，且更虚心玩味，久當益精耳。「繼之者善」，易中本指道化流行之妙而言，此却是就人身上指其發用之端而言。如孟子論性善只以情可爲善爲説，蓋此發用處便見本原之至善，不待别求。若可别求，則是「人生而静」以上却容説也。孟子所論「天下之言性者則故而已矣」亦是此意，更詳之。所云「水之方分派」者未曉來意，恐非明道之本旨也。

答杜貫道

讀書課程甚善，但思慮亦不可過苦，但虛心游意，時時玩索，久之當自見縫罅意味。持守亦不必著意安排，但亦只且如此從容，纔覺散漫，即便提撕，即自常在此矣。

答杜貫道

節次示及諸説皆善，但不已其功，久之見處漸分明矣。其間雖有小未通處，今亦不暇一一條析奉報也。致道歸，草草附此，作書多不能詳細。仁里諸賢多得相處，但賢者與良仲、仁仲未得一見耳。或能相與一來，大幸，面見指説，殊勝書問往還也。

答池從周

前此辱書未報，今又承惠問，尤以愧感。詢及所疑，足見嗜學之意。但讀論語、大學亦是初學門户，且得如此向前，更有多少功夫，豈可便慮其雜。但此二書亦須反復熟讀，著力研究，乃可見其意耳。所問論語首章，但將所學反復思繹，常切遵行，便是時習。習之之久，自有説處。此只是爲學實事，别無深遠旨趣也。泛愛雖非初學之切務，然既與物接，若都翛然與之相忘，亦非義理，自是須泛愛也。觀賢者之意，似只欲以兀然自守爲是，故所論每每如此，頗少恢廓之。不然，只終不免於昏陋狹隘而無所發明也。

答胡文叔 璟

承書喻及先世交遊之好，不勝感愴。三復書詞，乃知有志傳家之學，又以爲慰。今世徇俗爲人之學固不足道，其稍知用心於内者，往往又以鶩於高遠而失之，是可歎也。來喻之云，似已察於此者，但常專心致志，思繹踐行，有疑則與同志講而明之，則庶乎其有得矣。

答潘坦翁 履孫

集注解「多聞，擇其善者而從」，謂所從不可不擇；「多見而識」，謂善惡皆當存之，以備參考。某恐經文止曰「識之」，未有皆存善惡以備參考之意。

本文之義只如此，不容别爲之説。蓋「擇」字生於「從」字，「識」則未有便從之意，故不言擇善也。

「子與人歌而善」，程子曰：「歌必全章也，與『割不正不食，席不正不坐』同。」某未曉其義。

「反之」，猶言從頭再起也。若只就中間接續便和，則不成全章矣，故必使其歌已畢，從頭再起，然後和之，則得全章。程子意蓋如此，然其意亦恐未盡也。

「師摯之始，關雎之亂」，某謂「亂」者，指其成言之爾。蓋樂章至亂而始成，不要其成，無以見其美盛爾，非專指亂而言也。

此等處今不得聞古人之樂，難以深論，且如集注大概説過可也。

「不踐迹」一章，集注曰：「善人，質美而未學者也。」某謂質美故不爲惡，未學故不能知古人所以行者而踐之，惟其不踐跡，故亦無自而入於室也。

集注用程、張二先生説，其理甚精，恐非如來喻之云也，更詳之。

答奚仲淵

示喻所聞，足見志道躬行之實，慰幸歎仰，蓋不勝言。但孟子論浩然之氣是集義所生，非謂集義於此以養彼浩然之氣也。又謂不必於應用處斟酌是否，亦恐未免離内外、判心迹之病。聖賢所謂義者，正欲於應用處斟酌耳，但日用功夫自有先後緩急，不可先其細者而緩於大體，恐仲淵意是如此。若其不然，恐更合商量也。義理之間誠當明辨，然非有格物致知與敬以直内之功，則亦難明而易失。來喻所謂熟處難忘者，恐坐此也，然亦學者之通患，如熹正苦此而未能自脱耳。伯起舊游，每病其不以此事爲急，今乃能勇猛精進如此，人固未易量也。計左提右挈，長者之力爲多。異時歸老田間，復得此一益友爲幸甚矣。趙德廣在此，日相見，殊愧不能有以發其志意者。昨見所與渠書，當知所以自勉也。

答黎季忱

示及兩卷，各已批注封還，幸細考之。語、孟更須寬心細意看，令通徹。易則恐未易讀，如此穿鑿，似枉費心力也。蓋易本卜筮之書，故先王設官，掌於太卜，而不列於學校。學校所教，詩書禮樂而已。至孔子，乃於其中推出所以設卦觀象繫詞之旨，而因以識夫吉凶進退存亡之道。蓋聖人當時已曉卜筮之法與其詞意所在，如説田狩即實是田狩，説祭祀即實是祭祀，征伐、昏媾之類皆然〔九〕，非譬喻也。故就其間推出此理耳。若在今日，則已不得其法，又不曉其詞，而暗中摸索，妄起私意，竊恐便有聖賢復生，亦未易通。與其虛費心力於此，不若且看詩書禮樂之爲明白而易知也。然大學、論、孟、中庸又在四者之先，須都理會得透徹，方可略看易之大指，亦未爲晚。今所論論語尚爾未通，豈宜遽及此耶！

答傅敬子

昨承遠訪，別來又已累月，辱書，欣審比日所履佳勝。講學須且著實自家理會，寬著意思涵泳思索，方能有得。如今來所喻，亦須且自看有疑處，方好商量。若只如此泛問不濟事。又所記心性之語，亦似語脈中不無差誤，今不省記當時如何説也。所欲大字及二卦説，尤是兒戲。若真實做功夫，何用此等裝飾耶！

答傅誠子

兹承惠書，足見好學之篤，已足爲慰矣。比想冬温，所履佳勝。所示疑問，皆有急迫之意，此最爲學之害，須且放下，只平平地讀書，玩味其意，理會未得處且記著，時時拈起看，恐久之須有得力處。若只如此枉費心力，不濟事也。幾微之間，善者便是天理，惡者便是人欲，纔覺如此，便存其善、去其惡可也，何難剖析之有。第二條亦不須得如此理會。且討箇書讀，换却許多勞攘，久之須放得下。第三條既知得大有妨害，便掃除了，何問之有！如此紛紜，自作纏繞，無了期也。

答高國楹

所喻不能處事，乃學者之通病。然欲别求方法，力與之競，轉成紛擾，而卒無可勝之理。不若虚心讀書觀理，收拾念慮，使之專一，長久則自然精明，而此病可除矣。但讀書亦有次第，且取其切於身心者讀之。若經理世務，商略古今，竊恐今日力量未易遽及，且少緩之，亦未爲失也。

答常鄭卿

聞學中諸事漸有條理，尤以爲喜。學校規矩雖不可無，亦不可專恃，須多得好朋友在其間表率勸導，使之有鄉慕之意，則教者不勞而學者有益。今得擇之復來，則可因之以招致其餘矣。鄙意又恐更須招致得依本分、識道理、能作舉業者三數輩，參錯其間，使之誘進此一等後生，亦是一事。但此須緩緩子細圖之，恐其間有趨向不同，反能爲害，則不濟事也。頃年又見黄叔張在此作教官時，教小學生誦書，旬日一試，如答墨義然，立定分數，考察去留，似亦有益。小學教諭見無職事可掌，使任其責，似亦兩便。試推此類，多爲之塗，以收拾教養之，則人情感悦，當無扞格之患矣。

答李晦叔煇〔一〇〕

所説工夫〔一一〕，亦且如此做去，看久遠如何，有疑却喻及。吳掾亦聞其人，相處有何議論邪？隆興江法曹有書寄渠處〔一二〕，必時有便也。其人清苦力學，但溺佛，好穿鑿耳。令弟今在何處？前得其書，未能别答。所論顔子凖的甚善，但難如此泛論，須子細説出日用工夫次第曲折，方見得是非耳。幸以此意語之也〔一三〕。

答李晦叔

所論持敬讀書〔一四〕，表裏用力，切須實下功夫，不可徒爲虚説。然表裏亦非二事，但不可取此而舍彼耳。其實互相爲用，只是一事。纔説性字，便是以人所受而言，此理便與氣合了。但直指其性，則於氣中又須見得别是一物始得，不可混并説也。江掾所言物性本惡，安有是理，來諭已得之矣，更切涵養爲佳耳〔一五〕。

答李晦叔

持敬讀書〔一六〕，只是一事，而表裏各用力耳。若有所偏，便疑都不曾做工夫。今且逐日著實做將去，未須比量難易，計較得失，徒然紛擾，不濟事，反害事。要令日用之間，只見本心義理，都不見有它物，方有得力處耳。所問祭禮，各以所見報去，可更詳之。閭户曹多學禮説，唐人議論可試扣之，可檢看也。江法掾清苦力學，不可多得。人之所見，要亦未能盡同，但偏執不通，輕於述作，此爲大不便耳〔一七〕。

程氏祭儀謂：「凡配，止以正妻一人。或奉祠之人是再娶所生，即以所生母配。」煇竊謂：凡配止用正妻一人是也。若再娶者無子，或祔祭别位亦可也。若奉祀者是再娶之子，乃許用所生配，而正妻無子遂不得配享，可乎？

程先生此説恐誤。唐會要中有論，凡是嫡母，無先後，皆當並祔合祭，與古者諸侯之禮不同。古今家祭禮中亦有此段，但恐彼無本耳。

「夫主不可以二者也，四明高氏之説云耳」。煇詳此意，謂有宗子之家主祭，故庶子止以其牲祭于宗子之家可也，是不可以有二主也。今人若兄弟異居，相去遼遠，欲各祭其父祖，亦謂不可以二主乎？

兄弟異居，廟初不異，只合兄祭，而弟與執事，或以物助之爲宜。向見説前輩有如此而相去遠者，則兄家設主，弟不立主，只於祭時旋設位，以紙榜標記，逐位祭畢焚之。如此似亦得禮之變也。更詳之。

魏公贈謚只告于廟，疑爲得禮。但今世皆告墓，恐未免隨俗耳。更冀裁之。

大抵讀書當擇先儒舊説之當於理者，反覆玩味，朝夕涵泳，使與本經之言之意通貫，浹洽於胸中，然後有益。不必段段立説，徒爲觀美，而實未有得於心也。

答李晦叔

所問數條大概相類，只是所從言之不同，其實則無異義，但虚心遊意，兼存而並觀之，久當自見其實固並行而不悖也。程子不得於言之説，恐記者之誤，不必深疑。吕后稱制、武氏革命，事體不同，自分明。光武追廢，自其私意，不得爲中理也。

答李晦叔

范氏曰：「聖人同於人者，血氣也；異於人者，志氣也。血氣有時而衰，志氣則無時而衰也。」先生於集注中去却上句血字及下句氣字，然今南康所刊本又却仍舊從范説，不知如何？

氣一也，主於心者則爲志氣，主於形體者即爲血氣，范氏本説蓋如此。向來誤去其本文兩字，後來覺得未穩，故改從舊説。

集注解「不知命，無以爲君子」，謂知有命而信之，人不知命則避害趨利，何以爲君子？而解「公伯寮愬子路」章，乃云：「聖人於利害之際，則不待決於命而後安。」二説似相反。某謂「公伯寮」章指聖人言所以不決之於命，而此章乃爲欲爲君子者而設，不知如何？

來説是也。

上蔡説得此意思好，語録中有之。

肌膚之會、筋骸之束，乃是持敬用力之久，便覺得身心如此。東萊謂操存則血氣循軌而不亂，收斂則精神内守而不浮，恐是此意。某尋常試之，誠覺得如此，然於鬧處又却不然。

東萊此説是也。然不當作兩句看。此處只是放去收來頃刻間事，只一「操」字已是多了，不須如此著意安排也。

先生頃者次對，實以侍講之故除，此與伊川除説書而授朝官者何異。伊川罷説書而辭朝官，先生罷侍講而辭待制，事體實同。伊川素不曾陳乞封叙，先生既用次對奏薦，又却力辭職名，學者多未喻。陳和父以爲伊川出處與先生不同，居其位則受其恩數，乃理之常，至他日不合而去，但當辭其職耳，不當并辭恩數也。不知如何？

此事不敢自分疏，後世須自有公論也。

子事父母，劉元承所編二先生語録謂：婦當拜於堂下〔一八〕，子不當拜於堂下，蓋父子主恩，婦乃義合。子婦一例，恐不當有分别。温公祭畢獻壽，雖言叙立如祭所之位，而不言陞降，恐亦皆在堂上也。

爲長子三年，及爲伯叔兄弟皆期服而不解官，爲士者許赴舉。不知當官與赴舉時，還吉服耶，衰服耶？若須吉服，則又與五服所載年月有戾矣。

此等事只得遵朝廷法令。若心自不安，不欲赴舉，則勿行可也。當官則無法可解罷。伊川先生看詳學制亦云「不禁冒哀守常〔一九〕」，此可見矣。但雖不得不暫釋衰，亦未可遽純吉也。

答李晦叔

大學或問中陰陽五行之説，先生答黄寺丞云：「陰陽之爲五行，有分而言之，有合而言之。」煇嘗推之云云。

分合之説固如此，然就原頭定體上説，則未分五行時，只謂之陰陽，未分五性時，只謂之健順；及分而言之，則陽爲木、火，陰爲金、水，健爲仁、禮，順爲智、義。

或問曰：「然於其正且通之中，又或不無清濁美惡之異，故其所賦之質，又有智愚賢不肖之殊。」煇竊嘗謂：命可言所賦，性可言所受，而智愚賢不肖是其所稟之氣有清濁美惡之不同也。先生却以智愚賢不肖不歸於所稟，而歸於所賦，何耶？

賦猶俗語云分俵均敷之意。書傳之説或以性言，或以形言，當隨處看。

或問曰：「然而本明之體得之於天，終有不可得而昧者。是以雖其昏蔽之極，而恍惚之間一有覺焉，則即此介然之頃，而其本體已洞然矣。」煇竊詳數句只是發明本明之體終有不可得而昧之意，若就學者用工夫上説，則恍惚之間斷無自覺之理，須是格物致知、誠意正心脩身功夫次第曲折，然後本明之體可得而明。

若是冥然都無覺處，則此能致知者是何人耶？此是最親切處，所宜深察。

答李晦叔

煇曩者因舉「肌膚之會、筋骸之束」兩句，竊意謂與東萊所謂「操存則氣血循軌而不亂，收斂則精神内守而不浮」正是此意。先生批誨云：「此説是也。然不必作兩句看。」煇因思之，未見有重疊處。

此等處只是閑説，不須著力更下注脚，枉費心力。

先生又批誨云：「此處只是放去收來頃刻間事，只一『操』字已是多了，不須如此著意安排也。」熚竊謂心之存亡出入，特繫於人之操舍如何耳。但聖人則不操而常存，衆人則操之而後存也。先生云只一「操」字已是多了，熚久而未喻。近者看龜山解「七十而從心所欲」之義，謂聖人從容中道，無事乎操，然後始悟先生批誨之意，正是爲已存者設。若心不能無放，則固不可不操；但太著意安排，是助長也。未審先生以爲如何？

此是至親切處。龜山之説，亦不謂此須反之於心。只就放去收來時體看，只此操時，當處便存，只要功夫接續，不令間斷耳。

熚竊嘗謂：學者却須當常存此心於莊端静一之中，毋使一毫私意雜乎其間，則方寸之間自有主宰，不致散漫走作，而虚靈洞徹之本體庶乎可以默識矣。然欲真實識其虚靈洞徹之本體，則又須是日與義理相親，克去己私，然後心之本體可得而識。

罷却許多閑安排，除却許多閑言語，只看「操則存」一句是如何，亦不可重叠更下注脚。

熚竊嘗謂：自昔明明德於天下者，亦須由格物致知功夫次第曲折，然後始能自明其明德也。今使天下之人皆有以明其明德，便能各誠其意，各正其心，各脩其身，各親其親，各長其長，而格物致知之功略不煩於用力焉，豈不墮於不擇其本而直圖其末之弊？

若欲正心誠意，須是格物致知。然若説道各格其物，各致其知，則似不成言語，只得如此説過。如云一是皆以脩身爲本，豈是删了上四事耶？

或問曰：「但其氣質有清濁偏正之殊，物欲有淺深厚薄之異，是以聖之於愚、人之與物，相與懸絶，而不能同耳。」煇竊詳此段所説氣質物欲，分聖愚、人物處，似覺可疑。若以清濁分聖愚、偏正分人物，則物欲厚薄淺深一句復將何指？若謂指聖愚則聖人無物欲之私；若謂説人物，則物又不可以淺深厚薄論。未曉。

清濁偏正等説，乃本正蒙中語，而吕博士中庸詳説又推明之。然亦是將人物賢、智、愚、不肖相對而分言之，即須如此。若大概而論，則人清而物濁，人正而物偏。又細别之，則智乃清之清，賢乃正之正，愚乃清之濁，不肖乃正之偏。而横渠所謂物有近人之性者，又濁之清、偏之正也。物欲淺深厚薄，乃通爲衆人而言，若作有無，則此一等人甚少，難入羣隊，故只得且如此下語。若以爲疑，則不若改「聖」字作「賢」字，亦省得分解，而聖人自不妨超然出於其外也。

横渠先生曰：「祔葬、祔祭，極至理而論，只合祔一人。夫婦之道，當其初婚，未嘗約再配，是夫只合一娶，婦只合一嫁。今婦人夫死而不可再嫁，如天地之大義，然夫豈得而再娶？然以重者計之，養親承家、祭祀繼續，不可無也，故有再娶之理。然其葬其祔，雖爲同穴同几筵，然譬之人情，一室中豈容二妻？以義斷之，須祔以首娶，繼室别爲一所可也。」煇頃看程氏祭儀，謂：「凡配，用正妻一人。或奉祀之人是再娶所生，即以所生配。」煇嘗疑之。謂凡配止用正妻一人是也，若再娶者無子，或祔祭別位亦可也，若奉祀者是再娶之子，乃許用所生配，而正妻無子遂不得配享，可乎？先生答云〔二〇〕：「程先生此說恐誤。唐會要中有論，凡是嫡母，無先後，皆當並祔合祭，與古者諸侯之禮不同。」伏詳先生批誨已自極合人情，然横渠所說又如此。尋常舍弟亦疑祔葬、祔祭之義爲未安，適與横渠所論暗合〔二一〕。煇竊疑横渠乃是極至理而論〔二二〕，不得不然。若欲處之近人情，只合從先生所答。萬一從横渠說，則前妻無子而祀奉者却是再娶之子，又將何以處之〔二三〕？

夫婦之義，如乾大坤至，自有等差。故方其生存，夫得有妻有妾，而妻之所天不容有二。況於死而配祔，又非生存之比。横渠之說似亦推之有大過也，只合從唐人所議爲允。況又有前妻無子、後妻有子之礙，其勢將有甚杌隉而不安者。唯葬，則今人夫婦未必皆合葬，繼室別營兆域宜亦可耳。

問缺。

理固如此。然須實用其力，不可只做好語說過。又當有以培養之〔二四〕，然後積漸純熟，向上有進步處。

答余國秀宋傑

所謂貼裹者，但謂不可向外理會，不干己事，及求知於人之類耳。若學問之功，則無內外身心之間，無粗細隱顯之分。初時且要大綱持守，勿令放逸，而常切提撕，漸加嚴密。更讀聖賢之書，逐句逐字，一一理會，從頭至尾，不要揀擇。如此久之，自當見得分明，守得純熟矣。今看此册，大抵不曾著實持守，而遽責純熟之功；不曾循序講究，而務極精微之蘊。正使説得相似，只與做舉業一般，於己分上全無干涉。此正不貼裹之病也。以下數段，皆是此病，不能一一論辨也。

宋傑嘗謂：聖人之道，簡易明白，而學者所以處己接物，大抵以和爲貴，故每覺有順從苟且因循之失。然纔著意舉一二事，又覺有矯枉過正之病。

既知如此，便速改之，何問之有！凡事亦自有恰好道理，更精察之，則無過直之弊矣。

宋傑竊惟古人多處貧困而泰然不以累其心，不知何道。今值窮困，若一切不問，則理勢不容已；若欲辦集，則未免有屈志靦顏之事。

窮須是忍，忍到熟處，自無戚戚之念矣。韓退之盛山詩序説「玩而忘之，以文辭也」云云。文辭淺事，苟能玩而樂之，尚可以忘仕進之窮通，况吾日誦聖賢之言，探索高遠，如此而臨事全不得力，此亦足以見其玩之未深矣。

答余國秀

始嘗推測人之身所以與天地陰陽交際處，而不得其說。既讀太極圖說，其中有云：「人物之始，以氣化而生者也。氣聚成形，則形交氣感，遂以形化。」竊謂交際處於此可見。然形化既定，雖不復氣化，而大化之流行接續，如川流之不息，凡飲食呼吸，皆是流通處。此身雖由父母生，而莫非天地陰陽之化。此其所以有天地，具情性，而可以參天地，贊化育也歟？

其大概來歷固是如此，然須理會得其性情之德，體用分別各是何面目始得。須逐一體認玩味，令日用間發見處的當分明也。

又嘗因推測人之身而并及於物，以至動植之殊，各極其本原而察之。竊謂陰陽五行之氣化生萬物，其清濁偏正之不同，亦從初有定，而其後大化流行，亦不能變易。如人之必爲萬物之靈，麟鳳龜龍之靈知，猩猩、鸚鵡之能言之類，皆是從初如此，後來亦如此。如人之以身而言，則所以爲耳目鼻口四肢百體者，皆有當然之理，以至爲衆人、爲百物皆然，不可不一一辨別得，非是只要如此推說也。

竊嘗因求放心，而謂視聽思慮由己時是心存，不由己時是心放。李敬子以爲合理時是心存，且謂某有認氣爲心之病。

孟子說「存其心，養其性」，只是要人常常操守此心，不令放逸，則自能去講學以明義理，而動靜之間，皆有以順其性之當然也。

竊謂人性本具衆理，本明萬善，由氣質物欲之雜，所以昏蔽。上智之資無此雜，故一明盡明，無有查滓。中人以降必有此雜，但多少厚薄之不同耳，故必逐一求明。明得一分，則去得一分之雜。直待所見盡明，所雜盡去，本性方復。學者體此以致復性之功。不知如何？

此說是。但須是實識得其裏面義理之體用，乃爲有以明之，不可只如此鶻突說過也。

舜聞一善言，見一善行，若決江河，恐只是無氣稟、物欲之累，故吾心之理與聞見脗然相契，其決如此。顔子不違如愚，亦是如此。若子路有聞云云，則其立志雖勇，然用力亦似覺難，恐亦未免爲氣稟、物欲所累也。

同上。

氣稟、物欲均爲害性，然物欲之害易見，氣稟之害難知。然氣稟有二，若昏而不明，則隨所學可以漸進於明；若偏而不中，則强者只見得聖賢剛處，弱者又只見聖賢寬和處。不知如何？

所學漸明，則所偏亦當漸覺矣。

體察情之動處。

爲學功夫固當有先後，然亦不是截然今日爲此，明日爲彼也。且如所謂先明性之本體，而敬以守之，固是如此，然從初若都不敬，亦何由得有見耶？

先生序此四者爲格物之先。竊謂學者欲從事於學，必先明乎此，而後進學之功有實地之可據。苟爲不然，則終覺散漫無統，而所學終無所歸宿矣。

或問中此段，只是説從自己身心上推去到事物上，都有許多道理，但要逐節逐件識得，不是只要如此包説也。

答李敬子燔余國秀宋傑〔二五〕

燔氣質躁迫，每於先生强探力取之戒、積漸涵泳之訓，玩味用功，但臨事時終覺爲害。今只靠定視聽言動，常於此四事上著力，又以義理融液之，頗覺得力，然終是病根常在〔二六〕。

不須如此做伎倆，但才覺時便克將去，莫更計較功效遲速也。後段放此。

熻竊謂顔子四勿，今人非不欲如此，只爲不知其孰爲禮，孰爲非禮。顔子所以纔聞克復之語，便知請問其目，纔聞四勿之語，便承當去，雖是資質絶人，亦必是素於博文約禮上用功。今之學者，且先以博約爲先，而四勿之戒隨其所知施之應酬，漸漸望其貼近，庶有實效。

既知如此，何不用力？然博文約禮亦非二事，而異時之深純，亦不外乎今日之勉强也。

熻竊妄謂：性之者，多由内以達諸外，而自不廢夫在外之功；反之者，多資外以養乎内，而始有契夫内之理。如顔子之四勿、曾子之三省，與夫博文約禮、動容正顔之事，皆資外養内之事也。今之學者，唯當悉意於此。

勿之省之亦由内。要之内外不是判然兩件事也。

熻竊謂先生教人，只是欲人持敬，致知克己，以復其性，其間條目却自多端。

自做功夫看即自見得，不須如此泛問也。

熻謂敬齋箴後面似少從容意思，欲先生更著數語，使學者遵守，庶幾無持之太甚，轉不安樂之弊。

前已言之矣。

熻祖妣捐弃，朋友以劉輝嫡孫承重事見告，遂申州以請于朝，續準報許。後見范蜀公亦嘗論及，乃知輝非苟然者，而舜弼始終以爲此事只當從衆。今事已無及，但朋友間不幸而值此，不知當如何？

若父是祖之嫡長子，己是父之嫡長子，即合承重無疑。如其不然，則前日之舉爲過於厚，亦不必以爲悔也。朋友之間，則但當以禮律告之，不可使人從己之誤也。當言循理守法，不當言從衆。

熂嘗疑伊川平日斷不肯與人作墓誌，不知其意何在。至太中及明道，又却用之，而其叔父、姪女之類，亦復自作，何也？

伊川先生初無斷不作志之説，疑以不能甚工於文，又或未必得其事實，故少作耳。集中亦有叔父墓誌者。施之於家，可無前二者之慮也。

熂家中舊有祖産，今欲禀家叔，諸房各以人口多少備辦經用，儲之堂前，以爲久遠團欒之計。然衆志難諧，未有所處。諸位各辦歲計，其力不能辦者如之何？

此須熟慮，博訪其宜，不可草草也。

熂免喪之後，親戚朋友勸以赴部，以病不能行。或以爲教官可以請祠，熂欲姑守前志，且爲養病、讀書計。

未知不仕之意有何義理？只可自以大義裁之，不須問人，亦非它人所能決也。若無正定義理，則爲貧而仕，古人有之，不須如此前却也。

燔嘗謂：欲君德之美，當重保傅之選。欲士風之美，當正教取之法。欲吏道之良，當久其任。欲民俗厚，當興禮樂。欲彊甲兵，當倣寓兵之意。欲足財用，當急農桑之務。大概是如此。然須更讀書窮理，博觀古今聖賢所處之方，始有實用，不爲空言也。

燔謂後世人才不振，士風不美，在於科舉之法。然使便用明道賓興之論，伊川看詳之制，則今之任學校者，皆由科舉而出，亦豈能遽變而至道哉！明道所言，始終本末次序甚明。伊川立法，姑以爲之兆耳。然欲變今而從古，亦不過從此規模，以漸爲之。其初不能不費力矯揉，久之成熟，則自然丕變矣。

燔謂釋老之學所以舛謬，只緣未能致知，但據偏見，直情徑行，所以與吾道背馳。使其能求通於聖人，則其所至豈小小哉！又嘗求二氏之學所以盛衰之故，釋氏主於心，緣其就根本上用力，故久而愈熾；老氏主於身，緣其所執亦淺狹，故久而微削。且熟觀義理，久之自然精密，未須如此椿定死法也。

燔外家司姓，外祖早世，外曾祖復子一戴姓者。戴死無子，只一女，舅氏爲之服三年喪，且合葬祖塋，祠之家廟。屢稟之舅氏，遷戴氏葬之它所，改外祖合葬外祖母之側〔二七〕，除戴氏之享，使其女主之，量分産業，使之備禮。事今雖未行，而朋舊多以爲然。

續又思之云云。

初說甚善，然亦有一句未是，以河廣之義推之可見。又思以下則又過矣。不共戴天，謂父母見殺而其人不死者耳，移之於此，似非其倫。若果如此，則禮經何爲而制服邪？夫死而嫁，固爲失節，然亦有不得已者，聖人不能禁也，則爲之制禮以處其子，而母不得與其祭焉，其貶之亦明矣。

燔見朋友間多有增親年以希恩霈者，且悔之，又恐兄弟間有堅欲陳乞者。燔以爲不若作一狀子刺破，乞備申省部照會，方爲堅決。

兄弟若欲陳乞，但委曲爲陳不可誣親以欺其君之意足矣，何必作此痕迹邪！

燔因與朋友論及冒貫赴試事，以爲豈可不攻。獨國秀以爲不須攻。幸一言以定衆志。

不知要如何攻？若只經官陳狀，乞泛行約束，即不妨。若指名告示，聚衆毆擊，則非所宜矣。

燔竊謂明德新民，不是自己一切事都做了後方去新民，隨所及所值而爲之耳。

兩語有病。

至善乃萬理盡明，各造其極，然後爲至。

至善是自然底道理，如此説不得。

至善〔一八〕，如堯舜文王之爲聖，湯武之爲征伐，周公之爲臣，孔子之爲師，伊尹之爲志，顔子之爲學。又謂至善在己則爲天命之性，在事則爲率性之道，推之天下則爲脩道之教，此聖人之事也。若學者則就教上尋求向上去，到得極處，皆只一般，元無加損。

説得未是，亦不須如此閑説。

知止能得，燔嘗謂洞然無蔽之謂知，確然有實之謂得，明則誠矣。

近之，但語未瑩。

知，善之明也；得，身之誠也。

近之。

慮謂知之尤精，而心思所值無不周悉。

是。

燔謂知止則志不惑亂而有定嚮，志定則此心無擾而静，心静則此身無適而不安，心静身安則用自利。事物之來，不特能即事見理，又能先事爲防，如「後甲三日」、「後庚三日」之云。其於事之終始、先後、已至未然，皆無遺鑒，皆無失舉矣。如是而後爲得其所止，則可以謂之誠有是善而誠極是矣。

此段得之。

熺謂知則知其所當然，慮則并極其未然。知是閑時知得，慮是到手後須要處置得是。

熺謂知止有明而未誠處，得止則一一皆誠矣。到得至誠田地上面，更有變化不測在。

未須如此閑思想。看文字且理會當處義理，漸覺意味深長乃佳。如此支離，不濟事也。

熺謂大學之意，當持敬以養其所知之本，格物以廣其所知之端，使吾心虚明洞徹，舉無不燭，則是非當否各以呈露，而至善所在自不容有所蔽矣。周舜弼以謂知止者，非萬理併皆昭徹〔二九〕，然後謂之知止。一事便有一理，即其所知而求得其所止。所謂能得者，非是動容周旋，各當其則。一事得其所止，如仁敬孝慈之類，皆爲至善。若必以動容周旋當則言之，則將使學者没世窮年，無復可以知止，而得其所止矣。

經之所言，是學之等級。然知有淺深，得有大小，存乎其人，難以一概論也。

物有本末云云〔三〇〕。熺謂先後之中更有輕重，本末之先後重，始終之先後輕。

不須如此分別，枉費心思，道理又不如此，無益而有害也。

燔謂注文於「明明德於天下者」之下，似少自己推之之意。

經文次序已自詳悉，何用更説。

或問於「明明德於天下」處，只言誠意、正心、脩身，而不及致知，又益以親親、長長，而不及齊家、治國、平天下，願聞其指。

致知所以明之，親親、長長即齊家之大者。

平天下之事，蓋新民之極功，則用益廣而法宜益詳。今考傳文，則皆感發維持之意，而不及乎它，似未免乎略。

「平天下」章以絜矩推之，而詳言同貨利、公好惡之事，其法可謂詳矣，何謂略耶？

大學傳九章「其家不可教」，竊疑「可」字當爲「能」字。

彼之不可教，即我之不能教也。可之與能，彼此之詞也。若作「家不能教」，則不詞矣。

傳之九章，大率皆躬行之事，而未及乎爲政。八章亦然。

成教於國，則政事之施在其中矣，但須以躬行爲本，故特詳之，本末輕重固自不同也。

宋傑嘗於「親愛而辟」上用功，如兄之子常欲愛之如己子，每以第五倫爲鑒，但愛己子之心終重於愛兄之子。

「常欲」二字即十起之心也。須見得天理發見之本然，則所處厚薄雖有差等，而不害其理之一矣。

熺近於家間區處一二事，便覺上下睽隔，情意寖薄。欲遂置而不問，則諸事不整。不知且只於身上自理會，莫屑屑問它，如何？

「威如之吉」，反身之謂也。

宋傑嘗觀傳文論脩身在正其心，嘗每用力自克，亦頗得力。而敬子不以爲然，以謂若論是當，須還是喜怒中節乃可。然宋傑今日之所謂得力者，仍是隨意之所便者以致力，而實未深察夫不能自已者也。

正心之功，若自知至、意誠中來，則不須如此安排，而自無不正矣。未到此地，則亦隨力隨分省察持守可也。不須如此計較，且向格物處用功，乃爲知所先後耳。

熺謂喜怒憂懼之氣，心實帥之。帥稍動摇，氣不聽命，則必有是四者之累。學者固當逐件上用功，然非先正其帥，亦未見其爲全功也。

如此則與此傳文意全然背戾矣。試更推之，如何？

誠意謹其發，正心存其體。又曰：誠意者，實所發於我，而我命之。心正則不問寂感，而本體常在。

兩條說意誠皆未安。

宋傑嘗觀傳之六章，注文釋自欺、謹獨處，皆以物欲爲言；或問則兼氣稟言之，似爲全備。

此等處不須疑，語意自合有詳略處也。

宋傑竊謂：動於物欲而假善以自欺，易識而易治；雜於氣稟而爲善之不切，難識而難治。欲得精察氣稟之爲害而克治之，當以何道？

考之經文可也。

燔居常好善惡惡，覺得直是分明，然或至自傷其和。而施之於人，亦多彊猛固必而無容養之意。夫好惡真切如此，而病復隨之者，何哉？

此等處自覺是病，便自治之，不須問人，亦非人所能預也。

康叔臨淵以爲一物格則一知至〔三一〕。燔謂所謂物格者，乃衆理俱窮，相發互通，以至透徹，無復餘蘊，然後爲格。若謂一物明一知進則可，一物格一知至則不可。

伊川先生曰：「今日格一件，明日格一件。」

叔臨又謂：或問所謂内外昭融，内謂理之在己者，外謂理之在物者。

内謂理之隱微處，外謂理之周偏處。

燔謂釋氏不務格物，而但欲自知，故一意澄定而所見不周盡。吾儒靜以養其所知之本，動以廣其所知之端，兩者互進，精密無遺，故所見周盡而有以全其天然自有之中。大概近之，然亦未盡。

或問所謂詣其極而無餘，隨所詣無不盡。燔謂詣其極猶渠成，隨所詣猶水隨渠至。譬喻未精，然亦不須如此模寫。

程先生說，學者之知道，必如知虎者。燔謂不待勢迫法驅而自不能已〔三一〕，無所爲而樂於爲之者，真知者也。然知而習，習而熟，又精思而後浸得其真，非一知即能洞徹也。

此亦以中人言之，前已略論之。

宋傑讀書遇曉不得處，即掉下再三讀之，竟不曉，即置不復問，不知其病何在？其病在是。

論古今人物而別其是非。宋傑

人之過惡豈可輕論，但默觀之而反諸己，或有未明，則密以資於師友，而勿暴於外可也。

論天地之所以高深。燔

天之外無窮，而其中央空處有限。天左旋而星拱極，仰觀可見。四遊之說則未可知。

然曆家之説，乃以算數得之，非鑿空而言也。若果有之，亦與左旋、拱北之説不相妨。如虛空中一圓毬，自内而觀之，其坐向不動而常左旋；自外而觀之，則又一面四遊以薄四表而止也。

康節天地自相依附之説。熵以爲此説與周子太極圖、程子動静無端、陰陽無始之義一致，非曆家所能窺測。

康節之言，大體固如是矣。然曆家之説，亦須考之方見其細密處。如禮記月令疏及晉天文志，皆不可不讀也。近見一書名天經，只是近世人所作，然類集古今言天者極爲該備，不知曾見之否？

鬼神之所以幽顯，上蔡云：「動而不已，其神乎？滯而有迹，其鬼乎？」熵謂鬼雖爲屈，久而必散，似無滯留於迹之理。云云。

神顯而鬼幽，上蔡滯而有迹之語，誠如所論，其它大概亦是如此。然夫子所以答季路之問者，又所當思也。

小學注：「子事父母，孫事祖父母同。」熵謂諸父諸母親同服同，而不及之者，何哉？

諸父異宫，非可以徧詣而定省之，且若如此則將不得專乎事父母矣，此愛敬之等差也。

程先生齊不容有思之説，燔嘗以爲齊其不齊，求與鬼神接。一意所祭之親，乃所以致齊也。祭義之言，似未爲失，不知其意果如何？

祭義之言，大概然爾。伊川先生之言，乃極至之論，須就事上驗之，乃見其實。

程先生云：「致知之要，當知至善之所在，如父止於慈、子止於孝之類。」燔謂物之大旨，各有精要，若泛求之，殆亦徒爲紛紛，無所底止。

伊川先生所論格物功夫數條，須通作一義看，方見互相發明處。如此一條，須與求其所以奉養温清之法者通看也。

校勘記

〔一〕不在如此安立標榜處　「在」，原作「須」，據浙本改。

〔二〕别寫爲一書　「寫」字原脱，據浙本補。

〔三〕安得不謂五行之性乎　此句至篇末「又賢者過之之失也」，浙本作「故以爲五行之性，亦無可疑，更請詳之。太伯之事，正也；文武之事，權而不失其正也。此義並行，初不相悖。若看未透，且闕之亦無害。若見得義理表裏洞然，則自見得有下落矣。荆公廟議，亦須看得禮家文字熟後，方見得無可疑者。今人正欲廢稷不祀，賢者乃並嚳以上而遂之無窮，此觀過於黨之論也」。

〔四〕亦可謂失心性之辨乎　「失」，浙本作「夫」，疑是。

〔五〕所謂盡其心者　「謂」，浙本作「以」。

〔六〕亦無甚大脩改處　「大」，原作「人」，據浙本改。

〔七〕若徒以名位之爲尊　「徒」字原缺，據浙本補。

〔八〕妙萬物而爲言者也　「妙」，原作「如」，據浙本、天順本、易繫辭改。

〔九〕征伐昏媾之類皆然　「然」，原作「無」，據浙本、天順本改。

〔一〇〕答李晦叔煇　此題淳熙本作「答南康李晦父」。

〔一一〕所説工夫　此句前，淳熙本有「熹昨承遠訪，别後又辱枉書，感慰感慰。比想所履益佳，何時當遂免喪？日月易得，想終身之慕也」三十七字。

〔一二〕隆興江法曹有書寄渠處　「有」字上，淳熙本有「此間人」三字。

〔一三〕幸以此意語之也　此句下，淳熙本有「熹今年疾痛患難，殆不可堪，勢決不能復出。未有相見之期，千萬力學自愛」二十九字。

〔一四〕所論持敬讀書　此句上，淳熙本有「熹啓：承書，獲審比日所履佳勝爲慰」十四字。

〔一五〕更切涵養爲佳耳　此句下，淳熙本有「未即相見，臨書惘惘，餘幾自愛」十二字。

〔一六〕持敬讀書　此句上，淳熙本有「熹承書，具審比日所履佳勝。大祥想已過，終身之慕，亦何日而忘邪」二十六字。
〔一七〕此爲大不便耳　此句下，淳熙本有「舜弼今歲復在何許？令弟想亦時收安問，爲況復如何耶？未由會面，千萬自愛」三十字。
〔一八〕婦當拜於堂下　「當」字原脱，據浙本補。
〔一九〕不禁冒哀守常　「哀」，原作「衰」，據浙本、天順本、河南程氏文集卷七改。
〔二〇〕先生答云　浙本無「先生答」三字，而有「煇舊曾如此請問先生，後來拜領批誨」十五字。
〔二一〕適與横渠所論暗合　自「伏詳先生批誨已自極合人情」以下至此句原無，據浙本補。
〔二二〕極至理而論　「極」，原作「及」，據浙本改。
〔二三〕又將何以處之　自「萬一從横渠説」以下至此句原無，據浙本補。
〔二四〕又當有以培養之　「又」，原作「人」，據浙本改。
〔二五〕余國秀宋傑　浙本無「余國秀」及注「宋傑」五字，天順本有之。
〔二六〕然終是病根常在　「終」，原作「後」，據閩本、浙本、天順本改。
〔二七〕改外祖合葬外祖母之側　底本及天順本「外」與「祖母」之間注「不是」二字，據閩本、浙本删。
〔二八〕至善　「至」，原作「爲」，據浙本、天順本改。
〔二九〕非萬理併皆昭徹　「徹」，浙本作「融」。

〔三〇〕云云　原作「本末」，據閩本、浙本、天順本改。

〔三一〕淵　浙本無此字。

〔三二〕燔謂不待勢迫法驅而自不能已　「迫法」二字原倒，據浙本乙正。

晦庵先生朱文公集卷第六十三

書 知舊門人問答

答胡伯量泳

治喪不用浮屠〔一〕。或親意欲用之〔二〕，不知當如何處？且以委曲開釋爲先。如不可回，則又不可咈親意也。

李敬子説，居喪欲嚴内外之限，莫若殯於廳上，庶幾内外不相通。周舜弼云〔三〕：終喪不入妻室，雖漢之武夫亦能。吾人稍知義理，當不待防閑之嚴，而自不忍爲矣。某竊疑周丈之言未密，不知果當何從〔四〕？

敬子説是。古人殯於西階之上，設倚廬於庭中，皆在中門之外也。

某舊聞風水之説斷然無之。比因謀葬先人，周旋思慮，不敢輕置，既以審諸己，又以詢諸人。既葬之後，略聞或者以爲塋窶坐向少有未安，便覺惕然不安，乃知人子之喪親，盡心擇地，以求亡者之安，亦未爲害。然世俗之人，但從時師之説，專以避凶趨吉爲心，既擇地之形勢，又擇年月日時之吉凶，遂致踰時不葬。某竊謂程先生所謂道路窑井之類，固不可不避，土色生物之美，固不可不擇。然欲盡人子之心，則再求衆山拱揖，水泉環繞，藏風聚氣之地。至於擇日，則於三日中選之。至事辦之辰，更以决於卜筮〔五〕，某山不吉？某水不吉？既得山水拱揖環繞於前，又考其來去之吉凶。雖已脗合，又必須年月日時之皆合其説，則恐不必如此。不知然否？

伊川先生力破俗説，然亦自言須是風順地厚之處乃可。然則亦須稍有形勢、拱揖環抱無空闕處乃可用也，但不用某山某水之説耳。

某昨者營葬之時，結屋數椽于先壠之西。既葬後，與諸弟常居其間，庶得朝夕展省，且免在家人事混雜。敬子以爲主喪者既葬當居家，蓋神已歸家，則家爲重。若念不能忘，却令弟輩宿墓時一展省可也。程先生論古人直是誠實處最可觀。又以質之舜弼，云：廬墓一節，不合聖賢之制，切不須爲之。某既聞此二説，不欲更遂初志，日即則在家間中門外别室，更常令一二弟居宿墳庵，某時一展省。未知可否？

墳土未乾，時一展省，何害於事？但不須立廬墓之名耳。

士虞禮記曰：「卒哭明日，以其班祔。」禮記曰：「卒哭明日，祔于祖父。」又曰：「殷練而祔，周卒哭而祔。孔子善殷。」開元禮、政和禮皆曰「禫而祔」。伊川先生、橫渠先生喪紀皆曰喪三年而祔。温公書儀雖卒哭而祔〔六〕，然祔祭畢只反祖考神主於影堂，仍置亡者神主於靈座。此是儀禮注中說〔七〕。以爲不忍一日未有所歸〔八〕，則既祔自當遷主于廟。若復主于靈坐〔九〕，以盡哀奉之意，則先設祔祭，又復文具，不知書儀之意如何？續觀先生復陸教授書云〔一〇〕：「吉凶之禮，其變有漸。卒哭而祔者，漸以神事之。復主于寢者，猶未忍盡以事死之禮事之也。」又按儀禮〔一一〕，始虞之下，猶朝夕哭，不奠。書儀亦謂葬後饋食爲俗禮。如此，則几筵雖在，朝夕哭之外全然無事。文集以先王制禮爲言者，但以朝夕哭爲猶有事生之意，別有所據〔一二〕。儀禮「朔月奠」下鄭注：「大祥之後，則四時祭焉。」如此，則朔奠於祭後亦似不廢。未知是否？某向來卒哭後既失祔祭之禮，不知可以練時權宜行之否？併乞賜教。

祔與遷是兩事。卒哭而祔，禮有明文，遷廟則大戴記以爲在練祭之後。然又云主祭者皆玄服，又似可疑。若曰禫而後遷，則大祥便合徹去几筵，亦有未便。記得橫渠有一說，今未暇檢，俟後便寄去。

按禮居喪不吊〔一三〕，其送葬雖無明文，然執紼即是執事，在禮亦有所妨〔一四〕。據鄉俗〔一五〕，不特往吊、送喪，凡親舊家有吉凶之事，皆有所遺，不知處此當如何〔一六〕？

吉禮固不可預，然吊送之禮却似不可廢，所謂「禮從宜」者此也。

居喪月朔殷奠、薦新及歲時常祀，合與不合舉行〔一七〕？

薦新、告朔，吉凶相襲，似不可行。未葬可廢，既葬則使輕服或已除者入廟行禮可也。四時大祭，既葬亦不可行。如韓魏公所謂節祠者〔一八〕，則亦如薦新行之可也。

居喪貧窘多事〔一九〕，哀思不能接續常存，遇時節時終覺勉强，不知如何？

思親之感發於自然，但不以事奪之可也。此又豈可別作道理計較，而必其哀之至耶！

某居喪讀禮欲妄意隨所看所見〔二〇〕，逐項編次，如書儀、送終禮之篇目〔二一〕，仍取儀禮、禮記、朝制條法、政和儀略之類，及先儒議論，以次編入，庶幾得以維持哀思〔二二〕。不知如何？

有餘力則爲之，不必問人。若力未及，即且先其功夫之急切者乃爲佳耳。

某始成服時，據三禮圖、温公書儀、高氏送終禮參酌爲冠絰、衰裳、腰絰、絞帶〔二三〕。按禮衰麻合皆用生麻布〔二四〕，今之麻布類經灰治，雖縷數不甚密，然似與「有事其縷，無事其布」之緦異，不知於禮合別造生布〔二五〕，或只隨俗用常時麻布爲之？ 先生於此處批云：「若能別造生布，則别造可也。」

此等處但熟考注疏即自見之，其曲折難以書尺論也。然喪與其易也，寧戚，此等處未曉亦未害也。廖庚字西仲，大冶縣人，有喪服制度。

又按程先生定主式中，尺法注云：「當今省尺五分弱。」初欲用此，及以裁度，覺全然短狹。舜弼云〔二六〕：沙隨程氏尺法與今尺相近，曾聞先生以爲極當。其尺法已失之矣，不若且只以人身爲度。某乃遵用。及因讀禮，見鄭氏注「苴絰大絰」之下云：「中人之扼圍九寸。」以今人之手約之，覺得程先生之法深合古制。未審先生當時特取沙隨尺法者何意？續得沙隨尺法，比古尺只長六寸許。

尺樣温公有圖，後人刻之於石，其説甚詳。沙隨所據即此本也。

又按三禮圖所畫苴絰之制，作繩一圈而圈之，又似以麻横纏，與畫繩之文不同。疑與先儒所言環絰相似，不論其制，又質之周丈，云：「當只用一大繩，自喪冠額前繞向後結之。或以一繩，兩頭爲環，别以小繩束其兩環。」某遂遵用。然竟未能明「左本在下」之制。近得廖丈西仲名庚所畫圖〔二七〕，乃似不亂麻之本末，紐而爲繩，屈爲一圈，相交處以細繩繫定，本垂於左，末屈於内，似覺與「左本在下」之制相合。然竟未知適從，不知當如何？

未盡曉所説，然恐廖説近之。廖君説每得之。若相去不遠，可面扣也。

又按三禮圖，絰之四旁綴短繩四條，以繫于武。周丈云，就武上綴帶子四條。某竊疑用繩者似爲宜。但未知既用繩，則齊衰以下武既用布，繫絰亦當用布否？

此項不記，今未暇檢，可自詳看注疏。

又周丈以苴絰著冠武稍近上處，廖丈以爲繫冠於絰上，絰在冠之武下，二説不同，未知孰是。

絰當在武之外。

又按喪服大傳「苴絰大搹，五分去一以爲帶」，書儀因論五分去一以爲腰絰。然考喪服經文，只言苴絰，鄭注謂在首、腰皆曰絰，如此則以絞帶獨小五分之一，而首絰、腰絰皆大搹。惟士喪有「腰絰小焉」之文，鄭注乃謂「五分去一」，不知當以此爲據否？然喪服所以總二絰而兼言之，覺無分別，伏乞指誨。

此如道服之横襴，但綴處稍高耳。儀禮衰服用布有尺寸，衣只到帶處，此半幅乃綴於其下以接之，廖説是也。

某向借到周丈舊所録喪禮，内批云：先生説衰服之領，不比尋常衫領用邪帛盤旋爲之，只用直布一條，夾縫作領，如州府承局衫領然。比見黄丈寺丞乃云：常以此稟問先生，報云，如承局衫領者，乃近制杜撰，非古制，只當如深衣直領，未知是否？周説誤也，古制直領只如今婦人之服。近年禮官不曉，乃改云直襴衫，又於其下注云：「謂上領不盤。」遂作上領襴衫，而其領則如承局之所服耳。黄寺丞説近是，但未詳細耳。

又按喪服記云「衽二尺有五寸」，注謂凡用布三尺五寸。周丈云：三尺五寸布裁爲兩處，左右相沓，此一邊之衽也；更用布三尺五寸，如前爲之，即兩邊全矣。及觀廖丈圖説，則惟衰服後式有之，似只用三尺五寸之布，裁爲兩衽，分爲左右，亦相沓在後，與心聲啓圖合。但恐不足以掩裳之兩際，如何？先生批云：「既分於兩旁，便足以掩裳之兩旁矣。」

以丈尺計之，恐合如廖説，可更詳之。廖圖煩畫一本，并其注釋全文録示。

又按書儀，要絰交結處，兩旁相綴白絹帶繫之，使不脱。周丈云，以小帶綴衰服上，以繫絰。繼考廖丈之説，謂以二小繩牢綴於要絰相交處，以紐繫腰絰，象大帶之紐約用組也。三説言繫要絰不同，不知孰是？

廖説與温公之説同，似亦是注疏本文，可更考之。

又按儀禮，絰五分去一以爲帶，始疑帶即絞帶，續又觀齊衰以下帶用布不用麻，則布帶必難以圍量，喪服所指須别有義，但未知絞帶大小以何爲定？先生批云：「此等小節，且以意定而徐考之可也。」書儀謂以細繩帶繫於其上，恐指絞帶。先生批：「非是。」然絞帶以爲束，要絰以爲禮，則絰在上矣。未委然否？

吉禮先繫革帶，如今之皮束帶，其外又有大帶，以申束衣，故謂之紳。凶服先繫絞帶，一頭作環，以一頭穿之而反扱於腰間，以象革帶。絰帶則兩頭皆散垂之，以象大帶。此等處注疏言之甚詳，何不熟考，而遠遠來問耶！女之服，古禮不可考，今且依書儀之説可也。

答胡伯量

喪大記有「吉祭而復寢」之文，疏謂：「禫祭之後，同月之内值吉祭之節，行吉祭訖而復寢。若不當四時吉祭，則踰月吉祭乃復寢。」不審所謂吉祭，即月享或禘祫之禮否？月享無明文，只祭法、國語有之，恐未足據。吉祭者，疑謂禘祫之屬，然亦無明據。今以義起可也。不然，即且從大記疏説。

比者祥祭止用再忌日，雖衣服不得不易，惟食肉一節欲以踰月爲節，不知如何？

踰月爲是。

忌日之變，吕氏謂自曾祖以下，變服各有等級。聞先生於諱日亦變服，不知今合如何？

唐人忌日服黲，今不曾製得，只用白生絹衫帶黲巾。

主式用尺，程先生所謂省尺者，先生以爲即温公三司布帛尺，不知其制長短如何？

温公有一小圖刻石，偶尋不見，然此等但得一書爲據足矣，不必屑屑較計，不比聲律有高下之差也。

先兄乃先人長子，既娶而死。念欲爲之立後。但既立後，則必當使之主祭，則某之高祖亦當祧去否？

既更立主祭者，即祠版亦當改題無疑。高祖祧去，雖覺人情不安，然别未有以處也。家間將來小孫奉祀，其勢亦當如此，可更考之。

中月而禫。

「中月而禫」，猶曰中一以上而祔。漢書亦云「間不一歲」，即鄭注虞禮爲是，故杜佑亦從此説，但檀弓云「是月禫」及「踰月異旬」之説爲不同耳。今既定以二十七月爲期，即此等不須瑣細，如此尋討，枉費心力。但於其間自致其哀足矣。

答李繼善孝述

前此雖未識面，然辱惠書，知託事契。而來書所喻辭氣激昂，意象懇確，三復竦然。竊喜公家後來之秀，世不乏人也。所喻數條，已得用力之端。此事無它巧，但就己用力處更著功夫，反復純熟，自當別有見處，無假它求也。

答李繼善

所示疑義，各以所見附于左方矣。來喻甚精到，但思之過苦，恐心勞而生疾，析之太繁，恐氣薄而少味，皆有害乎涵養踐行之功耳。其餘曲折，敬子、元思必能言，今日疾作，執筆甚艱，不容盡布。

答李繼善

中間期慘，諒不易堪。所示條目已悉奉報矣，幸更參考之。敬子每稱賢者志業之美，甚恨無由相見。然天所賦予，不外此心，而聖賢遺訓，具在方册，苟能厲志而悉力以從事焉，亦不異乎合堂同席而居矣。千萬勉旃。

答李繼善

嫡子已娶，無子而没，或者以爲母在宜用尊厭之例，不須備禮。

宗子成人而無子，當爲之立後，尊厭之説非是。

嫡子死而無後，當誰主其喪？

若已立後，則無此疑矣。

昨者遭喪之初，服制只從俗，苟簡不經，深切病之。今欲依古禮而改爲之，如何？

服已成而中改，似亦未安，不若且仍舊。

政和儀，六品以下至庶人無朔奠，九品以下至庶人無誌石。而温公書儀皆有之。今當以何者爲據？

既有朝奠，則朔奠且遵當代之制，不設亦無害。但誌石或欲以爲久遠之驗，則略其文而淺瘞之，亦未遽有僭偪之嫌也。嘗見前輩説，大凡誌石須在壙上二三尺許，即它日或爲畚鍤誤及，猶可及止。若在壙中，則已暴露矣，雖或見之，無及於事也。此説有理。

檀弓云：「殷練而祔，周卒哭而祔，孔子善殷。」程、張二先生以爲須三年而祔，若卒哭而祔，則三年却都無事。禮卒哭猶存朝夕哭，若無主在寢，哭於何處？若如左傳杜氏注、士虞禮鄭氏注所説，於經又未有所見，不知如何？

周禮卒哭而祔，其説甚詳。殷禮只有一句，餘不可考。孔子之時，猶必有證驗，故善殷，今則難遽復矣。況祔與遷自是兩事，謂既祔則無主在寢者，似考之未詳。若謂只是注文，於經無見，即亦未見注疏之所以不可從者，不當直以注爲不足信也。

檀弓既祔之後，唯朝夕哭拜、朔奠。而張先生以爲三年之中不徹几筵，故有日祭，温公亦謂朝夕當饋食，則是朝夕之饋當終喪行之不變，與禮經不合，不知如何？

此等處，今世見行之禮，不害其爲厚，而又無嫌於僭，且當從之。

納主之儀，禮經未見。書儀但言遷祠版於影堂，别無祭告之禮。周舜弼以爲昧然歸匣，恐未爲得。先生前書又云，諸侯三年喪畢皆有祭，但其禮亡，而大夫以下又不可考。然則今當何所據耶？

横渠説三年後祫祭於太廟，因其祭畢還主之時，遂奉祧主歸於夾室，遷主、新主皆歸于其廟，此似爲得禮。鄭氏周禮注大宗伯享先王處，似亦有此意。而舜弼所疑，與熹所謂三年喪畢有祭者，似亦暗與之合。但既祥而撤几筵，其主且當祔于祖、父之廟，俟祫畢然後遷耳。比已與敬子、伯量詳言之，更細考之可見。

答甘道士

所云築室藏書，此亦恐枉費心力，不如且學静坐，閑讀舊書，滌去世俗塵垢之心，始爲真有所歸宿耳。

答陳道士

示及諸賢題詠之富，得以厭觀，欣幸多矣。又聞更欲結茅山顛，巖棲谷飲，以求至約之地，此意尤不可及。但若如此，則詩篇、法籙、聲名、利養一切外慕盡當屏去，乃爲有下手處，又不知真能辨此否爾〔一八〕。

與晏亞夫淵

奉别逾年，思念不置。然一向不聞問，不知何時到家，州舉得失，復如何也？比日冬寒，爲況想佳，門中尊幼，一一佳適。熹去歲到闕，不及五旬而罷。罷前一日，送范文叔於北關。歸家未久，已聞劉德脩亦罷歸矣。游判院相見，不及款而别，近亦聞其補外，不知今在何許，信蜀士之多奇也。亞夫别後，進學如何？向見意氣頗多激昂，而心志未甚凝定，此須更於日用之間，益加持敬工夫，直待於此見得本來明德之體，動靜如一，方是有入頭處也。因夔州江教授便人附此，託趙守轉致。地遠不能多談，唯千萬進德自愛而已。

與晏亞夫

長沙之别，忽忽累年，都不聞動静，深以爲念。度周卿來，略知還家已久，不審比日爲况定何如？德門尊少，計各平安。家居爲學，所進復如何也？熹連年疾病，今歲差勝，然氣體日衰，自是無復彊健之理。所幸初心不敢忘廢，亦時有朋友往來講習。僞學汙染，令人恐懼，然不得辭也。周卿相見，必能道此間事，與所商榷之曲折。因其歸，謾附此紙，相望之遠，會面無期，唯以慨歎耳。

與晏亞夫

一别累年，都不聞動静，不審比日爲況何如？計且家居奉養，讀書求志，不必遠游以弊歲月也。熹衰朽疾病，更無無疾痛之日。明年便七十矣。區區僞學，亦覺隨分得力，但文字不能得了，恐爲千載之恨耳。蔡季通、吕子約、吴伯豐相繼淪謝，深可傷歎。眼中朋友，未見有十分可望者。不知亞夫比來所進如何？今因建昌包君粥書之行，附此奉問。别後爲學功夫次第，所得所疑，可因其還，一二報及。渠説欲求其醫書，必能自言曲折，幸略爲訪問也。去年度周卿歸，嘗託致意，不知曾相見否？劉、范、李、游諸賢，計各安健。

前此便中亦時得通聲問也。無由會面，千萬進學自愛，以慰千里相望之懷。目昏，燈下草草。

答郭子從叔雲

復，男子稱名。然諸侯薨，復曰：「皐，某甫復！」恐某甫字爲可疑。又周人命字，二十弱冠，皆以甫字之。五十以後，乃以伯仲叔季爲别。今以諸侯之薨，復云甫者，乃生時少者之美稱，而非所宜也。

此等所記異詞，不可深考。或是諸侯尊，故稱字，大夫以下皆稱名也。但五十乃加伯仲，是孔穎達説。據儀禮賈公彦疏，乃是少時便稱「伯某甫」，至五十乃去某甫，而專稱伯仲，此説爲是。如今人於尊者不敢字之，而曰幾丈之類。

銘旌。

古者旌既有等，故銘亦有等。今既無旌，則如温公之制亦適時宜，不必以爲疑也。

重。

三禮圖有畫象可考。然且如温公之説，亦自合時之宜，不必過泥古禮也。

古者男子殊衣裳，婦人不殊裳。今以古人連屬之衰加於婦人，殊裳之制加於男子，則世俗未之嘗見，皆以爲迂且怪，而不以爲禮也。若考得古制分明，改之固善。若以爲難，即且從俗，亦無甚害。

大帶申束衣，革帶以佩玉佩，及事佩之等。喪服無所佩，既有要絰，而絞帶復何用焉？絞帶正象革帶，但無佩耳，不必疑於用也。革帶是正帶，以束衣者，不專爲佩而設。大帶乃申束之耳。申，重也，故謂之紳。

主式、祠版。

伊川主式，雖云殺諸侯之制，然今亦未見諸侯之制本是如何。若以爲疑，則只用牌子可也。安昌公荀氏是晉荀勖，非孫氏也。但諸書所載厚薄之度有誤字耳。士大夫家而云幾郎、幾公，或是上世無官者也。

江都集禮晉安昌公荀氏祠制云：祭版皆正側長一尺二分，博四寸五分，厚五分，八分大書云云。今按它所引或作厚五寸八分，通典、開元禮皆然。詳此八分字，連下大書爲文，故徐潤云：「又按不必八分，楷書亦可。」必是荀氏全書本有此文，其作五寸者，明是後人誤故也。若博四寸五分而厚五寸八分，則側面闊於正面矣，決無此理，當以集禮爲正。

孤哀子。

溫公所稱，蓋因今俗以別父母，不欲混并之也。且從之亦無害。

並有父母之喪，葬先輕而後重，其奠也先重而後輕，其虞也先重而後輕。同葬、同奠，亦何害焉，其所先後者，其意爲如何也？

此雖未詳其義，然其法具在，不可以己意輒增損也。

周制有大宗之禮，乃有立適之義。立適以爲後，故父爲長子，權其重者。若然，今大宗之禮廢，無立適之法，而子各得以爲後，則長子、少子當爲不異。庶子不得爲長子三年者，不必然也。父爲長子三年者，亦不可以適庶論也。

宗子雖未能立，然服制自當從古，是亦愛禮存羊之意，不可妄有改易也。如漢時宗子法已廢，然其詔令猶云「賜民當爲父後者爵一級」，是此禮意猶在也，豈可謂宗法廢而諸子皆得爲父後乎？

曾子問：「親迎女在塗，而婿之父母死，如之何？」孔子曰：「女改服，布深衣，縞總，以趨喪。」恐亦有礙。開元禮除喪之後，束帶相見，不行初昏之禮，趨喪後事皆不言之，何也？

趨喪之後，男居外次，女居内次，自不相見。除喪而後，束帶相見，於是而始入御。開元之制，必有所據矣。

曾子問：「取女有吉日，而女死，如之何？孔子曰：婿齊衰而吊，既葬而除之。夫死亦如之。」服用斬衰，恐今亦難行也。

未見難行處，但人自不肯行耳。

諒闇，以他經考之，皆以諒闇爲信默，惟鄭氏獨以爲凶廬。天子居凶廬，豈合禮制？所引翦屏、柱楣是兩事。柱音知主反，似是從手，不從木也。蓋始者户北向，用草爲屏，不翦其餘；至是改而西向，乃翦其餘草。始者無柱與楣，簷著於地；至是乃施短柱及楣，以柱其楣，架起其簷，令稍高而下可作户也。來喻乃於柱楣之下便云「既虞乃翦而除之」，似謂翦其屏而并及柱楣，則誤矣。諒陰、梁闇，未詳古制定如何，不敢輒爲之説。但假使不如鄭氏説，亦未見天子不可居廬之法。來喻所云，不知何據，恐欠子細也。滕文公五月居廬，是諸侯居廬之驗，恐天子亦須如此。

既除服，而父之主永遷於影堂耶，將與母之主同在寢耶？

遷主無文，以理推之，自當先遷也。

儀禮「父在爲母」。

廬履冰儀是，但今條制如此，不敢違耳。

内則云：女子「十有五而笄，二十而嫁。有故，二十三年而嫁」。言二十三年而嫁，不止一喪而已，故鄭并云父母喪也。若前遭父服未闋，那得爲母三年？則是有故二十四而嫁，不止二十三也。

内則之説，亦大概言之耳，少遲不過一年，二十四而嫁，亦未爲晚也。

離之謂以一物隔二棺之間於槨中也。魯則合並兩棺置槨中，無別物隔之。魯、衛之祔，皆是二棺共爲一槨，特離合之有異。

二棺共槨〔一九〕，蓋古者之槨乃合衆材爲之，故大小隨人所爲。今用全木，則無許大木可以爲槨，故合葬者只同穴，而各用槨也。

明器。

禮既有之，自不可去，然亦更在斟酌。今人亦或全不用也。

招魂葬。

招魂葬非禮，先儒已論之矣。

伊川葬説，其穴之次設：如尊穴，南向北首，陪葬前爲兩列，亦須北首。故葬圖穴一在子，穴二在丑，穴三在亥，自四至七皆隨其東西而北首，而丙、午、丁獨空焉。是則伊川之所謂北首者，乃南向也。又云昭者當南向，則穆者又不可得而然也。

此兩節不曉所問之意，恐是錯看了，請更詳之。昭南向、穆北向，是廟中祫祭之位，於此論之，尤不相關。

實葬。

壙中實築甚善。

伊川先生葬法有謂：其穴安夫婦之位，坐堂上則男東而女西，卧於室中則男外而女內，在穴則北方而北首，有左右之分，而無內外之別。

按昏禮，良席在東，北上〔三〇〕，此是卧席之位，無內外之別也。

其祖已葬，係南首，其後將族葬，則不可得而北首，則祖墓不可復遷，而昭穆易位。

未見後葬不可北首之意。昭穆之説亦不可曉。

祔。

當如鄭説，伊川恐考之未詳也。但三年之後，遷主于廟，須更有禮。頃嘗論之，今并録去。李繼善問：「納主之儀，禮經未見。書儀但言遷祠版於影堂，别無祭告之禮。周舜弼以爲昧然歸匣，恐未爲得。先生前書有云，諸侯三年喪畢皆有祭，但其禮亡，而大夫以下又不可考。然則今當何所據耶？」答云：横渠説三年後祫祭於太廟，因其祭畢還主之時，遂奉祧主歸於夾室，遷主、新主皆歸于其廟，此似爲得禮。鄭氏周禮注太宗伯享先王處，似亦有此意。而舜弼所疑，與熹所謂三年喪畢有祭者，似亦暗與之合。但既祥而撤几筵，其主且當祔于祖、父之廟，俟祫畢然後遷耳。比已與敬子、伯量詳言之，更細考之可見。又答王晉輔云：示喻卒哭之禮，近世以百日爲期，蓋自開元失之。今從周制，葬後三虞而後卒哭，得之矣。若祔則孔子雖有善殷之語，然論語、中庸皆有從周之說，則無其位而不敢作禮樂，計亦未敢遽然舍周而從殷也。況祔于祖、父，方是告祖、父以將遷它廟，告新死者以將入此廟之意，已祭則主復于寢，非有二主之嫌也。主復于寢，見儀禮鄭氏注。至三年之喪畢，則有祫祭而遷祖、父之主以入它廟，奉新死者之主以入祖廟。此見周禮鄭注及横渠先生説。則祔與遷自是兩事，亦不必如殷之練而祔矣。禮法重事，不容草草，卒哭而祔，不若且從温公之説，庶幾寡過耳。

卒哭。

以百日爲卒哭，是開元禮之權制，非正禮也。

孟獻子禫，縣而不樂，比御而不入。孔子以獻子加於人一等矣。今之居喪者，當以獻子爲法，不可定以二十七月爲拘。

獻子之哀未忘，故過於禮，而孔子善之。所論恐未然也。

影堂序位。

古者一世自爲一廟，有門、有堂、有寢，凡屋三重，而牆四周焉。自後漢以來，乃爲同堂異室之廟，一世一室，而以西爲上，如韓文中家廟碑有「祭初室」、「祭東室」之語。今國家亦只用此制，故士大夫家亦無一世一廟之法，而一世一室之制亦不能備，故温公諸家祭禮皆用以右爲尊之説。獨文潞公嘗立家廟，今温公集中有碑，載其制度頗詳，亦是一世一室，而以右爲上，自可檢看。伊川之説亦誤。昭穆之説則又甚長。中庸或問中已詳言之，更當細考。大抵今士大夫家，只當且以温公之法爲定也。

庶人吉凶皆得以同行士禮，以禮窮則同之可也，故不別制禮焉，不審若然否？

恐當如此。

今有人焉，其父尊信浮屠，若子若孫皆不忍改，將何時而已？恐人子之遭此，勿用浮屠可也。至於家舍所敬形像，必須三年而後改。不知如何？

如此亦善。

答郭子從

古人六禮，自請期以前皆用旦，親迎用昏。若妻家相去遠，只得先一日往，假館於近，次早迎歸，如何？

只得如此。

主人揖婿入，婿北面而拜，主人不答拜，何也？

乃爲奠雁而拜，主人自不應答拜。

鄉人多先廟見舅姑，然後配，不知如何？

不是。古人必三日廟見，謂必宜其家中，夫婦已定意思，然後可以廟見。成禮之明日，便當見舅姑。畢，方往見於女氏之父母。婦至男家，未敢便廟見，故婿往女氏，亦未敢見其父母及其家廟、親戚也。緊要只是温公與伊川禮。男至女家，温公本爲是。女至男家，伊川底爲是。古人親迎必乘馬。

答葉仁父

他喻已悉。但平生所聞，人有此身，便有所以爲人之理，與生俱生，乃天之所付，而非人力所能爲也。所以凡爲人者，只合講明此理而謹守之，不可昏棄。若乃身外之事，榮悴休戚，即當一切聽天所爲，而無容心焉。其自至者，亦擇其可而受之；其不至者，則無求之之理也。此是終身立脚地位，不可分寸移易。孔孟所説極是分明。區區早從師友，即幸見得此理，故嘗以此自勉，亦不敢不以此待人，所以平生未嘗求知於人，亦不欲爲朋友求知。唯其一二，或以貧老困厄，不得其所，則嘗言之，然亦絶無而僅有也。如吾友者於學尚可以勉，而亦未爲甚貧且老而困厄之久者，故前此累承喻及，皆非區區所欲聞。而以方有詭僞之禁，故不欲盡其言，亦意賢者當默曉也。而今所喻，雖若小異於前，似終未悉鄙意，故不得已而索言之。幸試思之，中夜以興，痛自省察，或能奮然一躍，盡脱從前三四十年見聞染習之陋，不亦快哉，不亦快哉！

答葉仁父

示喻祭禮曲折，府中自有古今家祭禮印版，諸家之説皆備，如伊川主式亦在其間，可令人置一本，試詳考之，即可見矣。但古尺當時所傳，恐或未真，今别畫一樣去，可更參考，如不同，即當以此爲定也。廟中自高祖以下，每世爲一室，而考妣各自爲主。同匣。兩娶三娶者，伊川則謂廟中只當以元妃配，而繼室者祭之他所，恐於人情不安。唐人自有此議，云當並配，其説見於會要，可考也。亦在印本古今祭禮中。出妻入廟，決然不可，無可疑者。爲子孫者，只合歲時就其家之廟拜之。若相去遠，則設位望拜可也。此無經見，但以意定如此，可更與知禮者議之。族祖及諸旁親皆不當祭，有不可忘者，亦放此例足矣。諸家之禮，唯韓魏公、司馬温公之法適中易行。今皆見印本中。但品味之屬，隨家豐約，或不必如彼之盛。而韓氏齋享一條，不可用耳。始祖、先祖之祭，伊川方有此説，固足以盡孝子慈孫之心，然嘗疑其禮近於禘祫，非臣民所得用，遂不敢行。德厚者流光，德薄者流卑，故古者大夫以下極於三廟，而于祫可以及其高祖。今用先儒之說，通祭高祖，已爲過矣。其上世久遠，自合遷毀，不當更祭也。

與王元石

昨日所喻抄禮書，欲俟向後整頓有序，即發去莆中。但不知彼中分付何人點檢、指授，幸留數字於此，詳道所以然者，容并寄去爲幸。或有餘力，得爲別抄一本見寄，尤幸也。

答孫敬甫自修〔三一〕

未及識面，猥辱惠書，知雅志之不凡，甚以爲慰。所喻何君近亦得書，尚恨未際，然不知其與賢者向來所講爲何事也？寧川師友盛言篤實者，復謂誰何？既曰篤實，而自知其有談玄說妙之過，則又何故而反疑學之有捷徑，因以墮於輕易放曠之失耶？凡此曲折，皆所未曉，更俟詳以見告，然後可議也。子約之言，蓋爲近之，而主一無適者，亦必有所謂格物窮理者以先後之也。故程夫子之言曰：「涵養必以敬，而進學則在致知。」此兩言者，如車兩輪，如鳥兩翼，未有廢其一而可行可飛者也。世衰道微，異說蠭起，其間蓋有全出於異端，而猶不失於爲己者。其他則皆飾私反理，而不足謂之學矣。凡此皆因來喻而及之。而程子之兩言，雖所未論，猶將力爲賢者陳之者也。敬之與否，只在當人一念操舍之間，而格物致知，莫先於讀書講學之爲事。至於讀書，又必循序致一，積累漸進，而後可以有功也。反復來書，覺有俊氣，顧恐於此有不屑耳。誠能折節而屈首於斯焉，其必有以得之矣。近思録中横渠夫子所論讀書次第，最爲精密，試一考之，當得其趣。使還布此，薄冗不暇他及。

答孫敬甫

便中再辱手示，欣審比日侍履佳慶。所諭爲學本末甚詳，乃悉前書所謂世道衰微，異言蠭出，其甚乖剌者，固已陷人於犯刑受辱之地；其近似而小差者，亦足使人支離繳繞，而不得以聖賢爲歸。歧多路惑，甚可懼也。願且虚心，徐觀古訓，句解章析，使節節通透，段段爛熟，自然見得爲學次第。不須別立門庭，固守死法也。來人云往昭武，不復俟報章，今遇此便，途中草草奉報，未能究所欲言。正遠，惟以時自愛。

答孫敬甫

熹歸來粗遣，但今夏一病，狼狽殊甚，辭職、請老皆未得如所欲，加以盲廢，不可觀書，頗以爲撓耳。示喻爲學之意，甚善甚善。但敬之一字，乃學之綱領，須更於此加功〔三一〕，使有所據依，以爲致知力行之地乃佳耳。大學向來改處無甚緊要，今謾往一本。近看覺得亦多未親切處，乃知義理亡窮，未易以淺見窺測也。天台朋友有趙師邦主簿者尤佳。宣城亦有可與共學者否耶？

答孫敬甫

熹衰病，年例春夏須一發，今年發遲者，此衰年老態，欲死之漸，亦不足怪也。祠官雖幸得請，然時論洶洶，未有寧息之期，賤迹蓋未可保。然姑使無愧於吾心則可已，它非智慮所能避就也。所喻因胸次隱微之病，而知心之不可不存，此意甚善。要之，持敬、致知，實交相發，而敬常爲主。所居既廣，則所向坦然，無非大路。聖賢事業，雖未易以一言盡，然其大概，似恐不出此也。年來多病杜門，閑中見得此意頗端的，故樂以告朋友也。

所論至善之意甚善，其終烈文一章尤有力。如陸氏之學，則在近年一種浮淺頗僻議論中，固自卓然，非其儔匹。其徒傳習，亦有能脩其身，能治其家，以施之政事之間者。但其宗旨本自禪學中來，不可揜諱。當時若只如晁文元、陳忠肅諸人，分明招認，著實受用，亦自有得力處，不必如此隱諱遮藏，改名換姓，欲以欺人，而人不可欺，徒以自欺，而自陷於不誠之域也。然在吾輩，須但知其如此，而勿爲所惑。若於吾學果有所見，則彼之言釘釘膠粘一切假合處，自然解拆破散，收拾不來矣。切勿與辨，以起其紛拏不遜之端，而反爲卞莊子所乘也。少時喜讀禪學文字，見杲老與張侍郎書云：「左右既得此欛柄入手，便可改頭換面，却用儒家言語説向士大夫，接引後來學者。」其大意如此，今不盡記其語矣。後見張公經解文字一用此策，但其遮藏不密索，漏露處多，故讀之者一見便知其所自來，難以純自託於儒者。若近年則其爲術益精，爲説浸巧，抛閃出没，頃刻萬變，而幾不可辨矣。然自明者觀之，亦見其徒爾自勞，而卒不足以欺人也。但杲老之書，近見藏中印本，却無此語，疑是其徒已知此陋，而陰削去之，然人家必有舊本可考，偶未暇尋訪也。近得江西一後生書，有兩語云：「瞋目扼腕而指本心，奮髯切齒而談端緒。」此亦甚中其鄉學之病，然亦已戒之姑務自明，毋輕議彼矣。信筆不覺縷縷，切勿輕以示人，又如馬伏波之譏杜季良也。

所論太極之説，亦爲得之。然此意直是要得日用之間，厚自完養，方有實受用處。不然則只是空言，而反爲彼瞋目切齒者所笑矣。切宜深戒，不可忽也。南康語孟，是後來所定本，然比讀之，尚有合改定處，未及下手。義理無窮，玩之愈久，愈覺有説不到處。然又只是目前事，人自當面蹉過也。大學亦有删定數處，未暇録去。今只校得詩傳一本，并新刻中庸一本，與印到程書祭禮并往。所寄楮券適足無餘，詩及中庸乃買見成者。故紙不佳，然亦不閡翻閲也。毁板事近復差緩，未知何謂。然進卷之毁，不可謂無功，但已入人心深，所毁者抑其外耳。所詢蔭補事實難處，然官年、實年之説，朝廷亦明知之，故近年有引實年乞休致者，而朝廷以官年未滿却之，不知亦可前期審之於省曹否耶？

答孫敬甫

所示大學數條，皆極精切。由是充之，使存養講學之功各盡其極，更在勉之而已。然大學所言格物致知，只是説得箇題目，若欲從事於其實，須更博考經史，參稽事變，使吾胸中廓然無毫髮之疑，方到知止有定地位。不然，只是想象箇無所不通底意象，其實未必通也。近日因脩禮書，見得此意頗分明，又見得前賢讀書窮理非不精詣，而於平常文義，却有牽强費力處，此猶是心有未虚，氣有未平，而欲速之意勝也，可不戒哉，可不戒哉！如來喻「作新民」一條，亦頗覺有傷巧處，恐作傳者初無此意。大抵此傳皆是信手拈來，自然貫穿，親切諦當，無許多安排也。所擬格物一條，亦似傷冗。頃時蓋嘗欲效此體以補其闕，而不能就，故只用己意爲之。蓋無驅市人以戰之才，只得用趙人也。所論聽訟之説則甚善，向亦嘗有此意，而未及言。蓋每不能無愧於此，如所云南康田訟之類是已。然此事今亦不記，不知當時曲折如何，恐或别有説也。易傳初以未成書，故不敢出。近覺衰耄，不能復有所進，頗欲傳之於人〔三三〕，而私居無人寫得，只有一本，不敢遠寄。俟旦夕抄得，却附便奉寄。但近緣僞學禁嚴，不敢從人借書吏，故頗費力耳。

答孫敬甫

所論才説存養即是動了，此恐未然。人之一心，本自光明，不是死物，所謂存養，非有安排造作，只是不動著他，即此知覺炯然不昧，但無喜怒哀樂之偏、思慮云爲之擾耳。當此之時，何嘗不静，不可必待冥然都無知覺，然後謂之静也。去年嘗與子約論之，渠信未及，方此辨論，而忽已爲古人，深可歎恨。今録其語，謾往一觀，深體味之，便自可見也。又論誠意一節，極爲精密。但如所論，則是不自欺後方能自慊，恐非文意。蓋自欺、自慊，兩事正相抵背。纔不自欺，即其好惡真如好好色、惡惡臭，只爲求以自快自足，如寒而思衣以自温，飢而思食以自飽，非有牽强苟且、姑以爲人之意。纔不如此，即其好惡皆是爲人而然，非有自求快足之意也。故其文曰：「所謂誠其意者，毋自欺也。」而繼之曰：「如惡惡臭，如好好色。」即是正言不自欺之實。而其下句乃云：「此之謂自慊。」即是言如惡惡臭、好好色便是自慊，非謂必如此而後能自慊也。所論謹獨一節，亦似太説開了。須知即此念慮之間，便當審其自欺、自慊之向背，以存誠而去僞，不必待其作姦行詐，干名蹈利，然後謂之自欺也。「小人閒居」以下，則是極言其弊必至於此，以爲痛切之戒，非謂到此方是差了路頭處也。其餘文義，則如所説，推究發明，皆已詳密。但以上兩節，當更深考之，則首尾該貫，無遺恨矣。然此工夫，亦須是物格知至，然後於此有實下手處，不可只以思索議論爲功而已也。此段章句、或問近皆略有脩改，見此刊正舊版，俟可印即寄去。但難得便，或只寄輔漢卿，令其轉達也。正命之説，乃是平日脩身謹行經常之法，若到殺身成仁、捨生取義處，豈可以其不得正命而避之乎？至於近世前輩有大名節者，其處心行事之得失，雖非後進所敢輕議，然其與聖賢做處有不同者，亦須識得，不可依違苟且，回互而曲從也。又如所論銷破供帳之類，果是好士大夫，決不如此，亦不待問而明。但恐亦有疏略不以爲事，而失照管者，則不可知，今亦不當便以此責人，但自家所處不當如此耳。

父妾之有子者，禮經謂之庶母，死則爲之服緦麻三月，此其名分固有所係，初不當論其年齒之長少。然其爲禮之隆殺，則又當聽從尊長之命，非子弟所得而專也。陰陽家説，前輩所言固爲正論，然恐幽明之故有所未盡，故不敢從，然今亦不須深考其書。但道路所經，耳目所接，有數里無人煙處，有欲住者亦住不得。其成聚落，有宅舍處，便須山水環合，略成氣象。然則欲掩藏其父祖，安處其子孫者，亦豈可都不揀擇，以爲久遠安寧之慮，而率意爲之乎？但不當極意過求，必爲富貴利達之計耳。此等事自有酌中恰好處，便是正理。世俗固爲不及，而必爲高論者似亦過之也。朋友之喪，古經但云「朋友麻」，則如弔服而加麻絰耳，然不言日數。至於祭奠，則温公説聞親戚之喪者，當但爲位哭之，不當設祭，以其神靈不在此也。此其大概如此，亦當以其厚薄長少而爲之節，難以一定論也。小詞前輩亦有爲之者，顧其詞義如何，若出於正，似無甚害，然能不作更好也。

答孫仁甫自任

未見顔色，辱書甚寵，豈以賢兄嘗有講論之舊，而有取於其言耶？甚愧且感，不勝言也。所論今世講學之士愈衆而聖人之道愈隳，此切至之論也。然又有謂不必王道之行而天下之治可立而待者，則恐賢者所講之學，非聖人之學，亦無怪其講者愈衆而道愈隳也。大抵天之生物，便有常性，方寸之間，萬善皆足，聖人於此，不過教人保養發揮，先成諸己而後及於物耳。故聖人已遠，而萬世之下祖述其言，能出於此者，乃爲得其正統；其過之者，則爲墮於老佛之空虚；其不及乎此者，則爲管晏，爲申商；又其每下者，則不自知其淪於盜賊之行，而猶欲自託於講學，其亦誤矣，道之隳也，不亦宜乎。賢兄近書所論，似有端緒，想暇日相與評之，固宜漸有定論，毋爲久此倀倀也。便還，病倦草草。

答孫仁甫

奉告反復其詞，又知賢者英邁之氣有以過人，而慮其不屑於下學，且將無以爲入德之階也。夫人無英氣，固安於卑陋而不足以語上；其或有之而無以制之，則又反爲所使，而不肯遜志於學，此學者之通患也。所以古人設教，自洒掃、應對、進退之節，禮、樂、射、御、書、數之文，必皆使之抑心下首以從事於其間而不敢忽，然後可以消磨其飛揚倔强之氣，而爲入德之階。今既皆無此矣，則唯有讀書一事，尚可以爲攝伏身心之助。然不循序而致謹焉，則亦未有益也。故今爲賢者計，且當就日用間致其下學之功。讀書窮理，則細立課程，奈煩著實，而勿求速解；操存持守，則隨時隨處，省覺收斂，而毋計近功。如此積累，做得三五年工夫，庶幾心意漸馴，根本粗立，而有可據之地。不然，終恐徒爲此氣所使，而不得有所就也。只如所問舜及東漢二事，想亦出於一時信筆之所及，非思之不得，積其憤悱而後發也。所與子約書，曾得其報否？不知其説云何，後便略報及也。

答余正甫

辱書，相與之義甚厚，而陳義又甚高，三復感歎，不知所言。然嘗竊謂，天下之理萬殊，然其歸則一而已矣，不容有二三也。知所謂一，則言行之間雖有不同，不害其爲一。不知其一而强同之，猶不免於二三，況遂以二三者爲理之固然而不必同，則其爲千里之謬，將不俟舉足而已迷錯於庭户間矣。故明道先生有言：「解經有不同處不妨〔三四〕，但緊要處不可不同耳。」此言有味也。所示中庸、大學諸論，固足以見用力之勤者，然足下不以僕爲愚，方且千里移書以開講學之端，而先有以脅之曰：是不可同，同即且爲荆舒以禍天下，則僕尚何言哉！姑誦其所聞如前者，足下儻有意而往復焉，則猶將繼此以進也。

答余正甫

受吊。

去歲北使弔祭，君臣皆衰服，受之殯宫。但辭日適當南内問安之日，遂即其處吉服受之，不知何故如此？又聞頃時高宗之喪，王丞相必欲歸南内見使人，會有力爭之者，遂不果。未聞正衙受弔之説，不知何從得之也？

短喪。

漢文葬後三易服，三十六日而除，固差賢於後世之自始遭喪便計，二十七日而除者。然大者不正，其爲得失，不過百步、五十步之間耳，此亦不足論也。如楊敬仲之説，未嘗見其文字，但見章疏，以此詆之，私竊以爲敬仲之説固未得爲合禮，然其賢於今世之以朱紫臨君喪者遠矣。向見孝宗爲高宗服，既葬猶以白布衣冠視朝，此爲甚盛之德，破去千載之謬。前世但爲人君，自不爲服，故不能復行古禮。當時既是有此機會，而儒臣禮官不能有所建明以爲一代之制，遂使君服於上，而臣除於下，因陋踵訛，至於去歲則大行在殯，而孝宗所服之服亦不復講，深可痛恨。故熹嘗有文字論之，已蒙降付禮官討論。然熹既去國，遂不聞有所施行，不知後來竟如何也。今詳來喻，欲以襴幞居喪，而易皂衫爲禫，固足以爲復古之漸，然襴幞本非喪服，而羔裘、玄冠，又夫子所不以弔者，是皆非臣子所以致哀於君父之服也。竊謂當如孝宗所制之禮，君臣同服，而略爲區别以辨上下，十三月而服練以祥，二十五月而服襴幞以禫，二十七月而服朝服以除。朝廷、州縣皆用此制。燕居許服白絹巾、白涼衫、白帶，選人、小使臣既祔除衰，而皂巾、白涼衫、青帶以終喪，庶人、吏卒不服紅紫三年。如此綿蕝，似亦允當，不知如何？初喪便當制古喪服以臨，别制布幞頭、布公服、布革帶以朝，乃爲合禮。

姨舅。

姨、舅親同而服異，殊不可曉。禮傳但言從母「以名加也」，然則舅亦有父之名，胡爲而獨輕也？來喻以爲從母乃母之姑姊妹而爲媵者，恐亦未然。蓋媵而有子，自得庶母之服。況媵之數亦有等差，不應一女適人而一家之姑姊妹皆從之。且禮又有「從母之夫」之文，是則從母固有嫁於他人而不從母來媵者矣。若但從者當服小功，則不知不從者又當服何服也？凡此皆不可曉，難以强通。若曰姑守先王之制而不敢改易，固爲審重，然後王有作，因時制宜，變而通之，恐亦未爲過也。

嫂叔。

若如來喻，則嫂叔之服有二：弔服加麻，一也；兄弟妻降一等，二也。不知二者將孰從乎？又所謂兄弟同居者，乃爲小功以下，即不知此降一等者之夫，又是何兄弟也？凡此於禮文皆有未明，不知何者爲是，幸更熟考詳以見喻也。

魏元成加服。

觀當時所加，曾祖之服仍爲齊衰，而加至五月，非降爲小功也。今五服格仍遵用之。雖於古爲有加，然恐亦未爲不可也。徵奏云：「衆子婦舊服小功，今請與兄弟之子婦同服大功。」其加衆子婦之小功，與兄弟之子婦同爲大功，按儀禮自無兄弟子婦之文，不知何據，乃爲大功而重於庶婦。竊謂徵意必以衆子與兄弟之子皆期，而其婦之親疏倒置如此，使同爲一等之服耳，亦未見其倒置人倫之罪也。嫂叔之服，先儒固謂雖制服亦可，然則徵議未爲大失。但以理論，外祖父母止服小功，則姨與舅自合同爲緦麻，徵反加舅之服以同於姨，則爲失耳。抑此增損服制若果非是，亦自只合坐以輕變禮經之罪，恐與失節事讎自不相須也。蓋人之資禀見識不同，或明於此而暗於彼，或得於彼而失於此，當取節焉，不可株連蔓引，而累罪併贓也。

大夫之妾。

此段自鄭注時已疑傳文之誤。今考女子子適人者爲父及兄弟之爲父後者，已見於齊衰期章；爲衆兄弟，又見於此大功章；唯伯叔父母、姑姊妹之服無文，而獨見於此，則當從鄭注之説無疑矣。

爲夫之姊妹長殤。

兄弟姊妹不可偏舉，恐是如此。

神坐上右。

漢儀后主在帝之右，不知見於何處？若只是後漢志注中所引漢舊儀，則與史之正文不同，恐不足爲據。史記禘祫處皆云：太祖東向，昭南向，穆北向。而舊儀獨云：「高皇帝南向，高后右坐，昭西向，穆東向。」恐是妄説。若别有據，則又未可知也。但禮云：「席南鄉、北向，以西方爲上，東向、西向，以南方爲上。」則是東向、南鄉之席皆上右，西向、北向之席皆上左也。今祭禮考妣同席南向，則考西妣東自合禮意。開元釋奠禮先聖東向，先師南向，亦以右爲尊，與其所定府君、夫人配位又不相似，不知何也。大率古者以右爲尊，如周禮云「享右祭祀」，詩云「既右烈考，亦右文母」，漢人亦言「無能出其右者」，是皆以右爲尊也。又若今祭禮，一堂之上祖西考東，而一席之上考東妣西，則舅婦常聯坐矣，此似未便也。

南首。

按士喪禮飯章，鄭注云：「尸南首。」至遷柩于祖，乃注云：「此時柩北首。」及祖，又注云：「還柩鄉外。」則是古人尸、柩皆南首，唯朝祖之時爲北首耳，非温公創爲此説也。若君臨之，則升自阼階，西鄉，撫尸當心，是尸之南首，亦不爲君南面弔而設也。又史記「背殯棺」之説，按索隱謂：「主人不在殯東，將背其殯棺，立西階上，北面哭，是背也。天子乃於階上南面而弔也。」正義又云：「殯宫在西階也，天子弔，主人背殯棺，於西階南立，北面哭。天子於阼階北立，南面弔也。」按此二説，則是設北面者〔三五〕，子北面耳，非尸北面也。

孟子。

此間所有大官本孟子皆作「比」字，注中亦作「比方」，殊不可曉。然孟子古注亦有與正文相背者，如「士憎兹多口」，正文「增」字從心，而注訓「增」爲益，則是謂當從土矣。至其下文引詩皆有「慍」字，又似解「增」字爲憎惡之意，是注亦不足爲憑也。但此「比」字，正文與注皆同，而無文理，恐是一處先誤，而後人并改以從之耳。今不可考，但尋其義理當作「此」字無疑也。

迸四惡。

迸、屏通用，來喻得之。舊亦嘗見此碑，但不知如此推說耳。

記。

今所定例，傳記之附經者低一字〔三六〕，它書低二字，禮記則以篇名别之。記之可附經者，則附于經；不可附者，則自仍舊，以補經文之缺。亦有已附於經，而又不欲移動舊文者，則兩見之。不知此例如何？

答余正甫

某昨謂禮經闕略，不無待於後人，不可謂古經定制，一字不可增損。來喻以爲若遽增損，恐啓輕廢禮經之弊。

熹昨來之意，但謂今所編禮書内，有古經闕略處，須以注、疏補之，不可專任古經，而直廢傳注耳。如「子爲父」下便合附以「嫡孫爲祖後」及「諸侯父有廢疾」之類。其有未安，則亦且當論其所疑，别爲一書，以俟制作之君子，非謂今日便欲筆削其書也。如姨舅、嫡婦、庶婦、兄弟子之婦之服之類，古經固未安，魏公之論亦有得失。然遂以爲慮啓廢經之弊，而不敢措一詞於其間，則亦非通論矣。

居喪朝服。

麻冕乃是祭服。顧命用之者，以其立後繼統、事干宗廟故也；受册用之者，以其在廟而凶服不可入故也。舊説以廟門爲殯宫之門，不知是否。若朝服，則古者人君亮陰三年，自無變服視朝之禮。第不知百官總己以聽冢宰，冢宰、百官各以何服涖事耳。想不至便用玄冠黑帶也。後世既無亮陰、總己之事，人主不免視朝聽政〔三七〕，則豈可不酌其輕重而爲之權制乎？又況古者天子皮弁素積以日視朝，衣冠皆白不以爲嫌，則今在喪而白布衣冠以臨朝，恐未爲不可。但入太廟，則須吉服而小變耳。

喪服，外親母黨、妻黨之親者，只有一重，不見有旁推者。

熹昨以前者所喻以從母爲姨母之爲姪娣而隨母來嫁者，故引禮有從母之夫之文，是則從母固有嫁於他人而不從母來媵者矣。若但從者當服小功，則不知不從者又當服何服也。蓋以疑前喻之不然，非謂從母之夫當有服也。今來喻乃如此，益非所疑之意矣。幸更詳之。

昨來所喻云：魏元成以兄弟子之婦同於衆子婦爲倒置人倫者〔三八〕。今又見喻云：禮經大抵嚴嫡，故重，衆子婦不得伉嫡，故殺之。世父母、叔父母與兄弟之子服均於期，則爲旁尊而報服，是不當混於衆子子婦也。

禮經嚴嫡，故儀禮嫡婦大功，庶婦小功，此固無可疑者，但兄弟子之婦則正經無文，而舊制爲之大功，乃更重於衆子之婦，雖以報服使然，然於親疏輕重之間，亦可謂不倫矣。故魏公因太宗之問而正之，然不敢易其報服大功之重，而但升嫡婦爲期，乃正得嚴嫡之義，升庶婦爲大功，亦未害於降殺之差也。前此來喻，乃深譏其以兄弟子婦而同於衆子婦爲倒置人倫，而不察其實乃以衆子婦而同於兄弟子之婦也。熹前所考固有未詳，所疑固有未盡，而今承來喻又如此，亦非熹所以致疑之意也。幸更詳之。

作傳者曰子夏，雖未知其真，然以今日視之，相去二千載，孰愈傳者之去周只六七百年耳？

熹之初意，但恐鄭説爲是耳，非欲直廢傳文也。然便謂去古近者必是而遠者必非，則恐亦不得爲通論矣。

神座尚右。

古人設席，夫婦同几，恐不當引後漢各爲帳坐之禮爲證。況其所注自與正史本文不同耶！又如下條「席南向、北向，以西方爲上，東向、西向，以南方爲上」，鄭氏既以上爲席端，則考坐在席端，妣坐在席末，於禮爲順。今室中東向之位，配位在正位之北，亦自有明文也。

南首。

必謂尸當北首，亦無正經可考。只喪大記大斂陳衣，君北領，大夫、士西領，儀禮士南領。以此推之，恐國君以上當北首耳。然不敢必以爲然，若無他證，論而闕之可也。

答余正甫

亡狀黜削，乃分之宜。唯是重貽朋友羞辱，殊不自安耳。禮書後來區別章句，附以傳記，頗有條理。王朝數篇亦頗該備。只喪、祭兩門，已令黄婿携去，依例編纂次第，非久寄來，首尾便略具矣。但其間微細尚有漏落，傳寫訛舛未能盡正，更須費少功夫。而附入疏義一事，用力尤多，亦一面料理，分付浙中朋友分手爲之，度須年歲間方得斷手也。不知老兄所續脩者，又作如何規模？異時得寄示，參合考校，早成定本爲佳。若彼此用功已多，不可偏廢，即各爲一書，相輔而行，亦不相妨也。

答余正甫

示喻編禮，并示其目，三復歎仰不能已。前此思慮，安排百端，終覺未穩。今如所定，更無可疑。雖有少倒置處，如弟子職、曲禮、少儀不居書首之類。然亦其勢如此，無可奈何也。喪、祭二禮，別作兩門，居邦國、王朝之後，亦甚穩當，前此疑於家邦更無安頓處也。其間只有一二小小疑處。恐所取太雜，其間雜有僞書，如孔叢子之類。又如國語、家語雖非僞書，然其詞繁冗，恐反爲正書之累。又如不附周禮，如授田、地政等目，若不取周禮而雜取何休等説，恐無綱領，是乃名尊周禮而實貶之。設使便做朝事篇，亦恐在後而非其序，此爲大矛盾處，更告詳之。又如不附注疏異義，如嫡孫爲祖之類，云欲以俟學者以三隅反，如此則何用更編此書，任其縱觀而自得可也。此亦一大節目，當試思之。其他些小，俟草沓成徐議未晚。此二大節，却須先定，將來剪貼費力，又是一番功夫也。所喻買書以備剪貼，恐亦不濟事。蓋嘗試爲之，大小高下既不齊等，不免又寫一番，不如只就正本籤記起止，直授筆吏寫成之爲快也。又脩書之式，只可作草卷，疏行大字，欲可添注。每段空紙一行，以備剪貼。只似公案摺疊成沓，逐卷各以紙索穿其腰背，史院修書例如此，取其便於改易也。此其大略也。始者唯患未有人可分付，如來書所喻二人者，其一初不相熟，其一恐亦未免顧慮道學之累。近忽得劉貴溪書，欣然肯爲承當，此是大奇特事，豈非天相此書之窮，而欲大振發之乎？今以此書託渠奉寄。然渠亦只歲杪當代，從人不可不早過彼也。此間有詹元善大卿，舊爲周禮學，今亦甚留意，見禮目之書，甚歎伏，極欲一見，而私居無力，不能致，甚以爲恨也。但渠亦好國語等書，熹竊以爲唯周禮爲周道盛時聖賢制作之書，若此類者，皆衰周末流文字，正子貢所謂「不賢者識其小者」。其間又自雜有一時僭竊之禮，益以秉筆者脂粉塗澤之謬詞，是所以使周道日以下衰，不能振起之所由也。至如小戴祭法首尾皆出魯語，以爲禘郊祖宗皆以其有功於民而祀之，展轉支蔓，殊無義理，凡此之類，棄之若可惜，而存之又不足爲訓。故小戴殊别其文，不使相近，讀者猶不甚覺，豈亦有所病於其言歟？又如祭法所記廟制，與王制亦小不同，不知以何爲正。此類非一，更望精擇而審處之。蓋此雖止是纂述，未敢決然去取，然其間輕重予奪之微意，亦不可全鹵莽也。竊意一種繁冗破碎，如國語等及賈子篇之類。假託不真，如孔叢之類。今都且寫入類，將來却别作一外書以收之，庶幾稍有甄别，不至混亂。或今寫淨本時，此等可疑者便與别編，却依正篇次序排次，使足相照，亦自省力。更在雅意裁決也。大學、中庸等篇，不必寫注疏，其他有度數者，不可無也。此間今夏整頓得數篇，今雖多不入類，然曲禮、玉藻、保傅等學禮一條最有功，所釐析亦頗詳細。又小正、月令校得頗詳。小正恐須如此寫，方見經傳分明，不可以其非古而合之也。教法及他篇，恐亦或有可取者，今并附往。凡未粘背者皆是，此法最不善，故前有摺疊作沓之説。又呂芸閣書及潘恭叔、趙致道所編，今亦并往，恐亦可備采擇。呂書甚精，潘、趙互有得失。又儀禮之記零卷，恐可暫時粘綴，今亦附去。別各有目。零卷已無用，餘者用畢可附來也。其他所須文字，建翁必能爲轉借。如有闕者，却告示喻，當悉力爲辦去。若前書所要剪貼諸書，必欲得之，亦可致也。

答吴元士

來教云：凡樂，黄鍾爲宫，太簇爲商，姑洗爲角，林鍾爲徵，南吕爲羽，此五者，聲律之元也。今之五聲，獨角聲不得其正，以六十律齊之，乃姑洗部依行之聲耳。姑洗部有五律，四律合姑洗下生蕤賓部律，獨依行一律合中吕上生黄鍾部律，然則今之角聲，雖曰依行，實爲中吕。中吕而下，正合還宫之次，是以名爲中吕宫。而古名清角者，以依行本屬姑洗而清於姑洗，故謂之清角。内「蕤賓」二字當作「應鍾」，恐是筆誤，然兩本皆同，更望詳之。

又曰：姑洗一聲十徽，律在徽前，應在律後者，中吕聲高，不能生黄鍾部第一律，生黄鍾部第一律者，姑洗部之依行也。依行爲宫，生黄鍾部包育爲徵，包育生林鍾部謙待爲商，謙待生太簇部未知爲羽，未知生南吕部南吕爲角。然則當十徽者，正依行宫也。十徽以依行爲應，故姑洗律在徽前，序或然也。

今詳此論，角聲不得其正，發明精到，前此所疑皆釋然矣。但依行之說，則凡十二律，皆自黄鍾三分損益，上下相生，以極乎中吕。而以琴考之，自龍齦以下至七徽之東凡十二律之位，其遠近疏密、往來相生，亦與律寸符合。京房雖增爲六十律，然亦十二正律相生已徧，然後乃生執始，係第十三律。以至依行，係第五十三律。遂生包育，以極乎南事而終焉。其序正與禮運正義六十調同。但自黄鍾右旋，歷應、無、南、夷、林、蕤、中、姑、夾、太、大，以爲諸宫之次。方其未遍十二律以及中宫之時，正律不生子律。而琴自南吕上生姑洗，亦未見其有不合，而須變以爲子律也。今曰琴之角聲，乃姑洗部之依行，則未知其何自而來，忽破此例，且將來下生之時，不知其將復爲應鍾耶，抑遂爲包育也？復爲應鍾，則數不合；便爲包育，則從此抹過姑洗以下八正律，依行以前四十子律皆成無用矣。若曰用正律時自未應遽用子律，自無射爲宫之後，方用執始以下子律，則中吕爲宫又自用内負子律，而生黄之分動以下四律，初不用依行也。至於太簇之形晉爲宫，乃夷汗爲徵，依行爲商，包育爲羽，謙待爲角，則是依行未嘗爲中吕之宫。且其短長雖若鄰於中吕，而其分部實居姑洗，亦不得而應於十徽也。凡此反復求之，竟未之得，偶别思得一説，具於後段中宫調説中，更望垂教。

來教云：古黄鍾，今慢角調三正角，姑洗中聲。古清角，今正宫，亦名中吕宫三清角。

中吕中聲。又曰：若下其角聲於大弦十一徽而取其應，則可以復古之正調矣。

今詳此説，慢角三爲姑洗者，從大弦十一徽調之而應，其弦緩也；清角三爲中吕者，從大弦十徽調之而應，其弦急也。以此推之，則王侍郎所説直以第一弦爲中吕者〔三九〕，清角法也。不知其説是如此否？其間尚有未曉者，别見後段。

古黄鍾宫調。亦曰慢角。

今詳來教，既曰古黄鍾宫調，則此一均正是黄鍾爲宫正聲之調，而琴中聲氣之元也。又曰今謂之慢角調，則是今世猶有此調也。然不知今之琴曲何者爲此調，何以世俗都不行用，而唯以中吕爲宫也？且既知其誤，則改而正之似無難者；今長者雖知其然，而猶未免有傳習之久莫之能改之歎，則又似有未易改者，此又何也？又此但以見行中吕宫調緩其一弦以爲正角，則其餘弦之相應者，恐亦須有差舛，不知合與不合并行改易？若不改易，而但抑按以求其合，既謂之黄鍾正宫，又似不當如此。此皆未曉，更望指喻。

中吕宫調。亦曰正宫，亦曰清角。

今詳來教，此但以古黄鍾正調緊第三弦之散聲而因以爲宫耳，雖不得姑洗正角之位，然角聲所占地位甚廣，自十一徽之西，以盡乎九徽之東，皆角聲之位也，今既不循常，而欲緊其聲，則於其中雖移一律，初亦不出本聲之位，不必更以京房子律推之，强改姑洗之依行使屬中吕，然後爲得也。但既以第三弦爲宫，則其下即便可就按第六弦黄清以爲徵，四弦林鍾爲商，七弦太清爲羽，五弦南吕爲角。皆應於十徽。其散聲則自爲徵、羽、宫、商如故。其上兩弦則聲濁而勝於本宫，故不入調而以爲應。宫應徵，商應羽，散聲自爲宫商。來教謂以旋宫命之，故曰中吕之宫者，正謂此也。然詳此調，以中吕爲角，則已不得角聲之正；以角聲爲宫，則又不得宫聲之正。又就少宫、少商以爲徵、羽，而反以正宫、正商爲徵、羽之應，則其遷就雖巧，而顛倒失正亦甚矣。以此竊意或非古樂旋宫正法，但不知其自何時而變耳。然當時若且私行此調而不廢本曲，則人猶得以識其是非。今乃反以所變爲正宫，而本曲遂不可見，則今之所謂琴者，非復古樂之全明矣。故東坡以爲古之鄭衛，豈亦有見於此耶？

旋宫諸調之法。

以上黄鍾、中吕首尾二宫，其法略可見矣。但其中吕一宫，未有以見其爲古樂旋宫之正法耳。若是正法，則其餘十律亦當各自爲宫。若非正法，則其本調亦當并考，然後其法乃備。故古説有隨月用律之法，而來教亦謂不必轉軫促弦，但依旋宫之法而抑按之，正謂此也。然亦難只如此泛論，須逐宫指定，各以何聲取何弦爲唱，各以何弦取何律爲均，乃見詳實。又以禮運正義之説推之，則每律既已各爲一宫，每宫亦合各有五調，而其逐調用律取聲亦各有法，此爲琴之綱領。而前此説者皆未嘗有明文，誠闕典也。欲望暇日定爲一圖，以宫統調，以調統聲，令其賓主次第各有條理，則覽者曉然，可爲萬世之法矣。若作此圖，先須作二圖，各具琴之形體、徽弦尺寸、散聲之位，然後以一圖附按聲聲律之位，以一圖附泛聲聲律之位，列於宫調圖前〔四〇〕，所附三聲皆以朱字别之，刻版則爲白字。

十徽、十一徽。

舊疑七弦隔一調之六弦皆應於第十徽，而第三弦獨於十一徽調之乃應，故角聲兼應兩律，而其餘四聲皆止應一律。前此故嘗請問，而角聲兼應兩律之辨，則固已蒙指示矣。然依行之説，愚意終有所未曉也，已於前章再論之矣。至於七弦隔一之應，不同在於一徽，則又嘗思之：七弦散聲爲五聲之正，而大弦十二律之位，又衆弦散聲之所取正也，故逐弦之五聲，皆自東而西，相爲次第。其六弦會於十徽，則一與三者，角與散角應也；二與四者，徵與散徵應也；四與六者，宫與散少宫應也；五與七者，商與散少商應也。其第三、第五弦會於十一徽，則羽與散羽應也。義各有當，初不相須，故不得同會於一徽，無他説也。

答周深父

所示疑義已悉。第一條語意尤駁雜，未易遽言。第二條克己字頃嘗見人説此〔四一〕，略似來喻，而更精密，初看似好，然細考本文，恐不若只作勝己之私之安穩也。第三條孟子説得已自詳悉，正切中今日向外走作之病，且只平看，自有警發人處，意味深長。似此推説，却覺支蔓不親切也。大抵人要讀書，須是先收拾身心，令稍安静，然後開卷，方有所益。若只如此馳騖紛擾，則方寸之間，自與道理全不相近，如何看得文字。今亦不必多言，但且閉門端坐半月、十日，却來觀書，自當信此言之不妄也。

校勘記

〔一〕治喪不用浮屠　「屠」下，浙本有「法」字。

〔二〕或親意欲用之　浙本此句作「而老母之意必欲用之，違之則咈親意，順之則非禮」。

〔三〕周舜弼云　自「李敬子説」至此句，浙本作「舊見親舊家居喪多略于内外之限，其間類多犯禮。某聞此言李丈云：如不得已，殯勿於堂上，只於廳上，帷次夾截，勿令相通，庶稍可杜絶此弊。後以質之周丈，後，自先人捐棄，遂用李丈説，諸孤寢處柩旁，無故不入中門，似覺稍免混雜。云」。

〔四〕某竊疑周丈之言未密不知果當何從　此十五字原無，據浙本補。

〔五〕更以決於卜筮　「於」，原作「其」，據浙本、天順本改。

〔六〕温公書儀雖卒哭而祔　自「伊川先生横渠先生」至此句，考異引一本作「伊川先生、横渠先生喪紀又皆曰，喪須三年而祔。向來不暇深考，只謂禮疑從重，始有循俗。繼考温公書儀雖是卒哭而祔」。

〔七〕此是儀禮注中説　「中説」二字原無，據考異引一本補。

〔八〕以爲不忍一日未有所歸　考異引一本此句上有「揆之人情却似可行然」九字。

〔九〕若復主于靈坐　「復」，原作「似」，據考異引一本改。

〔一〇〕續觀先生復陸教授書云　自「以盡哀奉之意」至此句，考異引一本作「庶幾人子得盡其朝夕哀奉之意，則又似不須先設祭以爲祔之之名，不知書儀之意如何。續觀麻沙所印先生文集中，有復陸教授書，大概云」。

〔一一〕又按儀禮　「按」，浙本、考異引一本作「且」，考異引一本于此句上尚有「竊意文集所説，固是深察乎仁人孝子之情，然禮記言祔亦别有指」二十六字。

〔一二〕别有所據　自「朝夕哭之外全然無事」至此句，原本僅「但以朝夕哭爲猶有事生之意爾」一句，今據浙本補。

〔一三〕按禮居喪不吊　此句前，浙本有「某自執喪之後，營墳外，凡幹皆不敢出，直至葬後方出謝人。雖知士喪服有成服拜賓之文，然終疑惑，不敢循用。不知緩出可否。又既出之後，親舊有喪事，在鄉俗常禮必須往吊，且往送喪」七十二字。

〔一四〕在禮亦有所妨　「在」、「所」二字原缺，據浙本補。

〔一五〕據鄉俗 「據」字原闕，據浙本補。

〔一六〕不知處此當如何 此句上，浙本有「凶事送遺固已背禮，吉事尤覺不安」十四字，于「處此」下有「二事」二字。

〔一七〕居喪月朔殷奠薦新及歲時常祀合與不合舉行 此一節浙本作：「某居父喪時，遇月朔，先行殷奠，次入影堂薦新。雖於常事頗能不廢，第先後之序似乎紊亂。又既奠之餘，哀情未盡，便薦獻，疑未爲安。李丈云，莫若先薦新而後朔奠。然亦各不安。遇冬至歲節雖知禮有喪不祭之文，然亦未敢輕廢影堂之祀，但行禮之際稍從簡略。周丈云：既居重喪，何暇如此！不知居重喪者歲時常祀合與不合舉行，殷奠薦新可與不可並舉，伏乞裁誨。」考異同浙本，唯「各不安」作「覺不安」，是。

〔一八〕如韓魏公所謂節祠者 「祠」，原作「詞」，據浙本改。

〔一九〕居喪貧窘多事 此句浙本作「居父母之喪，既葬之後」。

〔二〇〕某居喪讀禮欲妄意隨所看所見 「妄」，原作「忘」，據閩本、天順本改。此十三字，浙本作「某自居喪以來，於哭泣之餘，家事之隙，與諸弟日讀喪禮。今妄意隨所看見」。

〔二一〕如書儀送終禮之篇目 此句下，浙本有「而更加詳焉」五字。

〔二二〕庶幾得以維持哀思 此句上，浙本有「固知僭越妄易，不應爲此，然區區哀誠，止欲與弟輩盡心考禮」二十四字。

〔二三〕據三禮圖温公書儀高氏送終禮參酌爲冠絰衰裳腰絰絞帶　浙本此節作「以荒迷中無所考，據鄉俗之制，用粗布作襴衫及三梁冠，麻爲腰繩。續覺不安，遂用三禮圖及温公書儀、高氏送終禮、麻沙所印心聲啓所畫格式，質之周丈，粗已了辨。第其間尚多有未安，敢以就正」。

〔二四〕按禮衰麻合皆用生麻布　「皆」字原缺，據浙本補。

〔二五〕不知於禮合别造生布　此句，浙本作「不知要得當禮時合當别造生布爲之」。

〔二六〕舜弼　浙本作「周丈」。

〔二七〕近得廖丈西仲名庚所畫圖　「丈」，原作「夾」，注「名庚」二字原作正文，據浙本、天順本改。

〔二八〕又不知真能辨此否爾　「辨」，原作「辨」，據浙本改。

〔二九〕二棺共槨　「二」，原作「一」，據閩本、浙本、天順本改。

〔三〇〕北上　「上」，浙本作「止」。

〔三一〕自修　此二字原無，據浙本補。

〔三二〕須更於此加功　「功」，原作「遇」，據浙本、天順本改。

〔三三〕頗欲傳之於人　「於」，浙本作「其」，疑是。

〔三四〕解經有不同處不妨　「解經」，原作「經解」，據浙本、天順本乙正。

〔三五〕則是設北面者　「設」，正訛改作「謂」，是。

〔三六〕傳記之附經者低一字　「經」，原作「注」，據浙本改。

〔三七〕人主不免視朝聽政　「聽」，原作「聰」，據浙本、天順本改。

〔三八〕魏元成以兄弟子之婦同於衆子婦爲倒置人倫者　正訛于「爲」上補「未」字，是。

〔三九〕直以第一弦爲中吕者　「一」，浙本作「三」。

〔四〇〕列於宫調圖前　「列」，原作「則」，據浙本改。

〔四一〕第二條克己字頃嘗見人説此　「條」，原作「説」，據浙本改。

晦庵先生朱文公文集卷第六十四

書知舊門人問答

答鞏仲至豐

聞名願見，爲日久矣，玆辱枉顧，乃遂夙心，慰幸可量。別後又承惠問，并示武夷佳句。獲聞于役之暇，不廢山水之娱，賦詠從容，曲盡佳致，尤以爲喜。比想已還官次久矣。霜寒之後，繼以暄暖，諒惟幕府有相，起處多福。熹衰病益甚，最苦拘攣，不能信詘，起居動作，皆有所妨。樞帥經由，以此不得敬謁。然聞其寬和盡下，想於賢佐必知所敬禮也。昌父入城未歸，計必還此度歲矣。偶便寓此，病軀憚於憑几，口占不謹，幸深原照。

答鞏仲至

掌丞轉致近問，獲聞比日春序浸暄，幕府優游，起處佳福，足以爲慰。熹衰病拘攣，日甚一日。死生長短，本所不計，但未死之前，轉動不得，亦令人無況耳。告老之章，州郡未肯騰奏，雖荷其見憐，不欲使觸禍機，然鄙意已決，無所復顧，爲此宿留，令人腹煩耳。樞帥經由，不及一見，荷其答書之意甚勤，繼此未敢爲問。往來多能道其政事之美，而來書之所發明，尤足起人意也。子約子弟近得書云，歲前明招大火，其柩幾不免，幸而獲全，却不知其厚葬之説。但得汪時發書，似頗有所不快意，不知曲折如何也。叔昌老不長進，亦是前日向外意多，脚根不牢實耳。「輕棄簞瓢」之句，令人深省，顧未知真樂所在，則雖欲不棄而不可得。此須别有箇著力處，乃足恃耳。

武夷續詩，讀之無非向來經行所歷，景物宛然，益歎摹寫之妙。詩序縱横放肆，多出前人未發之祕。但詆江西而進宛陵，不能不駭俗聽耳。少時嘗讀梅詩，亦知愛之，而於一時諸公所稱道，如河豚等篇，有所未喻，用此頗疑張、徐之論亦未爲過。至於寂寥短章，閑暇蕭散，猶有魏晉以前高風餘韻，而不極力於當世之軌轍者，則恐論者有未盡察也。不審賢者雅意謂何？所録警策二卷者，亦可使得一見耶？此人還日，幸望録寄，千萬之望。貴眷郎娘，一一佳裕。兒輩蒙問，感感。昌父昨日得書，已到家矣。寄詩甚富，孤瘦亦益甚矣。憲臺王幹前日過此，嘗託致區區。今有一書與之，煩爲轉達。書中囑渠一二事，幸爲扣其可否，以語直卿也。

答鞏仲至

稍不聞問，已劇馳情。昨日遞中奉告之辱，獲審比日春和，幕府多餘，體履佳適，良以爲慰。録寄舊詩，得以快讀，雄麗精切，歎服深矣。簞瓢之句，得其全篇，又深感慨也。但梅詩之評，未能盡解，當俟得所集録，始敢扣也。張巨山乃學魏晉六朝之作，非宗江西者。其詩閑澹高遠，恐亦未可謂不深於詩者也。坡公病李杜而推韋柳，蓋亦自悔其平時之作而未能自拔者〔一〕。其言似亦有味，不審明者視之，以爲如何也？無由面論，臨風快想，因來更望切磋。究之，老病久已無復此夢，亦聊以暇日銷憂耳。告老之章已上，但已差晚爲可恨，故舊諸賢不得不任其責也。留、徐方脱囚拘，彭、曾幾墮補處，世途艱險，吁，可畏哉！然亦何可避也！

答鞏仲至

遞中兩辱惠書，并有詩筒之況，荷意勤矣。又知小姪、劉親，皆以垂念之故，得以竊食，益深感愧。信後清和，恭惟幕府有相，起處佳福。所需惡語，尤荷不鄙，此於吾人，豈有所愛？但近年此等一切廢置。向已許爲放翁作老學齋銘，後亦不復敢著語。高明應已默解，不待縷縷自辨數也。抑又聞之，古之聖賢所以教人，不過使之講明天下之義理，以開發其心之知識，然後力行固守以終其身。而凡其見之言論、措之事業者，莫不由是以出，初非此外別有歧路可施功力，以致文字之華靡、事業之恢宏也。故易之文言於乾九三，實明學之始終，而其所謂「忠信所以進德」者，欲吾之心實明是理而真好惡之，若其好好色而惡惡臭也；所謂修辭立誠以居業者，欲吾之謹夫所發以致其實，而尤先於言語之易放而難收也。其曰「修辭」，豈作文之謂哉？今或者以修辭名左右之齋，吾固未知其所謂然。設若盡如文言之本指，則猶恐此事當在忠信進德之後，而未可以遽及；若如或者賦詩之所詠歎，則恐其於「乾乾」「夕惕」之意，又益遠而不相似也。鄙意於此深有所不能無疑者。今雖不敢承命以爲記，然念此事於人所關不細，有不可以不之講者，故敢私以爲請，幸試思之，而還以一言判其是非焉。

至於佳篇之睨，則意益厚矣。顧惟頓拙於此，豈敢有所與？三復以還，但知贊歎而已。然因此偶記頃年學道未能專一之時，亦嘗間考詩之原委，因知古今之詩，凡有三變。蓋自書傳所記，虞夏以來，下及魏晉，自爲一等。自晉宋間顔、謝以後，下及唐初，自爲一等。自沈、宋以後，定著律詩，下及今日，又爲一等。然自唐初以前，其爲詩者固有高下，而法猶未變。至律詩出，而後詩之與法，始皆大變，以至今日，益巧益密，而無復古人之風矣。故嘗妄欲抄取經史諸書所載韻語，下及文選漢魏古詞，以盡乎郭景純、陶淵明之所作，自爲一編，而附于三百篇、楚辭之後，以爲詩之根本準則。又於其下二等之中，擇其近於古者，各爲一編，以爲之羽翼輿衛。且以李、杜言之，則如李之古風五十首，杜之秦蜀紀行、遣興、出塞、潼關、石濠、夏日、夏夜諸篇，律詩則如王維、韋應物輩，亦自有蕭散之趣，未至如今日之細碎卑冗無餘味也。其不合者，則悉去之，不使其接於吾之耳目，而入於吾之胸次。要使方寸之中，無一字世俗言語意思，則其爲詩，不期於高遠而自高遠矣。然顧爲學之務有急於此者，亦復自知材力短弱，決不能追古人而與之並，遂悉棄去，不能復爲。況今老病，百念休歇，寧尚復語此乎？然感左右見顧之重，若以爲可語此者，故聊復言之，恐或可以少助百尺竿頭更進一步之勢也。

來喻所云漱六藝之芳潤以求真澹，此誠極至之論，然恐亦須先識得古今體制、雅俗鄉背，仍更洗滌得盡腸胃間夙生葷血脂膏，然後此語方有所措。如其未然，竊恐穢濁爲主，芳潤入不得也。近世詩人，正緣不曾透得此關，而規規於近局，故其所就皆不滿人意，無足深論。然既就其中而論之，則又互有短長，不可一概抑此伸彼。況權度未審，其所去取，又或未能盡合天下之公也。此説甚長，非書可究，他時或得面論，庶幾可盡。但恐彼時且要結絶「修辭」公案，無暇可及此耳。記文甚健，説盡事理，但恐亦當更考歐、曾遺法，料簡刮摩，使其清明峻潔之中，自有雍容俯仰之態，則其傳當愈遠，而使人愈無遺憾矣。僭易併及，愧悚之深，不審明者於意云何，亦幸有以反覆之也。

長溪王君之詩竟如何？此有一黄子厚者，其詩自楚漢諸作中來，絶不類世人語，人亦少能知之。近以社倉出内譏察不謹，狼狽憂鬱，以至於死，甚可傷也。放翁詩書録寄，幸甚。此亦得其近書，筆力愈精健。頃嘗憂其迹太近、能太高，或爲有力者所牽挽，不得全此晚節，計今決可免矣。此亦非細事也。仙遊之政，無人肯爲推出，此理勢之常，無足怪者。況在渠家法又自不當計此耶！偶得浙漕去秋策問，謾録去，不知曾見之否？清議固知不可泯滅，然能出此，亦不易也。

熹病益甚，跬步不能自致，而神昏氣痞，支體酸痛，殆非久作人間客者矣。休致之請，前月初間附便以行，至今寂然未聞可報，恐所附人遲滯不達。設更淹留，當自有臺劾施行，不待催督矣。

答鞏仲至

久不聞問，良以鄉往。前日便中特承惠書，具聞近況，足以爲慰。訊後劇暑，恭惟幕府有相，尊履佳福。熹衰病沈痼，日甚一日。告老之章，且幸得請。將謂世已相忘，然猶未脱誰何之域，尸居餘氣，何足加念，彼亦正自過慮也。遠承垂問，深感愛念，牋敬固非所敢當者，然亦恨異時不得託名文集中耳。「修辭」齋名，本意乃如此，然易之本旨，自有先後，前書固已言之矣。「栗」字再見虞書，皆莊敬謹嚴之意，以是名齋，非徒有取於木也。扁榜便欲爲書，偶數日臂痛，不能運筆，且當少須也。

説詩之繆，甚愧率爾，然後來細讀前後所示諸篇，始能深味雋永之趣，蓋已自成一家之言矣，豈當復有所措説於其間哉？但來書所論「平淡」二字誤盡天下詩人，恐非至當之言，而明者亦復不以爲非是，則熹所深不識也。夫古人之詩，本豈有意於平淡哉？但對今之狂怪雕鎪神頭鬼面，則見其平；對今之肥膩腥臊、酸鹹苦澀，則見其淡耳。自有詩之初，以及魏晉，作者非一，而其高處無不出此。左右固自以爲亦嘗從頭看得一過，而諳其升降沿革矣，則豈不察於此者，但恐如李漢所謂，謂易以下爲古文，因以爲無所用於今世，不若近體之可以悦人之觀聽，以是不免有是今非古之意，遂不復有意於古人之高風遠韻耳。又謂有意於平淡者即非純古，然則有意於今之不平淡者，得爲純古乎？又謂水落石出，自歸此路，則吾未見終身習於鄭衛之哇淫，而能卒自歸於英莖韶頀之雅正者也。鄙見如此，幸試思之，以爲如何也？

荆公唐選本非其用意處，乃就宋次道家所有而因爲點定耳。觀其序引有「費日力於此，良可惜也」之歎，則可以見此老之用心矣，夫豈以區區掇拾唐人一言半句爲述作，而必欲其無所遺哉？且自今觀之，其所集録，亦只前數卷爲可觀。若使老僕任此筆削，恐當更去其半乃厭人意耳。不知此説明者又以爲如何也？

放翁近報亦已掛冠，蓋自不得不爾。近有人自日邊來，云今春議者欲起洪景盧與此老付以史筆，置局湖山，以就閒曠。已而當路有忌之者，其事遂寢。今日此等好事亦做不得。然在此翁，却且免得一番拖出來，亦非細事。前書蓋已慮此，乃知人之所見有略同者。或云張伯子實唱其説，此亦甚不易也。得江西書云，孫從之亦已物故。人物眇然，令人短氣，此亦非人力所能爲也。留衛公一書，恐有的便，煩爲遣去。似聞樞帥已有奉祠之命，不知然否？果爾，必送來，因得過留爲數日之款，幸甚。

答鞏仲至

遞中辱書，獲聞比日盛暑，幕府優游，起居超勝，良以爲慰。新詩見寄，尤荷不鄙，讀之便覺烏石、靈源去人不遠，當此炎燠，灑然如疵寒門而濯清風也。記文更定，莊重詳實，足以傳遠，悟老真不朽矣。放翁筆力愈健，但恨無故被天津橋上胡孫擾亂，却爲大耳三藏覷見。柳州南澗等詩，最是放不下者，但其氣格高遠，旨趣幽深，故讀之者苦不甚覺。此亦古今文字言語得失利病之所由，可不審哉！景迂誌文謾令録示亦幸，渠文要自不可曉也。氣候不佳，故舊中時復塌了一兩人，令人鬱鬱。仲止不謂乃能自立如此，深可愛敬，尤喜南澗之有後，足强人意也。黄巖老中間過此，亦嘗相訪，惠詩一篇，甚佳。亦見其刊行小集，冠以誠齋之詩，稱其似蕭東夫，且謂東夫似陳後山，而平生未見東夫詩也。此事至爲淺末，然看却魏晉以前諸作，便覺無開口處，甚可笑耳。

焦山瘞鶴銘下有冬日泛舟詩一篇，句法既高，字體亦勝，與銘文意象大略相似，必是一手。作者自題王姓，而名逸。近世好事者亦少稱之，獨趙德夫金石録題識頗詳，而以作者爲王瓚，必是當時所傳本其名尚完也。今選詩中有此名字，而此詩體製只似唐人，恐又或非一人。不知亦曾見之否？中間託陳安行子弟問之，云從來無問及者，獨張機仲臨鎮時嘗遣人摹之，因得數本。今往一通，幸試考之，以爲如何也。熹病日益侵，無足言者。承欲冬間謁告還浙，千萬迂轡爲數日之留，當得款晤，以盡所欲言者。

答鞏仲至

熹以氣痞益甚，不能親布前幅。來書在遞角中，而詩卷乃似有拆動處，不知何故。以此知遠書亦難多談也。向説簡齋詩有合改定處，如能爲之料理，幸爲印一本來，只用粗紙，庶得就册塗改附回，改正易爲力。呂書奏議，近方得見印本，因得詳考當日規模機會，深可歎息。但其間亦不免有漏落。此間人有寫本，與此互有詳略，其間擊人者，恐其子弟避嫌删去。如密奏條畫誅范瓊計策，後卒施行其語，亦是一大公案，不知何故亦不載也。前書方報黄子厚之死，今有方伯謨者亦死矣，其詩比子厚更温潤可觀，方進未已，乃年甫五十而逝，尤足傷惜也。

此間有劉叔通者，亦能詩。今日得其兩篇，謾以寄呈，不識高明以爲如何也？熹又上。

答鞏仲至

比日秋冷，恭惟幕府燕閑，起處佳福。此間數日前一水非常，今幸無他，聞下流頗有所損，不知果如何。但雨意未已，早稻十分成熟，而不得以時收割，此爲可慮耳。近日得昌父、斯遠書，附到書一角，今附往。中有大卷，意必是詩。累年不見斯遠一字，欲發封觀之，又不欲破戒，或看畢幸轉以見示也。但斯遠省闈不偶，家無内助，嗣續之計亦復茫然。急欲爲謀婚之計，而未有其處，不知親舊間亦有可爲物色處否？想二公書中，亦須説及此事。渠來見囑，此間無處可致力，只得并奉浼也。

答鞏仲至

前蔡君歸辱書，及此專人又奉手告，欣審比日秋暑，尊候萬福。一水遠近多罹其害，此間亦然，所不及門者，三五尺耳。簡齋詩已領，但得閩本就校，即刊脩覆校尤易爲力。旦夕稍暇，或取此間所有者，塗改寄呈也。吕公奏議，恨未見鄭武子所校本，鄭乃其客，必無舛繆也。王瓚詩誠如所喻。劉詩得經題品甚幸，旦夕當令録數篇奉寄也。所論自刊詩文，此風極可笑，又可歎也。樓記、姊銘筆力甚勁，歎仰亡已。尹少稷文近世誠不易得，晚節狼狽，殊可惜也。晁銘不可曉，亦不但此篇，不知當時何以得重名於世也。「日鑄」之惠，感領厚意，來使立俟，未有以爲報也。

答鞏仲至

前日人還，草草附報，殊不盡意。比秋益涼，恭惟起處多勝。陳詩誤字，今別用紙録去，須逐字分付，修了看過，就此勾消了，方再付一字，乃可無誤。此雖細事，然亦須經歷，方見自然成法也。樓記不知已入石未？細看尚有兩三處可疑，具之别紙，幸更詳之也。匆匆附遞，不暇他及，未由承晤，千萬自愛。

答鞏仲至

武夷非建山之全體，不待辨而知。且於此上下文無所屬，似成剩語。若欲破蘇公茶圃之説，則語又太略，兼亦本不相關也。漕司所領茶事，止爲土貢玉食之一端耳，非如他路與鹽法並行，而領於一司也。今云鹽爲大而茶次之，似非事實。又車運之策，此殊不聞，不知其説果如何也。「夫爲政者材可以勝乎事，事不可以勝乎材」，此兩句頗類舉子文，然亦謂欲其材之勝乎事，不欲事之勝乎材則可。今此語勢似未妥帖，試深味之可見。「可以」二字，正富公碑中趙濟「能摇」之類也。熹上呈。

答鞏仲至

置中奉告，欣審比日秋清，尊履佳福。兩詩三記併領，嘉惠尤增慰懌。但鄭君之爲人，不復記憶，有如來示，誠不易得也。宗司刻石，簡嚴得體，書亦清婉可愛。安濟則似太詳，雖云合有許多説話，然亦當有所取舍，觀前輩所作可見也。率易及此，如何如何？帥官稱蓋欲以見廟堂之舊，然不知於古亦有初否？似不若只書職名之爲正也。昌父得書，欲來相訪，而病復大作，但能口占一紙，及寄未病時手寫詩一編，清苦寒瘦如其爲人。其間亦有斯遠、仲止數詩，皆有思致，足以慰離索。但未知訊後病已差未耳。直卿久不得書，聞有徒家之興，此固所欲，但於渠聚徒之計，則恐失之便無以爲生，亦須細商量耳。論作官，則誠不若聚徒之爲安也。偶與應辰過門，云欲請見，亟附此紙，不能究懷抱。衰病，中間嘗小愈，今復大作，拘攣痞滿，有甚於前矣。

放翁得近書，甚健，謾知之。蓍卦考誤無別本，當於番陽求之。但恐題跋者恐其累己，已遭投削耳。

答鞏仲至

稍不聞問，積有馳情。比日冬温，恭惟幕府多暇，動履有休。眷集郎娘，一一佳慶。熹老病衰朽，有加無瘳，置之不足道也。但書課未畢，而不能俯躬伏几以究其業，此爲悵恨耳。適聞帥司行下，發諸舉子倉租米，變糶買銀，赴司送納，不省何謂。前政辛勤規畫，爲此活人之計，其心甚仁，其惠甚遠，何忍一旦遽破壞之耶！今之從政者，固不可以此望之，特賢者適從事於其間，則似不宜有此耳。不審文書所下，亦嘗關由參署而後行，抑吏輩徑下之，而初不以白也？州縣得之，直便行下，無復商量，所幸今非糶變之時，且得宿留，故爲奉扣，幸更審之。若無急切之用，不知亦可且與行下，仍舊收支否？況此一縣，所有不多，不過八百餘斛，糶之得千緡耳。帥司不待此而後富，而徒使自是以往，生子之家失救接之助，且將復起故時殺棄之風，則作俑之過，將於誰責而可耶？設若必有急切，須至移用，則向時後山千緡之米，似却可以抽回。蓋彼處已有社倉，市户村民一例請貸，初無間隔，不必爲此偏惠，以厚游手。而又初無收貯之地，又無專掌之人，以今夏私糶之事驗之亦可見其無用而有害矣。若不收回，將來不過又只如此，或更別生大害，負累後人。不若及今行下，令其收拾樁管，俟來春以後得價之時，發糶解赴使司之爲便也。兼此事今年行得非常乖繆，追呼驚擾，數月不定。及至胥吏乞覓飽足之後，有罪者不坐，而無辜者枉費。從旁觀之，令人扼腕。但以未決之時，嫌於請囑，不欲言之。今事已過，乃敢説耳。若欲收回，便可行下，徑自指定，專委一二人爲首，及早收拾。蔡姓者極富，且畏事，似可託也。即鄉時去相見名六瑞者之族。衰退之人，不當與此，若非幕府有吾人在，則亦不復能啓口矣。然其可否，當自以盛意財之，勿使外間人知拙者嘗有言，以重其咎也。亟作此，託任尉附便，或發遞以行，匆匆不暇他及。直卿一書，幸指揮送達。向見説冬間欲謁告暫歸浙中，計必取道於此，儻得左顧，庶幾少款。

答鞏仲至

前日方以尺書附遞，不審已達未也？便中獲書，得聞比日冬温，幕府從容，起處佳福，足以爲慰。水西之遊，甚恨不得陪杖屨。然細讀詩文，已如身歷而目見之矣。舊聞此處頗佳，亦未嘗得到也。昌父後來不得書，只得彼中知識報來云，病未能出户，不知後來復如何，良可念也。世本舊聞先人説，家間亦嘗有之，以兵火失去。然則世間亦須尚有本。但今見於諸經注疏者，恐亦或出附會假託，未必可憑據，正亦不必苦求耳。謝鳳之文，不知果何如？近日廬陵人來，説紹興間有大府丞長樂陳剛中彦柔者，坐以啓賀胡澹庵，謫安遠宰而死，周益公尚識其人〔二〕。因爲檢長樂志，則但云終於江陰簽判，都不及所歷官及謫死事。方此爲扣其鄉人，使尋訪之。此其不幸，又有甚於謝鳳者，尤可歎也。前書所論廪粟事，不知已爲料理否？切勿令外間知僕嘗有言也。福州舊有楚詞白本，不知印板今尚在否？字書板樣頗佳，歲久計或漫滅，然讎校亦不至精，不知能爲區處，因其舊本再校重刻，以貽好事否？如能作此，即幸報及，待爲略看過結緣也。近讀伯恭所集文鑑，極有可商量處。前輩要亦多浪得名者，不知後世公論竟如何爾。

答鞏仲至

熹近以兩書附遞，知皆達否？李教授過門甚遽，欲作書而不暇。蓍卦説今日方得之，因以附納，幸視至。江西諸郡，如元城語録之類，雖免雜燒，然皆束之高閣。此獨幸免，豈非種樹、醫藥之儔，皆所不禁也耶？可發一笑。

答鞏仲至

昨日吳應辰來，辱書，今日又得遞中答字，獲審比日冬寒，尊履佳福，深用慰感。火後佳句，曲盡事情，引而伸之，有足爲長太息者，豈止此而已哉！示喻米事已悉，其人前日亦録得縣中所被倅廳公文來看〔三〕，云奉帥司之命。本欲封呈，猝尋不見也。度今自不能已，須别得一文字，説破前日之誤乃可止耳。須早行下爲佳，不可更待報矣。後山之人不待别儲而飽，收還乃爲上策，幸更審之。此却須俟見報。萬一必以前人已行，不欲廢罷，即俟丞歸，當如所諭也。但富家深懲往事，亦自畏其累己，未必敢承當耳。

答鞏仲至

昨日遞中辱書，具審比日幕府優游〔四〕，所履佳福，良以爲慰。痔疾想已平復。此疾人多有之，僕亦嘗爲所苦。然見人用刀仗毒藥攻之者，或至反爲大害。因只服黄連、枳殼等藥，及用馬藍菜煎湯薰，似覺有效，不審曾用之否？熹足弱氣痞，遇寒益甚，此兩日來，雖用兩人扶掖，亦行不得。長至前後，因感冒伏枕，幾不能起。衰老自應如此，亦不足深怪也。

楚詞板既漫滅，雖修得亦不濟事。然欲重刊，又不可整理。使其可以，就加讎校。若修得了，可就彼中先校一番，却以一淨本見示，當爲參訂，改定商量。若别刊得一本，亦佳事也。近得古田一士人所著補音一卷，亦甚有功，異時當併以奉寄也。

陳寺丞事，巖老之兄尚未報來，年歲未遠，亦須尚可詢問。但當時作地志之人亦太草草耳。文鑑誠如所論。李文叔前此亦但見其論文數篇，頗有可觀，今亦不能記憶。但如戰國策序，則恐文健意弱，太作爲，傷正氣耳。要之，文章正統，在唐及本朝，各不過兩三人，其餘大率多不滿人意，止可爲知者道耳。直卿尚未到此。初意其來，可以久遠相聚，不謂又爲諸生所留，亦其食貧不得不爲此耳。三詩皆佳作，但首篇用韻，多所未曉。前此所示諸篇，亦多有類此者，屢欲奉扣，而輒忘之。古韻雖有此例，如大明詩「林」與「興」叶之類。然在今日，却恐不無訛謬之嫌耳。然「林」與「興」叶，亦是秦語，以「興」爲韻，乃其方言，終非音韻之正。今蜀人語猶如此，蓋多用鼻音也。

名畫想多有之，性甚愛此，而無由多見。他時經由，得盡攜以見，顧使獲與寓目焉，千萬幸也。彼中亦有畫手，能以意作古人事跡否？此間門前，衆人作一小亭，舊名「聚星」。今欲於照壁上畫陳太丘見荀朗陵事，而無可屬筆者，甚以爲撓。今録其事之本文去，幸試爲尋訪能畫者，令作一草卷寄及爲幸。但以兩幅紙爲之，此間却自可添展也。又有一事：鄉見聖泉寺有李邕碑，龜趺、螭首鐫刻甚精。六螭糾結既異今制，而龜狀逼真，雖稍破析，然猶有生意也。幸爲尋一木工巧於雕鏤者，以木寫之，用寸折尺，不過高尺餘，便中寄示爲望。

放翁老筆尤健，在今當推爲第一流。近聞復有載筆之招，不知果否？方欲往求一文字，或恐以此疑賤迹之爲累，未必肯作耳。悟老化去甚可傷。血疾渠舊有之，未必服藥之誤也。意公恨未之識見。劉叔通説向在三山見一老僧，自云客石林家甚久〔五〕，頗能道其餘論，不知便是此人否？如其不然，亦可因令尋訪，計其年事，亦當是七十以上矣。「雖無老成人，尚有典刑」，此語深可念也。前懷安尉楊岳從事，乃龜山先生之孫，鄉來在官，不幸盲廢。稼軒憐之，爲之呼醫治療，竟不能視。後來鄭樞特爲請祠，今在彼城中寓居。因其便還，匆匆附此。渠必不能出謁，以其賢者之後，時遣人存問之。少有乏無，力可周邺，計亦所不憚也。病中迫不得已，不免作一文字，精力不逮，殊覺辛苦。此間窮陋，無人商量，甚恨相去之遠，不得就求訂正也。

答鞏仲至

春寒多病，不能奉一字以爲新歲之慶〔六〕，遞中忽辱惠問，獲聞比日幕中多暇，起處寧適，足慰馳情。熹病益衰，無足云者，示喻所苦亦已向安，甚善。此疾最忌飲酒，若能痛節，當不藥而愈也。

楚詞脩未？旋了旋寄數板，節次發來爲幸。古田補音，此間無人寫得。今寄一書與蘇君，幸轉託縣官，差人賫去鄉下尋之，就其傳録尤便。亦聞渠寫本頗經删節，已囑令爲全録去矣。然此嘗編得音考一卷，「音」謂集古今正音、協韻通而爲一，「考」謂考諸本同異并附其間，只欲別爲一卷，附之書後，不必攙入正文之下，礙人眼目，妨人吟諷。但亦未甚詳密。正文有異同，但擇一穩者爲定可也。又可附此古田全書，俟旦夕稍暇，一面修寫寄呈。彼中不知已曾下手未，亦望隨得已了者節次寄來也。若已詳善，即此中本更不須寄去矣。

劉侍讀書氣平文緩，乃自經術中來，比之蘇公，誠有高古之趣。但亦覺詞多理寡，苦無甚發明耳。大抵古人文字，要當隨其所長取之，難以一時所見遽定品目也。李文叔論文諸說，向見林擇之有之，不曾寫得，已書報令録去，或可并移書古田就取也。晝笥許觀甚幸，儻得附名，尤所願也。聚星閣此亦已令草草爲之，市工俗筆，殊不能起人意。亦嘗輒爲之贊，今謾録去，幸勿示人也。余君之作竟能否？便中並望早寄及也。石林胡僧頃亦見之，蓋葉公自有鑒賞，其所使臨摹者，必當時之善工也。要之，年來事事漸低，此等人物，亦自日少一日，爲可歎耳。龜趺恐須作全者〔七〕，向見所隕之元故亦在側也。吴生玄武信爲奇筆，但龜背之文，正脊之甲五，應五行，次甲八，應八卦，又次甲廿四，應節氣，亦自然之理。此却不足，亦欠子細。然九方皋之相馬，又不當以此論耳。社記頃未之見，世間此等遺落不遇知者，可勝數哉！放翁久不得書，欲往從覓一文字，所繫頗重，又恐賤跡累其升騰，未敢啓口也。楊君荷枉顧，此其不易得又有甚於前二公矣。滎陽始亦甚趦趄，令汪季路百計脅之，乃肯聽耳。此君殊可念，有可垂手處，幸曲爲拯拔也。長樂劉君一書，煩爲轉達。直卿云渠有知識在城中，已令批在書背，幸令人問之。恐未有便，即告專介爲送至縣中〔八〕，託縣官遣人達之。蓋所編禮書在渠處，欲亟取來，趁此疾病少間之際，并力了之，故不可緩，切幸垂念也。欲言甚衆，書不能盡，唯冀以時自愛，千萬之禱。悟老聞欲爲志其塔，果爾，亦甚幸也。

答鞏仲至

陳太丘詣荀朗陵，貧儉無僕役，陳寔傳曰：寔字仲弓，潁川陳昌人，爲聞喜令、太丘長，風化宣流。先賢行狀曰：荀淑字季和，潁川潁陰人也。所拔韋褐芻牧之中，執案刀筆之吏，皆爲英彥。舉方正，補朗陵侯相，所在流化。乃使元方將車〔九〕，先賢行狀曰：陳紀字元方，寔長子也。至德絶俗，與寔高名並著，而弟諶又配之。每宰府辟召，羔鴈成羣，世號「三君」，百城皆圖畫。季方持杖從後，長文尚小，載著車中。既至，荀使叔慈應門，慈明行酒，餘六龍下食。張璠漢紀曰：淑有八子，儉、緄、靖、燾、汪、爽、肅、敷。淑居西豪里，縣令苑康曰，昔高陽氏有才子八人，遂署其里曰高陽里。時人號曰「八龍」。文若亦小，坐著膝前。于時太史奏真人東行。檀道鸞續晉陽秋曰：陳仲弓從諸子姪造荀父子，于時德星聚，太史奏：五百里賢人聚。

所畫陳、荀聚星事，若作兩段，即前段當畫太丘乘牛車在塗，而元方等侍行，後段當畫叔慈應門，朗陵對客，七龍侍食。又當重畫太丘與朗陵相對，而二子一孫侍立。又叔慈本在門外迎客，客既入燕，則又不當久立門外，亦須畫其侍立於朗陵之側。此皆似涉重複。兩段之間，又須更作山石林麓分隔，前後皆費注解。若只畫作一段，則但爲太丘乘車到門之象，而叔慈在門外迎客，七龍扶侍朗陵出至庭中，而文若在其後，即免重複，亦有遺意。但却不見對飲行食，及坐文若於膝前，事有不備耳。凡此未能自決，不知盛意如何，更望相度，及與畫者商量，取令穩當乃佳耳。

更考後漢處士冠服教之。

答鞏仲至

兩承惠書，良慰馳想。比日春深，寒暖尚未定，恭惟幕府有相，所履佳福。葉帥昨日已過此。聞張書當來，不久計賢者必護印至境上，若得早來，使可宿留，爲一兩日款，深所望也。楚詞當俟面議，元本字亦不小，可便以小竹紙草印一本，攜以見示。此間匠者工於剪貼，若只就此訂正，將來便可上板，不須再寫，又生一重脱誤，亦省事也。蘇君處所寫補音如已到，幸亦攜來。此間所有本子不全，恐將來闕略，却不滿人意也。聚星圖此間已先令人畫，今詳所寄大概不甚相遠。但此間者，車中、堂上有兩太丘，心頗疑之，今得所示，却差穩當，此必嘗經明者較量也。但閩中人不好事，畫筆幾絶，爲可歎耳。禮書半藁略可寫淨，旦夕寄直卿處，仍就使廳借筆吏數人抄過一本。王元石亦要抄一本，仍更爲寫一本，當俟彼中寫了，却寄莆中也。時論少寬，但置籍事予奪不同，而同出一手。要路諸人有忽從外補者，亦非意料所及。不知彼中所聞果如何也？放翁且喜結局，不是小事，尚未得以書賀之。熹衰病益甚，苦楚之態，亦非言語所能形容者，不能復縷縷也。會面有期，預以爲喜。

答林易簡

盡得孝弟便是仁云云。

立説太冗而意不精切，大抵後多類此。

言語輕躁，動輒有忤。知和緩可療，而臨事復然。小學之書，先在於一切世味淡薄，自然見富貴不歆羨，見貧賤不厭惡，臨患難無求免。一向優人抑己、損躬裕物之事，皆可優爲之。先生編集是書，此意尤多，如顔氏家訓六事，豈貪名徇俗羨慕者能之！推此則貽教之始以至五品之遜，各盡其道，皆由此充。按伏罪過，全在不能去一矜心，所以諸病皆由於此。

看文字且逐條看，各是一事，不須如此牽合。

小學之書，自明倫五段，明父子章全在一「親」字上，明君臣章全在一「義」字上，明夫婦章全在一「別」字上，明長幼章全在一「序」字上，明朋友章全在一「交」字上。始讀昏禮，萬世之始，至男女有別，然後父子親。漢武帝溺於聲色，游燕後宮，父子不親，遂致戾太子之變，此亦夫婦無別而父子不親之一證。語在戾太子傳，可檢看。然亦非獨此也。

問敬。

敬不是萬慮休置之謂，只要隨事專一謹畏，不放逸耳，不須許多閑説話也。

小學賓客之禮見於朋友之章，莫以一時之交亦有切偲之意、相觀而善之理否？不須如此理會。賓主自是朋友之類，如鄉鄰還往及師弟子之屬，於五達道，亦朋友之類也。不入此門，則無管攝處矣。

讀書求意義，雖知爛熟之爲美，而氣習已慣，惟恐不多之念未能頓忘。

既知其非，便當改之，不須更如此支蔓。

小學載内則「三十有室」，「遜友視志」。

男女之教，温公已有説，其餘亦大概立一節限耳，不必如此細碎。

馬援以譏議戒諸子而不免於譏議。

馬援之言自可爲法，不須如此支蔓。如此則須削去此段，後生又如何得聞此一段説話，而以爲戒乎！

理之根原，推演孝義。

不記此話頭因何而起。若與安卿所問同是一時所聞，則渠説已得之矣。

敬勝怠者吉，怠勝敬者滅；義勝欲者從，欲勝義者凶。

敬義自有輕重，然所説太冗。

孟子養氣説。

此條差勝，然却只是依放集注，别無新説。看文字且要如此理會，教本文説精熟，久之自隨淺深有見處，正不必支蔓生説，穿鑿援引也。

答何倅

前蒙誨及經書中所説「欲」字，以鄙意所見，人之生不能不感物而動，曰「感物而動，性之欲也」，言亦性所有也，而其要係乎心君宰與不宰耳。心宰則情得正，率乎性之常，而不可以欲言矣。心不宰則情流而陷溺其性，專爲人欲矣。若夫所謂「可欲之謂善」，蓋指言體「元者善之長」之意，心之所爲宰者也。要當默識之，而不可以言語論也〔一〇〕。不知是否，更望見教。尺書莫盡此悰。

答江彦謀

所論正蒙大旨，則恐失之太容易爾。夫道之極致，物我固爲一矣，然豈獨物我之間驗之？蓋天地鬼神、幽明隱顯、本末精粗無不通貫而爲一也。正蒙之旨誠不外是，然聖賢言之則已多矣，正蒙之作復何爲乎？恐須反復研究其説，求其所以一者，而合之於其所謂一者，必銖銖而較之至於鈞而必合，寸寸而度之至於丈而不差，然後爲得也。孟子曰：「博學而詳説之，將以反説約也。」正爲是爾。今學之未博，説之未詳，而遽欲一言探其極致，則是銖兩未分而臆料鈞石，分寸不辨而目計丈引〔一一〕，不惟精粗二致，大小殊觀，非所謂一以貫之者，愚恐小差積而大繆生，所謂鈞石丈引者，亦不得其真矣。此躐等妄意之蔽，世之有志於爲己之學而未知其方者，其病每如此也。明道先生行狀云：「先生教人，自致知至於知止，誠意至於平天下〔一二〕，灑掃應對至於窮理盡性，循循有序。病世之學者舍近而趨遠，處下而窺高，所以輕自大而卒無得也。」此言至矣，彦謀以爲如何？

答趙宰〔一三〕

伏承誨諭，良荷不鄙，但屏居杜門，不敢干與外事。向來雖聞貴縣令保正副出錢雇募耆長，人甚苦之，亦不敢遽有禀白，但嘗因下問之辱，欲乞博詢民情之所利病而罷行之，正爲此耳。初不知其爲倉司指揮，亦不聞他縣之有此也。今聞已行罷去，自此境内應役之家得保生業，則其受賜已厚，而上司當亦能察其無他矣，恐不必更假拙者之言以爲輕重也。自餘曲折，更託劉監廟禀知，并幾情照。

答吳尉

聞以職事見知憲臺，甚慰。然聲聞過情，君子耻之。初官僻縣，遽爲上官奬拔如此，可以爲懼，而未可遽以爲喜。且當痛自檢飭，黽勉王事，謹終如始，不可便爲恣肆及萌躁進之心也〔一四〕。

答吳尉

岳倉書曲折，前書已報矣。只此便是學問底道理，平日所與講論者，不過此耳，幸思之。仕宦只是廉勤自守，進退遲速自有時節，切不可起妄念也。官期不遠，不審何日定行到官？凡百以廉勤愛民爲心乃佳。

答吴尉

大抵守官，只要律己公廉，執事勤謹，晝夜孜孜，如臨淵谷，便自無他患害。纔是有所依倚，便使人怠惰放縱，不知不覺錯做了事也。官所不比鄉居，凡百動有利害，諸事切宜畏謹也。

答趙郎中

熹伏蒙垂喻先正忠簡公行狀，不勝恐悚。此事初以令兄提舉郎中見屬之勤，不合容易承當。既而精力日衰，失前忘後，記事作文，比之昔日倍覺費力。況此事體之大，不唯先丞相一身之德業難遽形容，而事關國論，將來史官所據以垂萬世者將在於此，自度恐終不足以辦此。今陳丈君舉郎中精敏該洽，詞筆高妙，皆熹所不能望其萬一者，若舉而屬之，公論無不以爲宜者，而熹託契門下既久且厚，固無形迹之嫌也。專此布懇，伏幸深察。

答趙尉堡

九月八日熹叩首復書尉趙君奉議：熹未得識面，而遠辱貽書，副以手劄，已荷厚意；而示以先正中丞行實，使之論述以附其後，則意又甚厚，而非熹區區所得當也。顧於先德慕用之深，又不敢辭，輒具數語如別紙。若當代諸賢已有跋語，幸以附其後。而奏議之書，尚欲寅緣請得一觀，儻辱開許，只託石滁州附上虞潘幹處，或寄臨安趙節推，彼應時有便來也。適此俗冗，留來使數日乃得布此，病倦草草，仍不復作劄，併幾情亮。向寒，千萬以時爲門户自愛。講學之意，尚俟他日得以面論。不宣，熹再拜。

答卓周佐

示喻已悉。鄙意嘗謂：朝廷設官求賢，故在上者不當以請託而薦人；士人當有禮義廉耻，故在下者不當自衒鬻而求薦。平生守此愚見，故爲小官時不敢求薦，後來叨冒刺舉，亦不敢以舉削應副人情，官吏亦不敢挾書求薦。其在閑居，非無親舊，在官亦未嘗敢爲人作書求薦。唯老成淹滯、實有才德之人，衆謂當與致力者，乃以公論告之。此事首末，衆所共知，向者亦屢嘗奉告矣。今乃復見喻如此，何貪躁不思之甚耶！前日已禀尊丈，教子如此，似非所謂義方。熹若在官，有人合薦者，見其如此，亦不復薦之矣，況使作書宛轉求薦耶！試思此言，反己爲學，異時才德有聞，自不患於不達。今不須如此汲汲，反取人鄙薄也。

答任行甫

治甲銷鈔，足見州郡相知之意。職事固不可不盡心，然凡百亦宜韜晦，勿太向前爲佳。

答任行甫

塵中汩没墜墮了人，須是忙裏早晚提撕，時以書册灌溉，勿令斷絶，爲庶幾爾。潘書亦非所急，不知林本竟如何？當時是韓、范二公所編，須稍詳備有條理。若有筆吏，抄取一本亦佳也〔一五〕。

答任行甫

前書所喻賣鹽事，既是州府相委，無如之何，只得竭力。但不可因此多有更張，以形跡前人，廣陳利害，以取衆怨，如私會之類。乃爲佳爾。況賣鹽一事，是州府財計本根，尋常是幕官職事，今以監當處之，已不穩當。萬一須犯此二戒，尤爲不便。即不若託以病，或別作緣故，以力辭之之爲愈也。況今已書一考，在任之日不多，自可漸爲去計，豈可更當此委任，取人忌嫉。正使無前所説二事，衆人亦必側目，若不早自引退，必有後悔無疑，更審思之。久欲奉報此事，因循至今，深以爲慮。偶有此便，謾附此紙，不暇他及也。

答任行甫

承有來期，尤以爲喜。但不知新官到後，便得脱否？所謂不敢不自警者，更宜深念。居今之世，惟有一味退後，勿求人知，爲上策耳。官卑禄薄，雖不快意，然比之一介寒士，區區教學，仰食於人者，則已爲泰矣。若以爲不足，妄有覬覦，恐所得無幾，而後日之悔，將有不可追者，千萬深思。餘俟面見，乃可決爾。

答許進之

人生諸事，大抵且得隨緣順處，勉力讀書，省節浮費，令稍有贏餘，以俟不時之須，乃佳耳。前書所論孟子，偶以病中，不暇細看，今尋不見。讀書且熟讀細看，自當漸見意味，不可支離穿鑿，以求見解也。

答程傳之

熹與足下爲同郡人，然彼此未相識面，而足下以書先之，此意厚矣。夫佛老之言，不得以道名，足下之説是也。至於吾之所謂道，與其所以求之之方，則足下之言有略而未究其藴者，無從面講，臨風悵然。異時因來，有以見語，千萬甚望。過此則有非衰拙之所敢知者，不知所以報也。

答吕紹先

示喻所以持守門户，不妄取予之意，甚慰所望。更冀勉旃，以承先訓。地遠無以致區區，此意不敢不盡也。

答吕紹先

承喻亦苦食貧，此吾輩之常。唯當益堅所守，庶不墜先訓爲佳耳。

答江端伯

示喻爲學之方，足見留意。事物未見，不可逆料，誠如所論，唯有因聖賢之所已言者而求之，爲庶幾耳。故爲學不可以不讀書，而讀書之法，又當熟讀沈思，反覆涵泳，銖積寸累，久自見功。不惟理明，心亦自定。若欲徒爲涉獵，而求此理之明，又欲別求方便，以望此心之定，其亦難矣。

答潘立之

所論西銘，大概亦只是如此看。不知近日更讀何書？有商量處，便中可示及也。所問祭禮，古人雖有始祖，亦只是祭於大宗之家。若小宗，則祭止高祖而下〔一六〕。然又有三廟、二廟、一廟、祭寢之差。其尊卑之殺極爲詳悉，非謂家家皆可祭始祖也。今法制不立，家自爲俗，此等事若未能遽變，則且從俗可也。支子之祭，亦是如此。竊謂只於宗子之家立主而祭，其支子則只用牌子，其形如木主，而不判前後，不爲陷中及兩竅，不爲櫝，以從降殺之義。不知如何？可更商量也。

答趙民表

古人之學，以致知爲先，而致知之方，在乎格物。所謂格物云者，河南夫子所謂「或讀書講明義理，或尚論古人別其是非，或應接事物而處其當否，皆格物之事也」。格物知至，則行無不力，而遇事不患其無立矣。然欲從事於此，要須屏遠外好，使力專而不分，則庶乎其進之易耳。

答謝與權

伏蒙致政知縣學士寵賜手書，喻以先契，伏讀悲感，不可具言。且審即日春和，燕居清暇，壽體康寧，又竊欣慰。熹學晚無似〔一七〕，徒以少日習聞父兄師友之訓，稍知用力於句讀文義之間，區區自守，欲寡其過而未能，固不敢坐談玄奧，驚世駭俗，以負所聞也。老丈過聽，以爲可教，辱先以書，語以淵源所自來者。顧熹何人，可以與此？屬此跧伏，未有趨侍之期，引領向風，但切傾仰。程書固不能無誤，亦恨未得面承，質其是非，姑因便風，寓此致謝。伏惟以時節宣，益綏壽祉，是所深望。

答陳謩

辱書甚厚。但所謂先知先覺，則今世自有慨然任其責者，而熹非其人也。所論爲學之意亦甚善。顧此乃終身事業，非可索於咄嗟指顧之間者，但當循序講明，著實持守，不令日用之間少有間斷，如是久久，當自得之。不當較計功程，如世之出舉錢商子本者之營營也。

答劉朝弼

承示以文編，感相與之意甚厚。讀之三日，未得其所以然，故敢布之左右。熹聞之，君子之於學，非特與今之學者並而爭一旦之功也，固將求至乎古人之所至者而後已，然後可與語學矣。夫將求至乎古人之所至者而後已，則非規橅綴緝之所能就，其必有以度越世俗庸常之見，而直以古人之事自期，然後可得而至也。夫古人之學何爲哉？致知以明之，立志以守之，造之以精深，充之以光大，雖至乎聖人可也。不出乎此，而營營馳騁於末流，竭精憊思，惟懼夫蓄藏之不富，誦説之不工，雖曰能之，非吾之所謂學也。蓋循乎古人之事，上之可以至聖賢之域，下之可以安性命而固貧窮，得時而行，亦何所不利哉！由今之所爲，極其效，足以與今之爲士者並而爭一旦之功，其得與失，又未可知也。心存得失，非棄學與? 故足下之患,患知之不明、志之不果,造之未至乎剛大而已。蓄藏之不富、誦説之不工,則君子不患矣。僕之所聞如此,故於足下之文,詞義之間,不知所以裁,惟足下有以亮之。

答陳頤剛

衰懶杜門,罕接人事,未嘗得見顔色,而足下不鄙,以書先之。長牋短幅,爲禮以厚,而先集、高文,并以見貺,則此意又益勤矣。然區區頑鈍,自少爲學,知守章句、謹行止,冀以獨善其身,無爲先人羞辱而已。有如足下志尚之高,規模之廣,則非平生萝寐之所敢及也。無以爲報,愧恨亡已。先公胸中之奇,凛有生氣,適有遠役,未及細觀,然竊窺一二,亦足以見藴蓄之不凡矣。序引見屬,豈所敢當,況又不暇,固當蒙見察也。盛製兩編,言多適用,不爲苟作,三復歎仰。所論治郡條目,尤切事情。宦學得此,不必以吏爲師矣。

答姚棅 一云答盧粹中。

承問及爲學之意,足見志尚之遠,甚慰甚慰。蓋嘗聞之,人之一身,應事接物,無非義理之所在。人雖不能盡知,然其大端,宜亦無不聞者,要在力行其所已知,而勉求其所未至，則自近及遠，由粗至精，循循有序，而日有可見之功矣。幸試思而勉之，幸甚幸甚。

答林質

疑問兩條，「至誠」之說，固難躐等遽論，熹已於四子後序中已略言之矣。「不謂性命」，集注甚明，恐未詳考之過。宜且平心寬意，反復玩味，必當自見。或與朋友講之，亦必得其說也。

答李好古

向來見陸删定，所聞如何？若以爲然，當用其言，專心致志，庶幾可以有得，不當復引他說，以分其志。若有所疑，亦當且就此處商量，不當遽舍所受而遠求也。東問西聽，以致惶惑，徒資口耳，空長枝葉，而無益於學問之實，不願賢者爲之，是以有問而未敢對也。

答范叔應

「絜矩」章專言財用，繼言用人，蓋人主不能絜矩者，皆由利心之起，故徇己欲而不知有人，此所以專言財用也。人才用舍最係人心向背，若能以公滅私，好惡從衆，則用舍當於人心矣。此所以繼言用人也。

答徐景光

寵示復性一篇，伏讀再三，開警甚至。如所謂聖人不待覺而復，賢者能求復其性者，深合乎孟子「堯舜性之，湯武反之」之説。又所論顔子克己復禮一節，意亦甚正，歎服亡已。但所云聖人之性虚寂而静者，非所以語性。所云心齋、坐忘者，亦非所以論顔氏克己復禮之實也。至於卒章所論心、性之别，以爲心能惑性，則又可疑之大者。熹嘗謂有是形，則有是心；而心之所得乎天之理，則謂之性；仁、義、禮、智是也。性之所感於物而動，則謂之情。惻隱、羞惡、是非、辭遜是也。是三者，人皆有之，不以聖凡爲有無也。但聖人則氣清而心正，故性全而情不亂耳。學者則當存心以養性，而節其情也。今以聖人爲無心，而遂以爲心不可以須臾有事，然則天之所以與我者，何爲而獨有此贅物乎？

答吴深父

示喻日用之間，或有所疑，而未必不善者，此固見善不明之過，當汲汲於窮理，然所可懼者，則恐實有可疑而不知以爲疑耳。此則尤當講究體察也。

答朱岑

昨辱枉書，爲報不謹，方以自愧。兹被再告，良荷不忘之意。前書下問之目，皆所當疑，但當自其近者以次詢究，通其一而後及其二，則疑之釋也有漸矣。若衆難羣疑輻輳於胸中，僕懼其徒爲此擾擾，而卒無開悟之日也。不識足下以爲如何也？如有取焉，願舉其疑之近者一二條以告熹，請得以所聞爲足下言之，而明者擇焉。

答孫吉甫

德粹之來，遠辱惠書，雖未識面，然足以知賢者之志矣。所喻氣質過剛，未能自克，而欲求其所以轉移變化之道。夫知其所偏而欲勝之，在吾日用之間屢省而痛懲之耳，故周子有「自易其惡，自至其中」之説，是豈他人所得而與於其間哉！然此亦或有説焉，不明於理而徒欲救其偏，亦恐矯枉之過，而反失夫中也。故古人之學雖莫急於自脩，而讀書講學之功有所不廢，蓋不如是無以見夫道體之全，而審其是非邪正之端也。未由相見，幸且勉力。

答汪會之

所寄大學，愧煩刊刻，跋語尤見留意。千聖相傳，門户路徑不過如此。前世儒者未嘗熟讀而深求其意，故所以爲學者，不知出此，而墮於記誦文詞之末。其好高者，又轉而入於老子、釋氏之門，此道之所以不明不行，而人才少，風俗衰也。但今雖幸略窺大旨，然循其序而實用力焉，亦恨未能到得古人地位，所以每欲推之以語同志，而求其輔仁之助。於今乃得吾會之於中表間，豈不幸甚！更願益深考之而實從事焉，使其次第功程，日有可見之驗，則其進步自不能已矣。

與湖南諸公論中和第一書

中庸未發、已發之義，前此認得此心流行之體，又因「程子凡言心者，皆指已發而言」，遂目心爲已發，性爲未發。然觀程子之書，多所不合，因復思之，乃知前日之説，非惟心、性之名命之不當，而日用功夫全無本領，蓋所失者不但文義之間而已。按文集、遺書諸説，似皆以思慮未萌、事物未至之時，爲喜怒哀樂之未發。當此之時，即是此心寂然不動之體，而天命之性，當體具焉。以其無過不及，不偏不倚，故謂之中。及其感而遂通天下之故，則喜怒哀樂之性發焉，而心之用可見。以其無不中節，無所乖戾，故謂之和。此則人心之正，而情性之德然也。然未發之前不可尋覓，已覺之後不容安排，但平日莊敬涵養之功至，而無人欲之私以亂之，則其未發也，鏡明水止，而其發也，無不中節矣。此是日用本領工夫。至於隨事省察，即物推明，亦必以是爲本。而於已發之際觀之，則其具於未發之前者，固可默識。故程子之答蘇季明，反復論辨，極於詳密，而卒之不過以敬爲言。又曰：「敬而無失，即所以中。」又曰：「人道莫如敬，未有致知而不在敬者。」又曰：「涵養須是敬，進學則在致知。」蓋爲此也。向來講論思索，直以心爲已發，而日用工夫，亦止以察識端倪爲最初下手處，以故闕却平日涵養一段工夫，使人胸中擾擾，無深潛純一之味，而其發之言語事爲之間，亦常急迫浮露，無復雍容深厚之風。蓋所見一差，其害乃至於此，不可以不審也。程子所謂「凡言心者，皆指已發而言」，此乃指赤子之心而言，而謂「凡言心者」，則其爲說之誤，故又自以爲未當，而復正之。固不可以執其已改之言，而盡疑諸説之誤；又不可遂以爲未當，而不究其所指之殊也。不審諸君子以爲如何？

答或人

爲學兩途，誠如所喻，然循其序而進之，亦一而已矣。心有不存，物何可格？然所謂存心者，非拘執係縛而加桎梏焉也。蓋嘗於紛擾外馳之際，一念之間，一有覺焉，則即此而在矣。勿忘，勿助長，不加一毫智力於其間，則是心也，其庶幾乎！

答或人

「仁者，人也。合而言之，道也。」此章解釋「仁」字、「道」字之所以名。

「君子引而不發，躍如也。」引而不發，謂漸啓其端而不竟其說。「躍如」，謂義理昭著，如有物躍然於心目之間。

答或人一云與余正甫。

二先生所論「敬」字，須該貫動静看。方其無事而存主不懈者，固敬也，及其酬酢不亂者，亦敬也。故曰：「毋不敬，儼若思。」又曰：「事思敬。」「執事敬。」豈必以攝心坐禪而謂之敬哉？禮樂固必相須，然所謂樂者，亦不過謂胸中無事而自和樂耳，非是著意放開一路，而欲其和樂也。然欲胸中無事，非敬不能。故程子曰：「敬則自然和樂。」而周子亦以爲禮先而樂後。此可見也。則自得後須放開，不然却只是守此言。既自得之，則自然心與理會，不爲禮法所拘，而自中節。若未能如此，則是未有所得，纔方是守法之人爾。亦非謂既自得之，又却須放開也。克己復禮固非易事，然顔子用力，乃在於視、聽、言、動禮與非禮之間，未敢便道得其本心，而了無一事也。此其所以先難而後獲歟？今言之甚易，而苦其行之之難，亦不考諸此而已矣。

答或人自此已下共十書，元題「答或人」，一云其間是答劉公度。

昨來所示疑義，久無便可奉報，今并納還。鄙説或恐未安，不惜痛加辨析也。大學等書，近復刊訂，體制比舊亦已不同，恨未有人可録寄耳。尚書頃嘗讀之，苦其難而不能竟也。注疏程、張之外，蘇氏説亦有可觀，但終是不純粹。林少潁説召誥已前亦詳備。聞新安有吴材老裨傳〔一八〕，頗有發明，却未曾見，試并考之。諸家雖或淺近，要亦不無小補，但在詳擇之耳，不可以篇帙浩瀚而遽憚其煩也。大抵讀書先且虚心考其文詞指意所歸，然後可以要其義理之所在。近見學者多是先立己見，不問經文向背之勢，而横以義理加之。其説雖不悖理，然非經文本意也。如此則但據己見自爲一書亦可，何必讀古聖賢之書哉？所以讀書，政恐吾之所見未必是，而求正於彼耳。惟其闕文斷簡、名器物色有不可考者，則無可奈何，其他在義理中可推而得者〔一九〕，切須字字句句反復消詳，不可草草説過也。

答或人

前書妄論，想荷不鄙，然亦未知果中理否，但所聞於師友者如此，驗之聖賢之言又如此，竊獨安之，不敢自棄以徇流俗耳。執事議論文章多出於忠厚之意，反身自求，宜有以自樂者，乃獨以無名爲患，不得試爲憂，而欲思其次者，何耶？題跋用意尤懇惻〔二〇〕，推此足以善一世之俗矣，歎服之深，不容復措詞也。

答或人

大學、中庸無異道，而所自立者有淺深，但循序以進，其義自見，今未須懸料也。孟子「盡心」之説，熹於大學或問中嘗略言之，其序可見。大抵讀書且求句中大意，令逐處各自分明，即彼此深淺自然可見。今未及各求本處文義，便於彼此參考，所以費力多而未易合也。見得分明，反復涵泳，此是要切功夫。淺深之辨，本非學之急務也。

答或人

謝、游、楊、尹、侯、郭、張，皆門人也。

程門高第，不止此數人，如劉質夫、李端伯、吕與叔諸公所造尤深，所得尤粹。

四端、五典者，窮理之本。

恐當云：「明四端，察五典者，窮理之要。」大凡盡此而可以推及其餘者，本也，一事而有首尾之名也；了此而可以次及其餘者，要也，衆事而有緩急之名也。以此推之，則三十條者之得失，略可見矣。

或以「仁」訓「覺」、訓「公」者。

此二訓，程子已嘗明其不然，恐不必更著於此。

吕終於正字，未嘗作講官。

藍田吕侍講。

張無垢。

此書深闢釋氏〔二〕，而所引之言以此爲號，終不穩當，請更詳之。又諸公稱號，合立一條例差等，如泰山、海陵、徂徠、濂溪、明道、伊川、横渠、康節稱「先生」，如云泰山孫先生。公卿稱謚，如云王文正公。無謚稱爵，如云王荆公。無爵稱官。如云范太史。程、張門人及近世前輩亦如之。其無官者稱字，如云張思叔。或兼以號舉。如上蔡、龜山、衡麓、横浦之類。今人稱郡、姓名。如東萊吕某。凡姦邪則直書姓名。如云章惇。

當惻隱時體其仁。

孟子論四端只欲人擴而充之，則仁、義、禮、智不可勝用，不言當此之時别起一念，以體其爲何物也。無垢此言猶是禪學意思，只要想象認得此箇精靈，而不求之踐履之實。若曰一面充擴，一面體認，則是一心而兩用之，亦不勝其煩且擾矣。疑此不足引以爲證。又云「一處通透，四處廓然」，此亦禪學意思，正前章所譏初學躐等之病，尤不當引以爲證也。

復何言哉。

當云：然世本豈得而出哉！

格物以窮之，多識前言往行以擇之，就有道以正之，歸諸心以居之。

多識而擇之，乃所以格物，不當分格物、多識爲二事，而反以格物爲先，多識爲後也。格物、就正固皆心之所爲，不待更歸諸心而後可居也。且歸諸心者，亦想象之而已矣，未見其踐履之實，亦若之何而能居乎？竊恐此語不能無病。若論爲學之序，則中庸所謂博學、審問、謹思、明辨、篤行者盡之，故程子以爲五者廢其一則非學，而藍田呂氏解釋甚詳，其語皆慤實而有味也。

察於天行止樂循理也。

窮理者，欲知事物之所以然，與其所當然者而已。知其所以然，故志不惑；知其所當然，故行不謬。非謂取彼之理而歸諸此也。程子所謂「物我一理，纔明彼，即曉此，不必言觀物而反諸身」者，蓋已説破此病，況又加所謂宛轉者焉，則其支離間隔之病益已甚矣。

吕氏謂誠者理之實然。

誠之爲言實也，然經傳用之，各有所指，不可一概論也。如吕氏此説，即周子所謂「誠者，聖人之本」，蓋指實理而言之者也。如周子所謂「聖，誠而已矣」，即中庸所謂「天下至誠」者，指人之實有此理者而言也。温公所謂誠，即大學所謂「誠其意」者，指人之實其心而不自欺者言也。此條「誠」字援引不一，使學者不能曉，當稍分别之。

吕侍講論寡欲。

此乃吕原明侍講。

安人、安百姓，則又擴而大之也。

修己以安人，以安百姓，蓋其積愈盛而其效益廣爾，廣非有擴而大之之意也。

致用者，窮經之本。

程子曰：「窮經，將以致用也。」則其本末先後固有在矣。今以致用爲窮經之本，恐未安也。若曰「求實用者，窮經之本」，其庶幾乎。

推己及人者，治道之本；恕者，待人之本。

推己及人即所謂恕。此兩條不惟重復，而别出「恕」字，恐有流於姑息之病。

程明道立門庭以「慎獨」兩字。

前賢據實理以教人，初無立門庭之意。慎獨固操存之要，然明道教人，本末具備，亦非獨此二字而已。

審勢者，平天下之本。

此語未安，下文亦多此類。唯澄源、節用、立志、守正四語爲最穩耳。

順人情。

人情不能皆正，故古人治世，以大德不以小惠，然則固有不必皆順之人情者。若曰順人心，則氣象差正當耳。井田、肉刑二事儘有曲折，恐亦未可遽以爲非。

知良心者，去惡之本。

此段意思未安。封建之説，與井田、肉刑相類，皆未易輕論也。

賞罰者，行師之本。又曰：師之道，又貴乎以正耳。

此二語似倒置。

弘毅者，任重之本。

據曾子説，弘主任重，毅主致遠。

伊川論守令云云。康節論新法。

此二事恐不類上下文意。

原思爲宰。

衡麓之説，其文義恐未安。

知止。

詳下文所引云云至「物我俱敗矣」，是量力之事。伊川、元城及易三節，是防微慮遠之事，陳希夷以下，乃爲知止之事。今概以知止目之，恐未盡也。

和靖論語録云云。

此語恐非通論。孔門之教，未嘗專恃春秋而直廢論語也。

道之大本。

程子論未發之中，與無過不及之中不同，恐更當詳考。

吕氏、楊氏「中」字之説。

此二説恐有未安處。

東學温公語常不及變。

此語甚佳，然終恐難持，不若不論之爲愈。

學者於已發處用工，此却不枉費心力。程子言存養於未發之前則可，求中於未發之前則不可。然則未發之前，固有平日存養之功矣，不必須待已發然後用工也。

答或人

前賢之説，雖或煩冗，反晦經旨，然其源深流遠，氣象從容，實與聖賢微意泯然默契。今雖務爲簡潔，然細觀之，覺得却有淺迫氣象，而玩索未精，涵養不熟，言句之間，粗率而礙理處却多有之。尹和靖嘗言：「經雖以誦説而傳，亦以講解而陋。」此言深有味也，近方見此意思。若更得數年閑放未死，當更於閑静中淘汰之，庶幾内外俱進，不負平日師友之訓，但恐無復此日耳。龜山立言，却似有意於含蓄而不盡，遂多假借寄託之語，殊不快人意。聖賢之言，則本是欲人易曉，而其中自然有含蓄耳。

答或人

前書所論仁義禮智，不記别有何語，然其大概，今且是要識此四字之名件訓詁而已。如所示説，似太高遠，反不的當也。更檢遺書論「孝弟爲仁之本」，及「仁，性也；孝弟，用也」處，及「博愛之謂仁」，又答「心如穀種」之説，但看此三段，更以前聖賢之言參之，則自見無所疑。惻隱不能貫三者，向見何兄亦深以爲疑，竟不能決。此不難曉，更熟看孟子「不忍人之心」一章，及外書中明道説謝子玩物喪志之説，則亦自分明矣。「夜氣」一章，所示尤未安，去年曾答順之，此可就取看，有疑處却喻及。大抵所論多未著實，不周匝，又時爲險句奇語軒輊於其間，尤覺不穩當。似是看文字少，又忽略了平易處，而專揀艱難高遠底看，故其用力愈勞，而爲説愈雜。可試更思之，復以見示，幸幸。

所示多所未安〔二二〕，别紙具報。幸更平心詳緩紬繹，令意味浹洽，自然安頓穩帖，不如此踸踔奇險也。

答或人

知得如此是病，即便不如此是藥，若更問何由得如此，則是騎驢覓驢，只成一場閑説話矣。誠敬固非窮理不能，然一向如此牽連説過前頭，却恐蹉過脚下工夫也。

博文約禮，學者之初，須作兩般理會而各盡其力，則久之見得功效，却能交相爲助而打成一片。若合下便要兩相倚靠，互相推託，則彼此擔閣，都不成次第矣。然所謂博，非泛然廣覽雜記，掇拾異聞，以讀多取勝之謂，此又不可不知。

「惟后非賢不乂」，言人君必任賢而後可以致治也；「惟賢非后不食」，言人君當任養賢之責也。高宗本意如此。問者疑其成病，固察之不詳，而答者亦無一人説破此意，何耶？

近思録本爲學者不能徧觀諸先生之書，故掇其要切者，使有入道之漸。若已看得浹洽通曉，自當推類旁通，以致其博。若看得未熟，只此數卷之書尚不能曉會，何暇盡求頭邊所載之書而悉觀之乎？又云少輟功夫，取而詳味，不知是輟何功夫？此語尤不可曉。

義利之大分，武侯知之有非他人所及者，亦其天資有過人處。若其細微之間，則不能無未察處，豈其學有未足故耶？觀其讀書之時，他人務爲精熟，而已則獨觀大旨，此其大者固非人所及，而不務精熟，亦豈得無欠闕耶？若極言之，則以孟子、顔子亦未免有如此處，故横渠先生云：「孟子之於聖人，猶是粗者。」

以聖爲志而忌立標準者，「必有事焉而勿正」也。循循不已而自有所至者，「心勿忘，勿助長」也。「先難後獲」意亦類此。

學者講論思索，以求事物義理、聖賢指意，則當極其博。若論操存舍亡之間，則只此毫釐之間便是天理人欲、死生存亡之分，至簡至約，無許多比並較量、思前算後也。今問頭自有病痛，答者又不能一剪剪斷，直下剖判，言愈多而道愈遠矣。

問者所謂思慮邊、義理上者，亦曰思所以處事之宜耳。但其語不莊，故正叔疑其誤，而直卿亦似未得其語意也。

程子曰：「動靜者，陰陽之本。」況五氣交運，則益參差不齊矣。賦形之類，宜其雜糅者衆，而精一者間或值焉。以此觀之，則陽一陰二之云，恐亦未可以爲非也。蓋理則純粹至善，而氣則雜糅不齊。内君子，外小人，凡所以抑陰而扶陽者，乃順乎理以裁成輔相，而濟夫氣數之不及者也，又何病乎！

鄉原是一種小廉曲謹、阿世徇俗之人，今曰云云，非其義也。又云胸懷明爽，一日千里者，此爲實曾用力之人〔一三〕，與他説雖善而未必實有功夫者不同。然其迫切之病、驕吝之私，亦非他人所及也。又有謂墮於習俗之見、釋氏之善者，杜門獨善則可，此亦非是，更思之。

見善明是平日功夫，用心剛是臨事決斷，二者皆不可闕，而當以平日功夫爲先。不然，則其所謂剛者，未必不爲狂妄激發過中之行矣。

答劉公度

來書深以不得卒業於湖湘爲恨，此見志道之篤。然往者以衒鬻之嫌，而緩於請益，亦太不勇矣。彼自干名，我自講學，彼亦安能浼我耶？三千之徒，豈皆確然爲道而來？若以自附爲嫌，則顏曾之流亦且不屑於孔氏之門矣，豈不誤哉！所論主敬之説，固學者之切務，然此亦要得講學窮理之功，見得世間道理歷歷分明，方肯如此著力。若於聖賢之言有所忽略，不曾逐句逐字子細理會，見得道理都未分明，却如何捺生硬做得成？如所謂齊心致敬於平旦之頃，以求理之所在者，亦恐徒勞而無補也。古人之學，欲其造次顛沛之不離，今乃獨求之平旦之頃，則其他時節是勾當甚事耶？所論濂溪見處，亦恐未然。濂溪所見正爲與異端不同，故立言垂教，句句著實如此。若如所論〔二四〕，即是所見一般，但此公而彼私，此大而彼小耳。且既有公私、大小之不同，則其所同者又何事耶？凡此皆恐未易遽論。要當降心遜志，且就讀書講學上子細用功，久之自有見處也。義理細密，直是使粗心看不得，乍看極似繁碎，久之純熟貫通，則綱舉目張，有自然省力處。向見論事文字，綱領不甚分明，今乃知其病之在此也。僭易及之，千萬照亮。

胡文定春秋曾熟看否？未論義理，且看其文字，亦便見此老胸中間架規模不草草也。直卿志堅思苦，與之處甚有益。此道不是小事，須喫些辛苦，方可望也。

答或人

示喻爲學次第，甚慰所望。果能充此，聖賢門户真可策而進矣。近世學者多是向外走作，不知此心之妙是爲萬事根本，其知之者，又只是撑眉努眼，喝罵將去，便謂只此便是良心，本性無有不善，却不知道若不操存踐履、講究體驗，則只此撑眉努眼便是私意人欲，自信愈篤，則其狂妄愈甚。此不可不深察而遠避之也。

答或人

仁者與天爲一，智者聽天所命。與天爲一者，嘉人之善，矜人之惡，無所擇於利害，故能以大事小；聽天所命者，循理而行，順時而動，不敢用其私心，故能以小事大。然此亦各因一事而言，惟仁者能如此，智者能如此耳，非專以事大事小爲仁智之分，樂天畏天之别也。仁者固能事小，然豈不能事大？智者固能事大，然豈不能事小？但其事之情，則有樂天畏天之異耳。保天下、保一國，以其德之厚薄、量之大小而言，亦無一定之拘。「畏天之威，于時保之」，此智者畏天而保天下之事也。所云忘私克己，乃畏天之事，樂天則無私之可忘、無己之可克矣。度勢量力，乃計利害之私，智者知天理之當然，而敬以循之，所以爲畏天也。

校勘記

〔一〕蓋亦自悔其平時之作　「時」，浙本作「生」。

〔二〕周益公尚識其人　「識」，原作「議」，據浙本改。
〔三〕録得縣中所被倅廳公文來看　「來」字原缺，據浙本補。
〔四〕具審比日幕府優游　「具」，原作「且」，據浙本、天順本改。
〔五〕自云客石林家甚久　「久」，原作「又」，據浙本、天順本改。
〔六〕不能奉一字以爲新歲之慶　「不」，浙本作「未」。
〔七〕龜趺恐須作全者　「趺」，原作「趺」，據浙本改。
〔八〕即告專介爲送至縣中　「即」，原作「却」，據浙本改。
〔九〕乃使元方將車　「車」，原作「軍」，據浙本、天順本改。
〔一〇〕而不可以言語論也　「論」，原作「誨」，據淳熙本、浙本改。
〔一一〕分寸不辨而目計丈引　「目」，原作「自」，據浙本改。
〔一二〕誠意至於平天下　「誠意」二字原倒，據淳熙本、浙本、天順本乙正。
〔一三〕答趙宰　「趙宰」上，淳熙本有「崇安」二字。
〔一四〕及萌躁進之心也　此句下，淳熙本尚有「王宰書來，盛相稱道，同官相與如此，殊不易得。聞其留意，尤邑人之幸也」一節。
〔一五〕抄取一本亦佳也　「抄」，原作「妙」，據浙本、天順本改。
〔一六〕則祭止高祖而下　「止」，原作「上」，據浙本、天順本改。

〔一七〕熹學晚無似　「學晚」，浙本作「晚學」。

〔一八〕聞新安有吳材老裨傳　「材」，原作「林」，據浙本改。按吳棫字材老。

〔一九〕其他在義理中可推而得者　「義」，原作「藏」，據浙本、天順本改。

〔二〇〕題跋用意尤懇惻　「惻」，原作「側」，據浙本、天順本改。

〔二一〕此書深闢釋氏　「釋」，原作「佛」，據浙本改。

〔二二〕所示多所未安　浙本此條前有標題「答□□」，而下一條「知得如此是病」之前則無標題。疑下一條前之標題「答或人」當在此條前。

〔二三〕此爲實曾用力之人　「力」，原作「人」，據浙本、天順本改。

〔二四〕若如所論　「所」，原作「此」，據浙本、天順本改。

晦庵先生朱文公文集卷第六十五

雜著

尚書

漢孔安國曰：古者伏羲氏之王天下也，始畫八卦，造書契以代結繩之政，由是文籍生焉。陸德明曰：伏羲風姓，以木德王，即太皡也。書契，刻木而書其側，以約事也。易繫辭云：「上古結繩而治，後世聖人易之以書契。」文，文字。籍，書籍。伏羲、神農、黄帝之書，謂之三墳，言大道也。少昊、顓頊、高辛、唐、虞之書，謂之五典，言常道也。至於夏、商、周之書，雖設教不倫，雅誥奥義，其歸一揆，是故歷代寶之，以爲大訓。陸氏曰：神農，炎帝也，姜姓，以火德王。黄帝，軒轅也，姬姓，以土德王，一號有熊氏。墳，大也。少昊，金天氏，己姓，黄帝之子，以金德王。顓頊，高陽氏，姬姓，黄帝之孫，以水德王。高辛，帝嚳也，黄帝之曾孫，姬姓，以木德王。唐，帝堯也，姓伊耆氏，帝嚳之子，初爲唐侯，後爲天子，都陶，故號陶唐氏，以火德王。虞，帝舜也，姓姚氏，國號有虞，顓頊六世孫，以土德王。夏，禹有天下之號也，以金德王。商，湯有天下之號也，亦號殷，以水德王。周，文王、武王有天下之號也，以木德王。揆，度也。八卦之説，謂之八索，求其義也。九州之志，謂之九丘，丘，聚也，言九州所有、土地所生、風氣所宜，皆聚此書也。春秋左氏傳曰：楚左史倚相能讀三墳、五典、八索、九丘。即謂上世帝王遺書也。陸氏曰：索，求也。倚相，楚靈王時史官也。先君孔子生於周末，覩史籍之煩文，懼覽之者不一，遂乃定禮樂，明舊章，删詩爲三百篇，約史記而修春秋，讚易道以黜八索，述職方以除九丘。討論墳典，斷自唐虞以下，訖於周，芟夷煩亂，剪截浮辭，舉其宏綱，撮其機要，足以垂世立教，典、謨、訓、誥、誓、命之文凡百篇，所以恢弘至道，示人主以軌範也。帝王之制，坦然明白，可舉而行。三千之徒，並受其義。程氏曰：所謂大道，若性與天道之説，聖人豈得而去之哉，若言陰陽、四時、七政、五行之道，亦必至要之理，非如後世之繁衍末術也，固亦常道，聖人所以不去也。或者所謂羲農之書，乃後人稱述當時之事，失其義理，如許行爲神農之言，及陰陽、權變、醫方稱黄帝之説耳。此聖人所以去之也。五典既皆常道，又去其三，蓋上古雖已有文字，而制立法度，爲治有迹，得以紀載，有史官以識其事，自堯始耳。○今按：周禮外史掌三皇、五帝之書。周公所録，必非僞妄。知春秋時三墳、五典、八索、九丘之書猶有存者。若果全備，孔子亦不應悉刪去之。或其簡編脱落，不可通曉，或是孔子所見止自唐虞以下，不可知耳。今亦不必深究其説也。及秦始皇滅先代典籍，焚書坑儒，天下學士逃難解散。我先人用藏其家書于屋壁。秦，國名。始皇名政，併六國，爲天子，自號始皇帝。焚詩書在三十四年，坑儒在三十五年。顔師古曰：家語云孔騰字子襄，畏秦法峻急，藏尚書、孝經、論語於夫子舊堂壁中，而漢記尹敏傳云孔鮒所藏。二説不同，未知孰是。漢室龍興，開設學校，旁求儒雅，以闡大猷。濟南伏生年過九十，失其本經，口以傳授。裁二十餘篇，以其上古之書，謂之尚書。百篇之義，世莫得聞。漢藝文志云：「尚書經二十九篇。」注云：「伏生所授者。」儒林傳云：「伏生名勝，故爲秦博士，以秦時焚書，伏生壁藏之。其後大兵起，流亡。漢定，伏生求其書，亡數十篇，獨得二十九篇，即以教于齊魯之間。孝文時求能治尚書者，天下無有。聞伏生治之，欲召。時伏生年九十餘，老不能行，於是詔太常使掌故晁錯往受之。」顔師古曰：「衛宏定古文尚書，序云：『伏生老，不能正言，言不可曉，使其女傳言教錯。齊人語多與潁川異，錯所不知凡十二三，略以其意屬讀而已。』」陸氏曰：「二十餘篇，即馬鄭所注二十九篇是也〔一〕。」孔潁達曰：泰誓本非伏生所傳〔二〕，武帝之世始出而得行，史因以入於伏生所傳之内，故云二十九篇也。○今按：此序言「伏生失其本經，口以傳授」，漢書乃言初亦壁藏，而後亡數十篇，其説不同，蓋傳聞異辭爾。至於篇數亦復不同者，伏生本但有堯典、皋陶謨、禹貢、甘誓、湯誓、盤庚、高宗肜日、西伯戡黎、微子、牧誓、洪範、金縢、大誥、康誥、酒誥、梓材、召誥、洛誥、多方、多士、立政、無逸、君奭、顧命、呂刑、文侯之命、費誓凡二十八篇〔三〕，今加泰誓一篇，故爲二十九篇耳。其泰誓真僞之説，詳見本篇，此未暇論也。至魯共王好治宮室，壞孔子舊宅以廣其居，於壁中得先人所藏古文虞、夏、殷、周之書及傳、論語、孝經，皆科斗文字。王又升孔子堂，聞金石絲竹之音，乃不壞宅，悉以書還孔氏。科斗書廢已久，時人無能知者。以所聞伏生之書考論文義，定其可知者，爲隸古定，更以竹簡寫之，增多伏生二十五篇。伏生又以舜典合於堯典，益稷合於皋陶謨，盤庚三篇合爲一，康王之誥合於顧命。復出此篇并序，凡五十九篇，爲四十六卷。其餘錯亂磨滅，弗可復知。悉上送官，藏之書府，以待能者。陸氏曰：「共王，漢景帝之子，名餘。傳，謂春秋也，一云周易十翼。非經謂之傳。科斗，蟲名，蝦蟇子，書形似之。爲隸古定，謂用隸書以易古文。二十五篇者，謂大禹謨、五子之歌、胤征、仲虺之誥、湯誥、伊訓、太甲三篇、咸有一德、説命三篇、武成、旅獒、微子之命、蔡仲之命、周官、君陳、畢命、君牙、冏命也。」復出者，舜典、益稷、盤庚二篇、康王之誥，凡五篇。其百篇之序文合爲一篇，共爲五十九篇，即今所行五十八篇而以序冠篇首者也。爲四十六卷者，孔疏以爲同序者同卷，異序者異卷也。同序者，太甲、盤庚、説命、泰誓，皆三篇共序，減八卷，又大禹、皋陶謨、益稷，康誥、酒誥、梓材，亦各三篇共序，又減四卷，通前減十二卷。以五十八卷減十二卷，故但爲四十六卷也。其餘錯亂摩滅者，汩作、九共九篇、槀飫、帝告、釐沃、湯征、汝鳩、汝方、夏社〔四〕、疑至、臣扈、典寶、明居、肆命、徂后、沃丁、咸乂四篇、伊陟、原命、仲丁、河亶甲、祖乙、高宗之訓、分器、旅巢命、歸禾、嘉禾、成王政、將蒲姑、賄肅慎之命、亳姑，凡四十二篇也，今亡。承詔爲五十九篇作傳。於是遂研精覃思，博考經籍，採摭羣言，以立訓傳。約文申義，敷暢厥旨，庶幾有補於將來。書序序所以爲作者之意，昭然義見，宜相附近，故引之各冠其篇首，定五十八篇。今按：此百篇之序出孔氏壁中，漢書藝文志以爲孔子纂書而爲之序，言其作意。然以今考之，其於見存之篇雖頗依文立義，而亦無所發明。其間如康誥、酒誥、梓材之屬，則與經文又有自相戾者；其於已亡之篇，則伊阿簡略，尤無所補，其非孔子所作明甚。然相承已久，今亦未敢輕議，且據安國此序復合爲一，以附經後，而其相戾之説見本篇云。既畢，會國有巫蠱事，經籍道息，用不復以聞，傳之子孫，以貽後代。若好古博雅君子與我同志，亦所不隱也。陸氏曰：漢武帝末征和中，江充造蠱敗戾太子。○今按：此序不類西漢文字，疑或後人所託，然無所據，未敢必也。以其所序本末頗詳，故備載之，讀者宜細考焉。

漢書藝文志云：「書者，古之號令，號令於衆，其言不立具，則聽受施行者弗曉。古文讀應爾雅，故解古今語而可知也。」括蒼葉夢得曰：「尚書文皆奇澀，非作文者故欲如此，蓋當時語自爾也。」○今按：此説是也。大抵書之訓誥多奇澀〔五〕，而誓命多平易。蓋訓誥皆是記録當時號令於衆之本語，故其間多有方言及古語，在當時則人所共曉，而於今世反爲難知。誓命則是當時史官所撰，櫽括潤色，粗有體制，故在今日亦不難曉耳。孔穎達曰：孔君作傳，值巫蠱，不行以終。前漢諸儒知孔本五十八篇，不見孔傳，遂有張霸之徒，僞作舜典、汩作、九共九篇、大禹謨、益稷、五子之歌、胤征、湯誥、咸有一德、典寶、伊訓、肆命、原命、武成、旅獒、冏命二十四篇，除九共九篇，共爲十六卷，蓋亦略見百篇之序，故以伏生二十八篇者舜典、益稷、盤庚三篇、康王之誥及泰誓三篇共爲三十四篇，并僞作二十四篇十六卷附，以求合於孔氏之五十八篇四十六卷之數也。劉向、班固、劉歆、賈逵、馬融、鄭玄之徒皆不見真古文，而誤以此爲古文之書。服虔、杜預亦不之見。至晉王肅始似竊見，而晉書又云鄭冲以古文授蘇愉，愉授梁柳，柳之内兄皇甫謐又從柳得之，而柳又以授臧曹，曹始授梅賾，賾乃於前晉奏上其書而施行焉。今按：漢書所引泰誓云：「誣神者殃及三世。」又云：「立功立事，惟以永年。」疑即武帝之世所得者。律歷志所引伊訓、畢命、字畫有與古文略同者。疑即伏生口傳而晁錯所屬讀者。其引武成，則伏生無此篇，必是張霸所僞作者矣〔六〕。

今按：漢儒以伏生之書爲今文，而謂安國之書爲古文。以今考之，則今文多艱澀，而古文反平易。或者以爲今文自伏生女子口授晁錯時失之，則先秦古書所引之文皆已如此，恐其未必然也。或者以爲記録之實語難工，而潤色之雅詞易好，故訓誥、誓命有難易之不同，此爲近之。然伏生倍文暗誦，乃偏得其所難，而安國考定於科斗古書錯亂磨滅之餘，反專得其所易，則又有不可曉者。至於諸序之文，或頗與經不合，而安國之序又絶不類西京文字，亦皆可疑。獨諸序之本不先經，則賴安國之序而可見，故今别定此本，壹以諸篇本文爲經，而復合序篇於後，使覽者得見聖經之舊，而不亂乎諸儒之説。又論其所以不可知者如此，使學者姑務沈潛反復乎其所易，而不必穿鑿傅會於其難者云。

虞書虞，舜氏因以爲有天下之號也。書凡五篇。堯典雖紀唐堯之事，然本虞史所作，故曰虞書。其舜典以下夏史所作，當曰夏書，春秋傳亦多引爲夏書。此云虞書，或以爲孔子所定也。

堯典堯，唐帝名。説文曰：「典從册在几上，尊閣之也。」此篇以簡册載堯之事，故名曰堯典。後世以其所載之事可爲常法，故又訓爲常也。此篇古文、今文皆有。

曰若稽古帝堯，曰放勳，欽明文思安安，允恭克讓，光被四表，格于上下。曰、粤、越通。曰若者，發語辭，古人文字中多用之，周書所謂「越若來三月」，亦此例也。稽，考也，史臣將叙堯事，故先言考古之帝堯者，其德如下文所云。曰者，猶言其説如此也。放，至也。孟子言「放乎四海」是也。勳，功也。言堯之功大而無所不至也。欽，恭敬也；明，聰明也；敬爲體而明爲用也。文，文章也；思，意思也；文著見而思深遠也。安安，無所勉强之貌，言其德性之美皆出於自然，而非强勉，所謂性之者也。

允，信；克，能也。常人德非性有，物欲害之，故有强爲恭而不實，欲爲讓而不能者。惟堯性之，是以信恭而能讓也。光，顯；被，及；表，外，格，至；上，天；下，地也。言其德之盛如此，故其所及之遠如此也。蓋放動者，總言堯之德業也。欽明文思安安，本其德性而言也。允恭克讓，以其行實而言也。至於被四表，格上下，則放其勳之所極也。孔子曰：「惟天爲大，惟堯則之。」故書帝王之德，莫盛於堯，而其贊堯之德，莫備於此。且又首以「欽」之一字爲言，此書中開卷第一義也，讀者深味而有得焉，則一經之全體不外是矣，其可忽哉！克明俊德，以親九族。九族既睦，平章百姓。百姓昭明，協和萬邦，黎民於變時雍。明，明之也；俊，大也。堯之大德，上文所稱是也。九族，高祖至玄孫之親。舉近以該遠，五服之外、異姓之親，亦在其中也。睦，親而和也。平，均；章，明。百姓，畿内庶民也。昭明，皆能自明其德也。萬邦，天下諸侯之國也。黎，黑也。民首皆黑，故曰黎民。於，歎美辭。變，變惡爲善也。時，是；雍，和也。於是無不和也。此言堯推其德，自身及物，由近及遠，所謂放動者也。乃命羲、和，欽若昊天，曆象日月星辰，敬授人時。此兼命二氏四子作爲曆象以授民，欲其及時以趨事也。若，順也。昊，廣大之意也。曆，所以紀數之書也。象，所以觀天之器，如後篇璣衡之屬是也。日，陽精，一日而繞地一周。月，陰精，一月而與日一會。星，二十八宿衆星爲經，金木水火土五星爲緯，皆是也。辰，以日月所會分周天之度爲十二次也。人時，謂耕穫蠶績之候，凡民事早晚之所關也。其説詳見下文。分命羲仲，宅嵎夷，曰暘谷，寅賓出日，平秩東作。日中星鳥，以殷仲春。厥民析，鳥獸孳尾。此以下四節，言曆既成，而分職以頒布且考驗之，恐其推步之或差也。或曰，上文所命蓋羲伯、和伯，此乃分命其仲叔，未詳是否。宅，居也。嵎夷〔七〕，東表之地，蓋官在國都，而統治之方其極至此，非往居於彼也。曰暘谷者，以日之所出而名之也。寅，敬也。賓，禮接之如賓客也。出日，方出之日。蓋以春分之旦，朝方出之日，而識其初出之景也〔八〕。平，均；秩，序；作，起也。東作，春月歲功方興，所當作起之事也。蓋以曆之節氣早晚，均次其先後之宜，以授有司也。日中者，晝得其中也。蓋晝夜皆五十刻，春主陽，故以晝言也。星鳥，南方朱鳥七宿。殷，中也。仲春者，春分之氣，蓋以日晷、中星驗春之中也。析，分散也。先時冬寒，民聚於隩，至是則以民之散處而驗其氣之温也。乳化曰孳，交接曰尾。以物之生育而驗其氣之和也。申命羲叔，宅南交，平秩南訛，敬致。日永星火，以正仲夏。厥民因，鳥獸希革。申，重也。南交，南方交趾之地。劉氏曰：「當云『宅南，曰交趾。』」陳氏曰：「『交』下當有『曰明都』三字。」訛，化也。謂夏月時物長盛，所當變化之事也。史記索隱作「南爲」，謂所當爲之事也。敬致，周禮所謂春夏致日，蓋以夏至之日中祠日而識其景，如周禮所謂「日至之景，尺有五寸，謂之地中」者也。永，長也。日永，晝六十刻也。星火，東方蒼龍七宿。火謂大火，夏至之中星也。因，析而又析也，以氣愈熱而民愈散也。希革，毛希而革見也。分命和仲，宅西，曰昧谷，寅餞納日，平秩西成。宵中星虚，以殷仲秋。厥民夷，鳥獸毛毨。西謂西極之地。曰昧谷，以日所入而名之也。餞，禮送行者之名。納日，方納之日也。蓋以秋分之暮夕方納之日而識其景也。西成，秋月物成之時，所當成就之事也。宵，夜也。此時亦晝夜各五十刻〔九〕。秋至陰，且避春之日中，故舉宵以見日也。星虚，北方玄武七宿。虚星，秋分之中星也。夷，平也，暑退而人氣平也。毛毨，毛落更生，潤澤鮮好也。

申命和叔，宅朔方，曰幽都，平在朔易。日短星昴，以正仲冬。厥民隩，鳥獸氄毛。朔方，北荒之地。謂之朔者，朔之爲言蘇也，萬物至此死而復蘇，猶月之晦而有朔也。日行至是，則淪於地中，萬象幽暗，故曰幽都。在，察也。朔易，冬月歲事已畢，除舊更新，所當改易之事也。日短，晝四十刻也。冬亦主陰，然無所避，故直言日也。星昴，西方白虎七宿。昴星，冬至之中星也。隩，室之內也。氣寒而民聚於內也。氄毛，亦以寒而生細毛以自溫也。蓋既命羲和造曆制器，而又分方與時，使各驗其實，以審夫推步之差。聖人之敬天勤民，其謹如是，是以術不違天而政不失時也。今按：中星或以象言，或以次言，或以星言者，蓋星適當昏中，則以星言，如星虛、星昴是也；星不當中而適當其次者，則以次言，如星火是也；次不當中而適界於兩次之間者，則以象言，如星鳥是也。聖人作曆，推考參驗，以識四時中星，其立言之法詳密如此。又按堯冬至日在虛，昏中昴，今日在斗，昏中壁，而中星古今不同者，蓋天有三百六十五度四分度之一，歲有三百六十五日四分日之一，天度四分之一而有餘，歲日四分之一而不足，故天度常平運而舒，日運常內轉而縮，天漸差而西，歲漸差而東，此即歲差之由。唐一行所謂「歲差者，日與黄道俱差」者是也。古曆簡易，未立差法，但隨時占候修改，以與天合。至東晉虞喜，始以天爲天，以歲爲歲，乃立差法，以追其變，約以五十年而退一度。何承天以爲太過，乃倍其年，而又反不及。至隋劉焯，取二家中數爲七十五年，蓋爲近之，而亦未爲精密也。帝曰：「咨，汝羲暨和，期三百有六旬有六日，以閏月定四時成歲，允釐百工，庶績咸熙。」咨，嗟也。嗟歎而告之也〔一〇〕。暨，及也。期，猶周也。歲周三百六十五日四分日之一，而曰三百六旬有六日者，舉成數也。釐，治；工，官；

庶，衆；績，功；熙，廣也。按天體至圓，周圍三百六十五度四分度之一，繞地左旋，常一日一周而過一度。日麗天而少遲，一日繞地一周無餘，而常不及天一度。積三百六十五日九百四十分日之二百三十五而與初躔會，是一歲日行之數也。月麗天而尤遲，一日常不及天十三度十九分度之七，積二十九日九百四十分日之四百九十九而與日會。十二會得全日三百四十八，餘分之積五千九百八十八，如日法九百四十而一，得六不盡三百四十八，通計得日三百五十四、九百四十分日之三百四十八，是一歲月行之數也。歲有十二月，月有三十日，三百六十者，歲之常數也。故日行而多五日九百四十分日之二百三十五者爲氣盈，月行而少五日九百四十分日之五百九十二者爲朔虚。合氣盈、朔虚而閏生焉。故一歲閏率則十日九百四十分日之八百二十七，三歲一閏，則三十二日九百四十分日之六百單一。五歲再閏，則五十四日九百四十分日之三百七十五。十有九歲七閏，則氣朔分齊，是爲一章也。故積之三年而不置閏，則春之一月入于夏而時漸不定矣，子之一月入于丑而歲漸不成矣。積之之久，至於三失閏，則春皆入夏而時全不定矣。十二失閏則子皆入丑而歲全不成矣。蓋其名實乖戾，寒暑反易，既爲可笑，而農桑庶務皆失其時，爲害尤甚。故必以餘置閏，而後四時不差而歲功得成。以此信治百官而衆功皆廣也。

帝曰：「疇咨若時登庸？」放齊曰：「胤子朱啓明。」帝曰：「吁，嚚訟，可乎？」此以下至鯀績弗成，皆爲禪舜張本也。疇，誰；咨，嗟；若，順；時，是；庸，用也。言堯誰何咨嗟，而問有能順此理者，將登而用之也。放齊，臣名。胤，嗣也。胤子朱，堯之嗣子丹朱。啓，開也。言其性開明，可登用也。吁者，歎其不然之辭。嚚謂不道忠信之言。訟，争辨也。朱蓋以其開明之才用之於不善，故爲嚚訟，禹所謂傲虐是也。此見堯之至公至明，深知其子之惡而不以一人病天下也。或曰：胤，國；子，爵。堯時諸侯也。蓋書有胤侯，周書有「胤之舞衣」，今亦未見其必不然，姑存於此云。帝曰：「疇咨若予采？」驩兜曰：「都，共工方鳩僝功。」帝曰：「吁，靜言庸違，象恭滔天。」采，事也。驩兜，臣名。共工，官名，蓋古之世官族也。方，且。鳩，聚。僝，見也。言方且鳩聚而見其功也。靜言庸違，靜則能言，而用之則違背其言也。象恭，貌恭而心不然也。滔天二字未詳〔一一〕，不可曉，與下文不相似，疑有舛誤。帝曰：「咨，四岳，湯湯洪水方割，蕩蕩懷山襄陵，浩浩滔天，下民其咨。有能俾乂？」僉曰：「於，鯀哉！」帝曰：「吁，咈哉！方命圮族。」岳曰：「异哉，試可乃已。」帝曰：「往，欽哉！」九載績用厥弗成。四岳，官名，一人而總四岳諸侯之事也。湯湯，水盛貌。洪，大也。孟子曰：「水逆行謂之洚水。洚水者，洪水也」。蓋水涌出而未洩，故泛濫而逆流也。割，害也。蕩蕩，廣貌。懷，包其四面也。襄，駕出其上也。大阜曰陵。浩浩，大貌。滔，漫也。極言下民其咨，其大勢若漫天也。俾，使。乂，治也。僉，衆共之辭。鯀，崇伯名。歎其美而薦之也。咈者，甚不然之之辭。方，逆也。命，上之令也。言專任己意，不從上令也。圮，敗；族，類也。言與衆不和，傷人害物。鯀之不可用者，以此也。楚辭言「鯀悻直〔一二〕」，是其方命敗類之證也。岳曰，則四岳之獨言也。异義未詳，疑是已廢而復强舉之意。「試可乃已」者，蓋廷臣未有賢於鯀者，不若姑試用之，取其可以治水而已矣。言無預他事，不必求其備也。堯於是遣之往治水，而戒以「欽哉」，蓋任大事不可以不敬。聖人之戒，辭約而意盡也。帝曰：「咨，四岳，朕在位七十載，汝能庸命，巽朕位？」岳曰：「否德忝帝位。」

曰：「明明揚側陋。」師錫帝曰：「有鰥在下，曰虞舜。」帝曰：「俞，予聞。如何？」岳曰：「瞽子，父頑，母嚚，象傲，克諧以孝，烝烝乂，不格姦。」帝曰：「我其試哉！女于時，觀厥刑于二女。」釐降二女于嬀汭，嬪于虞。帝曰：「欽哉！」朕，古人自稱之通號。巽，順而入之也。言汝四岳，能用我之命，而入居我之位乎？蓋丹朱既不肖，羣臣又多不稱，故欲舉以授人，而先之四岳也。否，不通；忝，辱也。明明，上明謂明顯之，下明謂已在顯位者。揚，舉也。側陋，微賤之人也。言惟德是舉，不拘貴賤也。師，衆。錫，與也。蓋四岳與羣臣諸侯同辭以對也。鰥，無妻之名。虞，氏；舜，名也。俞，應許之辭。予聞者，我嘗亦聞是人也。如何者，復問其德之詳也。岳曰，又四岳獨對也。瞽，無目之名，言舜乃瞽者之子也。舜父號瞽叟。心不則德義之經爲頑。母，舜後母也。象，舜異母弟名。傲，驕慢也。諧，和也。烝，進也。言舜不幸遭此，而能和以孝，使之進進以善自治，而不至於大爲姦惡也。女，以女與人也。時，是。刑，法也。此堯言其將試舜之意也。莊子所謂「二女事之以觀其内」是也。蓋夫婦之間、隱微之際，正始之道，所繫尤重，故觀人者於此爲尤切也。釐，理。降，下。二女，堯二女娥皇、女英也。嬀，水名，在今河中府河東縣，出歷山入河。汭，水北。一説亦水名。一説小水入大水也。蓋山水皆自北來，人可居處多在所交之北，故舜所居在嬀之汭也。嬪，婦也。虞，舜氏也。謂其家也。言治裝而下嫁二女于嬀水之北，使爲舜婦于虞氏之家也。帝曰「欽哉」，戒二女之辭，即禮所謂「往之女家，必敬必戒」者。況以天子之女嫁於匹夫，尤不可以不深戒也。

舜典古文有，今文合於堯典。

曰若稽古帝舜，曰重華，協于帝，濬哲文明，温恭允塞，玄德升聞，乃命以位。華，光華也。協，合也。帝，謂堯也。濬，深也。哲，智也。温，和粹也。塞，實也。玄，幽潛也。升，上也。言堯既有光華，而舜又有光華，可合於堯。因言其目則深沉而有智，文理而光明，和粹而恭敬，信實而充塞，有此四者，幽潛之德上聞于堯，堯乃命之以官職之位也。○今按：孔疏，梅賾奏上古文尚書孔傳之時，已失舜典一篇，又自此以上二十八字世所不傳，故多用王、范之注補之，而以下文「慎徽五典」以下爲舜典之初。至齊蕭鸞建武四年，姚方興於大航頭而獻之，議者以爲孔安國之所注也。直方興有罪，事亦隨寢。至隋開皇二年，購募遺典，乃得其篇焉。蓋伏生以舜典合於堯典，故其所傳無此二十八字。梅賾既失孔傳，故亦不知有此二十八字。而「慎徽五典」以下則固具於伏生之書，故傳者用王、范之注以補之。至姚方興乃得古文本經，而并及孔傳，於是始知有此二十八字，但未知其餘文字同異又如何耳。或者由此乃謂古文舜典一篇皆盡亡失，至是方全得之，遂疑其僞，蓋過論也。慎徽五典，五典克從。納于百揆，百揆時叙。賓于四門，四門穆穆。納于大麓，烈風雷雨弗迷。徽，美也。五典，五常也。父子有親、君臣有義、夫婦有别、長幼有序、朋友有信是也。從，順也。左氏所謂「無違教」也。此蓋使爲司徒之官也。揆，度也。百揆者，揆度庶政之官，唯唐虞有之，猶周之冢宰也。時叙，以時而叙。左氏所謂「無廢事」也。四門，四方之門。古者以賓禮親邦國，諸侯各以方至，而使主焉，故曰賓。穆穆，和之至也。左氏所謂「無凶人」也。此蓋又兼四岳之官也。麓，山足也。烈，迅。迷，錯也。史記曰：「堯使舜入山林川澤，暴風雷雨，舜行不迷。」蘇氏曰：「洪水爲患，堯使舜入山林，相視原隰，雷雨大至，衆懼失常，而舜不迷，其度量有絶人者，而天地鬼神亦或有以相之歟？」帝曰：「格汝舜，詢事考言，乃言厎可績，三載，汝陟帝位。」舜讓于德，弗嗣。格，來；詢，謀；乃，汝；厎，致；陟，升也。堯言詢舜所行之事而考其言，則見汝之言致可有功，於今三年矣，汝宜升帝位也。讓于德，讓於有德之人也。或曰：謙遜，自以其德不足爲嗣也。正月上日，受終于文祖。上日，朔日也。葉氏曰上旬之日，曾氏曰如上戊上丁之類，未詳孰是。受終者，堯於是終帝位之事，而舜受之也。文祖者，堯始祖之廟，未詳所指爲何人也〔一三〕。在璿璣玉衡，以齊七政。在，察也。美珠謂之璿。璣，機也。以璿飾璣，所以象天體之運轉也。衡，横也，謂衡簫也。以玉爲管，横而設之，所以窺璣而察七政之運行，猶今之渾天儀也。齊，猶審也。七政，日、月、五星也。七者運行於天，有遲有速，有順有逆，猶人君之有政事也。言舜初攝位，乃察璣衡，以審七政之所在，以起渾天儀。晉天文志云：言天體者有三家，一曰周髀，二曰宣夜，三曰渾天。宣夜絶無師説，不知其狀如何。周髀之術，以爲天似覆盆，蓋以斗極爲中，中高而四邊下，日月旁行遶之。日近而見之爲晝，日遠而不見爲夜。蔡邕以爲考驗天象，多所違失。渾天説曰，天之形狀似鳥卵，地居其中，天包地外，猶卵之裹黄，圓如彈丸，故曰渾天，言其形體渾渾然也。其術以爲天半覆地上，半在地下，其天居地上，見有一百八十二度半强，地下亦然。北極去地上三十六度，南極入地亦三十六度，而嵩高正當天之中，極南五十五度當嵩高之上。又其南十二度爲夏至之日道，又其南二十四度爲春秋分之日道，又其南二十四度爲冬至之日道。南下去地三十一度而已。是夏至日北去極六十七度，春秋分去極九十一度，冬至去極一百一十五度，此其大率也。其南北極持其兩端，其天與日月星宿斜而迴轉〔一四〕。此必有其法，遭秦而滅。至漢武帝時，落下閎始經營之，鮮于妄人又量度之〔一五〕。至宣帝時，耿壽昌始鑄銅而爲之象，衡長八尺，孔徑一寸，璣徑八尺，圓周二丈五尺强，轉而望之，以知日月星辰之所在，即此璿璣玉衡之遺法。蔡邕以爲近得天體之實者也。○沈括曰〔一六〕：舊法，規環一面刻周天度，一面加銀丁，蓋以夜候之，天晦，不可目察，則以手切之也。古人以璿飾璣，疑亦爲此。○今按：此以漢法逆推古制。然歷代以來，其法漸密。本朝因之，爲儀三重。其在外者曰六合儀，平置單環，上刻十二辰、八十四隅在地之位以準地而面定四方〔一七〕。側立黑雙環，具刻去極度數，以中分天脊，直跨地平，使其半出地上，半入地下，而結於其子午，以爲天經。斜倚赤單環，具刻赤道度數，以平分天腹，横繞天經〔一八〕，亦使半出地上，半入地下，而結於其卯酉，以爲天緯。二環表裏相結不動，其天經之環則南北二極皆爲圓軸，虚中而内向以挈三辰、四遊之環。以其上下四方於是可考，故曰六合。次其内曰三辰儀，側立黑雙環，亦刻去極度數，外貫天經之軸，内挈黄、赤二道。其赤道則爲赤單環，外依天緯，亦刻宿度，而結於黑雙環之卯酉。其黄道則爲黄雙環，亦刻宿度，而又斜倚於赤道之腹，以交結於卯酉。而半入其内，以爲春分後之日軌；半出其外，以爲秋分後之日軌。又爲白單環以承其交，使不傾。墊下設機輪，以水激之，使其日夜隨天東西運轉，以爲象天行。以其日月星辰於是可考，故曰三辰。其最在内者曰四遊儀，亦爲黑雙環如三辰儀之制，以貫天經之軸。其環之内則兩面當中各施直距，外趾指兩軸〔一九〕。而當其要中之内又爲小竅，以受玉衡要中之小軸，使衡既得隨環東而運轉，又可隨處南北低昂，以待占候者之仰窺焉。以其東西南北無不周徧，故曰四遊，此其法之大略也。曆家之説，又以北斗魁四星爲機，杓三星爲衡，今詳經文簡質，不應北斗二字乃用寓名，恐未必然，姑存其説，以廣異聞。肆類于上帝，禋于六宗，望于山川，徧于羣神。肆，遂也。類、禋、望，皆祭名。周禮肆師「類造上帝」，注云：郊祀者，祭昊天之常祭；非常祀而祭告于天，其禮依郊祀爲之，故曰類。如泰誓武王伐商，王制言天子將出，皆云「類于上帝」是也。上帝，天也。禋，精意以享之謂。六宗，宗，尊也，所尊祭者，其祀有六。祭法曰：「埋少牢於泰昭，祭時也。相近於坎壇，祭寒暑也。王宫，祭日也。夜明，祭月也。幽宗，祭星也。雩宗，祭水旱也。」山川，名山大川，五嶽四瀆之屬，望而祭之，故曰望。徧，周徧也。羣神，謂丘陵墳衍、古昔聖賢之類。言受終、觀象之後，即祭祀上下神祇，以攝位告也。輯五瑞，既月，乃日覲四嶽、羣牧，班瑞于羣后。輯，斂。瑞，信也。公執桓圭，侯執信圭，伯執躬圭，子執穀璧，男執蒲璧，五等諸侯執之以合符於天子，而驗其信否也。周禮「天子執冒以朝諸侯」，鄭氏注云：「名玉以冒，以德覆冒天下也。」諸侯始受命，天子錫以圭。圭頭斜鋭，其冒下斜刻，小大長短廣狹如之。諸侯來朝，天子以刻處冒其圭頭，有不同者，即辨其僞也。既，盡。覲，見。四嶽，四嶽之諸侯。羣牧，九州之牧伯也。程氏曰：「輯五瑞，徵五等諸侯也。此以上皆正月事，至盡此月，則四方諸侯有至者矣。遠近不同，來有先後，故曰日見之，不如他朝會之同期於一日也。蓋欲以少接之，則得盡其詢察禮意也。」班、頒同。羣后，即侯牧也。既見之後，審知非僞，則又頒還其瑞，以與天下正始也。歲二月，東巡守，至于岱宗，柴望。絶句。秩于山川，肆覲東后。協時月正日，同律度量衡。修五禮、五玉、三帛、二生、一死贄。如五器，卒乃復。五月南巡守，至于南嶽，如岱禮。八月西巡守，至于西嶽，如初。

十有一月朔巡守，至于北嶽，如西禮。歸，格于藝祖，用特。孟子曰：「天子適諸侯曰巡守。巡守，巡所守也。」歲二月，當巡守之年二月也。岱宗，泰山也。柴望，燔柴以祀天而遂望祭。東方之山川，又各以其秩次而就祭之也。秩者，其牲幣祝號之次第，如五嶽視三公，四瀆視諸侯，其餘視伯子男者也。東后，東方之諸侯也。時，謂四時。月，謂月之大小。日，謂日之甲乙。其法略見上篇。諸侯之國其有不同者，則協而合之也。同，審而一之也。律，謂十二律也。六律爲陽，黄鍾、太簇、姑洗、蕤賓、夷則、無射。六吕爲陰，大吕、夾鍾、仲吕、林鍾、南吕、應鍾。凡十二管，皆徑三分有奇，空圍九分。而黄鍾之長九寸，大吕以下律吕相間，以次而短，至應鍾而極焉。以之制樂而節音聲，則長者聲下，短者聲高，下者則重濁而舒遲，上者則輕清而剽疾。以之審度長短，則九十分黄鍾之長，一爲一分，而十分爲寸，十寸爲尺，十尺爲丈，十丈爲引。以之審量而量多少，則黄鍾之管其容子穀秬黍中者一千二百以爲龠，而十龠爲合，十合爲升，十升爲斗，十斗爲斛。以之平衡而權輕重，則黄鍾之龠所容千二百黍，其重十二銖，兩龠則二十四銖而爲兩，十六兩爲斤，三十斤爲鈞，四鈞爲石。此黄鍾所以爲萬事根本。諸侯之國所用有不同者，則審而一之也。特月之差，由積日而成，其法則先粗而後精；度、量、衡受法於律，其法則先本而後末。故言正日在協時月之後，同律在度量衡之先。立言之叙，蓋如此也。五禮，吉、凶、軍、賓、嘉也，脩之所以同天下之風俗也。五玉，五等諸侯所執者，即五瑞也。三帛，諸侯世子執纁，公之孤執玄，附庸之君執黄。二生，卿執羔，大夫執鴈。一死，士執雉。五玉、三帛、二生、一死，所以爲贄而見者。此九字當在「肆覲東后」之下，「協時月正日」之上，誤脱在此。言東后之覲皆執此贄也。如五器，劉侍講曰〔二〇〕：「如，同也。五器即五禮之器也。」周禮曰：「王之所以撫邦國諸侯者，七歲屬象胥，諭言語，協辭命。九歲屬瞽史，喻書名，聽聲音。十有一歲，達瑞節，同度量，成牢禮，同數器，修法則。十有二歲，王巡守殷國。」大略亦類此。蓋因虞夏之禮而損益之，故其先後詳略有不同耳。卒乃復者，舉祀禮、覲諸侯、一正朔、同制度、修五禮、如五器，數事皆畢，則不復東行，而遂西向，且轉而南行也。南嶽衡山，西嶽華山，北嶽恒山，二月東，五月南，八月西，十一月北，各以其時也。格，至也。至于其廟而祭告也。藝祖疑即文祖，或曰：文祖，藝祖之所自出，不知何據，今未有考也。特，特牲也，謂一牛也。古者君將出，必告于祖禰，歸又至其廟而告之。孝子不忍死其親，出告反面之義也。王制曰「歸格于祖禰」，鄭注曰：「祖下及禰，皆一牛。」程氏以爲但言藝祖者，舉尊耳，實皆告也。但止就祖廟，共用一牛，不如時祭各設主於其廟也。二説未知孰是，今兩存之。五載一巡守，羣后四朝。敷奏以言，明試以功，車服以庸。五載之内，天子巡守者一，諸侯來朝者四。蓋巡守之明年，則東方諸侯來朝于天子之國，又明年，則南方之諸侯來朝，又明年，則西方之諸侯來朝，又明年，則北方之諸侯來朝，又明年，則天子復巡守。是則天子、諸侯雖有尊卑，而一往一來禮無不答，是以上下交通而遠近洽和也。敷，陳；奏，進也。周禮曰：「民功曰庸。」程氏曰：「敷奏以言者，使各陳其爲治之説。言之善則明考其功，有功則賜車服以旌其功也。其言不善，則亦有以告飭之也。」林氏曰：「天子巡守，則有『協時月』以下等事，諸侯來朝，則有『敷奏以言』以下等事。」肇十有二州，封十有二山，濬川。肇，始也。十二州，冀、兖、青、徐、揚、荆、豫、梁、雍、幽、并、營也。古者中國之地，但爲九州，曰冀、兖、青、徐、揚、荆、豫、梁、雍，禹治水作貢，亦因其舊。大河以内爲冀州〔一一〕，而帝都在焉。及舜即位，以冀、青地太廣，始分冀東恒山之地爲并州，又分東北醫無閭之地爲幽州，又分青之東北、遼東等處爲營州，而冀州止有河内之地，今河東一路是也。封，表也。封十二山者，每州封表一山，以爲一州之鎮，如職方氏言「揚州其山鎮曰會稽」之類。濬川，濬導十二州之川也。然舜既分十有二州，而至商時又但言九圍、九有，周禮職方氏亦止辨九州之域〔一二〕，有揚、荆、豫、青、兖、雍、幽、冀、并而無徐、梁、營，則是爲十二州蓋不甚久，不知其自何時復合爲九也。**象以典刑，流宥五刑，鞭作官刑，扑作教刑，金作贖刑。眚災肆赦，怙終賊刑。欽哉欽哉，惟刑之恤哉！**象，如天之垂象示人也。典，常也。示人以常刑，所謂墨、劓、剕、宫、大辟，五刑之正也。所以待夫元惡大憝，殺人、傷人，穿踰、淫邪，凡罪之不可宥者也。流，流遣之，使遠去，如下文流放竄殛之類也。宥，寬也，所以待夫罪之稍輕，雖入於五刑而情可矜、法可疑，與夫親貴、勳勞而不可加以刑者，則以此而寬之也。鞭，木末垂革。官刑，官府之刑也。扑，夏楚也。教刑，學校之刑也。皆以待夫罪之輕者也。金，罰其金也。贖，贖其罪也。所以待夫罪之極輕，雖入於鞭扑之刑，而情法猶有可議者，則罰其金以贖罪也。此五句者，寬猛輕重各有條理，法之正也。眚，謂過誤，災，謂不幸。若人有如此而入於刑，則又不待流、宥、金、贖而直赦之也。怙，謂再犯。若人有如此而入於刑，則雖當宥當贖，亦不許其宥，不聽其贖，而必刑之也。此二句者，或由重而即輕，或由輕而即重，猶今之律有名例，又用法之權衡，所謂法外意也。聖人立法制刑之本末，此七言者大略盡之矣。刑有輕重取舍、陽舒陰慘之不同，然「欽哉欽哉，惟刑之恤」之意，則未始不行乎其間也。蓋其輕重毫釐之間各有攸當者，乃天罰不易之定理，而欽恤之意行乎其間，則可以見聖人好生之本心也。據此經文，五刑有流宥而無金贖，周禮秋官亦無其文，至呂刑乃有五等之罰，疑穆王始制之，非法之正也。蓋當刑而贖則失之輕，疑赦而贖則失之重，且使富者幸免而貧者受刑，既非所以爲平，而又有利之之心焉，聖人之法必不然矣。流共工于幽洲，放驩兜于崇山，竄三苗于三危，殛鯀于羽山，四罪而天下咸服。流，遣之遠去，如水之流也。放，置之於此，不得他適也。竄則驅逐禁錮之，殛則拘囚困苦之。隨其罪之輕重而異其法也。共工、驩兜、鯀事見上篇。三苗，國名，在大江之南，彭蠡之西，洞庭之東，恃險作亂者也。幽洲，北裔，水中可居曰洲。崇山，南裔之山，或云在今澧州。三危，西裔之地，即雍州之所謂「三危既宅」者。羽山，東裔之山，即徐之「蒙、羽其藝」者。服者，天下皆服其用刑之當罪也。春秋傳所記四凶之名與此不同。説者以窮奇爲共工，渾敦爲驩兜，饕餮爲三苗，檮杌爲鯀，不知其果然否也。二十有八載，帝乃殂落，百姓如喪考妣，三載，四海遏密八音。殂落，死也。死者魂氣歸于天，故曰殂；體魄歸于地，故曰落。喪，爲之服也。遏，絶。密，静也。八音，金、石、絲、竹、匏、土、革、木也，皆樂器也。古者謂畿内之民與列國諸侯爲天子服斬衰三年，海内之民則不爲服。唯堯聖德廣大，恩澤隆厚，又能讓舜，爲天下得人，故海内之民思慕之深至於如此也。按堯十六即位，在位七十載，又試舜三載，老不聽政二十八載，乃崩，在位通計一百單一年。儀禮，圻内之民爲天子齊衰三月，圻外之民無服。今應服三月者如喪考妣，應無服者遏密八音。月正元日，舜格于文祖。月正，即正月也。元日，朔日也。月正猶月朔謂之朔月，月吉謂之吉月也。孔氏曰：「舜服喪三年畢，將即政，故復至文祖廟告。受終告攝，此告即位也。」按春秋，國君皆以遭喪之明年正月即位於廟而改元，此云喪畢之明年，不知何所據也。詢于四岳，闢四門，明四目，達四聰。詢，謀；闢，開也。舜既告廟即位，乃謀政治于四岳之官，開四方之門，以受天下之朝貢，廣四方之見聽〔一三〕，以決天下之壅蔽也。咨十有二牧曰：「食哉惟時，柔遠能邇，惇德允元，而難任人，蠻夷率服。」牧，養民之官。十二牧，十二州之牧也。王政以食爲首，農事以時爲先。舜言足食之道惟在於不違農時也。柔者寬而撫之，能者擾而習之，遠近之勢如此，先務其略而後致其詳也。惇，厚；允，信也。德，有德之人也。元，仁厚之人也。難，拒絶也。任，古文作壬，包藏凶惡之人也。言當厚信有德仁人，而拒絶姦惡也。凡此五者，處之各得其宜，則不特中國順治，雖蠻夷之國亦當相率而服從矣。舜曰：「咨，四岳，有能奮庸熙帝之載，使宅百揆，亮采惠疇？」僉曰：「伯禹作司空。」帝曰：「俞，咨禹，汝平水土，惟時懋哉！」禹拜稽首，讓于稷、契暨皋陶。帝曰：「俞〔一四〕，汝往哉！」奮，起；熙，廣；載，事；亮，明；惠，順；疇，類也。一説亮，相也。舜言有能奮起事功，以廣帝堯之事者，使居百揆之位，以時亮庶事而順成庶類者乎？僉，衆也。四岳所領四方諸侯時有在朝者也。禹，崇伯鯀之子。四岳及諸侯言伯禹見作司空，可宅百揆也。時，是。懋，勉也。平水土者，司空之職，是則指此百揆之事而言也。帝然其舉，而咨禹使仍作司空而兼行百揆之事，録其舊績而勉其新功也。以司空兼百揆，如周以六卿兼三公，後世以他官平章事、知政事之比。稽首，首至地。暨，及也。稷、契二臣皆帝嚳之子。稷名棄，姓姬氏，封於邰。契姓子氏，封於商。皋陶亦臣名也。俞者，然其舉。汝往哉者，不聽其讓也。此特稱「舜曰〔二五〕」，以見自此以上稱帝者皆堯也，自此以下稱帝者乃舜也。則堯老之時，舜未嘗稱帝亦可見矣。帝曰：「棄，黎民阻飢，汝后稷播時百穀。」阻，厄也。后，君也。謂有邰之君也。如所謂三后、后夔皆有爵土之稱也。稷，田正官。播，布也。穀非一種，故曰百穀。此因禹之讓而申命之，使仍舊職，以終其事也。帝曰：「契，百姓不親，五品不遜，汝作司徒，敬敷五教，在寬。」親，相親睦也。五品，父子、君臣、夫婦、長幼、朋友五者之名位等級也。遜，順也。司徒，掌教之官。敷，布也。五教，父子有親，君臣有義，夫婦有別，長幼有序，朋友有信，以五者當然之理而爲教令也。敬，敬其事也。聖賢之於事，無所不敬，而此又事之大者，故特以敬言之。寬者，寬裕以待之也。蓋五者之理出於人心之本然，非有强而後能者。自其拘於氣質之偏，溺於物慾之蔽，始有昧於其理而不相親愛、不相遜順者。於是因禹之讓，又申命契仍爲司徒，使之敬以敷教，而又寬裕以待之，欲其優柔浸漬，以漸而入，則其天性之真自然呈露不能自已，而無迫切虚僞、免而無耻之患矣。孟子所引堯言之勞〔二六〕、來、匡、直、輔、翼，使自得之，又從而振德之，亦此意也。帝曰：「皋陶，蠻夷猾夏，寇賊姦宄，汝作士，五刑有服，五服三就，五流有宅，五宅三居，惟明克允。」猾，亂。夏，明而大也。曾氏曰：「中國文明之地，故曰華夏，四時之夏疑亦取此義也。」劫人曰寇，殺人曰賊，在外曰姦，在内曰宄。士，理官也。服，服其罪也。吕刑所謂上服、下服是也。三就，孔氏以爲大罪於原野，大夫於朝，士於市，不知何據。竊恐惟大辟棄之於市，宫辟則下蠶室，餘刑亦就屏處，蓋非死刑不欲使風中其瘡，誤而至死，聖人之仁也。五流，五等象刑之當宥者也。五宅三居者，流雖有五，而宅之但爲三等之居，如列爵惟五而分土惟三也。孔氏以爲大罪居於四裔，次則九州之外，次則千里之外，雖亦未見其所據，然大概當略近之。此亦因禹之讓而申命之，又戒以必當致其明察，乃能使刑當其罪而人無不服也。帝曰：「疇若予工？」僉曰：「垂哉。」帝曰：「咨，垂，汝共工。」垂拜稽首，讓于殳斨暨伯與。帝曰：「俞，往哉，汝諧。」若，言順其理而治之也。曲禮，六工有土工、金工、石工、木工、獸工、草工。周禮有攻木之工、攻金之工、攻皮之工、設色之工、刮摩之工、搏埴之工，皆是也。帝問誰能順治予百工之事者。垂，臣名，有巧思。莊子曰「攦工垂之指」，即此也。共工，官名。共，供也，言供其事也。殳斨、伯與，二臣名也。「往哉，汝諧」，言汝能和其職。不聽其讓也。帝曰：「疇若予上下草木鳥獸？」僉曰：「益哉。」帝曰：「俞，咨，益，汝作朕虞。」益拜稽首，讓于朱虎、熊羆。帝曰：「俞，往哉，汝諧。」上下，山林澤藪也。虞，掌山澤之官也。周禮分爲虞、衡，屬於夏官。益，臣名也。高辛氏之子有曰仲虎、仲熊。太史公曰，朱虎、熊羆爲伯益之佐。前殳斨、伯與當亦爲垂之佐也。殳，以積竹爲兵，建於兵車者。斨，方銎斧也。古者多以其所能爲名，二人豈能爲二器者與？帝曰：「咨，四岳，有能典朕三禮？」僉曰：「伯夷。」帝曰：「俞，咨，伯，汝作秩宗。夙夜惟寅，直哉惟清。」伯拜稽首，讓于夔、龍。帝曰：「俞，往，欽哉！」典，主也。三禮，祀天神、享人鬼、祭地祇之禮也。伯夷，臣名，姜姓。秩，序也。宗，祖廟也。秩宗，蓋序次百神之官，而專以秩宗名之者，蓋以宗廟爲主也。周禮亦謂之宗伯，而都、家皆有宗人之官以掌祭祀之事，亦此意也。夙，早；寅，敬畏也。直者，心無私曲之謂。人能敬以直内，不使少有私曲，則其心絜清而無物欲之污，可以交於神明矣。夔、龍，二臣名。帝曰：「夔，命汝典樂，教胄子。直而温，寬而栗，剛而無虐，簡而無傲。詩言志，歌永言，聲依永，律和聲，八音克諧，無相奪倫，神人以和。」夔曰：「於，予擊石拊石，百獸率舞。」胄，長也。自天子至卿大夫之適子也。栗，莊敬也。凡人直者必不足於温，故欲其温；寬者必不足於栗，故欲其栗。皆所以因其德性之善而輔翼之也。剛者必至於虐，故欲其無虐。簡者必至於傲，故欲其無傲。皆所以防其氣稟之過而矯揉之也。所以教胄子者，欲其如此，而所以教之之具，則又專在於樂，如周禮大司樂掌成均之法以教國子弟，而孔子亦曰「興於詩，成於樂」。蓋所以蕩滌邪穢，斟酌飽滿，動盪血脈，流通精神，養其中和之德，而救其氣質之偏者也。心之所之謂之志，心有所之必形於言，故曰詩言志。既形於言，則必有長短之節，故曰歌永言。既有長短，則必有高下清濁之殊，故曰聲依永。聲者，宫、商、角、徵、羽也。大抵歌聲長而濁者爲宫，以漸而清且短則爲商、爲角、爲徵、爲羽，所謂聲依永也。既有長短清濁，則又必以十二律者和之，乃能成文而不亂。假令黄鍾爲宫，則太簇爲商，姑洗爲角，林鍾爲徵，南吕爲羽。蓋以三分損益，隔八相生而得之，餘律皆然，即禮運所謂「五聲、六律、十二管還相爲宫」。所謂律和聲也。人聲既和，乃以其聲被之八音而爲樂，則無不諧協，而不相侵亂失其倫次，可以奏之朝廷，薦之郊廟，而神人以和矣。聖人作樂以養情性，育人材，事神祇，和上下，其體用功效廣大深切如此，今皆不復見矣，可勝歎哉！「夔曰」以下，則蘇氏曰：「舜方命九官，濟濟相讓，無緣夔於此獨言其功，此益稷之文也，簡編脱誤，復見於此。」帝曰：「龍，朕堲讒説殄行震驚朕師〔二七〕，命汝作納言，夙夜出納

朕命，惟允。」聖，疾。殄，絶也。殄行者，謂傷絶善人之事也。師，衆也。謂其言之不正，而能變亂黑白以驗衆聽也。納言，官名。命令、政教必使審之，既允而後出，則讒説不得行，而矯僞無所託矣。敷奏復逆，必使審之，既允而後入，則邪辟無自進，而功緒有所稽矣。周之内史，漢之尚書，魏晉以來所謂中書、門下者，皆此職也。**帝曰：「咨，汝二十有二人，欽哉，惟時亮天功。」**二十二人，四岳、九官、十二牧也。周官言「内有百揆、四岳，外有州牧、侯伯」，蓋百揆者所以統庶官，而四岳者所以統十二牧也。既分命之，又總告之，使之各敬其職以相天事也。曾氏曰：舜命九官，新命者六人。命伯禹，命伯夷，咨四岳而命之者也。命垂，命益，泛咨而命者也。命夔，命龍，因人之讓，不咨而命者也。夫知道而後可宅百揆，知禮而後可典三禮，知道知禮，非人人之所能也，故必咨於四岳。若予工，若上下草木鳥獸，則非此之比，故泛咨而已。禮樂、命令，其體雖不若百揆之大，然其事理精微，亦非百工庶物之可比。伯夷既以四岳之舉而當秩宗之任，則其所讓之人必其中於典樂、納言之選可知，故不咨而命之也。若稷、契、皐陶之不咨者，申命其舊職而已。○又按：此平水土、若百工各爲一官，而周制同領於司空；此以士官兼兵刑之事，而周禮分爲夏、秋兩官。蓋帝王之法隨時制宜，所謂「損益可知」者如此。**三載考績，三考黜陟幽明，庶績咸熙。分北三苗。**考，核實也。三考九載也。九載則人之賢否、事之得失可見，於是陟其明而黜其幽，賞罰明信，人人力於事功，此所以庶績咸熙也。北，猶背也。其善者留，其不善者竄徙之，使分背而去也。此言舜命二十二人之後，立此考績黜陟之法，以時舉行，而卒言其效如此也。按三苗見於經者，如典、謨、益稷、禹貢、吕刑詳矣。蓋其負固不服，乍臣乍叛，故治水之際，三危已宅，而猶有不即工者。及禹攝位之後，帝命徂征，而猶逆命。及禹班師而後來格，於是乃得考其善惡而分北之也。呂刑之言遏絶，則通其本末而言，不可以先後論也。舜生三十徵庸，三十在位，五十載陟方乃死。徵，召也。陟方，猶言升遐也。韓子曰：竹書紀年，帝王之没皆曰陟，陟，昇也，謂昇天也。書曰「殷禮陟配天」，言以道終，其德協天也。故書紀舜之没云「陟」。其下言「方乃死」者，所以釋陟爲死也。地之勢東南下，如言舜巡守南方而死，宜言下方，不得言陟方也。按此得之，但不當以「陟」字爲句絶耳。「方」，猶云「徂乎方」之「方」，陟方乃死，猶言殂落而死也。此言舜生而側微，至三十年堯乃召而用之，歷試三年，居攝二十八年，通三十一年乃即帝位，又五十年而崩。蓋於篇末總叙其始終也。

大禹謨林氏曰：虞史既述二典，而其所載有未盡者，於是又叙其君臣之間嘉言善政，以爲大禹、皋陶謨、益稷三篇，所以備二典之未備者。古文有，今文無。

曰若稽古大禹，曰文命敷于四海，祗承于帝。謨，謀也。命，教；祗，敬也。帝，謂舜也。文命敷四海者，即禹貢所謂東漸西被，「朔南暨聲教，訖于四海」者是也。史臣言禹既已布其文教於四海矣，於是陳其謨以敬承于舜，如下之所云也。文命，王氏以爲禹號，蘇氏曰：非也，以文命爲禹號，則敷于四海者爲何事耶？吴氏曰：此書不專爲大禹而作，此十七字當是後世模倣二典爲之，皋陶謨篇首九字亦類此。○今按：此篇稽古之下猶贊禹德，而後篇便記皋陶之言〔二八〕，其體亦不相類，吴氏之説恐或然也。曰：「后克艱厥后，臣克艱厥臣，政乃乂，黎民敏德。」「曰」以下即禹祗承于帝之言也。艱，難也。孔子曰「爲君難，爲臣不易」，即此意也。乃者，難辭也。敏，速也。曰德者，言其德化之深也。禹言君而不敢易其爲君之道，臣而不敢易其爲臣之職〔二九〕，夙夜祗懼，各務盡其所常爲者，則其政事乃能修治而無邪慝，下民自然觀感，速化於善，而有不容已者矣。帝曰：「俞，允若兹，嘉言罔攸伏，野無遺賢，萬邦咸寧。稽于衆，舍己從人，不虐無告，不廢困窮，惟帝時克。」嘉，善；攸，所也。無告，困窮也。帝，謂堯也。舜然禹之言，以爲信能如此，則必有以廣延衆論，悉致羣賢，而天下之民皆被其澤〔三〇〕，無不得其所矣。然非忘私順理、愛民好士之至，無以及此，而惟堯能之，非常人所及也。蓋爲謙辭以對，而不敢自謂其必能。舜之克艱，於此亦可見矣。程氏曰：舍己從人，最爲難事。己者我之所有，雖痛舍之，猶懼守己者固而從人者輕也。益曰：「都，帝德廣運，乃聖乃神，乃武乃文。皇天眷命，奄有四海，爲天下君。」都，歎美之辭也。都者，君子之居，鄙者，野人之居，故古者謂野爲鄙，謂都爲美也。廣者，大而無外；運者，行之不息。大而能運，則變化不測，故自其大而化之而言，則謂之聖；自其聖而不可知而言，則謂之神；自其威之可畏而言，則謂之武；自其英華發外而言，則謂之文。眷，顧。奄，盡也。堯之初起，不見於經傳，稱其自唐侯特起爲帝，觀益之言，理或然也。或曰：舜之所謂帝者，堯也。羣臣之言帝者，舜也。如「帝德罔愆」、「帝其念哉」之類，皆謂舜也。蓋益因舜尊堯，而遂美舜之德以勸之，言不特堯能如此，帝亦當然也。○今按：此説所引此類固爲有理，但益之語接連上句「惟帝時克」之下，未應遽舍堯而譽舜，又徒極口以譽其美，而不見其勸勉規戒之辭，恐唐虞之際未遽有此諛佞之風也。只依舊説贊堯爲是。禹曰：「惠迪吉，從逆凶，惟影響。」迪，道也。字本訓由，故又以爲所當由之道也。言天道無常，隨人所行之順逆而應之以禍福，猶影響形聲，以終上文之意，見所以不可不艱者以此。益曰：「吁，戒哉！儆戒無虞，罔失法度，罔遊于逸，罔淫于樂。任賢勿貳，去邪勿疑。疑謀勿成，百志惟熙。罔違道以干百姓之譽，罔咈百姓以從己之欲。無怠無荒，四夷來王。」先吁後戒，欲使聽者精審。儆，與警同〔三一〕，古文作「敬」，開元改今文。虞，度也。言當儆戒於無虞度之時，謂戒於無形也。罔，勿也。法度，法則制度。淫，過也。當四方無可虞度之時，法度易至廢弛，故戒其失墜；逸樂易至縱恣，故戒其遊淫。言此三者所當敬畏也〔三二〕。任賢以小人間之謂之貳，去邪而不能果斷謂之疑。謀，圖爲也。成，成就也。言有所圖爲，揆之於理而未安者，則不復成就之也。百志猶易所謂百慮也。咈，逆也。九州之外世一見曰王。帝於是八者朝夕戒懼，無怠於心，無荒於事，則治道益隆，四夷之遠莫不歸往，中土之民服從可知。今按益之言如此，亦有次第。蓋人君能守法度，不縱逸樂，則心正身脩，義理昭著，而於人之賢否，孰爲可任〔三三〕，孰爲可去，事之是非，孰爲可疑，孰爲不可疑，皆有以審其幾微，絶其蔽惑。故方寸之間光輝明白，而於天下之事，孰爲道義之正而不可違，孰爲民心之公而不可咈，皆有以處之，不失其理，而毫髮私意不入於其間。此其懲戒之深旨，所以推廣大禹克艱惠迪之謨也。苟無其本，而是非取舍決於一己之私〔三四〕，乃欲斷而行之，無所疑惑，則其爲害反有不可勝言者矣，可不戒哉？禹曰：「於，帝念哉！德惟善政，政在養民。水、火、金、木、土、穀惟修。正德、利用、厚生惟和。九功惟叙，九叙惟歌。戒之用休，董之用威，勸之以九歌，俾勿壞〔三五〕。於，歎美之辭也。益言儆戒之道，禹歎而美之，因謂所以如是而修其德者，將欲以善其政也。而爲政之道不在乎他，特在乎養民而已。水、火、金、木、土、穀惟修者，以水克火，以火克金，以金克木，以木克土，而生五穀。或相制以洩其過，或相助以補其不足，而六者無不修矣。正德者，父慈，子孝，兄友，弟恭，夫義，婦聽，所以正民之德也。利用者，工作什器〔三六〕、商通貨財之類，所以利民之用也。厚生者，衣帛食肉，不飢不寒之類，所以厚民之生也。六者既脩，則民生略遂，而不可以逸居而無教，故爲之惇典敷教以正其德，通工易事以利其用，制節謹度以厚其生，使皆當其理而無所乖，則無不和矣。葛氏曰：「洪範五行，水、火、木、金、土，百穀本在木行之類〔三七〕，以其爲民食之急，故別而附之。」九功，合六與三也。惟叙者，言九者各順其理，而不汩陳以亂其常也。九叙惟歌者，則以九功之叙而詠之歌也。言九者既已修和，各由其理，民享其利，莫不歌詠而樂其生也。然始勤終怠者，人情之常，恐安養既久，怠心必生，則已成之功不能保其久而不廢，故當有以激勵之，如下文所云也。董，督也。威，古文作「畏」。其勤於是者則戒喻而休美之，其怠於是者則督責而懲戒之。然又以事之出於勉强者不能久，故復即其前日歌詠之言，協之律吕，播之聲音，用之鄉人，用之邦國，以勸相之，使其歡欣鼓舞，趨事赴功，不能自已，而前日之成功得以久存而不壞，此周禮所謂「九德」之歌、九韶之舞，而太史公所謂「逸能思初，安能惟始，沐浴膏澤，而歌詠勤苦」者也。帝曰：「俞，地平天成，六府三事允治，萬世永賴，時乃功。」水土治曰平。言水土既平，而萬物得以成遂也。六府即水、火、金、木、土、穀也，六者財用之所自出，故曰府。三事，正德、利用、厚生也，三者人事之所當爲，故曰事。舜因禹言養民之政，而推其功以美之也。帝曰：「格汝禹，朕宅帝位三十有三載，耄期倦于勤，汝惟不怠，總朕師。」九十曰耄，百年曰期。舜至是年已九十三矣。總，率也。舜自言既老，血氣已衰，故倦於勤勞之事，而汝乃能不怠於其職，故命之以攝帝位而率衆臣也。堯命舜曰「陟帝位」，舜命禹曰「總朕師」者，蓋堯欲使舜真宅帝位，舜讓弗嗣，後惟居攝，總堯之衆爾，未能遽宅帝位也，故其命禹亦若是而已。禹曰：「朕德罔克，民不依。皋陶邁種德，德乃降，黎民懷之，帝念哉！念茲在茲，釋茲在茲，名言茲在茲，允出茲在茲。惟帝念功。」邁，勇往力行之意。種，布；降，下也。禹自言其德不能勝任，民不依歸，惟皋陶勇往力行，以布其德，其德下及於民，而民懷服之，宜使攝位，帝當思念之而不忘也。茲，指皋陶也。禹遂言我念其可以率帝之衆者，惟在於皋陶。舍皋陶而求之，亦無能及之者，則是亦惟在於皋陶耳。又言名言於口者，以爲惟在於皋陶，而允出於心者，亦以爲惟在於皋陶。蓋反覆思之而卒無有以易於皋陶者，惟帝深念其功而使之攝位也。舜命禹宅百揆，而禹讓稷、契、皋陶，此不及稷、契者，史記載稷、契皆帝嚳之子，與堯爲兄弟，意其至是必已不復存矣。帝曰：「皋陶，惟茲臣庶罔或干予正，汝作士，明于五刑，以弼五教，期于予治，刑期于無刑，民協于中，時乃功懋哉！」干，犯；正，政；弼，輔也。聖人之治，以德爲化民之本，而刑特以輔其所不及者而已。期者，先事而取必之謂。舜言皋陶能明五刑以輔五品之教，而期我以至於治，故其始雖不免於用刑，而實所以期至於無刑之地。今乃臣庶罔干予正，而民情又皆合於中道，無有過不及之差焉，則刑果無所施矣，凡此皆汝之功。蓋不聽禹之讓而稱皋陶之美以勸勉之也。皋陶曰：「帝德罔愆，臨下以簡，御衆以寬。罰弗及嗣，賞延于世。宥過無大，刑故無小。罪疑惟輕，功疑惟重。與其殺不辜，寧失不經。好生之德洽于民心，茲用不犯于有司。」愆，過也。簡者，不煩之謂。上煩密則下無所容，御急促則衆擾亂。嗣、世皆謂子孫，然嗣親而世疏也。延，遠及也。父子罪不相及，而賞則遠延于後，其善善長而惡惡短如此。過者，不識而誤犯也。故者，知之而故犯也。過誤所犯，雖大必宥；不忌故犯，雖小必刑，即上篇所謂「眚災肆赦，怙終賊刑」者也。罪已定矣，而於法之中有疑其或輕或重者，則從輕以治之。功已成矣，而於法之中有疑其或輕或重者，則從重以賞之。辜，罪；經，常也。謂罪之輕重未明，而可以殺，可以無殺者，欲殺之，則恐其實無可殺之罪而陷於無辜；不殺之，則恐其實有不常之罪而失於不殺，二者皆非聖人至公至平之意，而殺不辜者尤聖人之心所不忍也，故與其殺之而害彼之生，寧姑全之自受失刑之責。此其仁愛忠厚之至，皆所謂好生之德也。蓋聖人之法有盡，而心則無窮，故其用刑行賞而有所疑，則常屈法以申恩，而不使執法之意有以勝其好生之德，此其本心所以無所壅遏，而得以行於常法之外。及其流衍洋溢，漸涵浸漬，有以入于民心，則天下之人無不愛慕感悅，興起於善，而自不犯于有司也。皐陶以舜美其功，故言此以歸功於其上，蓋不敢當其褒美之意而自謂己功也。帝曰：「俾予從欲以治，四方風動，惟乃之休。」民不犯法而上不用刑者，舜之所欲也。汝能使我如其所願，以至于治，教化之行如風鼓動，莫不靡然，是乃汝之美也。舜又申言以重歎美之。帝曰：「來，禹。降水儆予，成允成功，惟汝賢。克勤于邦，克儉于家，不自滿假，惟汝賢。汝惟不矜，天下莫與汝爭能；汝惟不伐，天下莫與汝爭功。予懋乃德，嘉乃丕績。天之歷數在汝躬，汝終陟元后。」降水，洪水也，古文作洚。孟子曰：「水逆行謂之洚水。」蓋山崩水渾，下流淤塞，故其逝者輒復反流，而泛濫決溢，洚洞無涯也。其災所起雖在堯時，然既舜攝位，害猶未息，故舜以爲天警懼於己，不敢以爲非己之責而自寬也。允，信也。言禹自許能任治水之責，而果能治之，是能成其信也。成功，謂水患既平而九功皆叙也。禹能如此，則既賢於人矣，而又能勤於王事，儉於私養，此又禹之賢也。有此二美，而又能不矜其能，不伐其功。然其功能之實則自有不可揜者，故舜於此復申命之，必使攝位也。懋，宜作楙，盛大之意，此作懋者，乃訓勉爾，蓋古字亦通用也。德，指其克勤儉、不矜伐而言。丕，大；績，功也。指其成允功而言。懋乃德者，彼有是德，而我以爲盛大；嘉乃績者，彼有是功，而我以爲嘉美也。歷數者，帝王相繼之次第，猶歲時氣節之先後也。言汝有此盛德大功，故知曆數當歸於汝，汝終當升此大君之位。言其不可辭也。是時舜方命禹以居攝〔三八〕，未即天位，故以終陟言也。人心惟危，道心惟微，惟精惟一，允執厥中。心者，人之知覺主於身而應事物者也。指其生於形氣之私者而言，則謂之人心；指其發於義理之公者而言，則謂之道心。人心易動而難反，故危而不安；義理難明而易昧，故微而不顯。惟能省察於二者公私之間以致其精，而不使其有毫釐之雜；持守於道心微妙之本以致其一，而不使其有頃刻之離，則其日用之間思慮動作自無過不及之差，而信能執其中矣。堯之告舜但曰「允執厥中」，而舜之命禹又推其本末而詳言之，蓋古之聖人將以天下與人，未嘗不以其治之之法并而傳之。其可見於經者不過如此，後之人君其可不深畏而敬守之哉！無稽之言勿聽，弗詢之謀勿庸。無稽者，不考於古；弗詢者，不咨於衆。言之無據，謀之自專，是皆一人之私心，必非天下之正論，皆妨政害治之大者也。言謂泛言，勿聽可矣；謀謂謀事，故又戒其勿用也。上文既言存心出治之本，此又告之以聽言處事之方，内外相資，兩得其要，而治道備矣。可愛非君，可畏非民。衆非元后何戴，后非衆罔與守邦。欽哉！慎乃有位，敬修其可願。四海困窮，天禄永終。惟口出好興戎。朕言不再。」此言可愛者君，而可畏者民也。君之所以可愛者，以衆非君則無以奉戴，而至於亂也；民之所以可畏者，以君非民則無與守邦，而爲獨夫也。故爲人君者當自警戒，以謹守其所居之位，修其所願欲之事，欲其有以常保其位，永爲下民之所愛戴，而不至於危亡也。若不恤其民，使其至於困窮，則天命去之，一絶而不復續矣，豈人君之所願欲也哉。此又極言安危存亡之戒以深警之。雖知其功德之盛必不至此，然猶欲其戰戰兢兢無敢逸豫而謹之於毫釐之間，此其所以爲聖人之心也。好，和好也；戎，兵戎也。蓋言發於口則有二者之分，故戒之〔三九〕。命汝其慮已審矣，豈容復有他説乎！禹曰：「枚卜功臣，惟吉之從。」帝曰：「禹，官占惟先蔽志，昆命于元龜。朕志先定，詢謀僉同，鬼神其依，龜筮協從，卜不習吉。」禹拜稽首固辭。帝曰：「毋，惟汝諧。」正月朔旦，受命于神宗，率百官若帝之初。枚卜，謂歷卜之。舜之所言，人事已盡，禹不容復辭，故請歷卜有功之臣而從其吉，冀自有當之者，而已得遂其辭也。官，掌卜筮之官也。蔽，斷；昆，後也。習吉，重得吉卜也。蓋言卜筮之官占事之法，先斷其志之所向，然後合之於龜。若我之志已定，而衆謀又協，則鬼神其必依據，龜筮無不協從矣。況卜筮之法不待習吉，今又何用更待枚卜再得吉兆乃爲可乎！再辭曰固。毋，禁止之辭。正月，次年正月也。神宗，説者以爲舜祖顓頊而宗堯，因以神宗爲堯廟，未知是否。如帝之初，即上篇所記齊七政、修羣祀、朝諸侯等事也。

金縢説

金縢此篇之作，在周公東征而歸之後，以其記武王時事，且備東征本末，故叙之於此。

「既克商二年」止「王翼日乃瘳」。此叙周公請命之事。

「武王既喪」，此以下記周公、成王時事。

「管叔及其羣弟」止「不利於孺子」。此即大誥所謂三監及淮夷叛也。意其稱兵舉事必以誅周公爲辭，若王敦之於劉隗、刁協爾。詩序所謂周公遭變，陳后稷、先公風化之所由，而作七月之詩，以陳王業，風喻成王者，蓋此時也。

「周公乃告二公曰」止「告我先王」。作大誥，遂東征。「周公居東二年，則罪人斯得」，殺武庚，致辟管叔于商，囚蔡叔于郭鄰，降霍叔于庶人，命微子啓代殷後〔四〇〕，作微子之命，皆此時事。

「于後公乃爲詩」止「誚公」。公既滅武庚、管、蔡，而成王之疑未釋，故公不欲遽歸，留居東方，而周大夫爲作破斧、伐柯、九罭、狼跋之詩。

「秋大熟」止「弗敢言」。金縢所藏代武王之説，史之祝辭「惟爾元孫某，遘厲虐疾」至「能念于一人」是也。「既克商二年」至「乃告大王、王季、文王」及「公歸，王翼日乃瘳」，皆史與百執事之言，叙後事以始終祝册之辭也。

「王執書」止「歲則大熟」。歸禾、嘉禾之書皆此後作。周公自是歸，大夫美之而作東山之詩也。

召誥序

成王在豐，欲宅洛邑，使召公先相宅，作召誥。傳曰：武王克商，遷九鼎於洛邑，欲以爲都，故成王居焉。林曰：周自后稷始封於邰，夏后政衰，稷之子不窋出奔於戎狄之間，至孫公劉始立國於豳，十世至大王避狄人之難於岐山之下，文王遷于豐，武王遷于鎬。邰在漢右扶風嵡縣，豳在栒邑縣豳鄉，岐在美陽縣岐山，豐在鄠縣東豐水，鎬在長安西南昆明池，所謂鎬波也。岐在邰西北無百里，豳又在岐西北四百餘里，豐在岐山東南二百餘里，鎬在豐東二十五里。王氏曰：成王欲宅洛者，以天事言之，則日東景朝，多陽，日西景夕，多陰，日南景短，多暑，日北景長，多寒。洛天地之中，風雨之所會，陰陽之所和也。以人事言，則四方朝聘貢賦道里均焉。非特如此而已，懲三監之難，毖殷頑民，遷以自近。洛距妹邦爲近，則易使之；遷作王都焉，則易以鎮服也。雖然，鎬京宗廟、社稷、官府、宫室具在，不可遷也，故於洛時會諸侯而已。何以知其如此？以詩考之，宣王時會諸侯於東都，而車攻謂之復古。

召誥

惟二月既望，林曰：漢志曰：周公攝政七年二月，乙亥朔，庚寅望。越六日乙未，王朝步自周，則至于豐。傳曰：於已後六日乙未〔四一〕，成王自鎬京至豐，以遷都事告文王廟。惟太保先周公相宅。傳曰：太保，三公官名，召公也。越若來三月，惟丙午朏。傳曰：朏，明也，月三日明生之名。林曰：漢志曰：是年三月甲辰朔，三日丙午。與上既望同意。劉諫議曰：越與粤同〔四二〕。粤若，發語聲也。來三月，猶言明月也。越三日戊申，太保朝至于洛卜宅。厥既得卜，則經營。傳曰：三月五日也。葉曰：周官太卜：「國大遷，大師則貞龜。」傳曰：經營，規度其城郭、郊廟、朝市之位處。王氏曰：經其南北而四營之也。越三日庚戌，太保乃以庶殷攻位于洛汭。越五日甲寅，位成。洛汭，洛北之水〔四三〕。疏曰：庚戌，三月七日。甲寅，三月十一日也。庶殷，言本是殷民也〔四四〕。葉曰：攻位者，闢荆棘，平高下，以定所經營之位也。若翼日乙卯，周公朝至于洛，則達觀于新邑營。傳曰：翼，明也。疏曰：十二日也〔四五〕。蘇氏曰：遍觀所營也。按：後篇是日再卜。越三日丁巳，用牲于郊，牛二。傳曰：告立郊社位於天，以后稷配，故牛二耳。疏又曰：十四日也。越翼日戊午，乃社于新邑，牛一，羊一，豕一。傳曰：告立社稷之位，用太牢也。社稷共牢。疏曰：十五日也。禮，成廟則釁之，此其釁之禮歟〔四六〕？廟有土木之工，故郊社先成而釁之。此間當有告卜事。越七日甲子，周公乃朝用書命庶殷侯、甸、男邦伯。疏曰：二十一日也。書，賦功屬役之書也。侯服、甸服、男服之邦伯，不遍舉五服者，文略耳。邦伯，州牧也。葉曰〔四七〕：不及采、衛者，不以遠役衆也。王氏曰：周公以書命邦伯，而邦伯以公命命諸侯也。厥既命殷庶，庶殷丕作。傳曰：大作，言勸事。太保乃以庶邦冢君出取幣。乃復入，錫周公，曰：「拜手稽首，旅王若公。」傳以爲王與公俱至，文不見王，無事，故諸侯公卿至覲於王。以下篇告卜事觀之，恐不然也。又云公至洛皆書其日以謹之，不應詳臣略君如此。惟陳氏以爲旅，陳也。成王在鎬，而諸侯在洛以幣陳於王以及周公者，周公攝王事故也。此説最善。葉曰：禮，諸侯朝于廟既畢，出，復束帛加璧入享，謂之幣。既致于王，復奉束帛以請覿，大夫之私相見也，亦謂之幣。君臣不同時。今旅王及公，非常禮也。誥告庶殷越自乃御事：告庶殷諸侯及其御事而陳戒于王者，所謂公事公言之，王者無私也。王時在鎬，豈亦如告卜，既告而後遣使奉幣具此辭以告之與？「嗚呼！皇天上帝改厥元子茲大國殷之命，惟王受命，無疆惟休〔四八〕，亦無疆惟恤。嗚呼！曷其奈何弗敬！元子者，天之元子。陳曰：元子不可改，而天改之，大國未易亡，而天亡之，天命之無常如此。今王受天命，誠無疆之福，然亦無疆之憂也，其可不敬乎！此數句者，一篇之大指也。天既遐終大邦殷之命，茲殷多先哲王在天，越厥後王後民茲服厥命。厥終知藏瘝在，夫知保抱攜持厥婦子以哀籲天，徂厥亡，出執。嗚呼！天亦哀于四方民，其眷命用懋，王其疾敬德。遐，遠也。遐終者，去而不返之辭。瘝，病也。籲，呼也。天既絶殷命矣，此殷之初多先哲王，謂湯至武丁賢聖之君六七作也，雖死而其精神在天，故能保佑及其後王後民，使之服其命而不替。其後至紂之時，賢智之人退藏，病民之人在位，其民困於虐政，痛而呼天，往而逃亡，出見拘執。天哀下民，故眷命於能勉敬者以代殷位，而周家受之。故王不可不疾敬德，恐無以承天眷命，又復如紂也。朱子發云：人之死，各返其根。體魄陰也，故降而在下；魂氣陽也，故升而在上，則無不之矣。衆人物欲蔽之，故魄散而氣不能升，惟聖人清明在躬，志氣如神，故其死也，精神在天，與天爲一。葉曰：智藏瘝在，言至紂而愚，其智則藏，而獨病民之心存也。籲，和也，言祈和於天也。此與舊説不同。相古先民有夏，天迪從子保，面稽天若。今時既墜厥命，今相有殷，天迪格保，面稽天若。今時既墜厥命。此一節間有不可曉處。舊説有夏敬德，故天道亦降格以保之。面，向也。稽，考也。若，順也。嚮天所順而考其意也。皆未知是否，然亦不害大意。言既監于殷，又當遠觀有夏歷代廢興存亡之迹，不過敬德順天則天保佑之，後王不敬故墜其命也。今沖子嗣則無遺壽耇，曰其稽我古人之德，矧曰其有能稽謀自天。已陳夏商敬德墜命之所由，又戒王也。王氏曰：勿棄老成，又考古人之德，則善矣。況曰能考謀自天，則又善也。陳曰：老成人多識前言往行，故考古人善德必資老成。「稽謀自天」，言觀天之命所去就，則知敬德之不可緩矣。嗚呼！有王雖小，元子哉，其丕能諴于小民，今休。王不敢後，用顧畏于民碞。蘇氏曰：王雖幼，國之元子也，其大能以誠感民矣，當及今休其德。不敢後者，疾敬其德不敢遲也〔四九〕。用顧畏于民碞者，碞，險也，民猶水也，水能載舟，亦能覆舟，物無險於民者矣。或曰，元子，謂天之元子也。王來紹上帝，自服于土中。言王今又居洛邑，繼天爲治。服，事也。土中，洛邑爲天下中也。林氏以此句「王來」爲王亦至洛邑之驗，恐未必然，但王命來此定邑耳。旦曰：『其作大邑，其自時配皇天，毖祀于上下，其自時中乂。王厥有成命治民，今休。』稱周公言常作大邑，而自此以祀上帝，以及慎祀上下神祇，又自此居中以爲治，則是王受天成命以治民矣。蓋召公述周公宅洛之意。王先服殷御事，比介于我有周御事。節性，惟日其邁。王敬作所不可不敬德。林曰：周王遷殷頑民于洛，蓋與洛之舊民雜居，其善惡之習不同，事非有以和一之不能相安以處，故必有以服殷御事，使之親比介助於周之御事然後可。蓋周御事習於教令，無事於服之，故以服殷御事爲先也。然服殷御事在節其性而已〔五〇〕，蓋人性無不善，殷人特化紂之惡，是以不義之習遂與性成而忘反耳。上之人有以節之，使之日進于善，則與周人亦何異哉。然欲節民之性，又在王之所化，故王又當敬爲其所不可不敬之德以率之，非政刑所及也。王氏以爲明政刑以節之，不知道之言也。或曰：服亦事也，猶任也，任殷人爲御事，使之佐我周之御事也。蓋欲其共事相習以成善，且使上下相通情，易以行化，然後有以節其性而日進於善，王則惟作所不可不敬德以率之而已。我不可不監于有夏，亦不可不監于有殷。我不敢知曰，有夏服天命惟有歷年。我不敢知曰，不其延，惟不敬厥德，乃早墜厥命。我不敢知曰，有殷受天命惟有歷年。我不敢知曰，不其延，惟不敬厥德，乃早墜厥命。今王嗣受厥命，我亦惟茲二國命，嗣若功。王氏曰：言夏、殷所受天命歷年長短，我皆不敢知也。我所敢知者，惟不敬厥德乃早墜厥命也。

陳曰：召公言我王嗣二代而受命，我亦惟以此二國長短之命告於王而繼其功。蓋欲王之敬德也。王乃初服，嗚呼，若生子，罔不在厥初生，自貽哲命。今天其命哲，命吉凶，命歷年。王之初服，不可不慎其習，猶子之初生，不可不慎其所教。蓋習于上則智，習于下則愚矣。故今天命正在初服之時，敬德則哲，則吉，則永年；不敬則愚，則凶，則短祚也。知今我初服，宅新邑，肆惟王其疾敬德。王其德之用，祈天永命。天無一物之不體，已知我初服、宅洛矣，王其可不疾敬德哉！所以求天永命者，只在德而已矣。其惟王勿以小民淫用非彝，亦敢殄戮用乂民。若有功，其惟王位在德元。小民乃惟刑用于天下，越王顯。蘇氏曰：商俗靡靡，其過用非常也久矣。召公戒王勿以小民過用非常之故，亦敢於法外殄戮以治之。蓋民之有過，罪實在我；及其有功，則王亦有德。何也？王之位，民德之先倡也。如此則法行天下而王亦顯矣。或曰：下文有「欲王以小民受天永命」，「以」字如「以其師」之「以」。此戒王勿用此小民淫用非彝，而復以殄戮治之也。言當正身率下〔五一〕，不務刑罰其下，乃與蘇説同。葉曰：刑，儀刑也。上下勤恤，其曰，我受天命。」蘇氏曰：君臣一心以勤恤民，庶幾王受命歷年如夏、殷，且以人心爲天命也〔五二〕。陳曰：小民之心歸，則受天永命矣。林曰：王能敬德于上，而小民儀刑於下，則天永命之矣，所謂用小民以受天命也。拜手稽首，曰：「予小臣，敢以王之讎民百君子，越友民，保受王威命明德，王末有成命，王亦顯。蘇氏曰：庶殷雖已丕作，然召公憂其間尚有反側自疑者，故因其大和會而協同之〔五三〕。讎民，殷之頑民與三監叛者。友民，周民也。

百君子者，殷、周之賢士大夫也。自今以往，殷人、周人與百君子皆同保受王之威德，王當終受天之成命，顯于後世。林曰：雠民百君子，猶頑民而謂之多士也。我非敢勤，惟恭奉幣，用供王能祈天永命。」蘇氏曰：我非敢以此爲勤勞也〔五四〕，奉幣以贊王祈天永命而已。王氏曰：奉幣以供王毖祀上下而祈永命。

洛誥

王氏曰：此誥有不可知者，當闕之，而擇其有可知者。

召公既相宅，周公往營成周。蘇氏曰：周人謂洛爲成周，謂鎬爲宗周。使來告卜。王在宗周，遣使告之。作洛誥。葉曰：此篇當與召誥參見。周公既定遷都之議，使召公先相宅，度其所宜爲王城者。召公既卜洛而吉〔五五〕，則以商庶民略定其位於洛汭，故周公復至而再卜也。此篇非一時播告之辭，史取周公得卜至遣使告卜、相與往來告戒本末序次之，以示後世也。洛誥：蘇曰：此處有簡脱在康誥，曰「惟三月哉生魄」至「洪大誥治」，下屬「周公拜手」之文。周公拜手稽首曰：「朕復子明辟，王氏曰：復如復逆之復。成王命周公往營成周，周公得卜，復命于王。曰子者，親之也；曰明辟者，尊之也。程氏曰：猶言告嗣子王矣。葉曰：復如孟子「有復於王」之「復」。王如弗敢及天基命定命，予乃胤保，大相東土，其基作民明辟。周公不欲斥言王幼不能〔五六〕，故言王若不敢及天之初命，則我不得不嗣攝政事，保佑王躬，而相此洛邑，以爲王當於此初作民主也。予惟乙卯朝至于洛師，我卜河朔黎水，我乃卜澗水東、瀍水西，惟洛食。我乃卜瀍水東，亦惟洛食。乙卯，即前至洛之日。蘇氏曰：黎水，今黎陽也。周公營洛，本以處殷餘民，民懷土重遷，故以都河朔爲近便。卜不吉，然後卜洛也。○葉曰：卜者先墨龜爲兆而令之灼，而兆順其墨謂之食墨。求吉不過乎三，既卜黎水，又卜澗水東，又卜瀍水西，則三矣。皆曰「惟洛食」者，以召公之卜，而復以三地求吉，皆不食而食洛，是以卒從召公之卜爲定也。傳以澗東瀍西爲王城，宮室宗廟所在，瀍東爲成周，遷殷頑民之所，諸儒多用其説，而陳氏、姚氏之説尤詳，今見别論。伻來以圖及獻卜。」伻，使也。遣使以所卜地圖及卜兆來告成王。王拜手稽首，曰：「公不敢不敬天之休，來相宅，其作周匹休。傳曰：作周以配天之美命。王氏曰：武成曰〔五七〕：「天休震動。」使周有天下者，天之休也，故周公敬之而相宅，以配天休也。○或曰：作新邑與我周室同休。○又或謂作洛與宗周同休。王不在洛，言來者，順公所在而言。○或曰：王本與公同來。又曰：王得卜而來見公，遂留祭。未知孰是。公既定宅，伻來，來示予卜休恒吉。我二人共貞。貞，猶當也。○葉曰：凡卜有貞其吉凶者。太卜言「國大遷、大師則貞龜」。二人皆知其吉斷而以示天下也。公其以予萬億年敬天之休。王氏曰：言宅洛之事定矣，公當以予永遠敬天之休以成此休，常吉之卜也。拜手稽首誨言。」拜受公言，猶禹之拜昌言也。周公曰：自此以下漸不可曉，蓋不知是何時所言。○傳、疏以爲王與公俱在洛對問之言。○葉氏以爲王得卜而至洛，既祭，復歸鎬，因留周公居守，而周公有此言。皆不可考。然葉氏説後數章貫穿，今從之。「王肇稱殷禮，祀于新邑，咸秩無文。傳曰：始舉殷家之禮。○疏曰：雖有損益，以其從殷而來，猶前篇之庶殷也。○王氏曰：殷，盛也，如「五年再殷祭」之「殷」。周公既制禮作樂，而成王於新邑舉盛禮以祀，凡典籍所無而於義當祀者，咸次秩而祀之也。○疑即篇末十二月戊辰之祭，史述其語於前，而記其事於後也。予齊百工伻從王于周，予惟曰庶有事。此本其攝政時言也。齊百工，謂百官總己以聽也。周謂宗周也。言我所總百官，今使之從王于周，而我則未敢歸周，恐新邑之有事也。今王即命曰：『記功，宗以功作元祀。』今王乃命曰：我嘗記人之功而尊之，又以此功因所邑殷祀而告之神明矣。王氏曰：記功蓋若「紀于太常，藏在盟府」之類。惟命曰：『汝受命篤弼，丕視功載。乃汝其悉自教工，孺子其朋。』言成王又命我曰：汝周公受先王之命而厚補我，大視功載則可見矣。凡汝所自教之工，乃我之朋。猶言太史友、內史友、友邦冢君也。功載，記功之書也。王似欲留百工於洛以聽周公之命。成王與周公言未嘗汝之，此周公述王言，故變公稱汝也。孺子其朋，其往。無若火始燄燄，厥攸灼叙，弗其絕。周公言既如此，則孺子往矣。但汝所朋不可不慎。燄，火始然尚微而方進之貌。灼，焚也。叙，次第也。厥若彝及撫事如予，惟以在周工。戒成王歸宗周，其所順之常道及撫臨衆事，當皆如我所行也。在周百工皆我所總齊者，習於事，當惟用此人，慎終之道當如此也。往新邑，伻嚮即有僚。明作有功，惇大成裕，汝永有辭。」言我今往新邑，所使嚮就其有僚矣。明作有功之事，務爲惇大之，以成寬裕之政，則汝亦長有歎裕之辭於後世矣。言「往」者，如云「來相宅」，順王所在而言。趨事赴功常失之急薄，故又言惇大成裕以救其失。公曰：「已！汝惟冲子惟終。汝其敬識百辟享，亦識其有不享。享多儀，儀不及物，惟曰不享。惟不役志于享，凡民惟曰不享，惟事其爽侮。乃惟孺子頒朕不暇。周公言：已矣乎！汝成王惟冲子，當惟其終。猶伊尹言「慎厥終」也。百辟，諸侯也。享，朝而以幣享王，誠以奉上之辭。物，幣也。幣有餘而禮不及者，往往有輕上之心，以爲可以幣交也，曰，吾幣足矣，何以禮爲？如是者，猶不享也。諸侯不役志于享上，則天下之民皆無復有享上之心矣，天下之事安得不爽亂而輕侮乎！如是則是成王實啓此亂，而遺周公以憂勤不暇也。蘇氏曰：小人賄以説人，必簡於禮。周公戒周王責諸侯以禮不以幣，恐其役志乎物而不役志于禮，則諸侯慢而王室輕矣。此治亂之本，故周公特言之。春秋傳曰：晉趙文子爲政，薄諸侯之幣而重其禮，晉穆叔曰：「自今以往，兵其少弭矣。」夫以列國之卿輕幣重禮，猶足以弭兵，王而賄，則招寇也必矣。唐之衰，君相皆可以賄取，方鎮爭貢羨餘，行苞苴，而天子始失其政，以至於亡。周公之戒至矣。陳曰：予嘗以此思之，則知文帝却千里馬而漢鼎重於泰山矣。聽朕教汝于棐民彝，汝乃是不蘉，乃時惟不永哉。棐，輔也。蘉，勉也。周公戒成王，使聽我教汝以輔民常性之道，若汝不勉，則不能永保天命也。然則所以輔民常性者，惟在乎勉而已。一説「乃惟孺子頒朕不暇」連此段，言成王不聽我言，是分我以不暇也。篤叙乃正父，罔不若予，不敢廢乃命。汝往敬哉。兹予其明農哉，彼裕我民，無遠用戾。」正父，武王也。厚叙汝武王之所行，無不如予之所以厚叙者，我不敢廢汝自教工之命。汝往歸宗周，汝其敬叙武王之事，而我留於此，修后稷、先公之業，明農事以教民，亦王業艱難之意也。我民裕矣，則彼殷民以教民爲裕，亦無有遠而不至者。戾，至也。王若曰：「公明保予沖子，公稱丕顯德，以予小子揚文武烈，奉答天命，和恒四方民，居師，惇宗，將禮，稱秩元祀，咸秩無文。居師，營洛邑，定民居也。蘇曰：惇宗，厚族也。將禮，秉禮也。稱秩元祀，舉大祀也。言此數事皆賴公之功而成也。惟公德明，光于上下，勤施于四方，旁作穆穆迓衡，不迷文武勤教。穆穆，和敬之貌，天子之容。「旁作」，謂周公輔成己德，以迎迓太平之治，而不迷於先王之教。予沖子夙夜毖祀。」蘇曰：祭則我沖子，政則周公。成王言我歸宗周毖祀而已。王曰：「公功棐迪篤，罔不若時。」公之功輔導我厚矣，無不若是，以上所稱也。王曰：「公，予小子其退即辟于周，命公後。上文「王曰」兩段周公無答辭，疑有闕文。成王言我當歸即政于宗周，而命公留于洛。猶唐節度留後之意。四方迪亂，未定于宗禮，亦未克敉公功。迪，順也。亂，治也。四方雖已順治，而猶未定于尊公之禮，未有以撫治公之功。〇葉曰：宗者，掌禮之官。蓋周公居洛七年乃制禮作樂，故周公在滅淮夷之後〔五八〕，此時未制禮也。此與先儒不同。迪將其後，監我士、師、工，誕保文武受民，亂爲四輔。」且使周公在後監我百官，士也，師也，工也。四輔，猶四鄰也。王曰：「公定，予往已。公功肅將祇歡，公無困哉。我惟無斁其康事，公勿替刑，四方其世享。」此正與公訣而歸之言也。公定居洛，予往歸周已。公功敬。「公無困哉」，言公無以事自困，猶漢所謂閔勞公以官職之事也。我則當無厭倦於安國安民之事，而公但勿廢其所以儀刑四方者，則四方其世享矣。周公拜手稽首，曰：此王歸後使人來勞周公，公拜受之辭也。

召誥蘇淫用非彝論洛誥王復子明辟論疏陳二家王城成周論○惟七年葉說在「復子明辟」解下。○

康誥日月一段，林説與蘇説不同。「若曰」。史文其言而撮其要略也。陳。○「非汝封刑人殺人」，則「無或刑人殺人」矣；「非汝封又曰劓刵人」，則「無或劓刵人」矣。言其責之在己也。先儒作四句讀，「曰」故不得其說；而蘇氏破句讀之，陳、林宗之，誤矣。「惟弔兹」，惟痛閔此得罪之人也。「不于我政人得罪」，閔痛之深，恨不自我得罪也。葉説好。雖若此，然不罪之，則民彝泯亂矣。

「元惡大憝」，詳文意，當從王氏。「乃非德用乂」，言汝若寬縱，則小臣外正皆得爲威虐。汝之爲此，欲以德乂民，而實非德也，姑息而已。蘇、陳等説懲王氏之弊，一概以寬爲說，恐非聖人刑人正法之意也。「文王之敬忌」，忌，惡也。「惟助成王德顯」，句。越尹人祗辟。」越，及也。「顯民」，明明德於民也。

「恫瘝」。常如疾痛之在身，則無不覺矣。

「惠不惠，懋不懋」。順其所不當順，勉其所不當勉，亦通。當順者不順，當勉者不勉，此説長。

「不典式爾」。古注「式」訓勉。○蘇云「爾」是人自言法當如此，皆迂。王氏云云。○予謂此不可曉，大概是宥過刑故之意。「若有疾」。刑人如痛在己，又恫瘝之意。○「蔽時忱」。陳説陋。○至誠爲小人所責。○「殄享」。○「世享」。皆謂享于天子。

武成月日譜

一月。以孔注推，當是辛卯朔。

壬辰旁死魄。孔注云二日。○越翼日，癸巳，王朝步自周。三日。○戊午，師度孟津。二十八日。

二月。若前月小盡即是庚申朔，大盡即是辛酉朔。

癸亥陳于商郊。庚申朔即是四日，辛酉朔即是三日。○甲子勝商，殺紂。或五日，或四日。

閏月。李校書説是歲閏二月，蓋以一月壬辰旁死魄推之。若不置閏，即下文四月無丁未、庚戌矣。漢志云「既死霸，越五日甲子」，即是六日或七日，日辰不相應。

三月。若前兩月俱小，則此月己丑朔；一大一小，則庚寅朔；俱大，則辛卯朔。○若前三月俱小，則戊午朔；一大二小，則己未朔；二大一小，則庚申朔；俱大，則辛酉朔。其説是也。

然閏月少大〔五九〕，計必無辛酉也。

四月。若前四月俱小，則丁亥朔；一大三小，則戊子朔；二大二小，則己丑朔；一小三大，則庚寅朔。

哉生明〔六〇〕，王來自商。二日〔六一〕。○既生魄，諸侯受命于周。十六日，或壬寅，或癸卯，或甲辰，或乙巳。經文在庚戌後，漢志在丁未前，恐經誤。○丁未祀周廟。或十九日，或二十日，或二十一日，或二十二日。○庚戌柴望，大告武成。或二十二日，或二十三日，或二十四日，或二十五日。

右以孔注、漢志參考，大抵多同。但漢志二月既死魄越五日甲子爲差速，而四月既生魄與丁未、庚戌先後小不同耳。蓋以上文「一月壬辰旁死魄」推之，則二月之死魄後五日，且當爲辛酉或壬戌，而未得爲甲子，此漢志之誤也。又以一月壬辰、二月甲子并閏推之，則漢志言「四月既生魄，越六日庚戌」，當爲二十二日，而經以生魄居丁未、庚戌之後，則恐經文倒也。歷法雖無四月俱小之理，然亦不過先後一二日耳，不應所差如此之多也。宗廟内事日用丁巳，漢志乃無丁未，而以庚戌燎于周廟，則爲剛日，非所當用，而燎又非宗廟之禮。且以翌日辛亥祀于天位，而越五日乙卯又祀馘于周廟，則六日之間三舉大祭，禮數而煩，近於不敬，抑亦經文所無有，不知劉歆何所據也。顔注以爲今文尚書，則伏生今文二十八篇中本無此篇。顔氏之云〔六二〕，又未知其何所據也。

按：張霸僞書有武成篇〔六三〕，劉歆誤以爲古文説，見書序疏中。

考定武成次序

惟一月壬辰旁死魄，越翼日癸巳，王朝步自周，于征伐商。厎商之罪，告于皇天后土、所過名山大川，曰：「惟有道曾孫周王發，將有大正于商。今商王受無道，暴殄天物，害虐蒸民，爲天下逋逃主，萃淵藪。予小子既獲仁人，敢祇承上帝〔六四〕，以遏亂略。華夏蠻貊，罔不率俾。惟爾有神，尚克相予，以濟兆民，無作神羞！」既戊午，師逾孟津。癸亥，陳于商郊，俟天休命。甲子昧爽，受率其旅若林，會于牧野。罔有敵于我師，前徒倒戈，攻于後以北，血流漂杵。一戎衣，天下大定。乃反商政，政由舊〔六五〕。釋箕子囚，封比干墓，式商容閭。散鹿臺之財，發鉅橋之粟，大賚于四海，而萬姓悦服。厥四月哉生明，王來自商，至于豐。乃偃武修文，歸馬于華山之陽，放牛于桃林之野，示天下弗服。既生魄，庶邦冢君暨百工受命于周。丁未，祀于周廟，邦甸、侯、衛駿奔走，執豆籩。越三日庚戌，柴、望，大告武成。王若曰：「嗚呼，羣后！惟先王建邦啓土，公劉克篤前烈，至于大王肇基王迹，王季其勤王家。我文考文王克成厥勳，誕膺天命，以撫方夏，大邦畏其力，小邦懷其德。惟九年，大統未集。予小子其承厥志，恭天成命。肆予東征，綏厥士女。惟其士女篚厥玄黄，昭我周王。天休震動，用附我大邑周。」此下當有闕文。列爵惟五，分土惟三。建官惟賢，位事惟能。重民五教，惟食、喪、祭。惇信明義，崇德報功，垂拱而天下治。

右此篇簡編錯亂，劉侍讀、王荆公、程先生皆有改正次序，今以參考，定讀如此，大略皆集諸家之所長。獨四月生魄，丁未、庚戌一節，今以上文及漢志日辰推之，其事當如此耳〔六六〕。疑先儒以「王若曰」宜繫「受命于周」之下，故定生魄在丁未、庚戌後。蓋不知生魄之日，諸侯百工雖來請命，而武王以未告天地、未祭祖宗，未敢發命，故且命以助祭；乃以丁未、庚戌祀于郊廟，大告武功之成，而後始告諸侯。上下之交、人神之序，固如此也。劉侍讀謂「余小子其承厥志」之下當有闕文，以今考之，固所宜有；而程先生徙「恭天成命」以下三十四字屬于其下，則已得其一節；而「用附我大邑周」之下，劉氏所謂闕文，猶當有十數語也。此蓋武王革命之初，撫有區夏，宜有退託之詞，以示不敢遽當天命而求助於諸侯，且以致其交相警敕之意，略如湯誥之文，不應但止自序其功而已也。「列爵惟五」以下〔六七〕，又史官之詞，非武王之語，讀者詳之。

校勘記

〔一〕即馬鄭所注二十九篇是也　「鄭」，原作「郱」，據閩本、浙本、天順本改。

〔二〕泰誓本非伏生所傳　「泰」，原作「秦」，據閩本、浙本改。

〔三〕費誓才二十八篇　正訛於「費誓」下補「秦誓」，是。

〔四〕夏社　「社」，原作「材」，據浙本、天順本改。

〔五〕大抵書之訓詁多奇澀　「訓詁」，原作「詞語」，據浙本、天順本改。閩本作「詞詰」。

〔六〕必是張霸所僞作者矣　「必」，原作「書」，據浙本、天順本改。

〔七〕嵎夷　「嵎」，原作「嵎」，據閩本、浙本、天順本改。

〔八〕而識其初出之景也　「景」，原作「晨」，據浙本、天順本改。

〔九〕此時亦晝夜各五十刻　「此」，原作「北」，據浙本、天順本改。

〔一〇〕嗟歎而告之也　「告」，原作「言」，據浙本、天順本改。

〔一一〕滔天二字未詳　閩本、浙本、天順本無「未詳」二字。

〔一二〕鯀悻直　「悻」，原作「倖」，據浙本改。

〔一三〕未詳所指爲何人也　「詳」，原作「嘗」，據閩本、浙本、天順本改。

〔一四〕其天與日月星宿斜而迴轉　「斜」，原作「科」，據浙本、天順本改。

〔一五〕鮮于妄人又量度之　「鮮」，原作「解」，據浙本改。
〔一六〕沈括曰　「沈」，原作「洗」，據浙本、天順本改。
〔一七〕上刻十二辰八十四隅　「隅」，原作「偶」，據浙本、天順本改。
〔一八〕横繞天經　「繞」，原作「鐃」，據浙本、天順本改。
〔一九〕外趾指兩軸　「趾」，原作「跬」，據浙本改。「指」，原作「揖」，據閩本、浙本、天順本改。
〔二〇〕劉侍講曰　「講」，浙本作「讀」。
〔二一〕大河以内爲冀州　「内」，浙本作「北」。
〔二二〕周禮職方氏亦止辨九州之域　「止」，原作「正」，據浙本改。
〔二三〕廣四方之見聽　「見」，浙本作「視」。
〔二四〕命　原作「愈」，據浙本、天順本改。
〔二五〕此特稱舜曰　「特」，原作「時」，據浙本、天順本改。
〔二六〕孟子所引堯言之勞　「之」字原缺，據浙本、天順本補。
〔二七〕朕堲讒説殄行震驚朕師　「讒」，原作「纔」，據浙本、天順本改。注文「則讒説不得行」同。
〔二八〕而後篇便記皋陶之言　「篇」字原脱，據浙本、天順本補。
〔二九〕臣而不敢易其爲臣之職　「而」字原脱，據浙本、天順本補。
〔三〇〕而天下之民皆被其澤　「皆」，浙本、天順本作「咸」。

〔三一〕儆與警同　「儆」，原作「敬」，據浙本、天順本改。
〔三二〕言此三者所當敬畏也　「敬」，浙本、天順本作「謹」。
〔三三〕孰爲可任　「孰」，原作「就」，據浙本、天順本改。
〔三四〕而是非取舍決於一己之私　「決」，原作「失」，據浙本、天順本改。
〔三五〕俾勿壞　「俾」，原作「卑」，據浙本、天順本改。
〔三六〕工作什器　「什」，原作「作」，據浙本、天順本改。
〔三七〕百穀本在木行之類　「類」，浙本、天順本作「數」。
〔三八〕是時舜方命禹以居攝　「時」，原作「皆」，據浙本、天順本改。
〔三九〕故戒之　「戒」，浙本、天順本作「我」，連下句讀。
〔四〇〕命微子啓代殷後　「代」，原作「伐」，據浙本改。
〔四一〕於已後六日乙未　正譌于「已」下補「望」字，是。今本孔傳有「望」字。
〔四二〕越與粤同　「粤」，原作「奥」，據閩本、浙本改。下句「粤若」同。
〔四三〕洛北之水　正譌改作「洛水之北」，是。
〔四四〕言本是殷民也　「言本是殷」四字原脱，據浙本補。
〔四五〕十二日也　「二」，原作「一」，據浙本改。
〔四六〕此其釁之禮歟　「此」，原作「故」，據浙本、天順本改。

〔四七〕不遍舉五服者文略耳邦伯州牧也葉曰　此十六字原脱，據浙本、天順本補。

〔四八〕無疆惟休　「疆」，原作「彊」，據浙本改。下句「亦無疆惟恤」同。

〔四九〕疾敬其德不敢遲也　「敬」，原作「教」，據浙本改。

〔五〇〕然服殷御事在節其性而已　「性」，原作「往」，據浙本、天順本改。

〔五一〕言當正身率下　「率」，原作「事」，據浙本、天順本改。

〔五二〕且以人心爲天命也　「人心」，浙本、天順本作「民心」。

〔五三〕故因其大和會而協同之　「同」，原作「雖周」，據蘇軾書傳卷一三改。

〔五四〕我非敢以此爲勤勞也　「勤」，原作「動」，據浙本、天順本改。

〔五五〕召公既卜洛而吉　「吉」，原作「告」，據浙本改。

〔五六〕周公不欲斥言王幼不能　「斥」字原脱，據閩本、天順本補。

〔五七〕武成曰　「武」，原作「姚」，據天順本改。

〔五八〕故周公在滅淮夷之後　正訛改「公」爲「官」，疑是。浙本此一字缺。

〔五九〕然閏月少大　「少」，原作「小」，據浙本、天順本改。

〔六〇〕哉生明　此三字原脱，據浙本、天順本補。

〔六一〕二日　「二」，原作「一」，據浙本、天順本改。

〔六二〕顏氏之云　「顏」，原作「程」，據浙本、天順本改。

〔六三〕張霸僞書有武成篇　「成」，原作「城」，據天順本改。下篇題「考定武成次序」同。
〔六四〕敢祇承上帝　「承」字原重，據浙本、天順本删。
〔六五〕政由舊　「政」字原脱，據浙本、天順本補。
〔六六〕其事當如此耳　「事」，浙本、天順本作「序」。
〔六七〕以下　原作「之下」，據浙本、天順本改。

晦庵先生朱文公文集卷第六十六

雜著

孝經刊誤古今文有不同者，别見考異。

仲尼閒居，曾子侍坐。子曰：「參，先王有至德要道以順天下，民用和睦，上下無怨。汝知之乎？」曾子避席曰：「參不敏，何足以知之？」子曰：「夫孝，德之本也，教之所由生。復坐，吾語汝。身體髮膚受之父母，不敢毀傷，孝之始也；立身行道，揚名於後世，以顯父母，孝之終也。夫孝，始於事親，中於事君，終於立身。大雅云：『毋念爾祖，聿脩厥德。』」子曰：「愛親者不敢惡於人，敬親者不敢慢於人。愛敬盡於事親，而德教加於百姓，刑於四海，蓋天子之孝。甫刑云：『一人有慶，兆民賴之。』在上不驕，高而不危；制節謹度，滿而不溢。高而不危，所以長守貴；滿而不溢，所以長守富。富貴不離其身，然後能保其社稷而和其民人，蓋諸侯之孝。詩云：『戰戰兢兢，如臨深淵，如履薄冰。』非先王之法服〔一〕，非先王之法言不敢道，非先王之德行不敢行。是故非法不言，非道不行；口無擇言，身無擇行；言滿天下無口過，行滿天下無怨惡。三者備矣，然後能守其宗廟，蓋卿大夫之孝也。詩云：『夙夜匪懈，以事一人。』資於事父以事母，而愛同；資於事父以事君，而敬同。故母取其愛，而君取其敬，兼之者父也。故以孝事君則忠，以敬事長則順。忠順不失以事其上，然後能保其爵禄而守其祭祀，蓋士之孝也。詩云：『夙興夜寐，毋忝爾所生。』子曰：「用天之道，因地之利，謹身節用，以養父母，此庶人之孝也。故自天子已下至於庶人，孝無終始而患不及者，未之有也。」

此一節，夫子、曾子問答之言，而曾氏門人之所記也。疑所謂孝經者，其本文止如此。其下則或者雜引傳記以釋經文，乃孝經之傳也。竊嘗考之，傳文固多傅會，而經文亦不免有離析增加之失。顧自漢以來，諸儒傳誦，莫覺其非，至或以爲孔子之所自著，則又可笑之尤者。蓋經之首統論孝之終始，中乃敷陳天子、諸侯、卿大夫、士、庶人之孝，而其末結之曰：「故自天子以下至於庶人，孝無終始而患不及者，未之有也。」其首尾相應，次第相承，文勢連屬，脈絡通貫，同是一時之言，無可疑者。而後人妄分以爲六、七章，今文作六章，古文作七章。又增「子曰」及引詩書之文以雜乎其間，使其文意分斷間隔，而讀者不復得見聖言全體大義，爲害不細。故今定此六、七章者，合爲一章，而刪去「子曰」者二，引書者一，引詩者四，凡六十一字，以復經文之舊。其傳文之失，又別論之如左方〔二〕：

曾子曰：「甚哉，孝之大也。」子曰：「夫孝，天之經，地之義，民之行。天地之經，而民是則之。則天之明，因地之義，以順天下，是以其教不肅而成，其政不嚴而治。先王見教之可以化民也，是故先之以博愛而民莫遺其親，陳之以德義而民興行，先之以敬讓而民不爭，導之以禮樂而民和睦，示之以好惡而民知禁。詩云：『赫赫師尹，民具爾瞻。』」

此以下皆傳文，而此一節蓋釋「以順天下」之意，當爲傳之三章，而今失其次矣。但自其章首以至「因地之義」，皆是春秋左氏傳所載子太叔爲趙簡子道子產之言，唯易「禮」字爲「孝」字。而文勢反不若彼之通貫，條目反不若彼之完備。明此襲彼，非彼取此，無疑也。子產曰：「夫禮，天之經，地之義，民之行也。天地之經，而民實則之。則天之明，因地之性。」其下便陳天明地性之目，與其所以則之、因之之實。然後簡子贊之曰：「甚哉，禮之大也！」首尾通貫，節目詳備，與此不同。其曰「先王見教之可以化民」，又與上文不相屬，故温公改「教」爲「孝」，乃得粗通，而下文所謂「德義」、「敬讓」、「禮樂」、「好惡」者却不相應，疑亦裂取他書之成文而强加裝綴，以爲孔子、曾子之問答，但未見其所出耳。然其前段，文雖非是而理猶可通，存之無害；至於後段，則文既可疑，而謂聖人見孝可以化民而後以身先之，於理又已悖矣。況「先之以博愛」亦非立愛惟親之序，若之何而能使民不遺其親耶？其所引詩亦不親切。今定「先王見教」以下凡六十九字並删去。

子曰：「昔者明王之以孝治天下也，不敢遺小國之臣，而況於公侯伯子男乎？故得萬國之歡心，以事其先王。治國者不敢侮於鰥寡，而況於士民乎？故得百姓之歡心，以事其先君。治家者不敢失於臣妾，而況於妻子乎？故得人之歡心，以事其親。夫然，故生則親安之，祭則鬼享之，是以天下和平，災害不生，禍亂不作。故明王之以孝治天下如此。詩云：『有覺德行，四國順之。』」

此一節釋「民用和睦、上下無怨」之意，爲傳之四章。其言雖善，而亦非經文之正意。蓋經以孝而和，此以和而孝也。引詩亦無甚失，且其下文語已更端，無所隔礙，故今且得仍舊耳。後不言合删改者放此。

曾子曰：「敢問聖人之德，其無以加於孝乎？」子曰：「天地之性人爲貴，人之行莫大於孝，孝莫大於嚴父，嚴父莫大於配天，則周公其人也。昔者周公郊祀后稷以配天，宗祀文王於明堂以配上帝，是以四海之内各以其職來助祭。夫聖人之德又何以加於孝乎？故親生之膝下，以養父母日嚴。聖人因嚴以教敬，因親以教愛。聖人之教不肅而成，其政不嚴而治，其所因者本也。」

此一節釋「孝，德之本」之意，傳之五章也。但嚴父配天，本因論武王、周公之事而贊美其孝之詞，非謂凡爲孝者皆欲如此也。又況孝之所以爲大者，本自有親切處，而非此之謂乎？若必如此而後爲孝，則是使爲人臣子者皆有矜將之心，而反陷於大不孝矣。作傳者但見其論孝之大，即以附此，而不知其非所以爲天下之通訓。讀者詳之，不以文害意焉可也。其曰「故親生之膝下」以下意却親切，但與上文不屬，而與下章相近，故今文連下二章爲一章。但下章之首語已更端，意亦重復，不當通爲一章，此語當依古文且附上章，或自別爲一章可也。

子曰：「父子之道天性，君臣之義。父母生之，續莫大焉。君親臨之，厚莫重焉。」子曰：「不愛其親而愛他人者，謂之悖德；不敬其親而敬他人者，謂之悖禮。以順則逆，民無則焉。不在於善，皆在於凶德。雖得之，君子所不貴。君子則不然，言斯可道，行斯可樂，德義可尊，作事可法，容止可觀，進退可度，以臨其民。是以其民畏而愛之，則而象之，故能成其德教而行政令。詩云：『淑人君子，其儀不忒。』」

此一節釋「教之所由生」之意，傳之六章也。古文析「不愛其親」以下別爲一章，而各冠以「子曰」。今文則合之，而又通上章爲一章，無此二「子曰」字，而於「不愛其親」之上加「故」字。今詳此章之首，語實更端，當以古文爲正。「不愛其親」語意正與上文相續，當以今文爲正。至「君臣之義」之下，則又當有脱簡焉，今不能知其爲何字也。「悖禮」以上皆格言，但「以順則逆」以下則又雜取左傳所載季文子、北宫文子之言，與此上文既不相應，而彼此得失又如前章所論子産之語，今删去凡九十字。季文子曰：「以訓則昏，民無則焉。不度於善而皆在於凶德，是以去之。」北宫文子曰：「君子在位可畏，施舍可愛，進退有度，周旋可則，容止可觀，作事可法，德行可象，聲氣可樂，動作有文，言語有章，以臨其下。」

子曰：「孝子之事親，居則致其敬，養則致其樂，病則致其憂，喪則致其哀，祭則致其嚴。五者備矣，然後能事親。事親者居上不驕，爲下不亂，在醜不爭。居上而驕則亡，爲下而亂則刑，在醜而爭則兵。此三者不除，雖日用三牲之養，猶爲不孝也。」

此一節釋「始於事親」及「不敢毁傷」之意，乃傳之七章，亦格言也。

子曰：「五刑之屬三千，而罪莫大於不孝。要君者無上，非聖人者無法，非孝者無親，此大亂之道也。」

此一節因上文不孝之云而繫於此，乃傳之八章，亦格言也。

子曰：「教民親愛莫善於孝，教民禮順莫善於弟，移風易俗莫善於樂，安上治民莫善於禮。禮者，敬而已矣。故敬其父則子悦，敬其兄則弟悦，敬其君則臣悦，敬一人而千萬人悦。所敬者寡而悦者衆，此之謂要道。」

此一節釋「要道」之意，當爲傳之二章。但經所謂「要道」，當自己而推之，與此亦不同也。

子曰：「君子之教以孝也，非家至而日見之也。教以孝，所以敬天下之爲人父者；教以悌，所以敬天下之爲人兄者；教以臣，所以敬天下之爲人君者。詩云：『愷悌君子，民之父母。』非至德，其孰能順民如此其大者乎？」

此一節釋「至德」「以順天下」之意，當爲傳之首章。然所論至德，語意亦疏，如上章之失云。

子曰：「昔者明王，事父孝，故事天明；事母孝，故事地察；長幼順，故上下治。天地明察，神明彰矣。故雖天子，必有尊也，言有父也；必有先也，言有兄也。宗廟至敬，不忘親也；修身慎行，恐辱先也。宗廟致敬，鬼神著矣。孝悌之至，通於神明，光於四海，無所不通。詩云：『自西自東，自南自北，無思不服。』」

此一節釋「天子之孝」，有格言焉，當爲傳之十章。或云宜爲十二章。

子曰：「君子之事親孝，故忠可移於君；事兄悌，故順可移於長；居家理，故治可移於官。是故行成於内，而名立於後世矣。」

此一節釋「立身揚名」及「士之孝」，傳之十一章也。或云宜爲九章。

子曰：「閨門之内，具禮矣乎！嚴父嚴兄，妻子臣妾，猶百姓徒役也。」

此一節因上章三「可移」而言，傳之十二章也。嚴父，孝也；嚴兄，弟也；妻子臣妾，官也。或云宜爲十章。

曾子曰：「若夫慈愛恭敬，安親揚名，參聞命矣。敢問從父之令，可謂孝乎？」子曰：「是何言與，是何言與？昔者，天子有爭臣七人，雖無道不失其天下；諸侯有爭臣五人，雖無道不失其國；大夫有爭臣三人，雖無道不失其家。士有爭友，則身不離於令名；父有爭子，則身不陷於不義。故當不義，則子不可以弗爭於父，臣不可以弗爭於君。故當不義則爭之，從父之令，又焉得爲孝乎！」

此不解經而別發一義，宜爲傳之十三章。

子曰：「君子事上，進思盡忠，退思補過，將順其美，匡救其惡，故上下能相親。詩曰：『心乎愛矣，遐不謂矣。中心藏之，何日忘之？』」

此一節釋忠於事君之意，當爲傳之九章，或云宜爲十一章。因上章「爭臣」而誤屬於此耳。「進思盡忠，退思補過」，亦左傳所載士貞子語，然於文理無害。引詩亦足以發明移孝事君之意，今並存之。

子曰：「孝子之喪親，哭不偯，禮無容，言不文，服美不安，聞樂不樂，食旨不甘，此哀戚之情。三日而食，教民無以死傷生，毀不滅性，此聖人之政。喪不過三年，示民有終。爲之棺槨衣衾而舉之，陳其簠簋而哀戚之，擗踊哭泣，哀以送之。卜其宅兆而安措之，爲之宗廟以鬼享之。春秋祭祀以時思之。生事愛敬，死事哀戚，生民之本盡矣，死生之義備矣，孝子之事親終矣。」

傳之十四章。亦不解經而別發一義。其語尤精約也。

熹舊見衡山胡侍郎論語説，疑孝經引詩非經本文，初甚駭焉，徐而察之，始悟胡公之言爲信，而孝經之可疑者不但此也。因以書質之沙隨程可久丈。程答書曰，頃見玉山汪端明亦以爲此書多出後人傅會。於是乃知前輩讀書精審，其論固已及此。又竊自幸有所因述而得免於鑿空妄言之罪也。因欲掇取他書之言可發此經之旨者，別爲外傳，如冬温夏凊，昏定晨省之類，即附始於事親之傳。顧未敢耳。淳熙丙午八月十二日記。

孔叢子亦僞書而多用左氏語者。但孝經相傳已久，蓋出於漢初左氏未盛行之時，不知何世何人爲之也。孔叢子叙事至東漢，然其詞氣甚卑近，亦非東漢人作。

所載孔臧兄弟往還書疏，正類西京雜記中僞造漢人文章，西京雜記之繆，匡衡傳注中顔氏已辨之，可考。皆甚可笑。所言不肯爲三公等事，以前書考之，亦無其實，而通鑑皆誤信之，其他此類不一。欲作一書論之，而未暇也，姑記於此云。

讀管氏弟子職

先生施教，弟子是則。温恭自虚，所受是極。必虚其心，然後能有所容。極，謂盡其本原也。見善從之，聞義則服。温柔孝弟，毋驕恃力。服，叶蒲北反〔三〕。○驕而恃力，則羝羊觸藩。志毋虚邪，行必正直。游居有常，必就有德。行，下孟反。○虚，謂虚僞。顔色整齊，中心必式。夙興夜寐，衣帶必飭。式，法也。朝益暮習，小心翼翼。一此不懈，是謂學則。

右學則。

少者之事，夜寐蚤作。既拚盥漱，執事有恪。拚，弗運反。盥，音管。漱，素茂反。○掃席前曰拚。盥，潔手。漱，滌口。攝衣共盥，先生乃作。沃盥徹盥，泛拚正席，共，音恭。席，叶祥龠反。○共盥，謂共先生之盥器也。徹盥，謂既盥而徹盥器也。泛拚，謂廣拚内外，不止席前也。先生乃坐。出入恭敬，如見賓客。危坐鄉師，顔色毋怍。客叶音恪。鄉音向。○怍，謂變其容貌。

右蚤作。

受業之紀，必由長始。一周則然，其餘則否。長，丁丈反。否，叶音鄙。○謂先從長者教之，一周之外不必然。始誦必作，其次則已。始誦而作，以敬事端也。至於次誦，則不必然。凡言與行，思中以爲紀。古之將興者，必由此始。行，下孟反。○中者，無過不及之名。以此爲紀綱，然後可興也。後至就席，狹坐則起。狹坐之人見後至者則當起。若有賓客，弟子駿作。對客無讓，應且遂行。趨進受命，所求雖不得，必以反命。客見上。讓，叶平聲。行，叶音杭。○駿作，迅起也。對客無讓者，供給使令不敢亢禮也。受命，爲先生命。求雖不得，必以反白。反坐復業。若有所疑，捧手問之。師出皆起，至於食時。

右受業對客。

先生將食，弟子饌饋。攝衽盥漱，跪坐而饋。置醬錯食，陳膳毋悖。錯，七故反。悖，布内反。○饋，謂選具其食。凡置彼食，鳥獸魚鼈，必先菜羹。羹，叶音郎。○先菜後肉，食之次也。羹胾中別，胾在醬前，其設要方。胾，側吏反〔四〕。別，彼列反。要，一遥反。○胾，謂肉而細者。遠胾近醬，食之便也。其陳設食器，要令成方也。飯是爲卒，左酒右醬。醬當作漿。○是，謂胾也。禮三飯乃食胾而辨殽，皆畢，又用酒以酳，用漿以漱，故言飯胾而食終，乃言酒漿〔五〕，明在胾外也。鄭注二禮兩引上文，皆作「漿」字。又此上文已云「胾在醬前」，則此醬不應復在胾外矣，今本誤也。告具而退，捧手而立。二句用韻不叶，未詳。三飯二斗。左執虛豆，右執挾匕，周還而貳，唯嗛之視。同嗛以齒，周則有始。柄尺不跪，是謂貳紀。挾，古協反。還，音旋。嗛，苦簟反。○三飯食必二毀斗也。挾猶箸也。匕，所以載鼎實者。貳，謂再益也。食盡曰嗛，視有盡者則益之。齒，次序也。如菜肉同盡，則先益菜，後益肉也。豆有柄、長尺，則立進之。此是再益之綱紀也。先生已食，弟子乃徹。趨走進漱，拚前斂祭。漱、祭未詳。○既食畢，掃席前，并搜斂所祭也。

右饌饋。

先生有命，弟子乃食。以齒相要，坐必盡席。要，平聲。○所謂食坐盡前，恐污席也。飯必捧擥，羹不以手。亦有據膝，毋有隱肘。既食乃飽，循咡覆手。擥，音覽。隱，於靳反。飽，叶補苟反。咡，音二。○不以手，當以挾也〔六〕。隱肘則太伏也。咡，口也。覆手而循之，所以拭其不潔也。振衽掃席，已食者作。摳衣而降〔七〕，旋而鄉席。各徹其餽，如於賓客。既徹并器，乃還而立。摳，苦侯反。鄉，音向。席、客、還，並見上。立，未詳。○振衽掃席，謂振其底衽以拂席之污。賓客食畢，亦自徹其餽。并，謂藏去也。

右乃食。

凡拚之道，實水於盤，攘袂及肘，堂上則播灑，室中握手。執箕膺揲，厥中有帚。揲，記注作擖，又作葉，並以涉反。○攘袂者，恐濕其袂，且不便於事也。堂上寬，故播而灑。室中隘，故握手爲掬以灑〔八〕。揲，舌也。既灑水〔九〕，將拚之，故執箕以舌自當，而置帚於箕中也。入户而立，其儀不貸。執帚下箕，倚於左側。貸，他得反。○謂倚箕於户側。凡拚之道，必由奥始。西南隅也。俯仰罄折，拚毋有徹。折，之舌反。○徹，動也，不得觸動他物也。拚前而退，聚於户内。從前掃而却退，聚其所掃糞壤於户内也。坐板排之，以葉適己，實帚於箕。板穢時以手排之。適己，向己也。先生若作，乃興而辭。以拚未畢，故辭之令止也。坐執而立，遂出棄之。既拚反立，是協是稽。協，合也。稽，考也。謂合考書義也。

右灑掃。

暮食復禮。謂復朝食之禮。昏將舉火，執燭隅坐〔一〇〕。錯總之法，横於坐所。櫛之遠近，乃承厥火。坐，上聲。錯，見上。所，叶疏果反。櫛，莊乙反。○總，束也，古者束薪蒸以爲燭，故謂之總。其未然者，則横於坐之所也。櫛謂燭盡。察其將盡之遠近，乃更以燭承取火也。居句如矩，蒸間容蒸，然者處下，捧椀以爲緒。句，古侯反。下，叶音户。○句，曲也。舊燭既盡，則更使人以新燭繼之。一横一直，其兩端相接之處，勢曲如矩，則方正不邪也。蒸，細薪也。言稍寬其束，使其蒸間可以各容一蒸以通火氣，又使已然者居下，未然者居上，則火易然也。緒，燭燼也。椀，所以貯緒也。右手執燭，左手正櫛。有墮代燭交坐，無倍尊者。乃取厥櫛，遂出是去。者，叶音緒。去，上聲。○先執燭者既捧椀以貯櫛之餘緒，遂以左手正櫛而投其緒於椀中。至其櫛漸短，有墜而不可執者，則後執燭者代之而交坐於其處，前執燭者乃取櫛而出棄之也。

右執燭。

先生將息，弟子皆起。敬奉枕席，問所何趾。俶衽則請，有常則否。奉，芳勇反。俶，昌六反。否，見上。○俶，始也。謂變其衽席，則當問其所趾，若有常處，則不請也。

右請衽。

先生既息，各就其友。相切相磋，各長其儀。周則復始，是謂弟子之紀。友，叶音以，叶上聲。長，丁丈反。儀，叶五何反〔一一〕。

右退習。

記嵩山晁氏卦爻彖象説

漢藝文志：「易經十二篇，施、孟、梁丘三家。」顏師古曰：「上、下經及十翼，故十二篇。」是則彖、象、文言、繫辭始附卦爻而傳於漢歟？先儒謂費直專以彖、象、文言參解易爻，以彖、象、文言雜入卦中者自費氏始。其初費氏不列學官，惟行民間。至漢末，陳元、鄭康成之徒學費氏，古十二篇之易遂亡。孔穎達又謂，輔嗣之意，象本釋經〔一二〕，宜相附近，分爻之象辭各附當爻。則費氏初變亂古制時，猶若今乾卦彖、象繫卦之末歟？古經始變於費氏，而卒大亂於王弼，惜哉！熹按：正義曰：「夫子所作象辭，元在六爻經辭之後，以自卑退，不敢干亂先聖正經之辭。及王輔嗣之意，以爲象者本釋經文，宜相附近，其義易了，故分爻之象辭各附其當爻下言之。」此晁氏所引以證王弼分合經傳者。然其言夫子作象辭元在六爻經辭之後，則孔氏亦初不見十二篇之易矣。又不於彖及大象發之〔一三〕，似亦有所未盡。奈何後之儒生尤而效之？杜預分左氏傳於經，宋衷、范望輩散太玄贊與測於八十一首之下，是其明比也。揆觀其初，乃如古文尚書、司馬遷班固序傳，楊雄法言序篇云爾。今民間法言，列序篇於其篇首，與學官書不同，概可見也。唐李鼎祚又取序卦冠之卦首，則又效小王之過也。劉牧云：「小象獨乾不係於爻辭，尊君也。」石守道亦曰：「孔子作彖、象於六爻之前，小象係逐爻之下。惟乾悉屬之於後者，讓也。」嗚呼！他人尚何責哉！熹按：詩疏云：「漢初爲傳訓者，皆與經别行。三傳之文不與經連，故石經書公羊傳皆無經文，而藝文志所載毛詩故訓傳亦與經别。及馬融爲周禮注，乃云欲省學者兩讀，故具載本文，而就經爲注。」據此，則古之經、傳本皆自爲一書。故高貴鄉公所謂「彖、象不連經文」者，十二卷之古經、傳也。所謂「注連之」者，鄭氏之注具載本經而附以彖、象，如馬融之周禮也。晁氏於此固不如吕氏之有據，然吕氏於乾卦經、傳之次第所以與他卦不同者，則無説焉。愚恐晁氏所謂初亂古制時猶若今之乾卦，而卒大亂於王弼者〔一四〕，似亦未可盡廢也。因竊記於此云〔一五〕。

蓍卦考誤

揲蓍之法見於大傳，雖不甚詳，然熟讀而徐究之，使其前後反復互相發明，則亦無難曉者。但疏家小失其指，而辯之者又大失焉，是以説愈多而法愈亂也。因讀郭氏辯疑，爲考其誤云。

「大衍之數五十，其用四十有九。分而爲二以象兩，掛一以象三，揲之以四以象四時，歸奇於扐以象閏，五歲再閏，故再扐而後掛。」正義曰：推演天地之數，唯用五十策。就五十策中去其一，餘所用者四十有九，合同未分，是象太一也。分而爲二以象兩者，以四十九分而爲二，以象兩儀也。此以上係節文。「掛一以象三者，就兩儀之間，於天數之中分掛其一而配兩儀，以象三才也。揲之以四以象四時者，分揲其蓍，皆以四四爲數，以象四時也。歸奇於扐以象閏者，奇謂四揲之餘，歸此殘奇於所扐之策而成數，以法象天道歸殘聚餘分而成閏也。五歲再閏者，凡前閏後閏相去略三十二月，在五歲之中，故五歲再閏。再扐而後掛者，既分天地，天於左手，地於右手，乃四四揲天之數，最末之餘歸之合於扐掛之一處，是一揲也；又以四四揲地之數，最末之餘又合於前所歸之扐而總掛之，是再扐而後掛也。」

今考正義之説，大概不差，但其文有闊略不備及顛倒失倫處，致人難曉。又解「掛」、「扐」二字，分别不明，有以大起諍論。而「是一揲也」之「揲」，以傳文及下文考之，當作「扐」字，則恐傳寫之誤耳。今頗正之，其説如左云：大衍之數五十，其用四十有九者，五十之内去其一，但用四十有九策，合同未分，是象太一也。分而爲二者，以四十九策分置左右兩手。象兩者，左手象天，右手象地，是象兩儀也。掛一者，掛猶懸也，於右手之中取其一策，懸於左手小指之間。象三者，所掛之策所以象人，而配天地，是象三才也。揲之以四者，揲，數之也，謂先置右手之策於一處，而以右手四四而數左手之策，又置左手之策，而以左手四四而數右手之策也。象四時者，皆以四數，是象四時也。歸奇於扐者，奇，零也；扐，勒也。謂既四數兩手之策，則其四四之後必有零數，或一，或二，或三，或四，左手者歸之於第四、第三指之間，右手者歸之於第三、第二指之間，而勒之也。象閏者，積餘分而成閏月也。五歲再閏，故再扐而後掛者，凡前後閏相去大略三十二月，在五歲之中，此掛一、揲四、歸奇之法，亦一變之間。凡一掛、兩揲、兩扐爲五歲之象。其間凡兩扐以象閏，是五歲之中凡有再閏。然後置前掛扐之策，復以見存之策分二掛一，而爲第二變也。

「四營而成易，十有八變而成卦」。正義曰：「四營而成易者，營謂經營，謂四度經營蓍策，乃成易之一變也。十有八變而成卦者，每一爻有三變，謂初一揲不五則九，是一變也；第二揲不四則八，是二變也；第三揲亦不四則八，是三變也。若三者俱多爲老陰，謂初得九，第二、第三俱得八也。若三者俱少爲老陽，謂初得五，第二、第三俱得四也。若兩少一多爲少陰，謂初與二、三之間，或有四，或有五，而有八也；或有二箇四，而有一箇九，此爲兩少一多也。其兩多一少爲少陽者，謂三揲之間，或有一箇九，有一箇八，而有一箇四；或有二箇八，而有一箇五，此爲兩多一少也。如此三變既畢，乃定一爻。六爻則十有八變，乃定一卦。則十有八變〔一六〕，乃其始成卦也。」正義又曰：「老陽數九，老陰數六，老陽老陰皆變，周易以變者爲占，故陽爻稱九，陰爻稱六。所以老陽數九，老陰數六者，以揲蓍之數，九過揲則得老陽，六過揲則得老陰。其少陽稱七，少陰稱八，義準此。」見乾卦初九下。劉禹錫曰：「一變遇少，與歸奇而爲五；再變遇少，與歸奇而爲四；三變如之，是老陽之數。分措手指間者，十有三策焉。其餘三十有六，四四而運，得九是已。餘三象同。」又曰：「第一指，餘一益三，餘二益二，餘三益一，餘四益四。第二指，餘一益二，餘二益一，餘三益四，餘四益三。第三指。與第二指同。」李泰伯曰：「聖人揲蓍，虚一，分二，掛一，揲四，歸奇，再扐，確然有法象，非苟作也。故五十而用四十有九，分於兩手，掛其一，則存者四十八，以四揲之，十二揲之數也。左手滿四，右手亦滿四矣，乃扐其八，而謂之多。左手餘二，右手亦餘二矣，乃扐其四，而謂之少。三少則扐十二〔一七〕，并掛而十三，其存者三十六，爲老陽。以四計之，則九揲也，故稱九。三多則扐二十四，并掛而二十五，其存者二十四，爲老陰。以四計之，則六揲也，故稱六。一少兩多則扐二十，并掛而二十一，其存者二十八，爲少陽。以四計之，則七揲也，故稱七。一多兩少則扐十六，并掛而十七，其存者三十二，爲少陰。以四計之，則八揲也，故稱八。所謂七八九六者，蓋取四象之數也。」

今考三家之説，正義大概得之。但不推多少所以爲陰陽老少之數，又以過揲之數已見乾卦，而遂不復言，此爲太略。而「易」字之解，三揲之分，亦爲小疵。劉氏蓋合正義二説而言，其法始備。然其曰「遇多」、「遇少」，「與歸奇爲若干」，則是誤以兩扐爲所遇，而謂掛一爲歸奇矣。其曰「餘三十有六策，四四而運得九」，則是反以過揲爲餘數，而又必再運之矣。此皆不如正義之名正而法簡。其論第一指與第二指、第三指之餘數不同，則雖爲三變皆掛之法，然曰餘若干而益若干，則爲揲左不揲右，而不免有以意增益之嫌。其以三變掛扐之策分措於三指間，則初變之扐誤并於掛，再變之掛誤并於扐，亦爲失之。且一手所操，多至二十五策，亦繁重而不便於事矣。李氏之説最爲簡直〔一八〕，而分别掛扐尤爲明白〔一九〕。但其法爲多者一〔二〇〕，爲少者三，而不知後二變多少之各二〔二一〕。且曰扐十二并掛一爲十三，而不知扐十并掛三爲十三，餘三象同。則是後二變不掛〔二二〕，而不若劉説之爲得也。今皆正之如左方云。

「四營而成易」者，營謂經營，易即變也，謂分二，掛一，揲四，歸奇，凡四度經營蓍策乃成一變也。「十有八變而成卦」者，謂既三變而成一爻，復合四十九策，如前經營，以爲一變，積十八變則成六爻，而爲一卦也。其法：初一變兩揲之餘爲掛扐者，不五則九；第二變兩揲之餘爲掛扐者，不四則八；第三變兩揲之餘爲掛扐者，亦不四則八。五、四爲少，九、八爲多。若三變之間，一五、兩四，則謂之三少；一九、兩八，則謂之三多；或一九、一八而一四，或一五而二八，則謂之兩多一少；或一九而二四，或一五、一四而一八，則謂之兩少一多。蓋四十九策去其初掛之一，而存者四十八，以四揲之，爲十二揲之數。四、五爲少者，一揲之數也；八、九爲多者，兩揲之數也。一揲爲奇，兩揲爲偶。奇者屬陽而象圓，偶者屬陰而象方。圓者一圍三而用全，故一奇而含三。方者一圍四而用半，故一偶而含二也。若四象之次，則一曰太陽，二曰少陰，三曰少陽，四曰太陰〔二三〕。以十分之，則居一者含九，居二者含八，居三者含七，居四者含六。其相爲對待而具於洛書者亦可見也。故三少爲老陽者，三變各得一揲之數，而三三爲九也。其存者三十六，而以四數之，復得九揲之數也。左數右策，則左右皆九，左右皆策，則一而圍三也。三多爲老陰者，三變各得兩揲之數，而三二爲六也。其存者二十四，而以四數之，復得六揲之數也。左數右策，則左右皆六，左右皆策，則圍四用半也。兩多一少爲少陽者，三變之中再得兩揲之數，一得一揲之數，而三二、一三爲七也。其存者二十八，而以四數之，復得七揲之數也。左數右策，則左右皆七，左右皆策，則方二圓一也。方二謂兩八，圓一謂一十二〔二四〕。兩少一多爲少陰者，三變之中再得一揲之數，一得兩揲之數，而二三、一二爲八也。其存者三十二，而以四數之，復得八揲之數也。左數右策，則左右皆八，左右皆策，則圓二方一也。圓二謂兩十二，方一謂一八。

「乾之策二百一十有六，坤之策一百四十有四，凡三百有六十，當期之日。二篇之策萬有一千五百二十，當萬物之數也。」正義曰：「乾之策二百一十有六者，以乾老陽一爻有三十六策，六爻凡有二百一十六策也。乾之少陽一爻有二十八策，六爻則有一百六十八策。此經據乾之老陽之策也。坤之策百四十有四者，坤之老陰一爻有二十四策，六爻故一百四十有四策也。若坤少陰一爻有三十二策，六爻則有一百九十二。此經據坤之老陰，故百四十有四也。凡三百有六十，當期之日者，舉合乾坤兩策有三百有六十，當期之數三百六十日，舉其大略，不數五日四分日之一也。二篇之策萬有一千五百二十，當萬物之數者，二篇之爻總有三百八十四爻，陰陽各半，陽爻一百九十二爻，爻别三十六，總有六千九百一十二也；陰爻亦一百九十二爻，爻别二十四，總有四千六百八也，陰陽總合萬有一千五百二十，當萬物之數也。」

今考凡言策者，即謂蓍也。禮曰「龜爲卜，策爲筮」，又曰「倒策側龜」，皆以策對龜而言則可知矣。儀禮亦言「筮人執筴」，尤爲明驗。故此凡言策數，雖指掛扐之外過揲見存之蓍數而言，然不以掛扐之内所餘之蓍不爲策也。疏義及其解説皆已得之。且其并以乾坤二少之爻爲言，則固不專以乾坤爲老、六子爲少矣。但乾坤皆少，而其合亦爲三百六十，兩篇皆少，而其合亦爲萬一千五百二十，則疏有未及，而學者不可不知爾。

右揲蓍之法，見於大傳者不過如此。爲之説者雖或互有得失，然亦不過如此。愚已論之詳矣。學者反復其言，使各盡其曲折，則後之爲説者，其是非當否不能出乎此矣。

康節先生曰：「歸奇合扐之數得五與四、四，則策數四九也。」餘放此。○郭氏曰：「歸奇合扐之數，謂不用之餘數也。策數，所得之正策數也。去此不用之餘數，止語歸奇合扐之餘數，故有三多三少之言。至康節然後策數復見於書，餘數不復相亂矣。」

今按：康節「歸奇合扐」四字，本於正義所謂最末之餘歸之合於掛扐之一處。蓋因其失而不暇正也。然四九、四六、四七、四八之數，則正義於乾篇初九文下已明言之，安得謂唐初以來不論策數耶？且康節又言「得五與四」，則四亦未得爲去此不用之餘數矣。大抵爲此辨者，未知掛扐之中奇偶方圓參兩進退之妙，是以必去掛扐之數，而專用過揲之策，其説愈多，而其法愈偏也。

橫渠先生曰：「奇，所掛之一也。扐，左右手之餘也。郭氏曰：「自唐初以來，以奇爲扐，故揲法多誤，至橫渠而始分云。」再扐而後掛者，每成一爻而後掛也。謂第二、第三揲不掛也。郭氏曰：「凡一掛再扐，爲三變而成一爻。橫渠之言，正所以明正義之失也。」閏常不及三歲而至，故曰『五歲再閏』，此歸奇必俟再扐者，象閏之中間再歲也。」

今按：此說大誤，恐非橫渠之言。掛也，奇也，扐也，大傳之文固各有所主矣。奇者，殘零之謂。方蓍象兩之時，特掛其一，不得便謂之奇。此則自畢、董、劉氏而失之矣。扐固左右兩揲之餘，然扐之爲義，乃指間勒物之處，故曰「歸奇於扐」，言歸此餘數於指間也。今直謂扐爲餘，則其曰「歸奇於扐」者，乃爲歸餘於餘，而不成文理矣。不察此誤，而更以歸奇爲掛一以避之，則又生一誤，而失愈遠矣。郭氏承此爲說，而詆唐人不當以奇爲扐。夫以奇爲扐，亦猶以其扐爲餘爾，名雖失之，而實猶未爽也。若如其說，以歸爲掛，以奇爲一，則爲名實俱亂，而大傳之文，揲四之後不見餘蓍之所在，歸奇之前不見有扐之所由，亦不復成文理。再扐者，一變之中，左右再揲而再扐也。一變之中，一掛、再揲、再扐而當五歲。蓋一掛、再揲當其不閏之年，而再扐當其再歲之閏也。而後掛者，一變既成，又合見存之蓍，分二而掛一，以起後變之端也。今曰第一變掛，而第二、第三變不掛，遂以當掛之變爲掛而象閏，以不掛之變爲扐而象不閏之歲，則與大傳之云掛一象三，再扐象閏者，全不相應矣。

且不數第一變之再扐，而謂第二、第三變爲再扐，又使第二、第三變中止有三營，而不足乎成易之數。且於陰陽奇偶老少之數，亦多有不合者。今未暇悉論，後當隨事發之爾。

伊川先生揲蓍法云：「先以右手指於左手之中，取蓍一莖，掛於左手小指之間，此名奇也。次以右手四揲左手之蓍，四揲之餘數置案之東西隅，此名右手之扐。復以左手四揲右手之蓍，四揲之餘亦置於案之東南隅，此名左手之扐。其兩手所握之蓍，爲所得之正策數。」又云：「再以左右手分而爲二，更不重掛奇。」又云：「三變訖，乃歸先所掛之奇於第一扐之中，次合正策數又四揲布之案上，得四九，爲老陽。」郭氏曰：此法先人親受於伊川先生，雍復受於先人。本無文字，歲月滋久，慮或遺忘，謹詳書之。

今按：此說尤多可疑。然郭氏既云本無文字，則其傳受之際不無差舛宜矣。其以掛一爲奇，而第二、三變不掛，愚已辨於前矣。其曰兩手餘數置之案隅，而不置之指間，則非歸奇於扐之義。其以一變過揲之蓍便爲正策，則未合四九、四六、四七、四八之數。其曰三變訖乃歸先所掛之奇於第一扐之中，則其掛之之久也無用，其歸之之晚也無說，而尤不合於大傳所言之次第。又以四揲正策布之案上，然後見所得之爻，則其重復又甚焉。凡此恐皆非伊川先生之本意也，覽者詳之。

兼山郭氏曰：「蓍必用四十九者，惟四十九即得三十六、三十二、二十八、二十四之策也。蓋四十九去其十三則得三十六，去其十七則得三十二，去其二十一則得二十八，去其二十五則得二十四。凡得者，策數也；去者，所餘之扐也。」雍曰：「世俗皆以三多三少定卦象，如此則不必四十九數，凡三十三、三十七、四十一、四十五、五十三、五十七、六十一、六十五、六十九、七十三、七十七、八十一、八十五、八十九、九十三、九十七，皆可以得初揲非五即九，再揲、三揲不四即八之數，獨不可以得三十六、三十二、二十八、二十四之策爾。」

今按：此書之中此説最爲要切，而其疏率亦無甚於此者。蓋四十九者，蓍之全數也。以其全而揲之，則其前爲掛扐，其後爲過揲。以四乘掛扐之數，必得過揲之策；以四除過揲之策，必得掛扐之數。其自然之妙，如牝牡之相銜，如符契之相合，可以相勝而不可以相無。且其前後相因固有次第，而掛扐之數所以爲七八九六，又有非偶然者，皆不可以不察也。今於掛扐之數既不知其所自來，而以爲無所務於揲法，徒守過揲之數以爲正策，而亦不知正策之所自來也。其欲增損全數以明掛扐之可廢，是又不知其不可相無之説，其失益以甚矣。聖人之道，中正公平，無向背取舍之私，其見於象數之自然者蓋如此。今乃欲以一偏之見議之，其亦誤矣。

又曰：「四象之數必曰九、八、七、六者，三十六、三十二、二十八、二十四之策再以四揲而得之也。九、六，天地之數也，乾坤之策也。七、八，出於九、六者也，六子之策也，乾坤相索而成者也。」

今按：四象之數乃天地之間自然之理，其在河圖、洛書各有定位。故聖人畫卦，自兩儀而生，有畫以見其象，有位以定其次，有數以積其實，其爲四象也久矣〔二五〕。至於揲蓍，然後掛扐之奇耦方圓有以兆之於前，過揲之三十六、三十二、二十八、二十四有以乘之於後，而九、六、七、八之數隱然於其中。九、七，天數也，三十六、二十八，凡老陽、少陽之策數也。六、八，地數也，三十二、二十四，凡老陰、少陰之策數也。今專以九、六爲天地之數，乾坤之策，謂七、八非天地之數，而爲六子之策，則已誤矣。

又曰：「天之生數一、三、五，合之爲九。地之生數二、四，合之爲六。故曰：九、六者，天地之數也。乾之策二百一十有六，以六分之，則爲三十六，又以四分之，則爲九。坤之策百四十有四，以六分之，則爲二十四，又以四分之，則爲六。故曰：九、六者，乾坤之策數也。陰陽止於九、六而已，何七、八之有？故少陽震、坎、艮三卦皆乾畫一，其策三十六；坤畫二，其策四十八。合之爲八十四，復三分之而爲二十八，復四分之而爲七。少陰巽、離、兑三卦皆乾畫二，其策七十二；坤畫一，其策二十四。合之爲九十六，復三分之而爲三十二，復四分之而爲八。是七、八出於九、六，而爲六子之策也。然九、六有象，而七、八無象。蓋以卦則六子之卦，七、八隱於其中而無象；以爻則六子皆乾坤之畫，而無六子之畫也。故惟乾坤有用九、用六之道。諸卦之奇畫用乾之九也，得偶畫者用坤之六也，無用七、八之道也。」

今按：一、二、三、四、五，天地之生數也。五中數，故不用。六、七、八、九、十，天地之成數也。十全數，故不用。而河圖、洛書之四象，亦無所當於五與十焉。故四象之畫成，而以一、二、三、四紀其次，九、八、七、六積其實。揲蓍之法具，而掛扐之五與四以一其四而爲奇，九與八以兩其四而爲偶。奇以象圓而徑一者其圍三，故凡奇者其數三。偶以象方而徑一者其圍四而用半，故凡偶者其數二。所謂「參天兩地」者也。及其揲之三變，則凡三奇者，三其三而爲九；三偶者，參其兩而爲六。此九、六之所以得數之實也。至於兩奇一偶，則亦參其兩奇以爲六，兩其一偶以爲二，而合之爲八。兩偶一奇，則亦兩其兩偶以爲四，叁其一奇以爲三，而合之爲七。此七、八所以得數之實也。是其老少雖有不同，然其成象之所自，得數之所由，則皆有從來而不可誣矣。若專以一、三、五爲九，二、四爲六，則雖合於積數之一端，而於七、八則有不可得而通者矣。不自知其不通，而反以七、八爲無象，不亦誤乎！又況自其四營三變而先得其七、八、九、六之數，而後得其一爻過揲之策。以四乘其七、八、九、六之數，而後得其一卦過揲之策。此於大傳之文，蓋有序矣。今乃以乾坤之策爲母，及再分之〔二六〕，而後得九、六焉，且又不及乎七、八，而以爲無象，誤益甚矣。抑七、

八、九、六之用於蓍，正以流行經緯乎陰陽之間，而别其老少，以辨其爻之變與不變也。九、六豈乾坤之所得專，而七、八豈六子之所偏用哉！　若如其言，則凡筮得乾坤者無定爻，得六子者無定卦矣，尚何筮之云哉！　其曰乾坤有用九、用六之道，六子無用七、用八之道，此又不考乎歐陽子明用之説，其鑿甚矣，又况方爲四象之時，未有八卦之名耶！　如蘇氏所引一行之言，謂有其象而合其數則可爾，今直以八卦分之，不亦太早計哉！

釋疑序云：「繫詞不載九、六、七、八陰陽老少之數，聖人畫卦，初未必以陰陽老少爲異。然卜史之家，取動爻之後卦，故分别老少之象，與聖人畫卦之道已不同矣。後世大失聖人之意者，多主卜史之言，而不知所謂策數也。」

今按：周禮太卜、占人、筮人之官，概舉其法，不能甚詳，然其不見於大傳者已多矣，然皆周公法也。安知七、八、九、六之説不出於其中，而夫子贊易之時，見其已著，而遂不之及乎？　正如禮記冠義、鄉飲酒義之屬，亦以其禮自有明文，故詳其義而略其數。亦不可但見大傳之詞有所不及，而遂謂聖人畫卦，初不以此爲異也。聖人作易，本爲卜筮，若但有陰陽而無老少，則又將何以觀變而玩其占乎？　且策數之云，正出於七、八、九、六者，今深主策數而力排七、八、九、六爲非聖人之法，進退無所據矣。

辨證曰：「凡卦爻所得之數，獨謂之策。自餘雖天地大衍，亦皆但謂之數。」

今按：此説之誤已辨於大傳策數之下矣。大凡蓍之一籌謂之一策，策中乘除之數，則直謂之數矣。

又曰：「扐者，數之餘也，如禮言『祭用數之扐』是也。或謂指間爲扐，非也。楊子雲作『艻』，亦謂蓍之餘數，豈以草間爲艻耶？」

今按：歸奇於扐，謂歸此餘數於指間耳，則此扐字乃歸餘數之處，而非所歸餘數之名矣。『祭用數之扐』者，亦謂正數在握中，而其奇零之數在指間，指屬人身，故從人從力而爲扐也。艻生於蓍，而言此草在人指間也。凡從「力」者，皆「勒」之省文。

又曰：「如正義之説，是六揲六扐而成一爻，三十六揲、三十六扐而成八卦，與十八變而成卦之文異矣。」

今按：一變之中再揲再扐，則十有八變之與三十六揲、三十六扐未有所戾也。

又曰〔二七〕：「蘇氏所載一行之學曰：『多少者，奇偶之象也。三變皆少，則乾之象也。乾所以爲老陽，而四數其餘得九，故以九名之。三變皆多，則坤之象也，坤所以爲老陰，而四數其餘得六，故以六名之。』又曰：『七、八、九、六者，因餘數以名陰陽，而陰陽之所以爲老少者不在是，而在乎三變之間，八卦之象也。』如上所言，則是直取三變多少，卦象相類以畫爻，而不復論其策數也。」

今按：四十九中，聖人無不用之數，已見於前矣。蘇氏之説，既不知七、八、九、六之已具於掛扐，而必求之過揲之間，其與郭氏之説已略相似矣。但蘇氏以八卦之象爲斷，而郭氏以四象之策爲言，少不同耳。然蘇氏亦云「四數其餘得九」，則固亦兼取策數矣。而郭氏峻文深詆遽至於此，亦可畏哉。

又云：「凡揲蓍，第一變必掛一者，謂不掛一則無變，所餘皆得五也。惟掛一則所餘非五則九，故能變。第二、第三變雖不掛，亦有四、八之變，蓋不必掛也。」

今按：三變皆掛，蓋本大傳所謂「四營而成易」者，予已論於前矣。然其所以不可不掛者，則又有兩説。蓋三變之中，前一變屬陽，故其餘五、九皆奇數；後二變屬陰，故其餘四、八皆偶數。屬陽者，爲陽三而爲陰一，圍三徑一之術也。掛一而左一右三也，掛一而左右皆二也，掛一而左三右一也，皆陽也。掛一而左右皆四者，陰也。屬陰者爲陰二而爲陽二，皆以圍四用半之術也。掛一而左一右二也〔二八〕，掛一而左二右一也，陽也。掛一而左三右四也，掛一而左四右三也，陰也。是皆以三變皆掛之法得之，後兩變不掛則不得也。後兩變不掛，則左一右三，左二右二，左三右一，皆爲陽，惟左右皆四乃爲陰。三變之後，其可爲老陽者十二，可爲老陰者四，可爲少陰者二十八，可爲少陽者二十，雖多寡之不同，而皆有法象。老陰陽數本皆八，老者動而陰性本靜，故損陰之四以歸於陽。少陰陽數本皆二十□〔二九〕，少者靜而陽性本動，故損陽之四以歸於陰。

是亦以三變皆掛之法得之，而後兩變不掛則不得也。後兩變不掛，則老陽、少陰皆二十。十，少陽九，老陰一。郭氏僅見第二第三變可以不掛之一端爾，而遂執以爲説，夫豈知其掛與不掛之爲得失乃如此哉。大抵郭氏他説偏滯雖多，而其爲法尚無甚戾。獨此一義，所差雖小，而深有害於成卦、變爻之法〔三〇〕，尤不可以不辨。

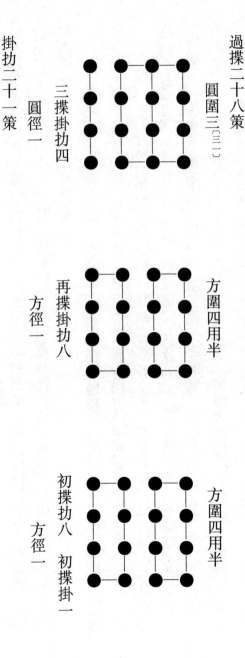

過揲二十八策

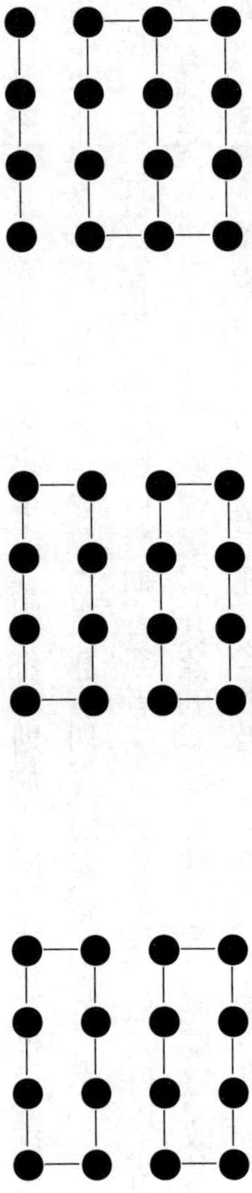

掛扐二十一策

過揲二十四策

方圍四用半

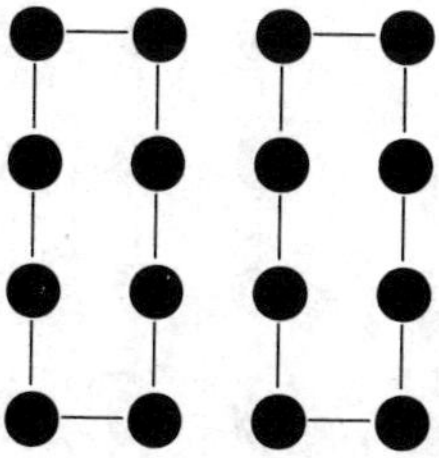

三揲掛扐八

方徑一

方圍四用半

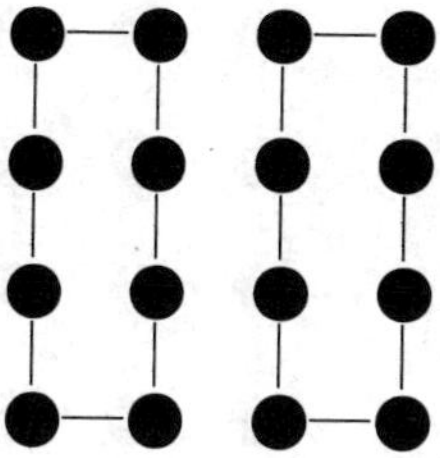

再揲掛扐八

方徑一

方圍四用半

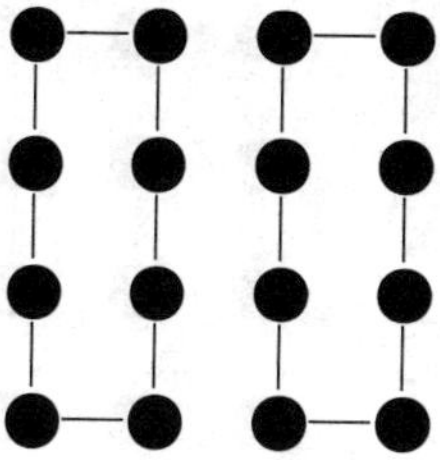

初揲扐八　初揲掛一

方徑一

掛扐三十五策〔三二〕

過揲三十六策

圓圍三

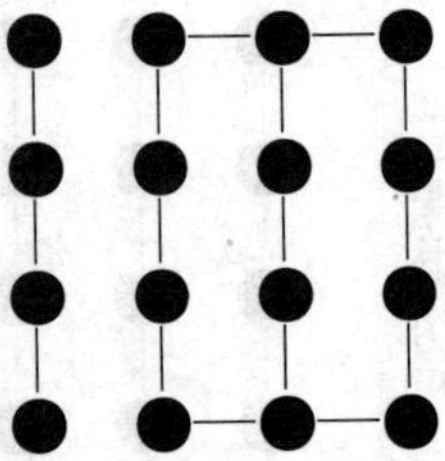

三揲掛扐四

圓徑一

掛扐十三策

圓圍三

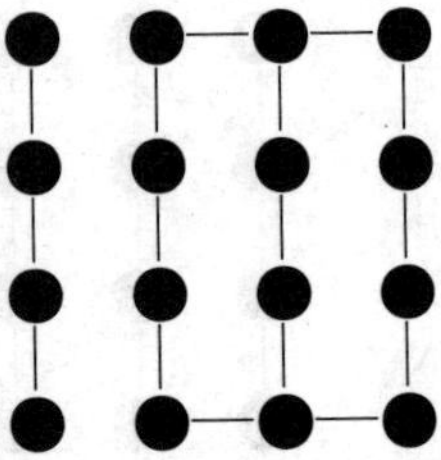

再揲掛扐四

圓徑一

圓圍三

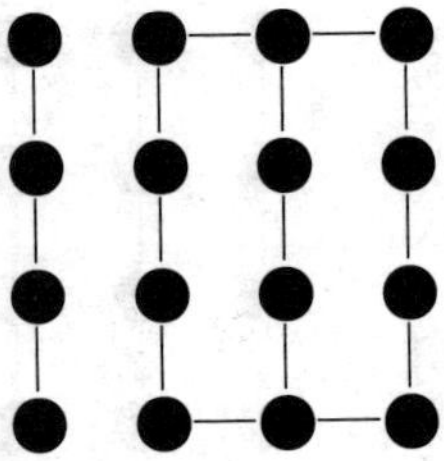

初揲扐四　初揲掛一

圓徑一

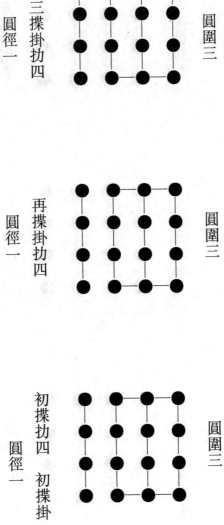

過揲三十二策

方圍四用半

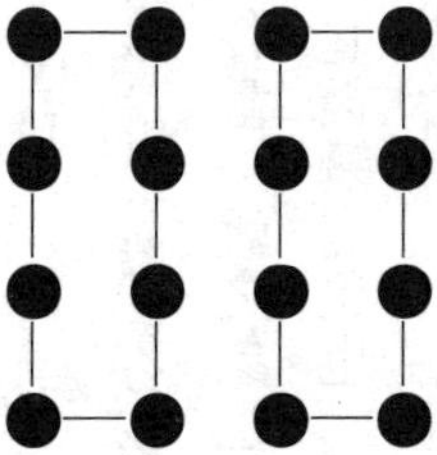

三揲掛扐八

方徑一

圓圍三

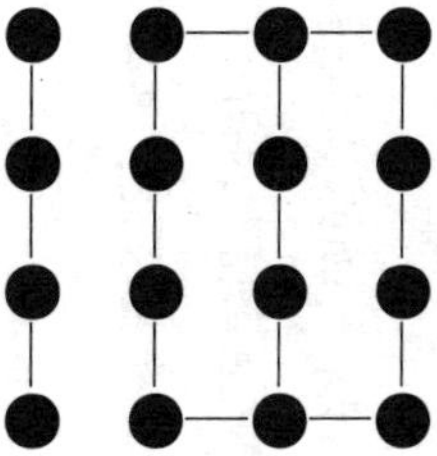

再揲掛扐四

圓徑一

圓圍三〔三三〕

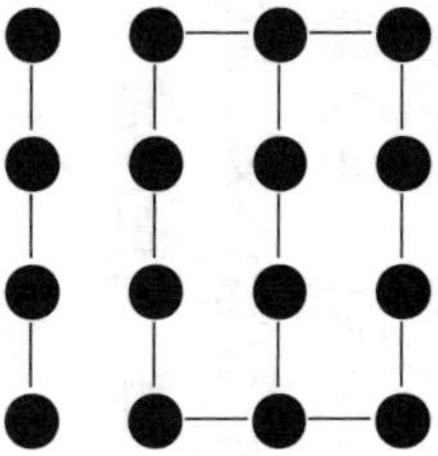

初揲扐四　初揲掛一

圓徑一

掛扐十七策

五歲再閏圖

舊說〔三四〕

第一變	第二變	第三變			
掛揲左	扐左揲右	扐右	掛揲左	扐左	揲右
扐右	掛	揲左	扐左揲右	扐右	甲乙丙閏
丁戊閏	己庚辛閏		壬癸閏	甲乙丙閏	
丁戊閏					

舊說掛一以象三者也。扐，謂歸奇於扐以象閏者也。五歲者，一變之間，一掛、再揲、再扐，各當一歲之象也。再閏者，兩扐之歲，爲再閏之象也。而後掛者，又合餘蓍，再分而掛，以起後變之象也。其文義、象類既皆有條而不紊，又通數之必五歲而再閏，亦無不合。

郭氏說

一變	二變	三變	四變	五變	六變	七變	八變	九變
掛扐	扐	扐	掛扐	扐	扐	掛扐	扐	扐
甲閏	乙	丙	丁閏	戊	己	庚閏	辛	壬

郭氏之説，以掛爲奇。三變之中，第一變掛扐，第二、第三變不掛而扐。故以有掛有扐

之變爲掛，無掛有扐之變爲扐。其有掛之扐，又棄不數，而曰歸奇必俟再扐者，象閏之中閱再歲也。然則掛象閏歲而不象三才，扐反象不閏之歲而不象閏，且必三扐而後復掛，與大傳之文殊不相應。又其閏必六歲而後再至，亦不得爲五歲而再閏矣。

易象，九爲老陽，七爲少，八爲少陰，六爲老。舊説陽以進爲老，陰以退爲老，九、六者，乾坤之畫，陽得兼陰，陰不得兼陽，此皆以意配之，不然也。九、七、八、六之數，陽順陰逆之理，皆有所從來，得之自然，非意之所配也。凡歸餘之數，有多有少，多爲陰，如爻之偶，少爲陽，如爻之奇。三少，乾也，故曰老陽，九揲而得之，故其數九，其策三十六。兩多一少，則一少爲之主，震、坎、艮也，故皆謂之少陽，少在初爲震，中爲坎，末爲艮。皆七揲而得之，故其數七，其策二十有八。三多，坤也，故曰老陰，六揲而得之，故其數六，其策二十有四。兩少一多，則一多爲之主，巽、離、兑也，故皆謂之少陰，多在初爲巽，中爲離，末爲兑。皆八揲而得之，故其數八，其策三十有二。盈則變，純少陽盈，純多陰盈。盈爲老，故老動而少靜，吉凶悔吝生乎動者也。卦爻之辭皆九、六者，惟動則有占，不動則無朕，雖易亦不能占之。國語謂「正屯悔豫皆八」，「遇泰之八」是也。今人以易筮者，雖不動，亦用爻辭斷之。易中但有九、六，既不動，則是七、八，安得用九、六爻辭？此流俗之過也。諸家揲蓍説，惟筆談此論簡而盡，但謂不動則易不能占，與引國語之説爲誤爾。

琴律説

太史公五聲數曰：九九八十一以爲宫。散聲。三分去一〔三五〕，得五十四以爲祉。爲九徽。三分益一，得七十二以爲商。爲十二徽。三分去一，得四十八以爲羽。爲八徽。三分益一，得六十四以爲角。爲十一徽。十二律數曰：黄鍾九寸，爲宫。琴長九尺而折其半，故爲四尺五寸，而下生林鍾。林鍾六寸，爲祉。爲第九徽。徽内三尺，徽外一尺五寸。上生太簇。太簇八寸，爲商。爲第十三徽。徽内四尺，徽外五寸。下生南吕。南吕五寸一分，爲羽。爲第八徽。徽内二尺七寸，徽外一尺八寸。上生姑洗。姑洗七寸一分，爲角。爲第十一徽。徽内三尺五寸〔三六〕，徽外九寸。下生應鍾。應鍾四寸六分六釐。位在八徽内二寸七分。内二尺四寸，外二尺一寸。上生蕤賓。蕤賓六寸二分八釐。位在十徽、九徽之間。内三尺一寸五分，外一尺三寸五分。上生大吕。大吕八寸三分七釐六毫。在龍齦内二寸半。内四尺二寸半，外二寸半。下生夷則。夷則五寸五分五釐一毫。在九徽、八徽之間。内二尺八寸半，外一尺六寸半。下生夾鍾。夾鍾七寸四分三釐七毫三絲。爲第十二徽。徽内三尺八寸，徽外七寸。下生無射。無射四寸八分八釐八絲。在八徽内。徽内二尺五寸，徽外二尺。上生中吕。中吕六寸五分八釐三毫四絲六忽。爲第十徽，亦爲角。徽内三尺四寸，徽外一尺一寸。復生變黄鍾，八寸七分八釐有奇。今少宫以下即其半聲，爲四寸三分八釐有奇也。以上十二律，並用太史公九分寸法約定。周禮鄭注以從簡便，凡律，寸皆九分〔三七〕，分皆九釐，釐皆九絲，絲皆九忽。琴尺皆十寸，寸皆十分，分皆十釐，釐以下不收。

按：此以上爲自龍齦之内至于七徽左方十二律之位，而七徽以後之説亦附其後。蓋琴之有徽，所以分五聲之位，而配以當位之律以待抑按而取聲。而其布徽之法，則當隨其聲數之多少、律管之長短，而三分損益，上下相生，以定其位，如前之説焉。今人殊不知此，其布徽也，但以四折取中爲法，蓋亦下俚立成之小數。雖於聲律之應若簡切而易知，但於自然之法象，懵不知其所自來，則恐不免有未盡耳。

或曰：若子之言聲數也，律分也，徽寸也，三者之相與，皆迂回屈曲而難通，無乃出於傅會牽合之私耶？曰：律之九分也，數之八十一也，琴之八尺一寸也，三者之相與，固未嘗有異焉。今以琴之太長而不適於用也，故十其九而爲九尺，又折其半而爲四尺五寸，則四尺五寸之琴與夫九寸之律、八十一之數，亦未始有異也。蓋初絃黃鍾之宫，次絃太簇之商，三絃中吕之角，四絃林鍾之祉，五絃南吕之羽，六絃黃清之少宫，七絃太清之少商，皆起於龍齦，皆終於臨岳，其長皆四尺五寸，是皆不待抑按而爲本律自然之散聲者也。而是七絃者，一絃之中又各有五聲、十二律者凡三焉。且以初絃五聲之初言之，則黃鍾之律固起於龍齦，而爲宫聲之初矣，數八十一，律九寸，琴長四尺五寸。太簇則應於十三徽之左而爲商，數七十二，律八寸，徽内四尺。姑洗則應於十一徽而爲角，數六十四，律七寸一分，徽内三尺五寸。中吕應於十而爲角，律六寸五分八釐有奇，徽内三尺五寸。但姑洗唯三絃用之，餘絃皆用中吕。林鍾則應於九而爲祉，數五十四，律六寸，徽内三尺。南宫則應於八而爲羽。數四十八，律六寸，徽内二尺七寸。○次絃則太簇之律固起於龍齦，而爲商之初矣，用宫數，後倣此。而其姑角應於十三之左，用商數。後倣此。林祉應於十，南羽應於九，黄清少宫應於八之右。○三絃則姑洗之律固起於龍齦，而爲角之初矣，而林祉應於十三，南羽應於十一，黄清少宫應於九，太清少商應於八。○四弦則林鍾之律固起於龍齦，而爲祉之初矣，而南羽應於十三，黄清少宫應於十，太清少商應於九，少角應於八。○五絃則南吕之律固起於龍齦，而爲羽之初矣，黄清少宫則應於十二，少商應於十，少角應於八、九之間。○六絃之黄清則固起於龍齦，而爲少宫之初矣，少商則應於十三，少角則應於十，少祉則應於九，少羽則應於八。○七絃之太清則固起於龍齦，而爲少商之初矣，少角則應於十二，少祉則應於十，少羽則應於九，少宫之少則應於七、八之間。故皆按其應處而鼓之，然後其聲可得而見，而聲數律分與其徽内之長無不合焉。然此皆黄鍾一均之聲也。若大吕、夾鍾、蕤賓、夷則、無射、應鍾之爲律，則無所用於黄鍾，故必因旋宫而後合於五聲之位。其在於此則雖有定位，而未當其用也。大在黄、太之間，律八寸三分七釐有奇，内四尺二寸半。○夾在太、姑之間，律七寸四分三釐有奇，内三尺八寸。○蕤在中、林之間，律六寸二分八釐，内三尺一寸五分。○夷在林、南之間，律五寸五分五釐有奇，内二尺八寸半。○無在南右，律四寸八分八釐有奇，内二尺五寸。○應在無右，律四寸六分六釐，内二尺四寸。○簇宫見本章圖説〔三八〕。

若自七徽之後以至四徽之前，則五聲、十二律之應亦各如其初之次而半之〔三九〕。初絃七徽承羽而爲宫，六、七間爲商，六右爲角，五爲祉，四、五間爲羽。○次絃七徽承宫而爲商，六左爲角，六右爲祉，五爲羽，四、五間爲宫。○三絃七徽承商而爲角，六爲羽，五爲宫，五右爲商。○四絃承角而爲祉，六左爲羽，六右爲宫，五爲商，四、五間爲角。○五絃七徽承祉而爲羽，六左爲宫，六右爲商，五右爲角，四、五間爲徵。○六絃承羽而爲宫，七右爲商，五右爲角，五爲祉，四、五間爲羽。○七絃承宫而爲商，六左爲角，六右爲祉，五爲羽，四、五間爲宫。

四徽之後以至一徽之後，則其聲律之應次第又如其初而又半之。此一節聲難取而用處希，不能盡載，然其大概次第亦與上兩節不異，但加促密耳。○凡五絃起於龍齦，初絃五聲，次絃四聲，三絃三聲，四絃二聲，五絃一聲，凡十五聲〔四〇〕，皆正聲。○初絃七徽，次絃八徽，三絃九徽〔四一〕，四絃十徽，五絃十二徽，六絃龍齦以後，爲第二宫，各五聲，七絃龍齦以後，四聲，凡三十四聲，皆少聲。○初絃四徽以下至七絃八、七間以後，爲第三宫，各五聲，凡三十五聲，皆少少聲。○初絃一徽之後下至七絃四、五之間，初絃一聲，次絃二聲，三絃三聲，四絃四聲，五絃五聲，六絃五聲，七絃四聲，凡十九聲，猶爲少少，入前三十五聲數内。唯六絃一聲，七絃二聲，凡三聲，爲第四宫，又别爲少少少聲，通爲三十八聲。○合一琴而計之，爲百十有三聲〔四二〕。但七徽之左爲聲律之初，氣厚身長〔四三〕，聲和節緩，故琴之取聲多在於此。七徽則爲正聲正律，初氣之餘，承徽羽既盡之後，而黄鍾之宮復有應於此者。且其下六絃之爲聲律，亦皆承其已應之次以復於初，而得其齊焉。氣已消而復息，聲已散而復圓，是以雖不及始初之全盛，而君子猶有取焉。過此則其氣愈散，地愈迫，聲愈高，節愈促，而愈不可用矣。此六徽以後所以爲用之少，雖四徽亦承以應之，次以復於初而得其齊，而終有所不能反也。此處但泛聲多取之，自當別論；而俗曲繁聲亦或有取，則亦非君子所宜聽也。大抵琴徽之分布聲律，正與候氣同是一法，而亦不能無少異。候氣之法，闕地爲坎，盈尺之下，先施木案，乃植十二管於其上，而實土埋之。上距地面，皆取一寸而止。其管之底，則各隨其律之短長以爲淺深。黄鍾最長，故最深而最先應。應鍾最短，故最淺而最後應。今移其法於琴而論之，則所謂龍齦，即木案之地也。所謂臨岳，即地面之平也。聲應之處，即其律寸之短長、距案之遠近也。故按此鼓之，而其聲可見，此其所同也。但律之次第左起而右行者，以氣應先後爲之序，自地中而言之也，徽之次第右起而左行者，以律管入地淺深爲之序，據人在地上目所見者而言之也。此其似異而實同者也。其甚異者，則管虚而絃實；管有長短而無大小，圍皆九分，徑皆三分。絃有大小而無短長；管上平而下不齊，絃則下齊而同起於龍齦也。是以候氣者異管而應不同時，既應則其氣遂達於上而無復升進之漸。布徽者亦異絃，而應於同時，既應則各得其量之所受，如以絃大小爲五聲之序。而循序以漸進，至于三周而後已，此其甚不同者也。然明者觀之，以其所異，乘除準望而求其所同，則是乃所以益見其同而無可疑者。但自有琴以來，通儒名師未有爲此説者，余乃獨以荒淺之學、聾聵之耳，一旦臆度而誦言之，宜子之駭於聽聞而莫之信也。然吾豈以是而必信於當世之人哉，姑以記余之所疑焉耳。抑此七絃，既有散絃所取五聲之位，又有按徽所取五聲之位，二者錯綜，相爲經緯，其自上而下者皆自上絃遞降一等，其自左而右者則終始循環，或先或後，每至上絃之宫而一齊焉。蓋散聲，陽也，通體之全聲也，無所受命而受命于天者也；七徽，陰也，全律之半聲也，受命於人，而人之所貴者也。但以全聲自然無形數之可見，故今人不察，反以中徽爲重而不知散聲之爲尊，甚矣其惑也。至其三宫之位，則左陽而右陰，陽大而陰小，陽一而陰二。故其取類，左以象君，右以象臣。而二臣之分，又有左右，左者陽明，故爲君子而近君，右者陰濁，故爲小人而在遠。以一君而御二臣，能親賢臣，遠小人，則順此理而國以興隆。親小人，遠賢臣，則咈此理而世以衰亂。是乃事理之當然，而非人之所能爲也。又凡既立此律以爲宫，則凡律之當徽而有聲者，皆本宫用事之律也；其不當徽而無聲者，皆本宫不用之律也。唯第十二徽有徽無聲，亦不當用，未詳其説。律旋而宫變，則時異而事殊。其遭時而偶俗者〔四四〕，自當進據可爲之會而發其鳴聲；其背時而忤俗者，自當退伏無人之境而箝其頰舌。此亦理勢之當然，而其詳則旋宮之圖說盡之矣。

定律

沈氏筆談據唐人琵琶録，以爲調琴之法，須先以管色合字定宮絃，乃以宮絃下生徵，徵上生商，上下相生，終於少商。凡下生者隔二絃，上生者隔一絃取之。凡絲聲皆當如此。但今人苟簡，不復以管定聲，故其高下無法，出於臨時。

按：沈氏所言，可救流俗苟簡之弊。世之言琴者，徒務布爪取聲之巧，其韻勝者乃能以蕭散閒遠爲高耳，豈復知禮樂精微之際，其爲法之嚴密乃如此而不可苟哉！然其曰以合聲定宮絃者，亦黃鍾一均之法耳。不知沈氏之意，姑舉一隅以見其餘耶，抑以琴聲之變爲盡於此而遂已也？若曰姑舉一隅，而當別用旋宮之法以盡其變，則又當各以其字命之，而不得定以合聲爲宮也。蓋今俗樂之譜，ㄙ則合之爲黃也，マ則四下之爲大也，マ則四上之爲大也，ニ則一下之爲夷也，ニ則一上之爲姑也，マ則上之爲中也，ㄙ則勾之爲蕤也，ㄙ則尺之爲林也〔四五〕，フ則乙下之爲夷也，ㄱ則乙上之爲南也，川則凡下之爲無也，川則凡上之爲應也，六則六之爲黃清也，兀則五下之爲大清也，兀則五上之爲太清也，□則□上之爲夾清也，此聲俗工皆能知之，但或未識古律之名，不能移彼以爲此，故附見其説云。按：今俗樂或謂高於古雅樂三律，則合字乃夾鍾也。沈氏後章即言：「今教坊燕樂，比律高二均弱，合字比太簇徽下，卻以凡字當宫聲，比宫之清宫徽高。外方樂又高坊一均以來。惟契丹樂聲，比教坊樂下二均，疑唐之遺聲也。」若如沈説，則方外合字真爲夾鍾矣。若便以此爲黄鍾，恐聲已高急，更用旋宫至辰巳位，即已爲林、夷，非唯不容彈，亦不可得而上矣。更詳之。

調絃

調絃之法，散聲隔四而得二聲，宫與少宫，商與少商。中徽亦如之而得四聲，按上散下得二聲，按下散上得二聲，其絃則同。八徽隔三而得六聲，宫與羽，商與少宫，角與少商。按上得三聲，按下得三聲。九徽按上者隔二而得四聲。宫與祉，商與羽，角與少宫，祉與少商，爲四。○内角聲在九、十間四之一〔四六〕，少濁。按下者隔一而得五聲。少商與羽，少宫與祉，羽與角，祉與商，角與宫，爲五。○内角聲在九、八間四之一，少清。十徽按上者隔一而得五聲。宫與角，商與祉，角與羽，祉與少宫，羽與少商，爲五。○内角聲在十一徽，少濁。按下者隔二而得四聲。少商與祉，少宫與角，羽與商，祉與宫，爲四。○内角聲在十一徽，少濁。十三徽之左，比絃相應而得六聲。宫與商，商與角，角與祉，祉與羽，羽與少宫，少宫與少商，凡六。

右調絃之法，大概如此。然惟九徽爲得其相生之序。十徽則雖律吕相得，而其倫序倒置若有未諧，故沈氏説以隔二者爲下生，隔一者爲上生。蓋九徽之宫，隔二者生散祉，而散祉隔一上生十徽之商；九徽之商，隔二下生散羽，而散羽隔一上生十一徽之角；九徽之角，隔二下生散少宫，而散少宫隔一上生十徽之祉；九徽之祉，隔二下生散少商，而散少商隔一上生十徽之羽也。如此，則九徽之隔二者常以木聲命散聲，十徽之隔一者常以散聲命木聲，然後十徽之按上、按下者，亦皆得以協其相生之序。此又不可不知也。此外諸絃號爲相應者，則但以散聲、木聲同於一律而自相疇酢，至於相生之序則無取焉。然散聲者，全律之首，七徽者，散聲之貳，故其應聲渾厚寬平，最爲諧韻。特以中三絃者孤孑特立，無上下之交焉，則其爲用，有所不周。若八徽之三聲，十三徽之六聲，則爲律雖同，而絲木有異，是以其聲雖應而不和，如人心不同而强相然諾，外雖和悦，而中實乖離。求其天屬自然，真誠和協，則惟九徽、十徽與十一徽之三絃爲然。此調絃之法所以必於此而取之，亦非人力之所能爲也。或者見其如此而不深求其故，遂以己意强爲之説，以爲九徽者，林鍾之位，十徽者，中吕之位，林鍾爲黄鍾之所生，而中吕又爲能反生黄鍾者，所以得爲調絃之地，而非他徽之可及，此其爲説亦巧矣。然使果有是理，則曷爲不直於黄鍾焉調之，而必爲此依傍假託之計耶？若角聲二律之説，則予嘗竊怪古之爲樂者通用三分損益、隔八相生之法，若以黄鍾爲宫，則姑洗之爲角有不可以毫髪差者。而今世琴家獨以中呂爲黄鍾之角，故於衆樂常必高其一律然後和，唯第三絃本是角聲，乃得守其舊而不變。流傳既久，雖不知其所自來，然聽以心、耳，亦知其非人力之所能爲也。昔人亦有爲之説者，皆無足取。其曰五聲之象，角實爲民，以民爲貴，故於此焉上之者，其穿鑿而迂疏，固已甚矣；又以爲姑洗爲正角，中呂爲慢角者，則恐此等變調隨世而生，又非獨此爲然也。近世惟長樂王氏之書，所言禮樂最爲近古，然其説琴亦但以第三絃爲律中中呂，而不言其所以然者。予於是益以爲疑，乃爲之深思而有得焉，然後知古人所以破去三分損益、隔八相生之明法，而俛焉以就此位之僭差者，乃爲迫於聲律自然之變，有不得已而然也。蓋建樂立均之法，諸律相距間皆一律，而獨宫羽、祉角之間各間二律，相距既遠，則其聲勢隔闊而有不能相通之患，然猶幸其隔八之序，五聲既備，即有二律介於宫羽、祉角之間，於是作樂者因而取之，謂之二變。然後彼四聲者乃得連續無間而七均備焉〔四七〕。唯琴則專用正聲，不取二變，故於二位之闕無以異乎衆樂之初。然又以其別有二少，而少宫之分地位近於變宫〔四八〕，故宫、羽之間有以補之而不至於大闕。然惟祉、角之間既爲闊遠，欲以少商補之，則其分寸地位相望甚遠而不可用，是以巳午二位特爲空闕，而角聲之勢必將乘其間隙進而干之，以求合於林祉，然其本位若遂空虛而無主，則姑、夾兩位又成曠闊，而商角二聲將不能以相通。幸而三絃姑洗之本聲與十一徽姑洗之本位自有相得而不能相離者，乃獨固守其所而不肯去，於是姑前中後皆得衹間一律而無空闕之患。是亦律吕性情自然之變有如此者，而非人力所能爲也。然非古之哲人機神明鑒有以盡其曲折之微，則亦孰能發其精藴，著爲明法，以幸後世之人哉！深究其端，殆未易以常理論也。今好事者乃有見二律之兼用，遂通五均數爲六律，而謂凡周禮、孟子之單言六律者，皆以是言，而非六律六同之謂。果如其言，則是周禮、孟子皆爲專指琴之一器而言，且使衆樂之七均皆廢，而所謂七音七始，亦皆虚語矣。嗚呼異哉！

校勘記

〔一〕非先王之法服不敢服　「王」，原作「生」，據閩本、浙本、天順本改。

〔二〕又别論之如左方　「方」，原作「右」，據閩本、浙本改。

〔三〕叶蒲北反　「叶」，原作「吐」，據閩本、浙本、天順本改。

〔四〕側吏反　「吏」，原作「反」，據浙本改。

〔五〕乃言酒漿　「漿」，原作「醬」，據閩本、浙本改。

〔六〕當以挾也　「挾」，原作「狹」，據浙本、天順本改。

〔七〕摳衣而降　「摳」，原作「樞」，據浙本改。注文同。
〔八〕故握手爲掬以灑　「灑」，原作「邐」，據浙本改。
〔九〕既灑水　「灑」，原作「有」，據浙本、天順本改。
〔一〇〕執燭隅坐　「隅」，原作「偶」，據浙本、天順本改。
〔一一〕叶五何反　「反」字原脱，據浙本補。
〔一二〕象本釋經　「本」，原作「木」，據閩本、浙本、天順本改。
〔一三〕又不於彖及大象發之　「不」，原作「在」，據浙本、天順本改。
〔一四〕而卒大亂於王弼者　「王」上原衍「一」，據閩本删。
〔一五〕因竊記於此云　「云」字原重，據浙本删。
〔一六〕則十有八變　浙本、文公易説卷二二引著卜考誤「則」上有「六爻」二字，天順本同底本。今本正義則無上句「乃定一卦」四字、此句五字及下句「其」字。
〔一七〕三少則扐十二　「三少」二字原脱，據文公易説卷二二引著卜考誤補。
〔一八〕李氏之説最爲簡直　「直」，原作「易」，據浙本、天順本及文公易説卷二二引著卜考誤改。
〔一九〕而分别掛扐尤爲明白　「尤」字原脱，據閩本、浙本、天順本補。
〔二〇〕但其法爲多者一　「但」，原作「祖」，據閩本、浙本、天順本改。
〔二一〕而不知後二變多少之各二　「後」字原脱，據浙本、文公易説卷二二引著卜考誤補。

〔二二〕則是後二變不掛　「二」，原作「三」，據浙本、文公易説卷二二引蓍卜考誤改。

〔二三〕　原圖八圓皆白，今據浙本及文公易説卷二二引蓍卜考誤改。

〔二四〕圓一謂一十二　「圓一」，原作「圓二」，據浙本、文公易説卷二二引蓍卜考誤改。

〔二五〕其爲四象也久矣　「也」，原作「者」，據浙本、天順本改。

〔二六〕及再分之　「及」，原作「反」，據浙本改。

〔二七〕又曰　此下至「尤不可以不辨」，原在「過揲二十八策」、「過揲二十四策」二圖之後，據淳熙本、天順本、文公易説卷二二引蓍卜考誤移正。

〔二八〕掛一而左一右二也　「二」，原作「一」，據浙本改。

〔二九〕少陰陽數本皆二十□　「數」字原脱，據浙本、天順本補。末闕一字當爲「四」。

〔三〇〕變爻之法　「法」，原作「私」，據浙本改。

〔三一〕此圖原誤，據淳熙本、文公易説卷二二引蓍卜考誤改。

〔三二〕掛扐三十五策　「三」，當作「二」。

〔三三〕此圖原誤，據淳熙本、文公易説卷二二引蓍卜考誤改。

〔三四〕舊説　此表排列形狀各本皆誤，疑當如左：

第一變	第二變	第三變
掛揲左扐左揲右扐右	掛揲左扐左揲右扐右	掛揲左扐左揲右扐右

甲乙　丙閏　丁　戊閏　己庚　辛閏　壬　癸閏　甲乙　丙閏　丁　戊閏

〔三五〕三分去一　「三」，原作「二」，據浙本、天順本改。

〔三六〕徽内三尺五寸　「徽」字原脱，據閩本、浙本、天順本補。

〔三七〕寸皆九分　「寸」，原作「律」，據閩本、浙本、天順本改。

〔三八〕簇宫見本章圖説　正譌改「簇」作「旋」。

〔三九〕各如其初之次而半之　「如」，原作「於」，據浙本改。

〔四〇〕凡十五聲　「五」，原作「九」，據閩本、浙本改。

〔四一〕三絃九徽　「徽」，原作「聲」，據浙本改。

〔四二〕爲百十有三聲　「三」，浙本作「二」。

〔四三〕氣厚身長　「厚」，原作「後」，據閩本、浙本改。

〔四四〕其遭時而偶俗者　「偶」，原作「遇」，據浙本、天順本改。

〔四五〕厶則尺之爲林也　「厶」，浙本、天順本作「人」。

〔四六〕四之一　「一」字原缺，據閩本、浙本補。

〔四七〕然後彼四聲者乃得連續無間而七均備焉　「彼」，原作「被」，據浙本、天順本改。

〔四八〕而少宫之分地位近於變宫　正譌於「分」下補「寸」字。

晦庵先生朱文公文集卷第六十七

雜著

元亨利貞説

元亨利貞，性也；生長收藏，情也；以元生，以亨長，以利收，以貞藏者，心也。仁義禮智，性也；惻隱、羞惡、辭讓、是非，情也；以仁愛，以義惡，以禮讓，以智知者，心也。性者，心之理也；情者，心之用也；心者，性情之主也。程子曰：「其體則謂之易，其理則謂之道，其用則謂之神。」正謂此也。又曰：「言天之自然者謂之天道，言天之付與萬物者謂之天命。」又曰：「天地以生物爲心。」亦謂此也。

易象説

易之有象，其取之有所從，其推之有所用，非苟爲寓言也。然兩漢諸儒必欲究其所從，則既滯泥而不通；王弼以來直欲推其所用，則又疏略而無據。二者皆失之一偏而不能闕其所疑之過也。且以一端論之：乾之爲馬，坤之爲牛，説卦有明文矣；馬之爲健，牛之爲順，在物有常理矣。至於案文責卦，若屯之有馬而無乾，離之有牛而無坤，乾之六龍則或疑於震，坤之牝馬則當反爲乾，是皆有不可曉者。是以漢儒求之説卦而不得，則遂相與創爲互體、變卦、五行、納甲、飛伏之法，參互以求，而幸其偶合。其説雖詳，然其不可通者終不可通，其可通者又皆傅會穿鑿而非有自然之勢，唯其一二之適然而無待於巧説者爲若可信然。上無所關於義理之本原，下無所資於人事之訓戒，則又何必苦心極力以求於此〔一〕，而欲必得之哉？故王弼曰：「義苟應健，何必乾乃爲馬？爻苟合順，何必坤乃爲牛？」而程子亦曰：「理無形也，故假象以顯義。」此其所以破先儒膠固支離之失，而開後學玩辭、玩占之方則至矣，然觀其意，又似直以易之取象無復有所自來，但如詩之比興、孟子之譬喻而已。如此則是説卦之作爲無所與於易，而「近取諸身，遠取諸物」者亦剩語矣。故疑其説亦若有未盡者。因竊論之，以爲易之取象固必有所自來，而其爲説必已具於太卜之官，顧今不可復考，則姑闕之，而直據辭中之象以求象中之意，使足以爲訓戒而決吉凶，如王氏、程子與吾本義之云者，其亦可矣，固不必深求其象之所自來，然亦不可直謂假設而遽欲忘之也。

易精變神説

變化之道，莫非神之所爲也，故「知變化之道，則知神之所爲」矣。「易有聖人之道四焉」，所謂變化之道也。觀變、玩占，可以見其精之至矣；玩辭、觀象，可以見其變之至矣。然非有寂然感通之神，則亦何以爲精爲變，而成變化之道哉？此變化之道所以爲神之所爲也。所以極深者，以其幾也；所以研幾者，以其變也。極深研幾，所以不疾而速、不行而至者，以其神也。此又發明上文之意，復以「易有聖人之道四焉者」結之也。或曰：「至精」、「至變」，皆以書言之矣；至神之妙，亦以書言，可乎？曰：至神之妙，固無不在，詳考之文意，則實亦以書言之也。所謂「无思无爲，寂然不動」云者，言在册，象在畫，蓍在櫝，而變未形也。至於玩辭、觀象而揲蓍以變，則「感而遂通天下之故」矣。推而極於天地之大，反而驗諸心術之微，其一動一静循環始終之際，至神之妙，亦如此而已矣。嗚呼，此其所以「不疾而速，不行而至」也歟！

參伍以變錯綜其數説

參，以三數之也。伍，以五數之也。如云「什伍其民」，如云「或相什伯」，非直爲三與五而已也。蓋紀數之法，以三數之則遇五而齊，以五數之則遇三而會，故荀子曰：「窺敵制變，欲伍以參。」注引韓子曰：「省同異之言，以知朋黨之分；偶三五之驗，以責陳言之實。」又曰：「參之以比物，五之以合三。」而漢書趙廣漢傳亦云：「參伍其賈，以類相準。」皆其義也。易所謂「三伍以變」者，蓋言或以三數而變之，或以伍數而變之，前後多寡更相反復，以不齊而要其齊，如河圖、洛書，大衍之數，伏羲、文王之卦，曆象之日月五星、章蔀紀元，是皆各爲一法，不相依附，而不害其相通也。「綜」字之義，沙隨得之。然「錯」「綜」自是兩事。錯者，雜而互之也。綜者，條而理之也。「參伍」、「錯綜」又各是一事。參伍所以通之，其治之也簡而疏；錯綜所以極之，其治之也繁而密。

易寂感説

易曰「无思也，无爲也，寂然不動，感而遂通天下之故」者，何也？曰：无思慮也，无作爲也。其寂然者無時而不感，其感通者無時而不寂也。是乃天命之全體、人心之至正，所謂體用之一源，流行而不息者也。疑若不可以時處分矣。然於其未發也，見其感通之體；於已發也，見其寂然之用，亦各有當而實未嘗分焉。故程子曰：「中者，言寂然不動者也。和者，言感而遂通者也。」然中和以情性言者也〔二〕，寂感以心言者也。中和蓋所以爲寂感也。觀「言」字、「者」字，可以見其微意矣。

舜典象刑説

聖人之心未感於物，其體廣大而虚明，絶無毫髮偏倚，所謂「天下之大本」者也。及其感於物也，則喜怒哀樂之用各隨所感而應之，無一不中節者，所謂「天下之達道」也。蓋自本體而言，如鏡之未有所照，則虚而已矣；如衡之未有所加，則平而已矣。至語其用，則以其至虚，而好醜無所遁其形；以其至平，而輕重不能違其則。此所以致其中和，而天地位，萬物育，雖以天下之大，而舉不出乎吾心造化之中也。以此而論，則知聖人之於天下，其所以爲慶賞威刑之具者，莫不各有所由，而舜典所論「敷奏以言，明試以功，車服以庸」，與夫制刑明辟之意，皆可得而言矣。雖然，喜而賞者，陽也，聖人之所欲也；怒而刑者，陰也，聖人之所惡也。是以聖人之心，雖曰至虚至平，無所偏倚，而於此二者之間，其所以處之者，亦不能無小不同者。故其言又曰：「罪疑惟輕，功疑惟重。」此則聖人之微意也。然其行之也，雖曰好賞，而不能賞無功之士；雖曰惡刑，而不敢縱有罪之人。而功罪之實苟已曉然而無疑，則雖欲輕之重之而不可得。是又未嘗不虚不平，而大本之立、達道之行，固自若也。故其賞也，必察其言，審其功，而後加以車服之賜。其刑也，必曰「象以典刑者」，畫象而示民以墨、劓、剕、宫、大辟五等肉刑之常法也。其曰「流宥五刑」者，放之於遠，所以寬夫犯此肉刑而情輕之人也。其曰「鞭作官刑，扑作教刑」者，官府、學校之刑，所以馭夫罪之小而未麗于五刑者也。其曰「金作贖刑」，使之入金而免其罪，所以贖夫犯此鞭扑之刑，而情之又輕者也。此五者，刑之法也。其曰「眚災肆赦」者，言不幸而觸罪者，則肆而赦之。其曰「怙終賊刑」者，言有恃而不改者，則賊而刑之。此二者，法外之意，猶今律令之名例也。其曰「欽哉欽哉，惟刑之恤哉」者，此則聖人畏刑之心，閔夫死者之不可復生，刑者之不可復續，惟恐察之有不審，施之有不當，又雖已得其情，而猶必矜其不教無知而抵冒至此也。嗚呼！詳此數言，則聖人制刑之意可見，而其於輕重淺深、出入取舍之際，亦已審矣。雖其重者或至於誅斬斷割而不少貸，然本其所以至此，則其所以施於人者，亦必當有如是之酷矣。是以聖人不忍其被酷者之銜冤負痛，而爲是以報之。雖若甚慘，而語其實，則爲適得其宜，雖以不忍之心畏刑之甚，而不得赦也。唯其情之輕者，聖人於此乃得以施其不忍、畏刑之意，而有以宥之。然亦必投之遠方以禦魑魅。蓋以此等所犯，非殺傷人，則亦或淫或盜，其情雖輕而罪實重。若使既免於刑，而又得便還鄉里，復爲平民，則彼之被其害者，寡妻孤子，將何面目以見之？而此幸免之人，髮膚支體了無所傷，又將得以遂其前日之惡而不知悔。此所以必曰流以宥之，而又有「五流有宅，五宅三居」之文也。若夫鞭扑之刑，則雖刑之至小，而其情之輕者亦必許其入金以贖，而不忍輒以真刑加之，是亦仁矣。然而流專以宥肉刑，而不下及於鞭扑，贖專以待鞭扑，而不上及於肉刑，則其輕重之間，又未嘗不致詳也。至於過誤必赦、故犯必誅之法，則又權衡乎五者之内；「欽哉欽哉，惟刑之恤」之旨，則常通貫乎七者之中。此聖人制刑明辟之意。所以雖或至於殺人，而其反覆表裏至精至密之妙，一一皆從廣大虛明心中流出，而非私智之所爲也。而或者之論，乃謂上古惟有肉刑，舜之爲流、爲贖、爲鞭、爲扑，乃不忍民之斬戮，而始爲輕刑者，則是自堯以上，雖犯鞭扑之刑者，亦必使從墨、劓之坐，而舜之心乃獨不忍於殺傷淫盜之凶賊，而反忍於見殺見傷爲所侵犯之良民也。聖人之心，其不如是之殘賊偏倚而失其正，亦已明矣。又謂周之穆王五刑皆贖，爲能復舜之舊者，則固不察乎舜之贖初不上及於五刑，又不察乎穆王之法亦必疑而後贖也。且以漢宣之世，張敞以討羌之役兵食不繼，建爲入穀贖罪之法，初亦未嘗及夫殺人及盜之品也，而蕭望之等猶以爲如此則富者得生，貧者獨死，恐開利路以傷治化。曾謂三代之隆而以是爲得哉！嗚呼，世衰學絶，士不聞道，是以雖有粹美之資，而不免一偏之弊，其於聖人公平正大之心有所不識，而徒知切切焉飾其偏見之私以爲美談，若此多矣，可勝辨哉！若夫穆王之事，以予料之，殆必由其巡遊無度，財匱民勞，至其末年無以爲計，乃特爲此一切權宜之術以自豐，而又託於輕刑之説，以違道而干譽耳。夫子存之，蓋以示戒，而程子策試，嘗發問焉，其意亦可見矣。或者又謂四凶之罪不輕於少正卯，舜乃不誅而流之，以爲輕刑之驗。殊不知共、兜朋黨，鯀功不就，其罪本不至死。三苗拒命，雖若可誅，而蠻夷之國，聖人本以荒忽不常待之，雖有負犯，不爲畔臣，則姑竄之遠方，亦正得其宜耳，非故爲是以輕之也。若少正卯之事，則予嘗竊疑之，蓋論語所不載，子思、孟子所不言，雖以左氏春秋内、外傳之誣且駁，而猶不道也，乃猶荀況言之，是必齊魯陋儒憤聖人之失職，故爲此説以夸其權耳，吾又安敢輕信其言而遽稽以爲決乎？聊并記之，以俟來者。

周禮三德説

或問：師氏之官，以三德教國子，「一曰至德以爲道本，二曰敏德以爲行本，三曰孝德以知逆惡」，何也？曰：至德云者，誠意正心，端本清源之事。道則天人性命之理、事物當然之則，脩身、齊家、治國、平天下之術也。敏德云者，彊志力行，畜德廣業之事。行則理之所當爲，日可見之跡也。孝德云者，尊祖愛親，不忘其所由生之事。知逆惡，則以得於己者篤實深固，有以真知彼之逆惡，而自不忍爲者也〔三〕。至德以爲道本，明道先生以之；敏德以爲行本，司馬温公以之；孝德以知逆惡，則趙無愧、徐仲車之徒是已。凡此三者，雖曰各以其材品之高下、資質之所宜而教之，然亦未有專務其一而可以爲成人者也，是以列而言之，以見其相須爲用，而不可偏廢之意。蓋不知至德，則敏德者散漫無統，固不免乎篤學力行而不知道之譏；然不務敏德，而一於至，則又無以廣業，而有空虚之弊。不知敏德，則孝德者僅爲匹夫之行，而不足以通于神明；然不務孝德，而一於敏，則又無以立本，而有悖德之累。是以兼陳備舉而無所遺。此先王之教所以本末相資，精粗兩盡，而不倚於一偏也。其又曰：「教三行：一曰孝行，以親父母；二曰友行，以尊賢良；三曰順行，以事師長。」何也？曰：德也者，得於心而無所勉者也；行，則其所行之法而已。蓋不本之以其德，則無所自得，而行不能以自脩；不實之以其行，則無所持循，而德不能以自進。是以既教之以三德，而必以三行繼之，則雖其至末至粗亦無不盡，而德之脩也不自覺矣。然是三者，似皆孝德之行而已，至於至德、敏德，則無與焉。蓋二者之行，本無常師，必協于一，然後有以獨見而自得之，固非教者所得而預言也。唯孝德則其事爲可指，故又推其類而兼爲友、順之目以詳教之，以爲學者雖或未得於心，而事亦可得而勉，使其行之不已而得於心焉，則進乎德而無待於勉矣。況其又能即是而充之，以周於事而泝其原，則孰謂至德、敏德之不可至哉！

或曰：三德之教，大學之學也；三行之教，小學之學也。鄉三物之爲教也亦然，而已詳。

樂記動靜説

樂記曰：「人生而靜，天之性也。感於物而動，性之欲也。」何也？曰：此言性情之妙，人之所生而有者也。蓋人受天地之中以生，其未感也，純粹至善，萬理具焉，所謂性也。然人有是性則即有是形，有是形則即有是心，而不能無感於物。感於物而動，則性之欲者出焉，而善惡於是乎分矣。性之欲，即所謂情也。

又曰：「物至而知知，而後好惡形焉。」何也？曰：上言性情之别，此指情之動處爲言，而性在其中也。物至而知知之者，心之感也。好之、惡之者，情也。形焉者，其動也。所以好惡而有自然之節者，性也。

「好惡無節於内，知誘於外，不能反躬，天理滅矣。」何也？曰：此言情之所以流，而性之所以失也。情之好惡，本有自然之節，惟其不自覺知，無所涵養而大本不立，是以天則不明於内，外物又從而誘之，此所以流濫放逸而不自知也。苟能於此覺其所以然者而反躬以求之，則其流也，庶乎其可制矣。不能如是而惟情是徇，則人欲熾盛，而天理滅息，尚何難之有哉！此一節正天理人欲之機間不容息處，惟其反躬自省，念念不忘，則天理益明，存養自固，而外誘不能奪矣。

「夫物之感人無窮，而人之好惡無節，則是物至而人化物也。人化物也者，滅天理而窮人欲。」何也？曰：上言情之所以流，此以其流之甚而不反者言之也。好惡之節，天之所以與我也，而至於無節；宰制萬物，人之所以爲貴也，而反化於物焉。天理，惟恐其存之不至也，而反滅之；人欲，惟恐其制之不力也，而反窮之。則人之所以爲人者，至是盡矣。然天理秉彝，終非可殄滅者，雖化物、窮欲至於此極，苟能反躬以求天理之本然者，則初未嘗滅也。但染習之深，難覺而易昧，難反而易流，非厲知耻之勇，而致百倍之功，則不足以復其初爾。

中庸首章説

中庸曰：「天命之謂性，率性之謂道，脩道之謂教。」何也？曰：天命之謂性，渾然全體，無所不該也；率性之謂道，大化流行，各有條貫也；脩道之謂教，克己復禮，日用工夫也。知全體，然後條貫可尋，而工夫有序。然求所以知之，又在日用工夫，下學上達而已矣。

又曰：「道也者，不可須臾離也，可離非道也。是故君子戒謹乎其所不覩，恐懼乎其所不聞，莫見乎隱，莫顯乎微，故君子謹其獨也。」何也？曰：率性之謂道，則無時而非道，亦無適而非道，如之何而可須臾離也？可須臾離，則非率性之謂矣。故君子戒謹乎其所不覩，恐懼乎其所不聞。蓋知道之不可須臾離，則隱微、顯著未嘗有異，所以必謹其獨而不敢以須臾離也。然豈怠於顯而偏於獨哉？蓋獨者，致用之源，而人所易忽，於此而必謹焉，則亦無所不謹矣。

「喜怒哀樂未發謂之中，發而皆中節謂之和。中也者，天下之大本也；和也者，天下之達道也。致中和，天地位焉，萬物育焉。」何也？曰：天命之性，渾然而已。以其體而言之，則曰中。以其用而言之，則曰和。中者，天地之所以立也，故曰大本；和者，化育之所以行也，故曰達道。此天命之全也。人之所受，蓋亦莫非此理之全。喜怒哀樂未發，是則所謂中也。發而莫不中節，是則所謂和也。然人爲物誘而不能自定，則大本有所不立；發而或不中節，則達道有所不行。大本不立，達道不行，則雖天理流行未嘗間斷，而其在我者或幾乎息矣。惟君子知道之不可須臾離者，其體用在是，則必有以致之，以極其至焉。蓋敬以直內，而喜怒哀樂無所偏倚，所以致夫中也。義以方外，而喜怒哀樂各得其正，所以致夫和也。敬義夾持，涵養省察，無所不用其戒謹恐懼，是以當其未發而品節已具，隨所發用而本體卓然，以至寂然、感通，無少間斷，則中和在我，天人無間，而天地之所以位，萬物之所以育，其不外是矣。

已發未發説

中庸未發、已發之義，前此認得此心流行之體，又因程子「凡言心者〔四〕，皆指已發」之云，遂目心爲已發，而以性爲未發之中，自以爲安矣。比觀程子文集、遺書，見其所論多不符合，因再思之，乃知前日之説雖於心性之實未始有差，而未發、已發命名未當，且於日用之際欠却本領一段工夫。蓋所失者，不但文義之間而已。因條其語，而附以己見，告于朋友，願相與講焉。恐或未然，當有以正之。

文集云：「中即道也。」又曰：「道無不中，故以中形道。」

又云：「『中即性也』，此語極未安。中也者，所以狀性之體段，如天圓地方。」

又云：「中之爲義，自過不及而立名。若只以中爲性，則中與性不合。」

又云：「性、道不可合一而言。中止可言體，而不可與性同德。」

又云：「『中者性之德』，此爲近之。」又云：「不若謂之性中。」

又云：「『喜怒哀樂之未發謂之中』，赤子之心，發而未遠乎中，若便謂之中，是不識大本也。」

又云：「赤子之心，可以謂之和，不可謂之中。」

遺書云：「只喜怒哀樂不發便是中。」

又云：「既思便是已發，喜怒哀樂一般。」

又云：「當中之時，耳無聞，目無見，然見聞之理在始得。」

又云：「未發之前謂之靜則可。靜中須有物始得。這裏最是難處，能敬則自知此矣。」

又云：「『敬而無失』，便是『喜怒哀樂未發謂之中』也。敬不可謂之中，但『敬而無失』即所以中也。」

又云：「『中者，天下之大本。』天地間亭亭當當、直上直下之理，出則不是。惟『敬而無失』最盡。」

又云：「存養於未發之前則可，求中於未發之前則不可。」

又云：「未發更怎生求？只平日涵養，便是涵養久，則喜怒哀樂發而中節。」

又云：「善觀者却於已發之際觀之。」

右據此諸説，皆以思慮未萌、事物未至之時，爲「喜怒哀樂之未發」。當此之時，即是心體流行，寂然不動之處，而天命之性，體段具焉。以其無過不及，不偏不倚，故謂之中。然已是就心體流行處見，故直謂之性則不可。吕博士論此大概得之。特以中即是性，赤子之心即是未發，則大失之，故程子正之。解中亦有求中之意，蓋答書時未暇辨耳。蓋赤子之心，動静無常，非寂然不動之謂，故不可謂之中。然無營欲知巧之思，故爲未遠乎中耳。未發之中，本體自然不須窮索，但當此之時，敬以持之，使此氣象常存而不失，則自此而發者，其必中節矣。此日用之際本領工夫。其曰「却於已發之處觀之」者，所以察其端倪之動，而致擴充之功也。一不中則非性之本，然而心之道或幾乎息矣。故程子於此，每以「敬而無失」爲言。又云：「入道莫如敬，未有能致知而不在敬者。」又曰：「涵養須是敬，進學則在致知。」以事言之，則有動有静。以心言之，則周流貫徹，其工夫初無間斷也，但以静爲本爾。周子所謂主静者亦是此意，但言静則偏，故程子只説敬〔五〕。向來講論思索，直以心爲已發，而所論致知格物，亦以察識端倪爲初下手處，以故缺却平日涵養一段功夫。其日用意趣，常偏於動，無復深潛純一之味，而其發之言語事爲之間，亦常躁迫浮露，無古聖賢氣象，由所見之偏而然爾。程子所謂「凡言心者，皆指已發而言」，此却指心體流行而言，非謂事物思慮之交也。然與中庸本文不合，故以爲未當而復正之，固不可執其已改之言而盡疑論説之誤，又不可遂以爲當而不究其所指之殊也。周子曰：「無極而太極。」程子又曰：「『人生而静』以上不容説，纔説時便已不是性矣。」蓋聖賢論性，無不因心而發，若欲專言之，則是所謂無極而不容言者，亦無體段之可名矣。未審諸君子以爲如何？

程子養觀説

程子曰：「存養於未發之前則可。」又曰：「善觀者却於已發之際觀之。」何也？曰：此持敬之功貫通乎動静之際者也。就程子此章論之，方其未發，必有事焉，是乃所謂静中之知覺，復之所以「見天地之心」也。及其已發，隨事觀省，是乃所謂動上求静，艮之所以「止其所」也。然則静中之動，非敬其孰能形之？動中之静，非敬其孰能察之〔六〕？故又曰：「學者莫若先理會敬，則自知此矣。」然則學者豈可舍是而他求哉！

論語或問説一

或曰：程子以孝弟爲行仁之本，而又曰「論性則以仁爲孝弟之本」，何也？曰：仁之爲性，愛之理也。其見於用，則事親、從兄、仁民、愛物，皆其爲之之事也。此論性而以仁爲孝弟之本者然也。但親者我之所自出，兄者同出而先我，故事親而孝，從兄而弟，乃愛之先見而尤切者。若君子以此爲務而力行之，至於行成而德立，則自親親而仁民，仁民而愛物，其愛有差等，其施有漸次，而爲仁之道生生而不窮矣。此學孝弟所以爲仁之本也。

論語或問説二

或曰：子於有子孝弟之章，既以仁爲愛之理矣，於巧言令色鮮仁之章，又以爲心之德，何哉？曰：仁之道大，不可以一言而盡也。程子論四德而曰：「四德之元，猶五常之仁，偏言則一事，專言則包四者。」推此而言，則可見矣。蓋仁也者，五常之首也，而包四者；惻隱，仁之體也，而貫四端。故仁之爲義，偏言之則曰愛之理，前章所言之類是也；專言之則曰心之德，後章所言之類是也。其實愛之理所以爲心之德，是以聖門之學，必以求仁爲要，而語其所以行之者，則必以孝弟爲先，論其所以賊之者，則必以巧言令色爲甚。記語者所以列此二章於首章之次，而其序又如此，欲學者知仁之爲急，而識其所當務與其所可戒也。

巧言令色説

容貌詞氣之間，正學者持養用力之地，然有意於巧令以悦人之觀聽，則心馳於外而鮮仁矣。若是就此持養，發禁躁妄，動必温恭，只要體當自家直内方外之實事，乃是爲己之切、求仁之要，復何病乎？故夫子告顔淵以克己復禮之目，不過視聽言動之間，而曾子將死之善言，亦不外乎容貌、顔色、詞氣三者而已。夫子所謂「遜以出之」、「辭欲巧」者，亦其一事也。仲山甫之德「柔嘉維則，令儀令色」，則大賢成德之行。而進乎此者，夫子之「逞顔色，怡怡如也」，乃聖人動容周旋中禮之事，又非仲山甫之所及矣。至於小人「訐以爲直」、「色厲内荏」，則雖與「巧言令色」者不同，然考其矯情飾僞之心，實巧言令色之尤者，故聖人惡之。上蔡引此數條而不肯明言其所以然者，將使學者深求而自得之也。然令學者反求之於冥漠不可知之中，失之愈遠。言仁録中所解亦少曲折，故詳論之，使學者無淫思力索之苦，而有以審夫用力之幾焉。

觀過説

「觀過」之説，詳味經意，而以伊川之説推之，似非專指一人而言，乃是通論人之所以有過，皆是隨其所偏，或厚或薄，或不忍或忍，一有所過，無非人欲之私。若能於此看得兩下偏處，便見勿忘勿助長之間，天理流行，鳶飛魚躍，元無間斷，故曰「觀過斯知仁矣」。蓋言因人之過而觀所偏，則亦可以知仁，非以爲必如此而後可以知仁也。若謂觀己過，竊嘗試之，尤覺未穩。蓋必俟有過而後觀，則過惡已形，觀之無及，久自悔咎，乃是反爲心害而非所以養心。若曰不俟有過而預觀平日所偏，則此心廓然本無一事，却不直下栽培涵養，乃豫求偏處而注心觀之，聖人平日教人養心求仁之術，似亦不如此之支離也。

忠恕説

子曰：「參乎，吾道一以貫之。」曾子曰：「唯。」子出，門人問曰：「何謂也？」曾子曰：「夫子之道，忠恕而已矣。」曾子之學主於誠身，其於聖人之日用，觀省而服習之，蓋已熟矣，惟未能即此以見夫道之全體，則不免疑其有二也。然用力之久，亦將自得矣，故夫子以一貫之理告之，蓋當其可也。曾子於是默契其旨，然後知向之所從事者莫非道之全體，雖變化萬殊，而所以貫之者，未嘗不一也。此其自得之深，宜不可以容聲矣。然門人有問而以「忠恕」告之者，蓋以夫子之道不離乎日用之間，自其盡己而言，則謂之忠，自其及物而言，則謂之恕，本末上下皆所以爲一貫，惟下學而上達焉，則知其未嘗有二也。夫子所以告曾子，曾子所以告門人，豈有異旨哉！

君子所貴乎道者三説

本末精粗，無非道也，而君子所貴，貴其本而已矣。蓋動容貌而能遠暴慢也，正顏色而能近信也，出辭氣而能遠鄙倍也，三者，道之得於身者也，所謂本也。若夫儀章器數之末，道雖不外乎是，然其分則有司之守，而非君子之所有事矣。曾子之言，其亦如此而已。至論三者之所以然，則必有内外交相養之功焉，積之之久而後能至於此也。二先生發明此意最爲詳備。朱公掞問學、劉元承手編内各有一段。至於諸儒，往往只以臨時强勉修飾爲功，此固失之。惟上蔡專以動、正、出三字爲用力處，以能此則暴慢、鄙倍不期遠而自遠，此庶幾得其本矣。然亦只是臨時著力，不見平日涵養功夫，又只以由中而出爲正，不是恭敬持守之則〔七〕，以二先生之説格之，則亦未免爲一偏之論也。

盡心説

「盡其心者知其性也，知其性則知天矣。」言人能盡其心，則是知其性，能知其性，則知天也。蓋天者，理之自然，而人之所由以生者也；性者，理之全體，而人之所得以生者也；心則人之所以主於身而具是理者也。天大無外，而性稟其全，故人之本心，其體廓然，亦無限量，惟其梏於形器之私，滯於聞見之小，是以有所蔽而不盡。人能即事即物，窮究其理，至於一日會貫通徹而無所遺焉，則有以全其本心廓然之體，而吾之所以爲性與天之所以爲天者，皆不外乎此，而一以貫之矣。

太極説

動静無端，陰陽無始，天道也；始於陽，成於陰，本於静，流於動者，人道也。然陽復本於陰，静復根於動，其動静亦無端，其陰陽亦無始，則人蓋未始離乎天，而天亦未始離乎人也。

元亨，誠之通，動也；利貞，誠之復，静也。元者，動之端也，本乎静；貞者，静之質也，著乎動。一動一静，循環無窮。而貞也者，萬物之所成終而成始者也〔八〕。故人雖不能不動，而立人極者必主乎静。惟主乎静，則其著乎動也無不中節，而不失其本然之静矣。

静者，性之所以立也；動者，命之所以行也。然其實則静亦動之息爾。故一動一静皆命之行，而行乎動静者乃性之真也。故曰：「天命之謂性。」

情之未發者，性也，是乃所謂中也，天下之大本也；性之已發者，情也，其皆中節，則所謂和也，天下之達道也。皆天理之自然也。妙性情之德者，心也，所以致中和，立大本，而行達道者也，天理之主宰也。

静而無不該者，性之所以爲中也，「寂然不動」者也；動而無不中者，情之發而得其正也，「感而遂通」者也。静而常覺，動而常止者，心之妙也，寂而感，感而寂者也。

明道論性説

生之謂性止生之謂也。

天之付與萬物者謂之命，物之稟受於天者謂之性。然天命流行，必二氣五行交感凝聚，然後能生物也。性命，形而上者也，氣則形而下者也。形而上者一理渾然，無有不善；形而下者則紛紜雜揉，善惡有所分矣。故人物既生，則即此所稟以生之氣，而天命之性存焉。此程子所以發明告子「生之謂性」之説，而以性即氣，氣即性者言之也。

人生氣稟止不可不謂之性也。

所稟之氣，所以必有善惡之殊者，亦性之理也。蓋氣之流行，性爲之主，以其氣之或純或駁而善惡分焉，故非性中本有二物相對也。然氣之惡者，其性亦無不善，故惡亦不可不謂之性也。先生又曰：「善惡皆天理，謂之惡者，本非惡，但或過或不及，便如此。」蓋天下無性外之物，本皆善而流於惡耳〔九〕。

蓋生之謂性止水流而就下也。

性則性而已矣，何言語之可形容哉！故善言性者，不過即其發見之端而言之，而性之韞因可默識矣。如孟子之論四端是也。觀水之流而必下，則水之性下可知。觀性之發而必善，則性之韞善亦可知也。

皆水也止各自出來。

此又以水之清濁譬之。水之清者，性之善也。流至海而不污者，氣稟清明，自幼而善，聖人性之而全其天者也。流未遠而已濁者，氣稟偏駁之甚，自幼而惡者也。流既遠而方濁者，長而見異物而遷焉，失其赤子之心者也。濁有多少，氣之昏明純駁有淺深也，不可以濁者不爲水，惡亦不可不謂之性也。然則人雖爲氣所昏，流於不善，而性未嘗不在其中，特謂之性則非其本然，謂之非性，則初不離是。以其如此，故人不可以不加澄治之功。惟能學以勝氣，則知此性渾然，初未嘗壞，所謂元初水也，雖濁而清者存，故非將清來換濁。既清則本無濁，故非取濁置一隅也。如此，則其本善而已矣，性中豈有兩物對立而並行也哉！

此理天命也止此舜有天下而不與者也。

「此理天命也」，該始終本末而言也。修道雖以人事而言，然其所以修者，莫非天命之本然，非人私智所能爲也。然非聖人有不能盡，故以舜明之。

定性説

定性者，存養之功至，而得性之本然也。性定，則動静如一，而内外無間矣。天地之所以爲天地，聖人之所以爲聖人，不以其定乎？君子之學，亦以求定而已矣。故擴然而大公者，仁之所以爲體也；物來而順應者，義之所以爲用也。仁立義行，則性定而天下之動一矣，所謂貞也。夫豈急於外誘之除，而反爲是憧憧哉！然常人之所以不定者，非其性之本然也，自私以賊夫仁，用知以害夫義，是以情有所蔽而憧憧耳。不知自反以去其所蔽，顧以惡外物爲心而反求照於無物之地，亦見其用力愈勞而燭理愈昧，益以憧憧而不自知也。「艮其背」，則不自私矣；行無事，則不用知矣。内外兩忘，非忘也，一循於理，不是内而非外也。不是内而非外，則大公而順應，尚何事物之爲累哉！聖人之喜怒大公而順應，天理之極也。衆人之喜怒自私而用知〔一〇〕，人欲之盛也。忘怒則公，觀理則順，二者所以爲自反而去蔽之方也。夫張子之於道固非後學所敢議，然意其彊探力取之意多，涵泳完養之功少，故不能無疑於此。程子以是發之，其旨深哉！

觀心說

或問：佛者有觀心之説〔一〕，然乎？曰：夫心者，人之所以主乎身者也，一而不二者也，爲主而不爲客者也，命物而不命於物者也。故以心觀物，則物之理得。今復有物以反觀乎心，則是此心之外復有一心而能管乎此心也。然則所謂心者，爲一耶，爲二耶？爲主耶，爲客耶？爲命物者耶，爲命於物者耶？此亦不待校而審其言之謬矣〔二〕。或者曰：若子之言，則聖賢所謂精一，所謂操存，所謂盡心知性、存心養性，所謂「見其參於前而倚於衡」者，皆何謂哉？應之曰：此言之相似而不同，正苗莠朱紫之間，而學者之所當辨者也。夫謂人心之危者，人欲之萌也；道心之微者，天理之奥也。心則一也，以正不正而異其名耳。「惟精惟一」，則居其正而審其差者也，紬其異而反其同者也。能如是，則信執其中，而無過不及之偏矣，非以道爲一心，人爲一心，而又有一心以精一之也。夫謂「操而存」者，非以彼操此而存之也；「舍而亡」者，非以彼舍此而亡之也。心而自操，則亡者存；舍而不操，則存者亡耳。然其操之也，亦曰不使旦晝之所爲得以梏亡其仁義之良心云爾，非塊然兀坐以守其炯然不用之知覺而謂之操存也。若盡心云者，則格物窮理，廓然貫通，而有以極夫心之所具之理也。存心云者，則敬以直内，義以方外，若前所謂精一、操存之道也。故盡其心而可以知性、知天，以其體之不蔽而有以究夫理之自然也。存心而可以養性、事天，以其體之不失而有以順夫理之自然也。是豈以心盡心，以心存心，如兩物之相持而不相舍哉！若參前倚衡之云者，則爲忠信篤敬而發也。蓋曰忠信篤敬不忘乎心，則無所適而不見其在是云爾，亦非有以見夫心之謂也。且身在此而心參於前，身在輿而心倚於衡，是果何理也耶？大抵聖人之學，本心以窮理，而順理以應物，如身使臂，如臂使指，其道夷而通，其居廣而安，其理實而行自然。釋氏之學，以心求心，以心使心，如口齕口，如目視目，其機危而迫，其途險而塞，其理虛而其勢逆。蓋其言雖有若相似者，而其實之不同蓋如此也。然非夫審思明辨之君子，其亦孰能無惑於斯耶？

仁說〔一三〕

天地以生物爲心者也，而人物之生，又各得夫天地之心以爲心者也。故語心之德，雖其總攝貫通無所不備，然一言以蔽之，則曰仁而已矣。請試詳之。

蓋天地之心，其德有四，曰元亨利貞，而元無不統。其運行焉，則爲春夏秋冬之序，而春生之氣無所不通。故人之爲心，其德亦有四，曰仁義禮智，而仁無不包。其發用焉，則爲愛恭宜別之情，而惻隱之心無所不貫。故論天地之心者，則曰乾元、坤元，則四德之體用不待悉數而足。論人心之妙者，則曰「仁，人心也」，則四德之體用亦不待遍舉而該。蓋仁之爲道，乃天地生物之心，即物而在，情之未發而此體已具，情之既發而其用不窮，誠能體而存之，則衆善之源、百行之本，莫不在是。此孔門之教所以必使學者汲汲於求仁也。其言有曰：「克己復禮爲仁。」言能克去己私，復乎天理，則此心之體無不在，而此心之用無不行也。又曰：「居處恭，執事敬，與人忠。」則亦所以存此心也。又曰：「事親孝，事兄弟，及物恕。」則亦所以行此心也。又曰：「求仁得仁。」則以讓國而逃、諫伐而餓爲能不失乎此心也。又曰：「殺身成仁。」則以欲甚於生、惡甚於死爲能不害乎此心也。此心何心也？在天地則坱然生物之心，在人則溫然愛人利物之心，包四德而貫四端者也。

或曰：若子之言，則程子所謂「愛，情；仁，性；不可以愛爲仁」者，非歟？曰：不然。程子之所訶，以愛之發而名仁者也。吾之所論，以愛之理而名仁者也。蓋所謂情性者，雖其分域之不同，然其脈絡之通，各有攸屬者，則曷嘗判然離絶而不相管哉！吾方病夫學者誦程子之言而不求其意，遂至於判然離愛而言仁，故特論此以發明其遺意，而子顧以爲異乎程子之説，不亦誤哉！

或曰：程氏之徒，言仁多矣，蓋有謂愛非仁，而以萬物與我爲一爲仁之體者矣。亦有謂愛非仁，而以心有知覺釋仁之名者矣。今子之言若是，然則彼皆非歟？曰：彼謂物我爲一者，可以見仁之無不愛矣，而非仁之所以爲體之真也；彼謂心有知覺者，可以見仁之包乎智矣，而非仁之所以得名之實也。觀孔子答子貢博施濟衆之問，與程子所謂覺不可以訓仁者，則可見矣。子尚安得復以此而論仁哉！抑泛言同體者，使人含胡昏緩而無警切之功，其弊或至於認物爲己者有之矣；專言知覺者，使人張皇迫躁而無沉潛之味，其弊或至於認欲爲理者有之矣。一忘一助，二者蓋胥失之，而知覺之云者，於聖門所示樂山能守之氣象，尤不相似。子尚安得復以此而論仁哉！因并記其語，作仁說。

王氏續經說

道之在天下未嘗亡，而其明晦通塞之不同，則如晝夜寒暑之相反，故二帝三王之治，詩書六藝之文，後世莫能及之，蓋非功效語言之不類，乃其本心事實之不侔也。雖然，「維天之命，於穆不已」，彼所謂道者，則固未嘗亡矣，而大學之教，所謂「明德」、「新民」、「止於至善」者，又已具有明法，若可階而升焉。後之讀其書、考其事者，誠能深思熟講以探其本，謹守力行以踐其實，至於一旦豁然，而晦者明，塞者通，則古人之不可及者，固已倏然而在我矣，夫豈患其終不及哉！苟爲不然，而但爲模放假竊之計，則不惟精粗懸絕終無可似之理，政使似之，然於其道亦何足以有所發明？此有志爲己之士所以不屑而有所不暇爲也。

王仲淹生乎百世之下，讀古聖賢之書而粗識其用，則於道之未嘗亡者，蓋有意焉，而於明德新民之學，亦不可謂無其志矣。然未嘗深探其本而盡力於其實，以求必得夫至善者而止之，顧乃挾其窺覘想像之仿佛，而謂聖之所以聖、賢之所以賢，與其所以脩身、所以治人，而及夫天下國家者，舉皆不越乎此。是以一見隋文而陳十二策，則既不自量其力之不足以爲伊周，又不知其君之不可以爲湯武，且不待其招而往，不待其問而告，則又輕其道以求售焉。及其不遇而歸，其年蓋亦未爲晚也，若能於此反之於身以益求其所未至，使明德之方、新民之具，皆足以得其至善而止之，則異時得君行道，安知其卒不逮於古人？政使不幸終無所遇，至於甚不得已而筆之於書，亦必有以發經言之餘蘊，而開後學於無窮。顧乃不知出此，而不勝其好名欲速之心，汲汲乎日以著書立言爲己任，則其用心爲已外矣。及其無以自託，乃復捃拾兩漢以來文字言語之陋〔一四〕、功名事業之卑，而求其天資之偶合，與其竊取而近似者，依倣六經，次第采輯，因以牽挽其人，强而躋之二帝三王之列。今其遺編雖不可見，然考之中説而得其規模之大略，則彼之贊易，是豈足以知先天後天之相爲體用；而高文武宣之制，是豈有「精一」、「執中」之傳；曹劉顔謝之詩，是豈有「物則」、「秉彝」之訓；叔孫通、公孫述、曹褒、荀勉之禮樂，又孰與伯夷、后夔、周公之懿？至於宋魏以來，一南一北，校功度德，蓋未有以相君臣也，則其天命人心之向背、統緒繼承之偏正，亦何足論，而欲攘臂其間，奪彼予此，以自列於孔子之春秋哉！

蓋既不自知其學之不足以爲周孔，又不知兩漢之不足以爲三王，而徒欲以是區區者比而效之於形似影響之間，傲然自謂足以承千聖而詔百王矣，而不知其初不足以供兒童之一戲，又適以是而自納於吳楚僭王之誅，使夫後世知道之君子，雖或有取於其言，而終不能無恨於此，是亦可悲也已！至於假卜筮，象論語，而强引唐初文武名臣以爲弟子，是乃福郊、福畤之所爲，而非仲淹之雅意，然推原本始，乃其平日好高自大之心有以啓之，則亦不得爲無罪矣。

或曰：然則仲淹之學固不得爲孟子之倫矣，其視荀、楊、韓氏，亦有可得而優劣者耶？曰：荀卿之學，雜於申商；子雲之學，本於黄老。而其著書之意，蓋亦姑託空文以自見耳，非如仲淹之學，頗近於正而粗有可用之實也。至於退之原道諸篇，則於道之大原若有非荀、楊、仲淹之所及者，然考其平生意鄉之所在，終不免於文士浮華放浪之習、時俗富貴利達之求；而其覽觀古今之變，將以措諸事業者，恐亦未若仲淹之致懇惻而有條理也。是以予於仲淹獨深惜之，而有所不暇於三子，是亦春秋責賢者備之遺意也，可勝歎哉！

養生主説

莊子曰：「爲善無近名，爲惡無近刑，緣督以爲經。」督，舊以爲中，蓋人身有督脈，循脊之中，貫徹上下，見醫書。故衣背當中之縫亦謂之督，見深衣注。皆中意也。老莊之學，不論義理之當否，而但欲依阿於其間，以爲全身避患之計，正程子所謂閃姦打訛者，故其意以爲爲善而近名者爲善之過也，爲惡而近刑者亦爲惡之過也，唯能不大爲善，不大爲惡，而但循中以爲常，則可以全身而盡年矣。然其「爲善無近名」者，語或似是而實不然。蓋聖賢之道，但教人以力於爲善之實，初不教人以求名，亦不教人以逃名也。蓋爲學而求名者，自非爲己之學，蓋不足道，若畏名之累己而不敢盡其爲學之力，則其爲心亦已不公而稍入於惡矣。至謂「爲惡無近刑」，則尤悖理。夫君子之惡惡，如惡惡臭，非有所畏而不爲也。今乃擇其不至於犯刑者而竊爲之，至於刑禍之所在，巧其途以避之而不敢犯，此其計私而害理，又有甚焉。乃欲以其依違苟且之兩間爲中之所在而循之，其無忌憚亦益甚矣！客嘗有語予者曰：昔人以誠爲入道之要，恐非易行。不若以中易誠，則人皆可行而無難也。予應之曰：誠而中者，君子之中庸也；不誠而中，則小人之無忌憚耳。今世俗苟偷恣睢之論，蓋多類此，不可不深察也。或曰：然則莊子之意，得無與子莫之執中者類耶？曰：不然。子莫執中，但無權耳，蓋猶擇於義理而誤執此一定之中也。莊子之意，則不論義理，專計利害，又非子莫之比矣。蓋迹其本心，實無以異乎世俗鄉原之所見，而其揣摩精巧、校計深切，則又非世俗鄉原之所及，是乃賊德之尤者。所以清談盛而晉俗衰，蓋其勢有所必至。而王通猶以爲非老莊之罪，則吾不能識其何説也。既作皇極辨，因感此意有相似者，謾筆之於其後云。

觀列子偶書

向所謂未發者，即列子所謂「生之所生者死矣，而生生者未嘗終；形之所形者實矣，而形形者未嘗有」爾，豈子思中庸之旨哉！丙申臘日，因讀列子書此，又觀其言「精神入其門，骨骸反其根，我尚何存」者，即佛書「四大各離，今者妄身當在何處」之所由出也。他若此類甚衆，聊記其一二，於此可見剽掠之端云。

參同契説

按：魏書首言乾、坤、坎、離四卦橐籥之外，其次即言屯、蒙六十卦，以見一日用功之早晚，又次即言納甲六卦，以見一月用功之進退，又次即言十二辟卦，以分納甲六卦而兩之，蓋内以詳理月節，而外以兼統歲功。其所取於易以爲説者，如是而已，初未嘗及夫三百八十四爻也。今世所傳火候之法，乃以三百八十四爻爲一周天之數，以一爻直一日，而爻多日少，則不免去其四卦二十四爻，以俟二十四氣之至而漸加焉，已非出於自然吻合之度矣。且當日所用之爻，或陰或陽，初無次第，不知功夫有何分別。又況一日之間已周三百六十之數，而其一氣所加僅得一爻，多少重輕不相權準。及此二十四者，進增微漸，退減暴疾，無復往來循環之勢。恐亦後人以意爲之，未必魏君之本指也。竊意此書大要在於「坎」、「離」二字，若於此處得其綱領，則功夫之節度，魏君所不言者，自可以意爲之，但使不失其早晚之期、進退之節，便可用功，不必一一拘舊説也。故今推得策數一法，似亦齊整，其與爻數之法雖皆魏君所不言，然此爲粗有理也。蓋月以十二卦分之，卦得二日有半，各以本卦之爻行本爻之策，自八月觀卦以後至正月泰卦，陽用少二十八策，陰用老二十四策。自四月大壯以後至七月否卦〔一五〕，陽用老三十六策〔一六〕，陰用少三十二策。陽即注意運行，陰即放神冥寂。一爻已足，即一開目舒氣以休息之。十二卦周即爲一月之功，十二月周即爲一歲之運，反復循環，無有餘欠，其數如左方。

震一至五。	復一至三半。	一陽二十八。	五陰百二十。	陽生。
	臨三半至五。	二陽五十六。	四陰九十六。	
兑六至十。	泰六至八半。	三陽八十四。	三陰七十二。	

乾十一至十五。

壯八半至十。　四陽百四十四。二陰六十八〔一七〕。

夬十一至十三半。　五陽百八十。一陰三十二。

乾十三半至十五。　六陽二百一十六。陽極無陰。

巽十六至二十。

遇〔一八〕十六至十八半。　一陰三十二。五陽百八十。　陰生。

遯十八半至二十。　二陰六十八〔一九〕。四陽一百四十四。

艮二十一至二十五。

否二十一至二十三半。　三陰九十六。三陽一百八〔二〇〕。

觀二十三半〔二一〕至二十五。　四陰九十六。二陽五十六。

坤二十六至三十。

剥二十六至二十八半。　五陰百二十。一陽二十八。

坤二十八半至三十。　六陰一百四十四。陰極無陽。

此說欲與季通講之，未及寫寄而季通死矣。偶閲舊稿，爲之泫然。戊午臘月二十六日〔二二〕。

校勘記

〔一〕則又何必苦心極力以求於此　「何」，原作「可」，據浙本、天順本改。

〔二〕然中和以情性言者也　「情性」，原作「性情」，據閩本、浙本、天順本乙。

〔三〕而自不忍爲者也　「自」，原作「事」，據浙本、天順本改。

〔四〕又因程子凡言心者　「心」，原作「之」，據浙本改。

〔五〕故程子只説敬　「只」，原作「又」，據浙本改。

〔六〕非敬其孰能察之　「能」，原作「動」，據浙本改。

〔七〕不是恭敬持守之則　「是」，浙本作「見」。

〔八〕萬物之所成終而成始者也　「所」下，原衍「以」字，據浙本、天順本删。

〔九〕本皆善而流於惡耳　「耳」，原作「矣」，據閩本、浙本、天順本改。

〔一〇〕衆人之喜怒自私而用知　「怒」，原作「恕」，據閩本、浙本、天順本改。

〔一一〕佛者有觀心之説　「之」字原脱，據浙本、天順本補。

〔一二〕此亦不待校而審其言之謬矣　「校」，原作「教」，據浙本、天順本改。

〔一三〕淳熙本、浙本皆以張栻仁説爲朱熹之作，而以此篇題作序仁説附於後。浙本且於篇題「序仁説」下注云：「此篇疑是仁説序，故附此。」閩本删正之，題注云：「浙本誤以南軒先生仁説爲先生仁説，而以先生仁説爲序仁説，又註『此篇疑是仁説序，姑附此』十字，今悉删正之。」底本同閩本。

〔一四〕乃復捃拾兩漢以來文字言語之陋　「捃」，原作「据」，據天順本改。

〔一五〕自四月大壯以後至七月否卦　「四」，當作「二」。

〔一六〕陽用老三十六策　「三」，原作「二」，據文公易説卷二〇改。

〔一七〕二陰六十八　「八」，當作「四」。

〔一八〕遇　原作「過」，據閩本、浙本、天順本改。本當作「姤」，此乃避宋高宗嫌名也。

〔一九〕二陰六十八　「八」，當作「四」。

〔二〇〕三陽一百八　「三」，原作「二」，據天順本及文公易説卷二〇改。

〔二一〕二十三半　「三」，原作「二」，據閩本、天順本改。

〔二二〕戊午臘月二十六日　「二」，原作「一」，據閩本、浙本改。

晦庵先生朱文公文集卷第六十八

雜著

跪坐拜説

古人之坐者，兩膝著地，因反其蹠而坐於其上，正如今之胡跪者。其爲肅拜，則又拱兩手而下之至地也。其爲頓首，則又以頭頓于手上也。其爲稽首，則又却其手而以頭著地，亦如今之禮拜者。皆因跪而益致其恭也。故儀禮曰「坐取爵」，曰「坐奠爵」，禮記曰「坐而遷之」，曰「一坐再至」，曰「武坐致右軒左」，老子曰「坐進此道」之類，凡言坐者，皆謂跪也。若漢文帝與賈生語，不覺膝之前於席，管寧坐不箕股，榻當膝處皆穿，皆其明驗。老子云：「雖有拱璧以先駟馬，不如坐進此道。」蓋坐即跪也，進猶獻也，言以重寶厚禮與人，不如跪而告之以此道也。今說者乃以爲坐禪之意，誤矣。然記又云「授立不跪，授坐不立」，莊子亦云「跪坐而進之」，則跪與坐又似有小異處。疑跪有危義，故兩膝著地，伸腰及股而勢危者爲跪；兩膝著地，以尻著蹠而稍安者爲坐也。又詩云「不遑啓居」，而其傳以啓爲跪；爾雅以妥爲安，而疏以爲「安定之坐」。夫以啓對居而訓啓爲跪，則居之爲坐可見。以妥爲安定之坐，則跪之爲危坐亦可知。蓋兩事相似，但一危一安爲小不同耳。至於拜之爲禮亦無所考，但杜子春說太祝九拜處，解奇拜云：「拜時先屈一膝，今之雅拜也。」夫特以先屈一膝爲雅拜，則他拜皆當齊屈兩膝，如今之禮拜明矣。凡此三事，書傳皆無明文，亦不知其自何時而變，而今人有不察也。

頃年屬錢子言作白鹿禮殿，欲據開元禮，不爲塑像而臨祭設位，子言不以爲然，而必以塑像爲問。予既略爲考禮如前之云，又記少時聞之先人云：「嘗至鄭州，謁列子祠，見其塑像席地而坐。」則亦并以告之，以爲必不得已而爲塑像，則當放此以免於蘇子俯伏匍匐之譏。子言又不謂然。會予亦辭江東之節，遂不能强，然至今以爲恨也。東坡文集私試策問云：「古者坐於席，故籩豆之長短、簠簋之高下，適與人均。今土木之像既已巍然於上，而列器皿於地，使鬼神不享則不可知；若其享之，則是俯伏匍匐而就也〔一〕。」其後乃聞成都府學有漢時禮殿，諸像皆席地而跪坐，文翁猶是當時琢石所爲，尤足據信，不知蘇公蜀人，何以不見而云爾也。及楊方子直入蜀帥幕府，因使訪焉，則果如所聞者，且爲寫放文翁石像爲小土偶以來〔二〕，而塑手不精，或者猶意其或爲加趺也〔三〕。去年又以屬蜀漕楊王休子美。今乃并得先聖、先師二像，木刻精好，視其坐後兩蹠，隱然見於帷裳之下，然後審其所以坐者，果爲跪而亡疑也。惜乎白鹿塑像之時，不得此證以曉子言，使東南學者未得復見古人之像，以革千載之繆，爲之喟然太息。姑記本末，寫寄洞學諸生，使書而揭之廟門之左，以俟來者考焉。

周禮大祝九𢷾辨

疏云：此九拜之中，四種是正拜。五者逐事生名〔四〕，還依四種正拜而爲之也。又云：稽首、頓首、空首，此三者，正拜也。肅拜，婦人之正拜也。其餘五者附此四種：振動、吉拜、凶拜、褒拜附稽首，奇拜附空首。又云：空首一拜，其餘皆再拜。肅拜或再□，故郤至三肅使者。

一曰稽首。注曰：「拜頭至地也。」疏曰：先以兩手拱至地，及頭至手，又引頭至地多時也。稽首，稽留之字也。稽首，拜中最重，臣拜君之拜。哀十七年，公會齊侯，盟於蒙，孟武伯相。齊侯稽首，公則拜。齊人怒，武伯曰：「非天子，寡君無所稽首。」襄三年，公如晉，孟獻子相。公稽首，知武子曰：「天子在，君辱稽首，寡君懼矣。」郊特牲曰：「大夫之臣不稽首，非尊家臣，以避君也。」是諸侯于天子，大夫于諸侯，皆當稽首。

二曰頓首。

注曰：「拜頭叩地也。」疏曰：先以兩手拱至地，乃頭至手，而又引頭即舉也。頭叩地，謂若以首叩物然。此平敵自相拜，家臣於大夫及凡自敵者，皆當從頓首之拜也。記疏曰：「頭叩地，不停留地也。」又曰：「諸侯相拜則然。」

三曰空首。

注曰：「拜頭至手，所謂拜手也。」疏曰：先以兩手拱至地，乃頭至手也。以其頭不至地，故名空首。君答臣下拜也。其有敬事亦稽首。洛誥曰「拜手稽首」是也。又曰：稽首、頓首、空首，此三者相因而爲之。空首而引頭頓地即舉，故名頓首；而引頭至地稽留多時，故名稽首。此三者之正拜也。

四曰振動。

注曰：「戰栗變動之拜。書曰：『王動色變。』」記疏曰：「謂有敬懼，故爲振動。」疏曰：「案中候膺云：『季秋七月甲子，赤雀銜丹入酆，王再拜稽首受。』案今文太誓：『得火烏之瑞，使以周公書報於王，王動色變。』雖不見拜文，與文王受赤雀之命同爲稽首拜也〔五〕。」

五曰吉揲。六曰凶揲。

注曰：「吉拜，拜而後稽顙，謂齊衰不杖以下者。言吉者，此殷之凶拜，周以其拜與頓首相近，故謂之吉拜云。凶拜，稽顙而後拜，謂三年服者。」疏曰：拜而後稽顙，謂先作頓首，後作稽顙，稽顙還是頓首，但觸地無容則謂之稽顙。記曰：「拜而後稽顙，頹乎其順也；稽顙而後拜，頎乎其至也。」疏曰：拜是爲親痛深貌，惻隱之至也。記又曰：晉獻公薨，秦穆公使人弔公子重耳，勸其反國。重耳稽顙而不拜，哭而起。穆公曰：「稽顙而不拜，則未爲後也，故不成拜。哭而起，則愛父也。」疏曰：「若爲後，則當拜謝其恩。今不受其勸，故不拜謝。所以稽顙者，自爲父喪哀號也。凡喪禮，先稽顙而後拜，乃成。直稽顙而不拜，故云不成拜也。今既聞父死，勸其反國之義，哀慟而起，若欲攀轅然，故云『則愛父也』。」

七曰奇揲。八曰褒揲。

注曰：「杜子春云：『奇，讀爲奇偶之奇。』鄭大夫云：『奇拜謂一拜，答臣下拜。』褒拜，再拜神與尸。杜子春書又曰：『奇拜，先屈一膝，今雅拜是。』」疏云：「後鄭不從此說。」

九曰肅揲。注曰：「肅拜但俯下手，今時揖是也。介者不拜，故曰：『爲事故敢肅使者。』」疏曰：「肅拜者，拜中最輕，唯軍中有此肅拜，婦人亦以肅拜爲正。」又曰：儀禮賓揖入門。推手曰揖，引手曰揖。記疏曰：「少儀，婦人吉事〔六〕，雖有君賜，肅拜。」

壺説

今詳經文，不言壺之圍徑，而但言其高之度、容之量，以爲相求互見之功〔七〕，且經言其所容止於斗有五升，而注乃以二斗釋之，則經之所言者，圓壺之實數，而注之所言，乃借以方體言之，而算法所謂虚加之數也。蓋壺爲圓形，斗五升爲奇數，皆繁曲而難計，故算家之術，必先借方形，虚加整數以定其法，然後四分去一以得圓形之實。此鄭氏所以舍斗五升之經文，而直以二斗爲説也。然其言知借而不知還，知加而不知減，乃於下文遂并方體之所虚加以爲實數，又皆必取全寸，不計分釐，定爲圓壺腹徑九寸，而圍二尺七寸，則爲失之。疏家雖知其失，而不知其所以失，顧乃依違其間，訖無定説，是以讀者不能無疑。今以算法求之：凡此定二斗之量者，計其積實當爲三百二十四寸。而以其高五寸者分之，則每高一寸，爲廣六十四寸八分。此六十四寸者自爲正方，又取其八分者割裂而加於正方之外，則四面各得二釐五毫之數。乃復合此六十四寸八分者五爲一方壺，則其高五寸，其廣八寸五釐，而外方三尺二寸二分，中受二斗，如注之初説矣。然此方形者，算術所借以爲虚加之數爾。若欲得圓壺之實數，則當就此方形規而圓之，去其四角虚加之數四分之一，使六十四寸八分者但爲四十八寸六分，三百二十四寸者但爲二百四十三寸，則壺腹之高雖不減於五寸，其廣雖不減於八寸五釐，而其外圍則僅爲二尺四寸一分五釐，其中所受僅爲斗有五升，如經之云，無不諧會矣。

深衣制度并圖

裁用細白布，度用指尺。

中指中節爲寸。

衣二幅，不裁，其長過脅下，屬於裳。

用布二幅，中屈而下垂之，如今之直領衫，但不裁破掖下，每幅之下屬裳三幅。

裳交解十二幅，上屬於衣，其長及踝。

用布六幅，每幅裁爲二幅，一頭廣，一頭狹，狹頭當廣頭之半，以狹頭向上而聯其縫以屬於衣，每三幅屬衣一幅。

圓袂。

用布二幅，各中屈之，如衣之長，屬於衣之左右而縫合其下以爲袂。其本之廣如衣之長，而漸圓殺之，以至袂口，則其徑一尺二寸。

方領。

兩襟相掩，衽在腋下，則兩領之會自方。

曲裾。

用布一幅如裳之長，交解裁之，疊兩廣頭並令向上，布邊不動，但稍裁其内旁太半之下，令漸如魚腹，末如鳥喙，内向而緝之，相沓綴於裳上之右旁以掩裳際。右幅在下，左幅在上，布邊在外，裁處在内。

衣裳皆緣。

緣用黑繒，其父母以青，大父母以繢。領表裏各二寸，裳下及邊表裏各一寸半，皆就布緣。袂口表裏亦寸一半，布外接出。

大帶。

帶用白繒，廣四寸，夾縫之。其長圍要，而結於前，再繚之爲兩耳，及垂其餘爲紳，下與裳齊。以繒緣其紳之兩旁及下，表裏各半寸，如緣之色。復以五綵絛廣二分約其相結處〔八〕，長與紳齊。

緇冠，

糊紙爲之武，高寸許，前後三寸，左右四寸。上爲五梁，辟積，左縫，廣四寸，長八寸，跨頂前後，著於武外，反屈其兩端各半寸，内向，黑漆之。武之兩傍，半寸之上，竅以受笄。笄用齒骨，凡白物。

幅巾。

用黑繒六尺許，刺一邊作巾額。當中作㡇，兩旁三寸許各綴一帶，廣一寸許，長二尺許。循㡇中上反屈之，當幅之中，斜縫向後，去其一角而復反之，使巾頂正圓，乃以額㡇當頭前，向後圍裹，而繫其帶於緇後〔九〕，餘者垂之。

黑履。

白絇繶純綦。

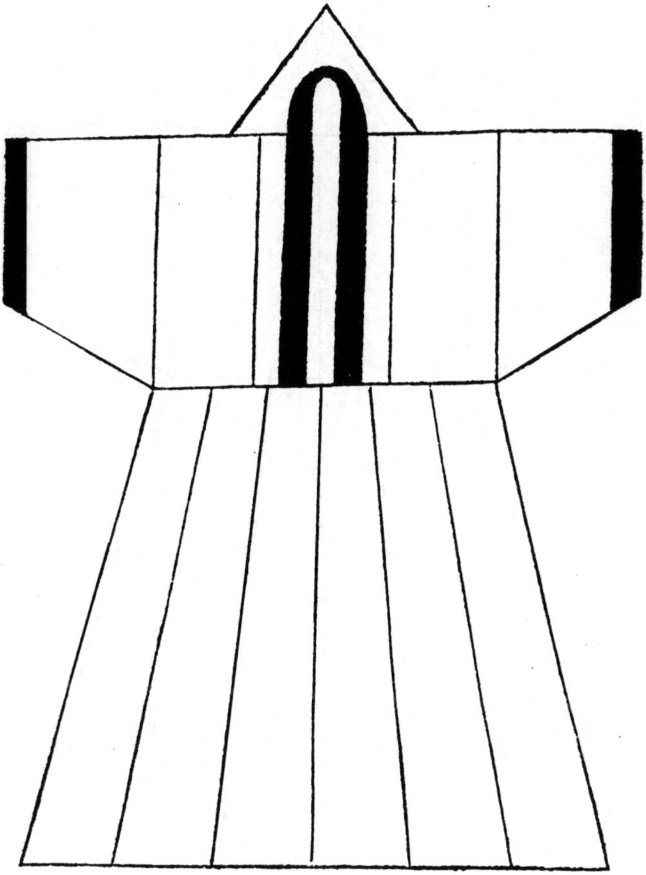

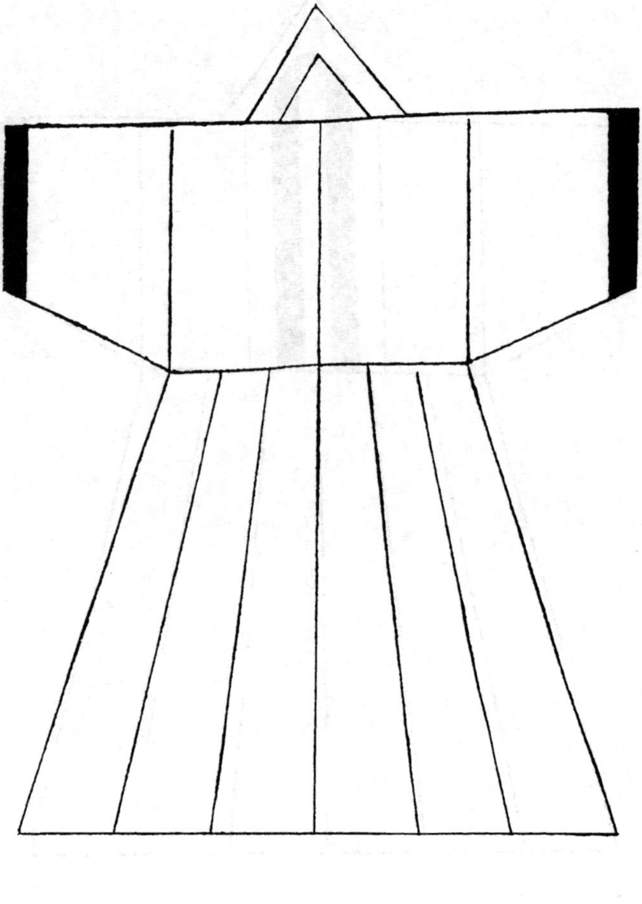

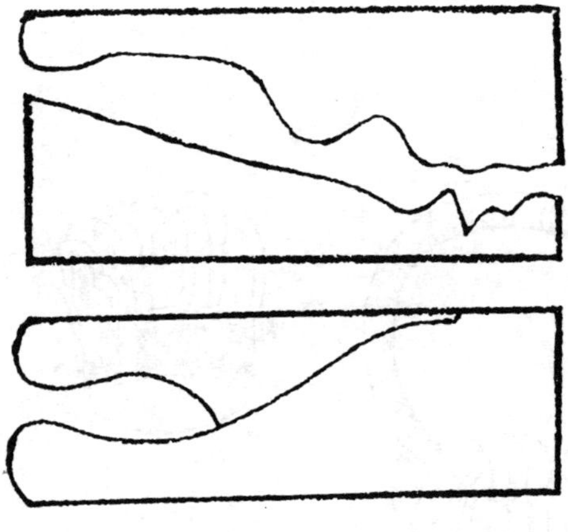

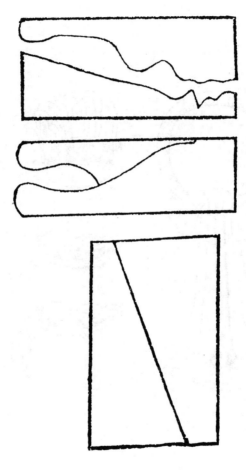

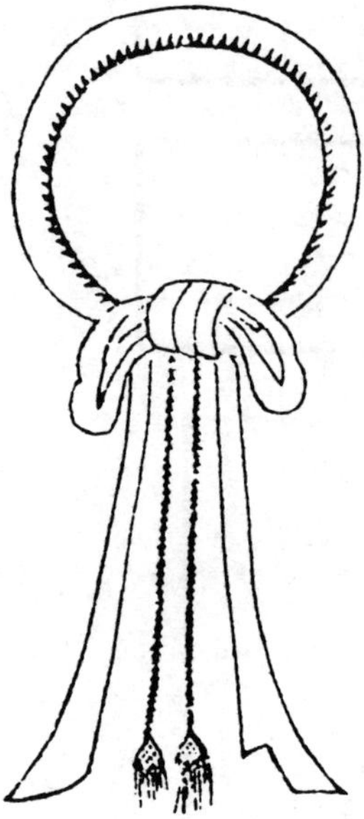

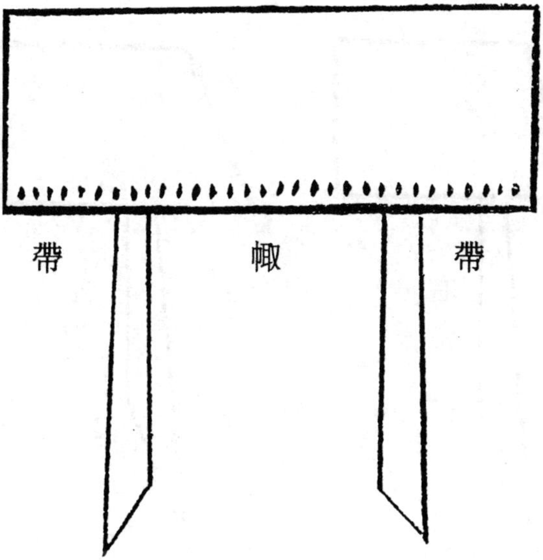
帶
幗
帶

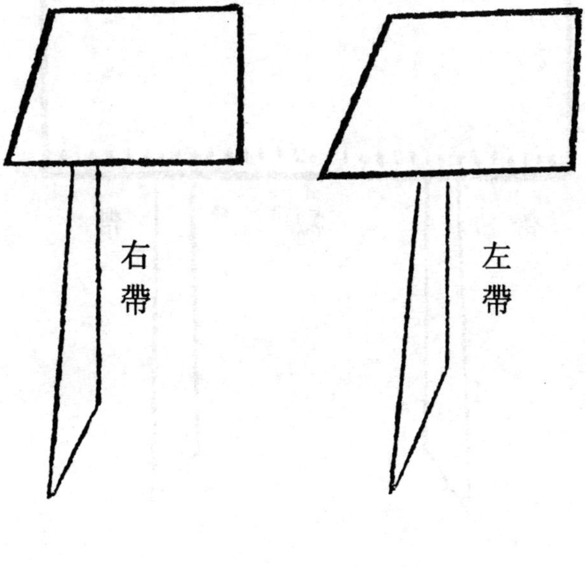
右帶
左帶

殿屋厦屋説

殿屋五間，前皆爲堂，後爲房室。中間之前爲兩楹間，後爲室。東間之前爲東楹之東，又少東爲阼階，上少北爲東序，後爲東房。西間之前爲西楹之西，又少西爲賓階，上少北爲西序，後爲西房。序即牆也，設位在東西序者，負墻而立也。其南爲序端。東序之東、西序之西爲夾，亦謂之廂。又説文云：「廂，廊也。」「廊，東西序也。」此亦可見。但疑「序」下脱一「外」字。其前爲東西堂，其後爲東西夾室。夾外之廣爲側階，房後爲北階。此其地之盤也。其棟，則中三間爲一棟，横指東西，至兩序之上而盡；遂自此處分爲四棟，邪指四隅，上接横棟，下與霤齊。此其上棟之制，所謂四阿也。其宇，則横棟前後即爲南北兩下，横棟盡外即爲東西兩下，四棟之旁即各連所向而下。四面榱桷覆堂廉出階外者，謂之廡。説文云：「廡，堂下周屋也。」其屋盡水下處謂之霤〔一〇〕。此其下宇之制也〔一一〕。

厦屋則前五間，後四間，無西房。堂中三間之後只分爲兩間，東房、西室〔一二〕。其餘並如殿屋之制。但五間皆爲横棟，棟之前後皆爲兩下之宇。横棟盡外有版下垂，謂之搏風。搏風之下亦爲兩廡，接連南北，以覆側階。但其廡亦不出搏風之外耳。儀禮疏云：「卿大夫爲夏屋，其室兩下而四周之。」

殿屋四阿連下爲廡。四面之簷，其水皆多，故其簷皆得以霤爲名。夏屋南北兩下之廡與殿屋同，故其簷亦謂之霤。東西兩廡則但爲腰簷，不連棟下，又不出搏風之外，雖或有水，亦不能多，故但謂之榮，謂之翼，而不得以霤名也。榮、翼乃接簷之名〔一三〕，疏乃直指搏風，誤矣。

明堂説并圖

論明堂之制者非一。熹竊意當有九室，如井田之制。東之中爲青陽太廟，東之南爲青陽右箇，東之北爲青陽左箇。南之中爲明堂太廟，南之東即東之南。爲明堂左箇，南之西即西之南。爲明堂右箇。西之中爲總章太廟，西之南即南之西。爲總章左箇，西之北即北之西。爲總章右箇。北之中爲玄堂太廟，北之東即東之北。爲玄堂右箇，北之西即西之北。爲玄堂左箇。中是爲太廟太室。凡四方之太廟異方所，其左箇、右箇，則青陽之右箇乃明堂之左箇，明堂之右箇乃總章之左箇也；總章之右箇乃玄堂之左箇，玄堂之右箇乃青陽之左箇也，但隨其時之方位開門耳。太廟太室，則每季十八日天子居焉。古人制事多用井田遺意，此恐是也。

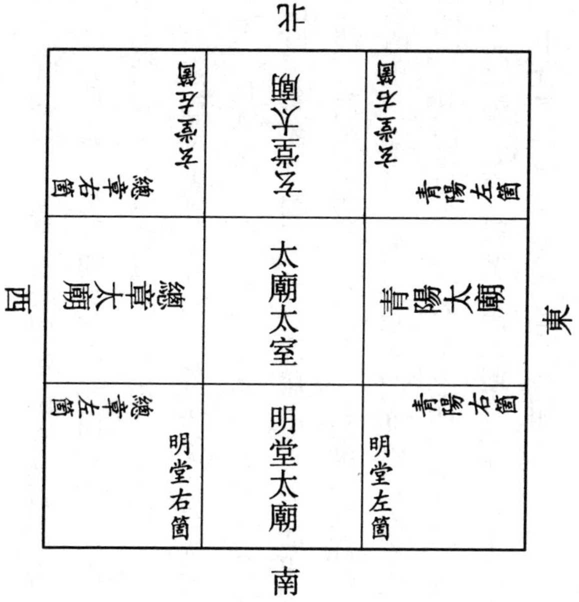
北
東
西
南
玄堂左個
玄堂太廟
玄堂右個
青陽左個
總章右個
總章太廟
太廟太室
青陽太廟
總章左個
明堂右個
明堂太廟
明堂左個
青陽右個

儀禮釋宮

宮室之名制不盡見於經。其可考者，宮必南鄉，廟在寢東，皆有堂有門，其外有大門。

周禮：「建國之神位，右社稷，左宗廟。」宮南鄉而廟居左，則廟在寢東也。寢廟之大門，一曰外門，其北蓋直寢，故士喪禮注以寢門爲内門、中門。凡既入外門，其向廟也，皆曲而東行，又曲而北。案士冠禮，賓立于外門之外，主人迎賓入，「每曲揖，至于廟門」，注曰：「入外門，將東曲揖；直廟，將北曲又揖。」是也。又按聘禮，公迎賓于大門内，「每門每曲揖，及廟門」，賈氏曰：「諸侯五廟，太祖之廟居中，二昭居東，二穆居西。每廟之前，兩旁有隔牆，牆皆有閤門。諸侯受聘于太祖廟，太祖廟以西隔墻有三大門，東行至太祖廟凡經三閤門，故曰每門也。大夫三廟，其牆與門亦然，故賓問□□〔一四〕，大夫迎賓入，亦每門每曲揖，乃及廟門。其説當考。大夫、士之門，惟外門、内門而已。諸侯則三，天子則五。庠序則惟有一門。鄉飲酒、射禮，主人迎賓于門外，入門即三揖至階是也。

堂之屋，南北五架。中脊之架曰棟，次棟之架曰楣。

鄉射禮記曰：「序則物當棟，堂則物當楣。」注曰：「是制五架之屋也。正中曰棟，次曰楣，前曰庪。」賈氏曰：「中脊爲棟，棟前一架爲楣，楣前接簷爲庪。」今見於經者，惟棟與楣而已。棟一名阿。案士昏禮，賓升，當阿致命，注曰：「阿，棟也。」又曰：「入堂深，示親親。」賈氏曰：凡賓升皆當楣，此深入當棟，故云入堂深也。又按聘禮，賓升亦當楣。賈氏曰：凡堂皆五架。則五架之屋通乎上下，而其廣狹隆殺則異爾。

後楣以北爲室與房。

後楣之下，以南爲堂，以北爲室與房。室與房東西相連爲之。案少牢饋食禮，主人室中獻祝，祝拜于席上，坐受。注曰：「室中迫狹。」賈氏曰：棟南兩架，北亦兩架。棟北楣下爲室，南壁而開户。以兩架之間爲室，故云迫狹也。昏禮賓當阿致命，鄭云「入堂深」，明不入室，是棟北乃有室也。序之制則無室。案鄉射禮記曰：「序則物當棟，堂則物當楣。」注曰：序無室，可以深也。又禮「席賓南面」，注曰：「不言于户牖之間者，此射于序。」賈氏曰：無室則無户牖故也。釋宮曰：「無室曰榭。」榭即序也。

人君左右房，大夫、士，東房西室而已。

聘禮記：若君不見，使大夫受聘，升受，負右房而立。大射儀，薦脯醢由左房。是人君之房有左右也。公食大夫禮記，筵出自東房，注曰：「天子、諸侯左右房。」賈氏曰：言左對右，言東對西。大夫、士惟東房西室，故直云房而已。然按聘禮，賓館于大夫、士，君使卿還玉于館也，賓亦退負右房，則大夫亦有右房矣。又鄉飲酒禮記薦出自左房，少牢饋食禮，主婦薦自東房，亦有左房、東房之稱，當考。

室中西南隅謂之奥。

邢昺曰：室户不當中而近東。西南隅最爲深隱，故謂之奥，而祭祀及尊者常處焉。

東南隅謂之窔。烏吊反。

郭氏曰：窔亦隱闇。

西北隅謂之屋漏。

詩所謂「尚不愧于屋漏」是也。曾子問謂之「當室之白」。孫炎曰：「當室日光所漏入也。」鄭謂：「當室之白，西北隅得户明者。」經止曰「西北隅」。

室南其户，户東而牖西。

説文曰：「户，半門也。」「牖，穿壁以木爲交窗也。」月令正義曰：古者窟居，開其上取明，雨因霤之，是以後人户室爲中霤。開牖者，象中霤之取明也。牖一名鄉，其扇在内。案士虞禮，祝闔牖、户，如食間，啓户，啓牖鄉。注曰：「牖先闔後啓，扇在内也。鄉、牖一名。」是也。

户牖之間謂之依。

郭氏曰：「窗東户西也。」覲禮「斧扆」亦以設之于此而得扆名。士昏禮注曰：「户西者，尊處。」以尊者及賓客位于此，故又曰客位。

户東曰房户之間。

士冠禮注曰：「房西，室户東也。」寢廟以室爲主，故室户專得户名，凡言户者皆室户，若房户則兼言房以别之。大夫、士房户之間，於堂爲東西之中。按詩正義曰：「鄉飲酒義云：『尊于房户之間，賓主共之。』由無西房，故以房與室户之間爲中也。」又鄉飲酒禮席賓于户牖間，而義曰「坐賓于西北」，則大夫、士之户牖間在西，而房内間爲正中明矣。人君之制，經無明證。按釋宫曰：「兩階間謂之鄉。」郭氏曰：「人君南鄉當階間。」則人君之室正中，其西爲右房，而户牖間設扆處正中矣。又按詩斯干曰：「築室百堵，西南其户。」箋曰：「天子之寢左右房，異於一房者之室户也。」正義曰：大夫唯有一東房〔一五〕，故室户偏東，與房相近。天子、諸侯既有右房，則室當在其中，其户正中，比一房之室户爲西。當考。

房户之西曰房外。

士昏禮記：「母南面于房外，女出于母左。」士冠禮：「尊于房户之間」，「若庶子則冠于房外，南面。」注曰：「謂尊東也。」是房户之西得房外之名也。房之户於房南壁，亦當近東。案士昏禮注曰：北堂在房中半以北，南北直室東隅，東西直房户與隅間。隅間者，蓋房東西之中，兩隅間也。房中之東，其南爲夾。洗直房户，而在房東西之中，則房户在房南壁之東偏可見矣。

房中半以北曰北堂，有北階。

士昏禮記：「婦洗在北堂，直室東隅。」注曰：「北堂，房中半以北。」賈氏曰：「房與室相連爲之房，無北壁，故得北堂之名。」按特牲饋食禮記：「尊兩壺於房中西墉下，南上。内賓立于其北，東面，南上。宗婦北堂，北上。」内賓在宗婦之北〔一六〕，乃云北堂，又婦洗在北堂，而直室東隅，是房中半以北爲北堂也。婦洗在北堂，而士虞禮主婦洗足爵於房中，則北堂亦通名房中矣。大射儀，工人士與梓人升下自北階，注曰：「位在北堂下。」則北階者，北堂之階也。

堂之上，東西有楹。

楹，柱也。古之築室者以垣墉爲基而屋其上，惟堂上有兩楹而已。楹之設，蓋於前楣之下。按鄉射禮曰：「射自楹間。」注曰：「謂射於庠也。」又曰：「序則物當棟，堂則物當楣。」物，畫地爲物，射時所立處也。堂謂庠之堂也。又曰：「豫則鉤楹内，堂則由楹外。當物北面揖。」豫即序也。鉤楹，繞楹也。物當棟，而升射者必鉤楹内，乃北面就物，則棟在楹之内矣。物當楣，而升射者由楹外北面就物。又鄭氏以爲物在楹間，則楹在楣之下也。又按釋宫曰：「梁上楹謂之棁。」棁，侏儒柱也。梁，楣也。侏儒柱在梁之上，則楹在楣之下又可知矣。

堂東西之中曰兩楹間。

公食大夫禮，致豆實陳于楹外，簠簋陳於楹内兩楹間。言楹内外矣，又言兩楹間，知凡言兩楹間者不必與楹相當，謂堂東西之中爾〔一七〕。

南北之中曰中堂。

聘禮，受玉於中堂與東楹之間。注曰：「中堂，南北之中也。入堂深，尊賓事也。」賈氏曰：後楣以南爲堂，堂凡四架，前楣與棟之間爲南北堂之中。公當楣拜訖，更前，北侵半架受玉，故曰入堂深也。案東楹之間，侵近東楹，非堂東西之中，而曰中堂，則中堂爲南北之中明矣。又按士喪禮注曰：「中以南謂之堂。」賈氏曰：堂上行事，非專一所。若近户即言户東、户西，近房則言房外、房東，近楹即言東楹、西楹，近序即言東序、西序，近階即言東階、西階。其堂半以南無所繼屬者，即以堂言之。「祝淅米于堂」是也。

堂之東西牆謂之序。

郭氏曰：「所以序别内外。」

序之外謂之夾室。

公食大夫禮：「大夫立于東夾南。」注曰：「東於堂。」賈氏曰：「序以西爲正堂，序東有夾室，今立于堂下當東夾，是東於堂也。」又按公食禮「宰東夾北，西面」，賈氏曰：「位在北堂之南，與夾室相當。」特牲饋食禮「豆、籩、鉶在東房」，注曰：「東房，房中之東，當夾北。」則東夾之北通爲房中矣。室中之西與右房之制無明文。東夾之北爲房中，則西夾之北蓋通爲室中。其有兩房者，則西夾之北通爲右房也歟？

夾室之前曰箱，亦曰東堂、西堂。

覲禮記注曰：「東箱，東夾之前，相翔待事之處。」特牲饋食禮注曰：「西堂，西夾之前近南爾。」賈氏曰：「即西箱也。」釋宫曰：「室有東西廂曰廟。」郭氏曰：「夾室前堂。」是東廂亦曰東堂，西廂亦曰西堂也。釋宫又曰：「無東西廂，有室，曰寢。」按書顧命疏，寢有東夾、西夾。士喪禮，死于適寢，主人降，襲絰于序東。注曰：「序東，東夾前。」則正寢亦有夾與廂矣。釋宫所謂「無東西廂」者，或者謂廟之寢也歟？凡無夾室者，則序以外通謂之東堂、西堂。按鄉射禮，主人之弓矢在東序東；大射儀，君之弓矢適東堂。大射之東堂，即鄉射之東序東也。此東、西堂，堂各有階。案雜記，夫人奔喪，升自側階，注曰：「側階，旁階。」奔喪曰：「婦人奔喪，升自東階。」注曰：「東階，東面階。」東面階則東堂之階，其西堂有西面階也。

東堂下、西堂下，曰堂東、堂西。

大射儀：賓之弓矢止于西堂下，其將射也，賓降取弓矢于堂西。堂西即西堂下也。特牲饋食禮：「主婦視饎爨于西堂下。」記曰：「饎爨在西壁。」則自西壁以東皆謂之西堂下矣。又按大射儀，執冪者升自西階，注曰：「羞膳者從而東，由堂東升自北階，立于房中。」則東堂下可以達北堂也。

堂角有坫。

士冠禮注曰：「坫在堂角。」賈氏釋士喪禮曰：「堂隅有坫，以土爲之。」或謂堂隅爲坫也。

堂之側邊曰廉堂〔一八〕。

鄉飲酒禮「設席于堂廉」，注曰：「側邊曰廉。」喪大記正義曰：「堂廉，堂基南畔，廉稜之上也。」又按鄉射禮：「衆弓倚于堂西，矢在其上。」注曰：「上堂西廉。」則堂之四周皆有廉也。

升堂兩階，其東階曰阼階。

士冠禮注曰：「阼，酢也，東階所以荅酢賓客也。」每階有東西兩廉。聘禮：「饔鼎設于西階前，當内廉。」此則西階之東廉，以其近堂之中，故曰内廉也。士之階三等。按士冠禮：「降二等受爵弁。」注曰：「下至也。」賈氏曰：匠人云：「天子之堂九尺。」賈、馬以爲階九等。諸侯堂宜七尺，階七等；大夫宜五尺，階五等；士宜三尺，故階三等也。兩階各在楹之外而近序。按鄉射禮，升階者升自西階，繞楹而東。燕禮，勝爵者二人升自西階，序進東楹之西，酌散交于楹北。注曰：「楹北，西楹之北。」則西階在西楹之西矣。士冠禮冠于東序之筵，而記曰「冠于阼」，喪禮櫬置于西序，而檀弓曰「周人殯于西階之上」，故知階近序也。

堂下至門謂之庭。三分庭一，在北設碑〔一九〕。

聘禮注曰：「宫必有碑，所以識日景，知陰陽也。」賈氏釋士昏禮曰：「碑在堂下，三分庭一，在北。」按聘禮：歸饔餼醯醢夾碑，米設于中庭。注曰：「庭實固當中庭。」言中庭者，南北之中也。列當醯醢南，列米在醯醢南而當庭南北之中，則三分庭一在北可見矣。聘禮注又曰：「設碑近，如堂深。」堂深，謂從堂廉北至房室之壁。三分庭一，在北設碑，而碑如堂深，則庭蓋三堂之深也。又按鄉射之侯去堂三十丈，大射之侯去堂五十四丈，則庭之深可知，而其降殺之度從可推矣。

堂塗謂之陳。

郭氏曰：「堂下至門徑也。」其北屬階，其南接門内霤。接凡入門之後〔二〇〕，皆三揖至階。昏禮注曰：「三揖者，至内霤，將曲揖；既曲，北面揖；當碑，揖。」賈氏曰：「至内霤將曲者，至門内霤，主人將東，賓將西，賓主相背時也。既曲北面者，賓主各至堂塗，北行向堂時也。」至内霤而東西行趨堂塗，則堂塗接于霤矣。既至堂塗，北面至階而不復有曲，則堂塗直階矣。又按聘禮，饔鼎設于西階前，陪鼎當内廉，注曰：「辟堂塗也。」則堂塗在階廉之内矣。鄉飲酒禮注「三揖」曰：「將進揖，當陳揖，當碑揖。」陳即堂塗也。

中門屋爲門，門之中有闑。

士冠禮曰：「席于門中，闑西閾外。」注曰：「闑，橛也。」玉藻正義曰：「闑，門之中央所竪短木也。」釋宫曰：「樴在地者謂之臬。」郭氏曰：「即門橛也。」然則闑者，門中所竪短木在地者也，其東曰闑東，其西曰闑西。

門限謂之閾。

釋宫曰：「柣謂之閾。」郭氏曰：「閾，門限。」邢昺曰：「謂門下横木，爲内外之限也。」其門之兩旁木則謂之棖。棖、闑之間則謂之中門，見禮記。

闔謂之扉。

邢昺曰：「闔，門扉也。」其東扉曰左扉。門之廣狹，案士昏禮曰「納徵儷皮」，記曰「執皮左首隨入」，注曰：「隨入，爲門中阨狹。」賈氏曰：「皮皆横執之，門中阨狹，故隨入也。」匠人云：「廟門容大扃七箇。」大扃，牛鼎之扃，長三尺，七箇二丈一尺，彼天子廟門。此士之廟門，降殺，甚小，故云阸狹也。推此則自士以上宮室之制雖同，而其廣狹則異矣。

夾門之堂謂之塾。

釋宮曰：「門側之堂謂之塾。」郭氏曰：「夾門堂也。」門之內外，其東西皆有塾，一門而塾四，其外塾南鄉。按士虞禮：陳鼎門外之右，「匕俎在西塾之西」。注曰：「塾有西者，是室南鄉。」又按士冠禮「擯者負東塾」，注曰：「東塾，門內東堂。負之，北面。」則內塾北向也。凡門之內兩塾之間謂之宁。按聘禮：賓問卿，大夫迎于外門外。及廟門，大夫揖，入，擯者請命，賓入。三揖，並行。注曰：「大夫揖入者，省內事也。既有俟于宁也〔二〕。」凡至門內霤，爲三揖之始。上言揖入，下言三揖並行，則俟于霤南門內兩塾間可知矣。李巡曰：「宁，正門內兩塾間。」義與鄭同。謂之宁者，以人君門外有正朝，視朝則於此宁立故耳。周人門與堂脩廣之數不著於經。案匠人云：「夏后氏世室，堂脩二七，廣四脩一。」堂脩謂堂南北之深，其廣則益以四分脩之一也。「門堂三之二，室三之一。」門堂通謂門與塾，其廣與脩取數於堂，得其三之二。室三之一者，兩室與門各居一分也。以夏后氏之制推之，則周人之門殺於堂之數，亦可得而知矣。

門之内外，東方曰門東，西方曰門西。

特牲饋食禮注曰：「凡鄉内以入爲左右，鄉外以出爲左右。」士冠禮注又曰：「出以東爲左，入以東爲右。」以入爲左右，則門西爲左，門東爲右。鄉飲酒禮「賓入門左」，燕禮「卿大夫皆入門右」是也。以出爲左右，則門東爲左，門西爲右。士冠禮主人迎賓，出門左，西面，士虞禮側亨于廟門之右，是也。闑東曰臬右，亦自入者言之也。天子、諸侯門外之制，其見於經者，天子有屏，諸侯有朝。案覲禮，侯氏入門右，告聽事，「出自屏南，適門西」，注曰：「天子外屏。」釋宫曰：「屏謂之樹。」郭氏曰：「小牆當門中。」曲禮正義曰：「天子外屏，屏在路門之外；諸侯内屏，屏在路門之内。」此侯氏出門而隱於屏，則天子外屏明矣。釋宫又曰：「門屏之間謂之宁。」謂宁在門之内、屏之外。此屏據諸侯内屏而言也。諸侯路寢門外則有正朝，大門外則有外朝。按聘禮：夕幣于寢門外，「宰入告具于君，君朝服出門左，南鄉」。注曰：「寢門，外朝也。」「入告，入路門而告」。賈氏曰：此路門外正朝之處也。是正朝在寢門外也。聘禮又曰：賓死，「介復命，柩止于門外」。「若介死，惟上介造于朝」。注曰：「門外，大門外也。必以柩造朝，達其中心。」又，賓拜饔餼于朝，注曰：拜於大門外。賈氏曰：「大門外，諸侯之外朝也。賓拜於朝，無入門之文〔一二〕，則諸侯外朝在大門外明矣。」是外朝在大門外也。諸侯三朝，其燕朝在寢，燕禮是也。正朝與外朝之制度不見於經，蓋不可得而考矣。

寢之後有下室。

士喪禮記：「士處適寢。」又曰：「朔月若薦新，則不饋于下室。」注曰：「下室，如今之內堂。正寢聽事。」賈氏曰：下室，燕寢也。然則士之下室，於天子諸侯則爲小寢也。春秋傳曰：「子大叔之廟在道南，其寢在廟北。」其寢，廟之寢也。廟寢在廟之北，則下室在適寢之後可知矣。又按喪服傳曰：「有東宮，有西宮，有南宮，有北宮，異宮而同財。」內則曰：「由命士以上，父子皆異宮。」賈氏釋士昏禮曰：異宮者，別有寢。若不命之士，父子雖大院同居，其中亦隔別，各有門户，則下室之外又有異宮也。

自門以北皆周以牆。

聘禮「釋幣于行」，注曰：「喪禮有毁宗躐行，出于大門則行，神之位在廟門外西方。」檀弓正義曰：「毁宗躐行，毁廟門西邊牆以出柩也。」士喪禮「爲垼于西牆下」，注曰：「西牆，中庭之西。」特牲饋食禮：「主婦視饎爨于西堂下。」記曰：「饎爨在西壁。」注曰：「西壁，堂之西牆下。」案門之西有牆，則牆屬於門矣。西牆在中庭之西，則牆周乎庭矣。西壁在西牆下，則牆周乎堂矣。牆者，墉壁之總名。室中謂之墉。昏禮「尊于室中北墉下」是也。房與夾亦謂之墉。冠禮「陳服于房中西墉下」，聘禮西夾六豆設于西墉下，是也。

堂上謂之序，室、房與夾謂之墉，堂下謂之壁，謂之牆，其實一也，隨所在而異其名爾。堂下之壁，闈門在焉。案士喪禮〔一三〕：冠者降，適東壁，見于母。注曰：「適東壁者，出闈門也。時母在闈門之外。婦人入廟由闈門。」士虞禮：「賓出，主人送，主婦亦拜賓。」注曰：「女賓也。不言出，不言送，拜之於闈門之内。闈門如今東西掖門。」釋宫曰：「宫中之門謂之闈。」郭氏曰：「謂相通小門也。」是正門之外又有闈門而在旁壁也。

人君之堂屋爲四注，大夫士則南北兩下而已。

士冠禮設洗直于東榮，注曰：「榮，屋翼也。周制自卿大夫以下，其室爲夏屋。」燕禮設洗當東霤，注曰：「人君爲殿屋也。」案考工記「殿四阿重屋」〔一四〕，注曰：「四阿，若今之四注屋。」殷人始爲四注屋，則夏后氏之屋南北兩下而已。周制天子諸侯得爲殿屋四注，卿大夫以下但爲夏屋兩下。四注則南北東西皆有霤，兩下則唯南北有霤，而東西有榮。是以燕禮言東霤，而大夫士禮則言東榮也。霤者，説文曰：「屋水流也。」徐鍇曰：「屋檐滴處。」榮者，説文曰：「屋梠之兩頭起者爲榮。」又曰：「梠，齊謂之檐，楚謂之梠。」郭璞注上林賦曰：「南榮，屋南檐也。」義與説文同。然則檐之東西起者曰榮。謂之榮者，爲屋之榮飾。謂之屋翼者，言其軒張如翬斯飛耳。士喪禮「升自前東榮」，喪大記「降自西北榮」，是屋有四榮也。門之屋，雖人君亦兩下爲之。燕禮之門内霤，則門屋之北霤也。凡屋之檐亦謂之宇。案士喪禮：爲銘置于宇西階上。注曰：「宇，梠也。」説文曰：「宇，屋邊也。」釋宮曰：「檐謂之樀。」郭氏曰：「屋梠。」邢昺曰：「屋檐一名樀，一名梠，又名宇，皆屋之四垂也。」宇西階上者，西階之上，上當宇也。階之上當宇，則堂廉與坫亦當宇矣。特牲饋食禮「主婦視饎爨于西堂下」，注曰：「南齊于坫。」其記又注曰：「南北直屋梠。」是也。階上當宇，故階當霤。鄉射禮記「磬階間縮霤」是也。霤以東西爲從，故曰縮霤。此霤謂堂之南霤也。

此其著於經而可考者也。

禮經雖亡闕，然於覲見天子之禮，於燕、射、聘、食見諸侯之禮，餘則見大夫、士之禮，宮室之名制不見其有異，特其廣狹降殺不可考耳。案書顧命，成王崩於路寢，其陳位也，有設斧扆牖間南鄉，則户牖間也。西序東嚮，東序西嚮，則東西序也。西夾南嚮，則夾室也。東房、西房，則左右房也。賓階面、阼階面，則兩階前也。左塾之前、右塾之前，則門内之塾也。畢門之内，則路寢門也。兩階戺，則堂廉也。東堂、西堂，則東西廂也。東垂、西垂，則東西堂之宇階上也。側階，則北階也。又云「諸侯出廟門俟」，則與士喪禮殯宮曰廟合也。然則鄭氏謂天子廟及路寢如明堂制者，蓋未必然。明堂位與考工記所記明堂之制度者，非出於舊典，亦未敢必信也。又案書多士傳曰：「天子之堂廣九雉。三分其廣，以二爲内；五分内，以一爲高。東房、西房、北堂各三雉。公侯七雉，三分廣，以二爲内；五分内，以一爲高。東房、西房、北堂各一雉。伯、子、男五雉，三分廣，以二爲内；五分内，以一爲高。東房、西房、北堂各一雉。士三雉，三分廣，以二爲内；五分内，以一爲高。有室，無房、堂。」注曰：「廣，縈間相去也。雉，長三丈。内，堂東西序之内也。高，穹高也。」此傳説房、堂及室，與經亦不合，然必有所據，姑存之以備參考。

答社壇説

所喻社壇，别紙奉報。此是見行禮制，更可計會法司檢淳熙間所頒册子爲佳。此事在州郡爲至重，今人皆不以爲意，太守乃能及此，深可爲法。又能擇賢者而屬之，尤見其不苟也。

州縣社壇，方二丈五尺，高三尺，四出陛。稷壝如社壇之制。社以石爲主，其形如鍾，長二尺五寸，方一寸，剡其上，培其下半。四門同一壝，二十五步。壇飾各隨方色，上蓋以黄土。瘞坎於壇之北壬地，南出陛，方、深取足容物。

右出政和五禮新儀第二十一卷，淳熙中曾有印本頒行，州郡法司必有之，可更檢看。又以行事儀考之，二壇東西相並，坐南向北。社壇石主在壇上之南方。北門壝外空地須令稍寬，可容獻官席位。空地之北乃作齊廳，以備風雨，設獻官位。獻官南向行事。

州縣社壇方二丈五尺，四步，令每步六分之一。

凡言方者，皆徑也。此言方二丈五尺者，從東至西二丈五尺，從南至北二丈五尺也。後段壝内二十五步其説亦然。

高三尺。

既言壇高三尺，又言壇分三級，則是以一尺爲一級也。

四出陛。

此陛之級即壇之級也，但於四面陛之兩傍各以石砌作慢道隔斷，使其中爲陛級、外爲壇級可也。

社主。

舊法惟社有主而稷無主，不曉其意，恐不可以己意增添。其言壇上之南方，非壇之中也。蓋神位坐南向北，而祭器設於神位之北，故此石主當壇上南陛之上。更宜詳考，畫作圖子便可見。若在壇中央，即無設祭處矣。

四門同一壝，二十五步。

壝方二十五步者，亦是徑二十五步，謂從東至西二十五步，從南至北二十五步。

以丈計之，六尺爲步，則爲十五丈也。四角築土爲壝，高三尺許，使壇上與齊廳相望得見。壝上不用瓦蓋，但以磚兩面砌之，使其走水，尤爲堅固。四門當中開門，古法不言闊狹，恐須闊一丈餘，庶幾行禮執事之人往來寬展，不相妨礙。兩旁各立一華表，高一丈許，上以横木貫之，如門之狀。華表於禮無文，但見州縣有如此者，或恐易得損壞，不作亦得。請更依此步數丈數界作方眼，中間以紙剪作兩壇貼之，便見四面壇脚取壝丈數。但壇面二丈五尺乃最上一級之數，下面更兩級，一級須展一尺，即壇脚須徑二丈九尺。

壇飾。

古者社稷不屋，有明文。不用磚砌，無所考，然亦不言磚砌者，中原土密，雖城壁亦不用磚。今南方土疏，不砌恐易壞。赤土飾之又恐僭於郊壇，不可用也。

瘞坎於壇之北壬地，南出陛，方、深取足容物。

瘞坎在壇之北壬地，即是合在北壝門内兩壇邊，各於中央下日隔取壬地，各用磚石砌作一小天井，深、闊三四尺許，其南作踏道上下。閑時以土實之，臨祭即令人取去土，掃令潔淨。祭畢即使人持幣及祝版之屬從踏道下，送入坎中，然後下土築實，依條差人守視。

燎壇。

古者祭天以燔燎，祭地以瘞埋。來喻所云燎壇爲風師、雨師、雷師設者是也。古今禮制，社、稷、風、雨、雷神各有壇，又各有方位。社稷於西方，風師於東北，雨、雷於東南。大略如此，不記子細。今州縣亦皆別有壇，但方位多不合古。不謂建寧大邦乃無風、雨、雷神之壇，而寓於社稷之壇也。新儀所云在神壇之左而高於神壇者，不謂此社稷壇左設燎壇而高於社稷壇也。

植木。

按周禮，社各植之以土之所宜木。今當以本府之所宜木植之。

壇壝等亦是禮制，當用古尺，不當用大尺。

尺。

井田類説

漢文帝十三年六月除田租。荀氏論曰：古者什一而税，以爲天下之中正也。今漢民或百一而税，可謂鮮矣。然豪彊富人占田逾侈，此處疑有闕字。輸其賦太半。官收百一之税，民收太半之賦。官家之惠優於三代，豪彊之暴酷於亡秦。是上惠不通，威福分於豪彊也。今不正其本而務除租税，適足以資富彊。夫土地者，天下之大本也，春秋之義，諸侯不得專封，大夫不得專地。今豪民占田或至數百千頃，富過王侯，是自專封也。買賣由己，是自專其地也。孝武時董仲舒嘗言宜限民占田，至哀帝時乃限民占田不得過三十頃，雖有其制，卒不得施。然三十頃有不平矣。且夫井田之制，宜於民衆之時，地廣民稀，勿爲可也。然欲廢之於寡，立之於衆，土地既富，列在豪彊，卒而規之，並起怨心，則生紛亂，制度難行。由是觀之，若高帝初定天下，及光武中興之後，民人稀少，立之易矣。就未悉備井田之法，宜以口數占田，爲立科限，民得耕種，不得買賣，以贍貧弱，以防兼并，且爲制度張本，不亦宜乎？雖古今異制，損益隨時，然綱紀大略，其致一也。

本志曰：古者建步立畝，六尺爲步，步百爲畝，畝百爲夫，夫三爲屋，屋三爲井，井方一里，是爲九夫。八家共之，一夫一婦受私田百畝、公田十畝，是爲八百八十畝，餘二十畝以爲廬舍。出入相交，佇班志作「守」。望相接，疾病相救。民受田，上田夫百畝，中田夫二百畝，下田夫三百畝。歲更耕之，換易其處。何休曰：司空謹別田之高下善惡，分爲三品。上田一歲一墾，中田二歲一墾，下田三歲一墾。肥饒不得獨樂，墝埆不得獨苦，三年一换土易居。其家衆男爲餘夫，亦以口受田如此比。士工商家受田，五口乃當農夫一人。有賦有税，賦謂計口發財，六字係班志顔注。税謂公田什一及工商衡虞之入也。賦供車馬兵甲士徒之役，充實府庫賜予之費。税給郊宗廟百神之祀、天子奉養、百官禄食、庶事之費。「充實」以下並班志文。民年二十受田，六十歸田。種穀必雜五種，以備災害。中弗得有樹，以妨五穀。力耕數耘，收穫如寇盜之至。環廬種桑，菜茹有畦，瓜瓠果蓏殖於疆畔，雞豚狗彘無失其時，女修蠶織。五十則可以衣帛，七十則可以食肉。五家爲比，五比爲閭，四閭爲族，五族爲黨，五黨爲州，五州爲鄉。鄉，萬二千五百户。比長位下士，自此以上，稍登一級，至鄉爲大夫矣。於是閭有序而鄉有庠，序以明教，庠以行禮而視化焉。春令民畢出於野，其詩云：「同我婦子，饁彼南畝，田畯至饎。」冬則畢入於邑，其詩云：「同我婦子，曰爲改歲，入此室處。」春則出民，閭胥平旦坐於左塾，比長坐於右塾，畢出而後歸，夕亦如之。入者必薪樵，輕重相分，班白不提挈。何休曰：「晏出後時者不得出，暮不持樵者不得入。」冬則民既入，婦人同巷夜績，女工一月得四十五日功。必相從者，所以省費燎火，同工拙而合習俗也。男女有不得其所者，因而相與歌詠，以言其情。是月，餘子亦在序室。未征役爲餘子。八歲入小學，學六甲四方五行書計之事，始知室家長幼之節。「始知」以下班志文。十五入大學，學先王禮樂，而知朝廷二字班志。君臣之禮。其有秀異者，移於鄉學，鄉學之秀移於國學，學於小學。諸侯歲貢小學之秀者於天子，學於大學，其有秀者命曰造士。行同而能偶，別之以射，於「鄉學」以下以何休說增損脩定。然後爵命焉。孟春之月，羣居將散，行人振木鐸以徇於路，以採詩，獻之太師，比其音律，以聞於天子。何休曰：「男年六十，女年五十，無子者，官衣食之，使之民間求詩。鄉移於邑，邑移於國，國以聞於天子〔二五〕。

三年耕則餘一年之畜，故「三年有成」，成此功也。故王者三載考績。九年耕餘三年之食，進業曰登，故三考黜陟。再登曰平，餘六年食。三登曰泰平，二十七歲，餘九年食，然後至德流洽，禮樂成焉。故曰：「如有王者，必世而後仁。」繇此道也。「九年」以下並以班志修定。書曰，「天秩有禮」，「天罰有罪」。故聖人因天秩而制五禮，因天罰而制五刑，建司馬之官，設六軍之衆，因井田而制軍賦。地方一里爲井，井十爲通，通十爲成，成方十里；成十爲衆，衆班志並作「終」字。十爲同，同方百里；同十爲封，封十爲畿，畿方千里。地四井爲邑，四邑爲丘，丘十六井，有戎馬一匹、牛三頭。四丘爲甸，六十四井，有戎馬四匹、兵車一乘、牛十二頭、甲士三人、步卒七十二人，干戈備具。是謂司馬之法。一同百里，提封萬井，除山川坑塹，城池邑居，園囿街路，三千六百井，定出賦六千四百井、戎馬四百匹、兵車百乘，此卿大夫采地之大者，是謂百乘之家。一封三百一十六里，提封十萬井，定出賦六萬四千井、戎馬四千匹、兵車千乘，此諸侯之大者，謂之千乘之國。天子畿方千里，提封百萬井，定出賦六十四萬井、戎馬四萬匹、兵車萬乘，戎馬車徒干戈素具。春振旅以蒐，夏拔舍以苗，秋治兵以獮，冬大閱以狩，於農隙以講事焉。五國爲屬，屬有長；十國爲連，連有帥；三十國爲卒〔二六〕，卒有正；二百一十國爲州，州有牧。連帥比年簡車〔二七〕，卒正三年簡徒，羣牧五年大簡輿徒，此先王爲國立武足兵之大略也。「連帥」以下並依班志。

校勘記

〔一〕則是俯伏匍匐而就也　「也」，原作「地」，據浙本、天順本改。
〔二〕爲小土偶以來　「土」，原作「上」，據浙本改。
〔三〕或者猶意其或爲加趺也　「趺」，原作「跌」，據閩本、浙本、天順本改。
〔四〕五者逐事生名　「生」，原作「主」，據浙本、天順本改。
〔五〕同爲稽首拜也　「同」字原脱，據周禮疏補。
〔六〕婦人吉事　原作「妨人告事」，據禮記少儀改。
〔七〕以爲相求互見之功　「功」，浙本作「巧」。
〔八〕復以五綵絛廣二分約其相結處　「二分」，浙本作「三寸」。
〔九〕而繫其帶於緇後　正訛改「緇」作「腦」，是。
〔一〇〕其屋盡水下處謂之霤　「屋」，浙本作「廡」，疑是。
〔一一〕此其下宇之制也　「宇」，原作「字」，據浙本、天順本改。
〔一二〕西室　原倒，據浙本乙正。天順本作「西屋」。

〔一三〕榮翼乃接簷之名　「接」，浙本、天順本作「腰」。
〔一四〕□□　正訛於闕字處補「大夫」二字。
〔一五〕大夫唯有一東房　「夫」，原作「户」，據浙本、天順本改。
〔一六〕内賓在宗婦之北　正訛改作「宗婦在内賓之北」。
〔一七〕謂堂東西之中爾　「謂」字原脱，據閩本、浙本、天順本補。
〔一八〕堂之側邊曰廉堂　「廉堂」，正訛乙作「堂廉」，是。
〔一九〕在北設碑　「北」，原作「此」，據浙本改。
〔二〇〕接凡入門之後　「接」，四庫全書本改作「按」，疑是。
〔二一〕既有俟于宁也　「有」，儀禮聘禮注作「而」。
〔二二〕無入門之文　「文」，原作「交」，據浙本、天順本、儀禮聘禮疏改。
〔二三〕士喪禮　當作「士冠禮」。
〔二四〕殿四阿重屋　「殿」，周禮考工記作「殷」。
〔二五〕國以聞於天子　「聞」，原作「間」，據浙本、天順本改。
〔二六〕三十國爲卒　「爲」，原作「有」，據漢書刑法志改。
〔二七〕連帥比年簡車　句首原衍「牧有」二字，據漢書刑法志删。浙本此二字不可辨認。

晦庵先生朱文公文集卷第六十九

雜著

禘祫議

王制：「天子七廟，三昭三穆，與太祖之廟而七。」諸侯、大夫、士，降殺以兩。而祭法又有「適士二廟」、「官師一廟」之文。大抵士無太祖，而皆及其祖考也。鄭氏曰：夏五廟，商六廟，周七廟。今按商書已云七世之廟，鄭說恐非。顔師古曰：父爲昭，子爲穆，孫復爲昭。昭，明也。穆，美也。後以晉室諱昭，故學者改昭爲韶。其制皆在中門外之左〔一〕。外爲都宫，內各有寢廟，別有門垣。太祖在北，左昭右穆，以次而南。晉博士孫毓議。天子太祖百世不遷，一昭一穆爲宗，亦百世不遷。宗亦曰世室，亦曰祧。鄭注周禮「守祧」曰：「宗亦曰祧，亦曰世室。」周禮有守祧之官〔二〕，鄭氏曰：「遠廟爲祧，周爲文武之廟，遷主藏焉。」又曰：「遷主所藏曰祧。先公之遷主藏于太祖后稷之廟，先王之遷主藏於文、武之廟，群穆於文，群昭於武。」明堂位有文世室、武世室，鄭氏曰：「世室者，不毁之名也。」二昭二穆爲四親廟。高祖以上，親盡則毁而遞遷。昭常爲昭，穆常爲穆。昭之二廟親盡則毁而遷其主于昭之宗，曾祖遷于昭之二，新入廟者祔于昭之三，而高祖及祖在穆如故。穆廟親盡放此。新死者如當爲昭，則祔於昭之近廟；而自近廟遷其祖於昭之次廟，而於主祭者爲曾祖；自次廟遷其高祖于昭之世室，蓋於主祭者爲五世而親盡故也。其穆之兩廟如故不動，其次廟於主祭者爲高祖，其近廟於主祭者爲祖也。主祭者没，則祔于穆之近廟，而遞遷其上放此。凡毁廟遷主改塗易檐〔三〕，示有所變，非盡毁也。見穀梁傳及注。諸侯則無二宗，大夫則無二廟，其遷毁之次則與天子同。傳：毁廟之主，藏於太祖。儀禮所謂「以其班祔」，檀弓所謂「祔于祖父」者也。曲禮云：「君子抱孫不抱子。」此言孫可以爲王父尸，子不可以爲父尸。鄭氏云：「以孫與祖昭穆同也。」周制自后稷爲太祖，不窋爲昭，鞠爲穆，以下十二世至太王復爲穆，十三世至王季復爲昭，十四世至文王又爲穆，十五世至武王復爲昭，故書稱文王爲「穆考」，詩稱武王爲「昭考」，而左氏傳曰：「太伯、虞仲，太王之昭也；虢仲、虢叔，王季之穆也。」又曰：「管、蔡、魯、衛，文之昭也；邘〔四〕、晉、應、韓，武之穆也。」蓋其次序一定，百世不易，雖文王在右，武王在左，嫌於倒置，而諸廟别有門垣，足以各全其尊，初不以左右爲尊卑也。三代之制，其詳雖不得聞，然其大略不過如此。漢承秦敝，不能深考古制，諸帝之廟各在一處，不容合爲都宫以序昭穆。韋玄成傳云：「宗廟異處，昭穆不序。」但考周制，先公廟在岐周，文王在豐，武王在鎬，則都宮之制亦不得爲，與漢亦無甚異。未詳其說。貢禹、韋元成、康衡之徒雖欲正之，而終不能盡合古制，旋亦廢罷。後漢明帝又欲遵儉自抑，遺詔無起寢廟，但藏其主於光武廟中更衣別室，其後章帝又復如之，後世遂不敢加，而公私之廟皆爲同堂異室之制。見後漢明帝紀、祭祀志。志又云：「其後積多無別，而顯宗但爲陵寢之號。」自是以來，更歷魏晉，下及隋唐，其間非無奉先思孝之君、據經守禮之臣，而皆不能有所裁正其弊，至使太祖之位下同孫子，而更僻處於一隅，既無以見其爲七廟之尊，群廟之神則又上厭祖考而不得自爲一廟之主。以人情而論之，則生居九重，窮極壯麗，而没祭一室，不過尋丈之間，甚或無地以容鼎俎而陰損其數，孝子順孫之心，於此宜亦有所不安矣。肆我神祖，始獨慨然，深詔儒臣討論舊典，蓋將以遠迹三代之隆，一正千古之繆，甚盛舉也。不幸未及營表，世莫得聞。秉筆之士又復不能特書其事以詔萬世，今獨其見於陸氏之文者爲可考耳。然其所論昭穆之說亦未有定論，圖說在後。獨原廟之制外爲都宮，而各爲寢廟門垣，乃爲近古。但其禮本不經，儀亦非古，故儒者得以議之。如李清臣所謂略于七廟之室而爲祠於佛老之側，不爲木主而爲之象，不爲禘祫烝嘗之祀而行一酌奠之禮，楊時所謂捨二帝、三王之正禮而從一繆妄之叔孫通者，其言皆是也。然不知其所以致此，則由於宗廟不立而人心有所不安也。不議復此而徒欲廢彼，亦安得爲至當之論哉！

韋玄成等王者五廟圖

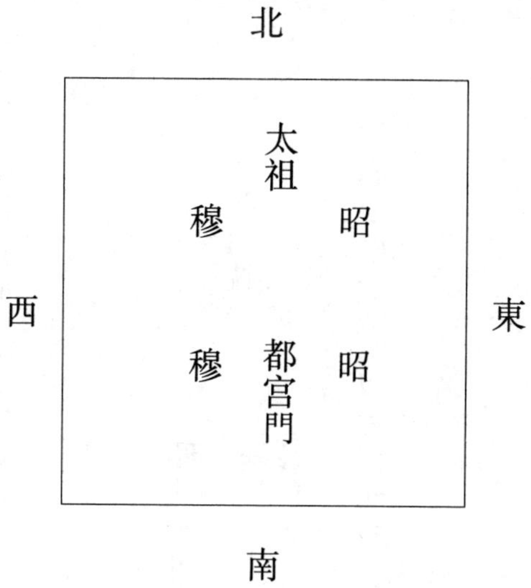

廟制圖

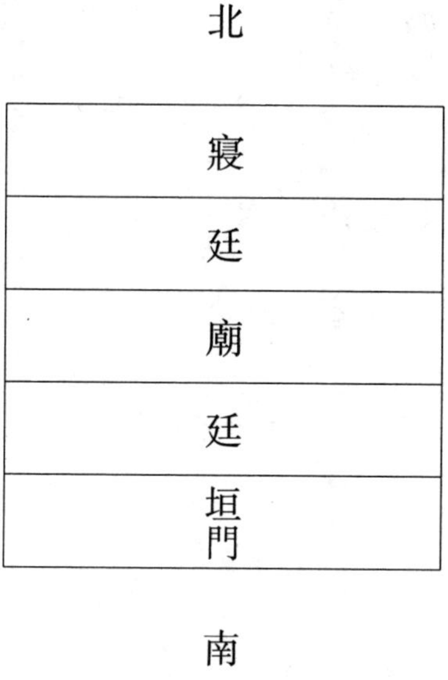

王者始受命、諸侯始封之君皆爲太祖，以下五世而迭毀，毀廟之主藏乎太祖。五年而再殷祭〔五〕，言一禘一祫也。祫祭者，毀廟與未毀廟之主皆合食於太祖，父爲昭，子爲穆，孫復爲昭。古之正禮也。

韋玄成等周廟圖

	昭武王世室	昭	昭
太祖后稷			
	穆文王世室	穆	穆

周之所以七廟者，以后稷始封，文王、武王受命而王，是以三廟不毀〔六〕，與親廟四而七。

劉歆宗無數圖

	昭武世室	昭	昭	昭
太祖后稷				
	穆文世室	穆	穆	穆

七者其正法數，可常數者，宗不在此數中。宗，變也，苟有功德則宗之，不可預爲設數，故於殷有三宗，周公舉之以勸成王。由是言之，宗無數也。

周世數圖

后稷	
不窋	鞠
公劉	慶節
皇僕〔七〕	差弗
毀俞	公非
高圉	亞圉
公叔	太王
王季	文王
武	成
康	昭
穆	共
懿	孝
夷	厲
宣	幽

周七廟圖

文王時		武王時	
稷		稷	
高圉以上	藏主	亞圉以上	藏主
公叔	亞圉	公叔	太王
王季	古公	王季	文王

周九廟圖

稷		
稷		
公非以上	藏主	
高圉	亞圉	
公叔	太王	
王季	文王	
武王時		

劉歆說

續表

成王時	祧	公叔以上	藏主	王季	太王	武王	文王
康王時	祧	太王以上	藏主	王季	文王	武王	成王
昭王時	祧	王季以上	藏主	武	文	康	成
穆王時	祧		文世室	武	成	康	昭
共王時	祧	武世室	文世室	康	成	穆	昭

成王時	祧	高圉以上	藏主	公叔	亞圉	王季	太王	武王	文王		
康王時	祧	亞圉以上	藏主	公叔	太王	王季	文王	武王	成王		
昭王時	祧	公叔以上	藏主	王季	太王	武王	文王	康王	成王		
穆王時	祧	太王以上	藏主			王季	文王	武	成	康	昭
共王時	祧	王季以上	藏主			武	文	康	成	穆	昭

續表

禰	武世室	文成	康	昭	穆	共	懿王時
禰	武康	文成	穆	昭	懿	共	孝王時
禰	武康	文成昭	穆	共	懿	孝	夷王時
禰	武康穆	文成昭	懿	共	夷	孝	厲王時
禰	武康穆	文成昭共	懿	孝	夷	厲	宣王時

禰			文世室	武	成	康	昭	穆	共	懿王時
禰		武世室	文世室	康	成	穆	昭	懿	共	孝王時
禰		武	文成	康	昭	穆	共	懿	孝	夷王時
禰		武康	文成	穆	昭	懿	共	夷	孝	厲王時
禰		武康	文成昭	穆	共	懿	孝	夷	厲	宣王時

續表

穆	
武康穆懿	文成昭共
夷	孝
宣	厲
幽王時	
穆	
武康穆	文成昭
懿	共
夷	孝
宣	厲
幽王時	

韋玄成、劉歆廟數不同，班固以歆説爲是，今亦未能決其是非，姑兩存之。至於遷毁之序，則昭常爲昭，穆常爲穆。假令新死者當祔昭廟，則毁其高祖之廟，而祔其主於左祧，遷其祖之主于高祖之故廟，而祔新死者于祖之故廟。即當祔於穆者，其序亦然。蓋祔昭則群昭皆動而穆不移，祔穆則群穆皆移而昭不動，故虞之明日，祔于祖父，蓋將代居其處，故爲之祭以告新舊之神也。今以周室世次爲圖如右，所謂高祖以上親盡當毁，虞之明日祔于祖父者也。元豐議禮，何洵直、張璪以此爲説，而陸佃非之，曰：「昭穆者，父子之號，昭以明下爲義，穆以恭上爲義。方其爲父則稱昭，取其昭以明下也。方其爲子則稱穆，取其穆以恭上也。豈可膠哉！壇立於右，墠立於左，以周制言之，則太王親盡，去右壇而爲墠；王季親盡，去左祧而爲壇。左右遷徙無嫌。」又曰：「顯考、王考廟與左祧爲昭，皇考、考廟與右祧爲穆。如曰成王之世，武王爲昭，文王爲穆，則武不入考廟而入王考廟矣。」此皆爲説

之誤。殊不知昭穆本以廟之居東居西，主之向南向北而得名，初不爲父子之號也。必曰父子之號，則穆之子又安可復爲昭哉！壇墠之左右亦出先儒一時之説，禮經非有明文也。政使果然，亦爲去廟之後，主藏夾室而有禱之祭。且壇墠又皆一而已，昭不可以越壇而徑墠，穆不可以有壇而無墠，故迭進而無嫌，非若廟之有昭穆而可以各由其序而遞遷也。又況昭穆之分，自始封以下入廟之時便有定次，後雖百世不復移易，而其尊卑則不以是而可紊也。故成王之世，文王爲穆而不害其尊於武，武王爲昭而不害其卑於文，非謂之昭即爲王考，謂之穆即爲考廟也。且必如佃説，新死者必入穆廟，而自其父以上〔八〕，穆遷於昭，昭遷於穆，祔一神而六廟皆爲之動，則其祔也，又何不直祔於父，而必隔越一世以祔于其所未應入之廟乎？佃又言曰：「假令甲於上世之次爲穆，今合堂同食實屬父行，乙於上世之次爲昭，今合堂同食實屬子行，則甲宜爲昭，乙宜爲穆，豈可遠引千歲以來世次，覆令甲爲右穆，乙爲左昭，以紊父子之序乎？」此亦不曉前説之過也。蓋昭穆之次既定，則其子孫亦以爲序，禮所謂「昭與昭齒，穆與穆齒」，傳所謂「太王之昭」、「王季之穆」、「文之昭」、「武之穆」者是也。如必以父爲昭而子爲穆，則太伯、虞仲乃太王之父，而文王反爲管、蔡、魯、衛之子矣，而可乎哉？且一昭穆也，既有上世之次，又有今世之次，則所以序其子孫者，無乃更易不定，而徒爲紛紛乎？曰：然則廟之遷次，如圖可以見矣。子孫之序，如佃所駁，得無真有難處者耶？曰：古人坐次，或以西方爲上，或以南方爲上，未必以左爲尊也。且又安知不如時祫之位乎？時祫有圖在後。

周大禘圖

趙伯循曰：「禘，王者之大祭也。王者既立始祖之廟，又推始祖之所自出，祀之於始祖之廟，而以始祖配之也。」

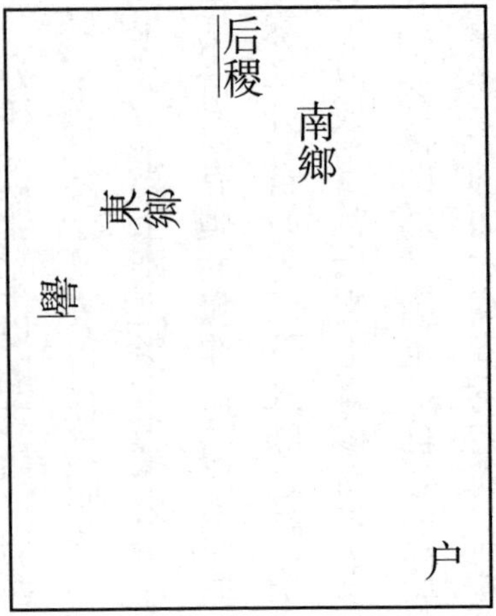

周大祫圖

春秋傳曰：「祫祭者，毀廟之主皆陳於太祖，羣廟之主皆升，合食于太祖。」

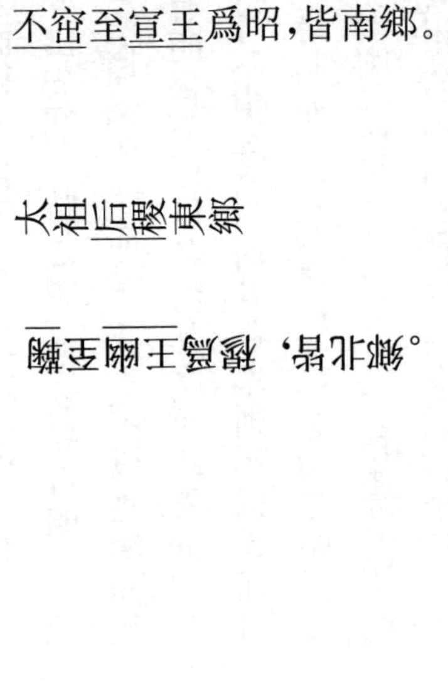

周時祫圖

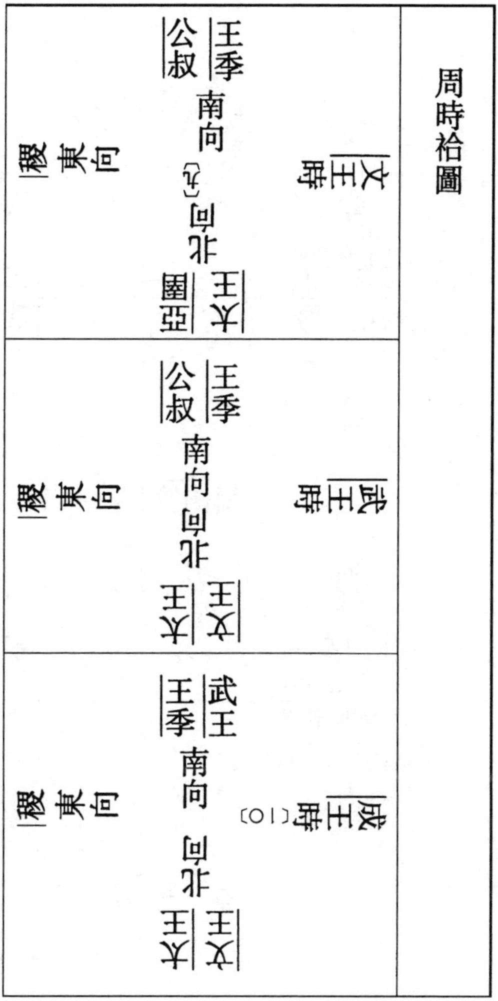

文王時
稷　東向
王季
公叔
南向
北向〔七〕
太王
亞圉
武王時
稷　東向
王季
公叔
南向
北向
文王
太王
成王時〔一〇〕
稷　東向
武王
王季
南向
北向
文王
太王

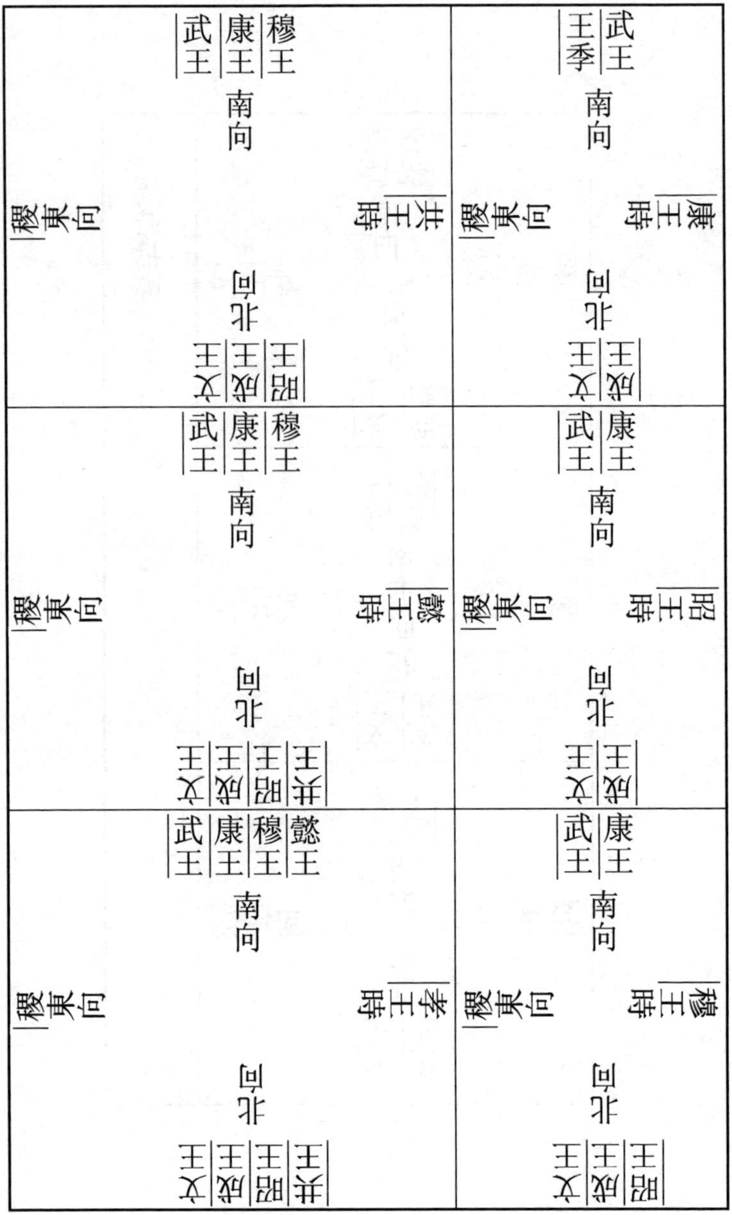
康王時
武王
王季
南向
成王
文王
北向
稷東向
昭王時
康王
武王
南向
成王
文王
北向
稷東向
穆王時
康王
武王
南向
昭王
成王
文王
北向
稷東向
共王時
穆王
康王
武王
南向
昭王
成王
文王
北向
稷東向
懿王時
穆王
康王
武王
南向
共王
昭王
成王
文王
北向
稷東向
孝王時
懿王
穆王
康王
武王
南向
共王
昭王
成王
文王
北向
稷東向

昭穆之不爲尊卑，説已前見。其大祫則始封以下以次相承，亦無差舛。故張璪以爲四時常祀各於其廟，不偶坐而相臨，故武王進居王季之位，而不嫌尊於文王，及合食乎祖，則王季、文王更爲昭穆，不可謂無尊卑之序者是也。但四時之祫不兼毁廟之主，則右無昭而穆獨爲尊之時；若兩世室之主，則文常爲穆而武常爲昭也。故陸佃以爲毁廟之主有不皆祫之時難之，而未見璪之所以對也。予竊以爲：以上世之次推之，一昭一穆固有定次，而其自相爲偶亦不可易，但其散居本廟，各自爲主而不相厭，則武王進居王季之位而不嫌尊於文王。及其合食于祖，則王季雖遷，而武王自當與成王爲偶，未可以遽進而居王季之處也。文王之爲穆，亦虚其所向之位而已，則雖北向而何害其爲尊哉？作此圖以見之。

漢同堂異室廟及原廟議

五峰胡仁仲論漢文帝之短喪，其失不在文帝，而景帝當任其責。予於不起寢廟之詔，則以爲明帝固不得爲無失，然使章帝有魏顆之孝，其群臣有宋仲幾、楚子囊之忠，則於此必有處矣。況以一時之亂命，而壞千古之彝制，其事體之輕重又非如三子之所正者而已耶！然古今諸儒未有斥其非者，而徒知論惠帝、叔孫通作原廟之罪。夫原廟誠不當作，要必復古宗廟之制，然後可得而議爾。或曰：周公祀文王、武王於洛邑，非原廟耶？曰：此固禮之變也，然設於别都而不設於京師，及所幸郡國又不聞其以果獻之，褻禮施焉，則亦與漢異矣。

別定廟議圖記〔一二〕圖已見前。

紹熙甲寅某月，詔以孝宗祔廟，當議宗廟迭毀之次。禮部侍郎許及之、太常少卿曾三復等，相與上議，請遷僖祖、宣祖，而奉太祖居第一室，祫享則正東鄉之位。有詔恭依，且令復議二祖祧主奉安之所。時熹始赴經筵供職，亦嘗預議，屬以病不能赴，遂以議狀申省。大指以爲：僖祖實爲帝者始祖，百世不遷之廟，不當祧毀，合仍舊居太廟第一室，四時常享則居東鄉之位。宣祖、太祖、太宗、真宗、仁宗、英宗六室皆在三昭三穆之外，親盡宜毀，而太祖、太宗、仁宗功德茂盛，宜準周之文、武，百世不遷，號爲世室。其宣祖、真宗、英宗則遷於西夾室，以從順祖、翼祖之後，祫享則序昭穆於堂上，而時享不及焉。神宗、哲宗、徽宗、欽宗、高宗、孝宗六室爲親廟，時享、祫享如儀。異時迭毀，則三昭三穆以次而遷，唯高宗受命中興，異時雖或親盡，亦當如仁宗故事，別爲世室，百世不遷。蓋雖通爲十室，而三世室自在三昭三穆外，其始祖之廟與三昭三穆正合七世之文。如劉歆説而兄弟相繼各爲一世，先儒亦有定議。并考古今，畫成圖樣，其説甚備。且謂他日恢復中原，還反舊京，則又當別考古制，世爲一廟，而革去東漢以來同堂異室之陋，蓋不獨爲今日議也。而廟堂持之不上，獨奏禮官及諸從臣所論，請爲別廟以奉四祖。又詔恭依。遂即毀撤僖祖、宣祖廟室。熹見諸公爭之甚力，而右相趙汝愚雅不以熙寧復祀僖祖爲然，給舍樓鑰、陳傅良又復牽合裝綴以附其說，其語頗達上聽。某月某日，忽有旨宣召熹赴内殿奏事，蓋將問之以此也。熹因節略狀文，及爲劄子，畫圖貼説以進。上覽之良以爲然，且喻熹曰：「僖祖乃國家始祖，高宗時不曾遷，孝宗時又不曾遷，太上皇帝時又不曾遷，今日豈敢輕議！」熹因奏曰：「此事義理甚明，而聖意又已見得如此，其不當遷無可疑者。前日集議雖已施行，而臣申省議狀獨未得經聖覽，不曾降出，即今來劄子却乞降出，再令臣寮集議，必有定論。」退見臺諫謝深甫、張叔椿，亦皆以熹説爲然，而謝獨甚悔前日合議之失。其後不久，熹即罷歸，而所議遂不復有所施行。後却聞臺諫、後省亦嘗互入文字，乞降出熹前所議，而亦不知後來竟作如何收殺也。然當日議狀、奏劄出於匆匆，不曾分别始祖、世室、親廟三者之異，故其爲説易致混亂。而嘗反疑前日之誤，故今特故備著之〔一一〕，而别定兩圖，以見區區之本意云。

君臣服議

淳熙丁未十月八日，太上皇帝上仙，遺誥至州縣。有司莫識衣冠制度，大率盡用令式。此符當斬衰之服，哀臨既畢，及被禮部所下符，則止當用布四脚、直領布襴衫、麻絰而已。此符當與遺誥同日俱下，乃遲數日，有司不虔，惑誤四方已如此，而於「布四脚」之下注云：「係幞頭。」於「直領布襴」下注云：「上領不盤。」則雖間有舉哀稍緩之處，官吏傳觀亦多不曉四脚幞頭之説。予記温公書儀及後山談叢所記頗詳，乃周武帝所製之常冠，用布一方幅，前兩角綴兩大帶，後兩角綴兩小帶，覆頂四垂，因以前邊抹額而繫大帶於腦後，復收後角而繫小帶於髻前，以代古冠，亦名幞頭，亦名折上巾。其後乃以漆紗爲之而專謂之幞頭，其實本一物也。今禮官以「幞頭」解「四脚」是矣，而又不肯詳言其制，則未知其若馬、陳之所謂，周武之所製者耶？抑將以紙爲胎，使之剛强植立，亦若今之漆紗所爲者耶？至於直領布襴衫上領不盤之説，則衆尤莫曉。蓋既曰直領，則非上領；既曰上領，則不容不盤。兩言之中自相牴牾至於如此，雖予亦莫識其所以然也。乃有强爲之説者曰：雖爲上領，而不聯綴斜帛湊成盤曲之勢以就正圓，但以長布直縫，使足以繞項而已。予謂禮官之意或是如此亦不可知，但求之於古既無所考，則亦何敢信而從之耶？疑此特生於古今之禮不同，禮官不能分别去取，而欲依違其間，是以生此回惑耳。蓋直領者，古禮也，其制具於儀禮，其像見於三禮圖，上有衣而下有裳者是也。上領有襴者，今禮也，今之公服上衣下襴相屬而弗殊者是也。竊意國恤舊章之本文必有曰直領布衫者，而又有曰布襴衫者。其服直領布衫，則兼服布裙而加冠於首。其服布襴衫，則首加四脚而已。蓋其初雖合古今之禮，而猶各有所施，則亦未爲失也。今既不察其異矣，又但見公服之上領而有襴，遂解直領爲「上領不盤」，而增「襴」字於「衫」字之上。文若遷今以就古，而不自知其實之誤反至於廢古以徇今也。又前此州縣誤用之禮皆著菅屨，而符乃無文〔一三〕，承用之者，遂屨韈以赴臨，殊乖禮意。獨無曰「杖」云者，於禮爲粗合，而亦有所未盡。蓋禮，君之喪，諸達官之長杖。所謂達官，謂專達之官，在今日則内之省、曹、寺、監長官，外之監司、郡守，凡一司之長，若嘗任侍從以上得專奏事者是也。故今不杖之制施於僚佐以下則得之矣，至使其長官下而同之，而雖故相領帥若家居者無異，文豈不薄哉！又後數日，乃得邸吏所報朝廷冠服制度，則云：皇帝初喪，服白羅袍、黑銀帶、絲鞋、白羅軟脚折上巾。成服日，服布斜巾、四脚、裙袴、冠、帽、竹杖、腰絰、首絰、直領大袖布襴衫、白綾襯衫。視事日，去杖、首絰。小祥日，改服布四脚、直領布襴衫、腰絰、布袴。大祥日，服素紗軟脚折上巾、淺黄衫、黑銀帶。群臣之服分爲三等。上等，布頭冠、布斜巾、布四脚、大袖襴衫、裙袴、首絰、腰絰、竹杖、襯服。中等，布頭冠、幞頭、大袖襴衫、袴、腰絰。其下等，則布幞頭、襴衫、腰絰而已。詳此，帝服有冠，有裙，而衫曰直領，則是古之喪服，當自爲一襲者；又有四脚，有襴衫，則皆當世常服，又當别爲一襲者。而今乃一之，則果如予之所料矣。然至於小祥之服，則衫直領而下不裙，宰臣之服，則下雖有裙而衫非直領，此又不可曉者。其餘亦多重複繆誤，如斜巾、四脚、冠、帽，乃四物，不當一時並加於首。四者皆首服，獨冠爲古制。斜巾乃民間初喪未成服時所用，既成服則去之，蓋古者免之遺制也〔一四〕，今成服而與冠並用，其失一也。四脚之説已見於前，蓋宇文氏廢古冠而爲之，若兼存而互用猶不相妨，今同時並加，其失二也。帽古今皆爲燕服，與正服之用亦各有所施，今與古冠、四脚並用，三失也。今天子之冠四：衮冕、通天、幞頭、帽子，雖皆御服，如之何而可並用於一時乎！直領、上領、古裙、今襴亦四物，不當一時並加於身。說已見前。冠當服以終喪，不當小祥而釋。古禮小祥改服練冠，但以熟布爲之，其制不易也。今小祥便只服布四脚，不服練冠，非是。其去巾帽，亦不知有何據也。四脚、幞頭、折上巾，三名一物，不當錯出而異其名。說亦見前。兼禮官亦云四脚係幞頭，則知二者非異物，而於朝臣之服，上等曰「四脚」，中、下等曰「幞頭」，不知何謂。其曰銀帶、絲鞋、白綾襯衫者，則尤非喪禮之所宜服，亦不待辨而知其非矣。大抵其失在於兼盡古今，以爲天子備物之孝，而不知考其得失而去取之，正天子議禮制度考文之事也。然此等條目之多，欲一一而正之，則有不勝正者。必循其本而有以大正焉，則曰：斬衰三年，爲父爲君，如儀禮喪服之說而已。其服則布冠、直領大袖布衫，加布衰、辟領、負版、掩衽、布襯衫、布裙、麻腰絰、麻首絰、麻帶、菅屨、竹杖，自天子至於庶人，不以貴賤而有增損也。但儀禮之冠三梁，乃士禮，今天子通天冠二十四梁，當準之而去其半，以爲十二梁。群臣則如其本品進賢冠之數以爲等。大本既立，然後益考禮經，以修殯葬饋奠之禮，參度人情，以爲居處飲食之節，行之天下。凡諸吉凶之禮，有詭聖不經如上領胡服之類者，一切革而去之。則亦庶乎一王之制，而無紛紛之惑矣。而前此議者猶或慮其說之難行，雖以元祐之盛時，而不能行范祖禹之論。蓋不知自漢以來所以不能復行君父三年之喪者，一則以人主自無孝愛之誠心而不能力行以率於上，二則慮夫臣民之衆，冠婚祠享會聚之有期，而不欲以是奪之也。國家自祖宗以來，三年通喪實行於内，則其所以立極導民者無所難矣。獨所以下爲臣民之慮者未有折衷，是以依違於此而未敢輕議，此亦慮之過矣。夫古之所謂「方喪三年」者，蓋曰比方於父母之喪云爾。蓋事親者親死而致喪三年，情之至，義之盡者也。事師者師死而心喪三年，謂其哀如父母而無服，情之至而義有所不得盡者也。事君者君死而方喪三年，謂其服如父母，而分有親疏，此義之至而情或有不至於其盡者也。然則所謂方喪者，豈曰必使天下之人寢苫枕塊、飲水食粥、泣血三年，真若居父母之喪哉！今臣民之服如前所陳則已有定説矣，獨庶人軍吏之貧者，則無責乎其全，雖以白紙爲冠而但去紅紫華盛之飾，其亦可也。至如飲食起居之制，則前所謂參度人情者，正欲其斟酌古今之宜，分別貴賤親疏之等，以爲降殺之節。且以婚姻一事言之，則宜自一月之外許軍民，三月之外許士吏，復土之後許選人，祔廟之後許承議郎以下，小祥之後許朝請大夫以下，大祥之後許中大夫以下，各借吉三日。其太中大夫以上則並須禫祭然後行吉禮焉。官卑而差遣職事高者從高，遷官者從新，貶官者從舊。如此，則亦不悖於古，無害於今，庶乎其可行矣。

或者又謂：今之吉凶服，上領之制相承已久，而遽盡革去，恐未爲允。此不然也。古今之制，祭祀用冕服，朝會用朝服，皆用直領，垂之而不加紳束，則如今婦人之服交掩於前。而束帶焉，則如今男子之衣皆未嘗上領也。今之上領公服，乃夷狄之戎服，自五胡之末流入中國，至隋煬帝時巡遊無度，乃令百官戎服從駕，而以紫、緋、緑三色爲九品之別，本非先王之法服，亦非當時朝祭之正服也。今雜用之，亦以其便於事而不能改耳。曷若準朝服、祭服之法，參取唐公服之制以爲便服而去之哉！唐公服見通典、開元禮序例下篇。民私喪五服制度皆如此禮，但以親疏分五等，而衣服之制不殊。温公書儀但斬衰、齊衰用此制，而大功以下從俗禮，非是。惟高氏送終禮，其説甚詳，當更討論訂正，別爲公私通行喪服制度，頒行民間，令其遵守。庶幾先王之禮大小由之，上下交修，可以久而不廢，且使大義素定於臣民之家，免至臨事紛錯，疑惑衆聽。

民臣禮議同安作。

禮不難行於上，而欲其行於下者難也。蓋朝廷之上，典章明具，又自尚書省置禮部，尚書、侍郎以下至郎吏數十人，太常寺置卿、少以下至博士、掌故又數十人。每一舉事，則案故事施行之，而此數十人者，又相與聚而謀之。於器幣牢醴[一五]，共之受之，皆有常制。其降登執事之人，於其容節，又皆習熟見聞，無所違失。一有不當，則又有諫官、御史援據古今而質正之。此所謂不難行於上者也。惟州縣之間，士大夫、庶民之家，禮之不可已而欲行之，則其勢可謂難矣。總之得其所以不合者五，必欲舉而正之，則亦有五説焉。蓋今上下所共承用者，政和五禮也。其書雖嘗班布，然與律令同藏於理官。吏之從事於法禮之間者，多一切俗吏，不足以知其説。長民者又不能以時布宣，使通於下，甚者至或并其書而亡之。此禮之所以不合者一也。書脱幸而存者，亦以上下相承，沿習苟簡，平時既莫之習，臨事則驟而學焉，是以設張多所謬盭，朝廷又無以督察繩糾之，此禮之所以不合者二也。祭器嘗經政和改制，盡取古器物之存於今者以爲法，今郊廟所用則其制也。而州縣專取聶氏三禮制度，醜怪不經，非復古制，而政和所定未嘗頒降，此禮之所以不合者三也。州縣惟三獻官有祭服，其分獻、執事、陪位者皆常服也，古今雜糅，雅俗不辨，而縣邑直用常服，不應禮典，此禮之所以不合者四也。又五禮之書，當時修纂出於衆手，其間亦有前後自相矛盾，及疏略不備處，是以其事難盡從，此禮之所以不合者五也。禮之所以不合者五，必將舉而正之，則亦有五説焉。曰：禮之施於朝廷者，州縣士民無以與知爲也，而盡頒之則傳者苦其多，習者患其博，而莫能窮也，故莫若取自州縣官民所應用者，參以近制，別加纂録，號曰紹興纂次政和民臣禮略，鋟板模印而頒行之州縣，各爲三通，一通於守令廳事，一通於學，一通於名山寺觀。皆櫝藏之，守視司察，體如詔書，而民庶所用則又使州縣自鋟之板，正歲則摹而揭之市井村落，使通知之，則可以永久矣。此一説也。禮書既班，則又當使州縣擇士人之篤厚好禮者講誦其説，習其頌禮，州縣各爲若干人，廪之於學，名曰治禮，每將舉事，則使教焉。又詔監司如提學司者，察其奉行不如法者舉繩治之，此二説也。祭器不一，郡縣所用至廣，諸祭唯釋奠從祀所用器物爲多，當約此數爲定，一州一縣必具之。難以悉從朝廷給也。但每事給一以爲準式，付之州郡，櫝藏於太守廳事，使以其制爲之，以給州用，以賦諸縣。或恐州縣自造不能齊同，即賦錢於州縣各爲若干，詣行在所屬製造。其器物用者自爲一庫，別置主典，與所櫝藏者，守令到罷，舉以相付，書之印紙以重其事。禮書、禮服並用此法。此三說也。祭服則當準政和禮，州縣三獻、分獻、執事、贊、祝、陪位之服，舉其所有者，議其所無者補之，使皆爲古禮服，釋奠分獻之屬皆用士人，餘祭用人吏，當殊其制。製造頒降如祭器法。此四說也。禮書之不備者，熹嘗考釋奠儀之失，今別出之。更加詳考，釐而正之〔一六〕，仍爲圖其班序、陳設、行事、升降之所事爲一圖，與書通班之，守視如書法。則見者曉然矣。此五說也。夫禮之所以不合者如此，必將舉而正之，其說又如此，亦可謂明白而易知矣。而世未有議之者，則以苟簡之俗勝，而莫致意焉故也，是其所以每難也。愚故曰：禮不難行於上，而欲其行於下者難也。故述斯議，以爲有能舉而行之，則庶乎其有補焉爾。

改官議

一，諸州教官以經明行修登第人充，罷去試法。如不足，則令侍從兩省、臺諫及諸路監司雜舉，歲無定員，有闕則降指揮令舉。

一，近制，新改官人並令作縣，其舉狀内只言犯入己贓甘與同罪，即不言若本人改官之後任親民差遣日，如有疲懦殘酷，違法害民，即與同罪，是以舉者徇私妄舉，多不擇人，及至負敗，又無譴責。今欲乞於舉狀中添入此項，如有違戾，必罰無赦。

一，今改官人雖有引見之法，然未嘗親奉玉音，詢考治行，所以人得妄舉，而昏繆不材之人或與其間。欲乞今後引見之日，每十人中特宣兩人升殿，詢其前任職事及民間利害。如有庸繆，即行退黜，仍將舉主降官放罷。有職名者即令落職。則舉者知畏，而庸妄之徒不敢徼倖求進矣。

一，改官之人，設使所舉皆當，然其才亦有大小之不同，而今之縣道亦有難易之別。今銓部之法，未嘗爲官擇人，而使人自擇官，是以才高者審於擇地，多注優閑易辦之縣，才短者昧於所向，多注繁劇難辦之縣，使人與官兩失其所，所以縣多不治，而人有遺才也。欲乞將天下諸縣分其難易，又以大小爲次，委自尚書，將合注知縣之人精加考究，分作四等，以可任繁難大縣者爲上，繁難小縣者次之，優閑大縣又次之，小縣爲下。其已任繁難者，後任便與注權通判；其任優閑縣者，後任須管再入知縣一次，不得別注差遺。願注縣丞者聽，但亦以三年爲任。

一，累任教官不曾實歷治民之人，不許薦舉改官。

學校貢舉私議

古者學校選舉之法，始於鄉黨，而達於國都。教之以德行道藝，而興其賢者、能者。蓋其所以居之者無異處，所以官之者無異術，所以取之者無異路，是以士有定志而無外慕，蚤夜孜孜，唯懼德業之不脩，而不憂爵禄之未至。夫子所謂「言寡尤，行寡悔，禄在其中」，孟子所謂「脩其天爵而人爵從之」，蓋謂此也。

若夫三代之教，藝爲最下，然皆猶有實用而不可闕。其爲法制之密，又足以爲治心養氣之助，而進於道德之歸。此古之爲法，所以能成人材而厚風俗，濟世務而興太平也。今之爲法不然。雖有鄉舉，而其取人之額不均，又設太學利誘之一塗，監試、漕試、附試詐冒之捷徑，以啓其奔趨流浪之意。其所以教者，既不本於德行之實，而所謂藝者，又皆無用之空言。至於甚弊，則其所謂空言者，又皆怪妄無稽，而適足以敗壞學者之心志。是以人材日衰，風俗日薄，朝廷州縣每有一事之可疑，則公卿大夫官人百吏愕眙相顧而不知所出，是亦可驗其爲教之得失矣。而議者不知其病源之所在，反以程試文字之不工爲患，而唱爲混補之説以益其弊。或者知其不可，又欲斟酌舉行崇寧州縣三舍之法，而使歲貢選士於太學。其説雖若賢於混補之云，然果行此，則士之求入乎州學者必衆，而今州郡之學錢糧有限，將廣其額則食不足，將仍其舊則其勢之偏、選之艱、而塗之狹，又將有甚於前日之解額少而無所容也。正使有以處之，然使游其間者校計得失於旦暮錙銖之間，不得寧息，是又不唯無益，而損莫大焉，亦非計之得也。蓋嘗思之，必欲乘時改制以漸復先王之舊，而善今日之俗，則必如明道先生熙寧之議，然後可以大正其本，而盡革其末流之弊。如曰未暇，則莫若且均諸州之解額以定其志，立德行之科以厚其本，罷去詞賦，而分諸經、子史、時務之年以齊其業，又使治經者必守家法，命題者必依章句，答義者必通貫經文，條舉衆説而斷以己意。學校則遴選實有道德之人，使專教導，以來實學之士。裁減解額、舍選謬濫之恩，以塞利誘之塗。至於制科、詞科、武舉之屬，亦皆究其利病，而頗更其制。則有定志而無奔競之風，有實行而無空言之弊，有實學而無不可用之材矣。

此其大略也。其詳則繼此而遂陳之：夫所以必均諸州之解額者，今之士子不安於鄉舉而爭趨太學試者，以其本州解額窄而試者多，太學則解額闊而試者少，本州只有解試一路，太學則兼有舍選之捷徑，又可以智巧而經營也。所以今日倡爲混補之説者，多是溫、福、處、婺之人，而他州不與焉。非此數州之人獨多躁競，而他州之人無不廉退也，乃其勢驅之，有不得不然者耳。然則今日欲救其弊而不以大均解額爲先務，雖有良法，豈能有所補哉！故莫若先令禮部取見逐州三舉終場人數，太學終場人數，解試亦合分還諸州理爲人數。通比舊額都數，定以若干分爲率，而取其若干以爲新額。如以十分爲率而取其一，則萬人終場者以百人爲額。更斟酌之。又損太學解額、舍選取人分數，使與諸州不至大段殊絕。其見住學人分數權許仍舊。則士安其土而無奔趨流浪之意矣。

所以必立德行之科者，德行之於人大矣，然其實則皆人性所固有，人道所當爲，以其得之於心，故謂之德，以其行之於身，故謂之行，非固有所作爲增益而欲爲觀聽之美也。士誠知用力於此，則不唯可以脩身，而推之可以治人，又可以及夫天下國家。故古之教者，莫不以是爲先。若舜之命司徒以敷五教，命典樂以教胄子，皆此意也。至於成周而法始大備，故其人材之盛、風俗之美，後世莫能及之。漢室之初尚有遺法，其選舉之目，必以「敬長上，順鄉里，肅政教，出入不悖所聞」爲稱首。魏晉以來雖不及古，然其九品中正之法猶爲近之。及至隋唐，遂專以文詞取士，而尚德之舉不復見矣。積至于今，流弊已極，其勢不可以不變。而欲變之，又不可不以其漸。故今莫若且以逐州新定解額之半而又折其半，以爲德行之科，如解額百人，則以二十五人爲德行科。蓋法行之初，恐考察未精，故且取其半，而又減其半。其餘五十人自依常法。明立所舉德行之目，如八行之類。專委逐縣令佐從實搜訪，於省試後保明津遣赴州，守倅審實保明申部。於當年六月以前以禮津遣，限本年内到部。撥入太學，於近上齋舍安排，而優其廩給，仍免課試。長貳以時延請詢考，至次年終，以次差充大小職事。又次年終，擇其尤異者特薦補官。餘令特赴明年省試，比之餘人倍其取人分數，如餘人二十取一，則此科十而取一。蓋解額中已減其半矣。殿試各升一甲。其不中人且令住學以俟後舉。其行義有虧，學術無取，舉者亦當議罰。則士知實行之可貴，而不專事於空言矣。

所以必罷詩賦者，空言本非所以教人，不足以得士，而詩賦又空言之尤者，其無益於設教取士章章明矣。然熙寧罷之而議者不以爲是者，非罷詩賦之不善，乃專主王氏經義之不善也。故元祐初議有改革，而司馬温公、吕申公皆不欲復。其欲復之者，唯劉摯爲最力，然不過以考校之難而爲言耳，是其識之卑，而説之陋，豈足與議先王教學、官人之本意哉。今當直罷無可疑者，如以習之者衆，未欲遽罷，則限以三舉而遞損其取人之數，俟其爲之者少，而後罷之，則亦不駭於俗，而其弊可革矣。

所以必分諸經、子史、時務之年者，古者大學之教，以格物致知爲先，而其考校之法，又以九年知類通達，强立不反爲大成。蓋天下之事皆學者所當知，而其理之載於經者，則各有所主而不能相通也。況今樂經亡而禮經缺，二戴之記已非正經，而又廢其一焉。蓋經之所以爲教者已不能備，而治之者類皆舍其所難而就其所易，僅窺其一而不及其餘，則於天下之事，宜有不能盡通其理者矣。若諸子之學，同出於聖人，各有所長而不能無所短，其長者固不可以不學，而其所短亦不可以不辨也。至於諸史，則該古今興亡治亂得失之變，時務之大者如禮樂制度、天文地理、兵謀刑法之屬，亦皆當世所須而不可闕，皆不可以不之習也。然欲其一旦而盡通，則其勢將有所不能，而卒至於不行。若合所當讀之書而分之以年，使天下之士各以三年而共通其三四之一，則亦若無甚難者。故今欲以易、書、詩爲一科，而子年午年試之；周禮、儀禮及二戴之禮爲一科，而卯年試之；春秋及三傳爲一科，而酉年試之。年分皆以省試爲界，義各二道。諸經皆兼大學、論語、中庸、孟子。義各一道。論則分諸子爲四科，而分年以附焉。諸子則如荀、揚、王、韓、老、莊之屬，及本朝諸家文字，當別討論，分定年數，兼許於當年史傳中出論二道。策則諸史，時務亦然。諸史則左傳、國語、史記、兩漢爲一科，三國、晉書、南北史爲一科，新、舊唐書、五代史爲一科，通鑑爲一科。時務則律曆、地理爲一科，通禮、新儀爲一科，兵法、刑統、敕令爲一科，通典爲一科，以次分年，如經子之法，策各二道。則士無不通之經，無不習之史，而皆可爲當世之用矣〔一七〕。

其治經必專家法者，天下之理固不外於人之一心，然聖賢之言則有淵奥爾雅而不可以臆斷者，其制度、名物、行事本末又非今日之見聞所能及也，故治經者必因先儒已成之說而推之。借曰未必盡是，亦當究其所以得失之故，而後可以反求諸心而正其繆。此漢之諸儒所以專門名家，各守師說，而不敢輕有變焉者也。但其守之太拘，而不能精思明辨以求真是，則爲病耳。然以此之故，當時風俗終是淳厚。近年以來，習俗苟偷，學無宗主，治經者不復讀其經之本文與夫先儒之傳注，但取近時科舉中選之文諷誦摹倣，擇取經中可爲題目之句以意扭捏，妄作主張，明知不是經意，但取便於行文，不暇恤也。蓋諸經皆然，而春秋爲尤甚。主司不惟不知其繆，乃反以爲工而置之高等。習以成風，轉相祖述，慢侮聖言，日以益甚。名爲治經而實爲經學之賊，號爲作文而實爲文字之妖，不可坐視而不之正也。今欲正之，莫若討論諸經之說，各立家法，而皆以注疏爲主。如易則兼取胡瑗、石介、歐陽修、王安石、邵雍、程頤、張載、吕大臨、楊時，書則兼取劉敞、王安石、蘇軾、程頤、楊時、晁說之、葉夢得、吴棫、薛季宣、吕祖謙，詩則兼取歐陽修、蘇軾、程頤、張載、王安石、吕大臨、楊時、吕祖謙，周禮則劉敞、王安石、楊時，儀禮則劉敞，二戴禮記則劉敞、程頤、張載、吕大臨，春秋則啖助、趙正、陸淳、孫明復、劉敞、程頤、胡安國，大學、論語、中庸、孟子則又皆有集解等書，而蘇軾、王雱、吴棫、胡寅等說亦可采。以上諸家更加考訂增損，如劉彝等說恐亦可取。令應舉人各占兩家以上，於家狀内及經義卷子第一行内一般聲説，將來答義則以本説爲主而旁通他説，以辨其是非，則治經者不敢妄牽己意，而必有據依矣。

其命題所以必依章句者，今日治經者既無家法，其穿鑿之弊已不可勝言矣，而主司命題又多爲新奇以求出於舉子之所不意，於所當斷而反連之，於所當連而反斷之，大抵務欲無理可解，無説可通，以觀其倉卒之間趨附離合之巧。其始蓋出於省試「上天之載，無聲無臭，儀刑文王」之一題。然而當時傳聞，猶以爲怪。及今數年，則無題不然，而人亦不之怪矣。主司既以此倡之，舉子亦以此和之。平居講習，專務裁剪經文，巧爲餖飣，以求合乎主司之意。其爲經學，賊中之賊；文字，妖中之妖，又不止於家法之不立而已也。今既各立家法，則此弊勢當自革。然恐主司習熟見聞，尚仍故態，却使舉子愈有拘礙，不容下筆。願下諸路漕司，戒敕所差考試官，今後出題須依章句，不得妄有附益裁剪，如有故違，許應舉人依經直答以駁其繆，仍經本州及漕司陳訴，將命題人重作行遣。其諸州申到題目，亦令禮部國子監長貳看詳，糾舉譴罰，則主司不敢妄出怪題，而諸生得守家法，無復敢肆妖言矣。

又按前賢文集，策問皆指事設疑，據實而問，多不過百十字。嘉祐、治平以前尚存舊體，而吕中公家傳記熙寧事，乃云有司發策問必先稱頌時政，對者因大爲諛詞以應之，然則此風蓋未遠也。今亦宜爲之禁，使但條陳所問之疑略如韓歐諸集之爲者，則亦可以觀士子之實學，而息其諛佞之姦心矣。其必使答義者通貫經文，條陳衆說而斷以己意者，其說已略具于家法之條矣。蓋今日經學之難，不在於治經，而難於作義。大抵不問題之小大長短，而必欲分爲兩段，仍作兩句對偶破題，又須借用他語以暗貼題中之字，必極於工巧而後已。其後多者三二千言，別無他意，不過止是反復敷衍破題兩句之說而已。如此不唯不成經學，亦復不成文字，而使學者卒歲窮年，枉費日力以從事於其間，甚可惜也。欲更其弊，當更寫卷之式，明著問目之文，而疏其上下文，通約三十字以上，次列所治之說而論其意，又次旁列他說而以己意反復辯析，以求至當之歸。但令直論聖賢本意與其施用之實，不必如今日經義分段、破題、對偶、敷衍之體。每道止限五六百字以上，則雖多增所治之經，而答義不至枉費辭說，日力亦有餘矣。至於舊例經義禁引史傳，乃王氏末流之弊，而論子史者不復訂以經指，又俗學卑近之失，皆當有以正之，使治經術者通古今，議論者識原本，則庶乎其學之至矣。

其學校必選實有道德之人使爲學官，以來實學之士，裁減解額、舍選謬濫之恩，以塞利誘之塗者，古之太學主於教人而因以取士，故士之來者爲義而不爲利。且以本朝之事言之，如李廌所記元祐侍講呂希哲之言曰：仁宗之時，太學之法寬簡，國子先生必求天下賢士真可爲人師者，就其中又擇其尤賢者如胡翼之之徒，使專教導規矩之事，故當是時，天下之士不遠萬里來就師之。其游太學者端爲道藝，稱弟子者中心說而誠服之，蓋猶有古法之遺意也。熙寧以來，此法浸壞，所謂太學者，但爲聲利之場，而掌其教事者，不過取其善爲科舉之文，而嘗得雋於場屋者耳。士之有志於義理者，既無所求於學，其奔趨輻湊而來者，不過爲解額之濫、舍選之私而已。師生相視，漠然如行路之人，間相與言，亦未嘗開之以德行道藝之實，而月書季考者，又祇以促其嗜利苟得、冒昧無耻之心，殊非國家之所以立學教人之本意也。欲革其弊，莫若一遵仁皇之制，擇士之有道德可爲人師者以爲學官，而久其任，使之講明道義以教訓其學者，而又痛減解額之濫以還諸州，罷去舍選之法，而使爲之師者考察諸州所解德行之士與諸生之賢者，而特命以官，則太學之教不爲虚設，而彼懷利干進之流，自無所爲而至矣。如此，則待補之法固可罷去，而混補者又必使與諸州科舉同日引試，則彼有鄉舉之可望者自不復來，而不患其紛冗矣。

至於取人之數，則又嚴爲之額，而許其補中之人從上幾分特赴省試，則其舍鄉舉而來赴補者亦不爲甚失職矣。其計會監試、漕試、附試之類，亦當痛減分數，嚴立告賞，以絶其冒濫。其諸州教官亦以德行人充，而責以教導之實，則州縣之學亦稍知義理之教，而不但爲科舉之學矣。

至於制舉，名爲賢良方正，而其實但得記誦文詞之士。其所投進詞業，亦皆無用之空言，而程試論策則又僅同覆射兒戲，初無益於治道，但爲仕宦之捷徑而已。詞科則又習於諂諛夸大之詞，而競於駢儷刻雕之巧，尤非所以爲教。至於武舉，則其弊又不異於儒學之陋也。欲革其弊，則制科當詔舉者不取其記誦文詞，而取其行義器識，罷去詞業六論，而直使待對於廷，訪以時務之要，而不窮以隱僻難知之事。詞科則當稍更其文字之體，使以深厚簡嚴爲主，而以能辨析利害、敷陳法度爲工。武舉則亦使學官放經義論策之制，參酌定議，頒下武經總要等書，而更加討論，補其遺逸，使之誦習，而立其科焉。則庶乎小大之材各得有所成就，而不爲俗學之所病矣。

夫如是，是以教明於上，俗美於下，先王之道得以復明於世，而其遺風餘韻又將有以及於方來，與夫規規然固守末流之弊法，而但欲小變一二於其間者，利害相絶固有間矣。草茅之慮，偶及於此，故敢私記其說，以爲當路之君子其或將有取焉。

天子之禮如此者數段，先生初欲以入禮書，後又謂，若如此，却是自己著書也，遂除去不用。今惟見此一段，豈禘祫議之類皆是歟？

天子之禮，至尊無上，其居處則内有六寢六宫，外有三朝五門，其嬪御、侍衛、飲食、衣服、貨賄之官皆領於冢宰，其冕弁、車旗、宗祝、巫史、卜筮、瞽侑之官皆領於宗伯。有師以道之教訓，有傅以傅其德義，有保以保其身體，有師氏以媺詔之〔一八〕，有保氏以諫其惡。前有疑〔一九〕，後有丞，左有輔，右有弼，其侍御僕從罔匪正人，以旦夕承弼厥辟。出入起居罔有不欽，發號施令罔有不臧。在輿有旅賁之規，旅賁，勇士，掌執戈楯夾車而趨。位宁有官師之典，門屏之間謂之宁。倚几有訓誦之諫，工師所誦之諫，書之於几也。居寢有暬御之箴，暬，近也。臨事有瞽史之道，宴居有工師之誦。史爲書，太史，君舉則書。瞽爲詩，工又誦箴諫，大夫規誨，士傳言，庶人謗，商旅于市，旅，陳也，陳貨物以示時所貴尚。百工獻藝。獻其技藝以喻政事。動則左史書之，言則右史書之，其書春秋、尚書有存者。御瞽幾聲之上下。幾猶察也，察其存樂。不幸而至於有過，則又有爭臣七人面列廷爭以正救之。蓋所以養之之備至於如此，是以恭己南面，中心無爲以守至正，而貌之恭足以作肅，言之從足以作乂，視之明足以作哲，聽之聰足以作謀，思之睿足以作聖。然後能以八柄馭群臣，八統馭萬民，而賞無不慶，刑無不威，遠無不至，邇無不服。傅説所謂「奉若天道，建邦設都，樹后王君公，承以大夫師長，不惟逸豫，惟以亂民」，武王所謂「亶聰明作元后，元后作民父母」，所謂「天降下民，作之君，作之師，惟其克相上帝，寵綏四方」，箕子所謂「皇建其有極，斂時五福，用敷錫厥庶民，惟時厥庶民于汝極，錫汝保極」，董子所謂「正心以正朝廷，正朝廷以正百官，正百官以正萬民，正萬民以正四方」者，正謂此也。

何謂六寢六宮？曰：王大寢一，小寢五。大寢聽政，故嚮明而治，故在前。小寢釋服燕息也，故在後。其小寢一寢在中，四寢在於四角，春居東北，夏居東南，秋居西南，冬居西北，土王之月居中。后之六宮，正宮在前，五宮在後，其制如王之五寢。何謂三朝五門？曰：王宮之外門，一曰皋門，二曰雉門，三曰庫門，四曰應門，五曰路門。又曰虎門，又曰畢門〔二〇〕，此鄭司農説也。康成以雉門在庫門外而設兩觀。其朝在雉門之外者曰外朝，在路門之外者曰治朝，路寢之廷曰内朝。皋門之内，外朝也，朝士掌其法，小司寇掌其政〔二一〕，列三槐與九棘，設嘉石與肺石，而朝諸侯、聽詔、詢大事在焉。應門之内，治朝也，司士正其位，宰夫掌其法，大僕正王之位〔二二〕，而王日視朝在焉〔二三〕。路門之内，燕朝也，大僕正其位，掌擯相，族人朝焉。玉藻曰：「朝服以視朝，退適路寢聽政。」然則王日視朝於治朝，而退聽政於燕朝矣。雉門之外，懸治象〔二四〕，所以待民。應門之外，設宗廟、社稷，所以嚴神位。路門之外則九室，九卿朝焉。路寢之内亦九室，九嬪居焉。外朝之法，朝士掌之。左九棘，孤、卿、大夫位焉，群士在其後。右九棘，公、侯、伯、子、男位焉，群吏在其後。面三槐，三公位焉，州長、衆庶在其後。左嘉石，平罷民焉。右肺石，達窮民焉。小宗伯職曰：「建國之神位，右社稷，左宗廟。」然則外朝在庫門之外，皋門之内與？今司徒府有天子以下大會殿，亦古之外朝哉。周天子、諸侯皆有三朝，外朝一，内朝二，内朝之在路門之内者〔二五〕，或謂之燕朝。

何謂貨賄？曰：有太府以受其貨賄之入。關市之賦，以待王之膳服。邦中之賦，以待賓客。四郊之賦，以待稍秣。家稍之賦，以待匪頒。邦甸之賦，以待工事。邦縣之賦，以待幣帛。邦都之賦，以待宗祀。山澤之賦，以待喪紀。幣餘之賦，以待賜予。凡邦國之貢，以待弔用〔二六〕。凡萬民之貢，以充府庫。凡式貢之餘財，以供玩好之用。而金玉玩好，玉府掌之。良兵良器，内府掌之。王后、世子衣服之用，則外府掌之。

滄洲精舍釋菜儀

前期，獻官以下皆盛服。今用深衣、涼衫。掌儀設神座，用席，先聖南向，配位西向，從祀位東西向。設祝版於先聖位之右，設香爐、香案、香合於堂中。設祭器於神坐前，每位各左一籩，今用漆盤，實以脯果。右一豆。今用漆盤，實以笋、菜。設犧尊一於堂上東南隅，今以瓦尊代。加勺、羃。設燭四於堂中，二於東西從祀位之前。設洗二於東階之東，盥洗在東，爵洗在西。卓一於洗東，卓上箱二。巾東，爵西。設獻官位於堂下，北面，分奠者二人次之，諸生又次之，皆北向西上。及期，獻官以下序立於東廊下，掌儀帥執事者升堂實酒饌。贊者一人引獻官升堂，點閱，降，就堂下位。分奠官及諸生各就位。贊者一人離位，少前，再拜訖，進立於主人之右，西向，曰：「再拜。」在位者皆再拜。掌儀、祝、司尊者皆升。掌儀立於東序西向，祝立於阼階上西向，司尊者立於尊南北向。贊引獻官詣盥洗之南，北向立，盥手，帨手，升，焚香，再拜，降。再詣盥帨如初。詣爵洗南，北向立，洗爵以授贊。升，詣尊所，西向立。贊以爵授獻官，司尊舉羃，酌酒。獻官以爵授贊，俱詣先聖前。獻官北向跪，贊跪授爵，獻官執爵三祭，奠爵於籩之間，俛伏，興，少立。祝詣獻官之左，東向跪，讀祝訖，興，復位。獻官再拜，次詣盥洗爵如初。洗諸配位爵訖，贊者以盤兼捧，升，酌，詣配位如初儀，但不讀祝。獻官復位。當獻官詣配位酌獻時，贊者二人各引分奠官分行東西從祀禮，盥洗以下並如配位之儀。東先，西後。分奠訖，復位。在位者皆再拜，退。

獻者。贊者。分奠二人。贊者二人。

祝。掌儀者。

司尊。

趙婿親迎禮大略

前期，女氏使人張陳其婿之室。及期〔二七〕，具饌，設椅卓置於堂中，東西相對，各置柸、匕、著、蔬果於卓上，酒壺在案席之後。別置桌子於席南，注子置其上。婿盛服主人醮子之禮。乘馬至女氏之門，下馬俟于次。女尊長父母醮子之禮。出迎婿於門外，揖遜而入，至于廳事。主人升自阼階，立，西向，婿升自西階，北面再拜，向內拜宅裏去。主人不答拜。姆奉女出中門，至于廳事，婿揖之，至婦轎前，舉簾以俟。姆奉婦登車，下簾。婿揖主人，主人不降送。婿乘馬在前，婦車在後，皆以二燭前導以行。婿先至廳事，俟婦下車，揖，遂導以入，婦從之。贊者導，婿揖婦而先，婦從之，適其室。婦從者布席於閫內東方，婿從者布席於西方。婿立于東席，婦立于西席。婦拜，婿答拜。婿爲婦舉蒙頭，訖，揖婦坐，婿東，婦西。從者斟酒，婿揖婦同祭酒，舉飲。從者置殽，婿揖婦同祭殽，食畢。又斟，舉飲，饌，不祭。三斟亦如之。此參酌古人合牢之禮。乃徹饌。

校勘記

〔一〕其制皆在中門外之左　「在」，原作「爲」，據浙本、天順本改。

〔二〕周禮有守祧之官　「有」，原作「言」，據浙本、天順本改。

〔三〕改塗易檐　「檐」，原作「穆」，據天順本改。

〔四〕邗　原作「耶」，據浙本改。

〔五〕五年而再殷祭　「殷」，原作「毁」，據浙本改。

〔六〕是以三廟不毁　「以」字原脱，據閩本、浙本、天順本補。

〔七〕皇僕　「僕」，原作「傑」，據史記周本紀改。

〔八〕而自其父以上　「其」字原脱，據浙本、天順本補。

〔九〕亞圉太王北向　此六字原脱，據淳熙本、浙本、天順本補。

〔一〇〕成王時　「成」，原作「武」，據閩本、浙本、天順本改。

〔一一〕别定廟議圖記　「記」，原作「説」，據天順本改。

〔一二〕故今特故備著之　底本原注：「特故」之「故」疑衍。

〔一三〕而符乃無文　「文」，原作「又」，據浙本改。

〔一四〕蓋古者免之遺制也　「免」，原作「冕」，據閩本、浙本、天順本改。

〔一五〕於器幣牢醴　「器」上原衍「其」字，據浙本删。

〔一六〕釐而正之　「釐」字原脱，據浙本補。

〔一七〕而皆可爲當世之用矣　「而」字原脱，據浙本、天順本補。

〔一八〕有師氏以媺詔之　「媺」原作「微」，據浙本、天順本改。又浙本「媺」下有「訓」字。

〔一九〕前有疑　「疑」，原作「凝」，據浙本、天順本改。

〔二〇〕又曰畢門　「畢」，原作「卑」，據浙本、天順本改。

〔二一〕小司寇掌其政　「寇」，原作「農」，據浙本、天順本改。

〔二二〕大僕正王之位　「僕」，原作「儀」，據天順本改。下文「大僕正其位」同。

〔二三〕而王日視朝在焉　「王日」原倒，據浙本、天順本乙正。

〔二四〕懸治象　「治象」二字原倒，據浙本、天順本乙正。

〔二五〕外朝一內朝二內朝之在路門之內者　「外朝一內朝二內朝」八字，原作「一內朝二外朝」，據浙本、天順本改。

〔二六〕以待弔用　「弔」，原作「予」，據浙本、天順本改。

〔二七〕及期　「期」字原缺，據閩本、浙本、天順本補。

晦庵先生朱文公文集卷第七十

雜著

讀吕氏詩記桑中篇[一]甲辰春

詩體不同。固有鋪陳其事不加一詞而意自見者，然必其事之猶可言者，若清人之詩是也。至於桑中、溱洧之篇，則雅人莊士有難言之者矣。孔子之稱「思無邪」也，以爲詩三百篇勸善懲惡，雖其要歸無不出於正，然未有若此言之約而盡者耳，非以作詩之人所思皆無邪也。今必曰彼以無邪之思鋪陳淫亂之事，而閔惜懲創之意自見於言外，則曷若曰彼雖以有邪之思作之，而我以無邪之思讀之，則彼之自狀其醜者乃所以爲吾警懼懲創之資耶？而況曲爲訓説而求其無邪於彼，不若反而得之於我之易也。巧爲辨數而歸其無邪於彼，不若反而責之於我之切也。

若夫雅也，鄭也，衛也，求之諸篇固各有其目矣：雅則大雅、小雅若干篇是也，鄭則鄭風若干篇是也，衛則邶、鄘、衛風若干篇是也。是則自衛反魯以來未之有改。而風雅之篇，説者又有正變之別焉。至於桑中小序「政散民流而不可止」之文與樂記合，則是詩之爲桑間又不爲無所據者。今必曰三百篇皆雅，而大、小雅不獨爲雅，鄭風不爲鄭，邶、鄘、衛之風不爲衛，桑中不爲桑間亡國之音，則其篇帙混亂，邪正錯糅，非復孔子之舊矣。夫二南正風，房中之樂也，鄉樂也；二雅之正，朝廷之樂也；商周之頌，宗廟之樂也。是或見於序義，或出於傳記，皆有可考。至於變雅則固已無施於事，而變風又特里巷之歌謡，其領在樂官者，以爲可以識時變、觀土風，而賢於四夷之樂耳。今必曰三百篇者皆祭祀朝聘之所用，則未知桑中、溱洧之屬，當以薦何等之鬼神，接何等之賓客耶？蓋古者天子巡守，命太師陳詩以觀民風，固不問其美惡而悉陳以觀也。既已陳之，固不問其美惡而悉存以訓也。然其與先王雅頌之正〔二〕，篇帙不同，施用亦異，如前所陳，則固不嫌於龐雜矣。今於雅、鄭之實察之既不詳，於龐雜之名畏之又太甚，顧乃引夫浮放之鄙詞〔三〕，而文以風刺之美説，必欲强而置諸先王雅頌之列，是乃反爲龐雜之甚而不自知也。夫以胡部與鄭衛合奏猶曰不可，而況强以桑中、溱洧爲雅樂，又欲合於鹿鳴、文王、清廟之什而奏之宗廟之中、朝廷之上乎？其以二詩爲猶止於中聲者，太史公所謂孔子皆弦歌之，以求合於韶武之音，其誤蓋亦如此。然古樂既亡，無所考正，則吾不敢必爲之説，獨以其理與其詞推之，有以知其必不然耳。又以爲近於勸百諷一而止乎禮義，則又信大序之過者。夫子虛、上林侈矣，然自「天子芒然而思」以下，猶實有所謂諷也。漢廣知不可而不求，大車有所畏而不敢，則猶有所謂禮義之止也；若桑中、溱洧，則吾不知其何詞之諷而何禮義之止乎！若曰孔子嘗欲放鄭聲矣，不當於此又收之以備六籍也，此則曾南豐於戰國策，劉元城於三不足之論，皆嘗言之，又豈俟吾言而後白也哉！

大抵吾説之病不過得罪於桑間、洧外之人，而其力猶足以完先王之樂〔四〕。彼説而善，則二詩之幸甚矣。抑其於溱洧而取范氏之説，則又似以放鄭聲者，豈理之自然固有不可奪耶？因讀桑中之説，而惜前論之不及竟，又痛伯恭之不可作也，因書其後，以爲使伯恭生而聞此，雖未必遽以爲然，亦當爲我逌然而一笑也。嗚呼悲夫！

讀唐志

歐陽子曰：「三代而上，治出於一，而禮樂達於天下；三代而下，治出於二，而禮樂爲虛名。」此古今不易之至論也。然彼知政事禮樂之不可不出於一，而未知道德文章之尤不可使出於二也。夫古之聖賢，其文可謂盛矣，然初豈有意學爲如是之文哉？有是實於中，則必有是文於外，如天有是氣則必有日月星辰之光耀，地有是形則必有山川草木之行列。聖賢之心，既有是精明純粹之實以旁薄充塞乎其内，則其著見於外者，亦必自然條理分明，光輝發越而不可揜蓋，不必託於言語、著於簡册，而後謂之文，但自一身接於萬事，凡其語默動靜，人所可得而見者，無所適而非文也。姑舉其最而言，則易之卦畫、詩之詠歌、書之記言、春秋之述事，與夫禮之威儀、樂之節奏，皆已列爲六經而垂萬世，其文之盛，後世固莫能及。然其所以盛而不可及者，豈無所自來，而世亦莫之識也。故夫子之言曰：「文王既没，文不在兹乎？」蓋雖已決知不得辭其責矣，然猶若逡巡顧望而不能無所疑也。至於推其所以興衰，則又以爲是皆出於天命之所爲，而非人力之所及。此其體之甚重，夫豈世俗所謂文者所能當哉！孟軻氏没，聖學失傳，天下之士背本趨末，不求知道養德以充其内，而汲汲乎徒以文章爲事業。然在戰國之時，若申、商、孫、吴之術，蘇、張、范、蔡之辯，列禦寇、莊周、荀況之言，屈平之賦，以至秦漢之間，韓非、李斯、陸生、賈傅、董相、史遷、劉向、班固，下至嚴安、徐樂之流，猶皆先有其實，而後託之於言。唯其無本而不能一出於道，是以君子猶或羞之。及至宋玉、相如、王褒、楊雄之徒，則一以浮華爲尚，而無實之可言矣。雄之太玄、法言，蓋亦長楊、校獵之流而粗變其音節，初非實爲明道講學而作也。東京以降，訖于隋唐，數百年間，愈下愈衰，則其去道益遠，而無實之文亦無足論。韓愈氏出，始覺其陋，慨然號於一世，欲去陳言以追詩書六藝之作，而其弊精神、縻歲月，又有甚於前世諸人之所爲者。然猶幸其略知不根無實之不足恃，因是頗泝其源而適有會焉。於是原道諸篇始作，而其言曰：「根之茂者其實遂，膏之沃者其光曄，仁義之人，其言藹如也。」其徒和之，亦曰：「未有不深於道而能文者。」則亦庶幾其賢矣。然今讀其書，則其出於諂諛戲豫放浪而無實者自不爲少。若夫所原之道，則亦徒能言其大體，而未見其有探討服行之效，使其言之爲文者皆必由是以出也。故其論古人，則又直以屈原、孟軻、馬遷、相如、楊雄爲一等，而猶不及於董、賈；其論當世之弊，則但以詞不己出而遂有神徂聖伏之歎。至於其徒之論，亦但以剽掠僭竊爲文之病，大振頽風、教人自爲爲韓之功。則其師生之間、傳受之際，蓋未免裂道與文以爲兩物，而於其輕重緩急、本末賓主之分，又未免於倒懸而逆置之也。自是以來，又復衰歇數十百年，而後歐陽子出。其文之妙，蓋已不愧於韓氏，而其曰「治出於一」云者，則自荀楊以下皆不能及，而韓亦未有聞焉，是則疑若幾於道矣。然考其終身之言與其行事之實，則恐其亦未免於韓氏之病也。抑又嘗以其徒之説考之，則誦其言者既曰「吾老將休，付子斯文」矣，而又必曰「我所謂文，必與道俱」。其推尊之也，既曰「今之韓愈」矣，而又必引夫「文不在兹」者以張其説。由前之説，則道之與文，吾不知其果爲一耶，爲二耶？由後之説，則文王、孔子之文，吾又不知其與韓歐之文果若是其班乎否也？嗚呼，學之不講久矣，習俗之謬，其可勝言也哉！吾讀唐書而有感，因書其説以訂之。

讀大紀

宇宙之間，一理而已，天得之而爲天，地得之而爲地，而凡生於天地之間者，又各得之以爲性。其張之爲三綱，其紀之爲五常，蓋皆此理之流行，無所適而不在。若其消息盈虚，循環不已，則自未始有物之前，以至人消物盡之後，終則復始，始復有終，又未嘗有頃刻之或停也。儒者於此既有以得於心之本然矣，則其内外精粗自不容有纖毫之間，而其所以脩己治人、垂世立教者，亦不容其有纖毫造作輕重之私焉。是以因其自然之理，而成自然之功，則有以參天地，贊化育，而幽明巨細無一物之遺也。

若夫釋氏則自其因地之初而與此理已背馳矣，乃欲其所見之不差、所行之不繆，則豈可得哉！蓋其所以爲學之本心，正爲惡此理之充塞無間而使己不得一席無理之地以自安，厭此理之流行不息而使己不得一息無理之時以自肆也，是以叛君親，棄妻子，入山林，捐軀命，以求其所謂空無寂滅之地而逃焉。其量亦已隘，而其勢亦已逆矣。然以其立心之堅苦、用力之精專，亦有以大過人者，故能卒如所欲而實有見焉。但以其言行求之，則其所見雖自以爲至玄極妙有不可以思慮言語到者，而於吾之所謂窮天地、亘古今、本然不可易之實理，則反瞢然其一無所覩也。雖自以爲直指人心，而實不識心；雖自以爲見性成佛，而實不識性。是以殄滅彝倫，墮於禽獸之域，而猶不自知其有罪。蓋其實見之差有以陷之，非其心之不然而故欲爲是以惑世而罔人也。至其爲說之窮，然後乃有不舍一法之論，則似始有爲是遁詞以蓋前失之意，然亦其秉彝之善有終不可得而殄滅者，是以剪伐之餘而猶有此之僅存，又以牽於實見之差，是以有其意而無其理，能言之而卒不能有以踐其言也。凡釋氏之所以爲釋氏者，始終本末不過如此，蓋亦無足言矣。然以其有空寂之說而不累於物欲也，則世之所謂賢者好之矣；以其有玄妙之說而不滯於形器也，則世之所謂智者悅之矣；以其有生死輪回之說而自謂可以不淪於罪苦也，則天下之傭奴爨婢黥髡盜賊亦匍匐而歸之矣。此其爲說所以張皇輝赫，震耀千古，而爲吾徒者，方且蠢蠢焉鞠躬屏氣〔五〕，爲之奔走服役之不暇也。幸而一有間世之傑，乃能不爲之屈，而有聲罪致討之心焉，然又不能究其實見之差，而詆以爲幻見空說；不能正之以天理全體之大，而偏引交通生育之一說以爲主，則既不得其要領矣，而徒欲以戎狄之醜號加之。其於吾徒，又未嘗教之以内脩自治之實，而徒驕之以中華列聖之可以爲重，則吾恐其不唯無以坐收摧陷廓清之功，或乃往遺之禽，而反爲吾黨之詬也。嗚呼惜哉！

讀兩陳諫議遺墨

天下有自然不易之公論，而言之者或不免於有所避就，故多失之，若諸公熙寧日録之辯是也。嘗記頃年獲侍坐於故端殿上饒汪公，縱言及於日録，熹因妄謂日録固爲邪說，然諸賢攻之亦未得其要領，是以言者瀆而聽者疑，用力多而見功寡也。蓋嘗即其書而考之，則凡安石之所以惑亂神祖之聰明而變移其心術，使不得遂其大有爲之志，而反爲一世禍敗之原者，其隱微深切皆聚此書，而其詞鋒筆勢縱横捭闔，煒燁譎誑，又非安石之口不能言，非安石之手不能書也。以爲蔡卞撰造之言，固無是理，況其見諸行事深切著明者，又已相爲表裏〔六〕，亦不待晚年懟筆有所增加而後爲可罪也。然使當時用其垂絶之智舉而焚之，則後來載筆之士於其帷幄之間深謀密計，雖欲畢力搜訪，極意形容，勢必不能得之如此之悉，而傳聞異詞，虚實相半，亦不能使人無溢惡之疑。且如「勿令上知」之語，世所共傳，終以手筆不存，故使陸佃得爲隱諱，雖以元祐衆賢之力、爭辯之苦而不能有以正也。此見陸佃供答史院取問狀。何幸其徒自爲失計，出此真蹟以暴其惡於天下，便當摭其肆情反理之實，正其迷國誤朝之罪，而直以安石爲誅首。是乃所謂自然不易之公論，不唯可以訂已往之謬，而又足以開後來之惑。奈何乃以畏避嫌疑之故，反爲迂曲回互之言，指爲撰造增加、誣僞謗詆之書，而欲加刊削以滅其迹乎！汪公歎息，深以愚言爲然。今觀閑樂陳公遺帖、了齋陳公表藁，追憶前語，自愧學之不進，所知不能有以甚異於往時，又歎汪公之不可復見也，爲之掩卷太息而書其後。抑又嘗怪了翁晚歲之論多出此帖之餘，然其自訟改過之書曾無一言以及此，而獨謂龜山楊氏實發其機，語見責沈。其所贈兄孫漸者，即幾叟少卿後改名淵者也。幾叟，楊公之婿，嘗以楊公之語告翁曰：「更留那老子做甚底？」翁初亦駭其言，幾叟復爲反復申言之，翁乃悔悟，故其語曰：「余之自訟改過，賴其一言。而漸於是時亦以所聞警余之謬云。」是則論者亦頗疑之。而以今考之，此書之作實在建中、崇寧之間。書云「吾友遷謫，猶居善地」，疑居袁州時也。且其言猶以日録爲蔡卞之所託，而其後了翁合浦尊堯之書亦未直攻安石也。

至於大觀初年而後，四明之論始作，進表雖在政和元年，然公居明州實大觀初年也。則其推言所自，獨歸功於楊氏而不及閑樂，有不可誣者矣。顧其後書雖謂天使安石自寫誣悖之心，然猶有懟筆增加歸過神考之云，則終未免於所謂有所回互避就而失之者也。又觀閑樂此書之指，所以罪狀安石者至深切矣，然考其事不過數條。若曰：改祖宗之法而行三代之政也，廢春秋而謂人主有北面之禮也，學本出於刑名度數而不足於性命道德也，釋經奥義多出先儒而旁引釋氏也。是數條者，安石信無所逃其罪矣，然其所以受病之源、遺禍之本，則閑樂之言有所未及，而其所指以爲説者，亦自不能使人無可恨也。今亦無論其他，而姑以安石之素行與日録之首章言之，則安石行己立朝之大節在當世爲如何？而其始見神宗也，直以漢文帝、唐太宗之不足法者爲言，復以諸葛亮、魏玄成之不足爲者自任，此其志識之卓然，又皆秦漢以來諸儒所未聞者，而豈一時諸賢之所及哉！然其爲人，質雖清介而器本偏狹，志雖高遠而學實凡近，其所論説，蓋特見聞億度之近似耳。顧乃挾以爲高，足己自聖，不復知以格物致知、克己復禮爲事，而勉求其所未至以增益其所不能。是以其於天下之事，每以躁率任意而失之於前，又以狠愎徇私而敗之於後。此其所以爲受病之原，而閑樂未之言也。若其所以遺禍之本，則自其得君之初而已有以中之，使之悦其高、駭其奇，而意斯人之不可無矣。及其任之以事而日聽其言，則又有以信夫斯人之果不可無也。於是爲之力拒羣言而一聽其所爲，唯恐其一旦去我而無與成吾事也。及其訏謨既久，漸涵透徹，則遂心融神會而與之爲一，以至於能掣其柄而自操之，則其運動弛張又已在我，而彼之用舍去留不足爲吾重輕矣。於是安石卒去而天下之政始盡出於宸衷，了翁所謂「萬幾獨運於元豐」、閑樂所謂「屏棄金陵十年不召」者，蓋皆指此。然了翁知其獨運，而不知其所運者乃安石之機；閑樂見安石之身若不用，而不知其心之未嘗不用也。是以凡安石之所爲，卒之得以附於陵廟之尊、託於謨訓之重，而天下之人愈不敢議，以至於魚爛河決而後已焉。此則安石所以遺禍之本，而閑樂亦未之言也。

若閑樂之論祖宗法度但當謹守而不可變，尤爲痛切，是固然矣。然祖宗之所以爲法，蓋亦因事制宜以趨一時之便，而其仰循前代、俯徇流俗者尚多有之，未必皆其竭心思、法聖智以遺子孫，而欲其萬世守之者也，是以行之既久而不能無弊，則變而通之，是乃後人之責。故慶曆之初，杜、范、韓、富諸公變之不遂，而論者至今以爲恨。況其後此又數十年，其弊固當益甚於前，而當時議者亦多以爲當變，如吕正獻公父子家傳，及河南程氏、眉山蘇氏之書，蓋皆可考。雖閑樂此論若有不同，而不免亦有仁皇之末適當因革之時之説，則是安石之變法固不可謂非其時，而其設心亦未爲失其正也。但以其躁率任意，而不能熟講精思以爲百全無弊可久之計，是以天下之民不以爲便。而一時元臣故老、賢士大夫羣起而力爭之者，乃或未能究其利病之實，至其所以爲説，又多出於安石規模之下，由是安石之心愈益自信，以爲天下之人真莫己若，而陰幸其言之不足爲己病，因遂肆其狠愎，倒行逆施，固不復可望其能勝己私以求利病之實，而充其平日所以自任之本心矣。此新法之禍所以卒至於横流而不可救。閑樂雖能深斥其非，而未察其所以爲非者乃由於此，此其爲説所以不能使人無所恨者一也。

至謂安石遠取三代渺茫不可稽考之事而力行之，此又不知三代之政布在方册，雖時有先後而道無古今，舉而行之，正不能無望於後之君子。但其名實之辨、本末之序、緩急之宜，則有不可以毫釐差者。苟能於此察焉而無所悖，則其遺法雖若渺茫不可稽考，然神而明之在我而已，何不可行之有！彼安石之所謂周禮，乃姑取其附於己意者，而借其名高以服衆口耳，豈真有意於古者哉！若真有意於古，則格君之本、親賢之務、養民之政、善俗之方，凡古之所謂當先而宜急者，曷爲不少留意，而獨於財利兵刑爲汲汲耶？大本不正，名是實非，先後之宜又皆倒置，以是稽古，徒益亂耳，豈專渺茫不可稽考之罪哉！閑樂不察乎此，而斷然自畫，直以三代之法爲不可行，又獨指其渺茫不可稽考者而譏之，此又使人不能無恨者二也。

若安石之廢春秋、語北面，則亦其志識過高而不能窮理勝私之弊，是以厭三傳凡例條目之煩、惡諸儒臆度附致之巧有太過者，而不思其大倫大法固有炳如日星而不可誣者也；因前聖尊師重道之意以推武王、太公之事有太過者，而所以考其禮之文者有未詳也。是其闕於審重而輕爲論說，直廢大典，固爲可罪，然謂其因此而亂君臣之名分，又并與孟子迭爲賓主之説而非之，則亦峻文深詆而矯枉過直矣。此又其使人不能無恨者三也。

若夫道德性命之與刑名度數，則其精粗本末雖若有間，然其相爲表裏如影隨形，則又不可得而分别也。今謂安石之學獨有得於刑名度數，而道德性命則爲有所不足，是不知其於此既有不足，則於彼也，亦將何自而得其正耶？夫以佛老之言爲妙道而謂禮法事變爲粗迹，此正王氏之深蔽，今欲譏之而不免反墮其説之中，則已誤矣，又況其於粗迹之謬，可指而言者蓋亦不可勝數，政恐未可輕以有得許之也。今姑舉其一二而言之。若其實有得於刑名度數也，則其所以脩於身者，豈至於與僧卧地，而顧客褫衣如錢景諶之所叙乎？所以著于篇者，豈至於分文析字以爲學，而又不能辨乎六書之法如字説之書乎？了翁以爲安石之進字説，蓋欲布之海内。神考雖好其書，玩味不忘，而不以布於海内者，以教化之本不在是也。此亦非是。夫周禮「六藝」之教，所謂書者，不過使人以六書之法分别天下之書文，而知此字之聲形爲如何，欲其遠近齊同而不亂耳，非有真空無相無作之説也。安石既廢其五法，而專以會意爲言，有所不通，則遂旁取後來書傳一時偶然之語以爲證。至其甚也，則又遠引老佛之言，前世中國所未嘗有者而説合之。其穿鑿舛繆顯然之迹如此，豈但不知性命道德之本，而亦豈可謂其有得於刑名度數之末哉！不唯以此自誤，又以其説上惑人主，使其玩味於此而不忘，其罪爲大。了翁之言蓋亦疏矣。所以施於家者，豈至於使其妻窮奢極侈，斥逐娣姒，而詬叱官吏，如林希、魏泰之所書？豈至於使其子囚首跣足箕踞於前，而干預國政，如邵伯温之所記乎？所以施於政者，豈至於乖事理，咈民情，而於當世禮樂文章教化之本或有失其道理者，乃不能一有所正，至其小者如鵪鶉公事，按問條法，亦皆繆戾煩碎而不即於人心乎？以此等而推之，則如閑樂之所云，亦恐其未免於過予，而其所以不能使人無可恨者四也。

若其釋經之病，則亦以自處太高而不能明理勝私之故，故於聖賢之言既不能虚心静慮以求其立言之本意，於諸儒之同異又不能反復詳密以辨其爲説之是非，但以己意穿鑿附麗，極其力之所通而肆爲支蔓浮虚之説。至於天命人心、日用事物之所以然，既已不能反求諸身以驗其實，則一切舉而歸之於佛老。及論先王之政，則又騁私意，飾姦言，以爲違衆自用、剥民興利、斥逐忠賢、杜塞公論之地。唯其意有所忽而不以爲事者，則或苟因舊説而不暇擇其是非也。閑樂於此，乃不責其違本旨、棄舊説、惑異教、文姦言之罪，而徒譏其奥義多出鄭、孔，意若反病其不能盡黜先儒之説以自爲一家之言者，則又不能使人無恨者五也。

夫安石以其學術之誤敗國殄民至於如此，而起自熙、豐，訖于宣、靖，六十年間，誦説推明，按爲國是。鄙儒俗生隨風而靡者既無足道，有識之士則孰有不寒心者〔七〕。顧以姦賊蔽蒙，禁網嚴密，是以飲氣吞聲，莫敢指議。獨兩陳公乃能出死力以排之，其於平居書疏還往，講論切磨唯恐其言之不盡，斯亦可謂賢矣，然其所以爲説者不過如此，豈其所以爲學者亦自未得聖賢之門户，所以觀理制事者猶未免於有蔽而然耶？故嘗歷考一時諸賢之論以求至當，則唯龜山楊氏指其離内外，判心迹，使道常無用於天下，而經世之務皆私智之鑿者，最爲近之。其論紹述，而以爲當師其意，不當泥其迹者，亦能曲盡其理之當，而無回互之失。見龜山語録因鄒道鄉之論而發者。雖元城劉公所謂只宗神考者有所不逮，劉公語見韓瓘談録。不但兩陳公而已也。然及其請罷廟學配食之章，則又不能如其平日之言以正其罪，顧乃屑屑焉偏指梟鸞一義以爲實啓奢汰之原〔八〕，此爲獲殺人于貨之盜而議其竊鈎之罪，對放飯流歠之客而議其齒決之非，視兩陳公之言乃反有不能及者。是以至今又幾百年，而其是非之原終未明白。往者雖不足論，而來者之監，亦學者之所不可不知也。故竊并著其說，以俟同志講而擇焉。

己未八月，因爲精舍諸生說，偶記莊生語云：「其所謂道非道，則所言之韙不免於非。」此正王氏之謂也。後兩日，有語予曰：「荆公正坐爲一道德所誤耳。」予謂之曰：「一道德者，先王之政，非王氏之私說也，子何病焉？若道此語於荆公之前，彼不過相視一笑而言曰：『正爲公不識道德耳。』吾恐子之將無詞以對也。」兩轉語偶與前說相似，故筆其後云。

讀蘇氏紀年

程弟允夫雅好蘇學，蓋嘗以講於余，而終不能無異同之論。故其爲此書也，用心甚苦，而獨不以見視。比其既没，乃得見之，則有甚陋而可愧者，恨不及與之反復其說也。姑掇其尤者一二論之，以爲死者有知，尚當有以識余之意爾。

蘇黄門言：「吾暮年於義理無所不通，蓋悟孔子一以貫之之旨。」又曰：「夫子之道，一以貫之。惟一爲能萬變而不窮，故諸弟子之問，或仁或孝，或從政或事君，所問不同，而夫子答之亦無窮者，一以貫之故也。然夫子不以一貫者告人何哉？夫子中道而立，彼由此而悟如顔子者，其所得亦不過於問仁、問爲邦爾，而終與聖人交臂。其它雖未大有所得，苟日從事於仁孝、從政、事君之間，亦不失爲士君子，故曰『下學而上達』。蓋其所學者此，而其所達者亦此，非有二也。衆人未達，疑夫學之外别有形而上者，故曰：『夫子之不可及也，猶天之不可階而升也。』夫子之道，豈果若登天之難哉！」又曰：「君子之教人，不可以同科也。譬諸草木，大者使之遂其大，小者使之成其小，區别使各極其分量斯足矣。故中人以下，姑使之從事於灑掃應對進退可也，苟比其大小而同乎一科，使學者躐等以爲進，相誣以爲高，豈善教者哉。若乃聖人，則其開端便自遠大，及其至也，亦不過是而已。故曰：『有始有卒者，其唯聖人乎！』有始有卒，非自始以至終，言唯聖人然後能始終一致也。」

古史曰：「善乎子夏之教人也，始於灑掃應對進退，而不急於道，使其來者自盡於學，日引月長而道自至。故曰：『百工居肆以成其事，君子學以致其道。』譬如農夫之殖草木，既爲之區，溉種而時耨之，風雨既至，大小甘苦莫不咸得其性，而農夫無所用巧也。孔子曰：『君子上達，小人下達。』達之有上下，出乎其人，而非教者之力也。異哉今世之教者，聞道不明而急於誇世，非性命道德不出於口，雖禮樂政刑有所不言矣，而況於灑掃應對進退也哉！教者未必知，而學者未必信，務爲大言以相欺，天下之僞自是而起。此子夏所謂誣也。」又曰：「公言每夜熟寐至五鼓初即攬衣起坐，此即所謂『天下何思何慮』之時也。蓋天下本自無思慮，但人不具此眼目，不能識之爾。」太史曰：「道有不可以名言者，古之聖人命之曰一，寄之曰中。舜之禪禹曰：『人心惟危，道心惟微。惟精惟一，允執厥中。』聖人之欲以道相詔者，至於一與中盡矣。昔者孔子與諸弟子言，無所不至，然而未嘗及此也。蓋嘗與子貢言之矣，曰：『賜也，汝以予爲多學而識之者歟？』曰：『然。非歟？』曰：『非也，予一以貫之。』雖與子貢言之，而孔子之言之也難，而子貢之受之也未信。至於曾子不然。孔子曰：『參乎，吾道一以貫之。』曾子曰：『唯。』曾子出，門人問，曾子曰：『夫子之道，忠恕而已矣。』蓋孔子之告之也不疑，而曾子之受之也不惑，則與子貢異矣。然曾子以一爲忠恕，則知門人之不足告也夫。及孔子既没，曾子傳之子思，子思因其説而廣之曰：『喜怒哀樂之未發謂之中，發而皆中節謂之和。中者，天下之大本也；和者，天下之達道也。致中和，天地位焉，萬物育焉。』子思之説既出，而天下始知一之與中在是矣。然子思以授孟子，孟子又推之以爲性善之論。性善之論出，而一與中始枝矣。烏乎！孔子之所以不告諸弟子者，蓋爲是歟？」前兩段紀年所載，皆其門人所記，語意闕略，恐於蘇公之言有不能無失者，不足以極余之辨，故考諸古史以足之如此云。

聖人之所謂道者，天而已矣。天大無外，造化發育皆在其間，運轉流行無少間息。雖其形象變化有萬不同，然其爲理一而已矣。聖人生知安行，與天同德，其於天下之理，幽明巨細，固無一物之不知，而日用之間，應事接物，動容周旋，又無一理之不當。然非物物而思之，事事而勉之也，故曰：「吾道一以貫之。」固非塊然以守一物於象罔之間，如所謂五鼓振衣何思何慮者，遂指以爲妙道之極而陰祕藏之，不以告人，而時出其餘以愚學者之未達，使姑爲善人君子而已也。然夫子之告子貢，蓋以知而言；其告曾子，則以行而論。至於夫子言之之難易，二子聞之之得失，則古史之言雖若近之，然謂曾子以門人不足告而姑以忠恕爲言，則是不知忠恕之相爲體用，正所以明夫一貫之實矣。至於游夏之論灑掃應對之云云者，乃謂小子之學所當由此而漸進，非謂一告以此而遂一聽其所爲，終身無復有所告語也。觀夫子之與顔淵言至于終日，而淵歎之以爲善誘循循、博文約禮，則聖人之所以教人有始有卒，蓋亦可見，但不躐等而已。今曰教不可以同科，姑使之從事於此，而教者遂不復有所與，則固昧於教學之序；又謂顔子平生所問止於論語所記爲仁、爲邦之二條，則其考之又可謂不詳矣。夫子之言「下學而上達」，正謂下學於人事之卑近，而上達於天理之精微爾。今曰所學者此，而其所達者亦此，則是終身下學而未嘗上達也。又以子貢爲未達而疑夫學之外别有形而上者，以病其「猶天不可階」之言，則夫形而上下者雖不可以二物言，然謂學之外别無形而上者，則是但有事而無理，但有下學而無可上達也。雖曰人皆可以爲堯舜，然謂其必可至而無難，則是顔子「末由也已」之歎，孟子「大而化之」之語，皆爲未達也。其言不急於道而待其自至，如農夫區種而無所用巧，皆非是。獨其譏當世言道之失，蓋指王氏而言，則爲近之。然所謂道者，已亦莫之識，而未免於誣也。蓋王氏之誣人，以其言者誣之也；蘇氏之誣人，以其不言者誣之也。二者雖殊，其失則均矣。凡此皆其學之所不及而妄言之，故其失如此。至於「天下何思何慮」，正謂雖萬變之紛紜而所以應之各有定理，不假思慮而知也。今以中夜起坐斯須之頃當之，則是日出事生之後，此「何思何慮」者遂爲閑廢之物而無所用矣。彼所謂得一貫之旨者，殆不過此，豈不陋哉！古史所引舜、禹授受之言亦非本義。蓋「惟精惟一，允執厥中」亦言精一别於人心道心之間，而守其道心始終不貳，則其所行自無過不及而合中道耳，非以一名道而寄之於中也。又謂孟子爲性善之論而一與中始枝，尤爲謬妄。今未暇辨，後章詳之。

記易誤

「否之匪人」，近見一説謂不當有「之匪人」三字，蓋由「比之匪人」而誤。若以音言，則「比」自去聲，「否」自上聲，字義已不同。若以義言，則「比之匪人」爲所附非其人，「否之匪人」爲否塞非人道，語脈又不同，決是衍字。其象傳之文遂亦因之而誤。如坎象之「樽酒簋」，「簋」下復因誤讀而加「貳」字也。不記是何人説，姑記於此云。

記永嘉儀禮誤字

儀禮人所罕讀，難得善本。而鄭注、賈疏之外，先儒舊説多不復見，陸氏釋文亦甚疏略。近世永嘉張淳忠甫校定印本，又爲一書以識其誤，號爲精密，然亦不能無舛謬。若其經首冠以鄭氏目録，而其開卷第一板士冠禮篇中第三行即云：「主人玄冠、朝服，則是於天子諸侯之士朝服、皮弁、素積。」此「諸侯」二字，按賈疏所載，本在「天子」字上，而爲句絶，自釋文所引誤倒其文，而此本因之，遂無文理，不復可讀。蓋日視朝之服，天子皮弁，而諸侯朝服，君臣同之，故鄭氏之意，以爲此主人玄冠朝服則是諸侯之士，若天子之士，則當服皮弁、素積，與此不同耳。今釋文既誤倒之，張本又襲其誤而不能正，則未知其讀之如何而爲句，又如何而爲説也。又少牢饋食禮「日用丁己」，乃戊己之己，故注云：「取其令名，自丁寧，自變改。」蓋本説文「改」字從己從攴，爲「己有過，攴之則改」之義。而下條之注又云「不得丁亥，則己亥亦可用」，其理甚明。而諸本或寫己爲辰巳之巳，釋文遂以「祀」音，張氏亦不能覺其誤也。其尤甚者，則如鄉射篇「横而奉」之「奉」，或誤寫作「拳」，而釋文遂以「權」音，每讀令人不覺失笑，張亦不能正而曲從之。推此而言，則其它舛謬計必尚多，病倦不暇細考，姑記此三條以告觀者耳。蜀中石本尤多誤，於此「己」字三四乃鑱滅其上體，豈亦疑之而未知所決耶？

記鄉射疑誤

鄉射篇：「若無大夫，則唯賓。」而注云：「長一人舉觶如燕禮媵爵之爲者。」余始讀此，嘗疑「長一人舉觶」五字本是經文而印本誤入注中。既而考之，凡舉觶皆卑且少者爲之，非賓長之事，故此乃主人之贊者二人舉觶于賓及大夫。若無大夫，則於二人長幼之中但選一人，使之舉觶于賓，而非反使賓長自舉觶也。至考燕禮「小臣請媵爵者而公命長」，注云：「長，謂選卿大夫中長幼可使者。」於是又見「長」字之義。至「小臣作下大夫，二人媵爵」，又「請致者，若公命皆致〔九〕，則序進」，又知其或命長，則但以一人媵爵。如此篇之長一人以舉觶于賓，乃注文所引之明證，但其詞太略，有以致讀者之疑耳。昔邢子才不喜校書，而曰「日思其誤，更是一適」，劉斯立猶深病之，況此書不誤而人自誤，反謂書誤而欲妄下雌黄於其間，其得罪於信古闕疑之君子當如何耶？因感其事，又恐後之讀者亦或如余之誤，遂書以識云。

記程門諸子論學同異

熹讀程門諸子之書，見其所論爲學之方有不同者，因以程子之言質之，而竊記之如左：

胡氏曰：物物致察，宛轉歸己。楊氏曰：物不可勝窮也，反身而誠，則舉天下之物在我矣。

程子曰：所謂窮理者，非必盡窮天下之物，又非只窮一物而衆理皆通，但要積累多後脱然有貫通處。又曰：物我一理，才明彼即曉此，不必言因見物而反求諸身也。然語其大至天地之所以高厚，語其小至一物之所以然，學者皆當理會。

胡氏曰：只於已發處用功，却不枉費心力。楊氏曰：未發之際，以心體之，則中之體自見。執而勿失，無人欲之私焉，發必中節矣。

程子曰：思於未發之前求中，即是已發，但言存養於未發之時則可。惟涵養久，則喜怒哀樂之發自中節矣。又曰：學者莫若先理會敬，能敬則自知此矣。

謝氏曰：明道先生先使學者有所知識，却從敬入。又曰：既有知識，窮得物理，却從敬上涵養出來，自然是别。正容謹節，外面威儀，非禮之本。

尹氏曰：先生教人，只是專令用敬以直内，習之既久，自然有所得也。

程子曰：入道莫如敬，未有能致知而不在敬者。又曰：動容貌，整思慮，則自然生敬。存此久之，則自然天理明。又曰：涵養須用敬，進學則在致知。又曰：敬只是涵養一事，必有事焉，須當集義。只知用敬不知集義，却是都無事也。

右諸説之不同者，以程子之言質之，唯尹氏之言爲近。所少者，致知集義之功耳。不知其言之序有未及耶，抑其意果盡於此也？然大本既立，則亦不患無地以崇其德矣。故愚於此竊願盡心焉，因書其後以自詔云。

記謝上蔡論語疑義

學而時習之。

學是前一段事，既學矣，又能時習，所以悦也。上蔡説得「習」字好，然少發明「學」字之意，似無來歷耳。悦乃習之之熟，義理油然而生處。上蔡但云如此則德聚，語亦未瑩。「有朋自遠方來」，觀聖人立言正意，止爲朋友講習，上蔡所推似亦太遠。「人不知而不愠」，學固非欲人知，亦非有意欲人不知，是以人知之不加喜，人不知不加愠，此聖門所發義理之正也。老氏「知我者希，則我貴矣」，此異端自私之見，與聖門氣象迥然不同，上蔡引之，似未察也。又云「自待者厚」，亦是語病。按此章惟伊川先生之説，語約而味長，最得聖人本意。其次似皆不若尹和靖。如上蔡之説非不奇偉，然多過中，少餘味矣。

其爲人也孝弟。

仁至難言，故聖賢之言或指其方，或語其用，未嘗直指其體而名言之也。上蔡云：「古人語仁多矣，然終非仁也。」又云：「孝弟可以論仁，而孝弟非仁也。」正欲發明此意，然不覺乘快一向説開了，至於其間界分脈絡，自有相管攝聯屬處，却不曾分明爲人指出，故讀之者只見曠蕩無可撈摸，便更向别處走，此其立言之病也。又云：「人心之不僞者，莫如事親、從兄。以是心而充之，則無適而非仁矣。」此語亦皆未安。蓋性之所有而根於心者，莫非真實，不但孝弟爲不僞也。但孝弟乃人心之不可已者，所發最親切，所繫最重大，故行仁之道必自此始，非謂充擴孝弟可以求仁也。此章之義恐只當從伊川説。

巧言令色。

言自巧，色自令，不害其爲仁。好其言，令其色，便是不仁矣。云「豈以此爲不仁」，立語恐未安。

道千乘之國。

學者專爲記誦之學而不知所用固不可，然遂以爲不待讀書而遽以政學，則尤不可。大抵脩身、齊家、治國、平天下，皆學者分内事，而其先後固有序矣。讀書求義理，乃格物致知之事，所以發明正心誠意之端也。學者不本於此，乃欲責成於人民社稷之間，求其必當於理而無悖，吾見其難矣。且天下、國、家雖有大小之殊，然聖人於此亦各止其所焉，非有所爲而爲之也。上蔡云：「古人得百里之地而君之，皆能以朝諸侯，有天下，則千乘之國亦可見其用心矣。」此似以爲朝諸侯、有天下之故而用心於千乘之國之意，恐亦有病。

弟子入則孝。

此章指人以所向之方，使學者知所先後而已，未遽及盡孝弟、察人倫也。大抵上蔡氣象宏闊，所見高明，微有不屑卑近之意，故其説必至此然後已。亦一病也。

賢賢易色。

「雖曰未學」乃假設之辭，非指一人而言。今直以大舜生知、人倫之至言之，却似執文害義也。且聖賢之語隨其淺深各有至理，亦不必須一概説到聖人地位也。

主忠信。

此一節皆學者之事。「主忠信」，蓋見此實理而不敢違之謂，遽以「默而成之，不言而信」釋之，似亦太高矣。

禮之用，和爲貴。

「殆不若夷俟踞肆之愈」，此語欲有所矯，而不知其過於正。

患不知人。

知人者爲大乎，人知者爲大乎？此又涉乎知我希、自待厚之私矣。近世學者蓋有未少有得而俯視等夷者，豈非此語之流生禍哉！上蔡於公冶長序篇論知人處甚佳，此章却有病。

上蔡語中諸如此類甚多，此據鄙見論其尤甚者耳。後篇隨看抄出，幾於段段有可疑處，不欲盡寫呈。大概亦只是一種病，即此亦可以見其餘也。近看諸説，惟伊川所解語意涵滀，旨味無窮。其次尹氏守得定，不走作，所少者精神耳。夫以上蔡高明之見，在程門蓋鮮儷焉，而其立言不滿人意處尚如此，況其餘哉！然則吾屬於此亦可以深自警矣。

記疑

偶得雜書一編，不知何人所記，意其或出於吾黨，而於鄙意不能無所疑也。懼其流傳久遠，上累師門，因竊識之，以俟君子考焉。淳熙丙申三月乙卯。

先生言於上曰：先聖後聖，若合符節，非傳聖人之道，傳聖人之心也；非傳聖人之心也，傳己之心也。己之心無異聖人之心，廣大無垠，萬善皆備，欲傳聖人之道，擴充此心焉耳。

愚謂此言務爲高遠而實無用力之地。聖賢所以告其君者，似不如是也。夫學聖人之道，乃能知聖人之心。知聖人之心以治其心，而至於與聖人之心無以異焉，是乃所謂傳心者也。豈曰不傳其道而傳其心，不傳其心而傳己之心哉！且既曰己之心矣，則又何傳之有？況不本於講明存養之漸，而直以擴充爲言，則亦將以何者爲心之正而擴充之耶？夫進言於君而其虚誇不實如此，是不惟不能有所裨補，而適所以啓其談空自聖之弊。後之學者尤不可以不戒也。

某初見先生，即誨之曰：人之所以靈於萬物者何也？謂之心。如何是心？謂之性。如何是性？宜思之。

愚謂此固窮理之事，然非所以語初學者。

某問：「楊文靖公云：聞之伊川，不偏之謂中，不易之謂庸。如何？」先生曰：「是非先生之言，不然，則初年之説也。昔伊川親批吕與叔中庸説曰：『不倚之謂中，其言未瑩。』吾親問伊川，伊川曰：『中無倚著。』」某未達。先生曰：「若説不倚，須是有四旁方言不倚得。不倚者，中立不倚也。」

愚謂不偏者，明道體之自然，即無所倚著之意也。不倚則以人而言，乃見其不倚於物耳。故程子以不偏名中，而謂不倚者爲未瑩。今以不倚者之未瑩，乃欲舉不偏者而廢之，其亦誤矣。

問：「要看喜怒哀樂未發，才看便是已發，如何見得中？」曰：「且只靜觀。」

愚謂此問甚切，惜乎答之不善也。蓋曰靜觀，則固爲已發，而且與之爲二矣。程子使人涵養於未發之前，而不使人求中於其間，其旨深矣。

問：「伊川先生答鮮于侁之問曰：『若顔子而樂道，則不足爲顔子。』如何？」曰：「心上一毫不留。若有心樂道，即有著矣。」

愚按：程子之言，但謂聖賢之心與道爲一，故無適而不樂。若以道爲一物而樂之，則心與道二，而非所以爲顔子耳。某子之云，乃老佛緒餘，非程子之本意也。

自得處豈得分毫論〔一〇〕？若見則便見。明道云：「才説明日，便是悠悠。」學者拈起一處思量，須是要便見，若悠悠即玩矣；若未有見，又且放過。

愚謂學固欲其自得，而自得誠不可以分毫論。然欲其自得，則必其積累漸漬，然後有以浹洽而貫通焉爾。孟子所謂深造之以道者，此也。今欲自得而責其便見，則無乃狂躁急迫之甚，且未知其所見者又果何事也耶？程子之言，乃因學如不及而言，初不爲見處發也。又曰「若未有見，又且放過」，則其進退遲速無所據矣，其誤後學亦甚矣哉！

到恍然神悟處，不是智力求底道理，學者安能免得不用力？

「恍然神悟」乃異學之語，儒者則惟有窮理之功，積習之人觸類貫通，而默有以自信耳。

問：「未見天下歸仁，且非禮勿視聽言動，當自有見否？」曰：「固是，然要便見天下歸仁，進學在致知，涵養在敬，不可偏廢。」

愚按：天下歸仁，程子述孔、顏之意亦曰：「天下皆稱其仁而已。」乃謂躬行實履之效，非語其見處也。必若以見處言，則如問者之言猶爲未遠，而所謂須要便見者，則其狂躁而迫切也甚矣。進學涵養乃程子語，然程子所謂致知，正欲其即事窮理而積累貫通，非欲其恍然神悟而便見天下歸仁也。

問：「思慮紛擾如何？」曰：「人心本無思慮，多是憶既往與未來事。」

愚謂心之有思，乃體之有用，所以知來藏往，周流貫徹，而無一物之不該也。但能敬以操之，則常得其正而無紛擾之患。今患其紛擾而告以本無，則固不盡乎心之體用。且夫本無之説，又惡能止其紛擾之已然哉！

問「浩然之氣塞乎天地之間」。曰：「孟子且如此説耳。論其洞達無間，又豈止塞乎天地而已哉！」

愚嘗深患近世學者躐等之弊，發言立論，不問其理之當否，而惟恐其説之不高。今讀此書，乃知前輩之言既有以啓之者矣。養氣之説，學者且當熟講其方而實用力焉。至於事皆合義而無不歉於心，則是氣浩然充塞天地，蓋不待言而自喻矣。今不論此，而遽爲浩蕩無涯之説，以求出乎孟子之上，其欺己而誣人亦甚矣哉！

知性即明死生之説，性猶水也。

愚謂性即理也，其目則仁義禮智是已。今不察此而曰「知性即明死生之説」，是以性爲一物而往來出没乎生死之間也，非釋氏之意而何哉！

某問：「如何是萬物皆備於我？」先生正容曰：「萬物皆備於我！」某言下有省。

愚觀古今聖賢問答之詞，未有如此之例，其學者亦未有如此遽有得者。此皆習聞近世禪學之風而慕效之，不自知其相率而陷於自欺也。

學者須是下學而上達。云云。
愚謂此理固然，然未嘗告以下學之方，而遽爲此説，便有使人躐等欲速而不安於下學之意。

某人自言，初疑「逝者如斯夫」，每見先達必問，人皆有説以相告。及問先生，則曰：「若説與公，只説得我底，公却自無所得。」某遂心服。一二年間，才見即問。先生但曰：「理是如此。」其後某人有詩云云。至此方有所得。

愚謂川上之歎，聖人有感於道體之無窮，而語之以勉人，使汲汲於進學耳。然先儒不明其所感之意，故程子特發明之，而不暇及乎其他。傳者不深考，遂以聖人此言專爲指示道體而發，則已誤矣。今若以其正而言之，則問者本無可疑，而告者但當告以汲汲進學之意。若循其誤而言之，則學者每見必問，才見即問，其躐等甚矣。告者乃不之抑，而反引之於恍惚不可測知之境，其凌節亦甚矣。且某人者自謂有得，而所爲詩語乃老佛陳腐之常談而已，惡在其有得耶？

或問儒佛同異。先生曰：「公本來處還有儒佛否？」

愚謂天命之性，固未嘗有儒佛也〔一一〕，然儒佛是非之理則已具矣。必以未嘗有者爲言，則奚獨儒佛也，固亦未嘗有堯桀也。然堯之所以爲堯，桀之所以爲桀，則豈可以莫之辨哉！今某子之言乃如此，是欲以夫本來無有者混儒佛而一之也。此禪學末流淫遁之常談，俗學之士從風而靡，有不足怪，獨某子自謂親承有道，而立言如此，則爲不可解耳。

或問「立則見其參於前，在輿則見其倚於衡」。先生曰：「參前倚衡，非有物也，謂之無則不可。」某人亦有詩云：「參倚前衡豈易陳，只今便了乃相親。昔人求劍尋舟跡，大似子張書在紳。」

愚謂孔子答子張以忠信、篤敬，而有參前倚衡之說，蓋欲其力行二語，造次不忘，若曰坐見於牆，食見於羹云耳。而近世說者展轉怪妄至於如此，亦可歎已。且其所謂「只今便了乃相親」者，竊取異學鄙俚之常談，可羞甚矣。乃敢下視前賢，肆其譏侮，不亦無忌憚之甚哉！

或云：「天下歸仁，只是物物皆歸吾仁。」先生指窗問曰：「此還歸仁否？」或人默然。某人有詩云：「大海因風起萬漚，形軀雖異暗周流。風漚未狀端何若，此處應須要徹頭。」

愚按：「天下歸仁」，說已見前。今且以所謂「物物皆歸吾仁」者論之。則指窗之問，亦應之曰：「此若不歸吾仁，則必無故而戕敗之矣。」大凡義理莫不如此，皆有體驗之實。若但如此詩之說，則近世禪學之下者類能言之，豈孔顏所以相傳之實學哉！

顏子聞「天下歸仁」，又問克己之目，「請事斯語」，所以游泳此理也。

愚謂「天下歸仁」者，克己之效；問目請事，乃其用功之實也。某子之言，失其序矣。

問：「盡心、知性、知天，是知之；存心、養性、事天，是養之。」先生曰：「不然。昔嘗問伊川，造得到後還要涵養否？伊川曰：『造得到後，更説甚涵養？』盡心、知性，知之至也。知之至，則心即性，性即天，天即性，性即心，所以生天生地，此言天之形體。化育萬物。其次則欲存心養性以事天。」

愚按：問者之言，於孟子之文義得之矣。某子所引程子之言，乃聖人之事，非爲衆人設也。程子所謂造得到者，正謂足目俱到，無所不盡耳。而某子乃獨以知之爲説，而又通之衆人，豈其本發問之時所謂造得到者，已如今之所謂，而程子不之察耶？若使程子於此如孔子於子張之問達也，則所以告之者必不然矣。又云心即性，性即天，天即性，性即心，此語亦無倫理。且天地乃本有之物，非心所能生也。若曰心能生天之形體，是乃釋氏想澄成國土之餘論，子張嘗力排之矣。

先生之門人甲有詩云：「誰道堅高不易知，生來頃刻未嘗離。」乙答之云：「若道堅高不易知，須知此語已成非。饒君向此知端的，未免猶爲我與伊。」先生以乙之言爲是。

愚按：堅高云者，顔子形容夫子之道不易窺測之辭爾，非有一物頑然而堅，嶢然而高也。今甲已失之，而乙又甚焉。且皆儇淺無稽，絶不類儒者氣象。某子乃不以甲爲